文化部部长蔡武出席国家文物局划拨国家博物馆文物交接仪式

文化部副部长、国家文物局局长励小捷考察湖南省博物馆改扩建工程

2014年中国文化遗产日主场城市活动在江西景德镇举办

第38届世界遗产大会（卡塔尔多哈）审议大运河、丝绸之路申遗项目

第六届海峡两岸文化遗产保护论坛在江苏举办

2014年度ICCROM馆藏文物风险防范国际培训班在天津举办

丝绸之路申遗成功（陕西彬县大佛寺石窟）

大运河申遗成功（浙江段）

芦山地震灾后文物抢救保护工程竣工（观音阁）

“南海Ⅰ号”沉船考古发掘现场

国家文物局督办国家重点文物保护单位平武报恩寺建设控制地带违法建设案

国家水下文化遗产保护宁波基地暨宁波港口博物馆落成

第一次全国可移动文物普查顺利推进

明清官式建筑保护研究国家文物局重点科研基地（故宫博物院）成立

2013年度国家二、三级博物馆运行评估

“汉风——中国汉代文物展”在法国国立吉美亚洲艺术博物馆举办

“七宝瑞光——中国南方佛教艺术考古展”在台湾展出

中国文物年鉴

CHINA CULTURAL HERITAGE YEARBOOK

2015

国家文物局 编

文物出版社

编辑说明

《中国文物年鉴》由国家文物局主编，各省、自治区、直辖市文物行政部门和有关文博单位共同参与编纂，文物出版社编辑出版，综合记述我国文物事业年度发展情况。

《中国文物年鉴·2015》反映我国文物、博物馆事业2014年的发展情况，分为图片、特辑、综述篇、分述篇、纪事篇和附录等部分。《中国文物年鉴》的稿件、资料来自国家文物局机关各部门、各直属单位和各省、自治区、直辖市文物行政部门以及国内相关文博机构，不包含香港、澳门特别行政区和台湾省的资料。由于编辑水平所限，《中国文物年鉴·2015》编校工作难免存在不足，希望广大读者提出宝贵意见和建议。

编者

2015年12月

编辑委员会

特约撰稿人（按姓氏笔画顺序）

丁　婷　马占庭　马永红　马晓丽　马晓雪
马海亭　马翔宇　王汉卫　王志新　王金文
王振华　王琴红　孔翔跃　甘　伟　艾　崧
艾静芳　叶大治　庆　祝　刘木子　刘长桂
刘　杰　刘柏良　刘　洁　刘　微　严叶敏
许　鑫　孙小兵　牟锦德　李克彬　李珊珊
杨泽红　赵恬君　袁　斌　杨喜圣　肖　强
吴　兵　吴建刚　何玉文　佘忠明　宋　江
张昊文　张金梅　张　洁　张晓斌　陈　亮
周　成　周　宇　赵少军　钟向群　姚文中
袁传华　贾付春　夏慧敏　徐秀丽　高智伟
郭子男　郭梦源　黄　元　黄丽霞　龚英邓
盛　夏　崔　华　彭跃辉　董少君　谢旭伟
黎吉龙　燕海鸣　蹇娅婷

特辑

重要文章、讲话

重要公文

综述篇

分述篇

国家文物局直属单位

各省、市、自治区

其他

纪事篇

附录

CONTENTS

特辑

文化部部长蔡武在2014年全国文物局长座谈会上的讲话

（2014年7月21日）

在全党全国深入学习贯彻党的十八大、十八届三中全会和习近平总书记系列重要讲话精神的热潮中，国家文物局召开全国文物局长座谈会。在此，我代表文化部，并通过诸位向奋战在文物工作一线的广大干部职工致以崇高敬意和诚挚问候！

党的十八大以来，习近平总书记就弘扬中华优秀传统文化、培育社会主义核心价值观发表了一系列重要讲话。他指出，要讲清楚中华文化的独特创造、价值理念、鲜明特色，讲清楚中华优秀传统文化的历史渊源、发展脉络、基本走向，增强文化自信和价值观自信。要加强对中华优秀传统文化的挖掘和阐发，努力实现中华传统美德的创造性转化、创新性发展，把继承优秀传统文化又弘扬时代精神、立足本国又面向世界的当代中国文化创新成果传播出去。要系统梳理传统文化资源，让收藏在禁宫里的文物、陈列在广阔大地上的遗产、书写在古籍里的文字都活起来。

习近平总书记系列重要讲话，充分表明了我们党既是中华优秀传统文化的忠实传承者和弘扬者，又是中国先进文化的积极倡导者和发展者，彰显了一个拥有五千年灿烂文明并正在走向世界舞台中央的大国领导人的豪迈气概。我们必须认真学习领会，全面认识中华优秀传统文化的时代精神和当代价值，深刻理解中华优秀传统文化对中华民族伟大复兴、对人类社会和平发展的深远意义，切实保护好、利用好、管理好珍贵文化遗产，扎实推动中华优秀传统文化的保护和弘扬。

近年来，在励小捷同志的领导下，国家文物局紧紧围绕贯彻落实中央关于文物工作的大政方针和习近平总书记系列重要讲话精神，抓改革、谋布局、强基础，目标明确，措施得力，取得了显著成绩，亮点频现。一是大运河、丝绸之路成功申遗。我国世界遗产总数已达47项，其中世界文化遗产34项，继续稳居世界第二位。两条大型文化线路同时申遗前所未有，而且都是历时久、难度大、内容复杂、要求高的重大项目，创造了多项纪录。二是行政审批制度改革扎实推进。加快推进行政审批制度改革，2013年以来取消、下放行政审批事项8项；全力推进文保工程项目综合改革，积极培育第三方评估机构，完善审批流程和配套措施，强化过程监管和效果评估。三是宏观管理能力显著增强。紧紧抓住带有全局性、紧迫性、普遍性的问题，增强以实施分类管理、精准管理为抓手的宏观管理能力。制定2020年文物事业发展目标体系和《全国文博人才发展中长期规划纲要》，着力谋划文物事业中长期发展布局，着力缓解基层文物部门管理能力薄弱与机构编制紧缺、任务繁重之间的突出矛盾。四是部际合作多点开花。与全国人大法工委、国务院法制办、公安部、住建部、教育部等中央部门紧密合作，加快推进《文物保护法》修订、可移动文物普查、传统村落保护、文物消防安全、博物馆青少年教育等工作。五是行政执法毫不手软。加大重大文物安全案件督察力度，重点督办了郑州安氏古宅遭限期拆除、云南独克宗古城火灾、南京城墙太平门通道违法建设等，该叫停的叫停，该整改的整改，该法办的法办，积极回应社会关注。

必须清醒地认识到，作为拥有丰富文物资源、占有广大教育阵地的文物工作，在梳理资源、对外开放、展示利用等方面还需进一步挖掘潜力，在引导社会、教育人民、推动发展等方面还需进一步提高认识、发挥作用。下面，我讲几点意见。

一、充分认识文物工作在弘扬中华优秀传统文化、塑造社会主义核心价值观方面的重要作用

中华优秀传统文化是中华传统文化中历经沧桑而积淀传承下来的精华部分，是中华民族五千年文明智慧的基本元素和珍贵结晶，在思想上有大智，在科学上有大真，在伦理上有大善，在艺术上有大美。中华优秀传统文化积淀着中华民族最深沉的精神追求，包含着中华民族最根本的精神基因，代表着中华民族独特的精神标志，是中华民族生生不息、发展壮大的丰厚滋养。作为中华优秀传统文化的重要载体和实物见证，文物只有得到保护利用、传承弘扬，才能让优秀传统文化永续传承，为当下民众提供精神滋养，为后世子孙留存历史记忆。

社会主义核心价值观是中国特色社会主义文化的根与魂，是中华文化软实力的源与核。习近平总书记多次强调，培育和弘扬社会主义核心价值观必须立足中华优秀传统文化。文物工作者肩负着保护利用、传承弘扬中华优秀传统文化的神圣使命，必须充分认识中华优秀传统文化的价值，努力发掘其中蕴涵的现代性力量，争做中华文化的笃信者、传承者、躬行者，积极为建设社会主义核心价值体系贡献力量。

一是要为社会主义核心价值观的培育阐发涵养源泉。牢固的核心价值观，都有其固有的根本。社会主义核心价值观不是无源之水、无本之木，离开了优秀传统文化的滋养、支撑，就等于失去了活头源水、主干根本，抛弃传统、丢掉根本更无异于自堵源泉、自断根脉。收藏在博物馆里的文物，分布在广阔大地上的遗产，还有散落在民间的社会文物，组成了我国庞大的文物资源体系，物化了中华民族五千年的生存史、奋斗史和发展史，蕴含着中华优秀传统文化的思想精华和道德精髓，体现了以爱国主义为核心的民族精神和以改革创新为核心的时代精神，传承着讲仁爱、重民本、守诚信、崇正义、尚和合、求大同的时代价值，为培育社会主义核心价值观提供了弥足珍贵的物质资源和历久弥新的精神财富。因此，我们必须深入研究、挖掘和阐发文物蕴含的优秀传统文化元素，使之成为涵养社会主义核心价值观的重要源泉。

二是要为社会主义核心价值观的教育引导构筑阵地。文物承载着“天下兴亡、匹夫有责”的爱国主义精神，“先天下之忧而忧、后天下之乐而乐”的奉献精神，“富贵不能淫、贫贱不能移、威武不能屈”的浩然正气，“公生明、廉生威”的为官之道，“历览前贤国与家、成由勤俭败由奢”的勤俭美德，“道法自然、和谐共赢”的情趣格调。依托这些文物设立的各级各类文博单位，是开展世界观、人生观、价值观教育的重要场所。通过开放革命遗址、名人故居和纪念馆等类别的文保单位，供人们纪念凭吊、缅怀瞻仰，可以激发爱国主义情怀，从而凝聚起强大的精神力量。2014年上半年国家文物局开展的保护修复开放抗战遗迹遗址，就是以文物弘扬伟大抗战精神的具体体现。通过开展大遗址保护展示，供人们登临游览、愉悦身心，可以感受先人高度智慧，从而激发出强烈的民族自豪感。通过推出反映传统文化精华的基本陈列，供人们鉴赏品评，可以增广见闻、陶冶情操，从而提升国民的文化素养。通过举办反映伦理道德、传统美德的专题展览，供人们观摩学习、耳濡目染，可以知荣辱、明是非，从而建立起共同的价值规范。因此，我们必须充分发挥文物的教育引导功能，努力将文博单位建设成为培育社会主义核心价值观的重要阵地。

三是要为社会主义核心价值观的实践养成添砖加瓦。文物分布广泛、类型多样，真实直观、形象生动，既有“高大上”，也能“接地气”，往往有很强的说服力、感染力，具有“润物细无声”“日用而不知”的作用，在将社会主义核心价值观日常化、具体化、形象化、生活化等方面具有明显的优势。文物保护利用本身就是弘扬社会主义核心价值观的重要手段，可以在参与过程中使文物蕴含的价值逐步成为每个人的价值标准与行为准则。我们看到，专家学者为文物工作殚精竭虑，民间志愿者为文物保护奔波呼吁，普通农民护宝献宝，义务文保员无私坚守，都体现了文物工作的全民参与和薪火相传，是践行社会主义核心价值观的生动事例。因此，我们必须在政府主导的前提下，让文物保护利用成为全社会的自觉行为，为社会主义核心价值观的实践养成厚植社会基础。

二、充分发挥文物资源的优势，让文化遗产活起来

习近平总书记站在传承弘扬中华优秀传统文化、提高国家文化软实力的高度，提出了让文物活起来、让文物说话的新要求。对于文物工作来说，让文化遗产活起来是对“保护为主、抢救第一、合理利用、加强管理”文物工作方针的深刻阐发，是做好文物工作的重要指引。我们要在坚持有效保护的前提下，做好文物利用工作，真正发挥文物的价值。

一要进一步挖掘文物的历史厚度。文物的历史、科学、艺术价值是经过长时间多层次累积形成的，虽饱经沧桑，但历史丰厚。我们不能将文物看做是简单的一栋古建筑、一座古遗址、一件古器物，孤立地去保护它，而是要把它作为根植于中华文化土壤中的有生命力的事物，加以呵护。系统梳理文物的传统文化内涵，离不开文博机构研究功能的发挥。要开展好基础性的文物资源调查，发掘文物背后的故事，为文物资源建好档、绘好像。要发挥文博机构的优势，集合高等院校、科研院所等各方力量，做好文物资源的深化研究，讲清楚文物的历史渊源、发展脉络、基本走向，让它们骨肉丰满、精神健全。

二要进一步扩大文物的开放程度。向社会开放是文物发挥作用的重要前提，不仅体现了文博单位的胸襟气度和社会责任，也对文博行业主动服务的意识和水平提出了更高要求。要不断深化博物馆免费开放，扩大免费开放范围，将更多符合条件的博物馆纳入国家支持的免费开放之列。要积极创造条件，将更多的文保单位对外开放，更好地展示文物的价值和发挥文化传承的功能。要配合国家纪念日、重要节庆日，优先开放具有重要教育、警示意义的革命旧址、抗战遗址等。对于暂时不具备开放条件的文保单位，要在适当区域开辟宣传展示空间。要创新理念，借助现代技术手段，让博物馆流动起来，走进基层农村，走进偏远地区，向青少年倾斜，进一步扩大博物馆的辐射面。

三要进一步开拓文物的利用深度。合理利用是文物发挥作用的基本形式。要提升博物馆陈列展览水平，纠正重形式轻内容、重展示轻服务的倾向，及时将最新的考古出土文物和研究成果充实到展陈当中。要积极鼓励各级博物馆进行巡展、联展、借展，扩大“深藏禁宫”文物的展出利用率。要精心策划推出一批反映传统文化、展现民族精神、弘扬核心价值观、富有教育意义的系列专题展览，吸引更多观众走进博物馆。要增强新技术、新手段在文物展示中的应用，更好地满足人民群众的新期待、新要求。要深化文物资源与经济社会资源的结合，加快推进文物旅游、文化创意产业发展，开发适销对路的高品质文化产品。

四要进一步加大文物走出去的力度。文物展示着中华民族文化的悠久历史和世界闻名的多彩风貌，具有跨越时空、超越国度的永恒魅力，是全人类的共同精神财富。要按照“讲好中国故事，传播好中国声音，阐释好中国特色”的要求，积极配合国家外交大局，加强与国外文化遗产部门和博物馆的交流合作，扩大对外文物展览交流，加大展览宣传推介力度，不断推出继承传统优秀文化又弘扬时代精神、立足本国又面向世界的优秀文物展览，向世界人民展示我国辉煌灿烂的文明成就与和平和谐的文化理念，增进世界各国人民对中华文化的了解，使文物展览真正成为“中国走向世界、世界了解中国”的重要窗口。

五要进一步提高文物工作的社会参与度。让文化遗产活起来，离不开全社会的参与。要加大文物宣传普及力度，增强民众文物保护意识，积极引导社会力量参与文物保护利用。要以社会需求为导向，在文保单位开放、古城保护、传统村落保护利用、文物策展、博物馆展陈提升、文化产品开发等方面，充分听取专家、公众和社会各界的意见建议，切实做到以人为本、服务群众。要积极研究信息化时代文物工作的传播规律，吸引更多网民通过互联网和新媒体了解文物工作、参与文物工作。

三、以大运河和丝绸之路申遗成功为契机，全面推进文物工作

2014年6月22日，我国申报的大运河项目和中国、哈萨克斯坦、吉尔吉斯斯坦三国联合申报的丝绸之路项目，双双列入《世界遗产名录》。大运河项目涉及8省市、25个地级市的27段河道遗产、58处遗产点，管理体制复杂，协调难度很大，在世界范围内绝无仅有，没有现成经验可供借鉴；丝绸之路项目是我国第一个跨国联合申报项目，也是世界上第一段列入世界遗产名录的丝绸之路。

党中央、国务院领导同志高度重视大运河、丝绸之路保护申遗工作，多次作出重要批示，进行指导和推动。习近平总书记提出建设“丝绸之路经济带”的战略构想，赢得国际社会广泛赞誉，为丝绸之路跨国联合申遗项目营造了良好氛围；国务院同意成立丝绸之路跨国系列申遗协调委员会，有效解决了协调难度大、任务重的问题。国务院先后将京杭大运河和大运河整体公布为全国重点文物保护单位，文化部颁布《大运河遗产保护管理办法》，为大运河整体保护提供了制度保障；批准开展大运河保护和申遗工作，将大运河保护上升为国家重大文化遗产保护工程，并同意文化部、国家文物局牵头成立由国务院13个主管部门和沿线8省市人民政府组成的省部际会商小组，先后五次召开会议，从更高层面协调解决大运河保护申遗工作中的急难险重问题，为大运河申遗成功提供了坚强的机制保障。特别是2014年3月下旬，世界遗产委员会对大运河项目做出“暂缓列入”评审意见后，会商小组根据国务院领导同志重要批示精神，召开第五次会议组织协调各地各部门，开展了大量高效务实的应对工作，确保了大运河成功申遗。

大运河、丝绸之路成功申遗后，中央政治局委员、国务院副总理刘延东同志第一时间电话祝贺，并委托励小捷同志向在卡塔尔多哈世界遗产大会现场的中国代表团的所有同志，以及大运河、丝绸之路沿线参与申遗工作的全体同志表示问候和祝贺；7月1日，刘延东同志在国家文物局上报的文物要情上作出重要批示，全面肯定丝绸之路和大运河的重大意义和成功经验，充分体现了党中央、国务院对文化遗产事业的关心和支持。这不仅是文化文物系统的一件大事、喜事，更是举国关注、为之振奋的一大热点，为文化遗产事业营造了良好的发展氛围。我们要充分抓住这样的大好机遇，凝聚各界共识，吸纳各方力量，全面推进文物工作。

一要再接再厉，进一步加强申遗成功后的保护管理工作。大运河和丝绸之路项目成功申遗，凝聚着党中央、国务院的关心指导，凝聚着国务院各相关部门的帮助支持，凝聚着沿线相关省市和广大群众付出的艰辛努力，更凝聚着文物部门持之以恒的艰苦创造。要认真总结申遗历程中形成的好经验、好做法，即“严密组织、精心实施，团结协作、高效务实，不怕吃苦、攻坚克难，有理有节、争取理解”，为今后的保护申遗工作提供借鉴。要以申遗成功为契机，直面“后申遗时代”的更大挑战，及时出台相关法律法规，加强制度建设，实现大运河保护与开发的动态平衡。要进一步完善保护管理长效机制，巩固国际、地区、部门间形成的协调机制，促进申遗成果向持久保护转变。要履行好我国政府对国际社会所做的承诺，纠正“重申报、轻保护”的错误思想，统筹实施大运河、丝绸之路保护的重大工程、项目，为线性文化遗产的保护利用探索路径，切实保障遗产的普遍价值、真实性、完整性。要针对不同类型遗产特别是活态遗产，制定科学的保护原则和可持续利用策略，将遗产保护利用与优秀传统文化展示相结合，避免单一开发和过度开发，使文化遗产和城市特色得到彰显和传承。要适应新形势要求，将遗产保护与新型城镇化相结合，与改善民生相结合，更加关注社情民意，妥善处理好申遗过程中的各方利益诉求。

二要凝心聚力，进一步加快文物系统行政管理体制改革。全面深化改革进入攻坚阶段，容不得半点松懈和拖沓。要继续把行政审批制度改革做足、做到位，向社会和市场放权，让基层和百姓受益。要分析审批改革后出现的新问题，抓紧研究强化制度化、标准化、常态化的监管举措，积极巩固改革成果。对确需保留的行政审批事项，要按照规范管理、提高效率的要求，建立标准明确、程序严密、运行规范、制约有效、权责分明的管理制度。要以《文物保护法》修订为契机，系统研究和全面梳理文物系统审批事项清单，按照法定、精简、管用的原则设立行政许可事项。

三要放眼长远，进一步夯实文物基础工作。基础工作关系到文物事业的可持续发展。要抓好《文物保护法》修订工作，在贯彻文物工作方针的前提下，注意做好与时代发展的衔接，本着解决问题、保证质量的原则，为文物工作实践提供更好的法律保障。要全力推进第一次全国可移动文物普查工作，保障普查进度和质量，为有效发挥馆藏文物的作用创造更好的条件；要抓好《全国文博人才发展中长期规划纲要》的落实，健全人才培养长效机制和制度建设；要加强文物科技协同创新，切实增强文物科技支撑能力。

四要严格执法，进一步强化文物安全保障。文物安全无小事，是文物工作安身立命的根本。要不断完善文物安全工作长效机制，落实好《国务院关于进一步做好旅游等开发建设活动中文物保护工作的意见》，在全国文物安全工作部际联席会议机制框架下，落实《关于加强和改进文物安全工作的指导意见》，推动地方政府将国有文物安全纳入党委政府绩效考核，健全联合执法，合力破解文物安全难题。要落实文物部门的主体责任和监督责任，持续开展新型城镇化建设中文物违法案件的专项督察，加大对涉及国保单位、世界文化遗产等重大文物违法案件的督察督办力度。

同志们，时不我待，形势逼人。我们要充分认识文物事业面临的新情况、新任务，贯彻落实习近平总书记重要讲话精神，自觉肩负起历史和时代赋予我们的神圣职责，大力挖掘和阐发中华传统文化的思想精华和道德精髓，为弘扬中华优秀传统文化、建设社会主义核心价值体系作出新的贡献！

文化部部长蔡武
在2014年全国文物局长会议上的讲话

（2014年12月25日）

在全党全国深入学习贯彻党的十八届三中、四中全会和习近平总书记系列重要讲话精神之际，国家文物局召开全国文物局长会议。在此，我代表文化部，向长期以来关心支持文物事业发展的国家各有关部委和社会各界表示衷心的感谢！向辛勤工作在文物战线上的广大文物工作者致以崇高的敬意和诚挚的问候！

十八大以来，以习近平同志为总书记的党中央作出了全面深化改革、全面推进依法治国等一系列重大决策部署，提出了实现两个一百年和中华民族伟大复兴中国梦的宏伟目标。习近平总书记就保护历史文化遗产、发挥文物资源作用、弘扬中华优秀传统文化发表了一系列重要讲话，为文物工作指明了方向。这充分表明我们党不仅是中华优秀传统文化的忠实传承者、弘扬者，而且是中华先进文化的倡导者、发展者。我们必须认真学习、深刻领会习近平总书记系列重要讲话精神，切实抓好贯彻落实。

近年来，全国文物系统紧紧围绕党和国家大政方针，稳中求进、改革创新，各项工作取得显著成效。在工作指导思想上，坚持围绕中心服务大局，把文物工作放到经济社会发展的大局中、放到“五位一体”建设的总体布局中来谋划、来推进，以开放的姿态、创新的精神，推动文物事业融入社会、惠及民生。在工作布局上，坚持以改革为统领，以项目审批制度改革为突破口，谋长远、抓大事，以点带面，点线面结合，带动文物工作的整体提升。在管理方式上，坚持宏观管理与精准管理相结合，加强基层基础工作，构筑务实管用的制度体系、标准体系，不断强化对项目和经费的管理与监督，用作风建设带动文物工作提质增效，文物事业呈现出良好发展态势。

盘点2014年的文物工作，亮点很多，最突出的有：一是大运河、丝绸之路成功申遗，两个项目一横一纵，地跨大半个中国，有力地呼应了“一带一路”国家战略。二是以文保工程项目审批综合改革为突破口的各项改革扎实推进，完成了国务院下达的取消下放行政审批事项的任务。三是与住建部、文化部、财政部联合启动中国传统村落保护项目，发挥文物工作优势，对270个国保省保集中成片的传统村落保护与利用专门作出部署，第一批51个传统村落保护工作全面铺开。四是首次召开文物合理利用工作交流会，认真研究提出让文物活起来的新举措。五是主动开展抗战文物保存状况排查，实施抗战文物保护修缮和展示工程。六是国家文物局水下文化遗产保护中心正式组建，我国首艘水下考古研究船下水。七是依法查处并曝光了一批文物违法案件，文物安全督察力度不断加大，赢得社会积极回应。八是“汉风——中国汉代文物展”、“法国名家美术作品展”、“丝绸之路”文物展以及“文物带你看中国”3D触控交互系统，为中外文化文物交流添华增彩，受到了党和国家领导人的充分肯定。

回顾一年取得的成绩，令人振奋和鼓舞。当然，也应当清醒地看到，在全面深化改革、推进依法治国，建设社会主义文化强国的伟大进程中，文物工作的任务依然繁重，全国文物系统要再接再厉、迎难而上、奋发有为，再创佳绩。下面，我谈几点意见。

一、深刻领会习近平总书记关于文化遗产保护重要讲话的丰富内涵

党的十八大以来，习近平总书记站在时代发展的战略高度，在各种重要会议、重大场合，以及视察文物、博物馆工作中，就保护历史文化遗产、发挥文物资源作用、传承优秀传统文化等方面发表了一系列重要讲话，提出了一系列新思想、新论断、新要求。这些重要论述，精辟阐明了文化建设的重大理论和实践问题，为新时期文化文物事业的科学发展提供了强大思想武器，指明了前进方向。

要深刻领会、充分认识优秀传统文化是实现中华民族伟大复兴中国梦的突出优势。习近平总书记在参观“复兴之路”展览时首次提出中华民族伟大复兴的中国梦。实现中国梦必须坚持中国道路、弘扬中国精神、凝聚中国力量。习近平总书记多次强调指出，中华优秀传统文化是中华民族的突出优势，中华民族伟大复兴需要以中华文化繁荣为条件，必须大力弘扬中华优秀传统文化。要系统梳理传统文化资源，让收藏在博物馆里的文物、陈列在广阔大地上的遗产、书写在古籍里的文字都“活”起来。要加强对中华优秀传统文化的阐发，对历史文化特别是先人传承下来的价值理念和道德规范，坚持古为今用、推陈出新，有鉴别地加以对待，有扬弃地予以继承，努力实现传统文化的创造性转化、创新性发展。

要深刻领会、充分认识保护历史文物的责任和使命。习近平总书记历来高度重视文化遗产保护，早在20世纪80年代担任正定县委书记时，就对文物保护不力现象提出严肃批评，指出对文物“我们保管不好，就是罪人，就会愧对后人”。在福建工作期间，习近平同志得知三明市万寿岩旧石器时代遗址面临被破坏的危险时，立即明确批示：“保护历史文物是国家法律赋予每个人的责任，任何个人和单位都不能为了谋取眼前或局部利益而破坏全社会和后代的利益。”要求有关单位立即停止破坏行为，做好遗址保护工作。针对城市建筑文化缺失，一些地方和领导干部将文物保护当做城市发展的包袱，与经济发展对立起来的错误做法，习近平总书记鲜明指出：“城市建筑贪大、媚洋、求怪等乱象由来已久，且有愈演愈烈之势，这是典型的缺乏文化自信的表现，也折射出一些领导干部扭曲的政绩观，要下决心进行治理。”强调“如果说以前无知情况下的不重视还可以原谅，那么现在有认识情况下的不重视，那就是意识问题、政绩观问题”。

要深刻领会、充分认识文物保护必须秉持的正确理念。习近平总书记在正定古城保护的批示中，明确指出要秉持正确的保护理念，切实保护好古城的历史文化价值。要提高历史文物保护水平，发展有历史记忆、地域特色、民族特点的美丽城镇，让居民望得见山、看得见水、记得住乡愁。强调传承文化不是要简单复古，必须同步保护和弘扬传统优秀文化，延续城市历史文脉，坚持修旧如旧，保留原貌，防止建设性破坏。

要深刻领会、充分认识文物资源在社会主义核心价值观教育中的作用。习近平总书记强调指出，培育和弘扬社会主义核心价值观必须立足中华优秀传统文化。中华民族有着5000多年的悠久历史和灿烂文化，而且中华文明从远古一直延续发展到今天，其中一个很重要的原因就是我们的民族有一脉相承的精神追求、精神特质、精神脉络。中华优秀传统文化传承着讲仁爱、重民本、守诚信、崇正义、尚和合、求大同的时代价值，为培育社会主义核心价值观提供了弥足珍贵的物质资源和历久弥新的精神财富，是涵养社会主义核心价值观的重要源泉。针对抗战遗址保护工作，习近平总书记强调指出，国家确立的抗战纪念设施和全国爱国主义教育示范基地，是激发爱国热情、凝聚人民力量、培育民族精神的重要场所，要高度重视，切实做好保护、利用工作，充分发挥其在加强爱国主义教育、培育社会主义核心价值观中的重要作用。

习近平总书记关于文化遗产保护的重要论述，思想深邃、内涵丰富，饱含着对中华优秀传统文化的深厚感情，充分体现了我们党对传承优秀传统文化、保护文化遗产的高度重视和鲜明立场。全国文物系统要精心部署，周密安排，把学习贯彻习近平总书记重要指示精神作为当前一项重大的政治任务，组织广大干部职工，认真学习领会，切实贯彻落实。

要切实增强文物保护的责任感、使命感。当前，我国正处在新型城镇化的关键时期，文物保护的任务十分繁重。要贯彻落实《文物保护法》，坚持“保护为主、抢救第一、合理利用、加强管理”的文物工作方针，坚持依法保护，科学保护，正确处理文物保护与经济社会发展的关系。各地要从本地区经济社会发展全局出发，按照属地管理的原则，依法落实文物保护管理责任，切实肩负起传承弘扬中华优秀传统文化的神圣使命。

要切实保护好文物的历史文化价值。遵循文物工作规律，遵循城镇化发展规律，既要保护好文物本体，又要保护好其所依托的自然生态环境；既保护好历史文化遗存、历史文化街区等物质载体，又传承好风土人情、生活习俗、传统技艺等非物质文化遗产。要制定科学的保护规划和方案，集中资金、集中人力，实施一批重点文物保护工程，排除重大文物险情，加强对重要濒危文物的保护，推动文物保护与经济社会发展相结合，推动文物保护与改善文物周边环境相结合，推动文物保护与改善民生相结合，努力实现在保护中发展、在发展中保护。

要加强合理利用，让文物活起来。加强博物馆和爱国主义教育基地建设，深入阐发文物蕴含的历史文化价值，盘活馆藏文物资源，精心策划推出一批展现民族精神、弘扬核心价值观的专题展览，吸引更多观众特别是青少年走进博物馆。要加强各类文物保护单位的开放利用，提升大遗址和国家考古遗址公园的展示教育功能，进一步提高文物、博物馆公共文化服务水平，让人们在休闲享受、文化熏陶的同时升华思想、陶冶情操。要加大新技术、新手段在文物展示中的应用，加快推进文物旅游、文化创意产业发展，开发适销对路的高品质文化产品，更好地满足人民群众的新期待、新要求。要积极配合国家外交大局，按照“讲好中国故事、传播好中国声音、阐释好中国特色”的要求，加强文物对外交流合作，进一步拓展文明交流互鉴的广度和深度。

二、贯彻四中全会精神，全面推进文物法治建设

党的十八届四中全会明确提出了全面推进依法治国的指导思想、总目标和基本原则，对建设法治国家、法治政府、法治社会作出了全面部署。《文物保护法》是文化领域第一部法律，文物系统在依法行政方面也有较好的基础，希望在贯彻落实四中全会精神、推进文物法治建设方面继续走在前列。

要进一步完善文物立法，大力推进文物法律制度体系建设。“建设中国特色社会主义法治体系，必须坚持立法先行，发挥立法的引领和推动作用”。《文物保护法》的修订要体现科学立法、民主立法的要求，符合宪法精神，反映人民意志。要完善公众参与机制，充分听取各方意见，引入第三方评估，防止部门利益主义。要增强法律法规的时效性、系统性、针对性、可操作性。要实现立法和改革决策相衔接，做到重大改革于法有据，主动适应改革和经济社会发展需要。对实践证明行之有效的改革措施，要及时上升为法律，对不适应改革要求的法律法规，要及时修改和废止。

要深入推进依法行政，努力提高科学决策水平。全面推进依法治国，关键是依法行政、科学决策。党的十八届四中全会《决定》明确指出，行政机关要坚持法定职责必须为、法无授权不可为原则，行政机关不得法外设定权力，没有法律法规依据不得作出减损公民、法人和其他组织合法权益或者增加其义务的决定。要加强监督体系建设，全面推进政务公开。行政机关必须决策公开、执行公开、管理公开、服务公开、结果公开，要将权力关进制度的笼子。要健全依法决策机制，把公众参与、专家论证、风险评估、合法性审查、集体讨论决定确定为重大行政决策法定程序，确保决策制度科学、程序正当、过程公开、责任明确，这是法治政府建设的明确任务。我们必须以高度的政治使命感、历史责任感，更加主动、更加自觉地践行依法行政的要求，依法履职、勇于负责、敢于担当，坚决纠正不作为、乱作为，坚决克服懒政、怠政，坚决惩处失职、渎职。

要积极适应改革要求，不断提升执法督察水平。《决定》对行政执法体制改革和行政执法行为规范，均作了明确表述。总的原则是“创新执法体制，完善执法程序，推进综合执法，严格执法责任”。改革方向是“强化中央政府必要的执法权”“完善市县两级政府行政执法责任”，减少层次、整合队伍、提高效率。要积极完善文物行政执法，在改革中加强文物行政执法，推行综合执法。要将《决定》的最新精神贯彻到《文物保护法》的修订之中，进一步明确国家文物局和地方政府的行政执法权和监督检查权，进一步明确文物旅游综合执法队伍承担地方文物行政执法任务，进一步明确文物行政执法的程序、标准、责任。通过对重大文物违法案件的督察，在全社会营造良好的文物行政执法环境。

要深入开展文物法治宣传教育，切实提高全社会保护文物的意识。法律的权威源自人民的内心拥护和真诚信仰，只有被人民内心拥护和真诚信仰的法律才会得到认真遵守。从近年来查处的文物违法案件看，很多违法行为的产生很大程度上是因为当事人对文物保护法律法规不了解造成的。因此，必须加大普法力度，落实“谁执法谁普法”的具体举措。文物系统的干部职工要带头学法、尊法、守法、用法，自觉养成依法办事的习惯。要发挥社会组织、基层社区和文物志愿者的作用，努力营造全民守法的良好社会氛围。

三、主动适应新常态，全面推动文物保护利用各项工作

今年的中央经济工作会议深刻分析了我国经济发展的阶段性特征，强调要坚持稳中求进的工作总基调，坚持以提高经济发展质量和效益为中心，主动适应经济发展新常态，狠抓改革攻坚，突出创新驱动，强化风险防控，加强民生保障。这是做好明年工作的指导和遵循。

所谓新常态，意味着我国经济进入了一个与过去30多年高速增长期不同的新阶段，呈现出以下明显特征。一是中高速。经济增速换挡，从过去10%以上的高速增长转为7%左右的中高速增长，这是新常态的最基本特征。二是优结构。经济结构不断优化升级，第三产业逐步成为产业主体，消费需求逐步成为需求主体，城乡区域差距逐步缩小，居民收入占比上升。三是新动力。经济发展将从要素驱动、投资驱动转向创新驱动，整个经济将向形态更高级、分工更复杂、结构更合理的阶段演化。

深刻认识新常态，主动适应新常态，对于我们准确把握新形势，做好2015年的文物工作至关重要。

我国经济发展进入新常态，并没有改变我国发展仍处于可以大有作为的重要战略机遇期的判断，没有改变我国经济发展总体向好的基本面，而是经济增长更趋平稳，增长动力更为多元。同样，文物工作仍然处在大有作为的重要战略机遇期。财政收入增幅收窄，但是对于教育、卫生、文化等民生领域的投入仍将加大，文物保护经费仍将稳定增长。消费结构发生变化，个性化、多样化消费渐成主流。民众在文物博物馆等方面的文化消费需求持续旺盛，给文化产业、文博创意产业发展带来更广阔的空间。基于互联网的大数据分析将会催生一系列新产品、新服务、新业态和新模式。以信息消费为代表的文物数字产品、智慧博物馆，将互联网信息技术与民众需求相结合，未来市场发展潜力巨大。

面对新形势、新常态，我们要抓住机遇、坚定信心，应势而变、顺势而为，努力做好2015年的工作。关于2015年的工作，励小捷同志还要作专门部署，他的讲话我已看过，完全赞同。在此，我提几点要求：

一要在深化改革上出实效。要全面落实国务院规范行政审批管理的要求，全面完成行政审批事项的取消下放任务，同时，要加强事中、事后监管，加强工作衔接。积极推进博物馆理事会制度改革试点，培育社会组织，做好文博事业单位分类改革各项工作。

二要在保护利用上有创新。围绕纪念抗战胜利70周年，加大抗战文物保护力度，推出一批有影响力的主题展览。围绕新型城镇化建设，进一步做好传统村落整体保护利用。围绕弘扬优秀传统文化，推出一批彰显社会主义核心价值观的精品展览。

三要在文物安全和执法上下狠劲。加大文物执法督察力度，依法查处一批重大违法案件，坚决遏制法人违法高发势头。要切实加强古城镇、古村落中的文物消防安全，进一步落实各级政府的文物保护责任。

四要在服务“一带一路”战略上有作为。要做好丝绸之路沿线的文物保护利用工作，为推进沿线国家的互联互通提供更多的历史见证，注入丰富的文化内涵。要提早谋划海上丝绸之路申遗工作，做好国内有关文物点段的资源调查和保护工作，开展与海上丝绸之路有关的文物援外工程，与外交等部门共同协作，探索跨国申遗的有效途径。

五要在规划编制上早谋划。要按照国务院的统一部署，着眼文物事业发展的战略布局，深入研究，及早谋划，凝练重大项目，储备重大工程，提出重大政策，做好“十三五”规划的研究和编制工作。

文物工作责任重大、使命光荣。我们必须认真贯彻十八大，十八届三中、四中全会和习近平总书记系列重要讲话精神，按照中央经济工作会议的总体要求，坚持稳中求进的工作总基调，以更加饱满的精神状态、更加过硬的工作作风，履职尽责、勇于担当，为做好2015年工作、全面完成“十二五”规划的各项任务而不懈努力，谱写文物事业改革发展的新篇章。

文化部副部长、国家文物局局长励小捷在2014年国家文物局局务扩大会议上的讲话

（2014年2月20日）

这次局务扩大会议的主要任务是，贯彻习近平总书记系列讲话精神，落实全国文物局长会议部署，总结局机关和直属单位年度工作，对2014年工作落实做出安排。

今天上午，局机关各司室、各直属单位负责同志汇报了2013年工作和2014年工作思路和要点，董保华、顾玉才、宋新潮同志对分管部门和联系单位工作进行了点评，对2014年工作提出了要求，讲得很全面，我完全赞同。《国家文物局2014年工作要点》和《国家文物局2014年重点任务分工方案》已在春节前印发，2014年的工作重点都已明确。各司室、各单位要按照折子工程和分工方案，各负其责、不等不靠，抓紧启动各项重点工作，像钉钉子一样持续深入，一抓到底，善做善成。下面，我讲几点意见。

一、关于2013年工作点评

过去一年，各司室、各单位紧紧围绕十八大精神的贯彻落实和党中央、国务院的决策部署，自觉把握稳中求进的总基调，谋大事、抓重点，转作风、建机制，为推动文物事业的改革与发展做出了艰苦努力，付出了辛劳汗水，取得了新的成绩。全年工作概括地讲有四个特点。

（一）胸怀大局、顺势而为的自觉性和主动性明显提高

一年来，局党组注重观大势、谋大事，自觉把握工作主动权，下好先手棋，打好主动仗。按照国务院部署要求，扎实推进政府职能转变，取消和下放行政审批事项。文物行政审批制度改革遇到的困难和阻力也不少，但我们态度鲜明、措施有力，全年减少4项审批事项，并制定了精简审批事项三年计划；实施国保单位文保工程项目审批制度改革，引入市场主体承担技术方案审核任务。以贯彻落实习近平总书记关于正定古城保护的重要批示和中央城镇化工作会议精神为契机，提前布置和及时召开正定古城保护现场会，发布了《古城保护正定宣言》，产生了广泛和良好的社会反响。局党组中心组第一时间传达党中央、中纪委重要会议精神，召开专题会议，深入学习习近平总书记系列重要讲话，特别是在中共中央政治局第十二次集体学习时关于提高国家文化软实力、发挥文物资源作用的重要讲话和十八届三中全会精神，研究贯彻落实措施，找准推进工作的切入点。

（二）抓主抓重、跟踪问效，完成各项重点工作

全年统筹实施2238个国保单位文物本体修缮、保护设施建设和环境整治项目，安排专项资金70亿元，及时排除重大文物险情和安全隐患。全面启动芦山地震灾后文物保护抢救工程，玉树灾后文物抢救保护工程圆满收官。红河哈尼梯田文化景观成功申遗，完成大运河申遗和丝绸之路跨国联合申遗准备工作。组织南沙海域首次水下考古调查，中国首艘水

下考古工作船下水。认真开展国务院63号文件落实情况和文物安全专项督察，一批行政违法案件得到制止和纠正。完成《文物保护法》修订和文物事业中长期发展目标专题调研，服务重点工作，提供决策参考。促成法国比诺家族捐赠圆明园鼠首、兔首铜像，推动公安、海关罚没文物移交工作。

（三）管全局、利长远，进一步夯实基础工作

围绕十八大提出的到2020年全面建成小康社会的战略任务，制定2020年文物事业发展目标体系。国务院核定公布第七批国保单位1943处，“三普”不可移动文物名录的公布任务全部完成，更多文物资源纳入依法保护范围。第一次全国可移动文物普查全面铺开，国有单位可移动文物收藏情况大致廓清。完成25个涉法课题研究，《文物保护法》修订已被列入全国人大五年立法规划和国务院立法工作计划。“十二五”规划总体实现时间过半、任务过半，主要指标进展良好。制订文物保护标准体系框架，完成7项国家标准初审、15项行业标准审核、13项行业标准立项。文物修复师、考古发掘技工获得国家职业分类大典专家委员会原则通过，搭建技能型人才成长通道。

（四）开拓意识增强，开放态势明显

与财政部共同修订《国家重点文物保护专项补助资金管理办法》，规范和扩大文保资金支持范围，文物系统外和非国有国保单位维修经费补助首次突破2.3亿元；出台《关于推进国有博物馆对口支援民办博物馆工作的意见》，中央财政为民办博物馆安排奖励资金1亿元。积极推进有序开放市场、政府购买服务的改革措施，加快培育文物行业市场主体，国文琰公司成功运营，国文信公司揭牌成立。开展6处古村落保护利用综合试点准备工作，实施文物保护样板工程，举办海峡两岸及港澳地区建筑遗产再利用研讨会，探寻文物保护利用的平衡发展之路。抓住中法建交50周年的时机，结束与法国吉美博物馆十年不往来的历史，其藏存的我大堡子山流失文物有望返还。依托社会力量培养技能型急需人才，委托北京建筑大学、陕西文物保护专修学院举办全国文物保护规划与工程勘察设计、古建彩画保护修复培训班。积极主动联合相关部门，构建齐抓共管文物安全的工作格局，与最高人民法院、司法部开展文物犯罪司法解释修订、文物司法鉴定管理调研，与监察部建立文物违法行为行政追责工作联系机制。

各直属单位的各项工作抓得紧、抓得实，对重点工作落实花了大功夫、下了大力气，发挥了国家队的骨干作用。刚才各位副局长进行了点评，我不再重复。

听了汇报，有一个问题想强调一下，就是要主动自觉把握稳中求进、改革创新的总基调。从各司、各直属单位汇报的2014年工作安排看，对改革创新的具体任务都做了安排，但体现贯穿、体现统领不够。作为行政主管部门总有一些常规的业务工作、管理工作，年年如此。按具体任务排，改革可能只占十分之一、二十分之一，但工作力量的分配上不能只用十分之一或二十分之一，要作为重点抓，下力气抓。与此同时，即使是常规的业务工作，同样需要以改革创新为引领。所以全年工作的落实上，一定要把握总基调，牵住牛鼻子，用改革创新统领各项工作。

总体看来，工作中的特色亮点频现，质量标准提高；重点工作取得突破，推动了整体工作的明显进步。这些成绩的取得得益于总体思路符合实际，得益于工作指导求实创新，得益于广大干部职工勤奋敬业。在此，我代表局党组对局系统全体干部职工道一声辛苦，说一声谢谢！

二、关于2014年任务落实

2014年的工作任务可简要概括为“10+2”，即在全国文物局长会议上部署的10项重点工作，再加上全面深化文物系统改革和加强新型城镇化中的文物保护，坚持稳中求进、改革创新的工作总基调，总体把握“五个着力”，努力实现创新发展。应该说，2014年干什么比较明确。下面，我就如何落实好今年的重点工作再提些细化要求。

（一）着力推进以项目审批制度综合改革为突破口的各项改革

文保工程项目审批综合改革是文物系统改革的牛鼻子，也是2014年工作的重头戏。今年文保工程项目审批和经费预算安排的时间提前到6月份，与往年相比我们减少了四个月工作时间；今年也是实行第三方机构承担技术方案审核和网报网审制度的起步之年，各个参与主体、各个运转环节都处于磨合期；再加之文保专项资金总额比去年增长20%。上述三个因素叠加放大，这对我们的工作是一个严峻挑战，对改革成果也是一个实实在在的检验。我们一定要以改革创新的精神，确保审批改革全面推开、立项和方案审核全面完成、专项资金如期下达。为完成这项任务，文保司在春节前就向各地下达了紧急通知，办公室、文保司在春节后举办了一线工作人员培训班，信息中心和国文信公司集中力量开发了网报网审软件并做好了前期准备。下一步，随着项目申报量的激增，文保司、国文信公司要安排足够力量，搞好立项报告审批和技术方案审核衔接；办公室要督促相关中介机构对经费预算做到随报随审。与此同时，文保司、办公室要组织人员深入省局、部分项目单位进行一线指导和服务，指导省局在项目立项、技术方案和经费预算申报三个环节上切实负起责任，下力气搞好项目主体单位、方案编制单位、第三方机构和专家团队之间的协调，发现问题，及时解决。要完善事中事后监管措施，开展文物保护、安全防护、可移动文物保护修复工程项目行政审批改革效果评估。

目前，项目储备不足和项目方案编制质量不高是造成每年项目审批和预算安排推进缓慢的主要原因。解决这一问题，从国家文物局来讲，一要主动凝练并推出一批重大的、有影响的项目。像承德避暑山庄、嘉峪关关城这样的大项目已近尾声，而后续大项目我们手里还没有。对有必要、有价值的，形成概念、形成影响的，带有导向性、示范性、点线面相结合的大项目，今年要认真研究策划，下达规划和方案编制任务，明年安排动手。二要延展现有项目。一是文物系统外的国保单位维修项目；二是完成试点，证明可以推广的项目，譬如安消防项目；三是筛查“十一五”以来1～6批国保单位中一直没有安排专项资金且病险程度较高的项目。对这类项目要指令地方文物部门抓紧做好立项和方案准备，能够今年申报的今年尽量安排。三要配合新型城镇化的发展，针对古城古镇古村落保护，针对连续出现的火灾问题，针对馆藏文物修复等国务院领导同志的批示要求，在文保专项补助资金管理办法框架内编制一些新项目，扩大已有项目的资金使用范围。关于馆藏文物，第一是保护设施和保存环境，第二才是修复，要整合包装，抓主要的，要与科技攻关结合起来。项目规模的扩大有两个前置问题必须解决，一是突破地方和部门保护，发挥市场配置资源的作用；二是制定相关标准，用宏观管理的办法把好质量关。

要以文保工程项目审批综合改革带动其他方面的改革：一是完成今年国务院下达的行政审批事项精简任务，公布国家文物局文物行政审批事项新版目录，做好取消和下放管理层级行政审批项目的落实和衔接工作。二是推动建立博物馆理事会，要组织好博物馆建立理事会制度的专项调研，开展在省级博物馆、行业博物馆、民办博物馆建立不同模式博物馆理事会试点，力争年底形成博物馆建立理事会制度的建议性意见。三是继续推进局系统事业单位分类改革，已转企改制的文物出版社、文物报社和国文琰、国文信公司要完善法人治理结构，建立现代企业制度；文研院、鲁博、新文化运动纪念馆和信息中心、交流中心要明确定位，对接需求，搞好配套，增强内生活力和整体实力。四是积极推进政府购买服务，确定文物部门向社会购买服务目录，建立健全政府购买服务工作机制和工作流程，将向社会力量购买公共服务纳入政府采购范围；加快培育社会组织和市场主体，吸引更多社会力量承担服务事项。

（二）着力增强以实施分类管理、精准管理为抓手的宏观管理能力

加强管理是文物部门的基本职责，文物资源的特质和文物工作面临的新形势都要求我们推动管理工作进一步拓展分类管理、精准管理的深度。这是推进文物系统治理体系和治理能力现代化的应有之义和集中体现。

所谓分类管理，就是因工作对象不同、工作区域不同、工作时间不同而分类施策。所谓精准管理，就是要建立可操作、能控制、易考量的管理评价系统。全面实现分类管理和精准管理是一项长期的任务，要坚持不懈、久久为功。今年要在以下几项工作中体现出我们管理上的进步。

关于第一次全国可移动文物普查：国家局、各省要加大分类指导力度，对普查工作相对迟缓的省份、地区要进行重点督察，不仅要赶进度，还要保质量。已经完成国有单位文物收藏情况调查的省份、地区，要按照应登尽登的原则，核查国有单位文物信息，确保普查覆盖率；开展对非文博单位申报文物的认定工作；全面开展可移动文物信息采集、登录，将各类国有单位现有可移动文物数据库的数据批量导入登录平台。要严把文物认定、数据采集和数据审核关，确保基础数据的完整性、准确性和真实性。

关于第七批国保单位的“四有”工作：要按照规定时限完成第七批国保单位的“四有”工作，完成好的予以表扬，逾期没有完成的予以通报。下半年要对第七批国保单位的“四有”质量进行抽查；对文化景观、文化线路等新型文化遗产的“四有”工作要研究制定相关规范。

关于“三普”后续工作：目前没有被公布为文保单位的不可移动文物点的保护问题日趋突出，应该纳入我们的工作视野。要督促各地将符合条件的不可移动文物点公布为相应级别的文保单位；要进一步明确市县级人民政府对不可移动文物点的保护责任；要细化不可移动文物点的保护和处罚措施，并结合修法吸收相关内容。

关于博物馆管理：今年要修订博物馆评估办法及标准，开展中央地方共建国家级博物馆和国家二、三级博物馆运行评估及民办博物馆运行评估试点，对综合馆、专题馆、纪念馆的运行评估标准应体现差异化、精细化，而不是套用同一个标准。要完善博物馆免费开放政策，研究提出新建公共博物馆享受免费开放补贴、将民办博物馆纳入公共文化服务采购范畴的政策措施，出台民办博物馆设立管理办法，支持和引导民办博物馆的健康发展。

分类管理、精准管理，归根到底都要体现在手册、导则、指南、标准等规范性文件上。要坚持问题导向，根据遇到的问题，着手研究制定对应的管理规则。这是我们的看家本领和立身之本，需要下更大力气去抓。

在此，我强调一下信息化建设，这是实现分类管理、精准管理的基础和支撑。这方面存在的主要问题是资源分散、标准不一、技术滞后、利用率低。要成立局信息化工作领导小组，理顺管理机制，按照整合、提升、效能的原则，统筹文物系统数据资源，建立业务信息应用平台。要打破信息孤岛，实现技术兼容、信息共享，形成统一的资源数据库。要

结合国家局、地方和社会的需求，研发具有文物工作特点的大数据分析软件，同时对现有信息资源进行数字化和数据化，建成真正能够适合数据分析和应用的资源数据库平台。下一步，要实现国家局与地方文物部门、文博单位数据库平台的互联互通。

（三）着力完善以《文物保护法》修订为核心的法规标准体系

《文物保护法》修订是完善文物保护利用制度的根本保障，是文物部门依法行政的根本依据。按照“坚持方针，跟进时代，解决问题，保证质量”的基本要求，本次修法要进一步健全文物保护管理体制，厘清政府、社会、个人的文物保护职责、权利和义务；全面体现文物工作方针要求，既要完善文物保护制度，又要健全文物合理利用措施，有效发挥文物资源的社会教育功能；切实增强法律规定的普遍适用性，法律不只针对文保单位、珍贵文物，而应覆盖所有文物的保护管理；积极推进法律规范与法律引导相结合，明确不能干什么、应该干什么，并要有适当前瞻性。2014年，《文物保护法》修订需要深入调查研究的重大问题有文物定义、文物所有权制度、文物保护补偿制度、文物合理利用、社会力量参与、文物市场管理等。对上述重大问题，要尽快落实承担单位，倒排研究时间，拿出论证成果并形成修改意见。要坚持开门立法，广泛征求各方意见建议，突破法律的部门局限；要主动沟通，提前做好部门协商，尽量形成最大公约数；要充分考虑与相关法律和国际公约的衔接，力争年底完成《文物保护法》修订草案起草并上报国务院。

要完善文物保护、安全防护、可移动文物保护修复工程项目审批制度，印发《文物建筑消防工程设计要求》，修订《文物系统博物馆风险等级和安全防护级别的规定》，研究第三方评估机构服务评价规范和《古建筑日常保养技术规程》，开展文物保护工程南方定额标准试用。要发布乡土建筑、工业遗产、名人故居保护利用导则，探索形成不同类型文物资源的多种利用方式。要实施《2014～2016年度文物保护行业标准制修订项目计划》，推动设立专业技术委员会和地方标准技术委员会。

（四）着力提升以发挥文物资源作用为重点的公共文化服务水平

要贯彻落实习近平总书记重要讲话精神，让收藏在禁宫里的文物、陈列在广阔大地上的遗产、书写在古籍里的文字都活起来，努力展示中华文化的独特魅力，增强做中国人的骨气和底气，做好文物利用这篇大文章。

要强化博物馆教育功能，提升博物馆展陈水平。要配合丝绸之路经济带的国家战略，做好海上、陆上“丝绸之路”文物在京展览。进一步加强与教育部门协作，建立中小学生定期集体参观博物馆长效机制，促进博物馆与学校教育的紧密结合。充分利用博物馆资源，开发适合青少年教育的设施和数字化课件，通过远程教育网络普及文化遗产知识，保障农村青少年文化鉴赏权益。搞好博物馆青少年教育功能提升试点，2014年年底形成利用博物馆资源加强青少年教育的指导意见。

所有具备开放条件的大遗址、国家考古遗址公园和古建筑要扩大开放，发展旅游，发挥改善环境、惠及民生、促进发展的作用。完善基本建设考古勘探管理，服务国家重大基本建设项目。指导文博衍生产品开发，举办博物馆及相关产品与技术博览会。加强高新技术特别是物联网技术在文物保护、展示、利用中的应用，启动精品文物数字产品制作与推广试点项目。促进文物关联产业、创意产业发展，打造智慧博物馆，扩大信息消费。要统筹考虑不可移动文物、可移动文物的利用问题，适时组织召开文物合理利用的经验交流会。

（五）着力健全以改善基础条件为支撑的保障措施

要发布《文博人才工作中长期规划纲要》，启动文博人才培养“金鼎工程”，扩大培训规模，满足业务需求。要探索建立实体研发组织与虚拟研发平台相结合的科技创新组织模式，推进文物保护装备产业化及应用计划，实施文物保护科技优秀青年研究计划，完成国家文物局重点科研基地运行评估，开展科技成果评价试点工作。

云南独克宗古城和贵州报京侗寨相继火烧连营的沉痛教训值得深刻反思，文物安全不能孤点布防，不能只考虑文保单位防火，需要统筹完善消防规划、整体编制防火预案，协同有关部门形成合力。要全面加强文物建筑消防安全，上半年要与公安部联合召开全国文物建筑消防安全工作会议；扩大文物电气火灾智能防控系统示范应用试点，增强文物电气火灾预警防控能力；指导10处古城古村落的文物消防规划编制试点，确定100处文物保存丰富的古城古镇古村落和古建筑群，启动实施“文物消防安全百项工程”。开展文物行政违法行为责任追究机制试点和文物安全保护志愿服务行动。

服务国家外交大局，举办中法建交50周年、中坦建交50周年、中马建交40周年文物特展和中国塞浦路斯文化对话展。制定年度对外文物交流展览推荐目录，印发文物对外交流与合作重点项目奖励暂行办法。完成海外中国文化中心“文物带你看中国”数字产品的制作和配发。举办第四届文化财产返还国际专家大会。推进柬埔寨吴哥窟茶胶寺、乌兹别克斯坦萨马尔罕古城和蒙古国辽代古塔保护修复等对外援助项目。

要组织协调好国际古迹遗址日、国际博物馆日和中国文化遗产日活动。开展《中国文物志》编修工作。《中国文物报》要巩固改版成果，全面反映文物事业的改革与发展，增加自采稿件比重。局官方网站要抓紧改版，增加信息量，扩大影响力。开通国家文物局官方微博，及时发布政务信息。妥善处置网络舆情事件，有效引导文物热点，营造良好社会氛围。

三、巩固群众路线教育实践活动成果，深入推进作风建设

一分部署，九分落实。要按照常态化、长效化的要求，抓好群众路线教育实践活动整改措施的落实，以作风建设新成效推动各项工作的新发展。

（一）持续抓好群众路线教育实践活动整改措施落实

教育实践活动能否取得实效，整改措施落实是关键。按照整改方案，2014年国家局需要落实的整改措施有30条；各直属单位也都有各自的整改任务。要对照整改任务清单，分清轻重缓急， 细化整改目标、整改措施和整改时限，按计划、有步骤、分阶段地整改落实，确保项项任务有人管、件件措施能落实。要坚持“讲认真”这个我们党的根本工作态度，把从严要求贯穿始终，坚决防止已纠治的问题反弹回潮，推动整改落实向兑现承诺、见底归零深化，推动建章立制向配套完善、刚性约束深化，推动总结经验向探索特点、把握规律深化，进一步巩固拓展活动成果。局党组和各司室、各单位主要负责同志，要着力抓好协调配合，着重抓好建章立制，充分履行督导职责，并定期向基层、向群众通报整改落实情况，要把落实整改与推动工作结合起来，做到两手抓、两不误，务求实效、取信于民。会后，按照归口管理、分工协作和精简、效能、统一的原则，首先要抓一抓调整优化局机关各司室的职能配置。实践证明，即使部门分工明确、边界清晰，也需要有效衔接、主动配合，而不能各自为政、画地为牢，对分管工作要全力以赴，对全局性、整体性工作都要高度重视，对协办工作也要积极主动、投入精力。

（二）抓队伍时时不放松，讲纪律处处不含糊

2014年，要以提高队伍执行力和战斗力为目标，把队伍建设作为一项重点工作来抓。局领导、各司室和各单位的负责同志要率先垂范，凡是要求别人做到的自己先做到，要求别人不做的自己坚决不做，以规范的言行、优良的作风为干部职工放好样子，做好表率；

要切实担负起推动作风转变、狠抓工作落实的责任，对纪律建设要亲自抓、负总责，敢于管理、严于管理、善于管理，看好自己的门，管好自己的人。要坚持用制度管权、管钱、管人，健全治庸、治懒、治散、治腐机制，给权力涂上防腐剂，为干部念好紧箍咒。要严格按规则和程序办事，严明出勤请假、出差报告、财务支出、完成工作任务考核等各项组织纪律和工作纪律，对不按规章制度落实的、对发现的苗头性问题要及时提醒、警示，扯扯袖子，咬咬耳朵，坚决纠正有令不行、有禁不止、无视制度存在的现象。要教育干部职工自觉抵制歪风邪气，管住自己的嘴、管住自己的手、管住自己的腿，倡导耐得住艰苦、抵得住诱惑、守得住小节，做到远离红线，严守底线。要支持干部职工克服本领恐慌，加强学习培训，注重实践锻炼，不断提升驾驭工作的能力。

（三）注重效能建设，提高工作效率

人员不足是文物系统从上到下普遍存在的问题，而只减不增是本届政府对全社会的郑重承诺。对此，我们只能靠改革创新解决体制机制束缚，靠发挥人的主观能动性提高部门效能和工作效率。

各司室、各单位对2014年明确的任务，要按照分工方案和进度要求，建立工作目标责任制，把任务分解到处，把压力传递到人，逐项提出完成时限和工作标准，形成一级抓一级、层层有压力的工作格局。要讲究工作方法，简化工作流程，建立沟通渠道，促进整体联动、齐抓共管。要科学分配工作资源和力量，大事集中抓，急事马上抓，长期任务不断线地抓，不能有布置没结果，不能年初安排的工作放到年底才过问。改革与探索要发扬民主、慎重决策，但一经议定必须统一行动、分头落实，做到上下一条心、全局一盘棋。对事关文物事业改革发展的大事，都要积极参与、积极推进、积极做贡献。要坚持问题导向，加强对重大问题、关键问题的调查研究，深入基层，深入实践，尽可能多听一听基层和一线的声音，尽可能多接触第一手材料，力求研究透、把握住、解决好。

（四）进一步强化监督检查

要加大对党中央和国务院各项决策部署、中央领导同志批示、国家文物局折子工程和局领导批示的督办力度，对重点工作和领导批示要每周跟踪督办，每月进行对账，每季度进行通报，做到件件有落实、有反馈、有结果。要建立常态化的重点工作、重大项目督察机制和任务完成责任制，逐步形成问事必问人、问人必问责、问责必问效的工作机制，加强督察和执法，切实做到年初建账、年中查账、年底算账。要强化对重点岗位、重要环节的监督管理；切实加强对重大项目实施和专项资金使用的管理、评估、验收和审计，逐步做到权责利相统一、审批与监督相结合、绩效评估与资金拨付相挂钩。按照既定工作计划，上半年要开展第一次全国可移动文物普查进度督察、古城保护中文物违法与消防安全专项督察，下半年要开展年度重点工作专项督察。

（五）进一步强化责任担当

文物部门要做到守土有责、守土负责、守土尽责，每个干部职工要做到履行职责、攻坚克难，对看准了的事情，要敢于负责、敢于担当、敢于较真、敢于碰硬，以时不我待的紧迫意识和夙夜在公的责任意识抓实再抓实，一步一个脚印，积小胜为大胜。对改革进程中已经出现和可能出现的困难和问题，困难要一个一个克服，问题要一个一个解决，既敢于出招又善于应招，做到蹄疾而步稳。对勇于实践、敢为人先、干事创业的干部要坚决支持，对敢担责任的同志要压担子、大胆使用，真正让吃苦的人吃香、让实干的人实惠、让有为的人有位。

文化部副部长、国家文物局局长励小捷在国家文物局传统村落整体保护利用工作会议上的讲话

（2014年5月8日）

今天我们召开国家文物局传统村落整体保护利用工作会议，主要目的是根据住房和城乡建设部、文化部、国家文物局、财政部《关于切实加强传统村落保护工作的指导意见》和传统村落保护工作电视电话会议的精神，研究部署全国重点文物保护单位、省级文物保护单位集中成片的传统村落整体保护利用工作。刚才，住建部、文化部、财政部的同志都讲了很好的意见，对国保、省保集中成片的传统村落保护利用工作具有重要的指导作用，在工作中要贯彻好。下面我代表国家文物局再强调三点意见。

一、要充分认识传统村落保护工作的重要意义

中国有着悠久的农耕文明史，村落作为中国社会最基本的聚落单元，广泛分布于国家的整个疆域，不仅在数千年的农业社会中提供了源源不断的生产生活资料，同时也孕育了中华民族丰富多彩、博大精深的传统文化。保护传统村落对于保护和传承文化遗产、弘扬优秀传统文化、建设环境友好型社会、推进农业和农村的现代化都具有重要意义。

首先，传统村落在我国众多类型的文化遗产中占有相当比重，具有独特价值。据不完全统计，我国目前拥有各类不可移动文物76万余处，其中42%地处农村。这些不可移动文物以乡土建筑为代表，其中23万处为古代建筑、近9万处为近现代建筑，形式多样，具有鲜明的地域多样性、民族多元性和历史延续性。传统村落由古至今一直在用，是一种活态文物，不但生动记录下了农耕时代遗留下来的各类历史记忆和劳动创造，而且对于已整体步入工业化时代的中国，仍然创造着农村走向现代化的历史，是承接过去与未来的重要载体。还要看到，传统村落保留了大量的非物质文化遗产，富含中华优秀传统文化的许多重要元素。例如在村落形成和建设过程中讲求“天人合一”，对水土、林木、鱼兽等取之有度。又如各类家风祖训、村规民约都包含了“忠孝节义”等内容。其中“孝”道产生于家庭，延展至社会，形成了中国传统文化所特有的忠孝两全的品德架构，以及修身、齐家、治国、平天下的价值追求。这些传统价值观和精神特质的产生都离不开乡村这一土壤，直至今天，依然具有强大的穿透力。继承这些优秀传统文化，对于构建当代社会主义核心价值观具有重要意义。此外，传统村落中保存的民间艺术、手工艺制作、服饰、饮食、礼仪等习俗，又成为传统道德体系和价值追求的物化载体。体验这些民俗，可以使人们具体生动地触摸历史传统。

其次要看到传统村落保护面临的严峻形势。有数据反映，中国的村落数量从2000年的

三百余万个，减少到2010年的两百余万个，十年之间消失了数十万个，相当于每天消失300个自然村。在推进城镇化的历史进程中，村落的整体减少有其客观必然性，但消失过快，也反映了城乡发展的不协调。再看看传统村落的情况，据2012年中国民间艺术家协会的普查结果，我国现存230万个村庄中，依然保存着原有规制、典型民居和传统民俗的古村落，已由2005年的五千个锐减至目前的两千多个。

造成传统村落数量锐减的主要原因有两方面。一是建设性破坏。城市的扩张，房地产开发和一些园区建设使大量的村庄被铲平；此外保护措施乏力，无序的房屋改扩建，以及旅游开发过程中的拆旧建新、拆真造假，也不同程度造成了传统村落风貌的丧失。二是由于产业结构调整和社会转型，大量农村富余劳动力进城另谋发展；也有部分村民为了过上舒适和现代化的生活，自行离村而去。这就造成传统村落逐渐空壳化，失去了应有的生机与活力。这两大原因都有其客观性、时代性，克服起来难度非常之大，我们只能在跟进时代，顺势而为中，坚守传统村落保护的底线。综上所述，传统村落的保护是一项重要、紧迫而又艰巨的任务。

二、要努力实现传统村落整体保护、可持续保护的目标

党中央、国务院高度重视文化遗产保护和中华优秀传统文化的传承。在新型城镇化建设规划中对传统村落的保护发展做出部署。日前，住建部、文化部、国家文物局和财政部联合印发了《关于切实加强传统村落保护的指导意见》，并组织召开了电视电话会议，部署下一步工作。四部局共同致力于创造一个良好的政策、资金环境，加强宏观指导和技术支撑，共同将传统村落保护工作落到实处。这是国家层面采取的传统村落保护的一个战略性举措；部门联动，各司其职，也是传统村落保护工作方式的改革创新。文物部门要配合大局，特别要做好其中国保、省保单位集中成片的传统村落保护工作。

传统村落的保护表现出保护与利用、传承与发展的复杂关系，体现了人文与自然、生产与生活、家庭与社会的广泛联系，反映了群众改善生活、追求富裕的刚性需求。因此，保护传统村落必须着眼于整体，着眼于长远。各级文物保护单位是传统村落中各类文化遗产资源的精华所在，多年来，我们持续不断的致力于传统村落的文物保护，但是由于难以涉及文物以外的乡土建筑和基础设施，往往造成文物建筑在村中鹤立鸡群，但村落整体风貌和格局得不到有效控制。即使是就文物建筑而言，由于缺少整体保护与发展的视野，对修缮后的利用、村民居住条件的改善、非物质文化遗产传承与产业发展等，考虑的也不多。针对这些问题，国家文物局根据四部局印发的《指导意见》，紧紧围绕整体保护、可持续保护的目标，立足自身职责，在1561个传统村落中，选择了270个国保、省保集中成片的村落，开展整体保护与利用工作。首批选择了51个村落，本次会后将立即启动。

做好这项工作，要求各级文物部门从工作把握上要做到两点。一是开阔视野，转变观念。要将村落规划、自然人文生态的保护、村民的生活改善以及特色产业的发展纳入工作视野，用村落保护和发展的总体要求来审视和提升文物保护工作；从文物建筑的保护入手，带动和促进其他相关工作的落实，创造出可复制、可推广的保护利用经验。二是要积极引导，主动配合。传统村落的整体保护涉及方方面面，是一项系统工程。文物部门在其中既要依法履职，给予资金、项目以及技术方面的支持与指导，又要积极主动地配合相关部门完成四部局《指导意见》中提出的各项任务，特别是要发挥县级政府的领导作用，落实主体责任。只有做到这两点，才能实现传统村落整体保护和可持续保护的目标。

三、要抓好重点任务的落实

传统村落整体保护要做的事情很多，不同的阶段有不同的重点。在这项工作启动后，要马上着手做好以下几件事：

（一）编制保护发展规划

四部局《指导意见》对编制传统村落保护发展规划提出了明确要求，首批51个村落都要抓紧组织落实。要根据住建部《传统村落保护发展规划编制基本要求》和国家文物局《全国重点文物保护单位保护规划编制要求》，组织相关领域专家或委托专业机构编制保护发展规划。规划要做到内容完整、要件齐备，同时要有一定的前瞻性。文物保护规划要与保护发展规划相衔接，并成为保护发展规划的重要组成部分。规划编制过程中，要广泛征求村民、相关部门和其他利益相关者的意见，形成最大公约数。规划形成后要按程序抓紧报批，并由县级人民政府颁布实施。一旦公布，必须严格执行，确保规划的严肃性。在首批51个村落中，有些已经编制了保护规划或其他相关专项规划，这些村可不必另起炉灶，从头做起，需要对现有各类规划按照新的要求进行补充和修编，这样既可以节约开支，又可以提高效率。

（二）确定实施工程项目

为了使首批51个传统村落中的文物维修项目能够纳入2014年的盘子，要抓紧确定工程项目，上报工程方案。国保单位的工程项目要力争在今年5月底前编制完成并上报工程方案，内容包括文物保护（含安防、消防和展示利用）、相关环境整治（含村落传统格局、风貌的修复）。省保单位的工程项目同样要在5月底以前编制并上报工程方案，由省级文物行政部门审批。此外，涉及其他专项转移支付的项目，要根据各部门的相关管理办法如期上报。与此同时，各省文物部门要针对本省在270个村落名单上的其他村落及早做好整体保护利用的项目储备工作，今年下半年起着手编制并上报工程方案；还要负责指导、安排1561个传统村落中各级文物保护单位的维修。

（三）研究制定相关政策和管理文件

实现对传统村落的整体保护利用，要硬件、软件两手抓。除了实施文物保护工程、村落环境和基础设施的相关项目，还要从一开始就重视一系列管理制度和村规民约的制定。根据整体保护的需要，制定对村中各类建设行为和生产生活行为进行指导和制约的规范文件；明确产权所有者的权利与义务，落实保护责任，建立文物保护补偿机制和相关奖惩制度。

（四）研究确定产业发展方向

产业发展、村民富裕是传统村落整体保护和可持续保护的前提。要在县政府的指导下，因地制宜、因村制宜，乃至因户制宜，确定每个村落的产业发展方向。提升传统种养殖业、鼓励发展特色手工业，指导与旅游业配套的餐饮、住宿等服务业的发展。产业发展要以增加村民就业，提高群众收入为目的，要与村落的文物保护、环境承载力相契合，防止过度开发。

四、要提供必要的保障

（一）明确责任，提供组织保障

各县要抓紧成立传统村落整体保护利用工作领导小组，负责辖区内包括270个国保、省保集中成片传统村落在内的所有传统村落的保护发展工作。希望县政府主要领导挂帅，相关部门负责人参与，成员单位各司其职、依法履责，省级文物部门要委派一位负责同志加入县领导小组，同时对属地内国保、省保集中成片传统村落整体保护利用工作进行督导，及时汇总和上报相关情况。文物保护、住房建设、非物质文化遗产等领域的各类项目申报与实施一律按原有项目管理程序和资金申报要求执行。

（二）整合资源，提供资金和项目保障

要充分发挥中央财政文物保护专项经费和文化体育传媒专项资金的作用，切实把国保和省保保护好、利用好，同时发挥其对各类相关资源的吸附和引领作用。县级政府要将传统村落保护纳入本级预算，尽可能增加投入用于基础设施改造等项目；同时整合其他各类适用于传统村落保护和发展的项目与资金，在未来三年向传统村落重点投放，确保各项工作同步顺利开展。还要开辟渠道，吸纳社会资金，参与村落的产业发展。

（三）专业参与，提供技术保障

传统村落整体保护利用面临许多专业方面的问题，比如建设规划、文物维修、防火防灾等，因此要高度重视发挥各个领域专业人员的作用。文物部门的专业团队要重点做好对传统村落历史文化价值研究，以研究成果指导规划编制，突出特色，防止盲目开发，千村一面。此外，还要负责文物保护工程方案的编制、传统村落格局风貌的保护和恢复等方面工作。这些工作都要在省文物局的指导下，由县政府实施。

（四）搞好教育培训，提供思想和人才保障

农民群众是传统村落保护和发展的主体，村民保护意识的高低最终决定着保护和发展目标能否实现。从传统村落可持续保护的角度看，也需要形成一支以当地群众为主体的古建维修、消防防灾的专业队伍和志愿者队伍。因此要让教育培训工作贯穿到各项保护工作的始终。国家文物局和省文物局将分片开展针对270个村两委主任的培训；县政府领导小组要指导村委会加强对村民进行宣传教育，阐释村落历史文化价值，传播文物保护知识，促使其自觉履行保护责任。在开展文物保护工程过程中，专业的设计施工单位要对村民进行文物和乡土建筑日常保护、维修方面的培训，吸纳其中的能工巧匠参与文物保护工程，使其具备承担今后日常保护维修的能力。现阶段国家文物局正在编制相关施工导则和技术标准，将于近期出台。

传统村落整体保护利用工作要注意两种现象，一是将村民整体迁出，搞产权置换，村落整体交给企业搞开发。我们反对这样做，是因为传统村落是靠着同姓氏、同宗族的聚居才得以传承的，人，尤其是世代居住于兹的人，才是传统村落的灵魂。没有村民的村落只是一个外壳，怎么可能实现可持续传承呢？当然，适度的经营是必要的，村落在发展过程中内疏外扩，减轻人口压力也是对的，但要有个限度，绝不能整体外迁村民。二是对传统村落中文物保护单位以外的民居全部拆除，之后新建仿古建筑，这种对传统村落重新“打造”的做法也是我们所反对的。

同志们，传统村落整体保护利用工作意义重大，时间紧迫，任务繁重。采取部际协作的方式是一个新的探索，我们的经验不足，要把可能遇到的困难估计的更充分一些。要进一步强化大局意识、责任意识、创新意识，按照四部局的指导意见和我局的实施方案，尽快形成各县、各村的路线图和时间表，扎实推进、积极探索、积累经验，不断完善，通过我们的共同努力，把这项功在当代、利在千秋的传统村落保护利用工作提高到一个新的水平。

文化部副部长、国家文物局局长励小捷在2014年全国文物局长座谈会上的讲话

（2014年7月21日）

今天，我们在宁夏银川召开全国文物局长座谈会。这次会议的主题是总结工作，交流经验，分析形势，研讨问题，进一步部署落实下半年工作任务。刚才，姚爱兴副主席发表了热情致辞，蔡武部长作了重要讲话。下面，我就贯彻落实蔡武部长的讲话精神，做好下半年的工作讲几点意见。

一、关于上半年的主要工作

上半年，我们紧紧围绕贯彻落实党的十八大和十八届三中全会部署，学习贯彻习近平总书记系列重要讲话精神，坚持稳中求进、改革创新的工作总基调，抓主抓重，攻坚克难，有力推动了各项工作的落实。

（一）《文物保护法》修订扎实推进

按照全国人大常委会立法规划和国务院立法工作计划，上半年我们集中精力开展了《文物保护法》修订草案起草工作。2月份，我们成立了《文物保护法》修订工作小组。在去年25个课题研究的基础上，凝练了12个修法重点问题，依托地方文物部门和相关科研单位深入研究。我和董保华同志分别带队赴江苏、山东、北京、浙江等地调研，边座谈讨论边修改条款，修法的几个难点问题都有所突破。举办以“文物事业与法制建设”为主题的无锡论坛，为修法提供了许多有价值的理论观点。5月份，形成《文物保护法》修订草案初稿第一稿，两次征求局机关各司室意见。6月底，形成了草案初稿第三稿。7月1日，召开专家座谈会，专门听取文博专家、特别是参与过2002年修法老专家的意见。根据专家意见，又集中三天时间修改形成了征求意见稿。7月11日，局务会讨论同意。7月15日，发各省区市征求意见。

在修法过程中，我们始终按照“坚持方针，跟进时代，解决问题，保证质量”的修法思路和“开门立法，整体规范，内外衔接，适度超前”的起草原则，保持原法结构整体稳定，原法条文能不改的尽量不改，对反映事业发展、改革要求和必须要破解的难题，我们进行了补充、完善和调整。原法共8章80条，草案征求意见稿共9章124条，新增部分主要是合理利用、监督检查两章以及罚则条款的细化，将馆藏文物和民间收藏文物两章合并为可移动文物一章。总的来看，修法工作按计划顺利进行，征求意见稿的形成是修法工作中一个重要阶段性成果。

（二）丝绸之路和大运河成功申遗

丝绸之路和大运河，一个是跨国遗产，一个是活态遗产，两个遗产几乎覆盖半个中国，同时申遗成功，史无前例，影响巨大。从申遗工作来讲，两者都是点多、线长、面

广，保护任务十分繁重，协调工作难度极大，再加上世界遗产专家评估意见对大运河项目申报不利，能否做到大运河和丝绸之路同年申遗成功，悬而未决、没有完胜把握。面对这样的申报形势，我们主要做了三方面工作：一是及时向国务院汇报，贯彻刘延东副总理关于“争取最好结果”的指示精神。二是落实世界遗产委员会的意见，迅速召开大运河保护和申遗省部际会商小组第五次会议，研究部署整改措施和申报对策；完成大运河10个缓冲区范围调整工作，制定大运河全线缓冲区管理和运河周边景观控制要求。三是争取更多国际支持，我亲自致函第38届世界遗产委员会会议主席和21个委员国委员；中国代表团对会议主席、各委员国和国际古迹遗址理事会专家逐一开展沟通解释工作。可以说，我们开展了大量工作，付出了艰辛努力，终于把大事办好、把难事办成，彰显了文物工作者敢于担当的品格和攻坚克难的作风。在此，我代表国家文物局对参与两个申遗项目的地方人民政府、地方文物部门、专家团队和工作团队的所有同志们表示衷心的感谢！

（三）重点文物保护项目呈现亮点

在文物维修、考古、大遗址保护工作有序推进的基础上，2014年文保项目安排呈现多个亮点：一是加强传统村落整体保护利用。与住建部、文化部、财政部联合出台《关于切实加强中国传统村落保护的指导意见》，从1561个传统村落中遴选270个国保、省保集中成片的传统村落，开展整体保护利用工作，2014年首批启动51个村落；印发国保、省保集中成片传统村落整体保护利用工作实施方案。三个多月来，首批村落的各项工作全面启动，以县为主的领导机构基本建立，大部分保护发展规划已经提交，补助经费在2014年中央财政专项资金中做了安排。二是国家设立抗日战争胜利纪念日和南京大屠杀遇难者公祭日，我们主动配合、及时印发《关于加强抗日战争时期文物保护利用工作的通知》，启动80个抗战文物保护展示工程，届时将新增开放29个国保文物点，新建纪念馆、陈列馆9个，展陈提升项目55个。三是贯彻落实《国务院关于支持赣南等原中央苏区振兴发展的若干意见》，完成赣南等原中央苏区革命旧址保护总体规划，加大资金扶持力度，统筹推进保护与利用，以国保为中心辐射带动相关革命旧址的修缮保护。

（四）可移动文物普查取得阶段性成果

30个省区市全面完成国有单位文物收藏情况调查，统计收藏保管有文物的单位达14137家，占全部国有单位的1.5%。运行全国可移动文物信息登录平台，培训400余名普查骨干。制定《馆藏文物登录规范》和出土（水）文物、馆藏自然类藏品登录要求，全面启动文物认定工作。召开省级普查办主任工作会议，部署第二阶段可移动文物普查工作。与北京市相关同志共同走访全国人大、全国政协和各民主党派中央机关及国务院有关部门，推动中央驻京单位普查工作深入开展。

（五）博物馆服务水平实现新的提升

完成2013年度全国博物馆年检备案，博物馆总数已达4165个，其中国有博物馆3354个、民办博物馆811个。加强博物馆青少年教育工作，在15个省份部署开展“完善博物馆青少年教育功能试点”。举办“直挂云帆济沧海——海上丝绸之路特展”。制定国家二、三级博物馆运行评估办法及指标体系，指导各地开展国家二、三级博物馆运行评估。与工信部、国标委建立公共服务平台和文物保护装备标准化技术委员会，遴选第一批文物保护装备产业化及应用试点项目。推进“文化遗产数字化公共服务平台与产业化应用示范”国家科技支撑计划项目，实施支援西藏可移动文物科技保护项目。开展文物和陈列展览精品的数字产品试点和智慧博物馆试点。发布15项文物保护行业标准。会同国家新闻出版广电总局整治违法违规文物鉴定类节目。受中纪委、最高人民法院等委托，完成一批涉案文物鉴定。

（六）行政审批制度改革不断深化

文保工程项目综合改革是2014年工作的重头戏。按照立项审批和方案审核分开、引入第三方审核技术方案的总要求，出台一系列管理办法，实行了网报网审。由于这项改革尚处在磨合期，还没有完全达到目的，但是思路已经清晰，相关措施逐步配套，各方力量的配备基本完成，执行的效果总体是好的。截至6月底，上报项目数、立项审批数、技术方案审核数均大大高于2013年。国家重点文保专项补助资金安排85亿元，同比增长约22%。取得这样的成果，凝聚着地方文物部门和文博单位、局机关各司室和相关直属单位、审核方案和预算的第三方机构及其专家队伍的辛勤汗水，充分体现了各有关方面顾全大局、通力协作的“一盘棋”精神。

公布国家文物局文物行政审批事项新版目录，按计划下放“境外机构和团体拍摄考古发掘现场审批”事项，拟提前下放“拍卖企业经营文物拍卖许可”“外国公民、组织和国际组织参观未开放的文物点和考古发掘现场审批”“国有文物收藏单位之间交换馆藏一级文物审批”等3项审批事项。健全政府购买服务的工作流程，确定国家文物局向社会购买服务目录。

（七）安全防范和行政执法进一步加强

针对年初古村镇火灾频发的严峻形势，与公安部、住建部印发《关于加强历史文化名城名镇名村及文物建筑消防安全工作的指导意见》，启动实施文物消防安全百项工程，开展电气火灾智能防控系统、防爆安全检查系统、高原地区文物建筑灭火装备试点。

实施不可移动文物保护执法遥感监测项目，重点监督不可移动文物消失情况和国保“两线”范围的变化情况。加大文物案件督察督办力度，上半年全国省、市、县级文物部门开展执法巡查67923次，检查发现违法行为322起，调查处理完毕322起。国家文物局接报全国文博单位发生行政违法案件81起，立案查处69起，责令改正51起，行政处罚32起。其中广东龙川县洋溪桥拆毁案被刑事拘留8人，陕西洛南县城隍庙迁建案被行政处分5人、开发商被罚款50万元，南京城墙太平门复建工程未批先建案被责令整改，长春东本愿寺保护范围违法建设案被责令拆除，西安城墙保护范围违法修建电梯案被紧急叫停并予以拆除，做到国家文物局督办的案件有落实、有结果。地方政府落实文物安全责任制也有新举措，湖南省自2014年起将国有文物安全正式纳入对各市州党委、政府的绩效考核内容，即“国有文物保护不力，造成文物损毁、遗失或被盗的，每起扣2分”，使文物安全有了量化考核的制度保障。

（八）人才培养“金鼎工程”全面启动

印发《全国文博人才发展中长期规划纲要（2014～2020年）》。制订《“金鼎工程”实施方案》，设计领军型人才、科技型人才、技能型人才、管理型人才培养路线图，确定四类人才培训的主体班次。开展县级文物行政部门负责人和省级博物馆馆长培训，与北京建筑大学合作完成文物保护相关博士招录工作，遴选国家文物局首批培训业务合作机构，完成2014年青年拔尖人才支持计划申报工作。

（九）水下文化遗产保护取得重要突破

中编办批复国家文物局水下文化遗产保护中心组建方案，成为独立建制、独立核算的局级直属事业单位。水下考古研究船下水试航，9月进行首航。南海基地启动设计招标，西沙工作站开工建设，北海基地、宁波基地、武汉基地建设进展顺利。推进“南海Ⅰ号”、宁波“小白礁Ⅰ号”沉船考古发掘工作。

完成中美关于限制进口中国文物谅解备忘录修订及有效期顺延工作，与缅甸签署关于促进文化遗产领域交流合作的协议。“文物带你看中国”3D展示项目在丹麦哥本哈根中国文化中心首次落地。成功举办文化遗产日景德镇主场城市、国际博物馆日南京博物院主会场和国际古迹遗址日活动。开通运行国家文物局官方微博，完成国家文物局官网改版上线，有力配合大运河、丝绸之路成功申遗的媒体宣传，妥善处理多起文物舆情事件。启动《中国文物志》编纂工作，初步策划了篇目框架和内容体量。组建国家文物局信息化工作领导小组，推进文物系统信息化建设顶层设计。

二、关于下半年的重点任务

全国文物局长会议和年度工作要点对全年目标任务已经做出部署，我不再重复。下面，我就下半年着力推进的十件大事再提些要求。

第一件事，认真组织对《文物保护法》修订草案征求意见稿的修改。

修改《文物保护法》是关系文物事业长远和全局的一件大事。目前，已经开始征求地方的意见。各地文物部门一定要高度重视、积极参与，把对征求意见稿提出意见当成自己的事情，共同把草案修改好。

首先，要认真领会修法意图。本次修法力求突破部门法的局限，开阔视野，全面厘清政府、社会、个人在文物保护中的职责、权利和义务；力求全面体现文物工作方针，新增专章明确文物合理利用的法律地位，充实文物合理利用的措施要求；力求体现十多年来文物工作实践的新探索新成果；力求把鼓励社会参与的政策法律化，比如国有一般不可移动文物的产权转让和省保以下不可移动文物的使用权让渡等条款都是为了扩大文物保护的责任主体；力求体现国务院关于行政管理体制改革的要求，取消下放一批行政许可和审批项目，同时为规范文物行业的宏观管理，也增加了若干审批事项，强化了监督检查职能；力求体现法律的可操作性，对禁止性规定都设立了相应的罚则。

其次，要解放思想、认真负责，结合文物工作实际和执法过程中遇到的现实问题，逐条研读草案文本，充分讨论，不设禁区，大胆提出修改意见。

第三，各省文物主管部门要将草案文本发送到本辖区各级文物部门和省级文博单位，要求他们认真组织讨论与修改。在汇总全省意见的基础上，各省文物局领导班子要召开专题会议，形成正式修改意见，其中重要修改意见要说明修改理由。各省文物局对《文物保护法》修订草案征求意见稿的报告和“花脸稿”，要在9月15日前书面上报国家文物局。

我们将高度重视、充分吸取地方意见，对征求意见稿作进一步修改。经修改后，征求国务院各部门的意见，力争年底形成修订草案送审稿，按立法程序报审。

第二件事，不断完善文保工程项目审批机制。

文保工程项目审批和专项资金安排是文物系统的主体业务工作，是实现文物保护的基本手段，是中央财政支持文物事业的主渠道，可谓牵一发而动全身。完善文保工程项目审批制度，是一项复杂的系统工程。2014年审批高峰过后，我和顾玉才同志与办公室、文保司、文研院、国文信公司研究过下一步的完善措施。主要有以下几个方面：

一要简化程序，把能够减少、合并的环节压下来，特别是对那些不科学、不合理、纯粹走程序的环节坚决压下来。对申报材料的要求实行一次性告知，对申报材料实行一次性受理，对申报项目实行类似身份证号码管理。

二要明确文本申报标准，实行差异化管理。立项报告力求简明，重点解决该不该修的问题；技术方案力求翔实，重点解决怎样修的问题。各类文本的申报要求要坚持分类化、明晰化、模块化，让填报者一目了然、审核者心中有数。

三要在资金安排上整体把握，突出绩效。要搞好项目储备，坚持质量，坚持标准。年度项目安排要突出导向性，资金安排要与地方执行力挂钩，突出资金使用的规范性、有效性和安全性。

四要在技术支撑上对网报网审平台优化升级，全面实现“一网流转审批、信息共享互认、全程电子存档”的常态化网上审批，逐步推行数字证书认证和电子印章应用系统。要做好2015年将安消防项目和可移动文物修复项目纳入网报网审系统的前期准备和测试运行。

五要健全第三方评估机制，进一步明确第三方评估的程序、效力和质量要求，加强专业队伍建设，提高第三方评估的科学性、专业性和时效性。鼓励和支持文物保护相关社会组织在第三方评估中发挥作用。

省局要切实把好项目初审和技术方案审批关，提高项目通过率。为此，有条件的省份要培养本省专家团队，预先安排工作经费。按照国家文物局提出的项目导向，提前谋划并认真组织辖区项目的规划编制、方案制订准备，特别是事关全局的重大项目实施准备。国家文物局相关司室要在10月底前完成审批程序、标准等有关办法的修改，涉及地方的要提前征求意见。

第三件事，切实推进文物保护重点工程。

要做好传统村落保护利用工作。首批51个村落目前还有11个村没有编制保护发展规划，要抓紧完成；规划已经编制的要抓紧实施工程项目，传统村落文保工程的招投标和项目实施要按照国家文物局有关要求，尽可能使用当地有维修乡土建筑经验的工程队伍。省、市文物部门要指派专人包村，督导具体工作。各省要针对本省在270个村落名单上的其他村落，及早做好整体保护利用的规划编制、方案制订和项目储备。国家文物局要就传统村落中文保单位包括公共建筑、在用民居的维修保护，提出原则性的指导意见；各地特别是像江西、湖南、浙江、山西这样传统村落相对集中的省要组织力量，着手编制维修导则和技术标准。

要恪守《世界遗产公约》及其操作指南的有关要求，进一步加强丝绸之路和大运河文化遗产保护，进一步巩固跨地区跨行业对话和协调机制，警惕对沿线申遗点的周边土地和旅游资源的过度开发，积极探索巨型线性文化遗产的保护、传承与活化利用的有机结合。

要抓紧组织实施抗战文物保护维修工程项目，抓紧策划推出抗战文物专题展览和主题活动，确保具备条件的抗战历史遗迹于今年9月前全部向公众开放，确保在9月3日和12月13日这两个时间节点发挥作用、产生影响。另外，对像山西应县木塔这样价值大、影响广的国保维修项目，国家文物局、省文物局必须抓在手上、深度介入，积极稳妥地推进。

2014年，可移动文物修复和预防性保护项目经费首次突破10亿元。要想保持住这种良好势头，必须及时跟进、主动作为，解决好可移动文物修复专业人才不足和预防性保护标准缺乏的问题。

第四件事，加快推进可移动文物普查。

召开国务院第一次全国可移动文物普查领导小组第二次全体会议。联合财政部对可移动文物普查经费保障落实情况进行专项督察。要统计分析国有单位文物收藏总体情况，整理公布第一阶段普查成果。建成可移动文物普查平台数据交换、社会服务和综合管理子系统，继续推进文物认定和信息采集登录工作，完成馆藏珍贵文物信息采集登录工作。发布《第一次全国可移动文物普查质量控制管理办法》，建立检查督导、质量抽查和数据审验机制。

第五件事，充分发挥博物馆的社会教育功能。

与教育部联合印发《关于利用博物馆开展青少年教育的指导意见》，推进博物馆资源与中小学课程教育、社会实践活动、体验式教学相结合。开展博物馆免费开放绩效考评和央地共建博物馆运行评估，提升博物馆发展质量。举办陆上丝绸之路特展。推进博物馆理事会制度试点。开展博物馆创意产品设计评比活动，提升博物馆文创水平。实施首批文物保护科技优秀青年研究计划，组建新的地域性或专业性科技创新联盟，开展国家文物局重点科研基地运行评估。试点运行文物进出境信息管理系统手持设备和电子标签，开展文博机构对民间收藏文物鉴定试点。

第六件事，扎实开展人才培养“金鼎工程”。

印发《“金鼎工程”实施方案》，如期完成26个主体班次培训任务。与高等职业院校建立联合培养机制，扩大文博技能型人才培养的领域和规模；研究制定文物修复师、考古探掘师等国家职业标准。开展文博人才培训基地认定试点。与西北大学、北京建筑大学联合开展文物保护领域对在职职工的首次硕士学位、学历教育招生工作。制订“文博人才网络学院”建设方案，编写文博职业教育培训教材。完善专家库建设，做到管理规范、使用有序、责任分明、动态调整。

第七件事，精心实施对外交流合作重点项目。

办好第四届文化财产返还国际专家大会，发布《敦煌宣言》。举办中法建交50周年赴法“汉风”特展、中坦建交50周年赴坦“牵星过洋”特展。制定对外文物交流展览推荐目录，印发文物对外交流合作重点项目奖励办法。推进柬埔寨吴哥窟茶胶寺、蒙古国科伦巴尔古塔和乌兹别克斯坦花剌子模州文物修复保护项目以及塞浦路斯壁画彩塑科技保护前期工作等。做好赴台佛光山佛陀纪念馆佛教文物展、台东史前文化博物馆巡展和敦煌文物赴香港展，促成台湾星云大师捐赠的河北幽居寺流失佛像回归。

第八件事，努力筑牢文物安全基础。

编制文物消防安全百项工程总体实施规划及第一批实施的设计方案和10处古城镇、古村寨、文物建筑集中分布区域的文物消防安全专项规划。制定文物安全防护工程立项深度要求和方案编制要求，下放安消防工程设计方案审核权。修订《文物系统博物馆风险等级和安全防护级别的规定》和《古建筑消防管理规则》，制定《文物消防安全检查规程》。召开全国文物安全工作部际联席会议联络员会议，推动与海关总署签订《打击文物走私活动合作备忘录》，联合公安部开展重点地区文物单位消防安全检查。研究建立边疆地区文物保护员制度。

第九件事，全面提升行政执法效能。

强化执法，既是事业发展的利器，也是文物部门的职责。要把加强文物执法真正重视起来，真正下力量去抓，真正把违法案件一抓到底、抓出结果，把文物执法工作提高到一个新的水平。下半年要注重解决两个问题。

关于知情不报的问题。加强执法，下情上达是前提。近三年国家文物局接报的行政违法案件数量呈明显下降趋势，2012年317起，2013年236起，2014年上半年80起，15个省份上报无案件。但事实并非如此，2014半年国保行政违法案件24起，其中由媒体曝光、群众举报并经查实的多达三分之一。文物部门作为监管部门和执法部门，一个基本职能就是要及时发现和处理文物违法行为，按照管理权限该上报的要及时上报。这条底线都守不住，文物部门的存在就会受到公众的质疑。《文物保护法》《文物安全与行政执法信息上报及公告办法》《突发事件应急工作管理办法》对文物行政违法案件上报的主体、程序和时限都有明确要求，务必严格执行。要明确文物、博物馆单位的案件上报主体责任，发生了违法行为，要第一时间上报。要严格履行各级文物部门的监督责任和巡查责任，做到及时发现问题、迅速上报情况。要搞好舆情监测，对媒体报道和网络舆情反映的相关问题要迅速查实，该上报的逐级上报。对各省文物主管部门知情不报的，国家文物局每半年将向全国通报一次；对造成严重后果的，建议同级政府作出行政处理。

关于有案不查的问题。对文物违法案件，只要媒体不报道，群众不反映，当地文物部门就经常性失声失语，习惯于能躲就躲、能拖就拖，不敢担当，不愿查处。切实加强执法，严惩违法行为，必须守土有责、守土负责、守土尽责。一要加强文物行政部门的执法地位和责任。省级文物部门要相对集中执法权，有条件的要设置专门处室或挂牌明确主管处室，至少指定专人负责。对于具备行政执法主体资格的市县文物局，要坚持由文物局执法，履行执法职责。对于没有文物局的市县，要争取通过明确职能、固化职责，将文物行政执法主体落实到综合执法机构，也可通过委托赋予市县博物馆、文管所行政执法职能。国家文物局将修订《文物行政处罚暂行规定》，以部门规章形式确认委托执法的合法性；国家文物局将会同国家相关部门，总结经验，研究起草关于落实文物执法队伍的指导意见。二要加强执法监督。要建立国家文物局常态化督察制度，确定年度督察重点，通过实地督察、交叉检查、第三方暗查等方式，加强对各地的执法监督。组织年度文物执法十大经典案例评选，开展省级文物行政执法督察考评试点。三要加强宣传，树立各级政府和文物部门依法履职、有所作为的正面形象。从下半年开始，国家文物局对直接督察督办的重大案件，要采取适当方式主动公开、主动发声；在国家文物局官方网站、微博和《中国文物报》，开设“文物督察在行动”专栏，重点宣传典型案例、典型做法、典型人物。

第十件事，着力防控腐败风险。

各级文物主管部门及文博单位要按照同级党委的要求，切实抓好廉政建设工作。国家文物局作为行业主管部门，每年安排中央财政专项资金超过150亿元。确保国家财政资金的有效使用和安全管理，是国家文物局的监管责任之一，也是摆到各级文物主管部门面前的一个重大而现实的问题，必须引起我们的重视和警觉。

无论是国保、省保项目，还是其他文保项目，其组织、实施大多数都要落到县，监管上要解决鞭长莫及、力不从心的问题。按照“谁审批、谁负责，谁主管、谁负责”的原则，国家文物局和各省文物局都有责任加强对项目实施和资金使用的全程监管，特别是对政府招投标过程中的地方保护主义、违背《招标投标法》的“暗箱”操作、擅自调改标的等行为要重点监督、及时制止，不听劝阻的要向监察部门报告。在项目申报上要严防一味开大药方、报大项目的倾向，坚持以刚性的制度规定和严格的程序监督管住人、钱、事。目前，部分省和县的财评中心还要对下达的文保专项资金进行评审，有时出现把经财政部审核同意的预算又压下一块的情况，影响工程开工。对此，文物部门必须与财政部门做好沟通：一是文物修缮工程不能简单套用一般建设工程的定额标准；二是核减下来的资金原则上要退回中央财政。要强化监督，做到信息公开、全程监督，筑牢技术反腐防线；开展分层次多样化的检查、抽查、督察，切实做到项目审批到哪里，资金使用到哪里，监督就跟踪到哪里。对发现的问题，该警示的警示，该查处的查处。对违规使用中央专项资金、整改不力的，调减或暂停项目所在地当年资金安排和后续项目。

这里，我要专门强调一下督察工作。加强督察是促进工作落实的重要环节和工作方法。下半年，国家文物局将开展2014年重点工程和专项资金督察、古城保护中文物违法与消防安全督察、可移动文物普查经费保障督察。要统筹安排督察的重点、时间、人员、区域，多开展联合督察，防止交叉重复，提高督察效率。要强化责任，摸透实情，务求实效，避免“雨过地皮湿”。要对督察发现的问题有思考、有分析、有判断，分类处理，逐项整改。省局也要建立常态化的督察机制，加强上下联动和工作协调。

同志们，下半年的工作时间紧、任务重、要求高。我们要以奋发有为的精神状态，以狠抓落实的工作作风，健全环环相扣、行之有效的工作责任制，发扬钉钉子精神，响鼓重锤推进落实，确保圆满完成全年目标任务。

文化部副部长、国家文物局局长励小捷在文物合理利用工作交流会上的讲话

（2014年7月21日）

我们召开全国性会议专题研究文物合理利用工作还是第一次。会议的主要任务是学习贯彻习近平总书记关于让文物活起来的重要讲话精神，交流文物合理利用经验，进一步推进文物合理利用工作。国家文物局对这次会议十分重视，会议方案和这篇讲话是经局务会讨论同意的。

党的十八大以来，习近平总书记就传承弘扬优秀传统文化作出了一系列重要指示，强调中国人民在实现中国梦的进程中，将按照时代的新进步，推动中华文明创造性转化和创新性发展，激活其生命力，把跨越时空、超越国度、富有永恒魅力、具有当代价值的文化精神弘扬起来，让收藏在博物馆里的文物、陈列在广阔大地上的遗产、书写在古籍里的文字都“活”起来。国家文物局多次召开党组会、局务会，深入学习领会习近平总书记系列重要讲话精神，各地文物部门和文博单位积极探索、努力实践，对文物合理利用的认识上升到了一个新的高度。

刚才，北京、陕西、四川、重庆、安徽、浙江、内蒙古、广东、上海、辽宁、恭王府管理中心、山西等12个单位所做的大会交流发言，从不同侧面反映了全国文物利用工作的成果。

北京市文物局围绕服务国家大局、打造首都形象的定位，整体规划部署文物合理利用工作，统筹布局，政策引导，做到了在大局中发挥作用、在大事中体现优势、在重要时间节点上显示影响力，值得各地借鉴。

西安大明宫国家考古遗址公园，把大遗址保护利用与当地经济社会发展相结合、与群众生活水平提高相结合、与城乡建设相结合、与环境改善相结合，着力在大遗址保护和让群众、社会满意上寻找契合点，在多种手段展示大遗址历史文化价值上进行探索，取得了良好的社会效益和经济效益。

成都武侯祠博物馆以武侯祠为核心，深入挖掘三国文化内涵，既拓展了文物保护空间，也拓展了文物利用空间，在文化产业发展中传播弘扬优秀传统文化，探寻到了一条成功之道。

重庆红岩连线整合红岩、歌乐山等40多处革命文物遗址，紧紧抓住“红色”二字，综合运用各种宣传、营销手段，打造一流爱国主义教育基地和红色旅游特色品牌，以点串线，以线带面，为革命历史类文物的利用树立了成功典范。

安徽西递村在怎样留住村民、怎样发挥村民在传统村落保护利用中的主体作用上独辟蹊径，创新管理模式，在传统村落的保护与利用中独具特色。

西湖作为杭州市的名片，着眼全市旅游和第三产业发展，回归自然，还湖于民，在城

市文化遗产整体保护利用上为我们提供了可资借鉴的经验。

上海博物馆长期坚持以办展为中心，深入研究、精心策划、准确定位、细分受众，推出了一系列深受观众欢迎的文物精品展览，形成了上博品牌、上博特色。

孙中山故居纪念馆位居珠江三角洲改革开放前沿，把坚守与创新有机统一，把纪念馆与故居风貌有机融合，在保持故居及周边环境真实性、完整性的同时，让观众在参观的过程中体验到如临其境的感受。

内蒙古博物院针对内蒙古地域辽阔、广大农牧区缺少博物馆的实际，主动与学校建立长期合作机制，打造流动博物馆、数字博物馆，将展览、讲座和教育活动送到孩子们的身边。他们的经验在博物馆进校园、进课堂、融入国民教育方面，无疑具有推广意义。

沈阳铁西区结合实际积极借鉴国外工业遗产保护利用的成功经验，政府主导，整体规划，分类开发。在原有工业建筑的基础上进行功能转化，形成了别具特色的工业遗产博物馆群、工人村博物馆群，走出了一条工业遗产再利用的新路。

恭王府管理中心深入挖掘王府文化和古建筑文化内涵，不断拓展文物藏品、丰富展陈内容，开展文博产品开发和服务，特别是中国传统的“福”文化的活化利用受到了广大观众的欢迎。

山西曲沃县突出吸引社会力量投入低级别不可移动文物的保护与利用，扩大了保护主体，开辟了利用途径，在通过使用权转让吸引社会资金投入文物保护上迈出了难得的一步。

由于时间关系，今天只选取了12个单位做了交流发言。各省的经验交流材料虽然是书面的，但内容也很丰富，都具有可推广、可借鉴性。体现了文物系统在文物利用上的积极探索，体现了在保护中利用、在利用中传承的创新实践，体现了文物资源在弘扬优秀传统文化中发挥的作用，表明文物合理利用具有广阔前景。

下面，我就如何认识合理利用和如何推动合理利用谈点体会，与大家共同交流。

要推动文物合理利用工作，必须首先解决对合理利用的认识问题。

1992年，在全国文物工作会议上，李瑞环同志发表重要讲话，强调文物保护“先救命，再治病”的急迫性，同时指出“合理、适度、科学的利用不仅不会妨碍保护，而且有利于保护”。1995年，李铁映同志在全国文物工作会上阐述了合理利用的重要性和保护与利用的辩证统一关系。2002年修订的《文物保护法》，将合理利用正式写入文物工作十六字方针，以法律的形式予以明确。文物合理利用从提出到纳入《文物保护法》历经十年，凝聚了广大文物工作者经过艰苦探索总结的实践经验，体现了新时期文物工作的客观规律，反映了人民群众对文物工作的普遍要求。

从入法到现在，又过了十多年，在文物合理利用方面我们取得了不少经验和成绩，但在对文物合理利用的认识上仍然有一些偏差。造成这种情况有主客观两方面原因。主观上，没有认清保护与利用的辩证关系，认为保护的任务十分繁重，多讲利用会影响保护，把利用与保护对立起来。客观上，在城镇化加快、房地产趋热的形势下，的确有人打着利用的旗号搞过度开发经营，损害了文物利用的声誉，以致有些同志害怕与企业经营搅到一起，对利用抱有少说为佳的心态。必须指出的是，这些问题的出现并非因为合理利用造成的。在文物工作中，保护永远是第一位的，但保护的第一位并不意味着利用不重要。实现文物事业的科学发展，必须使保护与利用相统筹、相协调，既要重视文物保护工作，又要重视合理利用工作，在保护的前提下搞好合理利用，在促进合理利用的过程中实现更好地保护。

在国际上，对文化遗产的利用也屡屡见诸宪章、公约。1964年，联合国教科文组织通过的《威尼斯宪章》被公认为国际文化遗产保护事业的里程碑，其中首次提及利用的概念，并主张“为社会公用之目的的利用古迹永远有利于古迹的保护”。1972年《世界遗产公约》将保护、保存和展示共同提升至国家责任的高度。2008年《关于文化遗产地的阐释与展示宪章》将“利用”定义为一切有利于增进对文化遗产正确认识和深入理解的活动。同时，这种利用被认为是一种极为重要且更加积极的保护方式。

从历史到现实，从国内到国外，都认为利用是文化遗产事业的应有之义。根本上说，文物是珍贵的不可再生资源，它具有极大的历史、艺术和科学价值，能够在诸多方面发挥重要而不可替代的作用。

第一，文物具有铭刻历史、传承文明的作用。《易经》讲，“形而上者谓之道，形而下者谓之器”，道为器之魂，器为道所依。数量众多、类型多样的文化遗产是中华文化之所以源远流长、一脉相承的实物见证，真实反映了各个历史时期的政治、经济、军事、文化、科学和社会生活，体现着中华民族旺盛的生命力和不竭的创造力。讲中华文明五千年绵延不断，讲中华文明起源由一元说到多元说，再到满天星斗、多元一体，依据就是考古发现的文物。文物不仅为中华优秀传统文化的传承提供了丰厚物质资源，而且为社会主义核心价值观的塑造提供了丰富精神滋养。文物工作不但收藏历史，而且也为未来收藏今天，成为把今天告诉未来的历史见证。

第二，文物具有教育公众、以文化人的作用。文物资源丰富的思想文化内涵，决定了它具有多种多样的教化功能。史前绚烂的彩陶，商周凝重的青铜器，秦汉气势磅礴的万里长城，隋唐光彩夺目的壁画，宋元精比琢玉的瓷器，明清技艺精湛的古建筑，说明了中华民族的伟大，给每一个中国人以民族的自豪和骄傲。造纸、印刷、火药、指南针、都江堰、大运河等等中华古代发明，说明了中华民族的智慧，给当代人以民族的自信和创新的活力。圆明园的断壁残垣，南京大屠杀的万人坑，记载了中华民族历史上的耻辱，给人以心灵的震撼和图强的觉醒。近代以来为救亡图存、抵御外侮的无数民族英雄、革命志士，其人其事，其文其物，光照千秋，永世典范。这些都是弘扬中华文化、进行民族历史、中国共产党历史和社会主义教育的生动教材。

第三，文物具有印证历史、彰显主权的作用。我们的先人筚路蓝缕、播迁开发，在广袤的疆土河海留下了珍贵的文化遗存，成为见证祖国疆土的有力证据。遗存至今的新疆交河故城、伊犁将军府，是中国中央政府自汉以来对新疆实施有效管辖的忠实记录；矗立在南海岛礁上的石碑、建筑，收藏在博物馆里的大量历代地图文献，是中华民族历朝历代行使海疆主权的铮铮铁证。这些文物的展现，不仅有利于揭露分裂祖国、破坏民族团结的图谋，而且有利于在外交斗争中彰显国家主权、维护国家利益。

第四，文物具有促进发展、改善民生的作用。每一个列入世界文化遗产的文保单位，都会形成新的旅游热点；每一个国家考古遗址公园的建成，都会带来当地环境的改善、居民搬迁新居和就业岗位的增加。作为独特的人文资源，文物可以丰富城市内涵，提升城市品质，可以转化为旅游、文化创意等产业发展的资源，促进区域经济发展。

第五，文物具有促进中华文化走出去、扩大中华文化影响力的作用。近年来，围绕中华文化走出去，我国文物对外展览不断增加，渐成系列。在国际社会，文物部门与联合国教科文组织、国际古迹遗址理事会、国际博协等国际组织间的合作，也不时传递出中国的声音。文物可以跨越时空、穿越国度，与不同的文明形态对话；文物可以少受意识形态的限制，与不同政治制度国家的人民交流；文物可观赏、可感知，不像思想、文字那样抽象，容易引起不同语言、不同肤色人们的兴趣与共鸣，在传播文化、促进文明交流互鉴方面具有独特魅力。

就整体而言，经过数十年的努力，我国文物合理利用工作积累了不少经验，取得了明显成效，呈现出积极探索、加快推进的态势。同时要看到，当前，文物利用工作也存在着两方面突出问题，即利用“不够”和利用“不当”的问题。所谓“不够”，一是在文物历史、艺术、科学价值的挖掘、研究、展示上不够；二是在文物保护规划、维修方案中对利用的措施考虑不够；三是博物馆馆藏文物利用不够；四是对现代科学技术、信息技术、网络技术的运用不够。所谓“不当”，一是对一些热门景点进行不加限制的过度利用；二是只为经济效益不顾社会效益，甚至改变文物的公共资源性质，变为私人会所；三是对文物的利用存在简单化、雷同化、乃至庸俗化现象。

解决上述问题，要准确把握文物合理利用的基本原则。我认为有四个原则是应该普遍遵循的：一是一切利用都要以保护为前提。任何一种利用都不能破坏文物、损害文物，对文物做到最小干预，尽可能创造有利于保护的环境条件。二是一切利用都要建立在对文物历史、艺术、科学价值的深入研究、准确把握的基础之上，有利于增进公众对文物的正确认识和深入理解，坚持文化价值优先。三是一切利用都要以服务公众为目的。文物总体上讲是公共文化资源，文物事业也是公益性文化事业。任何一种利用，都应该是面向社会的、服务公众的，而不是为私人或特定人群服务的。四是一切利用都要尊重科学精神、遵守社会公德。文物的利用应该引领社会风尚，传播正能量，不能搞封建迷信，不能给伪科学提供舞台，更不能搞违背道德底线的事情。

这里，结合大家发言和各地经验交流材料，我就如何推进文物合理利用，讲几条工作方面的要求：

一是各级文物保护单位要尽可能向公众开放。博物馆的开放是不言而喻的，国有文物保护单位开放情况总的也是好的，但也存在着维修之后由于对展示利用缺少准备迟迟没有开放的问题。开放是文物公益性的基本体现，也是文物为社会、为大众服务的主要形式。强调尽可能对外开放虽然是利用工作中最基本的但也是最重要的，不开放就谈不上利用。

国有各级文物保护单位中有一部分是由机关、事业单位和企业等使用的。这些单位要在不影响办公和生产的情况下，创造条件实现局部或者定时段开放。非国有文物保护单位向公众开放、提供展览展示服务的，各级文物部门应当给予支持和帮助。私人产权的民居类文物保护单位，要有标识和文字说明。考古工地和可移动文物修复现场可以确定固定开放日或向有组织的群体开放。各级文物部门要把开放工作纳入日程，把对系统外文物保护单位的开放纳入管理视野。

二要把保护与利用相统筹落实到文保项目的管理中。在制定文物保护工程方案时，就要同时制定开放利用展示方案，在立项审批、方案审核、经费安排上要一并考虑。修缮工程竣工验收后，应当具备开放展示条件。这一要求我们在2013年就提出了，但落实得不太好，因为做方案的机构、审方案的专家对此还没完全知晓，没解决“最后一公里”的问题，今后要加以完善。还有一点要说明，对于红色文物的展示利用，文物部门要解决必要的设施和条件，展览内容由当地宣传部门审定。

三要提高馆藏文物利用率，让收藏在博物馆里的文物活起来。全国馆藏可移动文物数量巨大，分布极不平衡。会前，我们对央地共建中的9个博物馆馆藏文物展出率进行了统计，其中最高的不足5%，最低的仅1.2%，平均不足2.8%。而个别新建的市县博物馆，馆藏文物少得连一个基本陈列都充实不起来。从现在起，我们要将这一问题作为博物馆建设、博物馆免费开放中的重点工作，多出主意、多想办法，努力抓出成效。

各省文物部门要协调省市县区博物馆，通过总馆长制、院线制等有效办法，开展借展、联展、巡展，形成国有馆藏文物资源共享机制。国有博物馆可以通过调拨、交换、借用等方式，优化馆藏文物结构，帮助馆藏文物较少的博物馆形成有特色的陈列展览。支持国家级博物馆和省际间的联展、巡展。建立博物馆文物展览质量、数量考核评价制度，切实解决馆藏文物展出率不高的问题，解决新建博物馆藏品不足、展陈难的问题。部分考古院所长期以来不向博物馆依法按期移交出土文物，造成博物馆藏品来源断流，也不利出土文物的保护与管理。这是我们行业内有法不依的突出问题，要采取综合措施认真予以解决。

四要加强策划，提炼展现中华优秀传统文化的精品展览。在我们的博物馆展览中不乏精品，但大多数还是按地域、年代、器形策展。首先说这很有必要，也容易形成展陈的特色。但是，在中央提出弘扬优秀传统文化，对传统文化进行创造性转化、创新性发展的新形势下，作为文物工作者、博物馆人不得不思考，如何依托文物资源，突出优秀传统文化的思想内涵，策划出一系列具有鲜明教育作用、彰显社会主义核心价值观的主题展览。比如以“天人合一”为主题、以“诚信礼仪”为主题、以“孝文化”为主题的文物展览等，让文物说话，讲中国故事。各省文物部门、各级文博单位要在文物历史文化内涵的挖掘上下功夫，要在展览的策划上动脑筋，要充分发挥地方资源优势和专业策展人、策展机构的作用。国家文物局将在全国征集评选这方面的策展方案，并在展品协调、经费安排方面予以支持。2014年已经举办了海上丝绸之路展，正在策划陆上丝绸之路展，是这方面的积极探索，希望各省继续给予支持和重视。

五要积极鼓励社会力量参与文物的合理利用。多年来，我们一直强调鼓励和支持社会力量参与文物保护和利用，但是，鼓励社会参与的力度不够大，政策的吸引力不够强。在一些文物资源大省，较低级别的不可移动文物主要是建筑类文物数量甚多，不论保护还是利用，让各级财政包起来是难以做到的。引导社会力量参与保护与利用是一条正确的路子。当然，这项工作比较复杂，运作中要注意以下几点：一是由县级以上文物主管部门选择部分尚未得到有效保护利用的国有不可移动文物向社会转让使用权；二是要体现公开公正，面向社会征集文物保护利用的方案；三是方案的选择与确定，要经过专家和民众代表的论证、听证，征求社会意见，避免政府部门大包大揽；四是选定的方案要按照国有不可移动文物等级，报相应的文物主管部门批准后实施，实施前必须与受让方签订协议，明确其保护与利用的责任和权利，不能履行合同的，文物部门可以提前收回使用权。这里必须明确，出让使用权的目的是保护好、利用好文物，而并不是用使用权换取经济收益，在多数情况下是保护责任的转让，类似欧洲实行的一欧元买一个古堡的做法。目前，广东开平碉楼、安徽古民居、江苏苏州民居、山西曲沃古建筑已经实行了这种认养的方式，效果是好的，各地可以结合实际加以推广。

六要充分运用现代信息网络技术，提升展示利用水平。要充分利用信息、网络等新技术，创新文物展陈形式和手段，创新文博数字产品传输方式，建立互动体验、即时共享平台，拉近文物与社会大众的距离，积极打造智慧博物馆。大遗址、考古遗址公园也要特别重视新技术的应用，因为我们的遗址大多为土遗址，地上物少，可看性差，又不能大规模复建，今后可能更多地要用虚拟现实、3D场景再现等展示手段，帮助加深对文化遗产的理解和认识。信息和数字技术既要广泛使用于科研和展示等公共文化服务领域，也要支持开发信息消费产品与服务，发展文化创意产业。我相信，观众愿意购买的产品与服务，一定是能够满足需求的高品质的产品与服务。

七要加强文物合理利用的理论研究和分类指导。文物利用问题十分复杂，因为文物类型多样，决定了利用的方式、目标、程度都会有所不同；文物资源分布极不平衡，地区间在用什么、怎么用上会有很大差别；文物利用又受到投入、机制、环境等外部条件的制约。因此，文物利用既要坚持普遍适用的原则，又要做到具体情况具体分析。必须加强理论研究，探索文物合理利用的普遍规律；必须实施分类指导、精准管理，探索不同类型文物合理利用的实现途径。比如：从原有功能来看，对文物的原有功能已经完全丧失的，像故宫、大沽炮台等，其皇宫和防御的功能已完全不存在了，这类文物的利用，还是应该以原貌展示为主；还有一类文物原有功能依然存在，像大运河、三坊七巷这类文物，恐怕延续其原有功能应当是最佳的合理利用。从文物保存状态看，对于一些价值极高又十分脆弱的文物，像山西应县木塔、敦煌莫高窟等，要研究制定游客承载量，限制参观人数。对年代久远、价值极高的文物，我们这一代人的主要责任，就是把它们完好地交给下一代人。对于保存状况比较好的，像首钢石景山厂区、开平碉楼等，就可以进一步丰富利用的内容，拓展利用的形式。从利用的公益性和经营性上看，我们鼓励和提倡更多的文保单位办成博物馆、纪念馆和遗址公园等公益性参观场所，但是不可能所有文保单位都办成博物馆，有些文保单位本身就不具备这样的资源禀赋。像一些四合院、古民居，就可以从事住宿、餐饮等服务业。举上述例子，目的是要说明，文物合理利用是多种多样的，有的是综合性的，工作中的确有许多理论问题需要研究，也有许多实际问题要在实践中积极探索，在此基础上，制定完善文物合理利用的相关政策、制度、标准、规范，使全国文物合理利用工作有指导、有秩序、积极稳妥地推进。

文化部副部长、国家文物局局长励小捷在抗战文物保护利用工作座谈会上的讲话

（2014年8月28日）

在第一个中国抗日战争纪念日到来之际，国家文物局邀请各位来此，专门召开抗战文物保护利用工作座谈会，很有必要。刚才十几位同志发言，围绕抗战文物的保护利用工作介绍了各自的情况，其中有许多值得总结推广的经验。还有一些对今后工作的建议，我们的相关司室要认真研究，落实到今后的工作中去。下面我再讲三点意见。

一、深入理解抗战文物保护利用工作的重要意义

加强抗战文物的保护和利用是2014年文物工作的一个重点。2月，人大常委会会议通过决议，将9月3日确定为中国人民抗日战争胜利纪念日，将12月13日确定为南京大屠杀死难者国家公祭日。国家文物局随即印发《关于加强抗日战争时期文物保护利用工作的通知》，要求各地做好抗战相关文物保护单位和纪念地、博物馆、纪念馆的资源梳理、保护修缮、开放利用、展示提升、学术研究和交流合作等项工作，为迎接今年首个纪念日和公祭日的到来，以及明年抗战胜利70周年的纪念活动做好充分准备。

抗日战争给中国社会留下了无法磨灭的历史烙印，其间保留下来的各类抗战文物是对这段历史最为真实和直观的见证，在我国文物资源的构成中占有重要地位。据统计，在全国重点文物保护单位中，与日军侵华战争和中国人民抗日斗争直接相关联的有88处，加上伪满时期的涉日文物以及与抗战有间接关联的共186处。除此之外，在各地的省、市、县级文物保护单位中，还有大量的抗战文物，数量远远多于国保单位。这些文物大致可分为罪证类、战争纪念地类和建筑设施类，具体形式多种多样，有监狱、尸骨坑、铁路、桥梁、地道、炮台、兵工厂、标语墙等等。充分保护和利用好这些抗战遗迹是我们当前一项重要任务，同时也是让文物发挥社会功能的必然要求。做好抗战文物保护利用工作的意义可以概括为以下三点：

一是印证历史。对于日本侵华战争，无论日本当局认不认账，如何在某些方面提出狡辩，文物是印证历史的铁证，无可辩驳。而就抗日战争来说，抗战文物同样是中国人民从屈辱中奋起反击、取得最终胜利的真实见证，需要保护好、存留好、利用好，使之成为世世代代永久保留下去的民族记忆。

二是教育人民。抗日战争是一场全民战争，艰苦卓绝，中华民族同仇敌忾，为取得这场战争的胜利付出了巨大代价。同时抗日战争也是中国人民抗击帝国主义侵略第一次取得全面彻底胜利的民族解放战争，对增强全体国民，包括海外华人的民族自信心具有重大意义。通过抗战文物的保护和利用，再现国家这段苦难辉煌历程，可以极大地激发人民的爱国主义情感，是国民教育，特别是青少年教育过程中不可或缺的部分，要让后代永远牢记

这段历史，这应当是一项长期延续不断的工作。

三是配合大局。日本政府要员连年祭拜靖国神社，否定侵华事实，我们的南京大屠杀死难同胞丛葬地、侵华日军第七三一部队旧址等抗战文物，充分揭露了日本帝国主义在华犯下的各种反人类罪行，是对日本政府无耻言行的有力反击，对于配合我国外交具有不可替代的作用。此外，抗战文物的保护和利用也有利于增进两岸关系，团结全世界华人。

罪证类和战争纪念地这两种类型的抗战遗迹目前多数由文物部门负责管理，近年来陆续开展了文物保护修缮工程，修建了展示设施、场馆，设立了爱国主义教育和青少年教育基地，常年对公众免费开放，取得了良好的社会反响。建筑设施类抗战文物则有相当一部分现作为办公、学校、医院等实用，目前我们在努力促进这部分文物的利用，争取做到局部开放、限时开放，力求发挥它们的社会功能。

二、抗战文物保护利用工作取得阶段性成果

近一年来，各地文物部门和抗战文物单位的管理机构根据国家文物局《通知》精神，做了大量工作，各项举措紧锣密鼓，成效显著，充分显示出各地的重视和努力。近期抗战文物保护工作取得的成果主要体现在以下几方面：

（一）抗战文物保护利用工作得到各级政府高度重视

相对于其他时期、其他类型的文物古迹，抗战文物承载了更加深刻而强烈的社会情感，同时也被赋予了更加重要而明确的社会功能。各级政府对此给予高度重视，也得到了社会民众的普遍关注。

举例来说，哈尔滨侵华日军第七三一部队旧址自被公布为全国重点文物保护单位以来，保护工作得到不断加强，先后制定了市级保护条例，公布实施了文物保护规划，进行了考古发掘，开展了周边环境整治，在学术研究方面取得重要成果，建成为重要的爱国主义教育基地，接待了大批包括日本在内的各国参观者，在海内外产生了广泛的影响。2014年中央领导多次就旧址的修护作出重要批示，并先后前往旧址视察工作；中宣部主持召开保护申遗工作协调会；国家文物局派员赴实地调研、业务指导和执法督察工作；黑龙江省省委、省政府召开专题会议部署相关工作。其他地方也有类似的情况，充分反映出抗战文物的保护利用工作已被普遍提上了各级政府的议事日程。

（二）抗战文物保护利用工作整体提速

按照国家文物局《通知》要求，各地文物部门迅速行动，在短时间内落实了一批抗战文物保护工程项目。其中昆仑关战役旧址、辽源矿工墓等前期勘察、测绘等基础工作较为完备，直接编制上报了工程方案，并获得批复；其余如大云山三战三捷摩崖石刻、侵华日军东北要塞、侵华日军淮南罪证遗址等尚不具备条件的文保单位，则先行申报了工程立项，并将在年内完成工程方案的编制和报审工作。国家文物局在2014年国家文物保护专项经费中对上述项目均给予了重点倾斜，共安排了约2.09亿元资金，用于补助46个抗战文物保护规划编制、修缮抢险和展示利用项目，项目之多、支持力度之大是前所未有的。在各级文物部门的共同努力下，各地的抗战文物保护管理状况势必继续得到改善，利用水平得到进一步提升。据统计，2014年年底前，全国将新增开放29个国保抗战文物点，新建9个抗战纪念馆、陈列馆，24处抗战文物保护单位开放面积有所增加，55处抗战文物点实现展陈提升。另有大批工程项目将于2015年竣工，届时全国的抗战文物保护利用水平将实现整体的提升。

（三）抗战文物展示利用工作呈现多样化趋势

各地在抗战文物的展示利用方面开展了形式多样的实践活动，除了原址展示、相关可移动文物陈列等传统方式，还配合时局举办各类主题展览、针对不同受众编撰或拍摄宣教材料、召开学术研讨会、接待重要来访、开辟红色旅游等。例如新四军军部旧址纪念馆通过对新四军廉政史料的充分挖掘整理， 举办了新四军廉政史料展，同时建成全国廉政教育基地，使旧址成为广大党员干部接受廉政教育、加强党性锻炼、弘扬清风正气的重要阵地。长兴新四军苏浙军区旧址纪念馆为扩大宣教覆盖面，采取“走出去”的模式赴外宣传，主动送展览上学校、到部队、进社区，称誉为“爱国主义教育大篷车”。八路军武汉办事处与中小学联合培养红色文化小导游，举办暑期专题夏令营，在社区组织开展沙龙讲座，通过丰富多彩的活动拉近红色文物同广大市民的距离，使爱国主义教育深入人心。曾在二战期间关押了美国、英国、澳大利亚等6个国家2000多名战俘的沈阳二战盟军战俘营旧址，在建馆期间广泛联系各国的战俘老兵及其家属，征集了大量文物和资料文献，建成后还专门开辟场地供国际友人举办纪念活动。

在抗战文物展示利用途径的拓展和提升方面，各地纷纷采用了网络传播模式，各抗战纪念馆、陈列馆都建立了网站，有些还开发了手机终端浏览。南京大屠杀遇难同胞纪念馆开辟了公祭网，效果很好，值得各地借鉴。抗日战争这一主题牵动全民族的历史和情感，只要我们能够把宣传平台搭建好，对群众的吸引力和号召力是毋庸置疑的。因此，我们鼓励、提倡和支持各抗战文物单位充分利用先进的信息传播技术，拓展我们的宣传教育效果。

（四）抗战文物保护利用工作得到全社会的高度关注和支持

首先是参观人数激增。2014年以来，各抗战纪念馆、陈列馆的参观人数大幅提升，相信随着首个抗战胜利纪念日的到来，9月份定然要迎来一个新的参观高峰。其次是出现了抗战文物收藏热，民间力量参与展示，发挥重要作用。各地出现了许多抗战文物的民间捐赠，南京大屠杀死难同胞纪念馆、芷江中国人民抗日战争胜利受降纪念馆在海外的文物征集工作也得到了各地华人的积极响应，收效显著。前不久北京抗战纪念馆举办纪念活动，一些八路军老战士和国民党老兵现场捐赠了150多件抗战文物。云南腾冲的滇西抗战纪念馆，所有展品均来自同一个人的捐赠。上述情况充分说明了全社会对抗战文物保护利用工作的重视，也显现了我们文物工作吸引社会力量参与取得的成效。

三、进一步做好抗战文物保护利用工作的几点要求

（一）强化大局观念，增强服务意识

新时期抗战文物保护利用工作应当服从国家大局，配合中央的宏观部署，通过深化研究、拓展开放、提升展示和强化宣传等途径，进一步发挥国民教育和警示功能，为使全社会铭记历史，缅怀先烈，保持忧患意识，焕发爱国主义精神，实现中华民族伟大复兴的中国梦发挥应有的作用。与此同时，还应主动配合外交大局，为应对复杂多变的国际形势，反击日本政府否认和粉饰侵华罪行的言行，巩固国际反法西统一战线提供有力的支撑。各级文物部门和抗战文物保护管理机构要提高政治素养，时刻保持敏锐的洞察力，切实履行自身所承担的责任和义务。

2015年是中国抗日战争胜利70周年，届时全国将举办一系列纪念活动，抗战文物保护单位将成为重要的场所和依托。各地要抓紧组织实施抗战文物保护维修工程项目，抓紧策划推出抗战文物专题展览和主题活动，继续扩大抗战文物向公众开放的范围，确保在9月3日和12月13日这两个时间节点发挥作用、产生影响。

（二）抓紧开展抗战文物保护和展示工程

随着第七批全国重点文物保护单位的公布，中央财政支持范围内的抗战文物数量有了显著提升，但相当一部分由于先期基础工作薄弱，保护利用工作推进还较为缓慢；有些文物点因保存状况不佳，尚不具备开放展示条件，个别甚至存在险情。为此，各地政府应当进一步强化文物部门职能，结合第三次全国文物普查后续工作，系统梳理抗战文物资源，抓紧编制方案，主动开展抗战文物保护利用工作。应设立专门机构负责文物保护工程项目的组织和招投标工作，简化相关审批程序，建立绿色通道，力争在2015年9月前完成一批抗战文物保护利用项目，特别是抢险维修工程项目，最大限度提高抗战文物的公众开放率。此外，要同步开展抗战文物展示提升工程，要从优化展示环境、增加展示陈列的信息量、翔实度、启发性和震撼力等方面入手，进一步提升服务质量。国家文物局将在经费支持上对抗战文物保护工作给予重点倾斜。

抗战文物的展陈提升应当注重对文物历史文化内涵的研究、挖掘、整理和阐释，把功夫下到内容的扩展和深化上。抗战文物资源丰富，但文物不能主动讲述历史，所有的信息都需要文物工作者来研究和呈现。先进的展陈设备和技术手段对抗战文物的展陈固然能锦上添花，但如果内容空洞、残缺，或者存在偏颇，就无法起到传播正能量的作用。因此要深入研究，从文物的内涵、所代表的事件，到与当时社会大背景的关联，以及在整个抗日战争中的作用，都要做出深入阐释。此外，在真实反映战争残酷性的基础上，最终要将铭记历史、珍惜和平的理念传达给参观者，既要让大家理解中国人民在战争中的巨大牺牲，也要突出体现中国人不可侮，誓死捍卫国家主权、民族尊严的精神力量。

（三）进一步推进尚未开放抗战文物的开放展示工作

除了国保单位，各地文物部门要抓住当前的契机，把省保、市县保中的抗战资源摸清，列入规划，制定保护维修、展示利用的工作计划。要将有价值的抗战文物保护好，有条件的要尽可能开放，但也要分清主次，突出重点。抗战文物的开放和展示要分层次，不一定都要建纪念馆。例如一些战斗遗址可以立牌加以标识和说明，又如一些其他单位使用中的抗战文物建筑，如果有条件可以收回，不能收回可以开放局部展示、限时展示。文物资源全社会共有，无论谁来管理和使用，都有责任和义务发挥文物的社会教育功能。

在这方面我们已经有了好的例子。大同煤矿“万人坑”遗址纪念馆隶属于大同市矿务局，在文物部门的支持和协助下，依照文物保护原则开展了渗水治理、尸骸保护等工程项目，长期向公众开放。吉林长春伪满洲国综合法衙旧址长期以来一直由部队医院使用的，在文物部门的推动下，医院决定开辟局部文物展陈，目前正在抓紧对其中的“大法庭”旧址进行修缮和内部展陈设计，9月3日将正式开始长期对外开放。

最后，结合抗战文物的保护利用工作，谈谈文物工作服务大局的三点启示。文物工作要服从、服务大局，这是党和政府对我们的要求，也是文物工作者的责任，这一点已形成共识。但文物工作如何更好地服务大局、需要探索其自身的特殊性和规律性。

第一，文物工作服务大局，要增强自觉性。对于文物部门而言，不能坐等上级下达配合大局的具体要求，必须依靠自身政治敏锐性和大局意识，抓住时代主题，发挥自身优势，主动寻找工作契机。要让整个社会在中心工作和全局工作上要看到文物部门的努力，在相关重要事件和重要时间节点上感受到文物部门的影响。只有这样，才能真正发挥服务大局的作用。

第二，文物工作要服务大局，必须提前谋划。以抗战文物保护利用工作来说，尽管我们的反应是敏锐的，但到目前依然还有很多事情来不及做，或尚未做好。这也是文物工作的一个特点，任何保护工程项目都必须履行相应的审批程序，工程实施也需要一定的时间周期。因此，文物工作服务大局，提前谋划、增强前瞻性非常重要。各地文物部门同样需要在局部服务大局，在配合地方性的重大事件和纪念活动上具备提前谋划的意识。

第三，文物工作要服务大局，需要整体联动。文物部门、文博单位在事关全局的大事上独自发力往往势单力孤，要发挥较大作用，需要上下联动。国家文物局要加强顶层设计和整体策划，遇事做好横向沟通、纵向协作，形成合力开展工作。只有这样，文物工作才能在推动经济社会发展方面发挥更大作用。

凝神聚气，务实创新，开启水下文化遗产保护事业发展的新篇章

——文化部副部长、国家文物局局长励小捷在全国水下文化遗产保护工作会上的讲话

（2014年9月4日）

国家文物局水下文化遗产保护中心建制独立和“中国考古01号”考古船投入使用可以说是2014年我国水下文化遗产保护事业的两件大事。多年来，我们的事业蹒跚起步、破浪前行，目前，已经形成一支有水平、有实力、有作为的水下文化遗产保护领域的重要力量。这离不开党中央国务院的指导和关怀，离不开各部委的无私支持，离不开各省市特别是沿海地区文物部门的通力协作，离不开国家博物馆水下考古部多年来为水下文化遗产保护事业打下的基础，离不开中国文化遗产研究院管理水下中心期间对水下文化遗产保护事业的扶持和拓展。在这里，我谨代表国家文物局向各位代表，并通过你们，向长期以来为事业发展付出巨大心血的各部委、各单位，致以崇高的敬意和衷心的感谢！

今天，我们召开全国水下文化遗产保护工作会议，主要是总结成绩，展望前景，分析形势。下面，我具体讲四个问题。

一、“十二五”期间我国水下文化遗产保护事业取得的主要成绩

近年来，我们紧紧围绕党中央国务院的决策部署，自觉把握改革创新、稳中求进的总基调，取得了以下几个方面成绩：

第一，胸怀大局，顺势而为，建立起我国水下文化遗产保护事业的制度框架。

我们积极参与发改委组织的“一带一路”建设战略规划编制工作，努力使水下文化遗产保护工作进入国家战略的视野。在《国家海洋事业发展“十二五”规划》《全国海洋经济发展规划》和浙江、海南等沿海省市的专项规划中，均包含了水下文化遗产保护的内容。同时，我们编制完成了事业发展的中长期规划纲要，并结合第三次全国文物普查、第七批全国重点文物保护单位公布，将一批重要水下文物纳入文物保护单位的管理体系。此外，《中华人民共和国水下文物保护管理条例》修订工作取得阶段性成果，《水下考古工作规程》即将颁布实施，相关法律法规和制度框架不断完善。

在“国家水下文化遗产保护工作协调小组”的框架下，我们以“保护”为主题，逐步建立完善部门间的沟通协调机制，形成多部门联动配合、齐抓共管的良好局面。国家文物局与公安部建立了“打击和防范文物犯罪联合长效工作机制”，也与国家海洋局签署了合作框架协议，综合发挥公安部门、海洋部门的执法职能和文物部门的业务优势，实施了卓有成效的执法巡查和专项打击行动，震慑了不法分子。

第二，凝聚力量，理顺关系，整体谋划我国水下文化遗产保护工作的宏观布局。

我们将推动水下考古专业力量整合、机构建设和人才培养视为决定事业健康发展的关键环节，进一步整合力量，理顺关系。在文化部、中央编办、财政部支持下，最终实现了国家文物局水下文化遗产保护中心独立建制，标志着我国第一个国家级的、独立的水下文化遗产保护专业机构正式成立。同时，在蔡武部长的大力推动下，在国家博物馆的大力支持下，职责统一和水下考古专业人员整合问题也取得了实质性突破，有望在今年完成人员和职能的划转。

对水下考古和水下文化遗产保护事业的重视，从国家文物局对机构独立建制下的决心上可以看出来，确实是下了血本。在当前的形势下，国务院对机构编制总体的原则是只减不增。我们的水下中心成立了，但是机构没有独立，编制很少，很难正常地履行国家队的职能。我们只有眼睛向内挖掘潜力。我们通过把鲁迅博物馆和新文化运动纪念馆两个机构合为一个，腾出一个局级机构；然后又通过从中国文化遗产研究院和鲁迅博物馆、新文化运动纪念馆现有编制中调配，挤出21个人员的编制。在下一步，中国国家博物馆的水下考古人员也要充实进来，还能增加编制。我们确实是想尽办法、花了血本来解决机构和编制问题。但是，这个问题又很重要，解决好了才能发挥水下中心的作用。而且从工作上要实现总书记提出的海洋强国的国家战略，没有一支有实力、有水平的专业队伍和力量是不行的，所以我们觉得这个决心下的是值得的。

近年来，我们充分发挥国家文物局水下文化遗产保护中心的主阵地作用，调集全国优秀人才组建了一支高学历、高素质、专业化、能战斗的队伍，并举办了多次专业人员培训班，不断为事业输送新鲜血液，形成合理的人才梯队。为推动全国工作，我们着眼长远、统筹规划，相继设立了南海基地和西沙工作站、北海基地、宁波基地、福建基地和武汉基地，建立起“立足沿海、兼顾内水，依托中央、调动地方”的宏观布局，充分发挥各基地的辐射作用、带动作用和示范作用，并积极探索中央主导、央地共建、中央指导等多种基地建设发展模式，推进管理体制改革向纵深发展。

第三，固本强基，抓主抓重，着力实施一批示范项目。

我们坚持基础工作与重大项目并重，学术科研与保护管理并举，以跨部门、跨行业、跨领域合作的重点项目和前瞻性课题为主要抓手，着力提升水下文化遗产保护工作的整体水平。我们每年都组织开展水下文物调查工作，调查区域涵盖了绝大部分沿海省份和湖北、江西、吉林等内水水域，新发现多处重要水下古城址、沉船遗址和大量水下文物点。同时，各地及时做好水下文化遗产的“四有”工作，福建、广东、浙江、舟山等省市制定出台了关于水下文化遗产保护的地方性法规或专门条款，为相关工作提供了法律保障。我们与海洋三所联合开展的福建平潭海域水下考古调查、与中船重工701所合作开展的水下监测工作均取得了可喜的成果。同时，我们正在筹划建立水下文化遗产综合数据信息平台，努力实现面向部门、面向行业、面向社会的信息资源共享机制。

以南海水下文化遗产保护为代表的一批重要项目成果丰硕。“南海Ⅰ号”整体打捞和保护工作进入馆内发掘阶段，考古与保护的无缝衔接，以及高标准、精细化的考古发掘成为新的亮点。“南澳Ⅰ号”水下考古项目引入了大量海洋工程技术装备，提高了水下考古工作的安全性和准确性，首次采用防护罩的原址保护方式也为其他水下遗址保护提供了宝贵经验。西沙和南沙水下考古调查项目获得了第一手海洋环境资料和文物标本，为科学制定南海水下文化遗产保护战略提供了依据。“小白礁Ⅰ号”水下考古项目吸引了不同行业、不同领域的多家单位参与，展现出水下文化遗产保护工作的开放性。此外，“中国考古01号”船的建成使填补了我国的一项空白，也让水下整体技术装备水平一跃迈入国际先进行列。在考古船的整个设计建造过程中，我们得到了财政、海洋部门的全力支持，可以说，这个项目为跨部门合作树立了典范和样板。

第四，走出国门，传播文化，树立文化遗产强国形象。

我们充分发挥水下文化遗产在服务国家外交大局、弘扬和传播中华传统文化、加深国与国之间的文化交流和理解互信等方面的突出作用，积极鼓励国内专业机构走出国门，宣传展示我国在水下文化遗产保护领域的最新成果。在商务部支持下，我国与肯尼亚合作开展的拉姆群岛水下考古合作项目圆满结束。中肯联合考古队经过三年的细致工作，不仅发现了一艘保存完好的沉船遗址，还帮助肯尼亚培养了首批水下考古专业人员，该项目获得肯尼亚政府的高度赞扬。

我们积极参与联合国教科文组织在水下文化遗产保护领域的相关工作，多次派员参加《保护水下文化遗产公约》会议，并与联合国教科文组织合作举办了“水下文化遗产的保护展示与利用”国际学术会议，向世界推介白鹤梁题刻原址水下保护的成功经验，获得了国际社会的广泛赞扬和好评。此外，我们积极与俄罗斯、澳大利亚、韩国、泰国、菲律宾、越南、塞舌尔等国建立联系，通过学术互访、人员培训、合作研究等方式，在亚洲乃至世界范围展现我国水下考古专业机构的实力和风采。

二、当前我国水下文化遗产保护事业面临的新形势和新问题

首先，建设海洋强国和“21世纪海上丝绸之路”战略，为水下文化遗产事业发展带来新的历史机遇。

党的十八大报告明确提出“建设海洋强国”的战略部署，习近平主席、李克强总理均对海洋工作做出了重要批示，显示出党中央国务院对海洋问题的关注和重视。海洋强国不仅体现在维护国家权益、开发利用资源、发展海洋经济上，也包括传承和弘扬海洋历史文化、发展公益性的海洋文化事业等内容，为建设海洋强国注入精神动力。在《全国海洋经济发展“十二五”规划》明确提出“充分挖掘以涉海文物、遗址、古建筑等为代表的历史文化”的重要任务。

2013年年底，习近平主席在印度尼西亚国会发表重要演讲时明确提出了建设“21世纪海上丝绸之路”的宏观战略构想。“21世纪海上丝绸之路”是实现中华民族伟大复兴中国梦的海上大通道，既有源远流长的历史脉络，更是面向未来的时代抉择。开发海洋资源，发展海洋文化，已经成为沿海地区寻求经济发展的一个新的关注点和增长点。水下文化遗产是海洋文化不可或缺的重要内容，是我们祖先认识海洋、经略海洋的历史见证，作为中外交通贸易、合作交流的物化表现具有超越时空、跨越国界的影响力，以此为基础彰显海上丝绸之路的千年传承，对于增进不同文化间的认同、互信、感情具有重要意义。在新的时代背景下保护好、研究好、展示好水下文化遗产，充分发掘和展示水下文化遗产所承载的海洋文化魅力，努力在全社会形成关注海洋、热爱海洋、保护海洋的浓厚氛围，是海洋强国建设的题中应有之意。

其次，我国周边海洋局势变化和国内海洋经济建设的发展，给水下文化遗产保护事业提出新的要求。

近年来，我国海洋安全形势和海洋权益面临巨大的外部压力，多个国家在南海、东海问题上的强力介入使相关海域成为影响世界海洋局势的热点。

同时，随着我国经济布局逐步向滨海地区聚集，海洋生态保护、滨海旅游以及各类滨海经济区的发展受到中央高度关注。国务院批准设立了青岛西海岸新区、大连金普新区等沿海新区，批复了海南、广东、上海等多个省市的海洋功能区划，发布了一系列推动海洋经济发展的重大决策。能源开发、港口建设、航道清理、围填海等工程在沿海城市大范围铺开。在大规模开展海洋建设项目中如何保护好水下文化遗产也是我们面临的新课题，需要我们立足大局、因势而谋，结合国家海洋战略部署将水下文化遗产保护事业做强、做实。

第三，解决水下文化遗产保护工作中的问题，是发展水下文化遗产事业的繁重任务。

一是基础工作仍显薄弱。法规制度体系仍然存在缺环，经费使用、项目管理、人员管理等方面亟须出台专项要求。人员培养和队伍建设仍然滞后于事业发展需要，活多人少的情况将长期存在。资源家底仍然不清，“原址保护”理念和出水文物保护关键技术都不同程度地存在悬而未决、议而未决、推而不广的尴尬局面。

二是能力建设依然不足。顶层设计与摸着石头过河结合的不够，被动抢救多、主动规划少，重发现轻保护、重工作轻科研等现象普遍存在。科技创新及成果转换能力不足，尚未形成专业技术引进吸收、消化应用的体系，技术标准和操作规范缺乏。风险管控能力较弱，难以有效应对突发事件。

三是安全形势依然严峻。随着国内收藏热、投资热不断升温，福建、广东、海南等沿海海域仍是盗捞、走私水下文物的多发区，文物执法压力很大。南海浅水区域的水下遗存几乎无一幸存，急需开展系统调查和抢救性发掘。涉海的生产建设活动给水下文化遗产也造成新的威胁，而相关水下考古和文物保护工作并未得到充分重视，审批程序和环节不明确，在很大程度上限制了工作的及时开展。

三、着眼长远，加强我国水下文化遗产保护事业的宏观战略研究

我国是陆海兼备的文化遗产大国，水下文化遗产数量巨大、类型丰富，保护任务繁重。我们要从维护国家文化安全、主权完整和海疆稳定的高度，从促进国家产业经济布局和沿海地区经济社会协调发展的高度，从弘扬海洋文化和建设社会主义文化强国的高度，进一步深刻认识推进水下文化遗产保护工作的重要意义，将水下文化遗产保护工作纳入国家公共文化服务体系、纳入建设海洋强国战略、纳入国家和地区经济社会发展的宏观部署。为实现水下文化遗产保护事业又好又快发展的目标，我们首先要从长远、从整体上研究水下事业宏观层面的一些战略问题。

一是法制体系建设问题。法律和制度体系建设是事业存在和发展的基石，是事关大局的根本性工作。一套系统完备、科学规范、运行有效的法律和制度体系，将为事业发展提供有力保障。在国家立法和制度设计层面，结合当前《文物保护法》修订工作，深入开展《中华人民共和国水下文物保护管理条例》《水下考古工作规程》等相关法规制度的修订，增强《文物保护法》《水下条例》的可操作性，并抓紧出台管全局、利长远的宏观制度，全面规范行业行为。同时，研究、出台与法律法规相适应的规范、标准和规章制度，鼓励各地出台符合地方工作需要的地方性法规文件，逐步建立具有中国特色的水下文化遗产保护法规制度体系。在行政执法层面，要深化与公安部、国家海洋局的部际合作关系，严厉打击盗捞、走私等犯罪活动，建立、完善多部门联动的长效工作机制。在普法宣传层面，坚持依靠群众、发动群众的工作思路，组织开展形式多样、内容生动的普法工作，教育当地渔民懂法、守法，增强群众自觉保护水下文化遗产的意识，培养建立起一支守护水下文化遗产的群众队伍。在法制研究层面，积极推动《保护水下文化遗产公约》研究工作，探讨公约生效后将对我国水下文化遗产保护和海洋权益带来的影响，以及我国加入公约后将要面临的主要问题，制订相关对策措施，为国家战略决策提供依据。

二是管理体系建设问题。管理体系是事业的中枢，决定了事业发展的成败。要强调水下文化遗产保护工作是“天下事”，在“国家水下文化遗产保护工作协调小组”的架构下，坚持走多部门、多行业、多领域合作发展的道路，强调整体联动、合作共赢。要深化部门间的战略合作关系，尤其在涉海建设工程水下文物保护、安全执法、海洋文化传播等方面开展广泛而富有建设性地合作。同时，要认真学习领会党中央国务院关于深化改革的一系列政策要求和蔡武部长批示精神，结合当前企事业单位改革和行政管理体制改革的统筹部署，进一步理顺我国水下文化遗产保护的管理体系、工作机制，明确中央与地方之间、国家与水下中心之间、水下中心与基地之间、水下中心与各机构之间的关系，在“全国一盘棋”的基础上，建立统一、高效的治理体制，形成灵活、多样的合作模式。国家文物局水下文化遗产保护中心要牢固树立全局意识和大局意识，充分发挥组织、协调全国水下文化遗产保护力量的作用，履行好国家赋予的项目组织、审核、监督检查等职能，真正成为事业发展的总平台和主阵地，真正成为国内一流、国际领先的水下考古研究和水下文化遗产保护的专业机构。

三是开放体系建设问题。水下文化遗产是各类型文化遗产中涉外性最强的一个领域，因此它必须是一个对外开放的体系。但目前这种开放性需求又受到国内国际若干因素的制约。在这种情况下，如何科学合理地确定水下涉外工作的定位与思路，在确保国家利益前提下，通过学术研究、考古项目多种方式的交流与合作，逐步打开涉外水下考古工作的局面。

水下文化遗产保护工作的开放性还体现在对内的开放性，我刚才在管理体系建设中已经讲到了。水下中心作为一个总平台是可以的，但是工作区域在沿海、在内水，这就离不开各相关的省区市，就涉及中央和地方的关系，同时又涉及水下中心与其他相关部门、单位的关系，包括交通、海洋、外交等等，所以水下中心一定要探索一种既不同于文物行政主管部门，又不同于一般文物事业单位的工作运转模式，包括人事管理。光有水下中心的人员和平台，没有地方的支撑，是不可能实现水下文化遗产保护事业发展目标的。现在的编制状况又无法把所有适合的人都纳入到水下中心，所以在用人上要采用灵活的、开放的模式。我在宁波看了宁波基地和海港博物馆，提出了“地方为体、中央为用”的模式，也就是实体的建筑服务设施由地方负责，水下中心主要是负责怎么用好。把基地的发展、项目的实施和国家水下文化遗产事业拓展结合在一起，这可以调动地方的积极性，但地方也存在行政编制和事业编制的问题，而水下文化遗产保护“事多人少”的局面将长期存在，要考虑怎么破解。水下中心的机构性质应该是公益性的，水下文化遗产保护的原意也是要走公益性的道路，但也不能纯而又纯，首先是海洋事业发展有这个需求，水下文化遗产保护事业也要实现自身的扩展。希望大家统一思想，树立开放的心态，改革创新，这对水下中心各项工作的开展至关重要。

四、立足当前，努力形成水下文化遗产保护工作的新起色

2014年是承上启下的一年。今年主要是做好完成资源整合、建立中心框架、新机构运行等几件事情，当然也包括已经开展的重点业务工作。但全面工作的开展主要是在2015年，希望你们认真谋划，打几个漂亮仗，把新的水下中心的牌子打出去，让水下中心的影响力大起来。

第一，狠抓基础工作。基础工作在任何地方、任何时候都起着至关重要的作用，水下文化遗产保护从一开始就要注意这个问题。首先，要站在事业发展的高度，针对水下文化遗产保护、水下考古学在理论、方法、技术等方面与陆地文物保护、考古等的差距，有目的、有计划地强化相关基础科学研究，加强学科建设，争取在三五年内明显缩小与后者的差距。二是要科学规划，全面摸清水下文化遗产家底。要根据水下文化遗产的埋藏与分布特点，在现有基础上进一步研究探索调查方法、调查技术和组织方式，通过科学组织水下文化遗产普查、区域调查、重点调查，从点到面、从区域到海域，科学有序地摸清我国水下文化遗产家底，并最终形成“一张图”（中国水下文化遗产分布图，也可视需要形成区域、海域图等）、“一个数据平台”（国家水下文化遗产保护基础数据库）的目标。近期，应完成“图”和“数据平台”的框架设计，为摸清家底及建立水下文化遗产分级分类保护体系等长期性工作奠定基础。三是要加强专业队伍建设。水下文化遗产保护对专业技术，特别是掌握专业技能的人员及装备要求更高。需要切实加大专业人员培养力度，使其能够基本满足事业需求。要立即研究和落实水下考古、出水文物保护修复等专业技术人员培训计划，并使之常态化、制度化。同时，要积极研究建立水下文化遗产保护工作的准入机制，吸纳更多社会力量参与进来，逐步建立层次合理、结构均衡的水下文化遗产保护专业人才队伍体系。四是理顺关系，形成合力。水下中心人员得到充实，而且都是业务上的骨干，有着丰富的水下工作经验。要充分调动中心每一个同志的积极性，正确处理来自各方面的、先来的与后到的同志之间的关系，允许大家在工作上充分发表意见。要认真听取和对待各种意见，坚持民主集中制，形成最大公约数，为水下事业的发展创造天时、地利、人和的良好环境。

第二，着力做好重点项目。要紧紧抓住党中央国务院建设“21世纪海上丝绸之路”的历史机遇，凝练出一批具有全局性、战略性的重点项目。特别是要做好海上丝绸之路文化遗产保护和申遗工作，在这方面，我们从事水下工作的同志要发挥独特的作用。此外，还要做好沿海海域水下文化遗产资源调查、“南海Ⅰ号”等重要沉船发掘和保护、南海水下文化遗产保护、台海水下文化遗产保护、环渤海水下文化遗产保护、明清海防遗迹保护、《保护水下文化遗产公约》战略研究及相关涉外合作等能够带动全局的重点项目、展现实力的亮点项目、影响社会的热点项目。要围绕重点项目，制订短期、中期和长期工作计划，设定阶段性目标，组织和吸纳水下遗产保护相关专业力量参与项目实施，扎扎实实地推动项目取得预期成果，走好事业发展的每一步。

第三，切实推动科技创新和学术发展。要积极倡导学术研究和技术研发，吸纳国内外的先进理论、方法、技术，以及相关部门、行业的好模式、好思路、好案例，不断为学科建设和事业发展注入新鲜活力。要充分依托海洋、交通、水利等行业力量，以考古、勘测、监控及出水文物保护等业务范畴为主，持续地组织开展技术攻关和多学科综合研究，为水下文化遗产保护工作提供强有力的技术支撑。同时，在做好适应性研究的基础上，积极应用和推广海洋科学、涉海工程、交通救助、船舶建造等领域的成熟技术，加强成果转化，以科技进步为事业保驾护航。宗旨就是要充分抓住重点项目实施的有利契机，设置与之相关的一系列学术课题，为水下考古和保护工作提供科学依据，推动水下考古学科的不断发展。

第四，大力促进合理利用。要进一步挖掘水下文化遗产的文化特质和价值，依托资源特色促进地方社会经济和谐发展。根据文物事业发展的需要，结合国家海洋功能区划和海洋文化建设，推动滨海地区的文化旅游，尤其是在海南、广东、福建等水下文化遗产丰富的地区，将水下文化遗产的保护、研究与科学展示、合理利用紧密结合，使“南海Ⅰ号”、“南澳Ⅰ号”、“华光礁Ⅰ号”等珍贵沉船以及其他水下遗址成为当地文化旅游的新热点和城市标志。要进一步增加公众接触水下文化遗产的途径，通过水下考古工作现场直播、参观体验、科普讲座等方式拉近与公众间的距离，争取社会各界对水下文化遗产保护工作的关注与重视。我们大力支持国家海洋博物馆建设，并利用各地的专题博物馆举办高层次、高水平、国际化的展览，充分发挥博物馆传播海洋知识、推动社会教育、提升全民素质等方面的功能，让水下文化遗产保护成为文物事业总体发展和海洋文化建设的一个新亮点。

各位代表，“乘风破浪会有时，直挂云帆济沧海”。水下文化遗产保护事业正处于发展的上升阶段，我们不仅是历史的见证者，更应该积极投身于这一功在当代、利在千秋的伟大事业。我相信，这次会议能够让大家进一步的统一思想，明确方向，共同探索水下文化遗产保护事业发展的正确道路，以饱满的热情、全身心的投入，让这一艘满载着希望和梦想的水下文化遗产保护事业之船驶向更加广阔的海洋！

文化部副部长、国家文物局局长励小捷在国家文物局传统村落整体保护利用工作现场会上的讲话

（2014年9月24日）

今天我们召开国家文物局传统村落整体保护利用工作现场会，主要任务是贯彻落实习近平总书记关于弘扬中华优秀传统文化一系列重要讲话精神，进一步推动国保单位和省保单位集中成片的传统村落整体保护利用工作，交流传统村落整体保护利用工作经验，促进传统村落的健康可持续发展。刚才，福建省陈荣凯副省长发表了致辞，体现了福建省政府对传统村落整体保护利用工作的关心和重视。下面我代表国家文物局，就如何进一步做好国保和省保单位集中成片传统村落整体保护利用工作，讲两个方面的问题。

一、传统村落整体保护利用工作的进展情况

2014年4月，住建部、文化部、国家文物局、财政部印发《关于切实加强中国传统村落保护的指导意见》、召开电视电话会议，部署做好传统村落保护工作。近半年来，四部局密切配合、分工协作，公布了首批列入中央财政支持范围的中国传统村落名单并拨付村落保护专项经费，组织举办村两委主任培训班，组织第三批中国传统村落评选，传统村落保护发展各项工作稳步开展。

根据职能分工和工作安排，国家文物局重点推进国保和省保单位集中成片传统村落整体保护利用工作。自今年5月，国家文物局召开国保和省保单位集中成片传统村落整体保护利用工作会议，印发《国保和省保单位集中成片传统村落整体保护利用工作实施方案》以来，各级地方政府和文物部门按照国家文物局的统一部署，扎实推进传统村落整体保护利用工作，取得了阶段性的成果。

（一）加强组织领导，落实工作责任

国家文物局成立了传统村落整体保护利用指导小组，统筹指导各地开展传统村落保护利用工作。各省区市文物局相继召开了全省传统村落保护利用工作会议，指派专人负责，落实工作任务。首批启动的51个传统村落全部成立了由县政府主要领导任组长，省级文物部门和县级文物、住建、财政等部门参与的传统村落领导小组，对传统村落保护工作起到了积极推进作用。湖南省各县政府还将传统村落保护工作纳入政府年度考核任务目标，并与传统村落所在的村委会签订了政府责任书。山东省文物局、宣传部等部门共同启动了“乡村记忆工程”，将传统村落保护利用工作在更大的面上推开。

（二）制定技术导则，指导工程实施

国家文物局开展了传统村落乡土建筑保护利用课题研究，制订了《中国传统村落乡土

建筑保护利用导则》，组建了传统村落保护专家组，为下一阶段传统村落保护利用工程的实施提供了技术支撑。各地也根据《实施方案》的要求，出台了一系列关于传统村落的规章制度，以便于更具针对性的指导工程实施。如江西省文物局制定了《传统村落文物保护工程管理导则》、福建省文化厅与住建厅印发了《福建省历史文化名镇名村保护和整治导则（试行）》等。

（三）编制总体方案，统筹安排项目

为加快推进传统村落保护利用工程的实施，国家文物局印发了《关于做好2014年传统村落文物保护工程总体方案编制工作的通知》。51个传统村落都按要求完成了总体方案，按照"统筹安排、分步实施"的原则，建立了文物保护工程项目库，制定了项目实施年度工作计划，分步有序地推动文物修缮、安消防、环境整治和基础设施项目。国家文物局及时批复了国保单位文物保护工程总体方案，省保单位文物保护工程总体方案也已由省级文物部门批复后报国家文物局备案。目前具体维修项目的实施技术方案正在编制上报和由省局审批的过程中。

（四）积极争取相关部门支持

国家文物局与住建部、文化部、财政部等部门密切配合，首批启动的51个传统村落全部编制完成了《传统村落保护发展规划》，纳入了四部局公布的2014年第一批列入中央财政支持范围的中国传统村落名单，使每个传统村落都获得了300万元的经费支持。国家文物局积极争取中央财政的经费支持，首批51个传统村落中，国保单位集中成片传统村落共安排4.81亿元补助资金，省保单位集中成片传统村落的补助资金也将在近期下达。各级文物部门也在地方政府统一领导下，与住建、文化、财政等部门密切协作，为传统村落保护提供普查基础资料，参与村落方案的技术审核，推动传统村落保护利用工作的开展。

二、关于进一步做好传统村落整体保护利用工作的几点要求

虽然国保和省保单位集中成片传统村落整体保护利用工作取得了积极进展，但是由于起步时间较短、情况千差万别，还存在一些问题和不足。如保护经费过分依靠中央财政，缺少资源整合，经费不足；传统村落展示利用模式单一，过分依靠引进公司搞开发，忽视当地传统村落的生存和经济诉求；村落空心化严重，仅有少量老人居住，整个传统村落毫无生气等。如何破解传统村落保护利用工作的难题，实现传统村落的可持续发展，对我们来说是一个全新的命题。对于做好下一阶段传统村落保护利用工作，我主要谈七点意见。

（一）充分认识传统村落保护的重要意义，增强做好传统村落保护工作的主动性和自觉性

我国传统村落数量众多、丰富多彩、价值独特。它们既是我国农耕文明的根基、精粹和各个民族的"DNA博物馆"，又是不可再生的文化资源和富有利用价值的旅游资源，更是优秀传统文化的重要载体和中华民族的精神家园。党中央高度重视传统村落的保护工作，习近平总书记在考察传统村落时指出，保护好传统村落，对于建设美丽中国，建设文化强国，传承中华传统文化，增强民族自豪感和心灵归属感，提升国家文化软实力和国际影响竞争力，都具有重要的现实意义和深远的历史意义。

就现实意义讲，传统村落的保护可能不是农村工作中最重要的工作，但它的确是牵动全局的一项重要工作，尤其对进入试点的传统村落来说。传统村落的保护涉及维修老房子、村容村貌、产业培育等等，在新型城镇化背景下保护传统村落既是服务大局，更是带动村落整体工作的重要抓手，因此要抓住机遇、主动作为，统筹保护与发展的关系，以文

物保护利用为重点，以改善民生为核心，把文化传承、生态保护、经济发展有机结合起来。从长远意义看，在中国城镇化的进程中，农村比重和农村人口肯定会减少，但农村永远不会消失。而且因为能够保护下来的比较少，其价值会更突出。欧洲一些发达国家，以前搞拯救农村运动，现在搞重返乡村运动。随着我国城镇化的推进，农村的基础设施、公共服务达到城乡一体化的水平，“重返乡村”可能成为更多人的选择。所以要充分认识传统村落的巨大价值，为弘扬中华优秀传统文化、促进新型城镇化建设和全面建成小康社会做出积极贡献。

高度重视传统村落的保护一定要秉持正确理念。传统村落的保护与发展要尊重其自身规律。开展传统村落保护，一定要遵循文物保护的理念，一定要坚持文化传承的原则，循序渐进、量力而行，“急功近利”的追求政绩、“涂脂抹粉”的“形象工程”都是不可取的。现在国家文物局定了第一期试点三年，要争取如期完成各项工作，但时间服从质量，每个项目都要服从保护规划，每个项目都要按照批准的方案实施。要想明白再干，不能心血来潮，不能过度整治和过度维修。三年试点工作以后，保护利用工作还要持续。所以，保护传统村落要抓紧实施，但不要急于求成，不要做夹生饭，更不能吃后悔药，应本着科学的态度，使我们实施的每一项文物维修、环境整治、展示利用项目，都能经得住时间和人民的检验，这是最重要的。

（二）抓紧完成工程项目前期准备工作，确保工程项目尽快开工实施

从我们了解的情况来看，各县级人民政府和各级文物部门按照《实施方案》的要求，认真完成每一个“规定动作”，总体来说前期的工作是扎实的，准备也是比较充分的。相比前期的准备工作，今后的工作任务将更加艰巨，也更为紧迫。

要进一步深化总体方案，加强传统村落保护、利用和发展整体布局和规划，制定工程实施进度表。既要突出重点，也要统筹兼顾。优先安排文物存在险情、文物价值较高的维修利用项目，力争能在较短时间内使传统村落各个方面有较大提升。对文物维修、安消防、环境整治及基础设施项目，尽量同步设计，统一安排，分期实施，减少施工成本。对于即将启动的第二批传统村落，各省也要提前筹划，早做准备，选定第二批传统村落应符合当地领导重视、传统村落保护发展规划编制完成、工程项目储备充分等基本条件。国家文物局将采取“成熟一个、申报一个、实施一个”的工作模式，研究确定第二批传统村落名单。

要尽快完成每一个项目的技术方案编制审批工作。县级人民政府按照总体方案的要求尽快组织编制完成实施方案，省级文物部门要简化审批程序，开辟绿色通道，缩短审批时间。传统村落的技术方案可由第三方咨询机构技术审核，也可由省级文物部门自行组织专家评审后审批实施，并向国家文物局报电子文本。51个传统村落技术方案编制审批工作应在2014年10月底之前完成。有关基础设施、环境整治和普通民居整修项目，请县领导小组协调有关部门加快编制和审批。

要积极创造条件，确保工程尽快开工实施。实施方案确定后，县级人民政府应按有关规定，组织开展保护工程招投标工作，可适当简化程序，缩短审核时间，确保工程能够早日开工。为解决施工单位和人员不足的问题，国家文物局已确定将传统村落国保单位施工资质范围放宽到二级资质，希望各省级文物部门尽快研究确定一批擅长搞乡土建筑的二级施工资质单位。施工中应尽量吸纳当地传统工匠，更好地发挥他们的作用，这也有利于培养一支当地日常维修养护的工程队伍。根据工作安排，南方地区应在2014年年底之前开工，北方地区最迟在2015年4月开工。

针对村民正在使用的民居修缮问题，要向村民解释清楚我们保护的政策和原则，作出临时安置方案。与村里沟通协调的事情，还要依靠村负责人多做工作，争取村民的支持。

（三）加强技术指导，确保工程质量和使用功能

质量是传统村落保护利用工程的生命线。加强对工程的技术指导和日常监管是确保工程质量的重要手段。传统村落工程管理应突出技术规范引导、行业监管、专家现场指导等环节，力争让每一个传统村落工程都成为优秀工程、精品工程。

要制定传统村落保护利用技术规范，指导开展保护维修工程。会上发给大家的《利用导则》，吸收了各地的实践经验，兼顾了保护与利用两方面的需求。问题是时间仓促，不是太具体，但指导全国的导则也不可能太具体。各省文物部门应结合本地实际，抓紧制定本区域的乡土建筑保护利用导则，要针对传统村落中不同类型、不同级别、不同使用功能的文物建筑分别提出整体保护、外貌保护和局部保护的不同要求，特别是对那些现在仍有村民居住使用且为私人产权的文物建筑，要从实际出发，合理改造内部的使用功能，提高村民的生活质量。只有传统村落的农民生活质量得到提高，宜于人居，人们生活其中感到舒适方便，其长久保护才会有更加牢靠的基础。

要充分发挥文物部门工程监管作用。各级文物部门，特别是省级文物部门要主动担负起传统村落保护利用工程的监管职责，全程指导监督工程项目的开工、实施、验收等环节，及时了解掌握并上报工程的进展情况。工程进行中，国家文物局会组织开展巡查和抽查。特别是传统村落中国保单位的施工资质扩展到文物保护工程二级施工单位后，可能会存在施工单位欠缺经验、操作不规范等问题，我们的日常监管就显得更加重要。

要充分发挥专家作用。每个村落都要确定一名年富力强、业务过硬、责任心强的文物专家进行驻村指导。省市文物局要做统筹安排。驻村专家要在工程实施前期及期间入村指导，每年驻村的时间不少于两个月。要规定专家的具体任务，在哪几个节点上必须有指导意见，定哪些事必须参加。与此同时，专家的意见应该符合总体规划要求，在批准方案框架下可以做深化细化与微调，而不是另起炉灶。可考虑建立驻村专家考评机制，将工程进度、优劣与驻村专家的考核评价相挂钩，调动他们工作的积极性和主动性。

要加强理论研究。每一个传统村落都是唯一的，具有鲜明的地域、民族、时代特征和文化个性。各级政府、有关部门和相关村落要以敬畏祖先、尊重历史的态度，重视传统村落历史文化内涵研究，组织专业团队扎实深入开展乡土建筑研究，加强古村落历史和价值研究，充分发掘房屋建筑、道路格局、林木池塘、乡俗民风等遗产要素的文化内涵，发掘和保护好每个古村落独有的特色。要把研究成果作为实施每一项保护利用工程的重要依据。要学习生态博物馆的做法，依靠村组织和村民，对每一个传统村落的建筑风貌、保护维修的全过程、村民生产生活状况的改变做一个全记录。

（四）统筹使用各种项目资金，全力支持传统村落保护利用工作

进入9月份，文物保护专项补助资金、传统村落基础设施建设资金等将悉数到位，这为我们开展传统村落保护利用工作提供了基本经费保障。各县在整合多方面资金上也作了很大努力。各类专项资金既有共同之处，也各有侧重。共同之处，就是都用于传统村落的保护利用工程，而它们之间最大的区别就在于经费使用的范围不尽相同。如文物保护专项资金主要用于文物保护、安消防及保护范围内的环境整治项目，基础设施建设资金主要用于整个村落基础设施改造和环境整治，农村环境整治资金主要用于村落垃圾处理和环境改善等。县级人民政府要及时下达涉及传统村落的各类专项资金，统一管理，统筹使用。要做

到专款专用，并加强绩效考评。县级人民政府在使用建设资金进行传统村落基础设施建设和环境整治项目时，也一定要遵循文物保护的基本理念，不要把古代的条石板路都拆了，搞水泥路；更不能拆除原有民居建筑，搞成仿古一条街。

地方政府还应采取多种方式筹集保护管理资金。可将传统村落保护列入财政预算，确定相应比例的保护经费，如2008年起，龙岩市财政每年500万元、县财政每年1000万元，连续三年合计投资4500万元用于培田传统村落保护利用工程；也可创新市场化运作方式，建立"政府奖励基金、社会捐赠基金"等方式，鼓励社会资金参与传统村落保护利用，发挥社会资金"四两拨千斤"的引导作用。在整合资金的同时，还要对传统村落给予尽可能的政策支持，如在村外划出一部分土地建农民住房以缓解村内不能新建住房的问题。

关于各级财政资金用于个人产权文物保护单位维修问题，这次专项资金是允许按一定比例补助，但理论上并没解决产权清晰、公私分明的问题。一些地方拟采取收购私人民居转为公有产权的做法，但在一个村里大范围地搞收购，传统村落的人脉、文脉都将遭破坏，不是一个好的办法。有的地方采取这样的办法，对私人民居（文保）的修缮，政府拿了40%乃至更多，在合同中注明这一投入的权益，如修好后村民仍然居住，这部分权益不体现，如果日后出售、出租或自主开发经营，政府的这部分权益就要有所体现。当然，政府所得部分，或建立专项或建立公益基金全部用于传统村落保护。这个办法好处有三：一是使财政资金有投入有收获，长期滚动使用；二是限制私人民居的无序买卖；三是使有能力投入维修的村民考虑长远利益不至于完全依赖政府。各地可以研究探索。

（五）正确处理传统村落保护与旅游开发的关系，实现传统村落的可持续发展

对于传统村落发展旅游产业，要积极支持，这是发挥传统村落经济价值、维护发展村民利益的一个重要途径。发展传统村落旅游，要保护乡土文化与自然生态，维护好宽松安静的人居环境；要尊重村民自治的权利，要调动村民的积极性，出台扶助政策鼓励村民利用乡土建筑发展农家乐、民宿休闲和农业观光旅游，让保护发展成果惠及全体村民。"保护、发展、惠民"，这六个字应该是传统村落旅游的基本出发点和最终归宿，不应偏离这个出发点打造所谓的支柱产业、不切实际地做大做强。

在传统村落旅游发展上，面临一个公司整体经营问题。市场主体进入传统村落旅游，有利于配置市场资源、加快形成产业。但我们不赞成两种做法：一是政府引进开发公司进驻村落搞产权置换，把房子买下来，把原住村民迁走，把乡土建筑作为公司资产经过包装后开发经营，使传统村落成为纯粹的商业化旅游景点。二是由开发公司把整个村落或者一条古街承租下来，让原住居民全部搬迁出去并给以租金，然后再租给外地商户经营。这两种经营模式，虽然能给村落带来一时的商业繁荣，但却使传统村落的文化生态遭到了破坏。这两种模式用于旅游景点乃至于古城开发，不能一概反对，因为城市人口本来就是杂居的，而用于传统村落不妥，因为村落是因姓氏而聚居的。人脉断了文脉也就断了，到那时古民居保护再好也只是一个躯壳，缺少了灵魂。还有一个问题是过度开发，除了文保单位，其他所有房子都拆了重建，虽然搞的是仿古建筑，但那还是传统村落吗？所以现在引进投资者开发传统村落旅游要持慎重态度，要按照整体保护规划进行。

同时我们也要看到，旅游业的发展也正处在一个转型期，正在由观光旅游向休闲度假旅游转变。现在整体开发的旅游村落大部分都是观光旅游模式，统一乘坐大巴车、照个相转一圈就走了。如果按照这种模式弄，很难适应以后休闲度假的游客需求。因此，现在尚未开发、开发尚未成熟的乡村，在旅游开发模式上一定要认真研究发展模式，要有超前目

光，以满足未来休闲度假旅游的需要。

（六）探索具有特色的村落业态，发展成果惠及村民

要实现传统村落长久保护、整体保护的目标，就要让村民宜居宜业，住得便利、住得舒适，同时有活干、有钱赚，所以应该把发展适宜产业纳入传统村落整体保护规划，鼓励培育壮大与乡土建筑历史文化价值相适应、与环境承载力相契合的业态，增加村民就业、提高村民收入、改善村民生活。要因村制宜，能种植的搞种植，能养殖的搞养殖，靠山吃山、靠水吃水，甚至把我们一些传统的非遗技艺、一些生产性保护项目都挖掘出来。例如，云南的哈尼梯田因为申遗成功名气大了，在梯田上种的红米保证纯天然、纯绿色、无公害，然后一个公司帮助包装，产量并不高，全是定制供应，卖得很贵，增加了种田的附加值。我们的传统村落搞产业的话也要根据本地的资源禀赋、市场需求搞这一类独特精尖的东西。

（七）健全传统村落保护制度体系，建立长效机制

每一个传统村落，都要在县政府的指导下，通过镇政府和村委会，并充分尊重村民意见，制定完善传统村落保护利用管理办法，健全传统村落保护利用村规民约，对村中各类建设活动和生产生活行为进行指导和规范。同时，根据文物产权，明确不同所有者的权利与义务，建立和完善激励办法，对村民积极保护修缮自有乡土建筑实施“以奖代补”；鼓励和支持社会力量采取捐资、投资、合作开发等方式参与乡土建筑保护利用。

一定要从实际出发，一村一策。坚持底线思维，即任何时候，任何情况下，对不可移动文物、优秀民居建筑都要立足于保，在此前提下，把握传统村落的发展规律，结合地域特征、民族特点、历史背景和发展水平，研究探索不同建筑类型、不同地域特征传统村落保护利用的不同模式和办法。

同志们，做好传统村落的保护利用，是文物工作与社会主义新农村建设、新型城镇化建设相结合的一项意义深远的工作。这项工作涉及面广，政策性强，工作周期长，各地务必要精心组织实施，努力探索，不断总结经验，把工作推向深入。我们相信，通过大家的共同努力，传统村落保护利用工作一定会结出硕果，一定会为农村经济社会文化的全面协调可持续发展做出更大的贡献！

文化部副部长、国家文物局局长励小捷在大运河遗产保护管理工作会上的讲话

（2014年9月26日）

2014年6月，在第38届联合国教科文组织世界遗产委员会会议上，横跨我国半壁江山的两大线性文化遗产——大运河、丝绸之路成功列入《世界遗产名录》，实现了我国世界遗产申报工作历史性的重大突破。作为一项体量如此巨大、活态的线性文化遗产，大运河申遗成功无疑是史无前例的，具有深远、巨大的影响。

为了谋划大运河遗产更加美好的未来，我们今天汇聚在扬州，召开大运河遗产保护管理工作会议，回顾大运河申遗工作历程，总结交流申遗工作成功经验，深入分析当前大运河保护工作形势，共同商讨当前和今后一个时期大运河遗产保护管理工作任务和目标，全力谱写大运河遗产保护更加辉煌的新篇章。

一、攻坚克难，扎实高效推进，开拓大运河遗产保护管理新局面

大运河申遗之初面临着非常困难的局面。由于历代兴废、黄河改道，隋唐大运河早已成为遗址，埋于地下。20世纪初，“漕运”终结以后，京杭大运河济宁以北部分也淤塞、断流，运河遗产大多年久失修。此外，由于过去我们一直没有将大运河整体作为文化遗产进行专门的研究和保护，导致大运河遗产整体保护起步非常晚，面临工作基础薄弱、遗产家底不清、保护状况较差、多头管理等一系列问题。

2009年以来，根据国务院统一部署，文化部、国家文物局和相关省市、有关部门通过扎实、高效的工作，建立了跨部门、跨地区协调工作机制，完成了大运河遗产资源调查，构建了大运河“国家—省—地市”三级保护规划体系，公布实施了专项法规和标准规范，初步建立了“国家—遗产地”两级监测预警系统，实施了一大批大运河重要河段和节点的保护、整治、展示工程，从根本上改变了大运河遗产的保护管理状况。

进入最后冲刺阶段以后，大运河又遭遇到国际专业机构的质疑，能否做到2014年申遗成功，悬而未决。面对这样的形势，我们一是及时向国务院汇报，贯彻中央领导同志关于“争取最好结果”的指示精神；二是针对有关国际机构的意见，迅速召开大运河保护和申遗省部际会商小组第五次会议，在蔡武部长的主持下，研究部署整改措施和申报对策，制定大运河遗产缓冲区管理和运河周边景观控制要求；三是争取更多国际支持，由我致函第38届世界遗产委员会会议主席和21个委员国，说明中方已完成的各项工作，包括大运河10个缓冲区范围的调整；童明康同志率领的中国文物代表团则在会上对会议主席、各委员国和国际古迹遗址理事会专家逐一开展沟通解释工作。通过上述大量工作和艰辛努力，确保了大运河申遗成功，终于把大事办好、把难事办成，体现了敬终为始、善作善成的精神，彰显了各级政府和文物工作者敢于担当的品格和攻坚克难的作风，证明了大运河遗产保护

前所未有的凝聚力和向心力。

二、保护先行，以保护促发展，推动大运河遗产保护融入遗产地科学发展

大运河申遗成功，得到了党中央、国务院领导同志的充分肯定。刘延东副总理做出重要批示，祝贺大运河成功列入《世界遗产名录》，赞扬国家文物局及相关省、直辖市在申遗过程中体现出的克服困难、直面挑战的精神，并向参与保护申遗工作的每一位同志表示祝贺与慰问。希望我们进一步总结经验，加强大运河遗产的保护、管理和利用，并争取今后申遗及保护工作取得更好的成绩。

回顾申遗历程，我认为大运河申遗成功的主要经验在于正确处理好了以下几方面关系：

（一）处理好运河遗产保护与世界遗产申报的关系

申遗不是目的。借助世界遗产的先进保护理念，提升社会各界的遗产保护意识，改善珍贵文化遗产保护管理状况，延续其生命力和活力，是我们开展申遗工作的目标。大运河申遗过程中，国家文物局始终坚持“保护为主”原则，严格按照文物工作基本规律和世界文化遗产要求，指导各地开展遗产资源调查、考古专题研究、保护规划编制等前期工作，夯实工作基础，着力实施保护整治工程，使大量被忽视、被遗忘、岌岌可危的大运河遗产重新被发现、被认识，得到妥善保护和展示，遗产保护状况和周边环境面貌得到改善，并逐步构建起层次分明、结构合理的大运河遗产保护管理体系。

作为大运河申遗牵头城市，扬州市委、市政府始终将大运河遗产保护放在全市工作重要位置，纳入各级政府绩效考核指标。通过多年如一日的坚守与努力，扬州古城的整体风貌和运河遗产点段得到妥善保护。如今走在运河盐商私宅聚集的瘦西湖畔，可以看到遗产周边景观风貌和重要视线廊道得到妥善保护，看不到任何不和谐的现代建筑物或构筑物。此外，扬州市还建立起了覆盖全部遗产点段、监测指标较完备、多部门联动的大运河扬州段遗产监测预警体系，为其他大运河遗产组成部分监测预警体系和国家级总平台建设作出了重要贡献。

（二）处理好运河遗产保护与运河功能延续的关系

大运河是一条“活着”的运河，活态遗产属性是其最突出的特点。延续大运河交通、水利的传统功能是遗产保护的题中应有之意，也是大运河永续传承的重要保证。大运河保护和申遗省部际会商小组明确将交通、水利功能延续摆在大运河保护和申遗工作突出位置，达成多项重要工作共识。国家文物局落实会商小组有关决定，重点做好跨地区、跨部门沟通协商工作，理顺大运河保护管理机制，在大运河申遗文本、保护管理规划中，通过遗产保护保证大运河利用和功能发挥，简化涉及大运河基础设施建设工程文物审批程序，确保南水北调工程等国家重大基础设施建设工程顺利开展。

各地在实施涉及大运河遗产保护的工程建设项目中，逐步将遗产影响评估纳入审批环节。在项目决策、实施前，履行会商程序，征求各利益相关方的意见，在确保遗产安全前提下，维护好、发挥好大运河的航运、输水、防洪、水资源配置功能和实用价值。苏州市在开展大运河航道升级改造过程中，注意保护、避让古纤道等重要遗产，在经过考古调查确认没有遗存分布的区域进行航道扩建和设施建设，显著改善大运河通行能力，提升货物运输量，保障大运河黄金水道的畅通。

（三）处理好运河遗产保护与城乡发展建设的关系

大运河部分河段在历史上被废弃以后，由于长期缺乏有效管理，不少地方变成了“臭水沟”“污泥塘”“垃圾场”，大量遗址被低劣的、不和谐的现代建筑侵占，成为卫生、交通、安全问题突出的“死角”。各地以申遗工作为契机，结合遗产本体保护工作，整治遗产周边环境，改善生态环境和民生，使落后的“城中村”“棚户区”变化成为美丽家园和宜业宜居、充满活力的城乡新亮点，提升了遗产运河城市、乡村的整体形象。

会通河临清段保存了元运河、钞关等大量重要遗存。这些文物过去被杂乱的棚户区所占压，运河故道污水横流、臭气熏天，与城市中心的地位大相径庭，是当地政府和民众的一块心病。在申遗推动下，临清市人民政府痛下决心，在财政非常困难的情况下，拿出财政收入相当多的部分，疏通河道，整治垃圾污水，绿化周边环境，铺设基础设施，恢复古运河闸坝相连、绿水成荫、古民居成片的景观风貌，赢得当地民众的一片喝彩。杭州市在实施运河综合整治过程中，不仅要建设运河观光带，还要“让两岸老百姓生活得更好，让运河两岸生生不息”。通过异地安置、拆迁补偿与原地回迁相结合的人性化处理方式，既保障了民众自主选择生活方式的权力，又有利于历史街区文脉传承，得到居民支持，使历史街区不仅有“小桥流水”，更有“炊烟袅袅”的“人家”。

大运河申遗，将国家重大文化工程与遗产地经济社会发展紧密结合、与遗产地生态环境和民生改善紧密结合，实实在在地解决了遗产地长期遗留的历史问题，使世界遗产这一项非常具体、专业要求很高的工作得到了社会各界，特别是沿线各地人民政府和广大民众的理解、认可和支持，使大运河文化内涵、传统功能和历史价值被重新认识，掀起全社会认识大运河、研究大运河、保护大运河的热潮。这是确保大运河申遗成功最基本和最重要的经验，也是今后推动大运河保护管理工作的不竭动力。

三、认清形势，理清工作思路，准确把握大运河遗产保护管理的科学理念

大运河申遗成功以后，我们身上的担子依然很重。世界遗产委员会在有关决议中，表示出对大运河保护管理工作现状的某些担忧，希望我国政府尽快完善更加行之有效的日常管理机制，巩固遗产档案和监测体系，完成大运河遗产缓冲区的调整，控制大运河周边开发建设项目，避免对遗产安全及环境景观风貌构成威胁。

我们注意到，有些遗产地近期已经出现放松大运河遗产保护管理的情况。有的地方，撤销保护申遗工作机构，更换关键岗位业务人员，削弱保护工作基础；有的地方，保护项目停滞不前，导致遗产本体状况不理想，存在严重安全隐患；有的地方，管理工作严重缺位，垃圾、废水随意倾倒现象有所抬头，遗产区、缓冲区环境恶劣，大运河水质污染情况严重。

上述问题的出现表明，目前大运河遗产的保存现状、保护管理能力和水平，与世界遗产的要求之间还存在很大差距。工作基础薄弱、管理维护难度大、发展建设压力大，是当前甚至今后一段时期大运河遗产保护工作将要面对的问题。

当前，各地大运河保护管理工作仍要以提升大运河全线保护、管理、展示、利用整体水平为目标，重点完善保护管理长效机制，巩固跨地区跨部门协商机制，加强遗产本体保护与监测，加大环境景观控制力度。在此基础上，继续推进考古调查和专题研究，深入挖掘大运河遗产价值内涵，探索活态遗产保护利用模式，提升服务社会能力，积极促进大运河申遗成果向持久保护的转变。这是科学、可持续的大运河遗产保护发展之路。具体来说，有以下几个方面的认识要进一步统一：

（一）大运河遗产保护应坚持整体保护原则

应当注意到，与普通的文物保护单位不同，大运河世界遗产组成部分由31个遗产区构成，包括总长度达1011公里的27段河道和58个遗产点，而列入各级大运河遗产保护规划范围的大运河河道总长度则超过3000公里。这些遗产构成要素在地理位置上前后相接、一脉相连，在功能方面彼此依存、分工协作，并与周边的城镇、乡村、郊野和自然环境密切联系，共同组成庞大的遗产体系和独特的大运河文化景观。保护大运河遗产就必须将构成大运河遗产的各类历史文化和生态环境要素进行整体保护。

一是对于经各级文物行政部门调查确认，并经国务院公布为全国重点文物保护单位的隋唐大运河、京杭大运河以及浙东运河各类文物保护单位，无论其所有权、使用功能或管理权如何，均应严格按照全国重点文物保护单位的标准和要求，始终将保护文物本体安全放在优先位置，做好文物本体“四有”基础工作以及文物本体保护修缮、安防消防系统建设和陈列展示等相关工作，逐步确立大运河遗产相关法规和规划作为上位法、上位规划的重要地位，进一步夯实大运河遗产保护工作基础。

二是要把大运河水资源、河道堤坝、周边植被及沿线村落等重要环境因素纳入遗产保护的范围，并置于与文物本体保护同等重要的地位。通过积极吸引城镇化、新农村建设、生态治理等相关领域优势资源向遗产地聚集，多措并举，实现遗产保护、生态环境保护、城乡发展建设的有机结合。出于延续运河传统功能需要进行的交通、水利设施改扩建项目，只要符合相关法律法规和规划的规定，各地文物部门应积极协助有关方面做好遗产影响评估、考古勘探、工程选址、方案设计和行政审批等工作，保证项目如期顺利进行。

三是要加强大运河缓冲区的管理控制。大运河遗产缓冲区管理是国际组织有关决议和多次补充材料来信关注的焦点，同时也是大运河遗产保护管理的难点。各地要根据国际组织要求，深入研究大运河沿线城镇、乡村的历史文化价值，进一步细化并适当扩大大运河遗产缓冲区范围，加大对缓冲区内建设行为管理控制的力度。通过明确管理控制措施和相关技术指标，实现城乡发展的现实需求与遗产保护科学理念的有机结合。从长远来看，加大大运河遗产缓冲区管理控制力度的目的，不是限制城乡发展，而是在着眼于保护好大运河沿线城镇、乡村独有特色的基础上，为城乡转型发展指明了方向。

（二）大运河遗产保护应坚持政府主导

各地应继续巩固大运河申遗过程中形成的“政府主导、社会协同”的基本工作方针，调动各方面积极性，形成全社会共同保护大运河遗产的强大合力。

遗产地各级政府要积极推动地方各级大运河申遗会商机制向协调管理机制转变，尽快将各级申遗领导小组改组为大运河保护管理协调小组或委员会，协调、指导各有关部门，按照现行管理体系和13部门共同印发的《关于加强大运河保护和申遗工作的意见》有关要求，切实承担起各自职权范围内的权利和义务，做好水环境保护、交通运输、水利管理和环境卫生等工作。在开展涉及大运河遗产保护相关项目中，应加强沟通协商，必须切实保障大运河世界遗产组成部分的安全，维护世界遗产的真实性、完整性，同时充分考虑遗产地经济社会发展和民生改善的实际需要，积极、主动地想办法、找出路，实现保护与发展的辩证统一。

另一方面，各地市人民政府要尽快建立、完善大运河日常保护管理机构，落实人员编制和日常工作经费，具体负责31个遗产组成部分的保护管理工作，并协助地方政府开展大运河相关沟通、协调工作。各遗产地文物行政部门要在大运河日常保护管理机构中发挥主导作用，做到守土有责。同时，应加强专业人才队伍建设。对于申遗阶段做出突出贡献的单位和个人，各地人民政府应当尽快给予适当的表彰和嘉奖，宣传申遗工作成果和先进事迹，并应积极吸纳参与申遗相关工作、熟悉大运河保护管理要求的专业人员进入遗产地管理机构，增强工作延续性。

今天上午，大运河遗产保护管理城市联盟已经正式成立，制定了联盟章程，并在扬州市设立了城市联盟的秘书处，作为大运河沿线城市协调管理责任单位。在大运河申遗阶段，大运河申遗办发挥了重要作用。在今后的大运河保护管理工作中，希望大运河保护办要进一步加强机构建设和人才培养，要在大运河遗产档案管理、监测预警、专题研究、宣传推介和教育培训等方面发挥积极作用，尽快成为名副其实的大运河遗产保护中心、研究中心、培训中心，带动各遗产地保护管理整体水平提升。

（三）大运河遗产保护要做到保护与利用相统筹

遗产展示、利用是世界遗产保护管理工作的重要内容，也是国际公认的重要遗产保护方式。目前，大运河还有很多遗产点段没有被充分利用起来。长此以往，大运河遗产势必如同无渊之鱼，面临无人问津、日渐衰败的威胁，失去保护传承的机会。因此，各地人民政府要高度重视大运河遗产展示利用工作，按照国务院《关于进一步做好旅游等开发建设活动中文物保护工作的意见》和国家文物局《关于加强文物保护单位游客承载量研究的通知》要求，统筹考虑大运河遗产展示利用问题。

大运河遗产展示利用工作要以保护为前提。任何一项利用都不能破坏遗产、损害遗产，要做到最小干预，尽可能创造有利于保护的环境条件。大运河遗产展示利用要建立在对大运河历史和整体价值深入研究、准确把握的基础之上，要突出大运河遗产整体价值和功能特点，增进公众对大运河内涵的正确认识和深入理解。大运河遗产展示利用工作还要做到以服务公众为目的。应尽最大可能将大运河资源向广大公众开放、展示，通过展示利用传递历史文化知识，丰富大运河沿线群众精神文化生活。

各地可以根据大运河特点和遗产地实际情况，探索大运河遗产展示利用的具体形式、手段和做法。要争取把所有的大运河遗产都充分、合理地利用起来，并且用好、用活，充分发挥遗产传承文明、教育公众、促进发展、改善民生、扩大中华文化影响力的积极作用，以展示利用反哺遗产保护，使大运河真正成为沿线城市的新形象、新亮点。

（四）大运河遗产保护要注重监测与执法相结合

监测预警是大运河保护管理工作的重要抓手。各地要将大运河遗产监测、巡视工作作为日常工作重点，加快从事后治理向事前保护的转变，抓紧解决历史欠账，同时不欠新账。从根本上说，遗产保护管理工作靠的不是设备，而是责任心和制度保障。各地文物部门要建立完善大运河遗产监测工作制度，通过加大日常检查和巡查的频率和力度，及时发现威胁遗产价值的安全隐患和影响景观风貌的不和谐因素，并积极采取有效措施将各类威胁消除在萌芽状态，将可能的破坏降到最低。各遗产地应在每年年底前提交当年年度监测报告，作为世界遗产监测工作制度的重要内容，既积极应对国际组织的关注，又不断改变“重申报、轻管理”的现象。

与此同时，各遗产地文物部门对于在监测中发现的破坏大运河遗产的行为，应及时报告当地人民政府和上级文物部门，切实承担起纠正违法行为的重要职责。要坚持违法必究、执法必严的原则，及时发现问题，及时报告问题，及时提出整治措施。知情不报的，要追究文物部门的责任。对于拆除与破坏文物本体、在文物保护单位保护范围和建设控制地带内违法建设等行为要坚决予以查处。对于根据职责分工应由其他部门负责管理的事项，文物部门应及时向相关部门进行通报，并协调、督促其尽快采取措施妥善解决。

（五）大运河遗产保护要坚持惠及民生

大运河遗产保护工程是重大文物保护工程，更是民生工程、生态工程。各地开展大运河相关项目中，应尊重公众的知情权、参与权、监督权，充分听取和吸纳遗产地当地社区和公众的意见和建议，满足其正当利益诉求。特别是在涉及古街区、古村落保护整治的工作中，不能为了搞开发或打着便于后期管理的旗号进行大规模拆迁、搬迁，要尊重当地民众自由选择生活方式的权力， 避免把“活的”遗产变成展品。同时，各地要继续在涉及大运河遗产保护整治的项目中加大基础设施建设力度，改善生态环境，提高居民生活质量，让大运河成为城乡最适宜人居的美好家园。

与此同时，在大运河遗产保护中，要注意保护大运河周边各类非物质文化遗产，让构筑大运河物质肌理的传统技艺流传下去，让顺应自然、利用自然的传统哲学观念流传下去，让附着在古建筑、古民居上的珍贵历史记忆流传下去，让仍活跃在大运河周边的优秀地域文化流传下去，使大运河承载的非物质文化遗产与各类物质遗存都得到整体保护，维护大运河沿线人民共有的精神家园。

同志们，大运河申遗成功，意味着大运河遗产保护工作进入全新阶段。希望各地人民政府、有关部门和各位同志，继续坚守大运河遗产保护阵地，扎实做好大运河遗产保护工作，勇于开拓创新大运河遗产展示利用模式，为大运河永续传承继续作出重要贡献。

文化部副部长、国家文物局局长励小捷在2014年全国文物局长会议上的讲话

（2014年12月25日）

这次全国文物局长会议的主要任务是学习贯彻党的十八届三中、四中全会和中央经济工作会议精神，总结2014年工作，部署2015年任务。

刚才，蔡武部长作了重要讲话，我们要认真学习领会，抓好贯彻落实。下面，我讲几点意见。

一、2014年工作回顾

2014年，全国文物系统广大干部职工坚决贯彻习近平总书记系列重要讲话精神，全面落实党中央、国务院的决策部署，坚持稳中求进、改革创新的工作总基调，抓主抓重，攻坚克难，圆满完成全年各项任务。

（一）坚决落实中央部署和习近平总书记重要指示

贯彻落实习近平总书记对正定古城、阜新万人坑遗址、侵华日军第七三一部队旧址、武汉中共中央机关旧址保护维修与展示利用的重要批示精神，及时赴现场调研，安排经费，编制方案，重点督办，狠抓落实。按照“秉持正确的古城保护理念，即切实保护好其历史文化价值”的批示要求，加快推进正定古城保护工程，实施6个文物本体保护项目和9个安消防项目，基本完成古城墙南门修复和周汉河综合整治工程。按照“务必抓紧进行维修，切实做好保护利用工作”的指示，制定阜新万人坑遗址9个保护维修方案，筹建死难矿工和抗暴青工遗骨陈列馆，实施岩土工程勘察及遗骨防潮防腐工程。按照“应加强修护工作”的指示，启动侵华日军第七三一部队旧址保护性修缮工程，开展旧址区域环境整治工作。按照“修旧如旧、保持原貌、防止建设性破坏”的指示，编制武汉中共中央机关旧址保护修缮和展示利用方案，完成旧址腾退工作，筹建旧址纪念馆，征集文物5800余件（套）。

全国人大公布设立中国人民抗日战争胜利纪念日和南京大屠杀死难者国家公祭日之后，国家文物局主动服务大局，及时印发《关于加强抗日战争时期文物保护利用工作的通知》，逐一排查186处国保抗战遗址状况，召开抗战文物保护利用工作座谈会，启动46项抗战文物保护修缮和展示利用工程，安排经费2.1亿元。全年新增国保抗战文物开放点29个，新建纪念馆陈列馆9个，实现展陈提升55处。各地也安排了一大批省保和市县保的抗战文物保护工程。

按照“望得见山、看得见水、记得住乡愁”的要求，统筹推进传统村落整体保护利用。召开国保省保集中成片中国传统村落整体保护利用工作会，对270个传统村落保护利用做出部署。发布实施方案及乡土建筑保护利用导则，既保持传统村落的完整性、真实性和

延续性，又满足原住村民提升生活质量、改善居住条件的迫切要求。首批51个村落保护安排资金7.1亿元，以县为主的领导机构全部建立，保护发展规划全部提交，保护修缮工程和环境整治项目全面启动。

落实“一带一路”国家战略，丝绸之路跨国联合申遗项目圆满成功，相继举办“海上丝绸之路特展”和“丝绸之路”文物展，赴坦桑尼亚举办“中非海上丝绸之路历史文化展”。习近平主席在APEC会议期间，向各国来宾隆重推介“丝绸之路”文物展，称赞该展览生动体现了和平合作、开放包容、互学互鉴、互利共赢的丝绸之路精神。

（二）积极推进行政审批制度改革

按照国务院的部署，公布国家文物局文物行政审批事项新版目录。下放“境外机构和团体拍摄考古发掘现场审批”“拍卖企业经营文物拍卖许可”“外国公民、组织和国际组织参观未开放的文物点和考古发掘现场审批”“国有文物收藏单位之间交换馆藏一级文物审批”等4项审批事项。将“拍卖企业经营文物拍卖许可”和“文物商店设立审批”调整为后置审批项目。会商国家林业局特设博物馆进口犀角类中国文物藏品许可事项。

文保工程项目审批改革取得成效，实现了立项审批和方案审核分开，引入了第三方审核技术方案，实行了网报网审，出台了系列管理办法，加强了事中事后监管。全年上报项目数为3072项、完成审批数2553项、项目安排数2290个、储备项目数1734个，国家重点文保专项补助资金安排81亿元，同比数值大幅度超过2013年。这项改革的初步成功，强化了全国文物系统的改革意识，缓解了项目管理的最大瓶颈制约，进一步明晰了央地之间、行政部门与中介机构之间的责权，起到了引领文物系统全面改革的作用。

按照分类实施、稳步推进的原则，做好博物馆的基本制度设计，编制博物馆理事会章程示范文本和指导意见，指导4个博物馆开展理事会建设试点。国家文物局制定向社会购买服务目录，全年政府采购项目92个，中标金额8000余万元。

（三）稳步提高文物工作法治水平

按照全国人大常委会立法规划和国务院立法工作计划，遵循“坚持方针、跟进时代、解决问题、确保质量”的思路，精心组织、扎实推进《文物保护法》修订工作。围绕修法中涉及的文物利用、社会参与、文物市场、文物保护补偿等12个课题，分赴17个省开展专题调研，为修法提供理论和实践依据。坚持开门立法、民主立法，广泛征求全国文物系统、地方有关部门和专家的意见，共收到反馈意见2000余条，在形成修法草案过程中进行了充分吸纳。目前，草案征求意见稿已分送国务院有关部门征求意见。

完善制度、标准和规范。制修订工程申报审批、咨询评估、可移动文物修复等10余项管理制度。发布15项文物保护行业标准，启动19项行业标准立项编制。修订文物行政处罚程序暂行规定，明确委托执法的合法性。配合最高人民法院完成文物犯罪刑事案件适用法律司法解释征求意见稿。地方政府不断强化文物安全责任制，湖南省将文物安全纳入地市级党委、政府的绩效考核内容，北京市开展文物违法行为责任追究试点。

切实加大文物执法力度，国家文物局全年督办文物违法案件64起，其中立案查处41起、责令改正31起、行政处罚31起、刑事处罚4起。侦破辽宁朝阳“11·26”红山文化遗址盗掘案，抓获犯罪嫌疑人78人。北京、吉林、陕西、四川等地方政府及文物部门对违法案件的处理高度重视、认真整改，西城区天宁寺塔保护范围违法建设案、长春东本愿寺保护范围违法建设案、洛南县城隍庙违法迁建案、平武县报恩寺建控地带违法建设案得到依法妥善处理。公开曝光徐州市韩桥煤矿旧址损毁案、阿尔山市阿尔山车站损毁案等8起法人违法典型案件，中央和地方媒体积极跟进，社会反响强烈，推动了案件解决，坚定了执法信心，提振了士气，起到了警示作用。实施不可移动文物执法卫星遥感监测项目，完成10个县域单元不可移动文物消失情况监测，提升技术监管能力。

（四）多措并举让文物活起来

首次召开全国文物合理利用工作交流会，推广经验，凝聚共识，研究部署文保单位开放、馆藏文物利用、文物精品展览、社会力量参与等工作。与教育部印发《关于中小学生利用博物馆开展社会实践的指导意见》，搭建中小学生社会实践活动平台。15个省份150余家博物馆开展完善博物馆青少年教育功能试点，推广博物馆青少年教育示范项目，出版博物馆教育项目示范案例。建成国家“指南针计划”上海青少年基地，弘扬中国古代发明创造成果。召开全国博物馆展览质量提升座谈会，制定提升博物馆展览质量、提高馆藏文物利用率的指导意见，完善国有馆藏文物资源共享机制。部分省份开展总馆长制探索，山西博物院为市县级博物馆完善基本陈列、输送临时展览，黑龙江省博物馆举办“一月一县”展览。面向全社会征集60个弘扬优秀传统文化、培育社会主义核心价值观主题展览项目，12个优秀展览项目纳入全国推广计划。举办博物馆及相关产品与技术博览会，306个文博机构和企业参展。举办第二届全国博物馆文化产品创意设计推介活动，一大批文博创意产品受到消费者欢迎。

配合重大外交活动，举办赴法“汉风——中国汉代文物展”和赴美“神秘的三星堆”文物展。“文物带你看中国”3D展示系统在哥本哈根、巴黎、老挝中国文化中心和法国吉美博物馆落地展示。续签中美限制进口中国文物谅解备忘录，与缅甸、法国签署关于促进文化遗产领域交流与培训合作协议。举办第四届文化财产返还国际专家大会，发布《敦煌宣言》。援柬茶胶寺、援蒙辽代古塔、援乌希瓦古城保护修复工程稳步推进。举办赴台“中国南方佛教艺术展”、赴港“敦煌文化与艺术大展”、赴澳“西周霸国文物特展”。台湾历史教师中华历史文化研习营赴陕西研修。

（五）切实加强文保项目和博物馆管理

西藏重点文物保护工程、山西南部早期建筑保护工程、延安革命遗址抢救保护修复工程中的82个项目完工，应县木塔严重倾斜部位和残损构件加固工程开工；赣南等原中央苏区革命遗址保护工程16个项目立项，170余处维修方案获得批复。与公安部、住建部印发《关于加强历史文化名城名镇名村及文物建筑消防安全工作的指导意见》，启动文物消防安全百项工程。

水下文化遗产保护取得重大进展，组建国家文物局水下文化遗产保护中心，中国第一艘水下考古研究船下水首航，调查丹东一号甲午海战北洋水师沉没战舰。宁波基地建成使用，北海基地建设启动，南海基地完成勘察设计招标，南海基地西沙工作站开工。完成南水北调中线一期文物抢救保护项目和三峡工程文物保护初验工作。发布国家考古遗址公园评估导则，完成12家国家考古遗址公园评估。大运河、丝绸之路：长安—天山廊道的路网成功列入《世界遗产名录》，有序推进土司遗址、花山岩画申遗前期准备工作，启用中国世界文化遗产监测预警系统。举办哈尼梯田保护与展示国际研讨会，形成《关于梯田文化景观可持续发展红河倡议》。与住建部联合公布第六批中国历史文化名镇名村，开展首批中国历史文化街区认定工作。

全国博物馆总数达到4165家，其中新增博物馆299家。辽宁、云南、贵州、黑龙江等省级新馆积极筹备开馆，地市级博物馆建设项目完工47个、在建14个。开展央地共建博物馆运行评估和博物馆免费开放绩效考评；制定国家二、三级博物馆运行评估办法，指导各地完成632家国家二、三级博物馆运行评估。印发民办博物馆设立指导意见，规范民办博物馆发展。中央财政安排经费6.6亿元，实施一批可移动文物修复项目和53个博物馆藏品预防性保护项目；完成8000余件（套）珍贵文物和2万余枚简牍修复。

开展7家文博单位民间收藏文物鉴定试点，指导各地开展涉案文物鉴定工作。完成345家文物拍卖企业60余万件（套）拍卖标的备案，治理互联网违法拍卖文物活动。会同国家新闻出版广电总局治理一批文物鉴定类违法违规广播电视节目。组建国家文物进出境审核内蒙古、西藏管理处，联网运行文物进出境审核信息管理系统。国家文物局向中国国家博物馆划拨11件珍贵文物、与台湾佛陀纪念馆签署河北幽居寺流失佛像捐赠协议上海海关向文物部门移交1600余件走私罚没文物，湖南省从境外成功征集商代青铜重器皿方罍器身。

（六）进一步夯实文物基础工作

在全国各地文物部门的共同努力、各级财政部门的大力支持、各行业主管部门的积极配合下，第一次全国可移动文物普查完成国有单位文物收藏情况摸底，普查对象涉及20个行业100多万家国有单位，其中收藏保管文物的国有单位约1.53万家，申报藏品近4200万件（套）。全面铺开文物认定工作，甘肃、宁夏、广西、陕西已完成文物认定工作。制定馆藏文物、出土（水）文物和馆藏自然类藏品登录规范，建成全国可移动文物信息登录平台，推进普查文物信息采集登录工作。建立检查督导、质量抽查和数据审验机制，狠抓进度管理和质量控制。

印发《全国文博人才发展中长期规划纲要》，启动文博人才培养“金鼎工程”。国家文物局举办35个主体班次，培训近3000人。注重基层文博管理人才培养，完成5期县级文物行政部门负责人培训班。注重青年科技人才培养，完成青年拔尖人才支持计划申报评审。与北京建筑大学完成文博类博士生招录工作。召开全国文物保护职业教育培训工作座谈会，建立文博职业教育联合培养机制，启动文博职业教育培训教材编写。遴选100余个国家文物局培训业务合作机构和9个文博人才培训基地。充实全国重点文物保护工程方案审核专家库，新增专家354名。

与中科院共同召开“文化遗产空间观测与认知”香山科学会议，研讨提出关于空间考古的六大科学问题。与工信部研发高精度多参数污染因子监测传感器，建设文物保护装备产业化及应用公共服务平台，实施第一批试点项目，近200家企业、高等院校、科研院所和文博单位参与，地方政府和企业投入资金8.1亿元。开展电气火灾智能防控系统、防爆安全检查系统、高原地区文物建筑灭火装备试点，提高文物安全装备水平。在科技部支持下，新增2项国家科技计划，完成5项国家科技计划和前四批行业重点科研基地运行评估，组建国家文物局重点科研基地西藏联合工作站。组织开展博物馆保存环境监控设备技术交流，提高基层博物馆预防性保护方案编制和项目实施能力。加强文物系统信息化建设顶层设计，编制数据资源目录。开展7家文物精品、展览精品的数字产品试点和6家智慧博物馆试点，推进信息技术应用。

举办文化遗产日、国际博物馆日和国际古迹遗址日活动；开通运行国家文物局官方微博，发布信息1000余条，粉丝总量突破10万，荣获人民网和新浪网十大党政机构微博影响力飞跃奖。组织协调主流媒体和网络媒体联合发力，成功进行大运河、丝绸之路成功申遗和抗战文物保护利用成果的专题宣传。建立每日舆情收集通报机制，提高文物舆情研判和网络事件处置能力。国家文物局官网改版上线，加大信息公开力度，开展文博政务服务。完成

“十二五”规划中期评估，开展“十三五”规划前期研究，推进《中国文物志》编纂。

上述成绩的取得，得益于党中央、国务院的坚强领导，得益于各级党委政府、相关部门、社会各界的大力支持，得益于广大文物工作者的辛勤耕耘。在此，我谨代表国家文物局致以衷心感谢和崇高敬意！

也必须清醒看到，文物工作还存在一些问题。比如，一些地方一般不可移动文物消失现象比较严重，破坏文物的违法案件依然多发；文保、安保工程实施进度不理想，一些试点示范项目、样板工程推进不力；文物利用办法不多，服务社会、教育人民的作用远未充分发挥；审批制度改革还需进一步完善，事中事后监管亟待加强；一些基础性工作的进展情况，与既定目标要求还有很大差距。对这些问题，我们必须高度重视，采取切实措施，认真加以解决。

二、几点工作体会

总结今年的工作，回顾近几年的历程，展望下一个五年的发展，思考如何在经济发展新常态下做好文物工作，有许多认识、观念、经验、教训需要总结。概括起来，主要有四点体会：

（一）增强大局意识

文物系统的同志容易产生我们是个小系统、文物工作是业务性较强的工作、了解不了解大局与文物工作关系不大的认识，觉得增强大局意识是那些事关国计民生、事关社会稳定、事关意识形态部门的事。这种想法是不对的。文物工作尽管块头不大，但也是大局的一部分。大局是一种势，是一个场，对各个局部、各个系统都起着主导作用，局部不可能离开整体，每个系统都不可能脱离大局的影响。

“不谋全局者，不能谋一域。”只有对大局了然于胸，对大势洞幽烛微，才能因势而谋、应势而动、顺势而为，才能把文物工作做得更好。增强大局意识，要了解大局，把握大局。大局是历史的、发展的。当前，全党全国人民以全面建成小康社会为奋斗目标，以全面深化改革为内生动力，以全面推进依法治国为根本保障，努力实现中华民族伟大复兴中国梦，这就是我们一切工作的大局。增强大局意识，要主动围绕大局，自觉服务大局。立足本职，履行职责，发挥资源优势，自觉做好服务大局的工作；思维敏锐、善抓契机，适时做好服务大局的工作；统筹谋划、突出重点，主动把服务大局的工作作为各项业务工作的重中之重。我们今年抓的抗战文物保护利用、海上丝绸之路和丝绸之路文物展等工作，都是秉持了这样的理念。

文物工作要为大局更好的服务，需要在以下几个方面继续下功夫、出成果：一要为传承中华优秀传统文化、弘扬社会主义核心价值观服务。二要为建设公共文化服务体系、满足人民群众基本文化需求服务。三要为推进新型城镇化建设，传承历史文脉，保护好古城、古镇和传统村落服务。四要助力国家“一带一路”战略，为增强中华文化国际影响力、促进文明交流互鉴服务。

（二）增强开放意识

开放，是我们所处这个时代最鲜明的特征。经济全球化，促进了生产要素在全球范围的流动与配置；国内统一大市场的形成，有赖于地区与地区之间、系统与系统之间的开放；文化之所以丰富多样，也是因为它本身就具有极大的开放性和包容性。开放不仅仅是一种态势与格局，而且还是一种理念与心态。处在全面开放大格局中的文物工作，也必须是开放的。开放带来进步，封闭导致落后。

面对新形势、新任务、新使命，我们要树立开放的理念和心态，携手打造开放型文物工作的新格局。一要打开公共视野这扇窗。要树立文物资源是公共资源、文物部门是公共服务部门的理念，文物资源要依靠社会来保护，为全社会所利用，尽可能向公众开放，决不允许成为服务于特定少数人的私人会所。据不完全统计，国保单位中三分之一左右是由文物系统之外的国家机关、企事业单位、部队使用的。在保留其现有功能的基础上，也应该充分发挥其公共文化资源的功能。二要打开合作共事这扇窗。文物工作虽然比较窄、比较专，但是仍然涉及方方面面，利益主体是多元的，有国有的，有集体的，有私人的；管理体制是多样的，有中央管的，有地方管的，有系统内的，有系统外的，文物工作已经大大突破传统的边界。做好文物工作离不开相关部门和系统的支持，同样离不开我们对其他部门和系统的配合，这已经成为一种常态。单打独斗是不现实的，“我的就是我的、井水不犯河水”的观念是不明智的，“有利的事就干、难办的事就推”的做法更是不可取的。做好文物工作，越来越多地需要合作共事、协同推进，越来越多地需要善协调、讲配合，照应各方关切，兼顾各方利益。这样做更有利于部门职责的履行和自身利益的体现。三要打开面向社会这扇窗。长期以来，我们是以管系统为主的，对文物的社会管理缺少顶层设计、缺乏实战能力。当然，随着改革深化，这种现象已经有所改观。比如，第一次全国可移动文物普查不仅普查博物馆的馆藏文物，而且登录各级国家机关、国有企事业单位、部队的文物，这是一个进步。全面深化改革，转变政府职能，必须开放视野，面向社会，简政放权，把政府该做的做好，该让社会干的事让社会干，该让企业干的事让企业干，真正实现由管微观到管宏观、由管脚下到管天下的转变。四要打开利用社会资源这扇窗。我们那么多事情要办，人手又这么少，经费又不足，怎么办？要履行政府职责，也要依靠社会力量。比如，要解决如何敞开大门、降低门槛、放宽准入的问题，让市场主体依法合规地进入文保工程、文物修复、展示利用、文博创意产品开发等领域。再如，要吸引社会力量参与文物保护，既要鼓励倡导对文物保护的无偿捐赠，又要允许社会资金在投入保护文物的同时，享有一定期限的使用权和经营权。文物事业的发展要把坚持政府主导与社会力量参与结合起来，这样才能真正把管天下的职责履行到位。这也是世界各文化遗产大国的通行做法。

（三）增强问题意识

党的十八大以来，习近平总书记多次强调增强问题意识，他指出，“改革是由问题倒逼而产生，又在不断解决问题中而深化”。增强问题意识，坚持问题导向，体现了我们党实事求是的思想路线、求真务实的工作作风和敢于担当的政治责任。

增强问题意识，必须有发现问题的敏锐、正视问题的勇气、解决问题的智慧和办法。问题是客观存在的，问题也是层出不穷的，旧问题解决了，还会出现新问题，我们的事业就是在解决问题中不断前进的。比如，经过“三普”，全国不可移动文物达到近77万处，比“二普”增长近一倍，解决了摸清家底的问题，但随之而来的是要承担起巨量文物的保护责任，特别是遏制住一般不可移动文物的消失，这又成为我们面临的新问题。再如，近年来博物馆建设快速发展，十年增长一倍，初步解决了博物馆设施严重不足的问题，但随之而来的是藏品不足、展陈单一、专业人才匮乏的新问题。所以说，问题的存在具有客观必然性，重要的是正视问题，不能回避问题，不能绕开问题走；不能害怕困难，对复杂棘手的问题搪塞敷衍、束之高阁；不能讲成绩沾沾自喜，谈问题避重就轻，担心问题讲多了、讲深了会否定工作。

解决问题首先要舍得用力气、下功夫，问题就是因为难解决才成为问题，一定要下大决心，敢于担当，不怕说三道四，不要过分爱惜自己的羽毛，而要聚焦目标，集中精力、集中力量、集中时间，研究实招，拿出办法，切实抓出结果，真正把问题解决掉。其次要抓主抓重，在面临众多问题，特别是新旧问题交织、急事难事叠加的情况下，要分清轻重缓急，抓住主要矛盾和主要方面，找准突破口，把握着力点，发挥以点带面、以少带多的辐射作用，收到牵一发动全身、动一子活全局的效果。解决问题还要着眼长远，一些大问题的根本解决有待时日，不可能毕其功于一役，不可能立见成效，应当具有“开山其必有我、功成不必在我”的胸怀，应当具有善谋善为、久久为功的韧性。

（四）增强创新意识

创新是新常态下经济发展的驱动力，也是文物事业发展的发动机。要推进体制机制创新，破除发展障碍，激发内生活力，调动社会各方面的积极性，让文物得到充分保护，让文物资源作用得到充分发挥。要推进工作方式的创新，利用信息技术，加强宏观管理，提高工作质量，拓展社会服务，努力实现治理能力现代化；要推进技术创新，大胆采用科学技术新成果，武装文物保护和博物馆的设施设备，解决土遗址、石质文物、彩塑壁画保护中的技术难题，提升古建筑维修和馆藏文物修复的技术水平，发扬文物保护传统技艺，逐步形成文博系统的技术创新体系。要推进学术创新，集成已有成果，开展跨学科研究，扩大国际交流，在考古、博物馆、文化遗产等领域形成中国学派，为事业发展提供理论与学术支撑。

实现这些领域的创新，关键在于观念创新。时代在发展，社会在进步，新的事物不断涌现，新的技术日新月异。在这样的时代背景下，任何因循守旧、故步自封的观念都会影响事业发展。要突破已有的思维定势和行为习惯的束缚，打破固有利益和门户之见的藩篱，自觉融入改革创新的潮流，自觉跟上时代前进的步伐。创新本身是一种探索，一开始不会很完美，鼓励创新就要宽容失败，少一点品头评足，多一点包容支持，在系统内为创新营造良好氛围。

三、2015年工作重点

党的十八大以来，习近平总书记站在党和国家发展战略全局的高度，深刻阐述了中华优秀传统文化的历史地位和时代价值，精辟分析了文化建设的重大理论和实践问题，多次就文物工作做出重要指示批示，充分体现了我们党对文物工作的高度重视，具有十分重要的针对性和指导性，为新时期文物事业发展指明了方向。近期，按照中办、中宣部的统一部署，中央主要媒体将对习近平总书记关于历史文物保护的重要指示精神进行重点宣传；国家文物局要召开专题座谈会，对学习贯彻作出安排。全国文物系统要深刻领会习近平总书记关于传承中华优秀传统文化的重要论述，坚决落实习近平总书记关于文物保护的重要指示，要将重要论述和重要指示精神作为2015年各项工作的基本遵循，带头学习，率先贯彻，切实保护好文物的历史文化价值，充分发挥好文物资源的积极作用。

2015年是全面完成“十二五”规划的收官之年，是全面深化改革的关键之年，也是全面推进依法治国的开局之年。中央经济工作会议深刻分析了国际国内形势，作出了我国经济发展进入新常态的重要判断，提出了2015年经济工作的总体要求和主要任务。我们要正确认识新常态、主动适应新常态，努力做好新常态下的文物工作。2015年文物工作的总体要求是全面贯彻党的十八大、十八届三中四中全会和中央经济工作会议精神，坚持稳中求进工作总基调，狠抓改革攻坚，提升法治水平，进一步加强管理，进一步夯实基础，进一步提高工作质量和效率，全面完成“十二五”规划的各项任务。

（一）全面推进文物法治建设

党的十八届四中全会通过的《中共中央关于全面推进依法治国若干重大问题的决定》，是全面推进法治国家、法治政府、法治社会一体建设的纲领性文件。全国文物系统要把学习贯彻四中全会精神作为贯穿文物工作的一项重要政治任务抓好抓实。

一要按照科学立法的要求，加快推进《文物保护法》修订进程，争取列入国务院一类立法计划。认真研究、积极吸取文物系统、相关部门、社会各界的意见建议，广泛凝聚社会共识。加强与立法机关和相关部门的沟通协调。对有利于文物保护、有利于事业发展的重要修改，要进一步提供依据和说明。对体现时代要求、有利于深化改革、能够解决现实问题的内容，要在修法中充分体现。配合最高人民法院、最高人民检察院出台关于文物犯罪的司法解释。要以工作急需为重，加快出台文物建筑预算定额、文物安全设施达标、可移动文物修复和预防性保护等系列技术标准。

二要按照依法行政的要求，全面履行部门职责，推进机构、职能、权限、程序、责任法定化；继续深化行政审批制度改革，做到各项审批有法律依据、各项审批监管要依法问效问责。健全行政事项内部决策程序。完善部门规章、规范性文件的合法性审查。

三要按照严格执法的要求，全面落实行政执法责任制，切实提高执法效能，依法惩处各类文物违法行为。加快建立权责明确、行为规范、监督有效、保障有力的违法行为查处机制，制订《文物行政违法案件督察督办管理办法》，完善文物行政执法督察方式。加强对地方文物部门行政执法的监督，开展省级文物行政执法工作评议试点。开展文物行政执法专项督察，及时曝光文物行政执法典型案件，发挥舆论监督和社会监督的作用。继续对重点区域文物消失情况进行卫星遥感监测，及时发现问题，制止违法行为。深化与中国海警局的执法合作，联合制定我管辖海域水下文物保护执法规程，适时开展联合执法专项行动。与公安部联合开展重点地区打击文物犯罪行动，对大案要案进行跟踪督办。

四要按照全民守法的要求，健全普法宣传教育机制，联合司法部开展《文物保护法》普法宣传，大力宣讲《文物保护法》的基本精神和主要条款。创新普法宣传方式，推出全媒体文物普法产品。落实“谁执法谁普法”的责任，国家文物局和地方文物部门要带头学法、模范守法、全员普法，同时要承担起向政府领导同志宣传普及《文物保护法》的职责。

（二）不断深化文物系统改革

深化文保工程项目审批机制综合改革。在文保工程项目实行网报网审的基础上，将文保工程、安消防工程、可移动文物修复项目集中到统一平台，实现网报网审、联网审批。为体现公平竞争的原则，分散集中审核的压力，承担文保工程技术方案审核的中介机构由1家增加至4家。任何一家都可以在全国范围承担技术方案审核，项目申请单位可自由选择。安消防技术方案审核总量相对较少，继续暂由1家审核。可移动文物修复技术方案审核继续暂由1家行业协会审核。

要按照国务院关于规范行政审批管理的要求，编制审批事项服务指南和内部业务手册，对申报材料的要求实行一次性告知，对申报材料实行一次性受理，对申报项目实行限时审核。国家文物局对行政审批事项全面实行一个窗口统一受理，普遍推行办理时限承诺制和受理单制度，对批准的事项要在10个工作日内向申请人送达批准文书。做好全程咨询服务，设立咨询热线电话，树立良好窗口形象。对中介机构承担的技术方案审核也要规定时限。对技术方案提出修改意见的，修改后再报备环节也要进一步简化。

完善第三方评估的行为规范和活动准则，建立失信惩罚机制，提高第三方评估的科学性、专业性和时效性，逐步做到权责利相统一、委托与监督相结合、绩效评估与购买服务相挂钩。支持文物行业协会在第三方咨询评估中发挥作用，增强自律性、透明度和公信力。健全专家评审咨询制度，细分专家门类，逐步建立信用评价体系，确保技术审核的公平、公正和公开。

发布博物馆理事会章程示范文本和指导意见，开展博物馆理事会制度建设区域试点。按照国务院部署，推进事业单位分类改革。下放馆藏一级文物的复制、拓印行政许可；公布国家文物局的责任清单和权力清单，修订《国家文物局工作规则》。

（三）努力拓展文物合理利用

围绕纪念中国人民抗日战争胜利70周年，全面推进抗战文物保护利用项目，在186处国保单位抗战文物中，凡是文物系统管理使用的国保单位抗战文物要在2015年9月前全部开放，文物系统外管理使用的大部分实现定期或局部展示开放。这件事要纳入对地方文物部门工作的督察事项。策划推出一批有影响力的抗战文物专题展览展示，组织开展参观教育活动。基本完成第一批51个国保、省保集中成片传统村落的保护利用项目，抓出一批有指导借鉴作用的示范案例，启动第二批国保、省保集中成片传统村落保护利用项目。在四部委公布的第三批传统村落中，遴选国保、省保集中成片传统村落。文物部门主抓的国保、省保集中成片传统村落要在民生改善、环境整治、产业培育等方面结果实、出经验，成为文物保护利用的典型，探索解决“空心村”和过度商业开发的症结问题。推进赣南原中央苏区等革命旧址保护利用工程，系统总结文物本体保护与环境整治、展示利用统筹实施的经验。研究制定文物合理利用的指导意见。推广名人故居、工业遗产、乡土建筑保护利用导则，开展工业遗产保护利用状况评估，制定开放类古建筑保护利用规程。

推广完善博物馆青少年教育试点经验和示范项目，与教育部门联合督察中小学生利用博物馆进行社会实践活动进展情况。建设博物馆青少年教育项目资源库，建立中小学生利用博物馆开展社会实践活动联席会议机制。开展全国博物馆精品展览展出季活动，推出12个彰显社会主义核心价值观的优秀展览。支持指导国家一级博物馆与基层博物馆建立借展、联展、巡展合作机制。指导中国博物馆协会开展“群众最喜爱的十大文博创意产品”和“最具影响力的十大文博创意产业示范单位”评选。

（四）加快实施重点文保工程

文物保护工程要加强统筹协调，重点引导，兼顾一般。重点推进石质文物保护、彩塑壁画修复、“一带一路”沿线文物保护项目。重点实施新疆、西藏、川滇甘青四省藏区国保单位保护维修工程。全面开展第七批国保单位重点文物抢修工程。总体部署茶马古道、万里茶道、蜀道的保护与展示。对上述重点项目，国家文物局将在项目审批、资金安排、技术支撑上予以倾斜。实施文物消防安全百项工程，建成一批古城古镇古村落防火设施和古墓葬防盗掘设施。加强日常养护和岁修，支持引导地方关注基础工作、关注日常工作，避免小病拖成大病、小修拖成大修。

开工建设南海基地，开展海上丝绸之路、西沙海域、山东沿海水下文物考古调查，做好“南海Ⅰ号”考古发掘和“丹东Ⅰ号”沉船调查。启动明清海防文物考古调查项目，完成三峡工程文物保护专项验收。做好土司遗址、花山岩画申遗工作，推进世界文化遗产监测预警国家平台和基础数据库建设，编制丝绸之路和大运河保护状况报告。会同住建部开展国家历史文化名城名镇名村及街区检查评估。

加强馆藏珍贵文物修复，提升文物修复技术装备水平，重点实施纺织品、漆木器、青铜器修复项目。重点扶持市县级博物馆预防性保护项目，改善基层博物馆藏品保存环境。发挥国家一级博物馆和国家文物局重点科研基地的技术优势，进行结对式传帮带，为国家二、三级博物馆和基层博物馆培养可移动文物修复力量。

实施重点文物保护工程，要坚持整体保护理念，推进抢救性保护与预防性保护、文物保护与文物安全、文物本体保护与周边环境整治相结合。要搞好项目储备，提高工程质量，确保工程进度，更好发挥重大项目的导向作用和综合效益。

（五）着力提升宏观管理能力

狠抓基础管理。国保单位的“四有”工作和规划编制及公布是依照法律、国务院文件设定的两项基础工作。按照规定要求，我们的任务还十分繁重。完成这两项任务，需要投入大量的人力物力。但是，只要是法律规定，只要是职责所在，我们就必须以抓铁有痕、踏石留印的精神坚定不移抓下去，不达目标不收兵。各省要根据进度情况，提出年度完成指标。2015年，完成第六至七批国保单位记录档案备案，建成国保单位综合管理系统，完成第七批国保单位保护范围和建控地带的公布任务；2016年下决心全面完成“四有”任务。力争3～5年时间，指导完成国保单位保护规划编制及公布工作。省保、市县保单位也要根据法律和地方条例的要求，切实做好相应的基础工作。

狠抓工程管理。要围绕招投标、开工、完工、验收四个关键环节，创新全程监管手段，完善项目实施程序，切实解决违背招投标规定、截留或挪用专项资金等问题。对价值大、影响广的国保单位试点项目和样板工程，国家文物局、省文物局必须抓在手上、深度介入，确保达到形成标准、推广经验的效果。制定文保和安全防护工程项目施工、监督、验收管理办法。

狠抓博物馆管理。国有博物馆要结合第一次全国可移动文物普查，加强藏品管理，完善建卡建档建账，做到底数清楚、账物相符。要拓展博物馆藏品征集范围，以经济社会发展物证征集收藏展示为重点，将体现乡土记忆、区域发展历程和地方民族民俗的物证纳入工作范围。开展民办博物馆运行评估，规范民办博物馆准入制度。

狠抓社会文物管理。健全民间收藏文物鉴定社会服务机制，提升文物鉴定中的科技含量。制定文物交易负面清单，实行文物拍卖标的网报网审，评估文物拍卖企业经营活动，逐步建立文物拍卖企业和购销企业的征信制度。协同有关部门规范文物、古玩和旧货市场秩序，整顿文物复仿制市场，打击贩卖出土文物、走私文物的违法行为。加强对海关特殊监管区域的文物进出境管理与服务。推动文物追索返还取得新成果。

狠抓资金管理。加强预算管理、定向调控、监管协同，提高中央财政专项资金使用绩效，发挥中央财政专项资金导向作用，该增的增，该减的减，把钱花在刀刃上；加强风险防控、信息公开、全程监督、技术防腐。要逐一排查历年已批项目，对3年以上未开工项目的沉淀资金试行按程序收回的措施，根据专项资金管理办法和文物保护需求另行申报。

（六）积极完善发展保障措施

2015年是可移动文物普查的攻坚年，要加快普查信息登录进度，全面完成普查数据转换和批量导入，启用普查平台综合管理和社会服务功能。加强文物信息采集登录审核，建立普查数据在线抽样审核工作机制，对有现场审核需求的地区和新发现的重要文物开展实地审核。

整合科技创新平台，稳步推进文物保护装备产业化及应用计划，完成第二批申报项目遴选入库。组建文物保护装备联合实验室，指导文物保护装备产业园区建设。适应国家科技项目管理改革，做好国家科技计划项目的组织协调和第三方评估咨询。完成国家文物局重点科研基地运行评估。

加强文博人才队伍建设，切实解决人员短缺、机构萎缩、人才结构不合理等问题。持续推进人才培养“金鼎工程”，国家文物局全年举办50个培训主体班次，培训学员3000人。继续办好县级文物行政部门负责人、文物安全管理与执法督察人员培训班。与北京建筑大学、西北大学等高等院校启动文物系统在职人员学历教育首次招生工作。建成全国文博网络学院网站，制作文博名家精品教程。充分调动地方文物部门和相关院校的积极性，推动文博单位与职业院校的工作对接和深度合作，进一步扩大文博工程类实用职业技术人员培训规模，畅通技能人才进入文博行业的就业渠道。

拓展对外交流合作，“文物带你看中国”项目配发到海外中国文化中心，继续开展援外文物保护工程项目。努力促成1970年公约操作指南在第三届缔约国大会上通过，构建水下文化遗产国际交流平台。举办赴匈牙利“华夏瑰宝展”、赴斯里兰卡“海上丝绸之路展览”和赴港“汉代文物展”，赴台参加第二届海峡两岸及港澳地区文化遗产活化利用研讨会。

重点搞好习近平总书记关于历史文物保护重要指示精神的系列宣传活动。开展抗战胜利70周年和传统村落保护利用成果的专题宣传，策划推出文物宣传品牌。开通国家文物局官方微信，抓好国家文物局官网、官方微博运行。加强信息公开，回应社会关切。健全文物舆情收集、研判、通报机制，提高网络舆情处置能力。全面展开《中国文物志》编纂工作。举办文化遗产日、国际博物馆日和国际古迹遗址日活动。2015年文化遗产日要以文物保护成果展示为主题，文化遗产日重庆大足主场城市将举办全国文物保护成果展、大足石刻千手观音修复工程竣工仪式、石质文物保护修复研讨会和传统村落摄影比赛等系列活动。希望各地围绕这个主题组织好本地的相关活动。

编制“十三五”规划是2015年的一项重要任务。国家文物局和各省文物部门要按照国务院的统一部署，周密组织，提前谋划，研究设计“十三五”的发展目标和主要任务，研究提出一批事关全局、带动性强的重大项目、重大工程和重大政策，力争使文物事业发展规划纳入中央整体规划并与国家相关规划相衔接。

同志们，做好2015年工作，对全面完成“十二五”规划至关重要。让我们紧密团结在以习近平同志为总书记的党中央周围，以只争朝夕的干劲和善做善成的作风，扎扎实实把2015年的各项任务紧抓在手、落到实处。

文化部副部长、国家文物局局长励小捷在学习贯彻习近平总书记关于加强文物保护重要指示精神座谈会上的讲话

（2014年12月26日）

国家文物局召开学习贯彻习近平总书记关于加强文物保护重要指示精神座谈会，目的是深刻领会、贯彻落实习近平总书记关于传承弘扬中华优秀传统文化的重要论述和加强文物保护的重要指示精神，并以此为指导，推动文物事业的改革与发展。刚才9位同志的发言都很好，有思想，有见地，听了很受启发。下面，我谈几点学习体会。

党的十八大以来，习近平总书记站在实现中华民族伟大复兴中国梦的战略高度，相继在国际国内不同场合就推动中华优秀传统文化传承和创新发表了一系列重要论述，多次就加强文物保护作出重要指示和批示，思想深邃，内涵丰富，充分体现了党中央对中华优秀传统文化的高度自觉、对文物工作的高度重视，为新时期文物事业发展指明了方向，提供了遵循。

习近平总书记重要论述，深刻阐明了中华优秀传统文化的历史定位。习近平总书记指出，五千年中华文明，是人类文化河流中唯一没有干涸、没有断流的文明。中华优秀传统文化是中华民族的精神命脉，是涵养社会主义核心价值观的重要源泉，也是我们在世界文化激荡中站稳脚跟的坚实根基。中华优秀传统文化是中华民族的突出优势，是我们最深厚的文化软实力。中华民族伟大复兴需要以中华文化发展繁荣为条件。中华民族创造了源远流长的中华文化，中华民族也一定能够创造出中华文化新的辉煌。

学习习近平总书记的这些重要论述，使我们进一步认识到丰富多彩、博大精深、源远流长的中华文化是中华民族形成和发展的精神命脉，是世界历史长河中最为灿烂辉煌的一部分。中华文明以其绵延不绝的唯一性和兼收并蓄的包容性为人类文明作出了独特贡献。从古代中国到近现代中国，一直到当代中国，王朝更迭、社会变革、沧桑巨变，但中华文化的基因是一脉相承的。当今社会，中华优秀传统文化仍然是实现中华民族伟大复兴中国梦的历史基点。增强中华民族的向心力和凝聚力，离不开中华优秀传统文化的弘扬；提升国民素质，振奋民族精神，离不开中华优秀传统文化的滋养；实现国家治理体系和治理能力的现代化，同样离不开中国历史传统、中华优秀传统文化的传承。习近平总书记对中华优秀传统文化所具有的时代价值的新阐述，充分体现了党中央实现文化复兴、民族复兴的坚定决心，把中华优秀传统文化的历史地位提高到了新的高度。

习近平总书记重要论述，深刻阐明了传承弘扬中华优秀传统文化的根本任务。习近平总书记强调，实现中华民族伟大复兴的中国梦，必须要有中国精神，而中国精神必须在

坚持社会主义核心价值体系的前提下，积极深入中华民族历久弥新的精神世界，把长期以来我们民族形成的积极向上向善的思想文化充分继承和弘扬起来，使之为培育和践行社会主义核心价值观服务，为建设社会主义先进文化服务，为党和国家事业发展服务。一个民族、一个国家的核心价值观必须同这个民族、这个国家的历史文化相契合。培育和弘扬社会主义核心价值观必须立足中华民族优秀传统文化。深入挖掘和阐发中华优秀传统文化讲仁爱、重民本、守诚信、崇正义、尚和合、求大同的时代价值，使中华优秀传统文化成为涵养社会主义核心价值观的重要源泉。

学习习近平总书记的这些重要论述，使我们进一步认识到中华优秀传统文化是培育社会主义核心价值观的土壤和源泉，社会主义核心价值观是中华优秀传统文化的继承和升华。社会主义核心价值观只有根植于中华优秀传统文化的沃土，才能成为中国人民的价值追求和行为规范。中华优秀传统文化只有为弘扬社会主义核心价值观服务，才能彰显其当代价值，激发其时代活力，使之永续传承。

习近平总书记重要论述，深刻阐明了文化遗产保护的正确理念。习近平总书记在视察北京工作时指出，历史文化是城市的灵魂，要像爱惜自己的生命一样保护好城市历史文化遗产。要本着对历史负责、对人民负责的精神，传承城市历史文脉，下定决心，舍得投入，处理好历史文化和现实生活、保护和利用的关系，该修则修，该用则用，该建则建，做到城市保护和有机更新相衔接。习近平总书记针对正定古城保护批示，要秉持正确的古城保护理念，即切实保护好其历史文化价值。针对武汉中共中央机关旧址保护维修工程批示，要修旧如旧，保留原貌，防止建设性破坏。习近平总书记在不同场合多次要求，要系统梳理传统文化资源，让收藏在禁宫里的文物、陈列在广阔大地上的遗产、书写在古籍里的文字都“活”起来。

学习习近平总书记的这些重要论述，使我们进一步认识到做好文物工作必须坚持“保护为主、抢救第一、合理利用、加强管理”的方针，坚持立足于保、保用结合的理念。历史文物是不可再生的宝贵资源，是中华民族悠久历史的实物见证，历经数千年硝烟战火、自然损坏能够保存至今实属不易。我们必须深怀敬畏之心、自豪之情、历史之责，切实保护好祖先留给我们的珍贵财富，坚持真实性、完整性、最小干预的原则，传承其历史文化价值。历史文物也是国史、党史、民族史的生动教材，是爱国主义教育的丰富资源，必须正确处理保护与利用、传承与发展的关系，充分发挥文物资源的社会教育功能和公共文化服务作用，做到保护与利用相统筹，在保护中加强利用，在利用中促进保护。

习近平总书记重要论述，深刻阐明了中华优秀传统文化传承与城镇化建设的关系。习近平总书记强调，传承历史文脉，要处理好城市改造开发和历史文化遗产保护利用的关系，切实做到在保护中发展、在发展中保护。发展有历史记忆、地域特色、民族特点的美丽城镇。城市建筑贪大、媚洋、求怪等乱象由来已久，这是典型的缺乏文化自信的表现，也折射出一些领导干部扭曲的政绩观。传承文化不是要简单复古，城市建设会不断融入现代元素，但必须同步保护和弘扬传统优秀文化，延续城市历史文脉。要让城市融入大自然，不要花大气力去劈山填海，很多山城、水城很有特色，完全可以依托现有山水脉络等独特风光，让居民望得见山、看得见水、记得住乡愁。城乡一体化发展完全可以保留村庄原始风貌， 慎砍树、不填湖、少拆房，尽可能在原有村庄形态上改善居民生活条件。

学习习近平总书记的这些重要论述，使我们进一步认识到，城镇化是我国现代化的必经之路，传承文化是城镇化的基本原则。城镇化要遵循文物保护的基本原则，在城镇化建设中不存在文物保护要为城镇化让路的问题。文物保护要符合城镇化的发展规律，不论乡村还是城镇，保护历史建筑也要充分考虑原住居民提升生活质量、改善居住条件的迫切诉求，有利于环境改善和生产发展，积极探索文物保护与新型城镇化协调发展之路。

习近平总书记重要论述，深刻阐明了推动中华优秀传统文化创造性转化、创新性发展的时代命题。习近平总书记强调，要努力实现传统文化的创造性转化、创新性发展，使之与现实文化相融相通，共同服务以文化人的时代任务。中国人民的理想和奋斗，中国人民的价值观和精神世界，是始终深深植根于中国优秀传统文化沃土之中的，同时又是随着历史和时代前进而不断与日俱新、与时俱进的。要加强对中华优秀传统文化的阐发，对历史文化特别是先人传承下来的价值理念和道德规范，坚持古为今用、推陈出新，有鉴别地加以对待，有扬弃地予以继承，努力用中华民族创造的一切精神财富来以文化人、以文育人。

学习习近平总书记的这些重要论述，使我们进一步认识到推动中华优秀传统文化创造性转化、创新性发展的重大意义。这些重要论述充分体现了党中央对待中华优秀传统文化继往开来的博大胸怀和宏伟志向，充分体现了党中央对传统文化的历史与现实、继承与扬弃、坚守与创新的辩证思维。文物工作要积极回答创造性转化、创新性发展的时代命题，围绕以文化人、以文育人的时代需要，深入研究和充分阐释各类文物的历史文化内涵，创新文物保护维修与展示利用的技术和手段，让文物说话，讲中国故事，努力实现文物事业治理体系和治理能力的现代化。

习近平总书记重要论述，深刻阐明了中华优秀传统文化交流互鉴的传播规律。习近平总书记强调，大力弘扬中华优秀传统文化，在推进人类各种文明的交流交融、互学互鉴中，增强我国的文化软实力，维护世界和平。推进人类各种文明交流交融、互学互鉴，是让世界变得更加美丽、各国人民生活得更加美好的必由之路。文明因交流而多彩，文明因互鉴而丰富。在长期演化过程中，中华文明从与其他文明的交流中获得了丰富营养，也为人类文明进步作出了重要贡献。只要秉持包容精神，就不存在什么"文明冲突"，就可以实现文明和谐。对人类社会创造的各种文明，都应该采取学习借鉴的态度，都应该积极吸纳其中的有益成分，使人类创造的一切文明中的优秀文化基因与当代文化相适应、与现代社会相协调，把跨越时空、超越国度、富有永恒魅力、具有当代价值的优秀文化精神弘扬起来。

学习习近平总书记的这些重要论述，使我们进一步认识到中华优秀传统文化兼容并蓄、海纳百川的包容精神，充分体现了党中央对待多样文明交流互鉴的平等态度和开放理念，充分体现了党中央对中华优秀传统文化蓬勃生命力的坚定自信和高远追求。文化如水，不管它产生于哪个国家、哪个民族的社会土壤之中，尽管因环境影响而程度不同，但总的讲都是流动的、开放的。珍贵文物既是中外文明交流互鉴的不朽见证，更是中华文明传播发展的互通桥梁。文物工作要为弘扬中华优秀传统文化、拓展中华文化国际影响力服务，与时代互动、与世界互动，丰富人类文明的色彩，使中华优秀传统文化始终彰显弥久不衰的磅礴力量，为实现中华民族伟大复兴中国梦提供正确的精神指引和强大的精神动力。

中国共产党人始终是中国优秀传统文化的忠实继承者和弘扬者，历来重视文物工作。早在1949年，毛泽东同志一月三次电示保护北平名胜古迹，强调"此次攻城，必须做出精密计划，力求避免破坏故宫、大学及其他著名而有重要价值的文化古迹……当做一项纪律去执行"。1958年，毛泽东同志在参观安徽省博物馆时要求："一个省的主要城市，都应该有这样的博物馆，人民认识自己的历史和创造的力量，是一件很重要的事。”1981年，邓小平同志在视察敦煌时强调“敦煌是件事，还是件大事！敦煌文物天下闻名，是祖国文化的遗产，一定要想方设法保护好”；并拨专款解决莫高窟的实际困难。1984年，邓小平同志为保护长城社会赞助活动题词“爱我中华　修我长城”。

习近平总书记继承我们党的优秀传统，对中华文化饱含深厚感情，对文物工作倾注了大量心血。改革开放之初，习近平同志在河北正定工作期间就十分关心文物工作，强调“我们保管不好，就是罪人，就会愧对后人”。在福建工作期间，针对三明市万寿岩遗址面临被破坏的危险明确批示：“保护历史文物是国家法律赋予每个人的责任，任何个人和单位都不能为了谋取眼前或局部利益而破坏全社会和后代的利益。”在浙江工作期间，对漠视历史文化保护、大拆大建的行为予以警示：“如果说以前无知情况下的不重视还可以原谅，那么现在有认识情况下的不重视，那就是意识问题、政绩观问题。”习近平总书记对文物保护身体力行、一以贯之，为各级党委政府负责同志、文物工作者和全社会做出了表率。

习近平总书记重要论述，饱含了对中华优秀传统文化的深厚感情，饱含了对文物工作的亲切关怀，是我们党新时期发出的大力传承弘扬中华优秀传统文化和高度重视文物工作的新信号和动员令，是指导我国文化文物事业发展的思想武器和行动指南。

近期，按照中办、中宣部的统一部署，中央主要媒体将对习近平总书记关于加强文物保护的重要指示精神进行重点宣传。国家文物局将下发通知，对学习贯彻活动作出安排。希望各地要以此契机，精心组织学习，认真贯彻落实。全国文物系统要深刻领会习近平总书记关于中华优秀传统文化的重要论述，坚决落实习近平总书记关于文物保护的重要指示，切实把思想和行动统一到习近平总书记重要论述和重要指示精神上来，迅速掀起学习贯彻的热潮，切实担当保护中华文化遗产的神圣职责，切实发挥文物资源服务国家大局、教育启迪人民的作用，切实推进文物事业的改革与发展，努力实现文物事业治理体系和治理能力现代化。

国务院关于公布第一批国家级抗战纪念设施、遗址名录的通知

国发〔2014〕34号

各省、自治区、直辖市人民政府，国务院各部委、各直属机构：

为隆重纪念中国人民抗日战争暨世界反法西斯战争胜利，经党中央、国务院批准，现将第一批80处国家级抗战纪念设施、遗址名录予以公布。

各地区、各有关部门要加强抗战纪念设施、遗址的保护管理，深入挖掘抗战纪念设施、遗址的历史内涵和现实意义，广泛组织开展群众性拜谒、参观和纪念活动，教育引导广大群众特别是青少年充分认清日本法西斯侵略者犯下的罪行，牢记中华民族抵御侵略、奋勇抗争的历史以及中国人民在世界反法西斯战争中作出的巨大牺牲和不可磨灭的历史贡献，学习宣传抗日英烈的英雄事迹，大力培育和弘扬伟大的爱国主义精神，进一步增强民族凝聚力、向心力，为实现中华民族伟大复兴的中国梦提供强大精神动力。

2014年8月24日

第一批国家级抗战纪念设施、遗址名录

（按行政区划序列排序）

北京市

中国人民抗日战争纪念馆　位于北京市丰台区宛平城内

宛平城、卢沟桥　位于北京市丰台区

平北抗日烈士纪念园　位于北京市延庆县张山营镇韩郝庄村

天津市

在日殉难烈士·劳工纪念馆　位于天津市北辰区铁东北路

盘山烈士陵园　位于天津市蓟县官庄镇北盘山南麓

河北省

华北军区烈士陵园　位于河北省石家庄市桥西区中山西路343号

苏蒙联军烈士陵园　位于河北省张家口市张北县油篓沟乡狼窝沟村

潘家峪惨案纪念馆　位于河北省唐山市丰润区火石营镇潘家峪村

清苑冉庄地道战遗址　位于河北省保定市清苑县冉庄镇冉庄村

狼牙山五勇士跳崖处　位于河北省保定市易县小莲花峰

晋冀鲁豫烈士陵园　位于河北省邯郸市邯山区陵园路60号

山西省

平型关大捷遗址　位于山西省大同市灵丘县白崖台乡

百团大战纪念馆（碑）　位于山西省阳泉市狮脑山

八路军总部王家峪旧址和纪念馆　位于山西省长治市武乡县韩北乡王家峪村

忻口战役遗址　位于山西省忻州市忻府区高城乡忻口村

左权将军殉难处　位于山西省晋中市左权县麻田镇北艾铺村十字岭

内蒙古自治区

大青山抗日游击根据地旧址　位于内蒙古自治区呼和浩特市武川县得胜沟乡蘑菇窑村

世界反法西斯战争海拉尔纪念园　位于内蒙古自治区呼伦贝尔市海拉尔区北山

诺门罕战役遗址陈列馆　位于内蒙古自治区呼伦贝尔市新巴尔虎左旗阿木古郎镇

辽宁省

“九·一八”历史博物馆　位于辽宁省沈阳市大东区望花南街46号

中国（沈阳）审判日本战犯法庭旧址陈列馆　位于辽宁省沈阳市皇姑区黑龙江街77号

阜新万人坑死难矿工纪念馆　位于辽宁省阜新市太平区孙家湾街道新园街1号

抚顺战犯管理所旧址陈列馆　位于辽宁省抚顺市新抚区宁远街43号

东北抗联史实陈列馆　位于辽宁省本溪市本溪满族自治县小市镇滨河东路

吉林省

伪满皇宫博物院暨东北沦陷史陈列馆　位于吉林省长春市宽城区光复北路

杨靖宇烈士陵园　位于吉林省通化市浑江东岸靖宇山

黑龙江省

东北烈士纪念馆　位于黑龙江省哈尔滨市南岗区一曼街

侵华日军第七三一部队罪证陈列馆　位于黑龙江省哈尔滨市平房区新疆大街47号

孙吴日本侵华罪证陈列馆　位于黑龙江省黑河市孙吴县城东

侵华日军东宁要塞遗址　位于黑龙江省牡丹江市东宁县三岔口镇

“八女投江”殉难地　位于黑龙江省牡丹江市林口县刁翎镇三家子村

上海市

上海监狱陈列馆　位于上海市虹口区长阳路147号

上海淞沪抗战纪念馆　位于上海市宝山区友谊路1号临江公园

江苏省

侵华日军南京大屠杀遇难同胞纪念馆　位于江苏省南京市建邺区水西门大街418号

南京抗日航空烈士纪念馆　位于江苏省南京市玄武区钟山北麓

中国战区侵华日军投降签字仪式旧址　位于江苏省南京市南京军区大院内

拉贝故居　位于江苏省南京市鼓楼区广州路小粉桥1号

抗日山烈士陵园　位于江苏省连云港市赣榆县班庄镇

刘老庄八十二烈士陵园　位于江苏省淮安市淮阴区刘老庄乡刘老庄村

新四军纪念馆　位于江苏省盐城市亭湖区建军东路

浙江省

大韩民国临时政府杭州旧址纪念馆　位于浙江省杭州市上城区长生路53-55号

侵华日军细菌战衢州展览馆　位于浙江省衢州市柯城区罗汉井5号

台湾义勇队纪念馆暨台湾义勇队成立旧址　位于浙江省金华市婺城区酒坊巷84号

安徽省

大通万人坑教育馆　位于安徽省淮南市大通区大通街道矿南社区

新四军军部旧址纪念馆　位于安徽省宣城市泾县云岭镇

江西省

庐山抗战纪念馆　位于江西省九江市庐山区牯岭镇河西路506号

抗日阵亡将士陵园　位于江西省宜春市上高县镜山

山东省

胶东革命烈士陵园　位于山东省烟台市栖霞市桃村镇英灵山

地雷战纪念馆　位于山东省烟台市海阳市文山街11号

马石山烈士陵园　位于山东省威海市乳山市诸往镇上石硼村

华东革命烈士陵园　位于山东省临沂市兰山区陵园前街4号

费县烈士陵园　位于山东省临沂市费县薛庄镇

台儿庄大战纪念馆　位于山东省枣庄市台儿庄城西南郊

铁道游击队纪念园　位于山东省枣庄市薛城区临山路

滕州市烈士陵园　位于山东省枣庄市滕州市大坞镇仁山

河南省

彭雪枫纪念馆　位于河南省南阳市镇平县建设东路378号

吉鸿昌将军纪念馆　位于河南省周口市扶沟县鸿昌大道

湖北省

武汉市中山舰博物馆　位于湖北省武汉市江夏区金口街

张自忠将军纪念馆　位于湖北省襄阳市宜城市襄沙大道55号

湖南省

常德会战阵亡将士纪念公墓　位于湖南省常德市武陵区青年路

厂窖惨案遇难同胞纪念碑和纪念馆　位于湖南省益阳市南县厂窖镇

衡阳抗战纪念城　位于湖南省衡阳市雁峰区岳屏公园

南岳忠烈祠　位于湖南省衡阳市南岳区衡山香炉峰

中国人民抗日战争胜利芷江受降旧址和纪念馆　位于湖南省怀化市芷江侗族自治县芷江镇七里桥村

飞虎队纪念馆　位于湖南省怀化市芷江侗族自治县芷江机场东

广东省

十九路军淞沪抗日阵亡将士陵园　位于广东省广州市天河区水荫路113号

东江纵队纪念馆　位于广东省惠州市博罗县罗浮山景区

广西壮族自治区

昆仑关战役旧址　位于广西壮族自治区南宁市兴宁区昆仑镇

海南省

琼崖红军云龙改编旧址　位于海南省海口市琼山区云龙镇云龙墟

重庆市

八路军重庆办事处旧址　位于重庆市渝中区

重庆大轰炸惨案遗址　位于重庆市渝中区磁器街

库里申科烈士墓园　位于重庆市万州区西山公园

四川省

赵一曼纪念馆　位于四川省宜宾市翠屏区翠屏山

贵州省

二十四道拐抗战公路　位于贵州省黔西南布依族苗族自治州晴隆县晴隆山

云南省

腾冲国殇墓园、腾冲滇西抗战纪念馆　位于云南省保山市腾冲县

龙陵抗日战争纪念馆　位于云南省保山市龙陵县龙山路

陕西省

西安事变纪念馆　位于陕西省西安市碑林区建国路69号

延安革命纪念馆　位于陕西省延安市宝塔区桥沟镇王家坪村

瓦窑堡革命旧址　位于陕西省延安市子长县

洛川会议纪念馆　位于陕西省延安市洛川县永乡冯家村

中共中央办公厅、国务院办公厅转发住房和城乡建设部等部门《关于严禁在历史建筑、公园等公共资源中设立私人会所的暂行规定》的通知

办厅〔2014〕52号

各省、自治区、直辖市党政和人民政府，中央和国家机关各部委，解放军各总部、各大单位，各人民团体：

住房和城乡建设部、文化部、公安部、民政部、商务部、税务总局、工商总局、国家旅游局、国家宗教局、国家文物局《关于严禁在历史建筑、公园等公共资源中设立私人会所的暂行规定》已经中央领导同志同意，现转发给你们，请遵照执行。

2014年10月19日

关于严禁在历史建筑、公园等公共资源中设立私人会所的暂行规定

第一条　历史建筑、公园等公共资源具有社会公益属性。在历史建筑、公园等公共资源中设立私人会所，侵占群众利益，助长不正之风，社会各方面对此反映强烈。为做好对历史建筑、公园等公共资源中私人会所的清理整治工作，根据国家有关法律法规和中央有

关规定，制定本规定。

第二条 本规定所称历史建筑，是指各级各类国有文物保护单位以及烈士纪念设施保护单位、宗教活动场所中具有特殊历史文化价值的建（构）筑物。

本规定所称公园，是指政府投资建设和管理，具有相应设施和管理机构的公共绿地；向公众开放，用于开展游览观赏、休憩健身、文化娱乐、科学普及等活动的公共场所。

本规定所称私人会所，是指改变历史建筑、公园等公共资源属性设立的高档餐饮、休闲、健身、美容、娱乐、住宿、接待等场所，包括实行会员制的场所、只对少数人开放的场所、违规出租经营的场所。

第三条 严禁在历史建筑、公园等公共资源中以自建、租赁、承包、转让、出借、抵押、买断、合资、合作等形式设立私人会所。

第四条 对在历史建筑、公园等公共资源中已经设立的私人会所依法依规整治，区分情况处置：

（一）没有合法手续或者手续不健全的予以关停；

（二）有合法手续但有违规违法行为的予以停业整顿，情节严重的吊销资质；

（三）有合法手续但经营对象、范围、形式等违反相关规定的予以转型或者停业整顿；

（四）出租给单位或者个人作为非经营用途的，由所在地人民政府协调产权单位提出解决办法，租赁合同到期后收回。

第五条 坚持谁主管、谁负责原则。住房和城乡建设（园林）、文化、公安、民政、商务、税务、工商、旅游、宗教、文物等部门，应当按照各自职能，认真履行职责，对历史建筑、公园等公共资源中涉及的项目立项、规划建设、消防审批、经营许可、工商登记、税务登记等事项严格审核把关，属于私人会所性质的不予办理。

完善监督管理制度，加强监督检查，发现问题限期整改。对工作失职、徇私舞弊的，依纪依法追究直接责任人和有关领导责任。

第六条 历史建筑、公园等公共资源实行信息公开，接受社会、公众和新闻媒体监督。有关职能部门应当畅通监督渠道，认真受理举报，对违规违法行为，一经发现，严肃查处。

第七条 地方各级党委和政府应当切实加强领导，健全管理体制和工作机制，明确职能职责，搞好统筹协调，研究解决问题，制定政策措施，坚决防止和纠正侵占历史建筑、公园等公共资源的问题。

第八条 本规定自2014年11月1日起施行。

住房和城乡建设部、国家文物局关于公布第六批中国历史文化名镇（村）的通知

建规〔2014〕27号

各省、自治区住房和城乡建设厅、文物局（文化厅），直辖市规划局（建委、建设交通委、农委）、文物局：

根据《中国历史文化名镇（村）评选办法》（建村〔2003〕199号）等规定，在各地推荐的基础上，经专家评审并按《中国历史文化名镇（村）评价指标体系》审核，住房和城乡建设部、国家文物局决定公布河北省武安市伯延镇等71个镇为中国历史文化名镇（见附件1）、北京市房山区南窖乡水峪村等107个村为中国历史文化名村（见附件2）。

请你们抓紧制定完善相关制度和政策，进一步理顺管理体制，切实做好中国历史文化名镇（村）的保护和管理工作。要加强对中国历史文化名镇（村）规划建设工作的指导，认真编制保护规划，制定和落实保护措施，加强督察和责任追究，杜绝违反保护规划的建设行为，严格禁止将历史文化资源整体出让给企业用于经营。

住房和城乡建设部、国家文物局对已经公布的中国历史文化名镇（村）的保护工作进行检查和监督；对保护不力使其历史文化价值受到严重影响的，将依据《历史文化名城名镇名村保护条例》进行查处。

附件：1．第六批中国历史文化名镇名单

2．第六批中国历史文化名村名单

2014年2月19日

附件1

第六批中国历史文化名镇名单

1．河北省武安市伯延镇
2．河北省蔚县代王城镇
3．山西省泽州县周村镇
4．内蒙古自治区丰镇市隆盛庄镇
5．内蒙古自治区库伦旗库伦镇
6．辽宁省东港市孤山镇
7．辽宁省绥中县前所镇
8．上海市青浦区金泽镇
9．上海市浦东新区川沙新镇
10．江苏省苏州市吴江区黎里镇
11．江苏省苏州市吴江区震泽镇
12．江苏省东台市富安镇

13. 江苏省扬州市江都区大桥镇
14. 江苏省常州市新北区孟河镇
15. 江苏省宜兴市周铁镇
16. 江苏省如东县栟茶镇
17. 江苏省常熟市古里镇
18. 浙江省嵊州市崇仁镇
19. 浙江省永康市芝英镇
20. 浙江省松阳县西屏镇
21. 浙江省岱山县东沙镇
22. 安徽省泾县桃花潭镇
23. 安徽省黄山市徽州区西溪南镇
24. 安徽省铜陵市郊区大通镇
25. 福建省永定县湖坑镇
26. 福建省武平县中山镇
27. 福建省安溪县湖头镇
28. 福建省古田县杉洋镇
29. 福建省屏南县双溪镇
30. 福建省宁化县石壁镇
31. 江西省萍乡市安源区安源镇
32. 江西省铅山县河口镇
33. 江西省广昌县驿前镇
34. 江西省金溪县浒湾镇
35. 江西省吉安县永和镇
36. 江西省铅山县石塘镇
37. 山东省微山县南阳镇
38. 河南省遂平县嵖岈山镇
39. 河南省滑县道口镇
40. 河南省光山县白雀园镇
41. 湖北省钟祥市石牌镇
42. 湖北省随县安居镇
43. 湖北省麻城市歧亭镇
44. 湖南省洞口县高沙镇
45. 湖南省花垣县边城镇
46. 广东省珠海市斗门区斗门镇
47. 广东省佛山市南海区西樵镇
48. 广东省梅县松口镇
49. 广东省大埔县茶阳镇
50. 广东省大埔县三河镇
51. 广西壮族自治区兴安县界首镇
52. 广西壮族自治区恭城瑶族自治县恭城镇

53. 广西壮族自治区贺州市八步区贺街镇
54. 广西壮族自治区鹿寨县中渡镇
55. 重庆市开县温泉镇
56. 重庆市黔江区濯水镇
57. 四川省自贡市贡井区艾叶镇
58. 四川省自贡市大安区牛佛镇
59. 四川省平昌县白衣镇
60. 四川省古蔺县二郎镇
61. 四川省金堂县五凤镇
62. 四川省宜宾县横江镇
63. 四川省隆昌县云顶镇
64. 贵州省赤水市大同镇
65. 贵州省松桃苗族自治县寨英镇
66. 陕西省神木县高家堡镇
67. 陕西省旬阳县蜀河镇
68. 陕西省石泉县熨斗镇
69. 陕西省澄城县尧头镇
70. 青海省循化撒拉族自治县街子镇
71. 新疆维吾尔自治区富蕴县可可托海镇

附件2

第六批中国历史文化名村名单

1. 北京市房山区南窖乡水峪村
2. 河北省沙河市柴关乡王硇村
3. 河北省蔚县宋家庄镇上苏庄村
4. 河北省井陉县天长镇小龙窝村
5. 河北省磁县陶泉乡花驼村
6. 河北省阳原县浮图讲乡开阳村
7. 山西省襄汾县新城镇丁村
8. 山西省沁水县嘉峰镇郭壁村
9. 山西省高平市马村镇大周村
10. 山西省泽州县晋庙铺镇拦车村
11. 山西省泽州县南村镇冶底村
12. 山西省平顺县阳高乡奥治村
13. 山西省祁县贾令镇谷恋村
14. 山西省高平市寺庄镇伯方村
15. 山西省阳城县润城镇屯城村
16. 吉林省图们市月晴镇白龙村
17. 上海市松江区泗泾镇下塘村

18. 上海市闵行区浦江镇革新村
19. 江苏省苏州市吴中区东山镇杨湾村
20. 江苏省苏州市吴中区金庭镇东村
21. 江苏省常州市武进区郑陆镇焦溪村
22. 江苏省苏州市吴中区东山镇三山村
23. 江苏省高淳县漆桥镇漆桥村
24. 江苏省南通市通州区二甲镇余西村
25. 江苏省南京市江宁区湖熟街道杨柳村
26. 浙江省苍南县桥墩镇碗窑村
27. 浙江省浦江县白马镇嵩溪村
28. 浙江省缙云县新建镇河阳村
29. 浙江省江山市大陈乡大陈村
30. 浙江省湖州市南浔区和孚镇荻港村
31. 浙江省磐安县盘峰乡榉溪村
32. 浙江省淳安县浪川乡芹川村
33. 浙江省苍南县矾山镇福德湾村
34. 浙江省龙泉市西街街道下樟村
35. 浙江省开化县马金镇霞山村
36. 浙江省遂昌县焦滩乡独山村
37. 浙江省安吉县鄣吴镇鄣吴村
38. 浙江省丽水市莲都区雅溪镇西溪村
39. 浙江省宁海县深甽镇龙宫村
40. 安徽省泾县榔桥镇黄田村
41. 安徽省绩溪县瀛洲镇龙川村
42. 安徽省歙县雄村乡雄村
43. 安徽省天长市铜城镇龙岗村
44. 安徽省黄山市徽州区呈坎镇灵山村
45. 安徽省祁门县闪里镇坑口村
46. 安徽省黟县宏村镇卢村
47. 福建省龙岩市新罗区万安镇竹贯村
48. 福建省长汀县南山镇中复村
49. 福建省泉州市泉港区后龙镇土坑村
50. 福建省龙海市东园镇埭尾村
51. 福建省周宁县浦源镇浦源村
52. 福建省福鼎市磻溪镇仙蒲村
53. 福建省霞浦县溪南镇半月里村
54. 福建省三明市三元区岩前镇忠山村
55. 福建省将乐县万全乡良地村
56. 福建省仙游县石苍乡济川村
57. 福建省漳平市双洋镇东洋村

58. 福建省平和县霞寨镇钟腾村
59. 福建省明溪县夏阳乡御帘村
60. 江西省婺源县思口镇思溪村
61. 江西省宁都县田埠乡东龙村
62. 江西省吉水县金滩镇桑园村
63. 江西省金溪县琉璃乡东源曾家村
64. 江西省安福县洲湖镇塘边村
65. 江西省峡江县水边镇湖洲村
66. 山东省招远市辛庄镇高家庄子村
67. 湖北省利川市谋道镇鱼木村
68. 湖北省麻城市歧亭镇杏花村
69. 湖南省永顺县灵溪镇老司城村
70. 湖南省通道侗族自治县双江镇芋头村
71. 湖南省通道侗族自治县坪坦乡坪坦村
72. 湖南省绥宁县黄桑坪苗族乡上堡村
73. 湖南省绥宁县关峡苗族乡大园村
74. 湖南省江永县兰溪瑶族乡兰溪村
75. 湖南省龙山县苗儿滩镇捞车村
76. 广东省广州市花都区炭步镇塱头村
77. 广东省江门市蓬江区棠下镇良溪村
78. 广东省台山市斗山镇浮石村
79. 广东省遂溪县建新镇苏二村
80. 广东省和平县林寨镇林寨村
81. 广东省蕉岭县南礤镇石寨村
82. 广东省陆丰市大安镇石寨村
83. 广西壮族自治区阳朔县白沙镇旧县村
84. 广西壮族自治区灵川县青狮潭镇江头村
85. 广西壮族自治区富川瑶族自治县朝东镇福溪村
86. 广西壮族自治区兴安县漠川乡榜上村
87. 广西壮族自治区灌阳县文市镇月岭村
88. 重庆市涪陵区青羊镇安镇村
89. 四川省泸县兆雅镇新溪村
90. 四川省泸州市纳溪区天仙镇乐道街村
91. 贵州省江口县太平镇云舍村
92. 贵州省从江县丙妹镇岜沙村
93. 贵州省黎平县茅贡乡地扪村
94. 贵州省榕江县栽麻乡大利村
95. 云南省保山市隆阳区金鸡乡金鸡村
96. 云南省弥渡县密祉乡文盛街村
97. 云南省永平县博南镇曲硐村

98．云南省永胜县期纳镇清水村
99．西藏自治区吉隆县吉隆镇帮兴村
100．西藏自治区尼木县吞巴乡吞达村
101．西藏自治区工布江达县错高乡错高村
102．陕西省三原县新兴镇柏社村
103．甘肃省天水市麦积区麦积镇街亭村
104．甘肃省天水市麦积区新阳镇胡家大庄村
105．青海省班玛县灯塔乡班前村
106．青海省循化撒拉族自治县清水乡大庄村
107．青海省玉树县安冲乡拉则村

公安部、住房和城乡建设部、国家文物局关于印发《关于加强历史文化名城名镇名村及文物建筑消防安全工作的指导意见》的通知

公消〔2014〕99号

各省、自治区、直辖市公安厅、局，住房和城乡建设厅（建委）、规划局（委），文物局，北京市农委，新疆生产建设兵团公安局、建设局、文物局：

现将《关于加强历史文化名城名镇名村及文物建筑消防安全工作的指导意见》印发给你们，请结合本地实际，认真贯彻落实。

2014年4月3日

关于加强历史文化名城名镇名村及文物建筑消防安全工作的指导意见

为深刻吸取云南独克宗古城、贵州报京侗寨火灾事故教训，严防此类事故再次发生，现就加强历史文化名城、名镇、名村及文物建筑消防安全工作提出以下指导意见：

一、健全消防安全责任体系

（一）坚持政府主导。公安机关、城乡规划、城乡建设和文物部门积极争取当地党委、政府的重视和支持，将名城、名镇、名村及文物建筑消防安全工作纳入国民经济和社会发展规划；推动有立法权的地方人大、政府制定有关地方性消防法规、规章，加强对名城、名镇、名村及文物建筑的消防安全保护；建立消防经费保障机制，推进消防规划编制实施；推动名城、名镇建立消防安全委员会、消防工作联席会议，建立部门消防工作协调机制，定期研究、解决消防安全突出问题，适时开展专项整治。对区域性重大隐患和屡禁

不止、屡查不改的消防违法行为，提请政府牵头综合治理。

（二）城乡规划建设部门加强规划建设管理。城乡规划部门牵头编制消防规划，推动地方政府做好消防站、消防供水、消防车通道等建设工作，不得擅自改变规划确定的消防站、消防通道等用地的使用性质；将消防内容实施情况作为城乡规划检查督察的重要内容，会同公安消防、文物等部门对消防内容实施情况进行检查，确保各项消防设施按规划建设；对名城、名镇、名村内消防审查不符合要求的新建、改建、扩建建设工程，不予核发建设工程规划许可证。对于历史文化街区、名镇、名村核心保护范围内消防设施的设置，按照《历史文化名城名镇名村保护条例》执行。

（三）文物部门加强行业监管。文物部门落实行业监管责任，将消防安全列入文物保护工作的重要内容；督促指导文物建筑管理、使用单位落实消防安全主体责任；按照文物消防安全检查规程，对文物建筑开展消防安全检查，对文物保护工程施工现场加强消防安全监管；对火灾事故加强执法督察；配合当地公安机关消防机构确定本地区文物消防安全重点单位或者文物、博物馆单位的消防安全重点部位。

（四）公安消防部门加强监督检查。公安消防部门依法对名城、名镇、名村内的社会单位和文物建筑加强消防监督管理，组织火灾隐患排查治理，开展消防宣传教育培训，指导单位加强消防安全“四个能力”建设，推动重点单位落实“户籍化”管理要求。对保护范围内的消防安全重点单位每年至少检查一次。

（五）严格考核和责任追究。公安部、住房和城乡建设部、国家文物局适时组织开展专项督察，并提请将督察结果纳入国务院对省级政府消防工作考核内容。各地争取2014年年底前推动省级政府制定下发指导意见贯彻实施方案，并将名城、名镇、名村和文物建筑消防安全纳入社会管理综合治理、政府目标责任考评，每年组织对有关部门履职情况进行监督检查，对失职渎职或发生重特大火灾事故的，依法依纪追究相关人员的责任。

二、加强消防基础建设

（一）科学编制消防规划。城乡规划、文物部门将消防规划纳入历史文化名城、名镇、名村和文物保护规划，作为保护规划审批的必要条件。2017年年底以前，城乡规划部门根据城市总体规划的消防要求，将消防内容纳入历史文化街区保护性详细规划，细化名镇、名村保护规划中消防内容；文物部门根据现有消防规划，编制完成文物建筑集中分布区的区域性消防专项规划，并报请当地政府颁布实施。历史文化街区保护性详细规划、文物建筑集中分布区的区域性消防专项规划和名镇、名村的保护规划，应包括易燃易爆危险品场所布局、消防供水、消防站（点）、消防装备、消防车通道、防火分隔、火灾危险源控制、用火用电设施改造、违法违章建筑整治等内容。

（二）加强消防设施建设。推动政府将名城、名镇、名村及文物建筑的消防站、消防供水、消防车通道等消防基础设施建设纳入新型城镇化和新农村建设，并与城乡基础设施建设同步实施。2020年年底以前，基本完成消防基础设施建设、改造任务。文物部门组织实施“文物消防安全百项工程”，用3至5年时间，完成100处以全国重点文物保护单位为核心的古城、古村寨和古建筑群的消防安全工程建设。文物和公安消防部门联合开展木结构建筑阻燃防火技术研究和文物建筑专用消防设施设备研发，鼓励应用先进消防技术装备，加快推广电气火灾防控技术。

（三）建立多种形式消防力量。2015年年底以前，推动政府按照名城、名镇保护范围内接到出动指令后5分钟内到达的原则，设立公安消防队、政府专职消防队，社区设消防点。100户以上的村寨建立志愿消防队，100户以下的村寨设消防点。文物建筑管理、使用单位明确专人负责消防安全或建立志愿消防队，有条件的建立专职消防队，同时依托当地乡镇、街道和村、居民委员会消防安全网格化管理组织，提高自防自救能力。各类消防队伍结合保护对象特点，配备相应的消防装备器材。

三、强化火灾防控措施

（一）加强源头管理。名城、名镇、名村严格把控旅游开发强度与火灾防控能力的匹配程度，对核心保护范围采取更加严格的人防、物防、技防措施，鼓励单位、居（村）民投保房屋财产火灾保险和火灾公众责任保险。严格市场准入，对名城、名镇、名村保护范围内新建、改建、扩建建设工程，不符合消防安全要求的，城乡规划、公安消防部门不得审批同意；涉及文物保护事项的基本建设项目，文物部门在项目批准前要提出消防安全保护性意见；对消防安全保护措施不到位的国有文物建筑，文物部门不得同意对公众开放或开展经营性活动；对达不到消防安全条件的单位、场所，相关部门不得核发许可证照。

（二）强化隐患整治。由于规划中消防内容不落实，导致消防水源、消防站、消防车通道等公共消防设施欠账的，提请地方政府组织有关部门建设改造。文物建筑消防安全保护措施不到位的，文物部门应督促管理、使用单位落实整改责任、措施、资金，积极实施技术改造，并列支专门经费予以支持。公安机关消防机构对发现的火灾隐患，应严格依法查处，积极指导社会单位整改。公安消防、城乡规划、文物等部门建立工作协作机制，定期组织开展分析评估，对消防安全突出问题进行集中治理；对擅自改变使用性质、非法生产经营的，提请政府组织相关部门依法予以拆除或取缔；对于区域性火灾隐患突出、消防设施严重缺乏的，提请政府挂牌督办。

（三）落实主体责任。名城、名镇、名村内的社会单位及文物建筑管理、使用单位应明确消防安全管理人，建立健全并落实消防安全管理制度，组织落实防火检查、设施维护、宣传培训、消防演练、隐患整改等工作。名城、名镇、名村及文物建筑出租房屋用于生产经营的，必须明确并落实租赁双方的消防安全责任。名村和列为文物保护单位的村寨应制定村民防火公约，推行“多户联防”制度，由村民家庭组成联防组，配备必要的灭火器材，轮流值班巡查，互相提醒消防安全，协助扑救初起火灾。木结构建筑连片密集区要因地制宜采取设置防火隔离带、开辟防火间距等措施，防止“火烧连营”。

（四）加强宣传培训。名城、名镇、名村结合历史和地域文化特点，将消防知识融入当地民俗文化，因地制宜设置消防宣传栏、橱窗，利用各种载体开展提示性消防常识宣传。文物建筑、火灾风险较大的建筑张贴防火警示标识、标牌，旅游景区向游客宣传防火安全须知。火灾多发季节、重大节假日和民俗活动期间，开展有针对性的消防宣传活动。定期对乡镇、街道、社区、村寨和单位的消防安全责任人、管理人、从业人员进行消防安全教育培训。街道、乡镇依托社区服务中心、农村文化室，定期组织居（村）民参加消防教育和灭火逃生体验，普及安全用火、用电、用气和火灾报警、初起火灾扑救、逃生自救常识。

（五）提高火灾扑救能力。名城、名镇、名村及文物建筑管理、使用单位应结合保护特点，制定火灾事故应急预案，强化单位预案与地方政府有关部门应急预案的有效衔接，并定期组织演练。根据当地气象条件，尤其是大风天气和重要防火季节，加强值班巡逻，强化火灾预警响应。公安消防队、政府专职消防队应定期开展“六熟悉”，掌握建筑结构、火灾特点、道路状况、水源分布等情况，并加强与志愿消防队、单位专职消防队的联勤联训，每年开展不少于2次的联合实战演练，提高协同作战能力。对名城、名镇、名村保护范围内的市政消火栓和文物建筑配置的室外消火栓每季度至少进行一次出水测试，寒冷地区消防给水管网应采取防冻措施。

住房和城乡建设部、文化部、国家文物局、财政部关于切实加强中国传统村落保护的指导意见

建村〔2014〕61号

各省、自治区、直辖市住房和城乡建设厅（建委，北京市农委）、文化厅（局）、文物局、财政厅（局）：

传统村落传承着中华民族的历史记忆、生产生活智慧、文化艺术结晶和民族地域特色，维系着中华文明的根，寄托着中华各族儿女的乡愁。但是，近一个时期以来，传统村落遭到破坏的状况日益严峻，加强传统村落保护迫在眉睫。为贯彻落实党中央、国务院关于保护和弘扬优秀传统文化的精神，加大传统村落保护力度，现提出以下意见：

一、指导思想、基本原则和主要目标

（一）指导思想。以党的十八大、十八届三中全会精神为指导，深入贯彻落实中央城镇化工作会议、中央农村工作会议、全国改善农村人居环境工作会议精神，遵循科学规划、整体保护、传承发展、注重民生、稳步推进、重在管理的方针，加强传统村落保护，改善人居环境，实现传统村落的可持续发展。

（二）基本原则。坚持因地制宜，防止千篇一律；坚持规划先行，禁止无序建设；坚持保护优先，禁止过度开发；坚持民生为本，反对形式主义；坚持精工细作，严防粗制滥造；坚持民主决策，避免大包大揽。

（三）主要目标。通过中央、地方、村民和社会的共同努力，用3年时间，使列入中国传统村落名录的村落（以下简称中国传统村落）文化遗产得到基本保护，具备基本的生产生活条件、基本的防灾安全保障、基本的保护管理机制，逐步增强传统村落保护发展的综合能力。

二、主要任务

（一）保护文化遗产。保护村落的传统选址、格局、风貌以及自然和田园景观等整体空间形态与环境。全面保护文物古迹、历史建筑、传统民居等传统建筑，重点修复传统建筑集中连片区。保护古路桥涵垣、古井塘树藤等历史环境要素。保护非物质文化遗产以及与其相关的实物和场所。

（二）改善基础设施和公共环境。整治和完善村内道路、供水、垃圾和污水治理等基础设施。完善消防、防灾避险等必要的安全设施。整治文化遗产周边、公共场地、河塘沟

渠等公共环境。

（三）合理利用文化遗产。挖掘社会、情感价值，延续和拓展使用功能。挖掘历史科学艺术价值，开展研究和教育实践活动。挖掘经济价值，发展传统特色产业和旅游。

（四）建立保护管理机制。建立健全法律法规，落实责任义务，制定保护发展规划，出台支持政策，鼓励村民和公众参与，建立档案和信息管理系统，实施预警和退出机制。

三、基本要求

（一）保持传统村落的完整性。注重村落空间的完整性，保持建筑、村落以及周边环境的整体空间形态和内在关系，避免“插花”混建和新旧村不协调。注重村落历史的完整性，保护各个时期的历史记忆，防止盲目塑造特定时期的风貌。注重村落价值的完整性，挖掘和保护传统村落的历史、文化、艺术、科学、经济、社会等价值，防止片面追求经济价值。

（二）保持传统村落的真实性。注重文化遗产存在的真实性，杜绝无中生有、照搬抄袭。注重文化遗产形态的真实性，避免填塘、拉直道路等改变历史格局和风貌的行为，禁止没有依据的重建和仿制。注重文化遗产内涵的真实性，防止一味娱乐化等现象。注重村民生产生活的真实性，合理控制商业开发面积比例，严禁以保护利用为由将村民全部迁出。

（三）保持传统村落的延续性。注重经济发展的延续性，提高村民收入，让村民享受现代文明成果，实现安居乐业。注重传统文化的延续性，传承优秀的传统价值观、传统习俗和传统技艺。注重生态环境的延续性，尊重人与自然和谐相处的生产生活方式，严禁以牺牲生态环境为代价过度开发。

四、保护措施

（一）完善名录。继续开展补充调查，摸清传统村落底数，抓紧将有重要价值的村落列入中国传统村落名录。做好村落文化遗产详细调查，按照“一村一档”要求建立中国传统村落档案。统一设置中国传统村落的保护标志，实行挂牌保护。

（二）制定保护发展规划。各地要按照《城乡规划法》以及《传统村落保护发展规划编制基本要求》（建村〔2013〕130号）抓紧编制和审批传统村落保护发展规划。规划审批前应通过住房和城乡建设部、文化部、国家文物局、财政部（以下简称四部局）组织的技术审查。涉及文物保护单位的，要编制文物保护规划并履行相关程序后纳入保护发展规划。涉及非物质文化遗产代表性项目保护单位的，要由保护单位制定保护措施，报经评定该项目的文化主管部门同意后，纳入保护发展规划。

（三）加强建设管理。规划区内新建、修缮和改造等建设活动，要经乡镇人民政府初审后报县级住房和城乡建设部门同意，并取得乡村建设规划许可，涉及文物保护单位的应征得文物行政部门的同意。严禁拆并中国传统村落。保护发展规划未经批准前，影响整体风貌和传统建筑的建设活动一律暂停。涉及文物保护单位区划内相关建设及文物迁移的，应依法履行报批手续。传统建筑工匠应持证上岗，修缮文物建筑的应同时取得文物保护工程施工专业人员资格证书。

（四）加大资金投入。中央财政考虑传统村落的保护紧迫性、现有条件和规模等差异，在明确各级政府事权和支出责任的基础上，统筹农村环境保护、“一事一议”财政奖补及美丽乡村建设、国家重点文物保护、中央补助地方文化体育与传媒事业发展、非物质文化遗产保护等专项资金，分年度支持中国传统村落保护发展。支持范围包括传统建筑保护利用示范、防灾减灾设施建设、历史环境要素修复、卫生等基础设施完善和公共环境整治、文物保护、国家级非物质文化遗产代表性项目保护。调动中央和地方两个积极性，鼓励地方各级财政在中央补助基础上加大投入力度。引导社会力量通过捐资捐赠、投资、入股、租赁等方式参与保护。探索建立传统建筑认领保护制度。

（五）做好技术指导。四部局制定全国传统村落保护发展规划，组织保护技术开发研究、示范和技术指南编制工作，组织培训和宣传教育。省级住房和城乡建设、文化、文物、财政部门（以下简称省级四部门）做好本地区的技术指导工作，成立省级专家组并报四部局备案。每个中国传统村落要确定一名省级专家组成员，参与村内建设项目决策，现场指导传统建筑保护修缮等。

五、组织领导和监督管理

（一）明确责任义务。四部局按照职责分工共同开展传统村落保护工作，公布中国传统村落名录，制定保护发展政策和支持措施，组织、指导和监督保护发展规划的编制和实施、非物质文化遗产保护和传承、文物保护和利用，会同有关部门审核、下达中央财政补助资金。

省级四部门负责本地区的传统村落保护发展工作，编制本地区传统村落保护发展规划，制定支持措施。地市级人民政府负责编制本地区传统村落保护整体实施方案，制定支持措施，建立健全项目库。县级人民政府对本地区的传统村落保护发展负主要责任，负责传统村落保护项目的具体实施。乡镇人民政府要配备专门工作人员，配合做好监督管理。

村集体要根据保护发展规划，将保护要求纳入村规民约，发挥村民民主参与、民主决策、民主管理、民主监督的主体作用。村两委主要负责人要承担村落保护管理的具体工作，应成为保护发展规划编制组主要成员。传统建筑所有者和使用者应当按规划要求进行维护和修缮。

（二）建立保护管理信息系统。四部局建立中国传统村落保护管理信息系统，登记村落各类文化遗产的数量、分布、现状等情况，记录文化遗产保护利用、村内基础设施整治等项目的实施情况。推动建立健全项目库，为传统村落保护项目选择、组织实施、考核验收和监督管理奠定基础。

（三）加强监督检查。四部局组织保护工作的年度检查和不定期抽查，通报检查结果并抄送省级人民政府。省级四部门要组织开展本地区的检查，并于每年2月底前将上年度检查报告报送四部局。四部局将利用中国传统村落保护管理信息系统和中国传统村落网站公开重要信息，鼓励社会监督。项目实施主体应公开项目内容、合同和投资额等，保障村民参与规划、建设、管理和监督的权利。

（四）建立退出机制。村落文化遗产发生较严重破坏时，省级四部门应向村落所在县级人民政府提出濒危警示通报。破坏情况严重并经四部局认定不再符合中国传统村落入选条件的，四部局将该村落从中国传统村落名录予以除名并进行通报。

六、中央补助资金申请、核定与拨付

中央补助资金申请原则上以地级市为单位。省级四部门汇总初审后向四部局提供如下申请材料：申请文件、各地级市整体实施方案（编制要求见附件1）、本地区项目需求汇总表（格式见附件2）、传统村落保护发展规划。相关专项资金管理办法有明确要求的，应当同时按照要求另行上报。2014年申请中央补助的地区，省级四部门应于5月20日前完成报送工作。

四部局根据各地申请材料，研究确定纳入支持的村落范围，结合有关专项资金年度预算安排和项目库的情况，核定各地补助资金额度，并按照原专项资金管理办法下达资金。

各地要按照资金原支持方向使用资金，将中央补助资金用好用实用出成效。

附件：1．地级市传统村落保护整体实施方案编制要求

2．项目需求表格式（略）

2014年4月25日

附件1：

地级市传统村落保护整体实施方案编制要求

1．整体实施方案要根据本地区自身条件，结合中央财政支持范围和方向，实事求是确定本地区3年中国传统村落保护的目标、任务，不提过高要求。

2．整体实施方案要在各村落提交的保护发展规划基础上，汇总本地区项目需求，主要汇总各村落提出的传统建筑修缮示范、基础设施和公共环境改善、历史环境要素修复、防灾安全保障、文物和非物质文化遗产保护利用等方面可实施的具体项目，要包括项目内容、任务总量以及预算等。

3．整体实施方案要提出组织实施方式和支持措施，明确保护责任主体以及各级责任与分工，提出地方政府财政资金安排。

4．整体实施方案要提出保护监督管理制度，包括保护发展规划实施的监督管理办法、项目实施情况检查制度等。

5．整体实施方案要图文并茂，文字要准确、简练。

国家文物局2014年工作要点

2014年是全面贯彻落实党的十八届三中全会精神、全面深化改革的第一年，是全面完成“十二五”规划目标任务的重要一年。国家文物局将深入贯彻落实党的十八大和十八届三中全会精神，贯彻落实习近平总书记系列重要讲话精神，坚持稳中求进、改革创新的工作总基调，紧紧围绕实现中华民族伟大复兴中国梦，不断巩固党的群众路线教育实践活动成果，着力推进以项目审批制度综合改革为突破口的各项改革，着力增强以实施分类管理、精准管理为抓手的宏观管理能力，着力完善以《文物保护法》修订为核心的法规标准体系，着力提升以强化博物馆教育功能为重点的社会服务水平，以奋发有为的精神状态全面推进各项工作。

一、落实十八届三中全会精神，全面深化改革

1．完成全国重点文物保护单位工程项目技术方案审批权限下放、引入第三方评估机构独立承担技术方案和经费预算审核改革，实现工程项目立项报告、技术方案、预算方案网报网审。

2．开展文物保护、安全防护、可移动文物保护修复工程项目行政审批改革效果评估，完善事中事后监管措施。

3．按照国务院关于行政审批制度改革的要求，下放“境外机构和团体拍摄考古发掘现场审批”等行政审批事项。公布国家文物局文物行政审批事项新版目录。

4．确定文物部门向社会购买服务目录，建立健全政府购买服务工作机制和工作流程。

5．按照归口管理、分工协作和精简、效能、统一的原则，调整优化局机关各司室职能配置。

6．落实局系统事业单位分类改革任务，鼓励支持经营性事业单位整体或部分剥离转企改制。推动已转制企业完善法人治理结构，建立现代企业制度。

7．成立局信息化工作领导小组，统筹局系统信息化工作，整合文物系统数据资源和业务信息系统应用，理顺信息化管理机制。运行文物保护、安全防护、可移动文物保护修复工程项目及预算审批管理系统。加强文物统计工作，建成全国文物业统计信息网络直报系统。

8．进一步规范和加强文物保护资金管理，坚持厉行节约，规范预算编制，完善经费预算第三方审核制度，实现预算方案网报网审、即报即审，为文物保护项目提供资金保障，提高资金使用绩效。

二、推进《文物保护法》修订，提升标准化水平

9．开展《文物保护法》修订重点研究，深化文物所有权制度、文物保护补偿制度、社会力量参与文物保护利用、外国文物法规制度等专题研究，加强部门协商，广泛征求各方面意见建议。

10．完成《文物保护法》修订草案起草并上报。

11．完善文物保护、安全防护、可移动文物保护修复工程项目审批改革配套制度，印发《文物建筑消防工程设计要求》，修订《文物系统博物馆风险等级和安全防护级别的规定》，研究制定第三方评估机构服务评价规范和《古建筑日常保养技术规程》，开展文物保护工程南方定额标准试用。

12．实施《2014～2016年度文物保护行业标准制修订项目计划》，制修订2项基础标准、6项分析评估和风险管理标准、4项工作管理标准，推动设立专业技术委员会和地方标准技术委员会。

三、加快第一次全国可移动文物普查，完成七批国保“四有”工作

13．全面开展文物信息采集、登录；制定可移动文物审核程序，开展对非文博单位申报文物的认定工作；运行全国可移动文物信息登录平台；将各类国有单位现有文物数据库数据批量导入信息平台；建设可移动文物信息服务系统，逐步向社会展示普查成果。

14．完成第七批全国重点文物保护单位“四有”工作，运行全国重点文物保护单位基本信息动态管理系统，建立全国重点文物保护单位各项基本信息网上申报统计制度。

四、开展文物保护重点工程，做好世界文化遗产申报

15．做好应县木塔加固维修、芦山地震和延安洪涝灾后文物抢救保护、平安故宫、西藏、山西南部等重点文物保护工程，完成南水北调东、中线一期工程文物抢救保护项目。开展大遗址保护项目检查和国家考古遗址公园运行评估，启动壁画彩塑数字化保护工程试点。

16．组织水下考古工作船首次远航巡查和西沙海域水下考古调查，推进南海基地等建设。全面实施“南海Ⅰ号”考古发掘和文物保护项目。

17．开展新型城镇化中古村落保护利用综合试点，推广正定古城保护经验。启动国家历史文化名城濒危名单公布工作，完善名城通报、退出机制，建立有机更新和可持续发展的名城、街区保护工作机制。

18．做好大运河、丝绸之路申遗工作，完成土司遗址文物保护、环境整治、监测展示工作和国际专家考察评估，推进2016年申遗项目申报准备工作。召开哈尼梯田保护与展示国际研讨会，推进世界文化遗产监测预警国家平台和基础数据库建设，印发《中国世界文化遗产监测预警体系建设规划》。

五、深化博物馆免费开放，统筹文物保护利用

19．探索建立博物馆理事会制度。研究博物馆理事会制度的特点、类型和建立途径，总结现有实施理事会制度的博物馆的做法和经验，确定部分博物馆开展理事会制度建设试点。

20．完善博物馆免费开放政策，提出新建公共博物馆享受免费开放补贴的工作思路。修订博物馆评估办法及标准，开展中央地方共建国家级博物馆和国家二、三级博物馆运行评估及民办博物馆运行评估试点。印发《博物馆免费开放绩效考评办法》和民办博物馆设立的相关办法，开展“十三五”县级博物馆建设研究。

21．强化博物馆教育功能，提升博物馆展陈水平。深入挖掘、阐释文物资源价值，推出一批反映民族历史、展现民族精神的优秀展览和宣传爱国主义、彰显时代精神的精品力作，做好海上、陆上“丝绸之路”在京展览。

22．整合博物馆资源，开发青少年教育项目，开辟适合青少年参与互动的场地或设施，利用远程教育终端，开展展示博物馆资源的网络课堂教学。建立中小学生定期参观博物馆长效机制，促进博物馆与学校教育的紧密结合。

23．改善馆藏文物保护环境，组织实施一批以国家级、省级博物馆为重点的馆藏珍贵文物保护修复项目和文物保存环境达标工程。

24．开展民间收藏文物鉴定试点，推动文物科技检测鉴定研究与应用。健全文物拍卖标的审核标准，开展文物拍卖标的网上备案系统试点。开展文物网络交易现状调研，启动文物网络交易联合监管。完善服务监管措施，促进文物市场健康发展。

25．推进边疆省区文物进出境审核机构建设，加强文物进出境审核人员培训考核。完善文物进出境审核信息管理系统，实现文物进出境网上申报审核。完善流失文物返还工作机制，推动流失文物返还取得新成果。

26．发布乡土建筑、工业遗产、名人故居保护利用导则，探索不同类型文物资源的多种利用方式。

27．指导文博衍生产品开发，举办博物馆及相关产品与技术博览会，加强高新技术在文物保护、展示、利用中的应用，启动精品文物数字产品制作与推广试点项目。打造智慧博物馆，扩大信息消费，促进文物关联产业、创意产业发展。

六、加强人才队伍建设，提升科技支撑能力

28．发布《文博人才工作中长期规划纲要》，启动文博人才培养“金鼎工程”。完成县级文物行政部门负责人、文物安全管理、文物行政执法、新任考古领队、文物保护修复等35个班次1800人次培训任务。

29．与北京大学、北京建筑大学、陕西文物保护专修学院等联合开展专业培训，扩大技能型人才培养规模。配合文物修复师、考古发掘技工和文物建筑修缮技工纳入国家职业分类大典，启动职业评价标准制订相关工作。

30．探索建立实体研发组织与虚拟研发平台相结合的科技创新组织模式，组建新的区域或专业创新联盟。推进文物保护装备产业化及应用计划，做好与工信部、中科院等部门的科技协作。组织行业重点科研基地在西藏建立联合工作站，推动建立科技援藏工作机制。

31．实施文物保护科技优秀青年研究计划，完成国家文物局重点科研基地运行评估。创新文物保护科技成果推广模式，开展科技成果评价试点工作。

七、加强执法督察，创新安全管理

32．开展古城保护中文物违法与消防安全专项督察。开展文物行政执法体制专项调研，运用科技手段对不可移动文物实施执法监测。

33．加强执法联动，完善文物违法犯罪案件行政责任、刑事责任、民事责任追究衔接机制。开展试点，探索建立文物行政违法行为责任追究机制、文物安全保护志愿服务行动。

34．以电气火灾防范系统示范应用、野外文物安全防护专用设备、移动巡护专用装备和博物馆安防系统远程监管为重点，创新文物安全综合监管模式，研发、试点和推广先进适用技术。

35．全面加强文物建筑消防安全，与公安部联合召开“全国文物建筑消防安全工作会议”；组织指导10处古城、古村落的文物消防规划编制试点，确定100处文物保存丰富的古城、古镇、古村落和古建筑群，启动实施“文物消防安全百项工程”。

八、加强对外交流合作，拓展文物宣传

36．举办中法建交50周年、中坦建交50周年、中马建交40周年文物特展和中国塞浦路斯文化对话展。制定年度对外文物交流展览推荐目录，印发文物对外交流与合作重点项目奖励暂行办法。完成海外中国文化中心“文物带你看中国”导览系统制作与配发。

37．推动与有关国家商签防止盗窃、盗掘和非法进出境文物双边协定，举办第四届文化财产返还国际专家大会。做好柬埔寨吴哥窟茶胶寺、乌兹别克斯坦萨马尔罕古城和蒙古国辽代古塔保护修复等对外援助项目。

38．加强与台港澳地区的文物交流与合作，做好赴台湾佛光山佛陀纪念馆佛教文物展、台东史前文化博物馆巡展，办好敦煌文物赴香港展、澳门回归15周年文物精品展。

39．做好文物保护法规、文化遗产保护成就、文化遗产知识普及主题宣传，开展文物系统深化改革、第一次可移动文物普查、新型城镇化中的古城保护、大运河和丝绸之路申遗等重点工作专题宣传。组织协调国际古迹遗址日、国际博物馆日和中国文化遗产日活动，办好文化遗产日景德镇主场城市活动。

40．完成局政府网站改版，开通运行国家文物局官方微博，及时发布政务信息，增强影响力。妥善处置网络舆情事件，回应社会关切，有效引导文物热点舆论。

九、巩固群众路线教育实践活动成果，建立健全党风廉政建设制度体系

41．加强理论学习，完善党组中心组和机关党员干部学习制度。举办局系统处级以上领导干部学习贯彻习近平总书记系列重要讲话精神培训班。

42．坚持党要管党、从严治党的原则，加强党风廉政建设。完成各项群众路线教育实践活动整改任务的落实，建立健全密切联系群众、加强作风建设长效机制。严格执行《党政机关厉行节约反对浪费条例》等各项规定，将作风建设纳入机关建设、纳入工作任务、纳入干部考核。

43．深入开展调查研究，大兴调查研究之风，完善调查研究制度。做好四省藏区文物保护经费需求规划、《文物保护法》修订重点、新型城镇化中的文物保护、博物馆与青少年教育等专题调研。

44．进一步精简会议、文件和活动，切实提高工作质量和效率。加强重点工作督察，做好政务信息公开。

国家文物局第一次全国可移动文物普查工作办公室关于做好出土（水）文物普查登录有关要求的通知

办普查函〔2014〕18号

各省（自治区、直辖市）文物局（文化厅）：

为做好第一次全国可移动文物普查（以下简称“普查”）工作，根据《文物保护法》《考古发掘管理办法》《田野考古工作规程》和《第一次全国可移动文物普查实施方案》，制定了《第一次可移动文物普查出土（水）文物登录要求》（以下简称要求）。现发给你们，请按照要求做好普查中出土（水）文物的登录工作。

2014年1月8日

第一次可移动文物普查出土（水）文物登录要求

一、下列考古调查获取及考古发掘出土（水）文物按照《馆藏文物登录规范》相关规定予以登录。

1. 各类器形完整的文物　文物出土（水）时构成器物的主要材质保存完好，文物本体完整的文物；经考古调查获取，有明确的采集地点，且能对遗址性质、内涵具有判定作用，器形相对完整的采集品。

2. 修复后器形完整的文物　文物出土（水）时构成器物的主要材质基于外力及保存环境等因素，已经碎裂或残缺，但经修复可恢复原貌的文物。

3. 整理选取的各类标本　指在考古发掘及资料整理过程中，从残碎的、无法修复为完整器的文物碎片（如陶片、瓷片等）中选取的，能反应遗址特定文化内涵、具有科研参考价值、典型的残片（如口沿、底部、特殊纹饰部位等）。

二、对于同一最小遗存单位内出土（水）数量众多、器形较小、且形制单一的各类文物，如细石器、小石片、骨针、纺轮、陶丸、陶饼、钱币、箭镞、车马器（明器）等，可按其出土（水）单位为基础，分类、按件组登记。

1. 上述出土（水）文物，其计件按照文物的分装容器为单位，记为1件组。

2. 件组内文物形制一致的（如铜钱等），除称量总重外，应选择具有代表性的单体进行拍照、测量。

3. 具有组合性质且形制、质地有差别的件组文物（如车马器），除拍摄合影外，应按形制、质地分别拍照、测量。

4. 孤品、含有贵金属质地或具有特殊考古学价值，以及出土（水）时已经按照小件器物收集、登记的，可依据《馆藏文物登录规范》按单件文物登录 。

三、出土（水）文物的登录，须符合《馆藏文物登录规范》《第一次国有可移动文物普查工作手册》等规范性文件的总体要求。

四、登录的文物应在确保状态稳定、组合确定之后进行。

五、考古发掘单位的出土（水）文物登录编号，以整理后的编号登记。

国家文物局关于公布第五批国家文物局重点科研基地认定名单的通知

文物博发〔2014〕1号

各省、自治区、直辖市文物局（文化厅），各有关单位：

为贯彻落实《国家文物博物馆事业发展“十二五”规划》和《国家文物保护科学和技术发展“十二五”规划》，根据《国家文物局重点科研基地管理办法（试行）》有关规定，在各省级文物行政部门审核推荐和综合评估的基础上，经我局研究，同意纸质文物保护国家文物局重点科研基地（南京博物院）等5家单位列入第五批国家文物局重点科研基地认定名单。

各科研基地要紧密围绕文物博物馆事业发展的重大需求，充分发挥科学技术的支撑引领作用，积极开展应用基础研究、应用研究与技术开发等创新性活动，加强科技基础性工作，突破共性、关键技术，加快推进科研成果转化，注重人才培养与团队建设，建立完善开放、流动、联合、竞争的运行机制。

各依托单位应大力支持科研基地的建设发展，落实配套支撑条件，建立有效保障机制，在人员编制、经费使用、研究场所和实验条件等方面予以倾斜。积极探索管理机制创新，以科研基地建设为突破口，带动文物博物馆单位的体制机制创新与改革。

各组织单位应加强对科研基地的指导，指导科研基地尽快完成主任聘任、制度建设和规划制订工作。同时，探索各种有效政策和措施，充分发挥地方在科技、信息、人才、资金等方面的优势，积极协调所在地区有关部门，为科研基地的基础设施建设、高层次人才引进和运行发展等提供政策倾斜和经费支持，为科研基地提供良好的发展空间。

国家文物局将进一步完善相关政策措施，加强对科研基地的指导和扶持，加大各类科技计划、人才培养计划等对科研基地的支持力度，坚持优胜劣汰的动态管理原则，进一步完善科研基地运行评估制度，强化科研基地的竞争和激励机制，促进科研基地的良性发展。

附件：第五批国家文物局重点科研基地认定名单

2014年1月10日

附件：

第五批国家文物局重点科研基地认定名单

序号	科研基地	依托单位	组织单位	类别
1	纸质文物保护国家文物局重点科研基地	南京博物院	江苏省文物局	应用基础类
2	明清官式建筑保护研究国家文物局重点科研基地	故宫博物院	北京市文物局	工程技术类
3	传统木构建筑营造技艺研究国家文物局重点科研基地	东南大学	江苏省文物局	应用基础类
4	体质人类学与分子考古学国家文物局重点科研基地	吉林大学	吉林省文物局	应用基础类
5	文物保护领域科技评价研究国家文物局重点科研基地	北京化工大学	北京市文物局	管理科学类

国家文物局关于加强文物消防工作的紧急通知

文物督发〔2014〕2号

各省、自治区、直辖市文物局（文化厅）：

今年1月11日凌晨，云南省迪庆州香格里拉县独克宗古城发生火灾，烧毁242栋房屋，古城历史风貌严重破坏，部分文物建筑也不同程度受损。当前正值冬季，春节即将来临，许多文物保护单位及其周边地区将会举办各种庆祝集会和传统民俗文化活动，火灾诱因和风险增加，防控难度加大，文物消防安全形势更加严峻。为坚决预防和遏制文物火灾事故的发生，现将有关事项紧急通知如下：

一、加强管理，强化措施

各级文物行政部门和各文物、博物馆单位要加强安全管理，改善防范条件，全力降低火灾事故发生率。对文物建筑、博物馆和文物保护工程工地等消防重点单位要实施有针对性的重点防范。特别要将保存文物丰富集中的古城、古镇和古村落作为消防工作的重中之重，针对其中文物保护单位分布密集、人民群众生产生活纷繁复杂、消防设施落后、消防水源不足、街道狭窄消防通道不畅、一旦发生火灾容易火烧连营、扑救极为困难等现实制约因素和特点，积极会同当地公安机关消防部门等，加强对周边群众、机关单位的防火宣传，引导安全用火，避免生产生活用火用电引发文物火灾；要进一步完善消防规划，加快消防设施设备建设或提升改造，增强火灾防控能力；要科学编制防火预案，合理设计消防通道，建立防火救火的群众联防组织，加强消防演练，一旦发生火灾事故，及时组织人员疏散和有效灭火。

二、狠抓落实，严追责任

各单位法定代表人是本单位消防安全第一责任人，分管负责同志是主要责任人。各单位主要领导要亲自安排部署消防安全工作，逐级落实消防安全责任制，把任务分解到各个部门和具体工作人员，并层层签订责任书，确保人员到位、保障有力、措施有效。各单位要建立健全消防工作考核评价制度，对年度消防工作完成情况进行严格考核，并建立责任追究机制。对于消防安全检查不力、监管不严、隐患不除、失职渎职的，要进行通报并追究相关责任人责任。发生重特大文物火灾事故的，要实施责任倒查和逐级追查，按照事故原因不查清不放过、事故责任者不处理不放过、整改措施不落实不放过、教训不吸取不放过的原则严肃处理。触犯法律的，要依法追究相关责任人的法律责任。

三、立即行动，全面排查

各级文物行政部门和各文物、博物馆单位要立即组织开展文物火灾隐患排查整治活动。要严格按照《国务院关于加强和改进消防工作的意见》（国发〔2011〕46号）、《文物消防安全检查规程（试行）》（文物督发〔2011〕17号）要求，针对各文物、博物馆单位的文物消防安全责任落实、消防安全制度实施、用火用电用油用气管理、灭火应急预案制订与演练、消防设施设备配备与使用和消防安全档案建立等情况组织开展全面摸底排查，重点应对各文物、博物馆单位易引发火灾的隐患进行排查检查：一是全面检查各单位的用火装置、设施和电气线路、设备等，对于不符合消防要求的，要立即整改和规范，不能整改的要立即停用封存；二是逐一排查各单位现有的消防报警设施和灭火设备等的运行状况，对于不能正常运转或者失效的，要及时修理或者更新，确保设施设备有效适用；三是组织清理各单位内存储或者堆放的各类易燃易爆物品，或者采取有效措施予以隔离；四是有效整治各单位毗邻区域，针对有可能阻碍灭火救援的障碍物、构筑物要制定切实可行的整改方案，经有关主管部门或者当地人民政府同意后迅速组织实施。

此次文物火灾隐患排查工作要扎实有效，做到横向到边、纵向到底，必须查找隐患、排除诱因。对排查发现的火灾隐患要立即整改，不能立即整改的要明确整改期限和要求，并加大人力物力，严看死守。对于重大火灾隐患，各级文物行政部门要提出整改要求和解决方案，督促文物的使用单位抓紧整改，并向当地公安机关消防部门通报或者向当地人民政府报告。对不具备消防安全条件的文物、博物馆等开放单位和文物保护工程工地，要立即责令停止开放或者施工作业直至彻底整改。

各省级文物行政部门要将本辖区内开展此次文物火灾隐患排查工作情况和隐患整治整改情况于2014年3月底前书面报我局。

特此通知。

国家文物局

2014年1月13日

关于印发《全国重点文物保护单位文物保护工程申报审批管理办法（试行）》通知

文物保函〔2014〕64号

各省、自治区、直辖市文物局（文化厅）：

为进一步加强和规范文物保护工程管理，提高文物保护工程审批质量和效率，推动文物保护工程管理制度的改革和创新，根据《中华人民共和国文物保护法》《中华人民共和国文物保护法实施条例》《文物保护工程管理办法》等有关法律法规，我局制订了《全国重点文物保护单位文物保护工程申报审批管理办法（试行）》，现予印发试行。请你局（厅）指导各地按要求做好文物保护工程申报、审批和管理工作。执行中有何问题，请及时函告我局。

北京、河北、山西、上海、浙江、河南、四川、云南、陕西等试行《文物保护工程审批管理暂行规定》的9省市，自本办法印发之日起一年内，仍可按《文物保护工程审批管理暂行规定》相关规定执行。同时应创造条件，加强第三方咨询评估机构的培育。一年后统一按本办法相关规定执行。

特此通知。

国家文物局

2014年1月17日

全国重点文物保护单位
文物保护工程申报审批管理办法（试行）

第一章　总 则

第一条　为规范全国重点文物保护单位文物保护工程申报审批工作，提高审批质量和效率，依据《中华人民共和国文物保护法》《中华人民共和国文物保护法实施条例》和《文物保护工程管理办法》的有关规定，制定本办法。

第二条　本办法适用于全国重点文物保护单位的抢险加固、修缮、保护性设施建设及迁移等文物保护工程。

第三条　文物保护工程的申报审批分为立项申报审批、技术方案申报审批和经费申报审批三个环节。

第二章　立项申报审批

第四条　全国重点文物保护单位的管理机构按照《全国重点文物保护单位文物保护工程立项报告规范文本（试行）》的要求编写立项报告，报省级文物行政部门初审。

第五条 省级文物行政部门对文物保护工程的性质、内容、范围、规模等情况进行初审后，报国家文物局审批。

第六条 国家文物局对文物保护工程立项的可行性、必要性进行审核，并出具立项批复意见。

第七条 国家文物局对重大或特殊文物保护工程的立项审批，应当征询专家或咨询评估机构意见。

第三章 技术方案及经费申报审批

第八条 全国重点文物保护单位的管理机构根据国家文物局的立项批复意见，组织相关资质单位按照《文物保护工程设计文件编制深度要求（试行）》编写技术方案，报省级文物行政部门审批。

第九条 省级文物行政部门在审批前，应当将技术方案送交国家文物局确定的咨询评估机构进行评估。

咨询评估机构应当组织专家对技术方案进行评估，向省级文物行政部门提交评估报告，并报国家文物局备案。技术方案需要修改的，咨询评估机构应当提出明确的修改意见，并对修改后的技术方案进行再次评估。

省级文物行政部门根据评估报告出具方案批复意见，并将批复意见和通过评估的技术方案报国家文物局备案。

第十条 文物保护工程经费的申报与审批按照《国家重点文物保护专项补助资金管理办法》的有关规定执行。

第十一条 咨询评估机构的技术方案评估费用由委托其进行评估的文物行政部门承担。

第四章 职责与监督

第十二条 国家文物局对文物保护工程申报审批的各个环节进行指导和监督。

第十三条 省级文物行政部门应当指定专门机构或专人，依法在规定期限内完成文物保护工程立项文件的初审、技术方案的批复及备案工作，并接受国家文物局的指导和监督。

第十四条 咨询评估机构应严格按照公平公正的原则履行评估职责，在规定期限内完成评估工作，对评估报告负责，并接受国家文物局和社会监督。

技术方案评估应当在30个工作日内完成；对修改后的技术方案的再次评估，一般不应超过20个工作日。

第十五条 在文物保护工程申报审批过程中，如发现存在程序违规、弄虚作假、营私舞弊等行为的，国家文物局视情节给予通报批评、责令限期整改；对文物保护工程造成严重后果的，依法追究法律责任。

第五章 附 则

第十六条 本办法由国家文物局负责解释。

第十七条 本办法自发布之日起施行。

关于印发《全国重点文物保护单位文物保护项目咨询评估机构管理办法（试行）》的通知

文物保函〔2014〕65号

各省、自治区、直辖市文物局（文化厅）：

为进一步加强和规范文物保护项目咨询评估工作的管理，提高文物保护项目审批效率和质量，推动文物保护项目管理制度的改革和创新，根据《中华人民共和国文物保护法》《中华人民共和国文物保护法实施条例》《文物保护工程管理办法》等有关法律法规，我局制订了《全国重点文物保护单位文物保护项目咨询评估机构管理办法（试行）》，现予印发试行。执行中有何问题，请及时函告我局。

特此通知。

附件：全国重点文物保护单位文物保护项目咨询评估机构申请表（略）

国家文物局

2014年1月17日

全国重点文物保护单位文物保护项目咨询评估机构管理办法（试行）

第一章　总则

第一条　为规范文物保护项目咨询评估机构的管理，提高文物保护项目评审工作质量和效率，根据《中华人民共和国文物保护法》《中华人民共和国文物保护法实施条例》和《文物保护工程管理办法》，结合文物保护项目评审工作的具体情况，制定本办法。

第二条　本办法中的咨询评估机构是指具有独立法人资格，能够独立承担文物保护项目咨询评估工作的机构。

第三条　本办法中的咨询评估工作是指咨询评估机构遵循文物保护原则、程序和标准，通过科学规范的方法对文物保护项目进行评估、论证，为文物保护项目提供咨询评估意见。

第四条　本办法中的文物保护项目是指全国重点文物保护单位的抢险加固工程、修缮工程、保护性设施建设工程和迁移工程，以及相关保护规划、展示利用、行政许可等项目。

第二章　咨询评估机构的确定

第五条　国家文物局依据客观公正、择优选择的原则，确定咨询评估机构。

第六条 咨询评估机构的遴选范围包括从事过文物保护项目咨询评估业务的企事业单位或相关社会团体。

第七条 咨询评估机构的业务范围包括全国重点文物保护单位中的古文化遗址、古墓葬、古建筑、石窟寺和石刻、近现代重要史迹及代表性建筑、壁画等文物保护工程，以及相关保护规划、展示利用、行政许可等项目的咨询评估。

第八条 申请文物保护项目咨询评估业务的企事业单位或者社会团体（以下简称申报单位），应当具备下列条件：

（一）具有独立的企事业法人资格或社团法人资格，有固定办公场所和必要的经营条件；

（二）从事文物保护项目咨询评估业务5年以上，有较高的社会信誉，独立承担过不少于300项的省级以上（含省级）文物保护工程项目的咨询评估业务；

（三）技术负责人需具有10年以上从事文物保护项目相关工作经历，具有高级专业技术职称；

（四）从业人员不少于15人，其中具有高级专业技术职称的技术骨干不低于40%，应聘并固定在该单位的离退休技术人员不超过20%；

（五）有科学健全的管理制度，包括评估业务管理制度、评估质量控制制度、业务档案管理制度等。

第九条 申报单位申请文物保护项目咨询评估单项业务范围的条件，由国家文物局根据专业要求，参照第八条适当调整。

第十条 咨询评估机构由国家文物局按照以下程序确定：

（一）申报单位应当向所在地省级文物行政部门提交申报材料，经省级文物行政部门审核后，报国家文物局审查；国务院各部委直属企事业单位可直接向国家文物局提交申报材料。

（二）国家文物局对申报材料进行评议审查。

（三）经审查通过的，由国家文物局确定文物保护项目咨询评估机构并向社会公布。

第十一条 申报材料应当包括以下内容：

（一）全国重点文物保护单位文物保护项目咨询评估机构申请表；

（二）申报单位的法人证书；

（三）法定代表人和技术负责人简历、职业资格证书、职称证书、学历证书、身份证复印件；

（四）技术人员的职称证书、职业资格证书、学历证书、身份证复印件；

（五）具有代表性的文物保护项目相关咨询评估资料；

（六）其他相关证书、资料。

第三章 职能与责任

第十二条 咨询评估机构按照客观、公正、科学的原则，对文物保护项目进行前期咨询、中期评估和后期绩效评定。

第十三条 咨询评估机构接受委托对文物保护项目进行评估，提出明确的修改意见，出具同意或否决的评估结论，形成评估报告，并对评估报告负责。

第十四条 评估内容主要包括以下方面：

（一）工程项目技术文件是否规范、齐备，是否符合《文物保护工程设计文件编制深度要求（试行）》；

（二）工程项目设计单位是否具备相应资质；

（三）工程项目是否必要、可行，保护原则是否正确；

（四）工程性质、内容、范围、规模是否合理，并对工程的现状勘察结论、技术保护措施及相关技术图纸等提出明确、具体的修改意见。

第十五条 咨询评估机构不得从事与其审核范围相同的文物保护规划及方案的编制工作。

第四章 监督与管理

第十六条 国家文物局负责咨询评估机构的监督与管理，可以组织专家或委托有关机构，对咨询评估工作过程进行检查，对工作成果的实施效果进行评价。

第十七条 咨询评估机构应于每年1月31日之前，将上一年度咨询评估情况的书面总结材料报国家文物局备案。

第十八条 咨询评估机构如有以下行为的，给予通报批评、责令限期整改、暂停或终止咨询评估委托等相应处理，情节严重的，追究其法律责任：

（一）擅自转让咨询评估业务的；

（二）同时承担与业务范围相同的规划、勘察、设计、施工等工作的；

（三）故意损害文物行政部门、被评估项目相关单位权益的；

（四）与被评估项目相关单位相互串通，在工作过程中弄虚作假的；

（五）向委托人或者被评估项目相关单位索取、收受财物，或者利用业务之便，谋取其他不正当利益的；

（六）因咨询评估工作失误造成文物保护项目技术事故的。

第五章 附则

第十九条 省级及省级以下文物保护单位的文物保护项目咨询评估工作可参照本办法执行。

第二十条 本办法由国家文物局负责解释。

第二十一条 本办法自发布之日起施行。

国家文物局关于印发《长城“四有”工作指导意见》和《长城保护维修工作指导意见》的通知

文物保发〔2014〕4号

各有关省、自治区、直辖市文物局（文化厅）：

为提高长城保护工程的科学性和合理性，提升长城“四有”和保护维修工作的整体水平，现将《长城“四有”工作指导意见》和《长城保护维修工作指导意见》印发你局，请尽快将上述指导意见转发各有关市县文物主管部门和相关专业机构，并指导有关市县参照有关内容，抓紧划定长城保护范围和建设控制地带，树立长城保护标识，建立长城记录档案，设置长城专门保护管理机构和人员，进一步规范长城保护维修工程管理。

上述指导意见电子版可在我局政府网站（http://www.sach.gov.cn）“通知公告”栏下载。

特此通知。

附件：1．长城“四有”工作指导意见（略）

2．长城保护维修工作指导意见（略）

2014年2月7日

国家文物局关于2013年度文物安全监管与行政执法工作情况的通报

文物督发〔2014〕6号

各省、自治区、直辖市文物局，新疆生产建设兵团文物局，天津、上海、重庆市文化市场执法总队：

2013年度，各级文物行政部门认真实施执法巡查与安全检查，加大文物案件督察、督办力度，取得了较好成效。现将有关情况通报如下：

一、执法监管情况

（一）执法巡查：2013年，全国省、市、县级文物行政部门及文物行政执法机构开展执法巡查共153506次，检查发现违法行为1339起，已调查处理完毕1291起。其中，各级文物行政部门及文物行政执法机构对全国重点文物保护单位巡查16765次，发现违法行为123

项，已处理、纠正117项。

（二）安全检查：2013年，全国各省、市、县级文物行政部门开展安全检查共189836次，发现各类安全隐患36334项，整改完毕30170项，整改率83.1%。其中，对全国重点文物保护单位检查26909次，发现各类安全隐患2541项，整改完毕2277项，整改率89.6%；对核定为一级风险单位的文物收藏单位检查2057次，发现安全隐患252项，整改完毕219项，整改率86.9%。

（三）文物安全大检查情况：2013年6月20日，国家文物局印发《关于开展文物系统安全大检查的通知》（文物督发〔2013〕12号）。全国各级文物行政部门和文物、博物馆单位按照通知要求，开展安全检查100700余次，共检查文物博物馆单位99000余处，督促整改安全隐患19000余项，有力保障了文物安全。

二、案件（事故）情况

（一）文物行政违法案件：2013年，共接报文物、博物馆单位发生行政违法案件236起，责令改正违法行为207起，实施行政处罚67起。其中，全国重点文物保护单位发生行政违法案件36起，责令改正违法行为的17起，实施罚款等行政处罚的9起，尚在调查处理的10起。各地深入贯彻落实《国务院关于进一步做好旅游等开发建设活动中文物保护工作的意见》，查处旅游等开发建设活动中破坏文物案件126起，整改完毕59起，明确整改措施67起。

（二）文物安全案件：2013年，共接报文物、博物馆单位发生文物安全案件227起，其中火灾事故11起，盗窃、盗抢案件43起，古遗址、古墓葬被盗掘案件155起，文物安全责任事故6起，其他文物安全事故12起。全国重点文物保护单位共发生文物安全案件37起，其中古遗址、古墓葬被盗掘案件17起，文物保护单位被盗窃案件13起，交通事故造成文物损失1起，火灾事故6起。博物馆发生安全案件6起，其中人为故意破坏1起，监守自盗1起，盗窃馆藏文物3起，文物展览设备故障致使文物受损1起。

（三）汛期文物受损情况：2013年汛期，全国共有24省（市、区）的3203处不可移动文物受到洪灾波及，其中全国重点文物保护单位326处，省级文物保护单位503处，市、县级文物保护单位1208处，尚未公布为文物保护单位的不可移动文物1166处；有73座博物馆受到洪灾波及。由于各地文物部门及时启动应急机制，切实采取防汛救灾措施，文物得到了有效保护。受洪灾波及的326处全国重点文物保护单位中，有2处建筑群中的部分建筑受损严重，需要落架修复；有29处局部受损；其他均为轻微受损。

三、形势分析

（一）文物安全形势总体平稳，但仍不容乐观。一是文物安全防控能力有所提升，文物案件总数较2012年有所下降。2013年接报安全案件227起，同比2012年（307起）减少了80起，同比下降26.1%。其中，文物、博物馆单位被盗窃、盗抢案件43起，同比2012年减少了18起，同比下降29.5%；古遗址、古墓葬被盗掘案件155起，同比2012年（198起）减少了43起，同比下降21.7%。二是全国重点文物保护单位因绝对量增加（增至4295处），文物案件有所上升。全国重点文物保护单位共发生文物安全案件37起，同比2012年（28起）增加了9起，同比增长32.1%。其中盗窃、盗掘案件30起，同比2012年（23起）增加了6起，同比增长26.1%。三是文物火灾总量虽然下降，但损失严重。2013年共发生火灾事故11起，比2012年（16起）减少了5起，但文物损失程度则远重于2012年。安徽祁门古戏台中的会源堂、湖南洪江古建筑群中的徐福隆商行、坪坦风雨桥中的文星桥和四川长青春科尔寺中心大殿等4起全国重点文物保护单位火灾，以及云南达摩祖师洞古建筑、四川蓬安旧城古建筑群中的部分古民居等2起省级文物保护单位火灾，过火的古建筑基本损毁。11起火灾事故中，至少有6起因电气故障引起，火灾防范尤其是电气火灾防范仍然是紧迫任务。

（二）行政违法案件总量下降，低层级不可移动文物保护矛盾凸显。2013年，各地坚持预防为主、关口前移，强化执法巡查，增加频次和覆盖率，及时制止和纠正违法行为，将一些可能造成较大损失或者较大影响的案件，控制在萌芽状态或者发案初期，取得明显成效。全年立案查处的行政违法案件总数236起，比2012年（317起）减少了81起，同比下降25.6%。涉及全国重点文物保护单位的行政违法案件36起，比2012年（42起）减少6起，同比下降了14.3%。36起涉及全国重点文物保护单位的行政违法案件中，在保护范围、建设控制地带内违法建设、施工、作业的22起，占总发案数的61%；违法实施修缮工程的6起；擅自交由企业经营或者改变用途的6起；违法破坏文物本体的2起。另一方面，城乡建设中破坏低层级不可移动文物的事件频现，成为舆论关注焦点。第三次全国文物普查登记、公布的不可移动文物保护措施不到位、基层文物行政执法能力薄弱等问题客观存在。

（三）联合执法成效显著，部门间合力继续增强。各地公安、文物部门继续贯彻落实《公安部、国家文物局打击和防范文物犯罪长效机制》，对文物犯罪活动保持严打高压态势。北京、内蒙古、重庆、西藏、陕西等地组织开展区域性打击文物犯罪专项行动，摧毁了一批犯罪团伙，追缴了一批重要文物，仅陕西“猎鹰”行动，即破获文物犯罪案件699起，抓获犯罪嫌疑人385人，追缴文物1188件，有力维护了文物管理秩序。国家文物局与中国海监总队研拟联合执法工作规程，协同国家宗教事务局对涉及佛教寺庙、道教宫观的全国重点文物保护单位进行联合执法检查，督察督办了一批违规行为和安全隐患。内蒙古自治区文物部门与公安边防部队联合开展“草原神鹰”行动，共同对全区边境旗县的古墓群、古文化遗址实施巡查保护。

四、工作要求

（一）有效监管各级各类不可移动文物。落实中央城镇化工作会议和正定古城保护现场会精神，将各级各类不可移动文物纳入执法监管视野，坚决制止违法拆除、破坏低层级不可移动文物行为，实现督察重点“由点及面”、督察行动由“被动”向“主动”的转变。国家文物局将组织开展“古城保护中文物违法与消防安全专项督察”，运用卫星遥感技术复核第三次全国文物普查登录公布文物的消失情况，督促属地政府妥善保护。对古城消防安全状况进行督察，督促改善文物建筑安全条件。

（二）重点抓好消防安全工作。认真落实《关于加强文物消防工作的紧急通知》（文物督发〔2014〕2号）要求，以文物建筑群和文物分布集中的古城、古镇、古村落为重点，以电器火灾防范为主要内容，切实组织开展文物火灾隐患排查整治行动，加快推进古城、古镇、古村消防规划编制和文物保护单位消防设施建设工作，全面加强风险识别、灾前防范、火情预警和火灾扑救措施，提升消防安全管理水平。

（三）加快推进科学技术应用。积极利用物联网、卫星遥感技术等现代科技手段实施文物安全与行政执法监测预警，探索建立文物安全监测预警体系。以电气火灾智能防范系统示范应用、野外文物安全防护设备、移动巡护装备和博物馆安防系统远程监管研发为重点，大力研发、试点、示范和推广适用于文物安全与行政执法领域的专有装备，通过科技应用、装备升级，带动文物安全监管模式的创新转型。

（四）认真落实文物安全责任。要切实加强文物执法巡查与安全检查，强化安全管理，科学、适度实施安全防护设施建设，增强综合防范能力。同时，动员和吸纳社会力量参与文物安全工作，协调督促有关部门和文物管理使用单位履行好文物安全职责，组织、引导和发挥好文物安全志愿者、监督员、群众文物保护员等社会群体的重要作用，构建政府主导、部门监管、管理使用单位具体负责、社会力量积极参与的文物安全责任体系。

（五）开展文物安全警示教育。我局组织编印的《文物安全典型案例警示教育材料》已发至各省级文物行政部门，请各地认真组织学习，广泛开展文物安全警示教育，增强文物安全责任意识，建立并实施文物安全责任追究机制。通过警示教育，督促各级文物部门和文物管理使用单位，将文物安全纳入重要日程和重点工作，将责任落实到人，将措施落实到位，切实保证文物安全。

2014年2月28日

国家文物局关于公布第六批文物保护工程勘察设计甲级、施工一级、监理甲级资质单位名单的通知

文物保发〔2014〕10号

各省、自治区、直辖市文物局：

根据《中华人民共和国文物保护法》《中华人民共和国文物保护法实施条例》和《文物保护工程管理办法》《文物保护工程勘察设计资质管理办法》《文物保护工程施工资质管理办法》《文物保护工程监理资质管理办法（试行）》的有关规定，经组织专家评审并公示后，我局决定授予有关单位文物保护工程勘察设计甲级、施工一级、监理甲级资质，现予公布（有关单位名单附后）。请你局根据国家有关规定加强相关管理工作。

特此通知。

附件：1．文物保护工程勘察设计甲级资质单位名单
2．增加业务范围的勘察设计甲级资质单位名单
3．文物保护工程施工一级资质单位名单
4．增加业务范围的施工一级资质单位名单
5．文物保护工程监理甲级资质单位名单
6．增加业务范围的监理甲级资质单位名单

2014年3月12日

附件1

文物保护工程勘察设计甲级资质单位名单（共26家）

1．中兵勘察设计研究院

业务范围：古建筑维修保护、近现代文物建筑维修保护（以上限勘察、测绘）

2．北京大学科技开发部

业务范围：古文化遗址保护、古墓葬保护、石窟寺和石刻保护、文物保护规划编制

3．总装备部工程设计研究总院

业务范围：古文化遗址保护、古墓葬保护、石窟寺和石刻保护

4．国文科保（北京）新材料科技开发有限公司

业务范围：古文化遗址保护、石窟寺和石刻保护

5．中国社会科学院考古研究所

业务范围：古文化遗址保护、古墓葬保护、石窟寺和石刻保护、文物保护规划编制

6．北京华清安地建筑设计事务所有限公司

业务范围：近现代文物建筑维修保护、文物保护规划编制

7．北京国文琰文化遗产保护中心有限公司

业务范围：古文化遗址保护、古墓葬保护、古建筑维修保护、近现代文物建筑维修保护、石窟寺和石刻保护、壁画保护、文物保护规划编制

8．北京国文琰信息技术有限公司

业务范围：古文化遗址保护、古墓葬保护、古建筑维修保护、近现代文物建筑维修保护、石窟寺和石刻保护、壁画保护

9．河北建研建筑设计有限公司

业务范围：古建筑维修保护、近现代文物建筑维修保护、石窟寺和石刻保护

10．山西省考古研究所

业务范围：古文化遗址保护、古墓葬保护、文物保护规划编制

11．山西省古建筑设计有限公司

业务范围：古文化遗址保护、古墓葬保护、古建筑维修保护、近现代文物建筑维修保护、石窟寺和石刻保护、壁画保护、文物保护规划编制

12．云冈石窟研究院

业务范围：石窟寺和石刻保护

13．内蒙古博物院

业务范围：古文化遗址保护、古墓葬保护、壁画保护、文物保护规划编制

14．内蒙古自治区文物保护中心

业务范围：古文化遗址保护、古墓葬保护、文物保护规划编制

15．内蒙古启原文物古建筑修缮工程有限责任公司

业务范围：古建筑维修保护

16．江苏天开景观工程有限公司

业务范围：古建筑维修保护、近现代文物建筑维修保护

17．浙江大学建筑设计研究院有限公司

业务范围：古文化遗址保护、古墓葬保护、古建筑维修保护、近现代文物建筑维

修保护、壁画保护、文物保护规划编制

18. 绍兴市城市规划设计研究院

业务范围：文物保护规划编制

19. 河南华威文物保护工程有限公司

业务范围：古文化遗址保护、古墓葬保护、古建筑维修保护、近现代文物建筑维修保护、石窟寺和石刻保护、文物保护规划编制

20. 广州市翰瑞文物保护设计研究中心

业务范围：古文化遗址保护、石窟寺和石刻保护

21. 广东省文物考古研究所

业务范围：古建筑维修保护、近现代文物建筑维修保护、文物保护规划编制

22. 西藏自治区文物保护研究所

业务范围：古文化遗址保护、古建筑维修保护、文物保护规划编制

23. 西北大学文化遗产保护规划中心

业务范围：古文化遗址保护、石窟寺和石刻保护、文物保护规划编制

24. 兰州河陇文化遗产规划设计有限公司

业务范围：古文化遗址保护、古墓葬保护、古建筑维修保护、近现代文物建筑维修保护、文物保护规划编制

25. 兰州华景文化遗产勘察设计有限公司

业务范围：古建筑维修保护

26. 曲阜市安怀堂文物工程设计有限公司

业务范围：古文化遗址保护、古建筑维修保护、文物保护规划编制

附件2

增加业务范围的勘察设计甲级资质单位名单（共10家）

1. 北京兴中兴建筑设计事务所

增加的业务范围：近现代文物建筑维修保护

2. 河北省文物保护中心

增加的业务范围：文物保护规划编制

3. 山西省文物技术中心

增加的业务范围：近现代文物建筑维修保护

4. 太原市晋博文物保护技术服务有限公司

增加的业务范围：文物保护规划编制

5. 湖南省文博设计研究院有限公司

增加的业务范围：文物保护规划编制

6. 广州大学建筑设计研究院

增加的业务范围：文物保护规划编制

7. 成都市文物考古工作队（成都文物考古研究所）

增加的业务范围：文物保护规划编制

8. 贵州省文物保护研究中心

增加的业务范围：古文化遗址保护、古墓葬保护、文物保护规划编制

9．敦煌研究院

增加的业务范围：文物保护规划编制

10．福建博物院文物保护中心

增加的业务范围：文物保护规划编制

附件3

文物保护工程施工一级资质单位名单（共35家）

1．国都建设（集团）有限公司

业务范围：古建筑维修保护、近现代文物建筑维修保护

2．北京擎屹古建筑有限公司

业务范围：古建筑维修保护、近现代文物建筑维修保护

3．北京五瑞装饰设计有限公司

业务范围：古建筑维修保护、近现代文物建筑维修保护

4．北京国文琰园林古建筑工程有限公司

业务范围：古文化遗址保护、古墓葬保护、古建筑维修保护、近现代文物建筑维修保护、石窟寺和石刻保护、壁画保护

5．北京建工远大市政建筑工程公司

业务范围：古建筑维修保护、近现代文物建筑维修保护

6．河北昌捷园林古建筑工程有限公司

业务范围：古建筑维修保护、近现代文物建筑维修保护

7．河北木石古建园林工程有限公司

业务范围：古文化遗址保护、古建筑维修保护、近现代文物建筑维修保护

8．保定市恒名古建筑工程有限公司

业务范围：古建筑维修保护、近现代文物建筑维修保护

9．山西省古建筑工程有限公司

业务范围：古建筑维修保护、近现代文物建筑维修保护

10．山西丹宇古建筑艺术有限公司

业务范围：古建筑维修保护、近现代文物建筑维修保护

11．五台县第二建筑有限公司

业务范围：古建筑维修保护、近现代文物建筑维修保护

12．山西长治鑫通古建筑工程有限公司

业务范围：古建筑维修保护、近现代文物建筑维修保护

13．山西鸿盈古建筑工程有限公司

业务范围：古建筑维修保护、近现代文物建筑维修保护

14．内蒙古启原文物古建筑修缮工程有限责任公司

业务范围：古文化遗址保护、古建筑维修保护

15．江苏江南园林建筑工程有限公司

业务范围：古建筑维修保护、近现代文物建筑维修保护

16．苏州太湖古典园林建筑有限公司
业务范围：古建筑维修保护、近现代文物建筑维修保护
17．江苏江都古典园林建设有限公司
业务范围：古建筑维修保护、近现代文物建筑维修保护
18．浙江义乌宏宇古建园林工程有限公司
业务范围：古建筑维修保护、近现代文物建筑维修保护
19．河南省今古园林古建工程有限公司
业务范围：古建筑维修保护、近现代文物建筑维修保护
20．河南朱氏古建园林彩绘有限公司
业务范围：古建筑维修保护
21．辉县市兴龙古建园林有限公司
业务范围：古建筑维修保护
22．武汉市天时建筑工程有限公司
业务范围：近现代文物建筑维修保护
23．湖南华成古建筑工程有限公司
业务范围：古建筑维修保护、近现代文物建筑维修保护
24．衡阳鑫隆文物保护古建工程有限公司
业务范围：古建筑维修保护、近现代文物建筑维修保护
25．湖南神匠文物保护古建园林工程有限公司
业务范围：古建筑维修保护、近现代文物建筑维修保护
26．湖南佳龙古建筑有限公司
业务范围：古建筑维修保护、近现代文物建筑维修保护
27．成都鑫荣华古建筑工程有限公司
业务范围：古建筑维修保护、近现代文物建筑维修保护
28．成都市园林建设处
业务范围：古建筑维修保护、近现代文物建筑维修保护
29．贵州祥和古建工程有限公司
业务范围：古建筑维修保护、近现代文物建筑维修保护
30．拉萨市城关区古艺建筑美术公司
业务范围：古建筑维修保护
31．咸阳三木文保古建有限公司
业务范围：古建筑维修保护
32．扶风建筑总公司
业务范围：古建筑维修保护
33．甘肃昊廷古建工程有限责任公司
业务范围：古文化遗址保护、古建筑维修保护
34．永定土楼古建筑保护工程有限公司
业务范围：古建筑维修保护（限福建土楼建筑）
35．江西省雄盛文物保护古建筑工程有限公司
业务范围：古建筑维修保护、近现代文物建筑维修保护

附件4

增加业务范围的施工一级资质单位名单（共12家）

1. 山西省文物技术中心
   增加的业务范围：近现代文物建筑维修保护
2. 常熟古建园林建设集团有限公司
   增加的业务范围：近现代文物建筑维修保护
3. 杭州文物建筑工程有限公司
   增加的业务范围：近现代文物建筑维修保护
4. 浙江省东阳市方中古典园林有限公司
   增加的业务范围：古墓葬保护、近现代文物建筑维修保护
5. 河南华磊园林工程有限公司
   增加的业务范围：古文化遗址保护、古墓葬保护
6. 河南宏昌古建园林有限公司
   增加的业务范围：古文化遗址保护
7. 湖北太岳园林古建工程有限公司
   增加的业务范围：近现代文物建筑维修保护
8. 湖南省湖湘文物工程有限公司
   增加的业务范围：古墓葬保护、近现代文物建筑维修保护
9. 广东南秀古建筑石雕园林工程有限公司
   增加的业务范围：古墓葬保护、石刻保护
10. 潮州市建筑安装总公司
    增加的业务范围：近现代文物建筑维修保护
11. 贵州弘筑园林古建装饰工程有限公司
    增加的业务范围：近现代文物建筑维修保护
12. 曲阜市三孔古建筑工程管理处
    增加的业务范围：古文化遗址保护、古墓葬保护、近现代文物建筑维修保护

附件5

文物保护工程监理甲级资质单位名单（共2家）

1. 北京华清技科工程管理有限公司
   业务范围：古建筑维修保护、近现代文物建筑维修保护
2. 贵州省文物保护研究中心
   业务范围：古文化遗址保护、古墓葬保护、古建筑维修保护、近现代文物建筑维修保护

附件6

增加业务范围的监理甲级资质单位名单（共1家）

1．甘肃经纬建设监理咨询有限责任公司
增加的业务范围：古文化遗址保护、古墓葬保护、石窟寺和石刻保护

关于印发《文物保护工程施工资质管理办法（试行）》《文物保护工程勘察设计资质管理办法（试行）》《文物保护工程监理资质管理办法（试行）》的通知

文物保发〔2014〕13号

各省、自治区、直辖市文物局（文化厅）：

为进一步加强和规范文物保护工程资质管理，根据《中华人民共和国文物保护法》《中华人民共和国文物保护法实施条例》《文物保护工程管理办法》等有关法律法规，我局对文物保护工程勘察设计、施工、监理等三个资质管理办法进行了修订，现予印发试行，原办法同时废止。请遵照执行，并按规定做好相关文物保护工程资质管理工作。

特此通知。

国家文物局
2014年4月2日

文物保护工程施工资质管理办法（试行）

一、总则

第一条 为加强文物保护工程施工资质管理，根据《中华人民共和国文物保护法》《中华人民共和国文物保护法实施条例》《文物保护工程管理办法》的有关规定，制定本办法。

第二条 从事古文化遗址、古墓葬、古建筑、石窟寺和石刻、近现代重要史迹及代表性建筑、壁画等不可移动文物的保护工程施工资质管理，适用本办法。

第三条 文物保护工程施工单位应当按照本办法的规定申请资质及业务范围，取得相应等级的资质证书后，在许可的业务范围内从事文物保护工程施工活动。

第四条 文物保护工程施工资质等级分为一、二、三级。

第五条 国家文物局负责审定文物保护工程施工一级资质，颁发一级资质证书。

省级文物主管部门负责审定本辖区注册企、事业单位的文物保护工程施工二、三级资质，颁发相应的资质证书。

省级文物主管部门负责文物保护工程施工资质的年检和日常管理工作。

第六条 文物保护工程施工资质的业务范围分为古文化遗址古墓葬、古建筑、石窟寺和石刻、近现代重要史迹及代表性建筑、壁画等五类。

二、专业人员

第七条 文物保护工程施工专业人员是指经过文物保护工程施工的相关培训，并通过考核，取得相应类别和从业范围证书的专业人员。

第八条 文物保护工程施工专业人员分为文物保护工程施工技术人员和责任工程师。

文物保护工程施工专业人员不得同时受聘于两家或两家以上文物保护工程资质单位。

第九条 文物保护工程施工技术人员包括各专业工种技术人员、资料员、安全员等。

第十条 文物保护工程施工技术人员应当参与文物保护工程施工相关专业技术工作三年以上，或者具有文物保护工程施工相关专业的初级技术职务。

第十一条 文物保护工程施工实行责任工程师负责制。责任工程师应当全面负责所承担的文物保护工程项目施工的现场组织管理和质量控制，并对文物安全和工程质量负直接责任。

责任工程师不得同时承担两个或两个以上文物保护工程项目施工的管理工作。

第十二条 文物保护工程责任工程师应当具备以下条件：

（一）熟悉文物保护法律法规，具有较强的文物保护意识，遵循文物保护的基本原则、科学理念、行业准则和职业操守。

（二）从事文物保护工程施工管理八年以上。

（三）主持完成至少二项工程等级为一级，或至少四项工程等级为二级，且工程验收合格的文物保护工程施工项目；或者作为主要技术人员参与管理至少四项工程等级为一级，或至少八项工程等级为二级，且工程验收合格的文物保护工程施工项目。

（四）近五年内主持完成的文物保护工程施工中，没有发生文物损坏或者人员伤亡等重大责任事故。

近五年内，主持完成的文物保护工程施工或相关科研项目因工程质量、管理创新、科技创新，获得国家级、省部级奖项的专业人员，申请担任文物保护工程责任工程师的，可适当放宽前款（二）、（三）项标准。

第十三条 文物保护工程责任工程师的从业范围分为古文化遗址古墓葬、古建筑、石窟寺和石刻、近现代重要史迹及代表性建筑、壁画等五类。

第十四条 省级文物主管部门负责组织开展文物保护工程施工专业人员的培训和继续教育工作。

文物保护工程施工专业人员的培训内容应当包括文物保护的法律法规、保护原则、标准规范等相关专业知识，培训时间不得少于40课时。

第十五条 文物保护工程责任工程师由全国性文物保护行业协会组织考核。经考核合格的人员，由全国性文物保护行业协会颁发文物保护工程责任工程师证书，并将名单向社会公布，同时报国家文物局备案。

前款所指的全国性文物保护行业协会由国家文物局向社会公布。

省级文物主管部门或受其委托的专业机构负责组织文物保护工程施工技术人员考核，考核合格的人员由国家文物局公布的全国性文物保护行业协会颁发文物保护工程施工技术人员证书。

第十六条 省级文物主管部门对本地区长期从事文物保护工程施工，熟练掌握传统工艺技术，经文物保护工程施工专业人员培训、年龄在50周岁以上的老工匠，可决定免予考核，由国家文物局公布的全国性文物保护行业协会颁发文物保护工程施工技术人员证书。

三、资质标准

第十七条 一级资质标准：

（一）法定代表人与专业人员均熟悉文物保护法律法规，具有较强的文物保护意识，遵循文物保护的基本原则、科学理念、行业准则和职业操守。

（二）经主管机关核准登记的法人单位，独立承担完成不少于十项、工程等级为二级的文物保护工程，工程质量合格，通过验收。

（三）近三年内完成的文物保护工程施工中，没有发生文物损坏或人员伤亡等重大责任事故。

（四）文物保护工程责任工程师不少于5人；其中，每一项业务范围都应有2名以上具有相应从业范围的文物保护工程责任工程师。

（五）具有15名以上文物保护工程施工技术人员，各专业工种技术人员、资料员、安全员等配置齐全。

（六）具有文物保护工程所需的专业技术装备。

第十八条 二级资质标准：

（一）法定代表人与专业人员均熟悉文物保护法律法规，具有较强的文物保护意识，遵循文物保护的基本原则、科学理念、行业准则和职业操守。

（二）经主管机关核准登记的法人单位，独立承担完成不少于十项、工程等级为三级的文物保护工程，工程质量合格，通过验收。

（三）近三年内完成的文物保护工程施工中，没有发生文物损坏或人员伤亡的重大责任事故。

（四）文物保护工程责任工程师不少于3人；其中，每一项业务范围都应有1名以上具有相应从业范围的文物保护工程责任工程师。

（五）具有10名以上文物保护工程施工技术人员。

（六）具有文物保护工程所需的专业技术装备。

第十九条 三级资质标准由省级文物主管部门参照本办法，并根据本地区的实际情况制定公布。

第二十条 文物保护工程施工单位应当根据自身资质等级和业务范围承担相应的施工项目（文物保护工程施工分级见附表）：

一级资质的施工单位可以承担其业务范围内所有级别文物保护工程的施工项目；

二级资质的施工单位可以承担其业务范围内工程等级为二级及以下的施工项目；

三级资质的施工单位可以承担其业务范围内工程等级为三级的施工项目。

四、资质申请与审批

第二十一条 申请文物保护工程施工一级资质或申请增加一级资质业务范围的单位，应当报请所在地省级文物主管部门初审合格后报国家文物局审批。

申请二级及以下文物保护工程施工资质或申请增加二级及以下资质业务范围的单位，应当报请所在地市、县级文物主管部门初审合格后报省级文物主管部门审批。

第二十二条 长期在特定区域从事特定类型文物保护工程施工，熟练掌握传统特色工艺技术，业绩突出的文物保护工程施工单位，经所在地省级文物主管部门推荐，可以向国家文物局申请取得特定范围文物保护工程施工一级资质。申请上述特定范围一级资质的单位，可适当放宽第十七条（二）、（四）、（五）条标准。

省级文物主管部门可以参照前款规定，对申请特定范围文物保护工程施工二级资质的单位，适当放宽相关标准。

第二十三条 近五年内，因工程质量、管理创新、科技创新获得与文物保护工程施工相关的国家级、省部级奖项的文物保护工程施工单位，经所在地省级文物主管部门推荐，申请文物保护工程施工一级资质的，可适当放宽第十七条（二）、（四）、（五）条标准。

第二十四条 申请文物保护工程施工资质或申请增加业务范围的，应当提交以下材料：

（一）文物保护工程施工资质申请表。

（二）企业单位法人营业执照副本；事业单位主管机关颁发的单位法人证书或文件。

（三）法定代表人任职文件、身份证复印件。

（四）文物保护工程责任工程师劳动合同（事业单位为聘任合同）、任职文件、文物保护工程责任工程师证书、社会保险证明、身份证复印件。

（五）文物保护工程施工技术人员劳动合同、文物保护工程施工技术人员证书、身份证复印件。

（六）完成的具有代表性的文物保护工程施工合同及验收文件。

第二十五条 国家文物局和省级文物主管部门每年第一季度组织审定文物保护工程施工资质，并颁发相应的资质证书。

五、监督管理

第二十六条 文物保护工程施工资质证书是从事文物保护工程施工的凭证，只限本单位使用，不得涂改、伪造、转让、出借。

第二十七条 文物保护工程施工资质证书由国家文物局监制，分为正本和副本，正本1本，副本6本，正、副本具有同等法律效力，有效期为12年。

第二十八条 在资质证书有效期内，文物保护工程施工单位名称、地址、法定代表人、经济性质等发生变更的，应当在工商部门办理变更手续后三十日内，到文物保护工程资质证书发证机关办理资质证书变更手续。原证书应交回发证机关注销。

第二十九条 办理名称、地址、法定代表人、经济性质等变更手续的，应当提交以下材料：

（一）资质证书变更申请；

（二）资质证书原件；

（三）变更后的企业法人营业执照或事业单位法人证书及文件；

（四）一级施工资质单位办理变更的，应提交所在地省级文物主管部门初审文件。

第三十条 文物保护工程施工资质单位改制、合并、分立的，应当按照本办法规定重新申报材料，申请取得文物保护工程施工资质。

第三十一条 省级文物主管部门每两年进行一次文物保护工程施工资质年检，一般在当年第四季度进行。

第三十二条 文物保护工程施工资质单位参加年检，应当提交以下材料：

（一）《文物保护工程施工资质年检申报表》。

（二）文物保护工程资质证书副本原件和复印件。

（三）企业单位法人营业执照副本，事业单位主管机关颁发的单位法人证书或文件复印件。

（四）法人代表身份证复印件；文物保护工程责任工程师、技术人员的身份证、劳动合同复印件；文物保护工程责任工程师的社会保险证明复印件。

（五）两年内具有代表性的文物保护工程施工合同首页、签字页、竣工验收证明的复印件。

第三十三条 省级文物主管部门对符合相应资质等级标准的文物保护工程施工资质单位，应当认定年检合格，并在其资质证书副本上加盖年检合格章。

省级文物主管部门应当将一级资质单位的年检结论报国家文物局备案。

第三十四条 省级文物主管部门对有下列情形之一的文物保护工程施工资质单位，应当认定年检不合格：

（一）企业营业执照、事业单位主管机关颁发的单位法人证书或文件等证照不全，或不在有效期内的；证照信息与文物保护工程资质证书不符的。

（二）文物保护工程施工专业人员发生变动，未达到相应资质等级标准的。

（三）有超越资质等级、业务范围或以其他单位的名义承揽工程的行为，由省级文物主管部门责令整改并记录在案的。

（四）有未经相应文物主管部门许可，擅自施工；或不按照经文物主管部门批复的工程设计图纸、施工技术标准施工的行为，由省级文物主管部门责令整改并记录在案两次的。

（五）有违反文物保护工程基本原则、规范和标准施工；或使用不合格材料；或未对相关材料等进行检验、检测的行为，由省级文物主管部门责令整改并记录在案两次的。

（六）其他违法违规行为。

第三十五条 省级文物主管部门认定文物保护工程施工一级资质单位年检不合格的，应当责令其整改，整改期不得超过六个月。整改后仍不符合文物保护工程施工一级资质标准的，应当报请国家文物局依法组织听证，吊销其文物保护工程施工一级资质。

省级文物主管部门认定文物保护工程施工二、三级资质单位年检不合格的，应当责令其整改，整改期不得超过六个月。整改后仍不符合文物保护工程施工相应资质标准的，应当降低其资质等级，或依法组织听证，吊销其文物保护工程施工资质。

第三十六条 文物保护工程施工资质证书遗失的，应当于三十日内在媒体上声明作废，并向文物保护工程资质证书发证机关申请补发证书。

第三十七条 文物保护工程施工资质单位撤销、破产倒闭的，应在三十日内将原资质证书交回原发证机关，办理注销手续。

第三十八条 在规定时间内没有参加资质年检或逾期不办理资质证书变更手续的，其资质证书自行失效。

第三十九条 对有以下行为的文物保护工程施工资质单位，由省级文物主管部门责令改正，并记录在案：

（一）超越资质等级、业务范围或以其他单位的名义承揽工程的。

（二）未经相应文物主管部门许可，擅自施工的；不按照经文物主管部门批复的工程设计图纸、施工技术标准施工的。

（三）违反文物保护工程基本原则、规范和标准进行施工的；使用不合格材料或未对相关材料等进行检验、检测的。

（四）承担的文物保护工程施工项目管理混乱的；或工程质量差，造成文物安全隐患的。

第四十条 对有以下行为的文物保护工程施工资质单位，由文物保护工程资质证书发证机关降低其资质等级，或经依法组织听证，吊销其文物保护工程施工资质：

（一）在文物保护工程施工中，发生文物损坏或人员伤亡等重大责任事故的；

（二）涂改、伪造、转让、出借或采取其他不正当手段取得文物保护工程施工资质证书的。

第四十一条 对弄虚作假或者以不正当手段取得文物保护工程施工专业人员证书的，由发证机构注销其文物保护工程施工专业人员证书。

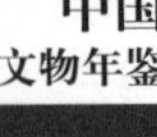

第四十二条 对涂改、伪造、转让、出借文物保护工程施工专业人员证书的，由发证机构注销其文物保护工程施工专业人员证书。

第四十三条 文物保护工程施工专业人员在文物保护工程施工中，违反有关文物保护的法律法规、基本原则、科学理念、行业准则和职业操守，造成恶劣的社会影响，或发生文物损坏、人员伤亡等重大责任事故的，由发证机构注销其文物保护工程施工专业人员证书并向社会公告。

第四十四条 由发证机构注销文物保护工程施工专业人员证书的，五年内不得参加文物保护工程施工专业人员考核。

六、附则

第四十五条 本办法自发布之日起施行。

附件：

文物保护工程（施工）等级分级表

工程级别	工程主要内容
一级	全国重点文物保护单位和国家文物局指定的重要文物的修缮工程、迁移工程、重建工程。
二级	1. 全国重点文物保护单位的保养维护工程、抢险加固工程。 2. 省级文物保护单位的修缮工程、迁移工程、重建工程。 3. 市、县级文物保护单位和未被列为文物保护单位的不可移动文物的迁移工程、重建工程。

续表

工程级别	工程主要内容
三级	1. 省级文物保护单位的保养维护工程、抢险加固工程。 2. 市、县级文物保护单位和尚未核定公布为文物保护单位的不可移动文物的保养维护工程、抢险加固工程、修缮工程。

注：壁画保护涵盖壁画、彩塑保护。

文物保护工程勘察设计资质管理办法（试行）

一、总则

第一条 为加强文物保护工程勘察设计资质管理，根据《中华人民共和国文物保护法》《中华人民共和国文物保护法实施条例》《文物保护工程管理办法》的有关规定，制定本办法。

第二条 从事古文化遗址、古墓葬、古建筑、石窟寺和石刻、近现代重要史迹及代表性建筑、壁画等不可移动文物的保护工程勘察设计资质管理，适用本办法。

第三条 文物保护工程勘察设计是指为文物保护工程而进行的调查、研究、勘察测绘、制定保护方案、工程设计及工程必要性可行性分析、技术经济分析，编制保护规划，并提供勘察成果资料、设计文件及规划文件的活动。

第四条 文物保护工程勘察设计单位应当按照本办法的规定申请资质及业务范围，取得相应等级的资质证书后，在许可的业务范围内从事文物保护工程勘察设计活动。

第五条 文物保护工程勘察设计资质等级分为甲、乙、丙级。

第六条 国家文物局负责审定文物保护工程勘察设计甲级资质，颁发甲级资质证书。

省级文物主管部门负责审定本辖区注册企、事业单位的文物保护工程勘察设计乙、丙级资质，颁发相应的资质证书。

省级文物主管部门负责文物保护工程勘察设计资质的年检和日常管理工作。

第七条 文物保护工程勘察设计资质的业务范围分为古文化遗址古墓葬、古建筑、石窟寺和石刻、近现代重要史迹及代表性建筑、壁画、保护规划等六类。

二、专业人员

第八条 文物保护工程责任设计师是指经过文物保护工程勘察设计的相关培训，并通过考核，取得相应从业范围证书的文物保护工程勘察设计专业人员。

第九条 文物保护工程责任设计师不得同时受聘于两家或两家以上文物保护工程资质单位。

第十条 文物保护工程勘察设计实行责任设计师负责制。责任设计师在主持文物保护工程勘察设计中，应当全面负责所承担项目的组织管理和质量控制，在勘察设计文件上签字并对文件质量负直接责任。

第十一条 文物保护工程责任设计师应当具备以下条件：

（一）熟悉文物保护法律法规，具有较强的文物保护意识，遵循文物保护的基本原则、科学理念、行业准则和职业操守。

（二）从事文物保护工程勘察设计相关技术工作八年以上。

（三）主持完成至少二项工程等级为一级，或至少四项工程等级为二级，且通过相应文物主管部门审批的文物保护工程勘察设计项目；或者作为主要技术人员参与完成至少四项工程等级为一级，或至少八项工程等级为二级，且通过相应文物主管部门审批的文物保护工程勘察设计项目。

（四）近五年内主持完成的文物保护工程勘察设计，没有发生因勘察设计质量问题对文物造成损坏或人员伤亡等重大责任事故。

近五年内，主持完成的文物保护工程勘察设计或相关科研项目因工程质量、管理创新、科技创新，获得国家级、省部级奖项的专业人员，申请担任文物保护工程责任设计师的，可适当放宽前款（二）、（三）项标准。

第十二条 文物保护工程责任设计师的从业范围分为古文化遗址古墓葬、古建筑、石窟寺和石刻、近现代重要史迹及代表性建筑、壁画、保护规划等六类。

第十三条 省级文物主管部门负责组织开展文物保护工程责任设计师的培训和继续教育工作。

文物保护工程责任设计师的培训内容应当包括文物保护的法律法规、保护原则、标准规范等相关专业知识，培训时间不得少于40课时。

第十四条 文物保护工程责任设计师由全国性文物保护行业协会组织考核。经考核合格的人员，由全国性文物保护行业协会颁发文物保护工程责任设计师证书，并将名单向社会公布，同时报国家文物局备案。

前款所指的全国性文物保护协会由国家文物局向社会公布。

三、资质标准

第十五条 甲级资质标准：

（一）法定代表人与文物保护工程责任设计师均熟悉文物保护法律法规，具有较强的文物保护意识，遵循文物保护的基本原则、科学理念、行业准则和职业操守。

（二）经主管机关核准登记的法人单位，独立承担完成不少于十项、工程等级为二级的文物保护工程勘察设计，并已通过相应文物主管部门审批。

（三）近三年内完成的文物保护工程勘察设计中，没有发生因勘察设计质量问题造成文物损坏或人员伤亡等重大责任事故。

（四）文物保护工程责任设计师不少于5人（其中应聘并固定在该单位的离退休人员不超过20%）；其中，每一项业务范围都应有2名以上具有相应从业范围的文物保护工程责任设计师，有协助责任设计师从事文物保护工程勘察设计工作的必要的专职技术人员。

第十六条 乙级资质标准：

（一）法定代表人与文物保护工程责任设计师均熟悉文物保护法律法规，具有较强的文物保护意识，遵循文物保护的基本原则、科学理念、行业准则和职业操守。

（二）经主管机关核准登记的法人单位，独立承担完成不少于十项、工程等级为三级的文物保护工程勘察设计，并已通过相应文物主管部门审批。

（三）近三年内完成的文物保护工程勘察设计中，没有发生因勘察设计质量问题造成文物损坏或人员伤亡的重大责任事故。

（四）文物保护工程责任设计师不少于3人（其中应聘并固定在该单位的离退休人员不超过20%）；其中，每一项业务范围都应有1名以上具有相应从业范围的文物保护工程责任设计师，有协助责任设计师从事文物保护工程勘察设计工作的必要的专职技术人员。

第十七条 丙级资质标准由省级文物主管部门参照本办法，并根据本地区的实际情况制定公布。

第十八条 文物保护工程勘察设计单位应当根据自身资质等级和业务范围承担相应的勘察设计项目（文物保护工程勘察设计分级见附表）：

甲级资质的勘察设计单位可以承担其业务范围内所有级别文物保护工程的勘察设计项目；

乙级资质的勘察设计单位可以承担其业务范围内工程等级为二级及以下的勘察设计项目；

丙级资质的勘察设计单位可以承担其业务范围内工程等级为三级的勘察设计项目。

四、资质申请与审批

第十九条 申请文物保护工程勘察设计甲级资质或申请增加甲级资质业务范围的单位，应当报请所在地省级文物主管部门初审合格后报国家文物局审批。

申请乙级及以下文物保护工程勘察设计资质或申请增加乙级及以下资质业务范围的单位，应当报请所在地市、县级文物主管部门初审合格后报省级文物主管部门审批。

第二十条 近五年内，因工程质量、管理创新、科技创新获得与文物保护工程勘察设计相关的国家级、省部级奖项的文物保护工程勘察设计单位，经所在地省级文物主管部门推荐，申请文物保护工程勘察设计甲级资质的，可适当放宽第十五条（二）、（四）项标准。

第二十一条 申请文物保护工程勘察设计资质或申请增加业务范围的，应当提交以下材料：

（一）文物保护工程勘察设计资质申请表。

（二）企业单位法人营业执照副本；事业单位主管机关颁发的单位法人证书或文件。

（三）法定代表人任职文件、身份证复印件。

（四）文物保护工程责任设计师的劳动合同（事业单位为聘任合同）、任职文件、文物保护工程责任设计师证书、社会保险证明、身份证复印件。

（五）完成的具有代表性的文物保护工程勘察设计合同及审批文件。

第二十二条 国家文物局和省级文物主管部门每年第一季度组织审定文物保护工程勘察设计资质，并颁发相应的资质证书和勘察设计图纸报审章。

五、监督管理

第二十三条 文物保护工程勘察设计资质证书是从事文物保护工程勘察设计的凭证，只限本单位使用，不得涂改、伪造、转让、出借。

文物保护工程勘察设计单位出具的设计文件均应加盖勘察设计图纸报审章。

第二十四条 文物保护工程勘察设计资质证书由国家文物局监制，分为正本和副本，正本1本，副本6本，正、副本具有同等法律效力，有效期为12年。

第二十五条 在资质证书有效期内，文物保护工程勘察设计单位名称、地址、法定代表人、经济性质等发生变更的，应当在工商部门办理变更手续后三十日内，到文物保护工程资质证书发证机关办理资质证书变更手续。原证书应交回发证机关注销。

第二十六条 办理名称、地址、法定代表人、经济性质等变更手续的，应当提交以下材料：

（一）资质证书变更申请；

（二）资质证书原件；

（三）变更后的企业法人营业执照或事业单位法人证书及文件；

（四）甲级勘察设计资质单位办理变更的，应提交所在地省级文物主管部门初审文件。

第二十七条 文物保护工程勘察设计资质单位改制、合并、分立的，应当按照本办法规定重新申报材料，申请取得文物保护工程勘察设计资质。

第二十八条 省级文物主管部门每两年进行一次文物保护工程勘察设计资质年检，一般在当年第四季度进行。

第二十九条 文物保护工程勘察设计资质单位参加年检，应当提交以下材料：

（一）《文物保护工程勘察设计资质年检申报表》。

（二）文物保护工程资质证书副本原件和复印件。

（三）企业单位法人营业执照副本；事业单位主管机关颁发的单位法人证书或文件复印件。

（四）法人代表、文物保护工程责任设计师身份证复印件；文物保护工程责任设计师社会保险证明及劳动合同（事业单位为聘任合同）复印件。

（五）两年内具有代表性的文物保护工程勘察设计合同首页、签字页、批复文件的复印件。

第三十条 省级文物主管部门对符合相应资质等级标准的文物保护工程勘察设计资质单位，应当认定年检合格，并在其资质证书副本上加盖年检合格章。

省级文物主管部门应当将甲级资质单位的年检结论，报国家文物局备案。

年检合格的文物保护工程勘察设计资质单位由文物保护工程资质证书发证机关颁发勘察设计图纸报审章。

第三十一条 省级文物主管部门对有下列情形之一的文物保护工程勘察设计资质单位，应当认定年检不合格：

（一）企业营业执照、事业单位主管机关颁发的单位法人证书或文件等证照不全，或不在有效期内的；证照信息与文物保护工程资质证书不符的。

（二）文物保护工程责任设计师发生变动，未达到相应资质等级标准的。

（三）有超越资质等级、业务范围或以其他单位的名义承揽业务的行为，由省级文物主管部门责令整改并记录在案的。

（四）有不按照经文物主管部门批复的立项报告勘察设计的行为，由省级文物主管部门责令整改并记录在案两次的。

（五）有违反文物保护工程基本原则、规范和标准进行勘察设计的行为，由省级文物主管部门责令整改并记录在案两次的。

（六）其他违法违规行为。

第三十二条 省级文物主管部门认定文物保护工程勘察设计甲级资质单位年检不合格的，应当责令其整改，整改期不得超过六个月。整改后仍不符合文物保护工程勘察设计甲级资质标准的，应当报请国家文物局依法组织听证，吊销其文物保护工程勘察设计甲级资质。

省级文物主管部门认定文物保护工程勘察设计乙、丙级资质单位年检不合格的，应当责令其整改。整改期不得超过六个月。整改后仍不符合文物保护工程勘察设计相应资质标准的，应当降低其资质等级，或依法组织听证，吊销其文物保护工程勘察设计资质。

第三十三条 文物保护工程勘察设计资质证书遗失的，应当于三十日内在媒体上声明作废，并向文物保护工程资质证书发证机关申请补发证书。

第三十四条 文物保护工程勘察设计资质单位撤销、破产倒闭的，应在三十日内将原资质证书交回原发证机关，办理注销手续。

第三十五条 在规定时间内没有参加资质年检或逾期不办理资质证书变更手续的，其资质证书自行失效。

第三十六条 对有以下行为的文物保护工程勘察设计资质单位，由省级文物主管部门责令改正，并记录在案：

（一）超越资质等级、业务范围或以其他单位的名义承揽业务的；

（二）不按照经文物主管部门批复的立项报告勘察设计的；

（三）违反文物保护工程基本原则、规范和标准进行勘察设计的。

第三十七条 对有以下行为的文物保护工程勘察设计资质单位，由文物保护工程资质证书发证机关降低其资质等级，或经依法组织听证，吊销其文物保护工程勘察设计资质：

（一）在文物保护工程勘察设计中，发生因勘察设计质量问题造成文物损坏或人员伤亡等重大责任事故的；

（二）涂改、伪造、转让、出借或采取其他不正当手段取得文物保护工程勘察设计资质证书的。

第三十八条 对弄虚作假或者以不正当手段取得文物保护工程责任设计师证书的，由发证机构注销其文物保护工程责任设计师证书。

第三十九条 对涂改、伪造、转让、出借文物保护工程责任设计师证书的，由发证机构注销其文物保护工程责任设计师证书。

第四十条 文物保护工程责任设计师在文物保护工程勘察设计中，违反有关文物保护的法律法规、基本原则、科学理念、行业准则和职业操守，造成恶劣社会影响，或因勘察设计质量问题造成文物损坏、人员伤亡等重大责任事故的，由发证机构注销其文物保护工程责任设计师证书。

第四十一条 由发证机构注销文物保护工程责任设计师证书的，五年内不得参加文物保护工程责任设计师考核。

六、附则

第四十二条 本办法自发布之日起施行。

附件：

文物保护工程（勘察设计）等级分级表

工程级别	工程主要内容
一级	全国重点文物保护单位和国家文物局指定的重要文物的修缮工程、迁移工程、重建工程的方案及施工图设计，保护规划编制。
二级	1．全国重点文物保护单位的保养维护工程、抢险加固工程的方案及施工图设计。 2．省级文物保护单位的修缮工程、迁移工程、重建工程的方案及施工图设计、保护规划编制。 3．市、县级文物保护单位和未被列为文物保护单位的不可移动文物的迁移工程、重建工程。
三级	1．省级文物保护单位的保养维护工程、抢险加固工程的方案及施工图设计。 2．市、县级文物保护单位和尚未核定公布为文物保护单位的不可移动文物的保养维护工程、抢险加固工程、修缮工程的方案及施工图设计、保护规划编制。

注：壁画保护涵盖壁画、彩塑保护。

文物保护工程监理资质管理办法（试行）

一、总则

第一条 为加强文物保护工程监理资质管理，根据《中华人民共和国文物保护法》《中华人民共和国文物保护法实施条例》《文物保护工程管理办法》的有关规定，制定本办法。

第二条 从事古文化遗址、古墓葬、古建筑、石窟寺和石刻、近现代重要史迹及代表性建筑、壁画等不可移动文物的保护工程监理资质管理，适用本办法。

第三条 文物保护工程监理单位应当按照本办法的规定申请资质及业务范围，取得相应等级的资质证书后，在许可的业务范围内从事文物保护工程监理活动。

第四条 文物保护工程监理资质等级分为甲、乙、丙级。

第五条 国家文物局负责审定文物保护工程监理甲级资质，颁发甲级资质证书。

省级文物主管部门负责审定本辖区注册企、事业单位的文物保护工程监理乙、丙级资质，颁发相应的资质证书。

省级文物主管部门负责文物保护工程监理资质的年检和日常管理工作。

第六条 文物保护工程监理资质的业务范围分为古文化遗址古墓葬、古建筑、石窟寺和石刻、近现代重要史迹及代表性建筑、壁画等五类。

二、专业人员

第七条 文物保护工程监理专业人员是指经过文物保护工程监理的相关培训，并通过考核，取得相应类别和从业范围证书的专业人员。

第八条 文物保护工程监理专业人员分为文物保护工程监理员和责任监理师。

文物保护工程监理专业人员不得同时受聘于两家或两家以上文物保护工程资质单位。

第九条 文物保护工程监理员包括各专业工种监理人员、资料员、检测员等。

第十条 文物保护工程监理员应当参与文物保护工程监理相关专业技术工作三年以上，或者具有文物保护工程监理相关专业的初级技术职务。

第十一条 文物保护工程监理实行责任监理师负责制。责任监理师对所负责监理的文物保护工程负有全面的监理责任，对文物安全和工程质量负监管责任。

第十二条 文物保护工程责任监理师应当具备以下条件：

（一）熟悉文物保护法律法规，具有较强的文物保护意识，遵循文物保护的基本原则、科学理念、行业准则和职业操守。

（二）从事文物保护工程监理管理八年以上。

（三）主持监理至少二项工程等级为一级，或至少四项工程等级为二级，且工程验收合格的文物保护工程项目；或者作为主要人员参与监理至少四项工程等级为一级，或至少八项工程等级为二级，且工程验收合格的文物保护工程项目。

（四）近五年内主持完成监理的文物保护工程中，没有发生文物损坏或者人员伤亡等重大责任事故。

第十三条 文物保护工程责任监理师的从业范围分为古文化遗址古墓葬、古建筑、石窟寺和石刻、近现代重要史迹及代表性建筑、壁画等五类。

第十四条 省级文物主管部门负责组织开展文物保护工程监理专业人员的培训和继续教育工作。

文物保护工程监理专业人员的培训内容应当包括文物保护的法律法规、保护原则、标准规范等相关专业知识，培训时间不得少于40课时。

第十五条 文物保护工程责任监理师由全国性文物保护行业协会组织考核。经考核合格的人员，由全国性文物保护行业协会颁发文物保护工程责任监理师证书，并将名单向社会公布，同时报国家文物局备案。

前款所指的全国性文物保护协会由国家文物局向社会公布。

省级文物主管部门或受其委托的专业机构负责组织文物保护工程监理员考核，考核合格的人员由国家文物局公布的全国性文物保护行业协会颁发文物保护工程监理员证书。

三、资质标准

第十六条 甲级资质标准：

（一）法定代表人与专业人员均熟悉文物保护法律法规，具有较强的文物保护意识，遵循文物保护的基本原则、科学理念、行业准则和职业操守。

（二）经主管机关核准登记的法人单位，独立承担完成不少于十项、工程等级为二级的文物保护工程监理，工程质量合格，通过验收。

（三）近三年内监理的文物保护工程中，没有发生文物损坏或人员伤亡等重大责任事故。

（四）文物保护工程责任监理师不少于5人；其中，每一项业务范围都应有2名以上具有相应从业范围的文物保护工程责任监理师。

（五）具有10名以上文物保护工程监理员，各专业工种监理人员、资料员、检测员等配置齐全。

第十七条 乙级资质标准：

（一）法定代表人与专业人员均熟悉文物保护法律法规，具有较强的文物保护意识，遵循文物保护的基本原则、科学理念、行业准则和职业操守。

（二）经主管机关核准登记的法人单位，独立承担完成不少于十项、工程等级为三级的文物保护工程的监理，工程质量合格，通过验收。

（三）近三年内监理的文物保护工程中，没有发生文物损坏或人员伤亡等重大责任事故。

（四）文物保护工程责任监理师不少于3人；其中，每一项业务范围都应有1名以上具有相应从业范围的文物保护工程责任监理师。

（五）具有8名以上文物保护工程监理员。

第十八条 丙级资质标准由省级文物主管部门参照本办法，并根据本地区的实际情况制定公布。

第十九条 文物保护工程监理单位应当根据自身资质等级和业务范围承担相应的监理项目（文物保护工程监理分级见附表）：

甲级资质的监理单位可以承担其业务范围内所有级别文物保护工程的监理项目；

乙级资质的监理单位可以承担其业务范围内工程等级为二级及以下的监理项目；

丙级资质的监理单位可以承担其业务范围内工程等级为三级的监理项目。

四、资质申请与审批

第二十条 申请文物保护工程监理甲级资质或申请增加甲级资质业务范围的单位，应当报请所在地省级文物主管部门初审合格后报国家文物局审批。

申请乙级及以下文物保护工程监理资质或申请增加乙级及以下资质业务范围的单位，应当报请所在地市、县级文物主管部门初审合格后报省级文物主管部门审批。

第二十一条 申请文物保护工程监理资质或申请增加业务范围的，应当提交以下材料：

（一）文物保护工程监理资质申请表。

（二）企业单位法人营业执照副本；事业单位主管机关颁发的单位法人证书或文件。

（三）法定代表人任职文件、身份证复印件。

（四）文物保护工程责任监理师劳动合同（事业单位为聘任合同）、任职文件、文物保护工程责任监理师证书、社会保险证明、身份证复印件。

（五）文物保护工程监理员劳动合同、文物保护工程监理员证书、身份证复印件。

（六）完成的具有代表性的文物保护工程监理合同及验收文件。

第二十二条 国家文物局和省级文物主管部门每年第一季度组织审定文物保护工程监理资质，并颁发相应的资质证书。

五、监督管理

第二十三条 文物保护工程监理资质证书是从事文物保护工程监理的凭证，只限本单位使用，不得涂改、伪造、转让、出借。

第二十四条 文物保护工程监理资质证书由国家文物局监制，分为正本和副本，正本1

本，副本6本，正、副本具有同等法律效力，有效期为12年。

第二十五条 在资质证书有效期内，文物保护工程监理单位名称、地址、法定代表人、经济性质等发生变更的，应当在工商部门办理变更手续后三十日内，到文物保护工程资质证书发证机关办理资质证书变更手续。原证书应交回发证机关注销。

第二十六条 办理名称、地址、法定代表人、经济性质等变更手续的，应当提交以下材料：

（一）资质证书变更申请。

（二）资质证书原件。

（三）变更后的企业法人营业执照或事业单位法人证书及文件。

（四）甲级监理资质单位办理变更的，应提交所在地省级文物主管部门初审文件。

第二十七条 文物保护工程监理资质单位改制、合并、分立的，应当按照本办法规定重新申报材料，申请取得文物保护工程监理资质。

第二十八条 文物保护工程监理单位与施工单位有隶属关系或其他有碍监理公正利害关系者，不得承担该项保护工程的监理业务。

第二十九条 省级文物主管部门每两年进行一次文物保护工程监理资质年检，一般在当年第四季度进行。

第三十条 文物保护工程监理资质单位参加年检，应当提交以下材料：

（一）《文物保护工程监理资质年检申报表》。

（二）文物保护工程资质证书副本原件和复印件。

（三）企业单位法人营业执照副本；事业单位主管机关颁发的单位法人证书或文件复印件。

（四）法人代表身份证复印件；文物保护工程责任监理师、监理员的身份证、劳动合同复印件；文物保护工程责任监理师的社会保险证明复印件。

（五）两年内具有代表性的文物保护工程监理合同首页、签字页、竣工验收证明复印件。

第三十一条 省级文物主管部门对符合相应资质等级标准的文物保护工程监理资质单位，应当认定年检合格，并在其资质证书副本上加盖年检合格章。

省级文物主管部门应当将甲级资质单位的年检结论，报国家文物局备案。

第三十二条 省级文物主管部门对有下列情形之一的文物保护工程监理资质单位，应当认定年检不合格：

（一）企业营业执照、事业单位主管机关颁发的单位法人证书或文件等证照不全，或不在有效期内的；证照信息与文物保护工程资质证书不符的。

（二）文物保护工程监理专业人员发生变动，未达到相应资质等级标准的。

（三）有超越资质等级、业务范围或以其他单位的名义承揽监理工程的行为，由省级文物主管部门责令整改并记录在案的。

（四）有不按照文物行政部门审批的工程设计图纸或者监理技术标准监理的行为，由省级文物主管部门责令整改并记录在案两次的。

（五）有违反文物保护工程基本原则、规范和标准进行监理活动；或未对相关材料等进行检验、检测的行为，由省级文物主管部门责令整改并记录在案两次的。

（六）其他违法违规行为。

第三十三条 省级文物主管部门认定文物保护工程监理甲级资质单位年检不合格的，

应当责令其整改，整改期不得超过六个月。整改后仍不符合文物保护工程监理甲级资质标准的，应当报请国家文物局依法组织听证，吊销其文物保护工程监理甲级资质。

省级文物主管部门认定文物保护工程监理乙级、丙级资质单位年检不合格的，应当责令其整改，整改期不得超过六个月。整改后仍不符合文物保护工程监理相应资质标准的，应当降低其资质等级，或依法组织听证，吊销其文物保护工程监理资质。

第三十四条 文物保护工程监理资质证书遗失的，应当于三十日内在媒体上声明作废，并向文物保护工程资质证书发证机关申请补发证书。

第三十五条 文物保护工程监理资质单位撤销、破产、倒闭的，应在三十日内将原资质证书交回原发证机关，办理注销手续。

第三十六条 在规定时间内没有参加资质年检或逾期不办理资质证书变更手续的，其资质证书自行失效。

第三十七条 对有以下行为的文物保护工程监理资质单位，由省级文物主管部门责令改正，记录在案：

（一）超越资质等级、业务范围或以其他单位的名义承揽业务的。

（二）不按照文物主管部门审批的工程设计图纸或者监理技术标准监理的。

（三）违反文物保护工程基本原则、规范和标准进行监理活动的；未对相关材料等进行检验、检测的。

第三十八条 对有以下行为的文物保护工程监理资质单位，由文物保护工程资质证书发证机关降低其资质等级，或经依法组织听证，吊销其文物保护工程监理资质：

（一）在监理的文物保护工程中，发生文物损坏或人员伤亡等重大责任事故的；

（二）涂改、伪造、转让、出借或采取其他不正当手段取得文物保护工程监理资质证书的。

第三十九条 对弄虚作假或者以不正当手段取得文物保护工程监理专业人员证书的，由发证机构注销其文物保护工程监理专业人员证书。

第四十条 对涂改、伪造、转让、出借文物保护工程监理专业人员资格证书的，由发证机构注销其文物保护工程监理专业人员证书。

第四十一条 文物保护工程监理专业人员在文物保护工程监理中，违反有关文物保护的法律法规、基本原则、科学理念、行业准则和职业操守，造成恶劣的社会影响，或发生文物损坏、人员伤亡等重大责任事故的，由发证机构注销其文物保护工程监理专业人员证书。

第四十二条 由发证机构注销文物保护工程监理专业人员证书的，五年内不得参加文物保护工程监理专业人员考核。

六、附则

第四十三条 本办法自发布之日起施行。

附件：

文物保护工程（监理）等级分级表

工程级别	监理工程主要内容
一级	全国重点文物保护单位和国家文物局指定的重要文物的修缮工程、迁移工程、重建工程。
二级	1．全国重点文物保护单位的保养维护工程、抢险加固工程。 2．省级文物保护单位的修缮工程、迁移工程、重建工程。 3．市、县级文物保护单位和未被列为文物保护单位的不可移动文物的迁移工程、重建工程。
三级	1．省级文物保护单位的保养维护工程、抢险加固工程。 2．市、县级文物保护单位和尚未核定公布为文物保护单位的不可移动文物的保养维护工程、抢险加固工程、修缮工程。

国家文物局第一次全国可移动文物普查工作办公室关于做好馆藏自然类藏品登录工作有关要求的通知

办普查函〔2014〕249号

各省（自治区、直辖市）文物局（文化厅）：

为做好第一次全国可移动文物普查（以下简称“普查”）馆藏自然类藏品登录工作，根据《中华人民共和国文物保护法》及实施条例、《古生物化石保护条例》和《古人类化石和古脊椎动物化石保护管理办法》，现将有关工作通知如下：

一、博物馆、纪念馆、有关科研院所等收藏有自然类藏品的单位，应按照普查相关规范、标准做好自然类藏品的信息采集、登录工作。

二、各级普查办要切实加强督察和指导力度，将上述单位中收藏的自然类藏品纳入普查工作，并在专家库中吸收自然类藏品的有关专家。

三、下列自然类藏品予以登录

（一）合法命名的古生物化石、古人类化石、现生动物和现生植物的模式标本。

（二）国家一级、二级、三级重点古生物化石及保存较完整的在生物演化上具有重要意义的古生物化石标本。

（三）古人类化石，及与人类有祖裔、旁系关系的古猿化石标本。

（四）与人类起源演化有关的第四纪古脊椎动物化石标本。

（五）科学记录翔实、产地来源确切的国家一级、二级重点保护野生动物、植物标本以及列入濒危物种国际贸易公约附录名录的野生动物、植物标本。

（六）野外绝灭或绝迹已久，重新发现的具有重要价值的动物、植物标本。

（七）国内新记录种的野生动物、植物标本。

（八）新石器时代和历史时期文化遗址中出土的具有重要价值的人类遗骸、动物、植物标本。

（九）地球以外采集的或地球上发现的重要的天体标本。

（十）国内外稀有的具有重要价值的矿物、岩石、矿石、宝石标本。

（十一）重要化石的切片、磨片、光片、模具、模型、复制品等标本。

（十二）其他具有重要科学、历史价值的代表性标本。

四、登录内容

包括：收藏单位、藏品编号、藏品中文名称、拉丁文名称或英文名称、级别、类别、年代、采集地（产地）、尺寸、保藏方式、来源方式、入藏时间、照片、描述、备注。具体内容见《自然类藏品登记卡》及说明。

附件：1.《自然类藏品登记卡》（略）

2.《自然类藏品登记卡》填写说明

2014年4月9日

附件2

自然类藏品登记卡填写说明

1. 收藏单位

标本收藏单位全称。

2. 藏品编号

指收藏单位标本的编号。包括标本总登记号、分类号、野外采集号、标本号等。

同一地点、同一层位的多个古生物化石个体（如鱼、昆虫、无脊椎动物等）保存在一个围岩上时，分别编号。

3. 藏品中文名称

标本收藏登记卡片中的中文名称。

4. 拉丁文名称或英文名称

生物标本填写拉丁文名称，岩石矿物等标本填写英文名称。

5. 级别

分为珍贵、一般和其他。

5.1 古生物化石

“珍贵”指模式标本及保存完整的在生物演化上具有重要意义的国家重点保护化石等（参见《国家古生物化石分级标准（试行）》和《国家重点保护古生物化石名录（首批）》）。“一般”指除珍贵外的其他化石。“其他”指化石模型、模具、复原标本等。

5.2 现生动物和现生植物

“珍贵”指模式标本及保存完好的国际濒危物种、国家重点保护野生动物和野生植物标本等（参见《国家重点保护野生动物名录》《国家重点保护野生植物名录》和《濒危物种国际贸易公约附录》）。“一般”指除珍贵标本外的其他种类标本。“其他”指生物的组织、器官、卵等，包括解剖、系统发育、比较标本等。

5.3 古人类化石

“珍贵”指化石。“一般”指模型、复制品等。

5.4 岩石、矿物

包括矿石、宝石等，均不分级。

6．类别

分为古生物化石、古人类化石、现生动物和现生植物、岩石和矿物、其他等五大类别。

古生物化石、古人类化石、现生动物和现生植物的分类系统以界、门、纲、目、科、属、种作为基本的分类阶元，以二名法的拉丁学名命名的种作为最基本的分类单位。岩石、矿物等依据结构、变质作用类型、成因等进行分类。

亚种、变种及同物异名等情况在备注中说明。

7．年代

按照地质年代进行登录，可分为“宙、代、纪、世、期”。

8．采集地（产地）

标本采集地分为国内、国外和其他。

“国内”指省、市、县。“国外”指国家。“其他”指天体标本等。

9．尺寸

标本的长度×宽度×高度。尺寸单位为厘米（cm）。

10．保藏方式

指标本的制作方法、保存状态等。

古生物化石、古人类化石、岩石和矿物标本保存的方式分为标本、薄片、光片、模型（模具）、其他。现生动物和现生植物及其他标本保存的方式划分为干制、玻片、液浸、针插、假剥制、剥制、皮张、骨骼、头骨、腊叶、塑化、包埋、其他。

11．来源方式

征集购买、接受捐赠、依法交换、拨交、移交、旧藏、发掘、采集、拣选。

12．入藏时间

指标本在收藏单位入藏的日期。

如果无法确定具体日期，可以确定大致年代，分五个时期：1949.10.1前、1949.10.1～1965、1966～1976、1977～2000，2001至今。

13．照片

参照《馆藏登录规范》相关要求。

14．描述

标本主要特征或特性的描述。

15．备注

有关标本的名称、形态、价值等情况的说明。

关于发布《近现代历史建筑结构安全性评估导则》等15项文物保护行业标准的通知

文物博发〔2014〕15号

各省、自治区、直辖市文物局（文化厅），各直属单位，各重点科研基地：

现将《近现代历史建筑结构安全性评估导则》等15项推荐性文物保护行业标准（见附件）发布，自2014年6月1日起施行。

特此通知。

国家文物局

2014年4月24日

附件

序号	标准编号	标准名称
1	WW/T 0048-2014	近现代历史建筑结构安全性评估导则
2	WW/T 0049-2014	文物建筑维修基本材料·青砖
3	WW/T 0050-2014	文物建筑维修基本材料·青瓦
4	WW/T 0051-2014	文物建筑维修基本材料·木材
5	WW/T 0052-2014	文物建筑维修基本材料·石材
6	WW/T 0053-2014	古代陶瓷科技信息提取规范·方法与原则
7	WW/T 0054-2014	古代陶瓷科技信息提取规范·化学组成分析方法
8	WW/T 0055-2014	古代陶瓷科技信息提取规范·形貌结构分析方法
9	WW/T 0056-2014	可移动文物病害评估技术规程·陶质文物
10	WW/T 0057-2014	可移动文物病害评估技术规程·瓷器类文物
11	WW/T 0058-2014	可移动文物病害评估技术规程·金属类文物
12	WW/T 0059-2014	可移动文物病害评估技术规程·丝织品类文物
13	WW/T 0060-2014	可移动文物病害评估技术规程·竹木漆器类文物
14	WW/T 0061-2014	可移动文物病害评估技术规程·馆藏壁画类文物
15	WW/T 0062-2014	可移动文物病害评估技术规程·石质文物

国家文物局关于印发《全国文博人才发展中长期规划纲要（2014～2020年）》的通知

文物人函〔2014〕560号

各省、自治区、直辖市文物局（文化厅），新疆生产建设兵团文物局，机关各司室、各直属单位：

现将《全国文博人才发展中长期规划纲要（2014～2020年）》印发给你们，请结合实际，参照落实。

特此通知。

附件：全国文博人才发展中长期规划纲要（2014～2020年）

2014年5月6日

附件

全国文博人才发展中长期规划纲要（2014～2020年）

文博人才资源是提升文物保护、利用和管理水平的关键所在，是促进国家文物事业发展、确保文化强国战略目标实现的战略性资源。改革开放以来，我国文博人才工作和人才队伍建设取得了长足进步，文博人才队伍规模不断扩大，整体素质明显提高，人才工作制度和机制不断完善，为文物事业发展起到了重要的支撑作用。但我们还要清醒地看到，我国文博人才队伍总体状况与建设文化遗产强国的要求尚不相适应：人才总量短缺，队伍结构不合理，人才素质偏低，特别是高层次领军人才、科技型专业技术人才、技能型职业技术人才、复合型管理人才严重匮乏；人才发展体制机制障碍依然存在。当前我国文物事业正处于高需求、快发展的“黄金机遇期”，我们必须切实增强紧迫感、责任感和使命感，全面深化改革，着力开拓创新，把加强文博人才队伍建设作为推动文物事业发展的根本举措，保障文物事业再创辉煌，实现文化强国。为此，根据《国家中长期人才发展规划纲要（2010～2020年）》《2020年文物事业发展目标体系》以及《国家文物博物馆事业发展“十二五”规划》，结合文博人才发展实际，制定本规划。

一、指导思想、基本方针与发展目标

（一）指导思想

以邓小平理论和“三个代表”重要思想为指导，深入贯彻落实科学发展观，牢固树立人才资源是第一资源的科学理念，遵照党管人才原则，建立聚集人才的体制机制，牢牢把握社会主义先进文化的前进方向，遵循文物事业人才工作规律和人才成长规律，适应走一条“大文博”之路的发展要求，以深化改革为动力，以结构调整为重点，以建立人才集聚体制为目标，以能力建设为核心，以“金鼎工程”为载体，充分整合社会资源，集聚发挥各方力量，改革管理制度、创新人才政策，优化人才环境，加大文博领军人才和急需紧缺人才队伍建设力度，统筹推进各类人才队伍协调发展，为国家文物事业繁荣发展提供强有力的人才和智力保障。

（二）基本方针

——解放思想，创新机制。以改革创新为根本动力，坚决破除束缚人才发展的思想观念和制度障碍，从加强各级文物机构建设、建立健全文物博物馆职业资格制度、建立健全科学合理的培养开发、评价发现、选拔任用、流动配置、激励保障等制度机制，完善人才服务保障体系入手，构建与现代文物事业发展相适应的人才工作体制机制，最大限度地激发各类文博人才的创造活力。

——高端引领，整体提升。以行业领军人才为龙头，充分发挥重点领域、重点专业、重点岗位高端人才的引领作用。不断健全和完善文博人才结构布局，以点带面，充分发挥多层次、多门类、多专业人才的整合和溢出效应，在保持人才总量有机增长的同时，实现文博人才能力素质的整体提升。

——服务发展、以用为本。根据文博事业发展需求确定人才工作重点，根据人才开发需求优化人才制度，以事业发展成效作为检验人才工作成效的出发点和落脚点。积极调动和整合各类社会资源，把用活用好各类人才作为人才工作的中心环节，积极搭建人才平台、充分调动人才潜能、有效发挥人才价值，大力激励各类人才在事业发展中干事创业。

——强化协调，形成合力。妥善处理管理人才和专业人才、高层次人才和基础性人才、扩大增量与盘活存量、提升素质与改善结构的关系，促进人才当前发展与可持续发展相协调，实力增强与效能提升相统一。有效整合体制外的各类社会资源，充分发挥行业协会作用，促进不同所有制、不同区域文博人才的交流与合作；开放用人渠道、探索多元用人方式，壮大文博人才队伍力量。

（三）发展目标

文博人才发展的战略目标是：紧密结合文物工作实际和发展需求，积极实施“大文博”人才发展战略，扎实推进人才优先发展。到2020年，培养和造就一支数量充足、门类齐全、结构优化、素质优良、充满活力的文博人才队伍，为提升国家文化软实力，建设文化遗产强国奠定坚实的人才基础。

——人才队伍规模不断扩大。到2020年，文物行业从业人员规模从现有的12.5万人增至13万人，文博人才资源总量从现在的10.3万人增至10.7万人，年均增长0.48%，基本满足文物事业发展需要。

——人才队伍结构持续优化。到2020年，人才队伍梯次逐渐合理、知识结构更加多元、专业化程度不断提升，各类人才在不同机构和部门、不同行业、不同区域之间分布更加合理。高中初级专业技术人才比例达到2∶3∶5。科研机构专业技术人员所占比例达到75%以上。领军人才、专业团队不断涌现；科技型专业技术人才、技能型职业技术人才、复合型管理人才及志愿工作者结构优化，人才发展布局与文物行业发展布局相适应、相协调。

——人才素质能力明显提升。到2020年，全国文物行业从业人员中，专业技术人才占人才总量的比重达到45%以上；包括专业技术领军人才在内的高中级人才占专业技术人才队伍总量的比例达到50%以上；高技能人才占技能劳动者比例不断提高，人才队伍的专业化优势不断增强。

——人才发展环境更加完善。人才培养开发、评价发现、选拔任用、流动配置、激励保障等制度机制和管理服务体系基本健全。市场在文博人才资源配置中的决定性作用逐步确立，多元化、多渠道、多方式的人才培养机制基本完善。人才投入大幅增加，促进优秀人才脱颖而出、人尽其才的人才发展环境基本形成，人才工作科学化水平显著增强。

到2020年，文博人才队伍建设主要量化目标如表1所示：

表1　全国文博人才发展总量预测

单位：万人

年份	从业人员	人才总量			
			专业技术人才	行政执法人才	经营管理人才
2012	12.50	10.30	5.20	0.10	5.00
2020	13.00	10.70	5.30	0.20	5.15

二、人才队伍建设的主要任务

根据建设文化遗产强国和文博事业各领域发展目标的要求，统筹抓好各类人才队伍建设，推进文博人才队伍整体发展。

（一）突出培养高层次文博领军人才

围绕文博事业发展需求和国际竞争力的提升，依托各级各类科技创新平台，以高层次创新型领军人才为重点，培养一批具有国际影响力的文博专家、专业领域学术技术带头人和高水平专业团队，带动文博人才队伍整体发展。到2020年，培养造就一批具有世界水平的领军人才，数十名专业领域学术技术带头人，上百名高端文物保护修复工程技术人才，数十个高水平专业团队。

制定加强文博高层次领军人才队伍建设的相关政策和措施。依托国家重大科研、工程和保护项目、国际合作项目、重点学科和科研机构，建设多领域、多学科交叉的文博综合实验基地和研究发展基地，形成高层次创新型文博人才培养机制。组织实施文博领军人才培养计划，在重点单位和优势领域组建由一流专家领衔的文博事业发展团队和专家工作室。健全有利于高层次考古、鉴定、修复专家，高端工程技术人才和经营管理人才发挥作用的选拔、使用、评价和激励机制。建立符合文博行业特点的创新团队和学术技术带头人制度。

（二）加快开发科技型专业技术人才

以重点领域、重点专业为切入点，切实加大科技型专业技术人才开发力度。到2020年，在文物考古、鉴定、修复，博物馆展陈策划与设计、藏品存储，文化传播，信息技术，工程管理等专业领域新增数百名专业骨干人才，培养一批掌握现代科技知识和传统工艺的科技型专业技术人才，满足文博事业可持续发展对急需紧缺人才的基本需求。

以文物事业发展需求为导向，建立以文博行业企事业单位为主体，以科研院所和高等院校为依托的文博科技型专业技术人才培养体系。实施培养科技型专业技术人才计划。鼓励与国内外知名科研院所、高等院校及行业企业的交流与合作，共建人才培养基地、实验室、工程中心、技术中心及其他形式的产学研联盟，形成文博研究成果转化、产业发展和人才培养协调发展的一体化模式。研究制定《文博行业重点人才开发目录》。建立特殊人才和急需紧缺人才引进绿色通道。重点吸引、培育和稳定一批处于干事创业活跃期的青年骨干人才。建立社会化人才评价、使用和开发机制，健全适应行业需求，体现行业特点的职业资格制度。

（三）大力培育技能型职业技术人才

适应不可移动文物修缮、田野考古和可移动文物修复等重点业务发展需要，充分利用社会各类资源，以提升整体素质和职业技能为核心，打造一支以技师和高级技师为骨干，以高级工为主体，数量充足、技艺精湛、门类齐全，能够支撑行业可持续发展的技能型技术人才队伍。到2020年，在文物保护和修复、考古发掘、古建修缮等相关领域，培养数百名熟悉文博行业技术、工艺、材料和设备的技能型职业技术人才，以及大批掌握传统和现代文物保护修复技术、工艺的技术工人，形成规模稳定、新老人员衔接有序的技能人才队伍。

制定有效吸纳和使用社会人才的技能型职业技术人才队伍建设方案，实施培育技能型职业技术人才计划，健全和完善以文博行业企事业单位为主体、以中高等职业院校和行业实训基地为基础、政府推动与社会支持相结合的文博技能型职业技术人才培养体系，推动文博行业技能型职业技术人才培训开发。面向社会，积极开展文博传统与现代技术、工艺、设备的技能培训，着重提升文博技能人才的实践操作能力。创新文博技能型职业技术人才评定模式，改革技能型职业技术人才考核评价方式，健全职业资格制度。在考古挖掘、古建修缮、文物保护修复、文物鉴定、复制拓印等重点领域设立行业荣誉制度，建立首席技师制度和技能专家工作室，完善师承制，充分发挥技能型职业技术人才在技术攻关、工艺创新和带徒传技方面的引领示范作用。打造社会化、开放式的文博技能型职业技术人才资源共享平台，促进文博技能型技术人才合理流动。积极贯通技能型技术人才与专业技术人才职业发展通道，鼓励优秀技能人才脱颖而出。研究文博志愿工作者资质认定管理制度，深度开发志愿工作者资源。

（四）统筹推动各类复合型管理人才队伍建设

适应走“大文博”发展之路和建设世界文化强国的战略需要，以提高领导水平和行政能力为核心，以复合型管理人才和行政执法人才为重点，建设一支政治坚定、勇于创新、勤政廉洁、求真务实的高素质人才队伍。到2020年，培养造就一大批掌握文化遗产保护知识、科学文化知识和相关法律知识，具备现代管理意识和服务能力、高素质、复合型文博行政管理人才；努力推动文物行政执法队伍建设。行政人才专业化水平明显提高，结构更趋合理，能够满足文博事业发展对公共管理和公共服务提出的新要求。

健全管理人才培训常态、长效机制。依托知名高校和培训机构建立管理干部培训基地。实施提升复合型管理人才能力计划，通过轮岗、多岗锻炼、跨地区交流、到境外培训学习，提升管理干部素质能力。加强县级文物部门负责人、博物馆（纪念馆）馆长、文物保护单位负责人培训，提高基层管理干部实际工作能力。健全以工作实绩为核心的行政管理人员考核、评价、激励机制。积极引进、培育高素质行政执法人才，大力推进行政执法人员知识技能专题培训计划。

三、重点工程

全面加强文博人才队伍整体建设，实施培养文博人才“金鼎工程”。

——造就文博领域领军人才计划

围绕文物保护、修复、文物鉴定等重点领域，培养文博行业领军人才。1．到2020年，具有国际声誉的领军人才达到10～20名；具有国内权威、行业公认的学术技术专家100～150名。2．依托30个行业重点科研基地、10～15个行业科技协同创新平台，培养数十个具有技术特色的专家团队。3．以重点或重大项目为支点，加大科研或专项资金投入。

——培养科技型专业技术人才计划

着眼于打造一支知识结构优化、能力素质过硬的科技型专业技术人才队伍，重点提升专业技术人才实践能力和创新能力。1．到2020年，培养500名左右科研能力拔尖、掌握现代科学技术、文物保护修复技艺精湛的专业技术人才。2．实施中青年优秀专业人才重点培养项目，入选计划者可享受一定额度经费支持和重点科研基地或平台科研基础资源支持。3．设立文博人才国际交流专项基金，建立国内外人才常态交流机制，积极推动相关人才赴海外学习培训。4．建立文博人才专项培训基金，每年定期对相关专业人员进行业务培训。5．拓展与高等院校的合作范围，在文博专业设置等方面探索文博人才联合培养模式。

——培育技能型职业技术人才计划

满足文物保护与修复的增长需要，大力培养和引进一大批熟悉传统工艺、掌握现代技术的文物保护与修复技能人才。1．每年新增100名左右文物修复技能人才，到2020年，新增文物保护与修复技能人才700名左右。2．建立一批技能专家工作室，完善名师带徒的人才培养模式。3．鼓励各级文博单位为职业技术院校优秀学生提供专业见习岗位，考核优秀者可优先聘用。

——提升复合型管理人才能力计划

建设一支懂业务、善管理的复合型管理和行政执法人才队伍。1．到2020年，培养一支能够适应文物事业发展，管理素质较高的复合型文博行政管理人才队伍。2．定期实施文物部门负责人、博物馆（纪念馆）馆长、文物保护单位负责人综合培训，提高相关人员能力素质。3．培育高素质文物行政执法人才，定期实施专题培训。

四、保障机制

围绕用好用活人才，改革体制机制，在机构建设和制度建设方面，充分保障人才的创新动力和创造活力，推进文博人才队伍全面协调可持续发展。

（一）创新人才使用机制

完善人员聘用制和岗位管理制度，建立权责清晰、分类科学、激励适当、监管有力的事业单位人事管理制度。进一步落实事业单位用人自主权，协调相关部门，研究制定符合文博事业单位岗位特点和专业需求的人员聘用指导性意见。开放市场，规范和培育文博相关社会组织，建立健全资质资格、水平评价制度，吸引各种社会力量加入文博事业。推动规范省级、加强地级、完善县级文物机构建设，适时成立各级文物执法组织。制定相关政策，鼓励创立企业型文博组织，广泛吸纳社会各类人才。建立健全志愿工作者的选拔、培训、准入、激励、使用、退出长效机制。

（二）改革人才评价机制

建立以岗位职责要求为基础，以品德、能力和业绩为导向，科学化、社会化的人才评价发现机制。会商相关部门，推进文博专业岗位设置和职业资格制度改革，探索制定“考古探掘师”“文物修复师”等国家职业技术标准。建立融合职业资格、职业技能水平认证和专业技术职务评聘为一体的文博人才职业能力评价体系，改革以论文和专著为主要评价指标的粗放式人才评价标准，创建符合文博人才岗位特点，以工作实绩为主要指标的人才考核评价指标体系。文博专业技术人才和技能人才以业内专家评价为主，侧重能力和业绩；文博行政执法人才以社会公众评价为主，侧重依法履职和执法效率；文博经营管理人才以市场评价为主，侧重任期目标和经营效益。

（三）完善人才培养机制

完善文博人才培养机制，建立开放多元的人才培养模式。健全院校文博人才培养体系，完善文博专业设置，优化课程体系，拓宽实习实践渠道，培养与文博事业发展相衔接的学术型人才、应用型人才、技能型人才。建立基于各区域文博资源禀赋特点的互补型人才培训开发体系，健全分类分层的人才培训制度，建立文博人才培训基地。加强政、产、事、学、研紧密合作，建立“文博人才培养联盟”，制定高等院校、科研院所、文博企事业单位高层次人才双向交流兼职制度，推行联合培养研究生的“双导师制”。建立基于重大项目的人才培养制度。实施文博人才对口支援计划和重点区域援助计划。建立师承制，发挥专家工作室的传帮带作用。逐步建立文博人才预警、储备和动态调控机制。

（四）创新人才激励机制

建立健全与工作业绩紧密联系、充分体现人才价值、有利于激发人才活力和维护人才合法权益的激励保障机制。建立完善事业单位岗位绩效工资制度；探索知识、技术、管理、技能等生产要素按贡献参与分配的办法；逐步建立秩序规范、激发活力、注重公平、监管有力的工资制度。研究制定特殊岗位津补贴办法，建立健全文博系统特殊职业、特殊岗位人才保障机制。探索建立文博人才荣誉制度，逐步设立相关荣誉称号。

（五）强化人才投入机制

改变重物轻人的投入模式，确立人才投入优先的理念，建立以政府为主导的文博人才发展投入机制，为文博人才发展提供必要的经费保障。争取在文博部门预算中设立文博人才科目，增加对文博人才工作的投入力度。在国家文博重大工程项目、重大科技攻关项目以及重大基础理论研究课题中，明确一定比例的人力资本投入，并作为项目验收（结题）的重要依据。适当向欠发达地区和基层单位倾斜文博人才培养经费投入，促进文博人才均衡发展。建立多元化人才发展投入机制，鼓励企业和社会组织支持建立文博人才发展基金，用于文博人才的奖励和培养，形成支持文博人才的发展合力。加强人才发展资金监管，提高资金使用效率。

（六）建立人才资源整合机制

充分调动和运用市场力量，走“大文博”之路。即引导推动建立社会第三方组织，充分利用政府采购手段，购买社会化服务。逐步建立市场化、开放式文博人才集聚机制和第三方社会评价机制，推动中介服务组织大发展。建立完善社会组织发展和服务的规制体系，授权有资质的专业机构和部门提供专业化的人才服务。在有条件的地区或部门设立文博专业人才市场。

五、规划的组织实施

（一）加强组织领导

加强人才发展中长期规划纲要实施的组织领导。国家文物局成立相关组织机构，负责规划实施的统筹协调和宏观指导，制定落实规划的实施意见及相应配套政策和保障措施；建立科学的决策机制、协调机制和督促落实机制，确保人才队伍建设各项任务落到实处。各级文物行政部门和企事业单位可根据本规划纲要，结合自身实际，编制人才发展规划，形成文博系统人才发展规划体系，并以主要任务和重大工程为重点，分解落实方案，提高规划实施的有效性。

（二）夯实基础建设

加强文博人才资源统计工作，建立文博人才资源统计、需求分析和信息发布制度，建立文博人才信息平台和数据库。建立人才资源动态变化预警机制，形成文博人才监测评估体系，促进文博人才合理流动和资源有效配置。逐步将文博人才资源纳入行业统计体系。建立规划实施评估机制，制定切实可行的评估方案，开展规划实施的过程评估。2017年对规划执行情况进行中期评估；2020年组织开展终期评估。

（三）营造良好环境

采取多种形式，通过各种宣传媒体，认真做好本规划的宣传解读工作，大力宣传文博人才在国家经济社会发展和文化强国中的重要地位和作用，大力宣传各地、各级和各类文博机构人才工作的新做法、新成效、新经验，大力宣传文博优秀人才的先进事迹。积极营造有利于规划实施的政策法规环境、管理体制环境、市场机制环境和社会文化环境，广泛动员全社会力量关心、支持、帮助文博人才工作，进一步形成有利于文博人才发展的良好社会环境和舆论氛围。

国家文物局关于加强博物馆安全管理工作的通知

文物督发〔2014〕18号

各省、自治区、直辖市文物局（文化厅），新疆生产建设兵团文物局：

近年来，随着免费开放政策的逐步实施，博物馆已成为人们接受文化教育的重要场所。同时，由于参观人员数量的增加，博物馆安全管理任务日益繁重。为加强博物馆安全管理，防控和遏制各类安全事故和突发事件，确保人员和文物安全，现通知如下：

一、高度重视，严密防控。各地文物主管部门和各博物馆要准确把握当前安全形势，将博物馆以及开放的文物保护单位安全管理列入重要议事日程，进一步加强组织领导，研究分析可能存在的盗抢、火灾、破坏和恐怖活动等各类安全风险，有针对性的强化各项安全措施。明确各博物馆馆长是本馆安全第一责任人，要建立健全安全保卫机构，充实安全保卫人员，并对安全工作亲自安排部署、亲自督导检查，确保责任到人、人员到岗、措施到位、保障有力。

二、强化巡查，严格安检。各博物馆要建立并严格实施全日制值守和日常巡检，科学安排班次和巡查频率，不留死角和空档，不遗漏任何环节。要严格安检，对预约和现场领票的参观者要认真核实登记身份证件；在博物馆车辆和人员出入口等处，要安排专人实施安检；省级以上博物馆和重要的市、县级博物馆要设立智能安检系统，采取人机结合的安全措施。巡查和安检，要重点严查不明车辆、不明身份人员、违禁物品（爆炸物、武器、管制刀具、易燃易爆、违法违禁宣传品或者其他危险物品）。发现问题和隐患要及时处置，将事态控制在萌芽状态。

三、完善设施，增强能力。各地博物馆要按照有关标准和本馆实际，全面实施博物馆安全评估，建设或者完善安防、消防等安全防护设施设备。保障安全防护设施设备维护管理费用，确保设施设备的使用效能。新建博物馆安防、消防等安全防护设施设备未按规定经过验收或者不达标的不得开馆；已建博物馆安防、消防等安全防护设施老化、失去其应有使用功能的，或者存在其他重大安全隐患的，要闭馆整改直至达标。

四、提前预警，有效应对。各博物馆要建立完善突发事件应急管理机制，制定防火、防爆、防盗抢、防破坏、防恐怖活动等各类安全应急预案，配备必需的防卫器械和装备，并定期组织演练，增强预警和防控能力，及时应对、妥善处置各类突发事件和事故。要与当地公安、消防等有关部门建立安全联动机制，共同组织各类演练，开展联合执法检查，增强协同作战能力。要认真落实博物馆报警系统与公安机关联网工作，实现快速报警。近期，各博物馆要集中组织一次全方面的安全演练，当地文物行政部门要到场指导。

五、科学调控、主动服务。加强安全管理工作要注意外松内紧，确保博物馆的正常参观秩序。各博物馆要加强对观众或游客的引导服务，根据参观人数容量，制订详细的接待方案，增加讲解、服务、安保等人员力量，提供热情周到的服务。同时，在节假日等参观人员高峰期，要根据实际接待能力，通过合理设计参观线路、预约或者错峰参观等方式控制参观人员数量，制定预防人员拥挤踩踏等安全措施，保证良好有序的参观秩序。

各级文物行政部门要定期对本辖区内博物馆安全管理实施督导检查，对重大安全隐患实施挂牌跟踪督办。对整改困难的安全隐患，要及时报告当地政府。发生安全案件和事故，要按有关规定及时上报，不得瞒报、谎报。对因失职渎职，酿成安全事故的要依法依纪严格追责。

2014年6月3日

国家文物局关于发布《可移动文物修复管理办法》的通知

文物博发〔2014〕25号

各省、自治区、直辖市文物局（文化厅），各有关单位：

为加强可移动文物修复管理，提高可移动文物修复的科学性和规范性，经我局研究，特制定《可移动文物修复管理办法》，现予发布，并自2014年8月1日起施行，请遵照执行。

本办法施行前，已取得可移动文物修复资质和可移动文物技术保护设计资质的单位，由省级文物行政部门直接换发资质证书。其中，可移动文物修复二级资质和可移动文物技术保护设计乙级资质的单位，应在换发资质证书后三年内将满足本办法第七条规定条件的材料，报省级文物行政部门核定。

2014年7月29日

可移动文物修复管理办法

第一章 总 则

第一条 为加强可移动文物修复管理，提高可移动文物修复的科学性和规范性，根据《中华人民共和国文物保护法》和《中华人民共和国文物保护法实施条例》，制定本办法。

第二条 本办法适用于博物馆、图书馆和其他文物收藏单位，以及国家机关、国有企事业单位收藏保管的可移动文物的修复。

第三条 修复可移动文物应当坚持不改变文物原状原则，全面保存和延续文物的历史、艺术、科学的信息与价值，将科学研究贯穿于修复的全过程，应认真执行文物修复操作规程和相关技术标准，采用先进、适用的技术手段和有效的管理方法，确保修复质量。

第四条 可移动文物修复包括价值评估、现状调查、病害评测、方案编制、保护修复实施、效果评估、档案建立、预防性保护等活动。

第五条 可移动文物修复应由取得可移动文物修复资质的单位承担。

第二章 资质管理

第六条 从事可移动文物修复的单位应当经省、自治区、直辖市文物行政部门批准并取得资质。

第七条 申请可移动文物修复资质的单位应具备以下条件：

（一）有7名以上具有5年以上文物修复工作经验，曾主持或主要参与50件以上珍贵文物的保护修复工作，且取得中级以上文物博物专业技术职称的主要技术人员，其中具有高级技术职称的人员不少于2人；

聘用退休人员作为主要技术人员，不得超过主要技术人员总数的20%；

主要技术人员不得同时受聘于两家或两家以上可移动文物修复资质单位。

（二）工作场所和技术设备应满足《可移动文物保护修复室规范化建设与仪器装备基本要求（GB/T 30238-2013）》规定的区域技术中心以上的标准条件和功能。

（三）文物保管场所安全条件符合《文物系统博物馆风险等级和安全防护级别的规定（GA 27-2002）》。

（四）有健全的管理制度和质量管理体系。

第八条 可移动文物修复资质申报材料：

（一）可移动文物修复资质申请表。

（二）主要技术人员的职称证书、身份证复印件、工作资历或业绩证明及聘用（任职）证明。

（三）承担过的主要可移动文物保护修复项目的相关文件。

（四）工作场所和技术设备符合《可移动文物保护修复室规范化建设与仪器装备基本要求（GB/T 30238-2013）》的证明资料。

（五）符合《文物系统博物馆风险等级和安全防护级别的规定（GA 27-2002）》条件的场所证明资料。

（六）主要管理制度和质量管理体系的相关文件。

（七）申请单位法人资格证书。

（八）省、自治区、直辖市文物行政部门需要的其他材料。

第九条　决定批准的，由省、自治区、直辖市文物行政部门颁发资质证书。

资质证书分为正本和副本，具有同等法律效力。资质证书只限于本单位使用，不得转让、转借。

第十条　自修复资质证书核发之日起30日内，省、自治区、直辖市文物行政部门应当将批准的修复资质单位向社会公布并报国务院文物行政部门备案。

第十一条　修复资质单位应在资质证书核定的业务范围内承揽业务，不受地域范围的限制。

第十二条　资质证书登记事项发生变更的，应当在变更后30个工作日内到原审批部门办理变更手续。

第十三条　因破产、停业或其他原因终止业务活动的，应当在终止业务活动30个工作日内到原审批部门办理注销手续。

第十四条　修复资质变更、注销等情况，由省、自治区、直辖市文物行政部门向社会公布并报国务院文物行政部门备案。

第三章　修复管理

第十五条　修复馆藏珍贵文物，应当报省、自治区、直辖市文物行政部门批准。修复馆藏一级文物，应当经省、自治区、直辖市文物行政部门批准后报国务院文物行政部门备案。

批准前，应出具独立第三方机构或专家评审意见。

第十六条　文物修复的申报材料应当包括：

（一）文物修复申请文件；

（二）文物修复方案；

（三）方案编制单位的资质证明；

（四）方案编制委托协议；

（五）审批部门需要的其他材料。

第十七条　文物修复的申报材料应符合下列条件，不符合的，不予批准或者要求申报单位补充齐全后审批。

（一）文物修复方案应当由具有资质的单位编制；

（二）文物修复事项属于修复资质单位业务范围；

（三）文物信息、修复的必要性和工作目标明确；

（四）修复程序及修复技术路线科学合理；

（五）预防性保护措施明确；

（六）符合我国法律、法规其他有关规定。

第十八条　文物修复工作应由具有修复资质的单位按照批准的修复方案实施。

必要时可以根据修复实际情况合理调整修复方案并报原审批部门备案。因特殊情况需要重大调整或者变更的，应当报原审批部门批准。

第十九条　修复完成后3个月内应进行验收。馆藏一级文物修复由省、自治区、直辖市文物行政部门组织验收，结果报国务院文物行政部门备案。

第二十条 文物收藏单位应当将修复方案、修复记录、验收报告、修复报告等文物修复的全部资料整理立卷，归入相应的文物档案。

第二十一条 文物收藏单位应当按照修复方案中的预防性保护措施，对修复的文物进行保护，并对文物的保存状况、保存环境，以及可能威胁到文物安全的异常情况或者其他危险因素进行定期监测并记录。

第四章 监督检查

第二十二条 可移动文物修复资质实行年度报告和公示制度。

每年1月15日前，修复资质单位应向所在地省、自治区、直辖市文物行政部门提交上一年度资质证书登记事项变动情况和开展业务活动情况的报告，并向社会公布。

第二十三条 国务院文物行政部门将组织行业协会或第三方机构对修复资质单位开展运行评估。评估规则另行制定。

第二十四条 各省、自治区、直辖市文物行政部门应根据年度报告和运行评估结果对资质单位加强指导，建立健全资质单位的管理和退出机制。

第二十五条 每年3月1日前，各省、自治区、直辖市文物行政部门应当将上一年度行政区域内馆藏文物修复基本情况（包括修复文物名录、文物等级、修复单位等）向社会公布并报国务院文物行政部门备案。

第二十六条 国务院文物行政部门将组织行业协会或第三方机构，对馆藏文物修复及管理情况进行定期检查或抽查，结果向社会公布。

第五章 附 则

第二十七条 各省、自治区、直辖市文物行政部门可根据本办法制定具体实施细则。

第二十八条 本办法自2014年8月1日起施行。2007年国家文物局颁布的《可移动文物修复资质管理办法（试行）》和《可移动文物技术保护设计资质管理办法（试行）》同时废止。

国家文物局关于民办博物馆设立的指导意见

文物博发〔2014〕21号

各省、自治区、直辖市文物局（文化厅）：

近年来，民办博物馆发展迅速，已成为我国博物馆体系中的重要组成部分。为指导民办博物馆规范设立，提高办馆质量，促进健康发展，根据《中华人民共和国文物保护法》《民办非企业单位登记管理暂行条例》和《博物馆管理办法》等法规、规章，结合民办博物馆发展的特点，特提出如下意见：

一、民办博物馆是指经过文物行政部门审核、民办非企业单位登记管理机关批准许可取得法人资格，利用非国有的具有历史、科学、艺术价值的人类活动和自然环境的见证物及其他非国有资产设立的博物馆。

民办博物馆的设立审核，应以属地管理为原则。

应优先鼓励发展具有门类特点、行业个性或地域文化、民族（民俗）文化代表性的民办博物馆，以及致力于抢救濒危历史见证物、填补某领域空白的民办博物馆。

二、设立民办博物馆，应当具备下列条件：

（一）具有固定的适宜的办馆场所。

馆舍应符合《博物馆建筑设计规范》等国家和行业颁布的有关标准和规范的要求，设置专用的展厅（室）、库房，以及符合国家规定的安全和消防设施。

展厅（室）面积与展览规模相适应，不低于馆舍建筑面积的40%，不低于400平方米，展厅（室）适宜对公众开放。依托历史建筑、故居、旧址等不可移动的文化遗产实物并以其原状陈列为主的博物馆，展厅（室）面积可适当放宽。

馆舍应以民办博物馆自有为主；租赁馆舍的，应提交有效的《房屋租赁证》，租期不得少于5年。由举办者或他人无偿提供使用馆舍的，应由所有者提供场地无偿使用证明。

不得租借其他博物馆作为办馆场地申请办馆。也不得使用居民住宅、餐饮场所、地下室和其他不适合办馆或有安全隐患的场地作为办馆场所。

民办博物馆的注册地，应与其馆舍地址相一致，与其章程中的地址相一致。

（二）具有与办馆宗旨相符合、构成体系的藏品及必要的研究资料。

藏品应当真实可靠且来源合法。

藏品不应少于300件（套）。依托历史建筑、故居、旧址等不可移动的文化遗产实物并以其为主要保护、研究、展示内容的博物馆，以及以大体量实物收藏为主的博物馆，藏品数量可适当放宽。

藏品应该进行造册登记。

（三）具有基本陈列计划，展览内容应当科学准确。

（四）具有必要的办馆资金和稳定的经费来源。办馆注册资金系指举办者在扣除用地、建筑、设备设施、藏品等投入外，能保证民办博物馆年度正常运作的流动资金，最低限额为50万元人民币。

举办者用实物、土地使用权、知识产权以及其他财产作为办馆出资的，所占比例不得超过其注册出资最低额度的40%，同时经具有评估资质的中介机构依法进行评估，并提供有效的权属证明。

（五）民办博物馆的名称应符合民政部《民办非企业单位名称管理暂行规定》有关要求，拟定名称需经登记管理机关预审。

（六）具有符合法律、法规规定的博物馆章程。制定章程要符合《民办博物馆章程示范文本（试行）》要求。

（七）具有依法设立由举办者或其代表、社会人士代表等人员组成的理事会（董事会）或其他形式的决策机构，其组成人数应在3人以上。其中三分之一以上的理事（董事）应当具有5年以上博物馆从业经验。民办博物馆接受政府资助或有政府财产投入的，其理事会宜有政府代表或政府指派的人员参加。

（八）配备符合条件的专职馆长或副馆长。民办博物馆的专职馆长或副馆长应具有大学专科以上学历，相关领域学术专长和5年以上博物馆从业经验，无不良从业记录，身体健康，能胜任博物馆管理工作。

（九）具有与办馆宗旨相符合、与办馆规模相适应的专业技术和管理人员，不应少于6人；其中专职人员占60%以上，且专职人员60%以上具有大专以上学历。

（十）建立符合博物馆专业要求的组织机构，具有健全的管理制度。法定代表人按章程规定产生。

（十一）举办民办博物馆的社会组织，应当具有法人资格；举办民办博物馆的个人，应当具有中国国籍，具有政治权利和完全民事行为能力。

非本地注册的社会组织，须在本地相应机构登记注册，获得许可。在本地办馆须是本地常住人口，或已在公安机关办理一年以上暂住证明的外地人口。

国家机关及国有博物馆在职人员不得以个人名义举办民办博物馆。

社会组织或者个人联合出资办馆的，须签署联合办馆协议并经公证机关公证，协议中应确定其中一方为主办者，并载明各方出资数额和方式、各方权利义务、合作期限、争议解决办法等。

属捐赠性质的藏品、资金等资产，须提交捐赠协议，载明捐赠人的姓名、捐资数额、用途和管理方法，以及相关有效证明文件。

三、设立民办博物馆，应当按照《博物馆管理办法》的相关规定，向所在地省级文物行政部门提交下列材料：

（一）博物馆设立申请书。内容包括：举办者名称或姓名，博物馆名称、地址、宗旨、业务范围、藏品与经费的来源和数额及管理使用、专业技术人员情况、内部管理体制等。

（二）博物馆章程。

（三）合法有效的藏品证明文件。包括藏品清册和图录（包括登记号、名称、类别、年代、质地、实际数量、质量、尺寸、现状、来源、藏品图片）及藏品合法来源说明、藏品鉴定证明，公证机关出具的证明藏品清册和图录中所涉及的藏品均已作为拟设立博物馆的固定资产的公证文书。

（四）基本陈列大纲（含专家论证意见）。

（五）理事会（董事会）成员名单、简历及首届筹备会议决议。

（六）拟任法定代表人，拟聘馆长、专业技术和管理人员的资格证明文件。

（七）合法有效的办馆资金证明文件（验资报告）及举办者在民办博物馆存续期间不抽逃注册资金的承诺书。

（八）举办者不要求取得经济回报（博物馆的盈利不得分配）的约定。

（九）办馆场所证明。

（十）公安、消防部门出具的办馆场所安全验收合格证明或消防备案受理凭证等文件。

（十一）登记管理机关出具的《民办非企业单位名称预登记通知书》。

（十二）举办者的资格证明文件。

（十三）所在地市（县）级文物行政部门的初审意见。

四、省级文物行政部门应当自受理申请之日起30个工作日内，组织专家或委托具有相应资质的博物馆评估机构，对举办者提供的办馆申请材料以及实际办馆条件和办馆能力，进行审核评议或评估论证，由专家或评估机构出具《审核评议意见》或《评估论证报告》。

省级文物行政部门依照法律法规规定以及《审核评议意见》或《评估论证报告》，作出“同意设立”或“不予同意设立”的审核意见，并将审核意见以书面形式在规定期限内送达申请人；作出不予同意设立意见的，应当说明理由。

审核意见应当包括对拟设立民办博物馆章程草案、财产情况（特别是藏品、资金的民办性）、藏品真实性、陈列展览科学性、拟任法定代表人基本情况、从业人员资格、场所设备、组织机构等内容的审查结论。

省级文物行政部门应及时将同意设立的民办博物馆的名称、地址、法定代表人、章程等主要信息，通过政府网站等媒体向社会公告。

五、民办博物馆经审核同意设立后，应当依据《民办非企业单位登记管理暂行条例》的规定，到主管的民办非企业单位登记管理机关申请办理法人登记。民办博物馆应当自取得法人资格之日起6个月内向社会开放，并应按规定参加文物行政部门组织的博物馆年检活动。

六、各省、自治区、直辖市文物行政管理部门或行业协会，要根据上述要求，结合实际制定本辖区民办博物馆设立的标准或办法。同时，对已设立但未达到相应条件的民办博物馆，进行整改。

特此通知。

2014年7月31日

国家文物局关于开展古城保护中文物违法与消防安全专项督察工作的通知

文物督发〔2014〕20号

各省、自治区、直辖市文物局，天津、上海、重庆市文化市场执法总队：

为贯彻落实中央城镇化工作会议精神，在新型城镇化建设中切实加强古城保护，遏制文物违法行为，强化文物消防安全，根据《中华人民共和国文物保护法》及其实施条例、《中华人民共和国消防法》、《国家新型城镇化规划（2014～2020年）》，国家文物局决定组织开展“古城保护中文物违法行为与消防安全专项督察”工作。现就有关事宜通知如下：

一、指导思想与工作目标

以中央城镇化工作会议精神和《国家新型城镇化规划（2014～2020年）》为指导，贯彻正定古城保护现场会议的要求，集中力量对古城保护中存在的拆古建新、拆真建假、火灾多发等情况进行督察，纠正一批文物违法违规行为，提升文物消防安全水平。通过督察，推动全行业和地方各级政府深入认知文化传承、文物保护在新型城镇化建设中的重要性，树立古城保护正确理念，保护传承古城的历史文化价值。

二、督察方法

本次专项督察，采用地方自查、省局抽查、我局督察与遥感监测“四结合”的工作方法。选定100个属于国家级历史文化名城或名城核心区的县域行政单元（每省份1～4个，见附件1），由属地文物行政部门自查，各省级文物行政部门从中自行选择1～3个实施抽查（内蒙古、海南、西藏、青海、宁夏、新疆不得少于1个，其他省、自治区、直辖市不少于2个）。我局从100个县域中，自主选择20个县域单元进行实地督察，并对其中部分县域实施不可移动文物遥感监测。

三、督察内容

重点督察以下内容：

（一）以县域为基本单元，复核第三次全国文物普查登录不可移动文物保存状况，重点核查文物消失情况。

（二）擅自拆除或破坏不可移动文物本体的违法行为。

（三）文物保护单位保护范围和建设控制地带内的违法建设行为。

（四）古城文物消防安全状况与火灾隐患整改情况。

（五）文物行政执法责任制落实情况。

四、总体安排

专项督察时间为2014年8月至2014年11月，分三个阶段开展：

（一）自查监测阶段（2014年8月至9月）。各省根据专项督察通知要求部署地方自查与省内抽查，于9月20日前将本省自查情况上报我局。同期，国家文物局实施不可移动文物遥感监测工作，初查结果由地方文物部门复核确认。

（二）实地督察阶段（2014年9月至10月）。我局根据各省自查报告和遥感监测结果，实施实地督察。督察组由局领导带队，督察意见反馈有关省（自治区、直辖市）政府办公厅、省级文物行政部门及属地政府。各地按照国家文物局督察意见进行整改。

（三）汇总通报阶段（2014年11月）。实地督察结束后，国家文物局形成“古城保护中文物违法与消防安全专项督察”工作报告，向全国文物系统和全国文物安全部际联席会议成员单位通报，并以适当方式向社会公布。

五、工作要求

（一）提高认识，精心组织。各级文物行政部门要切实增强大局意识和责任意识，将组织实施专项督察作为全国文物系统贯彻落实中央城镇化工作会议精神、实施《国家新型城镇化规划（2014~2020年）》的一项重要举措，高度重视，周密部署。省级文物部门主要负责同志应至少参加本省（自治区、直辖市）1个县域单元的实地抽查工作。

（二）实事求是，责任落实。专项督察坚持实事求是原则，力求客观掌握真实情况。严禁出现被督察地区虚报、瞒报、知情不报，督察部门重形式、走过场、有案不查、有责不问的情况。如经查实，国家文物局将公开通报。

（三）真查实改，注重实效。各级文物部门应高度重视专项督察成果的运用。督察情况，应向属地政府客观反馈，提出整改要求。对于督察中发现的具体问题，应建立台账，逐项督促整改落实；普遍性问题，应深入调查研究，落实责任，采取针对性政策措施，指导本地区整改工作。

特此通知。

附件：1．专项督察县域单元名单

2．自查报告内容要求

2014年8月1日

附件1：

专项督察县域单元名单

北　京	东城区、门头沟区
天　津	和平区、河北区、南开区
河　北	正定县，秦皇岛市山海关区，邯郸市大名县、永年县
山　西	太原市迎泽区、大同市城区、平遥县、新绛县
内蒙古	呼和浩特市新城区、回民区、赛罕区
辽　宁	沈阳市和平区、沈河区、大东区
吉　林	吉林市昌邑区、龙潭区，集安市
黑龙江	哈尔滨市道里区、南岗区、道外区
上　海	黄浦区、静安区、徐汇区
江　苏	扬州市邗江区，苏州市吴中区、吴江区，高邮市
浙　江	杭州市余杭区、宁波市海曙区、海宁市、临海市
安　徽	安庆市迎江区、亳州市谯城区、寿县、绩溪县
福　建	福州市仓山区、泉州市鲤城区、漳州市芗城区、长汀县
江　西	南昌市东湖区、西湖区，景德镇市昌江区、珠山区
山　东	济南市历城区、淄博市临淄区、曲阜市、邹城市
河　南	郑州市二七区、洛阳市老城区、安阳市龙安区、商丘市睢阳区
湖　北	武汉市武昌区、襄阳市襄城区、荆州市荆州区、钟祥市
湖　南	长沙市岳麓区、开福区，岳阳市岳阳楼区，凤凰县
广　东	广州市越秀区、中山市、潮州市湘桥区、雷州市
广　西	柳州市鱼峰区、桂林市秀峰区、北海市海城区
海　南	海口市琼山区
重　庆	渝中区、南岸区、江北区
四　川	自贡市贡井区、宜宾市翠屏区、阆中市、会理县
贵　州	遵义市红花岗区、镇远县
云　南	昆明市晋宁县、丽江市古城区、大理市、会泽县
西　藏	拉萨市城关区、江孜县

续表

陕　西	西安市雁塔区、汉中市汉台区、咸阳市渭城区、韩城市
甘　肃	天水市麦积区、武威市凉州区、敦煌市、张掖市甘州区
青　海	同仁县
宁　夏	银川市西夏区
新　疆	吐鲁番市、喀什市、库车县

附件2

自查报告内容要求

自查报告要求内容充实、表述简练、数据翔实、措施具体，并包括以下内容：

一、组织实施情况

本省（自治区、直辖市）被督察区域文物资源概况；省级及有关市、县级文物行政部门自查和抽查工作实施情况，包括部署落实、人员组织、实地核查、抽查数量，以及采取的其他重要举措。

二、督察工作成果

（一）第三次文物普查登录公布不可移动文物保存情况

包括被督察区域第三次文物普查登录公布不可移动文物资源概况，保存现状，已消失不可移动文物名单、数量、类别、消失原因及归纳分析。

（二）文物违法行为查处情况

被督察区域2013年以来以及本次督察发现的，擅自拆除或破坏不可移动文物本体，在文物保护单位保护范围或者建设控制地带内的违法建设行为，包括发现违法行为数量、案件类别和查处情况，重大案件介绍，执法案卷以及对案件发生原因的归纳分析。

（三）古城文物消防安全状况与火灾隐患整改情况

1．古城总体消防状况，包括文物资源及主要分布特点，消防队伍建设情况，消防规划编制情况，消防基础设施建设情况，近3年来发生的火灾事故情况，现存在的主要火灾隐患及整改措施和建议等；

2．古城内省级以上文物保护单位消防状况，包括文物简况及主要火灾风险，专兼职消防组织和人员情况，消防设施建设情况，主要火灾隐患及整改措施等。

（四）文物行政执法责任制落实情况

被督察区域文物行政执法机构和队伍建设情况，行政执法工作开展情况，行政执法责任制度建立及执行情况等。

三、措施和建议

近年来被督察区域政府和文物部门对文物行政执法与古城消防安全工作采取的主要举措，以及各级文物部门就上述工作提出的意见和建议等。

国家文物局关于2014年上半年文物行政执法与安全监管工作情况的通报

文物督发〔2014〕24号

各省、自治区、直辖市文物局，新疆生产建设兵团文物局，天津、上海、重庆市文化市场执法总队：

2014年上半年，各级文物部门认真实施执法巡查与安全检查工作，加大文物案件督察、督办力度，取得了较好成效。现将有关情况通报如下：

一、执法巡查与安全检查情况

（一）执法巡查：2014年上半年，全国省、市、县级文物部门开展执法巡查67923次，检查发现违法行为322起，已调查处理完毕322起。其中，各级文物部门对全国重点文物保护单位巡查9165次，发现违法行为52起，已调查处理52起；对列为一级风险单位的文物收藏单位巡查477次，发现违法行为5起，已调查处理完毕5起。

（二）安全检查：2014年上半年，全国各省、市、县级文物部门开展安全检查95512次，发现各类安全隐患23321项，整改完毕21795项，整改率93.5%。其中，对全国重点文物保护单位检查12383次，发现各类安全隐患1581项，整改完毕1507项，整改率95.3%；对核定为一级风险单位的文物收藏单位检查1089次，发现安全隐患89项，整改完毕88项，整改率98.9%。

二、文物行政违法与安全案件情况

（一）文物行政违法案件：2014年上半年，各地上报全国文物、博物馆单位发生行政违法案件81起，调查处理81起，其中责令改正违法行为51起，实施行政处罚32起。全国重点文物保护单位发生行政违法案件24起，责令改正违法行为的22起，实施罚款等行政处罚的5起，尚在调查处理的11起。各地上报故意损毁文物案件3起，公安机关刑事拘留犯罪嫌疑人12名。其中，全国重点文物保护单位遭故意损毁案件1起。

（二）文物安全案件：2014年上半年，接报全国文物、博物馆单位发生文物安全案件（事故）88起，其中文物火灾事故11起，文物被盗窃、盗抢案件14起，古遗址、古墓葬被盗掘案件61起，其他文物安全事故2起。全国重点文物保护单位共发生文物安全案件（事故）11起，其中古遗址、古墓葬被盗掘案件3起，文物保护单位被盗窃案件2起，火灾事故5起，文物建筑遭雷击损害1起。

三、形势分析

（一）执法巡查取得一定进展，但各地执行情况与巡查效果不平衡。多数省份认真执行《文物保护单位执法巡查办法》，有效组织开展执法巡查，及时发现、制止违法行为，预防违法案件发生，浙江、陕西两省表现突出。但仍有个别省份不重视、甚至不开展执法巡查工作，部分省份执法巡查未取得实质性效果，个别省份在执法巡查中未能发现违法行为，重形式、走过场、虚报巡查数据等情况客观存在。

（二）行政执法力度有所加强，但一些地区发生违法案件不报告、不查处。上半年各地加大执法力度，严肃处理了一批违法案件，山东省文物局强力督办临淄齐国故城遗址保护范围内违法建设张皇路案，吉林省文物局坚决查处长春东本愿寺保护范围内违法建设案。河北、黑龙江、浙江、广东、陕西等省文物局领导高度重视，督察有力，如实上报情况，及时查处案件，严格执法，维护了法律尊严，履行了法律职能，体现了执法水平，保障了文物安全。但是，个别省份存在知情不报、有案不查、查案无果、督察不力等突出问题。

（三）新型城镇化进程加速，未经审批在文物保护单位两线范围内违法建设甚至损毁本体情况突出。各地上报案件中，在文物保护单位保护范围和建设控制地带内未经审批进行违法建设的案件占有较大比例，全国重点文物保护单位发生的24起行政违法案件，全部为违法建设案。同时，故意损毁文物案件有所抬头，全国重点文物保护单位黑龙江省哈尔滨市侵华日军731部队旧址之细菌弹壳厂旧址、江苏省文物保护单位徐州韩桥煤矿旧址、广东省河源市龙川县文物保护单位洋溪桥文物本体遭人为损毁。在新型城镇化建设进程中，坚决遏制城乡建设中违法破坏文物行为，将是今后一段时期的重要执法任务。

（四）文物犯罪发案率有所下降，但打击文物犯罪仍为长期重要任务。2014年上半年，发生的安全案件（87起）同比2013年上半年（124起）减少了37起，同比下降29.8%。其中，古遗址、古墓葬被盗掘案件（61起）同比2013年上半年（84起）减少了23起，同比下降27.4%；文物被盗窃、盗抢案件（14起）同比2013年上半年（22起）减少了8起。全国重点文物保护单位共发生文物安全案件（事故）10起，同比2013年上半年（21起）减少了11起。其中盗窃、盗掘案件6起，同比2013年上半年（17起）减少了11起，有3起已经侦破，抓获了犯罪嫌疑人30余人，追回了部分被盗文物。但是，一些地区仍然存在有案不报、有案不查等突出问题。

（五）火灾隐患整治初见成效，但古城镇、古村寨消防形势仍较为严峻。2014年初，国家文物局在全国部署开展文物火灾隐患排查整治专项行动，共检查文物博物馆单位38401处，查出安全隐患5963处，增强了文物单位火灾防控能力。上半年，全国重点文物保护单位发生的5起火灾事故中，河南鸡公山近代建筑群第119号别墅严重受损，其他4起火灾，文物建筑未受损或者损失较小。但今年以来，古城镇、古村寨等集中连片文物建筑火灾事故呈上升趋势，非文物建筑起火殃及文物建筑的情况凸显。云南香格里拉独克宗古城、丽江古城、贵州报京侗寨等地发生的火灾事故，导致当地历史风貌受到破坏，文物资源和群众财产受到损失。加强古城镇、古村寨火灾防范能力是当前文物消防工作的重中之重。

四、工作要求

（一）切实履行行政执法职责。《中华人民共和国文物保护法》赋予了县级以上文物主管部门对30项文物违法行为的行政处罚权，各级文物部门应按照《文物行政处罚程序暂行规定》《文物保护单位执法巡查办法》《文物安全与行政执法信息上报及公告办法》规定，严格依法履职。有效开展执法巡查工作，有条件的地方，应将巡查范围从文物保护单位延伸至已登记公布的全部不可移动文物。发现违法行为，有明确的违法嫌疑人，有客观的违法事实，属于文物行政处罚的范围，且属于本部门管辖的，文物部门应在5日内立案查处。发生文物行政违法案件，案发单位和各级文物部门必须按规定时限上报。

（二）认真组织实施专项督察。“古城保护中文物违法行为与消防安全专项督察”，是全国文物系统落实中央城镇化会议精神、贯彻《国家新型城镇化规划（2014～2020年）》的重要举措。各级文物部门要按照国家文物局统一部署，切实组织好本地区专项督察工作，集中力量对古城保护存在的拆古建新、拆真建假、火灾多发等情况进行督察，查处一批重大文物违法犯罪案件，纠正一批文物违法违规行为，提升古城文物消防安全水平。各级文物部门主要负责同志要身体力行，省级文物部门主要负责同志应至少参加一个县域单元的实地督察工作。

（三）强力整治火灾安全隐患。以古城镇和古村寨消防安全为重点，按照《关于加强历史文化名城名镇名村及文物建筑消防安全工作的指导意见》的要求，全面排查整治火灾隐患，特别是要对违规用火用电、电气线路老化或乱拉乱装、可燃物品乱堆乱放、违规燃香烧纸和无消防给水灭火设施、无防火间隔、消防通道不畅等重大火灾隐患，要重点挂牌督办，直至整改到位。加强消防基础设施建设，按要求组织实施好“文物消防安全百项工程”，强化管理措施，增强火灾防控能力，遏制火灾事故发生。

（四）切实增强应急处置能力。各级文物部门和博物馆、开放的文物单位，要建立完善突发事件应急处置机制，制定科学高效的应急预案，配备必要的安全检查设施和应急装备，及时有效应对各类突发事件。同时，加强汛期安全工作，及时与当地气象、国土等部门保持密切沟通与联系，高度关注气象和地质灾害预报，要在汛期前对防汛减灾工作做出安排部署，全面评估风险，明确应对策略，将防灾措施做到前头、落到实处、保证实效。

（五）继续防范打击文物犯罪。要对防控文物犯罪工作长抓不懈，认真落实安全责任，投入人力、物力，全面强化安全管理，加强文物行政执法巡查与安全检查，有效实施预警监控措施，将重点放在事前防范上。同时，要继续落实公安、文物部门联合打击防范文物犯罪长效工作机制，协调督促和密切配合公安机关快侦快破文物案件，文物犯罪频发地区要适时集中开展打击行动，形成强大威慑。

附件：1．2014年上半年全国重点文物保护单位和博物馆安全案件统计表（略）

2．2014年上半年全国重点文物保护单位行政违法案件统计表（略）

3．2014年上半年文物保护单位遭破坏损毁案件统计表（略）

2014年8月1日

国家文物局关于印发《国家文物局文博人才培养“金鼎工程”实施方案》的通知

文物人发〔2014〕26号

各省、自治区、直辖市文物局（文化厅），新疆生产建设兵团文物局，机关各司室、各直属单位：

依据《全国文博人才发展中长期规划纲要（2014～2020年）》要求，我局制定了《国家文物局文博人才培养“金鼎工程”实施方案》，现印发给你们，请结合实际，参照落实。

特此通知。

2014年8月20日

国家文物局文博人才培养“金鼎工程”实施方案

为建设文化遗产强国和实现文博事业各领域发展目标，统筹抓好各类人才队伍建设，实施人才培养“金鼎工程”，推进文博人才队伍整体发展。根据《全国文博人才发展中长期规划纲要（2014～2020年）》，制定本方案。

一、指导思想

高举中国特色社会主义伟大旗帜，以邓小平理论和“三个代表”重要思想为指导，深入贯彻落实科学发展观，遵循人才成长规律，以人才能力建设为核心，以人才队伍结构调整为重点，不断加大投入力度，创新人才培养机制。根据建设文化遗产强国和文博事业各领域发展目标的要求，建立分层分类的人才培养体系，推进文博人才队伍整体发展。

二、工作方针

解放思想，创新机制。以改革创新为根本动力，破除束缚人才发展的思想观念和制度障碍，建立健全科学合理的培养开发、评价发现、选拔任用、激励保障等制度机制，完善人才服务保障体系。

需求导向，整体提升。以国家文物局业务需要为依据，以加大专业人员培养为重点。充分发挥“金鼎工程”的示范作用，突出重点，讲求实效，注重培训的针对性、实用性和先进性，实现文博人才能力素质的整体提升。

统筹协调，分类实施。调动政府部门、社会组织及用人单位积极性，推动建立多层次、多渠道、多类别、多形式的人才培养格局，分步分类推进“金鼎工程”实施。

三、实施目标

紧密结合文物工作实际和发展需求，积极实施“大文博”人才发展战略，扎实推进人才优先发展。建立国家文物局为主导、各省级文物部门协调一致的培训体系，形成线下培训和网络学习相结合的培训形式。在创新型科技人才、技能型职业技术人才、复合型管理人才方面加大培训力度，每年培训各类文博人才2000名。依托文博单位、高等院校、科研院所，建立一批文博人才培训基地。

四、主要任务

（一）培养领军人才

工作目标：

依托各级各类科技创新平台，以高层次创新型领军人才为重点，培养一批专业领域学术带头人，带动文博人才队伍整体发展。

工作计划：

制定加强文博高层次领军人才队伍建设的相关措施；依托国家重大科研、工程和保护项目、国际合作项目、重点学科和科研机构，建设综合实验基地和研究发展基地；在重点单位和优势领域组建由一流专家领衔的文博事业发展团队；实施优秀中青年人才培养计划，健全有利于高层次科研、技术、管理人才发挥作用的选拔、使用和激励机制。

适时发布各类重点项目申报要求，组建专家工作室，开展中青年优秀人才选拔工作，对于申报经审核符合条件的项目和专家人选，给予专门支持，所需经费由文物科技保护与研究项目经费予以补助，鼓励多渠道资金支持。

2014年起，研究制订优秀青年人才支持措施，开展青年科技研究计划的选拔工作。2017年起，开展各类优秀青年的选拔、培养工作。

（二）培养科技人才

工作目标：

建立以文博行业企事业单位为主体，以科研院所和高等院校为依托的文博科技型专业技术人才培养体系，培养一批具有科技研发能力和技术应用能力的技术人才。

工作计划：

鼓励与国内外知名科研院所、高等院校及行业企业的交流与合作，共建人才培养基地；通过项目支持、组建创新团队、提供学术交流与合作机会，重点吸引、培育和稳定一批处于干事创业活跃期的青年骨干人才；提高国际化程度、营造科研环境、培育创新型科技人才。

与西北大学、北京建筑大学等高校合作，探索联合开展文物保护相关领域的博士、硕士学位教育，培养文物系统专业人员20人。2014年，继续与北京建筑大学开展联合培养服务国家特殊需求的博士教育工作；2015年起，实现与有关高校联合开展文物保护领域硕士学位、学历招生、培养工作。

每年在文物考古、规划设计、科技保护、文物鉴定、藏品管理、预防性保护等方面以掌握先进技术、提升专业技术水平为主要内容，实施中长期培训项目；针对文物行业专业技术人才需求，编撰一批培训教材；每年开办15个培训班次，培训500名各类技术人员，所需经费由培训专项资金予以支持，鼓励地方、用人单位和个人等多渠道资金投入。

（三）培养技能人才

工作目标：

适应田野考古和文物修复等重点业务发展需要，充分利用社会各类资源，以提升整体素质和职业技能为核心，打造一支以高级技师为主体，技艺精湛、门类齐全，能够支撑行业可持续发展的技能型技术人才队伍。

工作计划：

健全和完善以文博行业企事业单位为主体、以中高等职业院校和行业实训基地为基础、政府推动与社会支持相结合的文博技能型职业技术人才培养体系；面向社会，积极开展文博传统与现代工艺的技能培训，提升文博技能人才的实践操作能力；制订相关职业标准，改革技能型职业技术人才评价方式；建立技能专家工作室，完善师承制。

每年在文物修复、考古发掘、古建修缮、复制拓印等领域开展以注重实训为主要特点的培训项目；每年开办10个培训班次，培训300人，所需经费由培训专项资金予以支持，鼓励地方、用人单位和个人等多渠道资金投入。

（四）培养复合管理人才

工作目标：

以提高管理能力为核心，以复合管理人才为重点，建设一支政治坚定、勇于创新、求真务实的高素质管理人才队伍。

工作计划：

实施提升复合型管理人才能力计划，通过轮岗、多岗锻炼、提升管理干部素质能力；加强文博单位负责人培训，提高基层管理干部实际工作能力。

加强博物馆（纪念馆）馆长、文保所所长、基层文物局局长培训工作；每年开展文物安全管理（安消防）、行政执法、博物馆管理、展览策划、文物外事、宣传管理、世界遗产管理人才培训。每年开办15个培训班次，培训1200人，所需经费由培训专项资金予以支持，鼓励地方、用人单位和个人多渠道资金投入。

（五）推动制定职业评价标准，初步建立技能人才评价体系。

工作目标：

在完成《国家职业分类大典》中“文物职业篇”修订工作基础上，启动制订有关技能职业标准工作，拟订考试大纲，开展技能鉴定、考核和证书发放、鉴定机构管理工作，为技能型人才的晋升、职业评价提供依据。

工作计划：

根据培训、考评分离的原则，国家文物局商有关部门成立文博职业技能鉴定指导中心，在全国依据需要设立多家职业技能鉴定室。先在“文物修复师”职业方面分类别制订职业标准，拟订考试大纲，开展技能水平评价工作。逐步开展“考古探掘师”“古建修缮师”等方面的职业标准制订、水平评价工作。争取在2017年年底完成陶瓷、纸质、金属等材质文物修复标准的制订工作，初步建立技能水平评价体系。

五、保障措施

（一）经费保障

“金鼎工程”实施经费主要由国家文物局、地方文物部门、用人单位和个人投入等构成。国家文物局经费主要发挥对“金鼎工程”投入的支持和引导作用。

（二）政策保障

1．加强人才使用政策的贯通。参加“金鼎工程”培训情况作为个人接受教育的重要记载，完善与工作考核、职称评聘、岗位聘任（聘用）等人事管理制度的衔接。

2．做好“金鼎工程”与各类人才培训政策的结合。探索“项目+人才”培养模式，在重大文物保护工程项目中，明确与“金鼎工程”重点领域相关的人才培训项目，并在实施中搞好衔接；重视发挥用人单位作用，加强用人单位的人才培养与“金鼎工程”培训任务的衔接。

（三）服务保障

1．加强课程和教材体系建设，实施精品课程和精品教材工程；加强网络课程和培训项目、专家师资、教材资源、培训机构和研究课题等数据库建设。

2．加强文博人才培训基地建设，研究制订《文博人才培训基地管理办法》，依托文博单位、高等院校、科研院所和其他具有培训组织、规划能力的机构形成相对独立的教学实体，共建人才培养基地。实行合理布局、总量控制、定期评估、优胜劣汰的管理原则，采用“开放、流动、联合、竞争”的运行机制。

（四）监督保障

加强“金鼎工程”项目开展情况的指导、监督和检查，建立“金鼎工程”人才培养效果评估体系。加强经费使用情况的监督，建立相应制度，确保培训资金专款专用。

六、组织实施

（一）组织领导

国家文物局成立“金鼎工程”领导小组，局领导为组长、副组长，各司室主要负责同志为成员，领导小组办公室设在人事司。领导小组负责统筹协调和宏观指导，建立科学的决策机制、协调机制和督促机制，各司室负责各项人才培养项目的实施工作。各省（自治区、直辖市）文物部门成立相应的领导机构，根据国家文物局的实施计划，协调开展“金鼎工程”培训项目。

（二）组织实施

“金鼎工程”实施实行统一领导、分工负责、分类指导的原则，领导小组及办公室负责“金鼎工程”的组织实施工作，审定发布“金鼎工程”总体实施方案和工作部署，制定“金鼎工程”年度计划并指导实施。

（三）实施步骤

“金鼎工程”采取分阶段、分步骤、动态调整的方式组织实施。2014年，研究制定《文博人才培养“金鼎工程”实施方案》，启动“金鼎工程”实施工作；2014～2017年，逐步落实“金鼎工程”各项工作，开展培训活动，推动制度改革和机制创新；2017～2020年，全面开展“金鼎工程”各项工作，进行中期检查评估，适时调整重点方向，力争在制度建设、机制创新上有较大突破；2020年，对“金鼎工程”实施情况进行全面总结和评估。

国家文物局关于实施文物保护科技优秀青年研究计划的通知

文物博发〔2014〕29号

各省、自治区、直辖市文物局（文化厅、文化局），各有关单位：

为贯彻落实《国家中长期科技发展规划纲要（2006～2020年）》《2020年文物事业发展目标体系》和《国家文物保护科学和技术发展“十二五”规划（2011～2015年）》《全国文博人才发展规划纲要（2014～2020年）》的具体要求，推进国家文物局文博人才培养“金鼎工程”的实施，加强文物博物馆行业科技人才队伍建设，鼓励青年科技人员锐意进取、开拓创新，促进优秀青年科技人才和创新团队快速成长，现就实施文物保护科技优秀青年研究计划（以下简称“优青计划”）通知如下：

一、指导思想和总体要求

（一）优青计划是国家文物局为促进优秀青年科技人员和创新团队脱颖而出，加快培养文物保护领域学科、技术和团队带头人，加强文物保护科技人才梯队建设，组织实施的科学技术研究计划。优青计划以资助科研项目为主要实施形式，坚持人才培养、团队建设与技术创新相结合，通过持续、稳定的支持，形成以优秀青年科技人才为带头人的创新团队增长机制，并在一些共性、关键、瓶颈技术问题上取得突破。

（二）实施优青计划，要以科学发展观为指导，贯彻党的十八大精神和《中共中央关于全面深化改革若干重大问题的决定》，坚持文物工作方针和科技发展方针，解放思想、更新观念，培育科学精神、科学思想、科学态度，推动技术创新、组织创新、制度创新，提高文物保护青年科技人员的创新意识、创新能力，不断完善文物保护行业创新体系，通过率先实现科学技术跨越发展，推动我国从文化遗产大国向文化遗产保护强国转变。

（三）实施优青计划，坚持好中选优，确保质量。严格选拔标准，将科研诚信、业绩贡献和发展潜力作为青年研究计划遴选的主要条件。同等条件下，优先支持有参与过重大科研项目或国家文物局重点科研基地、创新联盟重点科研任务的青年科技人员。

二、重点支持方向

通过优青计划的实施，要力争在文物保护的基础研究、应用研究和技术研发等方面有所创新，在构建文物保护关键技术体系方面取得突破，重点支持的研究方向包括：

（一）馆藏文物和重要遗产地的风险预控研究。重点支持馆藏文物环境监测体系、馆藏文物保存环境调控新技术、新装备；重要遗产地风险评估指标体系，基于风险管理理论的文化遗产地监测和辅助决策系统及相关技术方法和技术标准等方面的研究。

（二）可移动文物保护修复关键技术研发。重点支持可移动文物保护修复的技术、材料、方法和技术标准，可移动文物无损、微损检测和材质分析的新技术、新方法等方面的研究。

（三）不可移动文物保护领域工程技术集成研发。重点支持文物保护工程前期勘察的适宜技术，古代木结构建筑安全稳定性评价关键技术及专有装备，石质文物、饱和土和非饱和土遗址保护成套技术，墓葬壁画环境控制、霉菌防治、地仗及颜料层保护材料和工艺关键技术，以及遗址博物馆生物病害防治关键技术等方面的研究。

（四）高新技术对考古调查、勘探和发掘的应用研究。重点支持考古调查、勘探、发掘应用技术体系；文物出土现场应急保护新技术、新方法；实验室考古新技术、新方法和相关技术标准等方面的研究。

（五）智慧博物馆建设理论及关键技术应用研究。重点支持智能博物馆设计与建设的集成技术、提升博物馆陈列展览文化与艺术表现能力的适宜技术和相关技术标准等方面的研究。

（六）文物保护的基础研究。重点支持文物材质劣化机理、文物保护材料作用机制与保护效果评价、不可移动文物结构稳定性评价方法和传统工艺科学化等方面的研究。

三、组织实施与管理

（一）国家文物局负责优青计划的组织实施，采取申报通知发布、形式审查、专家遴选、择优立项的方式，确定优青计划立项项目。具体申报受理及相关评审组织工作，将委托相关行业协会承担。

（二）申请优青计划项目应具备以下条件：

1. 申请者为45周岁以下科研人员，大学本科及以上学历，有5年从事文物保护科研工作经历，且符合当年申报通知要求的相关条件。

2. 申请者所在单位能够提供开展优青计划项目所需实验条件，并在人力、物力、财力上予以匹配支持；能够确保申请者主要精力和时间用于优青计划项目的研究工作，每年的研究时间不少于9个月，并予以监督。

3. 申请者所在单位应支持申请者组建与优青计划项目匹配的科研团队。团队成员的知识结构、思维模式、研究经验以及年龄性格、工作风格、人文素养等方面能够形成优势互补。

（三）评审专家委员会提出列入优青计划的建议名单，由国家文物局审核后向社会进行为期一周的公示，凡无异议的，国家文物局将与申请人及其所在单位签署立项合同书。

（四）国家文物局对优青计划给予科研经费资助，实行一次核定，分年度拨付。每年最高资助限额为30万元。各级文物主管部门和申请者所在单位应予以适当配套。

（五）列入优青计划的项目支持时间实行“2+X”方式，最长不超过5年，项目执行2

年后，将进行中期评估，国家文物局将依据中期评估结果，给予继续支持、调整后支持，或予以终止执行。

（六）优青计划实行合作导师制度。国家文物局将本着自愿原则，为列入优青计划的青年科技人员和团队推荐1～2名合作导师，参与指导其科研活动。合作导师负责指导项目实施，定期听取汇报；每半年主持召开一次工作总结汇报会，对半年工作进行评估、指导；负责主持项目中期、结项会议，并作为评审专家之一对优青计划及负责人进行评审、考核。

国家文物局将依据优青计划的研究方向，加强合作导师队伍建设。项目承担单位应比照专家咨询的方式给予合作导师指导津贴。

（七）为加快文物保护科技人才的国际化进程，注重科学研究的国际合作与交流，各级文物主管部门和项目承担单位应为青年科技人才参加国际间的学术活动提供支持。参加与本人研究项目有关的国际科技合作交流的活动经费，可列入项目经费开展。

（八）凡得到优青计划经费资助取得的成果，均应标注“国家文物局文物保护科技优秀青年研究计划资助”的字样。

（九）国家文物局组织专家或委托第三方机构对优青计划项目进行定期考评和绩效跟踪，对学术造假、骗取资助、擅自变更项目负责人或依托单位的，经核实后，撤销对其资助，并在一定范围内予以通报。

若在优青计划项目执行期内，因患病、调离岗位、出国一年以上等情况，影响研究工作如期完成的，获资助者及所依托单位应及时向国家文物局提出报告，经国家文物局核准后办理有关合同中止或变更手续。

（十）国家文物局将设立文物保护科技优秀青年学术论坛。委托行业协会定期举办，以青年科技人员自主开展学术交流和研究活动为主，促进青年科技人员之间的学术交流活动，营造浓厚的创新研究学术氛围。

四、国家文物局鼓励并支持各申请人所在单位，在科研管理、事业平台、人事制度、经费使用、考核评价、激励保障等方面结合本地区、本单位人才实际，为“优青计划”制定落实工作条件、生活待遇等方面的特殊政策。

（一）国家文物局为其授予“文物保护科技优秀青年”称号，颁发“优青计划”入选证书。

（二）按照干部管理权限，积极推荐“优青计划”入选人员享受各级政府特殊津贴和对相关领域研究成果的表彰奖励。

（三）国家文物局将优先申报“优青计划”入选人员参加国家级重点人才支持计划，并支持申报单位积极推荐优青人员进入省部级、市级等重点人才支持计划。

（四）优先选派“优青计划”入选人员参加与其研究方向相关的出国（境）培训、交流项目。

（五）在专业技术资格评聘、岗位晋升选拔时，优青人员可适当放宽任职年限和年龄限制一年。

五、各级文物主管部门可制定本地区青年研究计划实施方案。

2014年10月10日

国家文物局关于开展民间收藏文物鉴定试点工作的通知

文物博函〔2014〕2748号

各有关省（市）文物局：

为引导规范民间收藏文物鉴定行为，更好满足社会需求，经研究，我局批准天津市文物开发咨询服务中心、黑龙江省龙博文物司法鉴定所、西泠印社艺术品鉴定评估中心、厦门市文物鉴定中心、湖南省文物鉴定中心、广东省文物鉴定站、云南文博文物评估鉴定有限公司等7家单位开展民间收藏文物鉴定试点工作。现将有关事项通知如下：

一、工作目标

探索建立文物鉴定工作程序、标准，创新管理模式和制度，为规范民间收藏文物鉴定活动积累经验。

二、工作任务

（一）深入调研民间收藏文物鉴定需求，逐步建立专业化、门类齐全、运行规范的民间收藏文物鉴定工作机制。

（二）明确文物鉴定专业门类，建立民间收藏文物鉴定人员培训、执业规则和管理制度，完善岗位职责和职业道德。

（三）建立文物鉴定工作程序，推动制定标准规范，健全文物鉴定证书管理制度。

（四）鼓励以传统、现代相结合方式开展文物鉴定工作，在文物年代检测、成分检验及工艺分析等方面积极推广应用现代科技手段。

三、工作要求

（一）加强组织领导。试点单位所在省（市）文物行政部门要高度重视民间收藏文物鉴定试点工作，加强对试点单位的业务指导和检查监督。各试点单位要根据实际制订工作方案，完善组织机构，明确工作目标，落实试点工作要求。

（二）完善管理制度。我局将制定民间收藏文物鉴定工作导则，供试点工作参照执行。各试点单位应制定、公布文物鉴定规程，公告鉴定服务范围、内容和方式，规范鉴定人员行为，杜绝虚假鉴定，不断提高文物鉴定管理水平。有条件的地区可推动制定、颁布有关文物鉴定的地方性法规。

（三）加强能力建设。要充分认识、把握文物鉴定的特点、规律，积极研究、应用最新文物研究和相关科技成果，不断提高文物鉴定业务水平。

请认真组织试点工作，积极总结经验，并于2015年9月30日前将试点工作进展情况报告我局。

特此通知。

2014年10月21日

国家文物局关于印发《全国重点文物保护单位和省级文物保护单位集中成片传统村落乡土建筑保护利用导则（试行）》的通知

文物保发〔2014〕31号

各省、自治区、直辖市文物局（文化厅）：

为加强全国重点文物保护单位和省级文物保护单位集中成片传统村落乡土建筑有效保护和合理利用，促进相关传统村落整体保护利用和可持续发展，根据《中华人民共和国文物保护法》，依照《住房和城乡建设部、文化部、国家文物局、财政部关于切实加强中国传统村落保护的指导意见》、国家文物局《关于印发全国重点文物保护单位和省级文物保护单位集中成片传统村落整体保护利用工作实施方案的通知》等要求，国家文物局制定了《全国重点文物保护单位和省级文物保护单位集中成片传统村落乡土建筑保护利用导则（试行）》，现予印发试行。

各地可参照本导则，结合当地乡土建筑的特点和传统修缮技艺，编制更具针对性的传统村落乡土建筑保护技术导则等相关技术规范，用于指导保护利用工程项目的实施，确保项目工程质量。

特此通知。

附件：全国重点文物保护单位和省级文物保护单位集中成片传统村落乡土建筑保护利用导则（试行）

2014年10月24日

附件

全国重点文物保护单位和省级文物保护单位集中成片传统村落乡土建筑保护利用导则（试行）

第一条 为加强全国重点文物保护单位和省级文物保护单位集中成片传统村落乡土建筑有效保护和合理利用，促进相关传统村落整体保护利用和可持续发展，根据《中华人民共和国文物保护法》，依照《住房和城乡建设部、文化部、国家文物局、财政部关于切实加强中国传统村落保护的指导意见》、国家文物局《关于印发全国重点文物保护单位和省级文物保护单位集中成片传统村落整体保护利用工作实施方案的通知》等，制定本导则。

第二条 本导则所称全国重点文物保护单位和省级文物保护单位集中成片传统村落乡土建筑（以下简称乡土建筑），是指相关传统村落中纳入文物保护范畴的乡土建筑，包括传统村落中的住宅、寺庙、祠堂、书院（学堂）或家塾、戏台、商铺、作坊、牌坊、小桥、古井等。

第三条 乡土建筑保护利用，应坚持创新工作模式，统筹保护与发展的关系，以文物保护利用为重点，以改善民生为核心，将文化传承、生态保护、经济发展有机结合。要以人为本，尊重村民的知情权、参与权、监督权；尊重村民改善生态环境、提高生活质量的合理需求。

第四条 加强传统村落历史和价值研究，全面认知乡土建筑、道路水系、山林池塘、乡俗民风等遗产要素的文化内涵，发掘和保护好传统村落独有的特色。把研究成果作为实施每一项乡土建筑保护利用工程的重要依据。

第五条 发挥相关领域专家专业优势，组建专家组，对乡土建筑保护利用规划方案编制、评审、实施、验收及人才培训等提供技术咨询、指导。省级文物行政部门会同相关县为每个村落确定一名年富力强、业务过硬、责任心强的省级文物专家驻村，在乡土建筑保护利用工程实施前期及期间入村督导。专家驻村时间每年不宜少于2个月。

第六条 乡土建筑保护利用应符合相关文物保护规划和传统村落保护发展规划的要求，应建立乡土建筑保护工程项目库，制定项目实施年度计划，分步有序地推进乡土建筑保护工程。

第七条 列为全国重点文物保护单位的乡土建筑保护工程立项报告由省级文物行政部门初审，报国家文物局审批。国家文物局批准立项的，其工程方案由省级文物行政部门审批，电子文本报国家文物局。列为省级文物保护单位的乡土建筑保护工程方案由省级文物行政部门批准后，电子文本报国家文物局。

第八条 承担乡土建筑保护工程的勘察设计、施工、监理单位，必须具有相应的文物保护工程资质，其中全国重点文物保护单位文物保护工程施工单位资质要求不应低于二级。在开展文物保护工程过程中，应注意吸纳当地工匠参与。鼓励和支持相关地方成立乡土建筑保护工程队，参与乡土建筑的保养、抢险加固与修缮工程。

第九条 乡土建筑保护工程，应坚持保护乡土建筑的真实性、完整性，真实、全面地保存并延续其历史信息和全部价值。根据乡土建筑的历史、科学和艺术价值以及完好程度，保护要求可以分为如下三类：

（一）全国重点文物保护单位的公共建筑，建筑的立面、结构体系、空间格局和内部装饰不得改变；

（二）全国重点文物保护单位的非公共建筑和省级文物保护单位，建筑的立面、结构体系、基本空间格局和有特色的内部装饰不得改变，其他部分允许根据展示利用需求适当改变；

（三）市县级文物保护单位和登记不可移动文物以风貌保护为主，其主要立面、主要结构体系和有价值的建筑构件不得改变，其他部分根据展示利用需求允许适当改变。

第十条 乡土建筑保护修缮应充分尊重地域文化和民族文化特征，尽量采用传统做法，坚持原材料和原工艺，保持乡土建筑的原有特色，并注意与非物质文化遗产保护相结合。应遵循最小干预的原则，根据建筑的实际受损做好加固维修，防止过度、不当修缮。建筑、构筑物的部分残损和附着物如有传递重要历史信息，应采取加固措施，予以现状保存，不得采取拆除、掩盖、剔除等整治手段。增加隔断等功能设施要坚持可逆原则。

第十一条 乡土建筑消防设施建设应坚持村落整体设计、合理布防、突出重点、简便实用。根据建筑布局合理设置消防水池、消防管网和布设消火栓，配置适用的消防器材；有条件的，可配置小型消防车辆或者消防摩托。对公用建筑可配置适用的火灾预警装置，根据用电情况设置电气火灾智能防控系统。对影响安全的用火设施设备和电气设备线路按照规范进行防火改造，严格管理和规范日常用火用电行为。体量高大、存在雷击风险的乡土建筑，可设置防雷装置。安全防护设施设备要在确保正常效用情况下，尽量采取无损安装（即不采取挖、凿、钻、砍、削等做法损坏乡土建筑地面、墙体、构架、构件等）和隐蔽安装方式，其外观色彩应与乡土建筑及周边环境协调。

第十二条 乡土建筑保护应与展示利用相统筹，合理利用应作为有效保护的重要部分，相关工程宜同步实施。乡土建筑展示利用应符合文物保护要求，不得破坏建筑主体结构、外观风貌，不得改变乡土建筑的特征要素和有损文物安全。修缮后的乡土建筑不得长期闲置。

第十三条 乡土建筑保护利用相关基础设施的规划和建设应与文物保护利用相适应，以满足生产生活需要为目的。应做好影响评估，以保留和完善原有系统为首要选择，避免对乡土建筑及其环境风貌造成破坏。应考虑近期和中远期结合，合理安排各项基础设施规划的实施，同步规划、分期实施。

第十四条 乡土建筑环境整治的目标是保护文物安全，改善景观环境，突出文化价值，保障合理利用。清理的主要对象是引起污染、震动等外力因素和影响景观的各种杂物。为公众服务及保障安全的设施建设项目应实用朴素，尽量缩小规模，远离文物主体，淡化自身形象，在文物景观环境内不允许另建新的主题景观；必要的绿化项目应保存并尽可能恢复历史状态，避免现代园林式手法。

第十五条 根据乡土建筑不同类型和功能，鼓励探索合理利用的多种途径。民居类乡土建筑，鼓励延续原有使用功能，在修缮保护中，充分考虑生活便利性，可适当添设现代生活设施，改善居住条件。乡土建筑中的公共建筑，在尊重传统功能的基础上，可用于村委会、村史馆、图书馆、卫生所、老人活动中心、非遗展示中心等村庄公共服务设施。

第十六条 鼓励培育壮大与乡土建筑历史文化价值相适应、与环境承载力相契合的业态，增加村民就业、提高村民收入、改善村民生活。省、县政府应出台扶助政策，调动村民积极性，鼓励村民可利用乡土建筑发展农家乐、民宿休闲和农业观光旅游等产业，让保护发展成果惠及全体村民。

第十七条 因地制宜、合理选择乡土建筑保护利用运作方式。尊重村民自治的权利，鼓励引导村民成立自治组织，自主进行保护和开发利用。有条件的地方，也可由政府组织专门机构进行保护和开发利用。引入第三方进行保护和开发利用的，应符合总体规划、符合本导则规定，在传统村落保护范围内新建项目按规定报批，规避商业开发给传统村落保护带来的风险，应始终坚持生活延续性和文化活态保护，不得大拆大建和强行迁移村民，以保障永续发展。

第十八条 国家重点文物保护专项补助资金对列为国家重点文物保护单位的乡土建筑文物本体维修、保护展示和安防、消防、防雷等保护性设施建设予以支持；省级文物保护单位通过中央补助地方文化体育与传媒专项资金予以支持。对非国有的文物保护单位，可在其项目完成并经过评估验收后，申请专项资金给予适当补助，中央财政补助原则上不超过总预算的50%。专项资金实行项目管理，专款专用。省、县政府应建立资金统筹机制，统筹农村环境保护、“一事一议”财政奖补及美丽乡村建设、非物质文化遗产保护等专项资金，用于支持防灾减灾设施建设、历史环境要素修复、卫生等基础设施完善和公共环境整治、非物质文化遗产代表性项目保护。鼓励地方各级财政在中央补助基础上加大投入力度，并引导社会资本通投资、入股等方式参与传统村落保护开发，鼓励社会力量通过捐资捐赠、认养等方式参与保护。

第十九条 本导则自公布之日起实施。各地可参照本导则，结合当地乡土建筑的特点和传统修缮技艺，编制传统村落乡土建筑保护技术导则等相关技术标准，制定符合相关要求的乡土建筑保护利用项目验收办法，指导保护利用项目实施、验收工作，确保项目工程质量。

国家文物局关于加强全国重点文物保护单位安全防护工程申报审批与管理工作的通知

文物督发〔2014〕37号

各省（自治区、直辖市）文物局（文化厅）：

为加强全国重点文物保护单位安全防护工程（安防、消防、防雷工程）申报审批与管理工作，根据《文物保护工程管理办法》和文物保护工程申报审批与管理的相关规定，现通知如下：

一、立项申报和审批

全国重点文物保护单位需实施安全防护工程项目的，由全国重点文物保护单位管理机构编制立项报告，经省级文物行政部门初审后报国家文物局审批，国家文物局组织立项审核并出具批复意见。全国重点文物保护单位应根据安防、消防或者防雷等不同安全防护工程类型，分别编制立项报告，分别申报立项审批。工程规模较大需要分期实施的，应在立项报告中予以说明。

立项报告文本要按照《全国重点文物保护单位文物保护工程立项报告》规范文本编制，并重点明确以下内容：

（一）全国重点文物保护单位概况，实施安全防护的对象和具体范围。

（二）根据文物类型、特点以及人防、物防和所处环境条件等，对可能存在的被盗、遭受破坏、发生火灾和雷击等安全隐患进行风险评估。

（三）针对防护对象的特点和风险，按照适度适用的原则，确定工程主要内容、技术手段和防护措施。属于升级改造工程的，要对原有设施设备运行状况、使用功能和覆盖范围等进行全面详细勘察评估。

（四）项目实施和运行维护的组织机构、人员、措施和投入等保障条件。

（五）根据工程规模和实际需求，据实合理编制工程估算，并列出测算依据和标准。

（六）附有防护对象的平面图、分布图、主要文物的现状照片、风险评估报告和原有设施设备评估报告等。

二、方案核准

（一）设计方案编制。批复同意立项的全国重点文物保护单位安全防护工程，由全国重点文物保护单位管理机构根据立项批复意见，组织具有相应资质和条件的设计单位，按照全国重点文物保护单位实际面临的安全风险，依据相应的标准规范合理编制设计方案。设计方案编制要坚持适度防护和最小干预，避免过度防护和设备堆砌。安防、消防、防雷设计方案应分别编制。设计方案应包括：1．立项批复文件副本；2．设计委托书；3．设计任务书；4．现场勘察报告和现状照片；5．设计说明；6．设计图纸；7．主要设备材料清单；8．工程概算书；9．主要设备材料的检验报告或者认证证书；10．人员培训细则、售后服务承诺和工程验收细则；11．设计单位的资质证明文件；12．其他需要说明的有关材料。

（二）设计方案申报、评审与核准。

全国重点文物保护单位安全防护工程设计方案应报省级文物行政部门核准，立项批复中明确需由国家文物局核准的，经省级文物行政部门报国家文物局核准。设计方案擅自扩大经批复同意的立项报告中确定的防护范围和防护要求，过度设防，虚报工程预算的，国家文物局或者省级文物行政部门将不予受理或者不予核准。

国家文物局或者省级文物行政部门在核准设计方案前，应将受理核准的设计方案送交文物安全防护工程咨询评估机构进行评审。咨询评估机构对设计方案组织评审后，应出具通过或者不通过的评审结论，提出明确的修改完善意见，并提供评审意见书。未通过评审的设计方案不得核准，应修改完善后送交咨询评估机构再次组织评审。文物安全防护工程咨询评估机构由国家文物局按照《全国重点文物保护单位文物保护项目咨询评估机构管理办法（试行）》确定并公告。评审经费由国家文物局保障。

国家文物局或者省文物局核准同意的设计方案，由全国重点文物保护单位管理保护机构按照工程内容，依据相应主管部门规定履行程序。

（三）设计方案备案。设计方案经核准同意，并按规定履行程序后，应根据相关意见形成实施方案（施工图设计），并由省级文物行政部门报国家文物局备案。备案文本中有修改完善内容的，应附详细说明。

三、工程实施与验收

安全防护工程实施要严格按照报国家文物局备案后的设计方案进行；确需变更设计方案内容的，应重新履行核准、审批和备案程序。工程实施要避免对文物本体及其环境风貌造成影响或者破坏。工程实施完成并试运行正常后，应依据有关规定组织工程验收。工程实施中，应加强设计、施工、调试等环节的衔接协调，并按有关规定进行工程监理和审计，确保工程质量。

四、设计施工单位要求

从事全国重点文物保护单位安防、消防、防雷工程方案设计、工程施工的机构，应具备相应的设计、施工或者设计施工一体化的甲级（或者一级）资质，且具有一定的文物安全防护工程设计、施工经验。对于设计施工单位相关资质或者设计施工质量存在严重问题的情形，国家文物局将向社会公告并通报相应主管部门。

五、工程监管与检查

各级文物行政部门要由负责文物安全监管职能的内设处（科、室）承担全国重点文物保护单位安全防护工程相关工作，避免多头管理。要切实加强对全国重点文物保护单位安全防护工程的指导、检查和监管工作，及时组织全国重点文物保护单位安全防护工程施工和竣工检查。施工和竣工检查可组织专家或者委托咨询评估机构进行。对在施工和竣工检查中发现的问题，要提出整改意见并督促整改完毕。具有以下情形之一的，全国重点文物保护单位安全防护工程不得竣工，情节严重的，要予以通报并向上一级文物行政部门报告；涉及违法、违规的，要依法依纪追究相关责任：

（一）破坏文物本体或者对文物周边环境风貌造成较大影响的；

（二）未严格履行全国重点文物保护单位安全防护工程申报审批程序的；

（三）未按照报国家文物局备案后的设计方案实施，擅自变更设计方案内容或者擅自更换设计方案中的主要设施设备的；

（四）施工质量存在严重问题的；

（五）未按照文物行政部门施工和竣工检查提出的整改意见整改到位或者拒不整改的；

（六）工程决算与概预算存在较大出入的；

（七）工程实施单位不符合资质要求和条件，或者资质要求和条件存在问题的；

（八）其他不得竣工的情形。

自印发之日起，全国重点文物保护单位安全防护工程申报审批与管理工作均按本通知内容执行；此前国家文物局已受理申报的立项报告和设计方案，仍由国家文物局负责审批和核准。

特此通知。

2014年12月16日

综述篇

【概述】

2014年，全国文物系统坚决贯彻习近平总书记系列重要讲话精神，全面落实党中央、国务院的决策部署，坚持稳中求进、改革创新的工作总基调，抓主抓重，攻坚克难，圆满完成全年各项任务。

一、坚决落实中央部署和习近平总书记重要指示

贯彻落实习近平总书记对正定古城、阜新万人坑遗址、侵华日军第七三一部队旧址、武汉中共中央机关旧址保护维修与展示利用的重要批示精神，及时赴现场调研，安排经费，编制方案，重点督办，狠抓落实。按照“秉持正确的古城保护理念，即切实保护好其历史文化价值”的批示要求，加快推进正定古城保护工程，实施6个文物本体保护项目和9个安消防项目，基本完成古城墙南门修复和周汉河综合整治工程。按照“务必抓紧进行维修，切实做好保护利用工作”的指示，制定阜新万人坑遗址9个保护维修方案，筹建死难矿工和抗暴青工遗骨陈列馆，实施岩土工程勘察及遗骨防潮防腐工程。按照“应加强修护工作”的指示，启动侵华日军第七三一部队旧址保护性修缮工程，开展旧址区域环境整治工作。按照“修旧如旧、保持原貌、防止建设性破坏”的指示，编制武汉中共中央机关旧址保护修缮和展示利用方案，完成旧址腾退工作，筹建旧址纪念馆，征集文物5800余件（套）。

全国人大公布设立中国人民抗日战争胜利纪念日和南京大屠杀死难者国家公祭日之后，国家文物局及时印发《关于加强抗日战争时期文物保护利用工作的通知》，逐一排查186处国保抗战遗址状况，召开抗战文物保护利用工作座谈会，启动46项抗战文物保护修缮和展示利用工程，安排经费2.1亿元。全年新增国保抗战文物开放点29个，新建纪念馆陈列馆9个，实现展陈提升55处。各地也安排了一大批省保和市县保的抗战文物保护工程。

按照“望得见山、看得见水、记得住乡愁”的要求，统筹推进传统村落整体保护利用。召开国保、省保集中成片中国传统村落整体保护利用工作会，对270个传统村落保护利用做出部署。发布实施方案及乡土建筑保护利用导则，既保持传统村落的完整性、真实性和延续性，又满足原住村民提升生活质量、改善居住条件的迫切要求。首批51个村落保护安排资金7.1亿元，以县为主的领导机构全部建立，保护发展规划全部提交，保护修缮工程和环境整治项目全面启动。

落实“一带一路”国家战略，丝绸之路跨国联合申遗项目圆满成功，相继举办“海上丝绸之路特展”和“丝绸之路”文物展，并赴坦桑尼亚举办“中非海上丝路历史文化展”。习近平主席在APEC会议期间，向各国来宾隆重推介“丝绸之路”文物展，称赞该展览生动体现了和平合作、开放包容、互学互鉴、互利共赢的丝绸之路精神。

二、积极推进行政审批制度改革

按照国务院部署，公布国家文物局文物行政审批事项新版目录。下放“境外机构和团体拍摄考古发掘现场审批”“拍卖企业经营文物拍卖许可”“外国公民、组织和国际组织参观未开放的文物点和考古发掘现场审批”“国有文物收藏单位之间交换馆藏一级文物审批”等4项审批事项。将“拍卖企业经营文物拍卖许可”和“文物商店设立审批”调整为后置审批项目。会商国家林业局特设博物馆进口犀角类中国文物藏品许可事项。

文保工程项目审批改革取得成效，实现了立项审批和方案审核分开，引入了第三方审核技术方案，实行了网报网审，出台了系列管理办法，加强了事中事后监管。全年上报项目数3072个、完成审批数2553个、项目安排数2290个、储备项目数1734个，国家重点文保

专项补助资金安排81亿元，同比数值大幅度超过2013年。这项改革的初步成功，强化了全国文物系统的改革意识，缓解了项目管理的最大瓶颈制约，进一步明晰了央地之间、行政部门与中介机构之间的责权，起到了引领文物系统全面改革的作用。

按照分类实施、稳步推进的原则，做好博物馆的基本制度设计，编制博物馆理事会章程示范文本和指导意见，指导4个博物馆开展理事会建设试点。国家文物局制定向社会购买服务目录，全年政府采购项目92个，中标金额8000余万元。

三、稳步提高文物工作法治水平

按照全国人大常委会立法规划和国务院立法工作计划，遵循“坚持方针、跟进时代、解决问题、确保质量”的思路，精心组织、扎实推进《文物保护法》修订工作。围绕修法中涉及的文物利用、社会参与、文物市场、文物保护补偿等12个课题，分赴17个省开展专题调研，为修法提供理论和实践依据。坚持开门立法、民主立法，广泛征求全国文物系统、地方有关部门和专家的意见，共收到反馈意见2000余条，在形成修法草案过程中进行了充分吸纳。草案征求意见稿已分送国务院有关部门征求意见。

完善制度、标准和规范。制修订工程申报审批、咨询评估、可移动文物修复等10余项管理制度。发布15项文物保护行业标准，启动19项行业标准立项编制。修订文物行政处罚程序暂行规定，明确委托执法的合法性。配合最高人民法院完成文物犯罪刑事案件适用法律司法解释征求意见稿。地方政府不断强化文物安全责任制，湖南省将文物安全纳入地市级党委、政府的绩效考核内容，北京市开展文物违法行为责任追究试点。

切实加大文物执法力度，国家文物局全年督办文物违法案件64起，其中立案查处41起、责令改正31起、行政处罚31起、刑事处罚4起。侦破辽宁朝阳“11·26”红山文化遗址盗掘案，抓获犯罪嫌疑人78人。北京、吉林、陕西、四川等地方政府及文物部门对违法案件的处理高度重视、认真整改，西城区天宁寺塔保护范围违法建设案、长春东本愿寺保护范围违法建设案、洛南县城隍庙违法迁建案、平武县报恩寺建控地带违法建设案得到依法妥善处理。公开曝光徐州市韩桥煤矿旧址损毁案、阿尔山市阿尔山车站损毁案等8起法人违法典型案件，中央和地方媒体积极跟进，社会反响强烈，推动了案件解决，坚定了执法信心，提振了士气，起到了警示作用。实施不可移动文物执法卫星遥感监测项目，完成10个县域单元不可移动文物消失情况监测，提升技术监管能力。

四、多措并举让文物活起来

首次召开全国文物合理利用工作交流会，推广经验，凝聚共识，研究部署文保单位开放、馆藏文物利用、文物精品展览、社会力量参与等工作。与教育部印发《关于中小学生利用博物馆开展社会实践的指导意见》，搭建中小学生社会实践活动平台。15个省份150余家博物馆开展完善博物馆青少年教育功能试点，推广博物馆青少年教育示范项目，出版博物馆教育项目示范案例。建成国家“指南针计划”上海青少年基地，弘扬中国古代发明创造成果。召开全国博物馆展览质量提升座谈会，制定提升博物馆展览质量、提高馆藏文物利用率的指导意见，完善国有馆藏文物资源共享机制。部分省份开展总馆长制探索，山西博物院为市县级博物馆完善基本陈列、输送临时展览，黑龙江省博物馆举办“一月一县”展览。面向全社会征集60个弘扬优秀传统文化、培育社会主义核心价值观主题展览项目，12个优秀展览项目纳入全国推广计划。举办博物馆及相关产品与技术博览会，306个文博机构和企业参展。举办第二届全国博物馆文化产品创意设计推介活动，一大批文博创意产品受到消费者欢迎。

配合重大外交活动，举办赴法“汉风——中国汉代文物展”和赴美“神秘的三星堆”

文物展。“文物带你看中国”3D系统在哥本哈根、巴黎、老挝中国文化中心和法国吉美博物馆落地展示。续签中美限制进口中国文物谅解备忘录，与缅甸、法国签署关于促进文化遗产领域交流与培训合作协议。举办第四届文化财产返还国际专家大会，发布《敦煌宣言》。援柬茶胶寺、援蒙辽代古塔、援乌希瓦古城保护修复工程稳步推进。举办赴台“中国南方佛教艺术展”、赴港“敦煌文化与艺术大展”、赴澳“西周霸国文物特展”。台湾历史教师中华历史文化研习营赴陕西研修。

五、切实加强文保项目和博物馆管理

西藏重点文物保护工程、山西南部早期建筑保护工程、延安革命遗址抢救保护修复工程中的82个项目完工，应县木塔严重倾斜部位和残损构件加固工程开工；赣南等原中央苏区革命遗址保护工程16个项目立项，170余处维修方案获得批复。与公安部、住建部联合印发《关于加强历史文化名城名镇名村及文物建筑消防安全工作的指导意见》，启动文物消防安全百项工程。

水下文化遗产保护取得重大进展，组建国家文物局水下文化遗产保护中心，中国第一艘水下考古研究船下水首航，调查丹东一号甲午海战北洋水师沉没战舰。宁波基地建成使用，北海基地建设启动，南海基地完成勘察设计招标，南海基地西沙工作站开工。完成三峡工程文物保护初验工作。发布国家考古遗址公园评估导则，完成12家国家考古遗址公园评估和2014年度主动性考古发掘项目实施状况评估。大运河、丝绸之路：长安—天山廊道的路网成功列入《世界遗产名录》，有序推进土司遗址、花山岩画申遗前期准备工作，启用中国世界文化遗产监测预警系统。举办哈尼梯田保护与展示国际研讨会，形成《关于梯田文化景观可持续发展红河倡议》。与住建部联合公布第六批中国历史文化名镇名村，开展首批中国历史文化街区认定工作。

全国博物馆总数达到4510家，其中新增博物馆345家，非国有博物馆占比22%。辽宁、云南、贵州、黑龙江等省级新馆积极筹备开馆，地市级博物馆建设项目完工47个、在建14个。开展央地共建博物馆运行评估和博物馆免费开放绩效考评；制定国家二、三级博物馆运行评估办法，指导各地完成632家国家二、三级博物馆运行评估。印发民办博物馆设立指导意见，规范民办博物馆发展。中央财政安排经费6.6亿元，实施一批可移动文物修复项目和53个博物馆藏品预防性保护项目；完成8000余件（套）珍贵文物和2万余枚简牍修复。

开展7家文博单位民间收藏文物鉴定试点，指导各地开展涉案文物鉴定工作。完成345家文物拍卖企业60余万件（套）拍卖标的备案，治理互联网违法拍卖文物活动。会同国家新闻出版广电总局治理一批文物鉴定类违法违规广播电视节目。组建国家文物进出境审核内蒙古、西藏管理处，联网运行文物进出境审核信息管理系统。国家文物局向中国国家博物馆划拨11件珍贵文物、与台湾佛陀纪念馆签署河北幽居寺流失佛像捐赠协议，上海海关向文物部门移交1600余件走私罚没文物，湖南省从境外成功征集商代青铜重器皿方罍器身。

六、进一步夯实文物基础工作

在全国各地文物部门的共同努力、各级财政部门的大力支持、各行业主管部门的积极配合下，第一次全国可移动文物普查完成国有单位文物收藏情况摸底，普查对象涉及20个行业100多万家国有单位，其中收藏保管文物的国有单位约1.53万家，申报藏品近4200万件（套）。全面铺开文物认定工作，甘肃、宁夏、广西、陕西已完成文物认定工作。制定馆藏文物、出土（水）文物和馆藏自然类藏品登录规范，建成全国可移动文物信息登录平台，推进普查文物信息采集登录工作。建立检查督导、质量抽查和数据审验机制，狠抓进度管理和质量控制。

印发《全国文博人才发展中长期规划纲要》，启动文博人才培养“金鼎工程”。国家文物局举办35个主体班次，培训近3000人。注重基层文博管理人才培养，完成5期县级文物行政部门负责人培训班。注重青年科技人才培养，完成青年拔尖人才支持计划申报评审。与北京建筑大学完成文博类博士生招录工作。召开全国文物保护职业教育培训工作座谈会，建立文博职业教育联合培养机制，启动文博职业教育培训教材编写。遴选100余个国家文物局培训业务合作机构和9个文博人才培训基地。充实全国重点文物保护工程方案审核专家库，新增专家354名。

在科技部支持下，新增2项国家科技支撑计划，完成5项国家科技支撑计划项目的中期评估和前四批行业重点科研基地运行评估，组建国家文物局重点科研基地西藏联合工作站。组织开展博物馆保存环境监控设备技术交流，提高基层博物馆预防性保护方案编制和项目实施能力。加强文物系统信息化建设顶层设计，以点—面—线结合的方式，启动实施精品文物数字产品、精品展览数字产品、智慧博物馆等行业信息化试点工作，扩大信息消费，促进文物关联产业和创意产业发展。

举办文化遗产日、国际博物馆日和国际古迹遗址日活动；开通运行国家文物局官方微博，发布信息1000余条，粉丝总量突破10万，荣获人民网和新浪网十大党政机构微博影响力飞跃奖。组织协调主流媒体和网络媒体联合发力，成功进行大运河、丝绸之路成功申遗和抗战文物保护利用成果的专题宣传。建立每日舆情收集通报机制，提高文物舆情研判和网络事件处置能力。国家文物局官网改版上线，加大信息公开力度，开展文博政务服务。完成“十二五”规划中期评估，开展“十三五”规划前期研究，推进《中国文物志》编纂。

【法治建设】

《文物保护法》修订

根据全国人大常委会立法规划和国务院2014年立法工作计划，国家文物局成立了《文物保护法》修订草案研究起草工作小组，组织对12个修法研究课题开展深化研究，先后赴17个省区市进行实地调研。起草《中华人民共和国文物保护法修订草案（征求意见稿）》，征求各地文物部门、有关文博单位、社会组织和中央各有关单位意见。

《博物馆条例（草案）》报审

配合国务院法制办对《博物馆条例（送审稿）》进行了修改完善，形成《博物馆条例（草案）》，9月报国务院常务会议审议。

《水下文物保护管理条例》修订研究

《水下文物保护管理条例》修订列入2014年国务院立法工作计划，国家文物局组织国家文物局水下文化遗产保护中心对《水下文物保护管理条例》进行修订研究。

文物保护普法宣传

委托文物出版社编辑出版《文物保护法研究专辑》系列，供文物立法工作者、文物法制工作者、文物法律研究者学习参考。全面改进国家文物局官网，加大文物政府信息公开力度，增加文物法制建设建言栏目；开通国家文物局政务微博，实现文博重要信息实时互动交流。落实“谁执法谁普法”的要求，在执法过程中向违法责任主体宣传文物保护法律法规，使违法者正确认识违法行为，树立文物法制意识；及时将国家文物局督办的重大文物违法案件信息向社会公开，发挥违法案件的警示教育意义。

【文物宣传】

重点工作宣传

围绕国家文物局2014年度重点工作、重大活动，推动政务公开。组织文化改革发展、可移动文物普查、抗战文物保护利用、文化遗产日、大运河和丝绸之路跨国申遗、文物违法案件通报会等8次新闻发布会、通气会。全年组织媒体集中报道95次。

重要专题宣传

成功组织2014年文化遗产日景德镇主场城市活动、国际博物馆日南京博物院主会场活动。做好文化遗产保护无锡论坛、国际博物馆日、丝绸之路跨国申遗、文化遗产日、加强文物合理利用工作交流会、抗战文物保护利用、水下考古工作船下水和首航、河南文化遗产保护、敦煌文化财产返还国际专家会议、“南海Ⅰ号”发掘等重点工作专题宣传，协调组织新华社、人民日报、光明日报、中央电视台等媒体进行宣传报道。

官方微博开通

2014年4月8日，国家文物局官方微博——“中国文博”上线。截至2014年12月31日，共发布微博1094条，原创率达90%以上，微博粉丝数量突破10万。官方微博围绕国家文物局重点工作，对全国十大考古新发现、全国博物馆十大陈列展览精品、可移动文物普查、文物消防安全、传统村落保护等进行了专题策划；针对突发热点舆情如南京城墙太平门通道改建、国保单位宁波市江北天主教堂火灾等，主动发声、及时回应；围绕节假日开展微博线上活动，吸引网友参与。“中国文博”荣获2014年党政机构微博影响力飞跃奖。

舆情监测与应对

加强舆情监测工作，舆情收集工作由半月报送改为每日报送，及时跟踪、应对了郑州安氏古宅遭限期征迁、南京城墙太平门通道改建工程、陕西洛南县城隍庙被拆等舆情事件。启动重点舆情专报工作，针对云南迪庆独克宗古城火灾、贵州报京侗寨火灾、鸡公山近代建筑群第119号别墅火灾、西安城墙违建电梯等热点事件的起源和历程进行整理研究，为决策应对提供研判依据。

【执法督察】

案件督办

2014年，全国文物安全形势总体平稳。全年各地上报立案查处的行政违法案件总数163起，较2013年减少了73起，同比下降27.8%，涉及全国重点文物保护单位的行政违法案件32起，较2013年减少了4起。

国家文物局全年直接督办文物违法案件64起。按保护级别分：国保33起，省保5起，市县保8起，三普点17起，历史建筑1起。按违法类型分：破坏文物本体的15起（国保2起、省保2起、市县保6起、三普点5起），文物保护单位周边违法建设的35起，擅自改变文物用途的3起，其他违法类型11起。64起案件中，立案查处并实施行政处罚的22起，其中处罚金额为50万元的有4起；涉及公安机关立案的有6起；针对法人违法行为追究行政责任的8起；督办处理结束后，当地政府加强了文物机构和编制建设的2起。

文物违法典型案件曝光

2014年10月16日，国家文物局公开通报了8起文物违法典型案件：四川省绵阳市平武县全国重点文物保护单位平武报恩寺建设控制地带内违法建设案、吉林省省级文物保护单位东本愿寺旧址保护范围内违法建设案、陕西省商洛市洛南县县级文物保护单位城隍庙遭擅自迁移拆除案、北京市西城区全国重点文物保护单位天宁寺塔保护范围内违法建设案、广东省河源市龙川县县级文物保护单位洋溪桥遭故意损毁案、江苏省徐州市贾汪区省级文物保护单位徐州韩桥煤矿旧址遭故意损毁案、内蒙古自治区兴安盟阿尔山市全国重点文物保护单位阿尔山车站遭故意损毁案、河南省博爱—洛阳煤层气输气管道工程建设单位擅自施工破坏古文化遗址案。国家文物局主动联系相关省（自治区、直辖市）政府，分析案情、交换意见，提出查处建议，对重点案件进行督察暗访，深入现场掌握第一手情况，听取各利益相关方意见，明确要求重点案件由省级政府进行督办，市级政府作为调查和查处的主体，按照干部管理权限依法对负有责任的党政干部给予处分，对涉案单位依法依规给予处罚，涉嫌刑事犯罪的由公安机关立案侦查。各省（自治区、直辖市）政府高度重视，积极主动配合国家文物局典型案件督察工作，及时反馈了查处意见。中央和地方媒体积极跟进，社会反响热烈，坚定了执法信心，提振了士气。

专项督察

2014年，国家文物局首次将卫星遥感监测应用到古城保护中文物违法与消防安全专项督察，实现了文物督察由“点”到“面”、由“被动”到“主动”的转变，提升了文物部门的监管能力，震慑了文物犯罪和违法违规行为。此次专项督察，各地自查100个县域单元，共统计不可移动文物31928处，国家文物局抽取了其中10个县域单元进行卫星遥感监测督察，监测不可移动文物3719处。

联合执法

2014年，国家文物局与新成立的中国海警局延续我国管辖海域文化遗产联合执法合作。围绕海警新职能，研究联合执法新思路、新形式。中国海警局已将近海22处重要古沉船遗址纳入海警日常巡航范围。5月，在中国海警局和国家文物局指导下，浙江省文物监察总队、中国海监浙江省总队联合举办了“浙江省部分管辖海域内文化遗产联合执法演习活动”。

文物行政执法能力建设

针对当前非国有不可移动文物管理领域存在的突出问题与执法难点，开展“非国有不可移动文物行政执法理论与方法”课题研究。与中央编办研究中心联合开展文物行政执法体制机制研究。开展2014年度文物行政处罚案卷评查工作，提升文物执法人员执法水平和能力，推动文物行政执法部门依法行政。组织文物行政执法培训工作。与人事司教育培训处共同组织江苏、浙江、湖南、山东文物行政执法人员片区培训班，培训基层文物行政执法人员547人。

社会力量参与文物执法活动

社会力量参与文物安全与行政执法活动的热度呈上升趋势，许多文物违法案件或者安全事故信息来源于志愿者或者社会文物保护人士。为进一步发挥社会力量的积极作用，在国家文物局指导下，北京市文物局开展了“文物安全保护志愿服务行动”，到岗志愿者536人，866处文物点被志愿者认领，覆盖全市不可移动文物的25%，增强了社会力量参与文物执法与安全工作的力度，取得良好社会反响。

【文物安全】

文物安全防护工程审批制度改革

委托并指导第三方咨询评估机构开展三防项目审核，审核三防立项和设计方案1000余项，确保了年度中央专项补助经费安排的项目储备。加强工程管理，委托第三方咨询评估机构对承德避暑山庄及周围寺庙进行了竣工检查试点。在总结经验的基础上，提出了《深化文物安全防护工程审批改革工作初步方案》。

文物消防安全百项工程

根据古城、古镇、古村落火灾频发的严峻形势，确定10处古城、古镇、古村落的文物消防规划编制试点，确定100处文物保存丰富的古城、古镇、古村落和古建筑群，分年度实施“文物消防安全百项工程”。截至2014年年底，古城、古镇、古村落的文物消防规划编制工作已经启动。

督办文物安全案件（事故）

国家文物局全年接报文物、博物馆单位发生文物安全案件（事故）159起。其中，古遗址、古墓葬被盗掘案件104起，盗窃、盗抢文物案件30起，火灾事故18起，其他文物安全事故7起。国家文物局对云南迪庆独克宗古城火灾、山西圆智寺火灾、湖南岳麓书院明伦堂古树倾倒等重大安全事故进行了督察督办。

打击文物犯罪

2014年，在公安部和国家文物局指导下，各地公安和文物部门落实联合打击文物犯罪长效机制，加大打击力度，取得重要战果，极大震慑了文物犯罪。陕西省公安和文物部门联合开展的“秦鹰”行动中，破获各类文物犯罪案件347起，抓获犯罪嫌疑人442人，追缴各类文物1701件（套）。辽宁省朝阳市公安机关破获系列盗掘古文化遗址、古墓葬案件，打掉10个犯罪团伙，抓获犯罪嫌疑人160人，涉案文物2000余件，其中经辽宁省文物保护中心认定的一级文物有123件。浙江省绍兴市公安机关破获系列盗掘古墓葬、盗卖文物案，抓获犯罪嫌疑人106名，缴获文物400余件。积极协调配合最高人民法院起草了《最高人民法院、最高人民检察院关于办理文物犯罪刑事案件适用法律若干问题的解释（征求意见稿）》，组织召开了司法解释征求意见稿座谈会。

文物安全防护研究

针对非国有不可移动文物保护管理领域存在的突出问题与执法难点，开展“非国有不可移动文物行政执法理论与方法”研究。与中央编办研究中心联合开展文物行政执法体制机制研究。推动出台《火灾损失统计办法》，明确了文物建筑火灾损失评估的具体要求，改变了以往等同于民用建筑火灾的评估方式，文物建筑的无形价值得到基本体现。研究起草《文物建筑消防工程设计导则》《文物建筑电气火灾防控设施配置规范》等标准规范，起草完成《文物系统博物馆风险等级和平安防护级别的规定》修订稿。

文物安全防护科技应用

在河北、安徽、四川开展的文物建筑电气火灾智能防控试点，安排西藏3处国保单位试点配置分布式高压喷雾灭火系统。新疆无人区域田野文物安全防护巡查集成装备预研究和文物安防系统远程监管平台试点项目取得初步成果。

边疆少数民族地区文物保护员工作座谈会

为贯彻落实中央领导批示精神，2014年8月在锡林郭勒盟组织召开边疆少数民族地区文物保护员工作座谈会，9个省份的文物部门负责同志参加会议，专题研讨边疆和少数民族地区文物安全保护措施。

【考古工作】

基本建设工程中的考古和文物保护

按照国务院三峡工程建设委员会部署，国家文物局承担了三峡工程文物保护专项验收工作。5月，编制完成《三峡工程文物保护专题验收工作大纲》，指导湖北、重庆等地做好三峡工程文物保护专题验收工作，组建验收工作组、专家组，报国务院三峡工程建设委员会备案。湖北、重庆两省市专项验收的初验工作基本完成。继续推进《南水北调工程·文物保护卷》编撰工作。不断加强对国家原油及成品油管网、南水北调、高速公路、铁路等国家重大基本建设工程，以及各地城市建设中的考古项目审批和指导；批准洛阳市城市轨道交通1号线和2号线、伊川—孟津天然气输气管道、西安北客站至机场城际轨道交通工程等涉及全国重点文物保护单位的重大建设项目，既有效保护了文物资源，又有力促进了国家经济社会的发展，实现了保护与建设的双赢。

《建设项目文物影响评估技术导则》编制

3月，国家文物局委托中国文物信息咨询中心编制《建设项目文物影响评估技术导则》。该导则旨在对建设项目文物影响评估工作的基本要素、工作步骤、技术手段等提出指导性意见，以增强工作的科学性和权威性。

考古管理

完善考古发掘电子审批系统，加强全国考古发掘项目的申报与监管。推动大遗址考古工作的科学、系统开展。全年批准实施688项考古发掘项目，批复河北泥河湾遗址群等40余处大遗址考古工作计划，对陕西、云南、四川、江西等地重点发掘项目的考古、保护工作予以指导，组织开展2014年度考古项目实施评估工作。委托开展《考古工作质量评估》和《考古勘探工作规范》研究工作，为相关制度规范的制定奠定基础。

2013年度全国十大考古新发现

4月，国家文物局指导中国考古学会、中国文物报社举办“2013年度全国十大考古新发现”评选活动。评选出的项目为陕西宝鸡石鼓山西周墓地、湖北随州文峰塔东周墓地、山东沂水纪王崮春秋墓葬、湖南益阳兔子山遗址、四川成都老官山西汉木椁墓、河南洛阳新安汉函谷关遗址、陕西西安西汉长安城渭桥遗址、江苏扬州曹庄隋唐墓（隋炀帝墓）、四川石渠吐蕃时代石刻、江西景德镇南窑唐代窑址。

【大遗址保护】

贯彻落实国务院领导同志关于大遗址保护的重要指示

4月8～11日，中共中央政治局委员、国务院副总理刘延东在河南调研期间赴殷墟遗址考察。为落实刘延东同志指示精神，国家文物局派员赴现场调研，召开专题会议，积极协调地方政府和有关部门推动具体工作。国家文物局印发《关于进一步加强殷墟保护工作的意见》，明确提出殷墟下一阶段文物保护、规划编制、村民搬迁、城市发展等方面的指导意见。

5月8日，中共中央政治局委员、国务院副总理刘延东考察圆明园遗址保护情况。随后国家文物局会同北京市政府，明确圆明园保护要以西洋楼遗址和大宫门遗址的考古、保护、监测、展示、搬迁和环境整治工作为重点，进一步改善圆明园遗址周边环境，提升整体展示利用水平。

国家文物局加强对河南、江西、山东、陕西等省大遗址保护工作的检查和调研，推动曲阜鲁国故城、秦咸阳城、隋唐洛阳城、郑州商城等大遗址保护和考古遗址公园建设工作。

大遗址保护项目

批准同意扬州城遗址、定陶王墓地、龙湾遗址、北戴河秦行宫遗址、邢窑遗址、燕下都遗址、齐国故城、鲁国故城、渤海中京城遗址、铜官窑遗址、景德镇御窑厂遗址、盘龙城遗址、湖田窑遗址等重要遗址保护工程设计方案140余项，批准同意古遗址、古墓葬保护规划及保护工程立项350余项。

国家考古遗址公园运行评估

2月25日，国家文物局在西安召开了“国家考古遗址公园运行评估工作现场会”，部署首批12家国家考古遗址公园评估工作。3月，国家文物局印发《关于开展2014年度国家考古遗址公园评估工作的通知》，发布了《国家考古遗址公园评估导则（试行）》，启动了首批12家国家考古遗址公园评估工作。本次评估以《国家考古遗址公园评估导则（试行）》为基本依据，对国家考古遗址公园在遗址保护与展示、日常管理与监测、公众服务与环境、自身建设与发展等方面的情况进行了全面摸底，形成了《国家考古遗址公园评估总报告2014》和12本针对每个国家考古遗址公园的分评估报告。

评估表明：国家考古遗址公园是国家文物局坚持正确的保护理念、积极回应经济社会发展的产物，是当前及今后一段时期内有效协调城市建设与文物保护的基本手段之一，对保护位于城市核心区及郊区的重要古遗址、古墓葬，建设极具特色的人文城市具有十分重要的积极意义。国家考古遗址公园建设在有效保护文物的前提下，不但积极主动地为当代人提供了解文物、认识文物和欣赏文物的文化场所和空间，而且美化了文物所在城市的城市空间，带动了当地的旅游业等相关产业，甚至促进了当地产业结构的转型，为利益相关者带来可观的收益。

【水下文化遗产保护】

国家文物局水下文化遗产保护中心

6月，经中央编办批复同意，国家文物局水下文化遗产保护中心按独立建制正式组建，成为我国第一个国家级的水下文化遗产保护专业机构。水下文化遗产保护工作初步形成“立足沿海、兼顾内水，依托中央、调动地方”的宏观布局，宁波基地建成投入使用，北海基地奠基开工建设，“国家水下文化遗产保护工作协调小组”的部门间沟通协调机制得到完善。

全国水下文化遗产保护工作会议

9月4日，国家文物局在山东省青岛市组织召开全国水下文化遗产保护工作会议。国家文物局、外交部、科学技术部、公安部、交通运输部、国家海洋局、海军等“国家水下文化遗产保护工作小组”成员单位代表，沿海和部分内水水域的各有关省（区、市）文物部门、科研机构和高等院校代表参加了会议。文化部副部长、国家文物局局长励小捷出席会议并作重要讲话，童明康副局长主持会议并做总结讲话。会议总结了“十二五”期间我国水下文化遗产保护工作成果，明确了“十三五”期间的工作思路，为水下文化遗产保护规划布局。

水下考古项目

2014年初，国家文物局组织国家文物局水下文化遗产保护中心对各地上报项目进行了评审，全年共审批“南海Ⅰ号”、丹东港水下沉船、河北东坑坨Ⅰ号沉船遗址、福建漳州水域调查、天津水下文物重点调查等水下考古调查、勘探、发掘项目10余项，有力地促进了水下考古工作的开展。

批复“南海Ⅰ号”2014年度保护发掘工作方案。国家文物局水下文化遗产保护中心、广东省文物考古研究所联合开展“南海Ⅰ号”沉船考古发掘工作，完成遗留锈蚀物和扰土清理，部分探方完成表层沙土清理，出土完整器物标本近200件，残损标本近2000件，部分船货和船体结构已经显现。加强现场监测和船体、出土文物保护工作，最大限度地确保文物安全。

“小白礁Ⅰ号”沉船发掘工作顺利完成，多学科多部门通力协作开展水下考古工作的模式具有很好的示范意义。辽宁姜女石遗址水下调查项目将水下考古与陆地考古结合起来，探究“姜女石”等海蚀柱与岸上秦汉宫殿建筑之间的关系，改变了以往以水下沉船为主要研究对象的局限，是水下考古学科建设的一次重要探索。

首艘考古研究船试航

8月，“中国考古船01”在山东省青岛市正式交付使用。9月4日首航丹东，10月3日抵达唐山，10月30日返回青岛母港。历时5年的考古研究船顺利建成、交接，并在丹东Ⅰ号、东坑坨Ⅰ号沉船调查项目中试航、检验，标志着我国水下文化遗产保护技术装备水平达到了新的水平。

【不可移动文物保护维修】

重大文物保护工程

西藏“十二五”重点文物保护工程开工建设27个项目，完工14个项目。西藏文物部门结合西藏自治区党委、政府“支农扶农”“确保农牧民增收”等一系列决策部署，注重引导和吸纳当地农牧民群众参与文物保护工程建设，既解决了就业，增加了现金增收，又提高了文物保护意识，共享了文物保护成果。

山西南部早期建筑保护工程是以山西南部长治、晋城、运城、临汾4个市境内保存的105处元代及元代以前木构建筑为主体开展的抢救性保护工程。105处项目中有73处维修完工，其余32处正在实施。

应县木塔保护工程顺利实施。1月6日，国家文物局组织召开了应县木塔严重倾斜部位及严重残损构件加固方案专家评审会，原则通过了中国文化遗产研究院编制的实施方案；分别批复了《应县木塔严重倾斜部位及严重残损构件加固工程方案》和《应县木塔变形监测方案（2014～2016年）》，应县木塔保护工程进入正式实施阶段。山西省文物局牵头成立应县木塔加固工程领导小组，全面负责后续工程组织实施、工程管理等相关工作，确保工程顺利开展。

四川“4·20”芦山地震灾后文物抢救保护工程实施。列入《芦山地震灾后恢复重建总体规划》中的不可移动文物抢救保护项目共计136个，2014年规划资金33882万元全部下达地方，工程立项、方案编制与审批基本完成，各项工程进入实施阶段。

玉树灾后文化遗产抢救保护工程圆满完成。国家投入资金5亿元，实施63项文物保护工程，其中全国重点文物保护单位项目4处、省级文物保护单位项目20处、县级文物保护单位项目3处、一般不可移动文物保护项目30处、文博基础设施建设项目4处、少数民族文化遗产保护项目2处。截至9月底，上述工程全部完成验收备案，并全部移交当地政府或相关使用管理单位。玉树地震灾后文化遗产抢救保护工程，是全世界迄今为止在高海拔和气候条件相对恶劣的地区进行的最大规模文物保护工程。由于在玉树灾后重建工作的突出成绩，青海省文物局被全国中华总工会授予全国五一劳动奖状，被国家发改委、民政部、解放军总政治部授予玉树灾后重建先进集体等光荣称号。

文物保护样板工程以安徽省呈坎村古建筑群、黄田村古建筑群以及河北省易县清西陵的保护和利用工作为试点，重点探索解决文物合理利用问题和工程质量、工程管理水平问题，从而树立科学合理利用和工程管理的典型范例。4月，文物保护样板工程安徽省试点项目正式开工。泾县黄田村一期重点工程拟对思永堂、崇德堂、东新桥、本立堂、敦睦堂、敬义堂、文昌阁等进行全面维修，徽州区呈坎村一期重点工程拟对春光宅、罗嗣海宅、罗来滨宅、罗会度宅4幢古民居进行维修保护，相关工作正在有序推进。

文物保护工程资质管理

根据进一步转变政府职能、简政放权、加快培育社会组织的要求，2014年印发了《文物保护工程勘察设计资质管理办法（试行）》《文物保护工程施工资质管理办法（试行）》《文物保护工程监理资质管理办法（试行）》，进一步明确资质资格管理的程序要求和规范。完成文物保护工程勘察设计甲级、施工一级、监理甲级资质的评审和日常管理工作，新评定文物保护工程勘察设计甲级、施工一级、监理甲级资质86项。

第六次全国文物保护工程会

11月20日，国家文物局在山东省济南市召开“第六次全国文物保护工程会”。国家文物局、各省文物部门、中国古迹遗址保护协会、国文琰公司、国文信公司、全国十佳文物保护工程获奖单位代表共110余人参加了会议。国家文物局副局长童明康作了《深化改革、规范管理、推动文物保护工程的全面发展》的主旨报告，全面总结了两年来我国文物保护工程在理念创新、深化改革、重点项目实施等方面取得的显著成绩，深入分析了各地在工程审批改革、法规体系建设、文物保护理念、人员队伍培养等方面存在的问题，全面部署了今后两年的重点任务。与会代表分组讨论了会议主旨报告以及文物保护工程验收办法、古建筑保护工程施工组织设计编制要求、古建筑保养维护操作规程等会议文件。会议还为荣获首届全国十佳文物保护工程称号的单位颁发了荣誉证书。

文物保护标工程准规范研究

编制完成《古建筑保护工程施工组织设计编制要求》《古建筑日常保养技术规程》《文物建筑保护工程预算定额（南方地区）》，启动《古建筑保护工程检查管理办法》预研究工作。

【世界文化遗产保护】

大运河、丝绸之路成功申遗

2月，国家文物局组织编制并提交了大运河申遗第二次补充材料。4月，文化部、国家文物局在北京组织召开大运河保护和申遗省部际会商小组第五次会议，研究论证中国大运河缓冲区管理细则、环境景观保护与协调导则等技术指导文件，推动各有关省（直辖市）和地市政府及其文物行政部门进一步调整、扩大大运河部分遗产点段缓冲区范围，编制联合国教科文组织第38届世界遗产委员会会议的参会预案和说明材料。

1月，中哈吉三国丝绸之路跨国联合申遗第四次工作组会在北京召开，讨论丝绸之路申遗补充材料编写工作及相关申遗事宜。2月，丝绸之路申遗补充材料提交。5月，丝绸之路世界文化遗产保护专题论坛会议在陕西西安召开，旨在加强丝绸之路遗产点间的对话和交流。

6月，国家文物局副局长童明康率团赴卡塔尔多哈出席联合国教科文组织世界遗产委员会第38届会议。6月22日，大运河、丝绸之路：长安—天山廊道的路网通过世界遗产委员会审议，成功列入《世界遗产名录》，成为我国第32、33处世界文化遗产，保持了我国连续12年成功申报世界文化遗产的良好势头。截至2014年，我国世界遗产总数达到47项，居世界第二位。9月，国家文物局分别在扬州和西安召开大运河、丝绸之路保护管理工作会，研究部署两大项目成功申遗后的后续保护、管理和利用工作。

土司遗址、花山岩画文化景观申遗项目

1月，国务院将土司遗址确定为2015年中国申报世界文化遗产项目，国家文物局指导地方修改、完善土司遗址申遗文本，并正式提交联合国教科文组织世界遗产中心。2～8月，国家文物局多次赴相关遗产地召开申遗工作推进会，指导各地做好土司遗址申遗点的保护展示、环境整治和国际专家现场考察评估准备工作。9月，国家文物局组织各地完成土司遗址国际专家现场评估考察工作，并于10月组织编制并提交了土司遗址申遗第一次补充材料。

8月，国家文物局将左江花山岩画文化景观确定为2016年申报世界文化遗产推荐项目。9月，左江花山岩画文化景观的申遗文本报送至世界遗产中心预审，并按照世界遗产中心反馈的预审意见对申遗文本进行修改完善。

世界文化遗产监测

中国世界文化遗产监测预警国家总平台和基础数据库建设稳步推进，国家文物局多次赴各世界文化遗产地、世界文化遗产预备名单项目所在地进行监测巡视，推动各遗产地的保护管理和遗产监测工作。委托中国文化遗产研究院开展“中国世界文化遗产地监测预警体系建设评估（一期）”项目，评估各监测预警体系建设试点单位工作进展和实施效果，深入研究监测预警工作思路和管理模式，为完善我国世界文化遗产监测预警体系提供科学依据。国家文物局组织编制并提交了布达拉宫历史建筑群，武当山古建筑群，曲阜孔庙、孔林和孔府，丽江古城（束河古镇火灾）4处世界遗产保护状况报告。3月，武当山古建筑群接受世界遗产中心、国际古迹遗址理事会、国际文物保护与修复研究中心的联合反应性监测，世界遗产委员会第38届大会审议通过武当山古建筑群保护状况，并要求对布达拉宫历史建筑群、曲阜三孔开展反应性监测。11月，曲阜三孔接受了国际古迹遗址理事会的反应性监测，布达拉宫历史建筑群反应性监测延期至2015年4月。2014年年底，国家文物局组织编制了红河哈尼梯田文化景观和澳门历史城区的保护状况报告。

世界文化遗产保护工程

国家文物局加强对承德避暑山庄及其周围寺庙、平安故宫、明清皇家陵寝、大足石刻等重大保护工程的指导和检查，稳步推进工程进度。9月，国家文物局组织专家组赴承德避暑山庄及其周围寺庙进行了工地检查和实地踏查，对后续工作提出了指导意见。

长城保护

2014年，“长城保护工程（2005～2014）”进入收官阶段。1月，国家文物局正式印发《长城“四有”工作指导意见》《长城保护维修工作指导意见》，为各地进一步提升长城保护工作水平提供了重要依据。国家文物局委托中国文化遗产研究院和有关专业单位，开展了秦汉及早期时代长城调查数据整合、数据库建设及长城资源信息系统升级工作，起草“长城保护工程”检查验收工作方案。

红河哈尼梯田文化景观可持续发展国际学术研讨会

10月，国家文物局、云南省人民政府共同举办了“红河哈尼梯田文化景观可持续发展国际学术研讨会”，来自联合国教科文组织、国际古迹遗址理事会、国际文物保护与修复研究中心和遗产地社区的代表，以及来自相关国际专业机构和亚洲各有关国家的专家出席会议，发布了《关于梯田文化景观可持续发展的红河倡议》。

【博物馆管理】

博物馆年检备案

完成2013年博物馆年检备案及名录公布。全国备案博物馆4165家，其中国有博物馆

3354家、民办博物馆811家。

博物馆质量评估

制定国家二、三级博物馆运行评估办法及指标体系，指导各省（区、市）开展国家二、三级博物馆运行评估。推进博物馆免费开放绩效考评和央地共建博物馆运行评估工作。召开生态博物馆示范点建设结项验收和建设成果总结，研究探索生态博物馆下一步建设发展的路径。

博物馆理事会制度

赴云南、山西、上海等地开展博物馆理事会制度建设专题调研，指导各级各类试点博物馆探索开展理事会建设工作，编写《博物馆理事会章程示范文本》。

民办博物馆设立规范与专业培训

8月1日，国家文物局印发《关于民办博物馆设立的指导意见》，规范民办博物馆的建设发展。10月14～21日，在无锡举办第四届全国民办博物馆馆长培训班。来自全国28个省区市的40位民办博物馆馆长参加，就民办博物馆的角色与职业道德、藏品管理、陈列展览、教育与开放服务等开展培训。

“四大博物馆”筹建

召开数次专家座谈会，征求对国家自然历史博物馆、国家当代艺术博物馆、国家考古人类学博物馆、国家设计博物馆的建设意见。赴中国科协、中国社科院等单位，就博物馆建设可行性、文物藏品资源、建设基础情况进行专题调研。赴北京、重庆、上海等地对相关博物馆建设意向进行专题调研，探讨有关博物馆落户地方的可能性。

博物馆青少年教育

在北京、陕西等15个省（市）的150余家博物馆开展“完善博物馆青少年教育功能试点”申报工作，挖掘凝练教育课程和体验项目1000余项，组织实施教育活动3000余场次，惠及中小学生134万余人。通过试点工作，总结了地方经验，凝练了一批项目、形成了一批资源、积累了一批教案教材，印发了《博物馆青少年教育示范项目汇编》。江苏、四川、陕西等省份已初步建立起文物、教育、财政、精神文明办等多部门联动机制，重庆、苏州、杭州等部分地区已经建立了中小学生定期参观博物馆的长效机制。召开完善博物馆青少年教育功能试点工作总结推广会，与教育部联合发布《关于中小学生利用博物馆开展社会实践的指导意见》，建立完善中小学生到博物馆参观学习的长效机制。

丝绸之路文物展览

为配合“一带一路”国家战略，发挥文物工作服务大局的积极作用，4月和11月，分别在首都博物馆、中国国家博物馆举办“直挂云帆济沧海——海上丝绸之路特展”以及“丝绸之路”文物展。“丝绸之路”文物展累计观众25万人，取得了良好反响。国家主席习近平在APEC“加强互联互通伙伴关系”对话会期间，向各国来宾隆重介绍了“丝绸之路”文物展，称赞该展览生动体现了和平合作、开放包容、互学互鉴、互利共赢的丝绸之路精神。刘奇葆、刘延东同志分别参观了该展览。

“弘扬中华优秀传统文化、培育社会主义核心价值观”主题展览项目征集

面向全国开展“弘扬中华优秀传统文化、培育社会主义核心价值观”主题展览项目征集工作，征集到27个省份的60个展览项目，遴选了13个优秀展览项目，对每个入选优秀项目给予8万元编制经费补助。在《中国文物报》开辟专栏，对入选优秀项目进行重点推介。

博物馆陈列展览质量提升

国家文物局委托国家文化发展国际战略研究院开展陈列展览质量提升调研。8月6日，

国家文物局在黑龙江省哈尔滨市组织召开了省级博物馆馆长参加的博物馆展览质量提升座谈会。起草并发布《关于提升博物馆展览质量的指导意见》，旨在促进策展人制的建立，支持国家一级博物馆与基层博物馆建立借展、联展、巡展合作机制，鼓励在总分馆制、博物馆联盟等方面加强探索，使馆藏文物“活起来”。

第十一届全国博物馆十大陈列展览精品

5月18日，第十一届（2013年度）全国博物馆十大陈列展览精品评选颁奖仪式，在“5·18”国际博物馆日全国主会场江苏南京博物院举行。由国家文物局指导，中国博物馆协会、中国文物报社主办的第十一届（2013年度）全国博物馆十大陈列展览精品评选活动，共收到了来自27个省、市、自治区申报的64个合格陈列展览项目。经过初评，20个陈列展览项目入围终评。国家文物局委托中国文物报社编辑出版了《含英咀华——2013博物馆展览精品解析》。

第十一届（2013年度）全国博物馆十大陈列展览精品评选精品奖获奖名单：南都繁会·苏韵流芳——南京博物院基本陈列（南京博物院），白山·黑水·海东青——纪念金中都建都860周年特展（首都博物馆、黑龙江省博物馆），丝路帆远——海上丝绸之路文物精品七省联展（福建博物院），衡山仰止——吴门画派之文徵明特展（苏州博物馆），鼎盛中华——中国鼎文化展览（河南博物院），鹰城古韵——平顶山历史与文化陈列（平顶山博物馆），异趣·同辉——馆藏清代外销艺术精品展（广东省博物馆），“中国出了个毛泽东”陈列（韶山毛泽东同志纪念馆），共和国枪械的摇篮——庆华军工遗址博物馆基本陈列（庆华军工遗址博物馆），巧手良医——陕西历史博物馆文物保护修复工作展（陕西历史博物馆）。

第十一届（2013年度）全国博物馆十大陈列展览精品评选优胜奖获奖名单：瓷美如花——馆藏瓷器精品展（广西壮族自治区博物馆），“铁西百年记忆”陈列（沈阳工业博物馆），空灵之约——中国沉香文化展（山东博物馆、天津沉香艺术博物馆），“武陵足音”陈列（湖北省恩施土家族苗族自治州博物馆），百万雄师过大江——渡江战役纪念馆基本陈列（渡江战役纪念馆），上海电影博物馆常设展览（上海电影博物馆），“近代大连”陈列（大连现代博物馆），“海上国门”陈列（天津市滨海新区塘沽大沽口炮台遗址博物馆），傩魂神韵——中国傩戏傩面具艺术展（贵州省民族博物馆），园林博物馆展览陈列（园林博物馆）。

2014博物馆及相关产品与技术博览会

11月23～26日，中国博物馆协会第六届会员代表大会暨“2014博物馆及相关产品与技术博览会”（简称“博博会”）在福建省厦门市举办。本届“博博会”主题为“博物馆发展·科技创新·文化财富”，306个文博机构和企业参展，参展人员近6000人，观众7万多人。

第二届全国博物馆文化产品创意设计推介活动

举办第二届全国博物馆文化产品创意设计推介活动，组织开展博物馆文化创意产品设计大赛，积极动员社会力量参与博物馆文化产品设计，一大批文博创意产品受到欢迎。

馆藏珍贵文物保护

中央财政安排经费6.6亿元，实施一批可移动文物修复项目和53个博物馆藏品预防性保护项目；完成8000余件（套）珍贵文物和2万余枚简牍修复。

【社会文物管理】

文物出入境展览

国家文物局全年收到各地申报出入境文物展览71项，受理67项。其中出境文物展览

41项，已批复36项，涉及美国、英国、法国、丹麦、匈牙利、意大利、捷克、土耳其、日本、韩国、马来西亚、新加坡、澳大利亚、坦桑尼亚、香港、澳门、台湾等17个国家和地区；入境文物展览26项，已批复24项，涉及美国、法国、意大利、瑞士、俄罗斯、瑞典、波兰、捷克、日本、印度、柬埔寨、墨西哥、香港、台湾等14个国家和地区。委托中国文物交流中心编印《中国文物展览海外推介目录》。

文物进出境审核管理

召开全国文物进出境审核管理工作会议，总结“十二五”时期文物进出境审核管理工作成绩，研究部署新时期文物进出境审核管理工作要点。与海关总署商谈《合作备忘录》，完善文物进出境监管和打击文物走私联合工作机制。

会同国家林业局，特设国有博物馆进口犀角类文物许可事项，研究确定双方联合工作机制。

批准设立国家文物进出境审核内蒙古管理处、国家文物进出境审核西藏管理处。截至2014年，全国共设立文物进出境审核管理机构19个。

完善文物进出境审核信息管理系统，举办信息系统使用培训，实施文物进出境网报网审工作。2014年，全国文物进出境审核管理机构共审核进出境文物及复仿制品173122件（套），鉴定涉案文物、馆藏文物、征集文物及审核文物拍卖标的等共计832665件（套）。

文物市场监管

国家文物局全年受理《文物拍卖许可证》申领事项67起，其中批复同意46起、不批准21起。新批准24家企业增加第一类文物拍卖经营资质。开展2012～2013年《文物拍卖许可证》年审工作，撤销32家企业的文物拍卖经营资质。截至2014年，全国共有文物拍卖企业396家，其中第一、二、三类文物拍卖经营资质企业148家，第二、三类文物拍卖企业248家。

举办2014年度文物拍卖专业人员考试，共有276家企业的834人实际参加考试，其中107人在125个科目中考试合格。全国现有考试合格人员626人。

审核备案345家企业944个场次的625260件（套）拍卖标的，共撤拍标的1034件（套）。研究制订文物拍卖标的审核规范及批复文件范本，启动文物拍卖标的网报网审试点。探索开展互联网违法拍卖文物活动的监管工作。引导规范上海自贸区有关外资企业在华拍卖活动。

按照简政放权有关要求，将“拍卖企业经营文物拍卖许可”和“文物商店设立审批”调整为后置审批项目。

海外流失文物追索返还

召开流失文物追索返还工作座谈会，协调引导民间力量积极参与圆明园流失文物、日本劫掠文物返还工作。协调、指导湖南省从境外成功征集商代青铜重器皿方罍器身。促成法国政府递交归还甘肃大堡子山遗址流失金器文物的“留置令”。与台湾有关方面签署河北幽居寺被盗流失佛头捐赠协议。

民间收藏文物鉴定

制定《民间收藏文物鉴定导则（草案）》，指导天津市文物开发咨询服务中心等7家单位开展民间收藏文物鉴定试点，初步建立文博机构为公众提供专业化、常态化文物鉴定服务的格局，探索建立鉴定人员、程序、标准、结论的科学管理模式和相关制度安排。

国家文物局会同国家新闻出版广电总局健全文物鉴定类广播电视节目监管机制，对违法违规栏目进行专项治理，不断提升鉴赏类电视节目品质。

文物鉴定

完成中纪委、最高人民法院、公安部、解放军总政治部等单位委托的书画、钱币、陶瓷、青铜器等涉案文物鉴定工作，指导各地开展涉案文物鉴定工作。完成大量民间信访、机构收藏及境内外拟捐赠文物鉴定。配合第一次全国可移动文物普查的文物认定和数据审核工作。积极配合国家机关事务管理局开展相关文物及当代工艺品的鉴定工作，推动国家机关事务管理局向国家文物局移交2批共22件文物及当代工艺品，初步构建两部门联合工作机制。完成美国、瑞士、意大利、阿根廷、印度尼西亚等国政府有关部门查扣疑似中国文物的鉴定评估，并推动有关文物追索返还工作。按照国际公约和双边协定精神，通报秘鲁等国失窃文物信息，积极履行国际义务。

推动文物科技鉴定研究与应用，指导国家文物进出境审核广东管理处、国家文物进出境审核陕西管理处等单位应用科技检测手段开展陶瓷器、青铜器、杂项类文物鉴定工作。

【文物保护科技】

第487次香山科学会议

国家文物局与中国科学院共同召开“文化遗产空间观测与认知”第487次香山科学会议，来自多个国家和地区的50余位科学家和文博工作研究人员参加会议，研究提出关于空间考古的六大科学问题。

文物保护装备产业化及应用试点项目

国家文物局、工业和信息化部共同建设文物保护装备产业化及应用公共服务平台，启动实施第一批文物保护装备产业化及应用试点项目，构建“制造商+用户”“产品+服务”的新兴产业模式。近200家企业、高等院校、科研院所和文博单位参与，地方政府和相关企业投入资金8.1亿元。

国家重大科技计划项目

强化国家重点科技计划项目的绩效管理，完成中华文明探源工程等国家科技计划项目和国家文物局重点课题的中期评估及结项验收，形成新技术52项、新装备19项、技术标准草案23项、论文206篇、专著11部，培养硕博研究生269人，产生了出水陶瓷器凝结物微纳米气泡去除、考古发掘现场出土文物薄荷醇无损定型加固、糟朽纺织品丝蛋白加固、大蒜素防霉杀菌、博物馆全系统防震等一批具有推广价值和国际影响的科研成果。

围绕国家科技发展战略需求，组织有关单位开展国家高技术研究发展计划、国家科技支撑计划2015年度项目凝练与申报工作，新增“天府之国文化遗产资源集成与文化旅游综合服务研究与应用示范”等3个入库项目，《文物数字化保护标准体系及关键标准研究与示范》等2个项目出库实施。

科技成果转化

完成《文物保护科技成果转化对策研究》。组织近百家博物馆开展馆藏文物保存环境监控设备技术交流，提高基层博物馆预防性保护方案编制和项目实施能力。

开展可移动文物保护科技援藏和对口帮扶，组建国家文物局重点科研基地西藏联合工作站。引导国家文物局重点科研基地在相关省份建立工作站，截至2014年，敦煌研究院、秦俑馆、荆州文保中心、中国丝绸博物馆已经在新疆、内蒙古、河南、山东等省份建立了12家工作站。

指导完成国家指南针计划青少年体验基地和15家试点学校的一期建设，启动青少年体验基地援藏工作。

指导国家文化遗产保护科技区域创新联盟（浙江省）理事会换届，完成学术委员会的组建，部署联盟下一阶段重点工作。

【文物保护标准化建设】

继续推动国标、行标的制修订工作，《文物进出境标识使用规范》等6项国家标准、《可移动文物分类》等19项行业标准立项；发布《馆藏青铜质和铁质文物病害与图示》等3项国家标准和《近现代历史建筑结构安全性评估导则》等15项文物保护行业标准。

与国家标准管理委员会、工业和信息化部合作，启动文物保护专用设施标准化分技术委员会的筹建工作并获得批准。“山西省文物保护标准化技术委员会”挂牌成立。

加强标准宣传与推广，开展《近现代历史建筑结构安全性评估导则》《可移动文物病害评估技术规程系列行业标准》相关培训工作。

【信息化建设】

加强文物系统信息化建设顶层设计，开展7家文物精品、展览精品的数字产品试点和6家智慧博物馆试点，推进信息技术应用，促进文物关联产业和创意产业发展。

指导文物保护领域物联网建设技术创新联盟的工作开展，举办以“智慧博物馆与大数据”为主题的2014年物联网研讨会。

【对外交流与合作】

对外文物展览

全年主办政府间大型文物展览5起，即赴法国“汉风——中国汉代文物展”、赴捷克“华夏瑰宝展”、赴意大利“早期中国——中华文明系列展II”、赴坦桑尼亚“牵星过洋——中非海上丝绸之路历史文化展”、赴马来西亚“颐和园珍宝展”。

赴法国“汉风——中国汉代文物展”：为庆祝中法建交50周年，中华人民共和国国家文物局和法兰西共和国文化与新闻部合作主办，中国文物交流中心和法国吉美博物馆承办，中国驻法使馆和法国驻华使馆协办的“汉风——中国汉代文物展”自2014年10月21日～2015年3月1日于巴黎展出。展览选取来自河南、河北、山东、江苏、湖南、山西、甘肃、新疆维吾尔自治区、云南9省（区）27家文博单位的151组459件展品，全面展现汉代统一、开放、自信、多远的社会风貌。“汉风——中国汉代文物展”由习近平主席和奥朗德总统共同担任展览监护人，法国外交部长法比尤斯，法国文化与新闻部部长佩勒兰，中国文化部副部长、国家文物局局长励小捷，中国驻法大使翟隽等两百余位中法各界嘉宾共同出席展览开幕式。中央电视台新闻联播、《人民日报》以“汉风——中国汉代文物展在法国开幕 习近平主席和奥朗德总统题写序言”为题对展览进行报道。人民日报、新华社、中央电视台、中国国际广播电台等中央媒体驻巴黎分社记者，凤凰卫视、欧洲时报等中文媒体及法国、比利时等欧洲140余家媒体记者对展览及开幕式现场进行报道。“汉风——中国汉代文物展”是迄今为止在法国举办的最大规模的中国文物展，观众累计8万余人，为中法友好交往的历史开启了新的篇章。

赴捷克“华夏瑰宝展”：2014年是中捷建交65周年。国家文物局委托中国文物交流中心与捷中友好协会共同主办的“华夏瑰宝展”于2014年8月8日～11月9日在布拉格城堡展出。捷克文化部副部长卡丽丝多娃，捷中友协主席雅罗斯拉夫·德沃吉克，中国驻捷克大使马克卿大使，以及捷克各界代表、新闻媒体等近百位嘉宾出席了开幕式活动。此次展览是在捷克举办的首次大型中国文物展览，共接待观众2万余人。

赴意大利“早期中国——中华文明系列展II”：该展览由国家文物局和意大利文化遗产与活动部主办，2014年6月28日～2015年3月6日在意大利罗马威尼斯宫国立博物馆展出。该展览是中意双方签署的《关于促进文化遗产合作的备忘录》中五年中华文明系列展的第二个，以马王堆汉墓传奇为主题，集中了湖南省博物馆馆藏文物56件（套），全面展示中国20世纪最重要的考古发现之一，反映汉代丰富多彩的社会生活和文化艺术。

赴坦桑尼亚“牵星过洋——中非海上丝绸之路历史文化展”：为庆祝中坦建交50周年，由国家文物局、坦桑尼亚自然资源与旅游部、中国驻坦桑尼亚大使馆联合主办的“牵星过洋——中非海上丝路历史文化展”于2014年12月15日～2015年1月15日在坦桑尼亚国家博物馆展出。该展览选取了45组90件展品，展现古代中国的航海科技，以及中国与非洲如何通过海上丝绸之路进行文化沟通与友好往来。

赴马来西亚“颐和园珍宝展”：为庆祝中马建交40周年，2014年12月17日～2015年3月10日在马来西亚国家博物馆举行“颐和园珍宝展”。该展览选取颐和园藏品84件（套），展现了清代优雅精致的工艺技术和优美的颐和园风光，在马来西亚当地民众和华人华侨中反响热烈。

文物保护援外工程项目

援柬茶胶寺保护修复工程：完成南藏经阁、北藏经阁、须弥台西北角、须弥台东北角、须弥台东南角、须弥台西南角6项施工任务，开展了中期验收工作。

乌兹别克花剌子模州希瓦古城修复保护前期勘测规划：6月，国家文物局、商务部共同组织援助乌兹别克斯坦花剌子模州历史文化遗迹项目，中国文化遗产研究院承担勘察设计、施工工作。中乌双方商定援助工作内容包括希瓦古城保护规划以及具体文物点维修保护工程。

援蒙辽代古塔修复项目：在国家文物局与蒙古国文化体育旅游部《关于合作保护科伦巴尔古塔的协议》框架下，国家文物局委托中国文化遗产研究院作为项目的中方实施单位，援助开展抢救科伦巴尔古塔保护工程。

配合文化部开展中共六大会址保护修复前期工作：10月10日，文化部外联局召开中共六大会址修复工作协调会，明确该项目由文化部海外文化设施管理中心承担，会址修复后用做莫斯科中国文化中心博物馆工作处。国家文物局负责推荐专家、提供专业咨询和工程监理单位，并为相关工作的开展创造条件。

“文物带你看中国”项目

6月11日，“文物带你看中国”3D触控交互系统在丹麦哥本哈根中国文化中心正式启用。中共中央政治局常委、中央书记处书记刘云山与丹麦第一副议长霍德、文化大臣耶维德等共同出席哥本哈根中国文化中心揭牌仪式，并亲身体验了该系统，对项目给予充分肯定和高度评价。

9月18日，中共中央政治局委员、国务院副总理刘延东在法国巴黎中国文化中心观看了“文物带你看中国”展示项目。

10月31日～11月5日，“文物带你看中国”展示系统在老挝中国文化中心正式启用。中共中央政治局委员、中央书记处书记、中宣部部长刘奇葆与老挝人民革命党中央政治局委员、政府副总理潘坎出席了老挝中国文化中心揭牌仪式并共同揭牌。

重要来访及外访活动

1．来访活动

1月10日，国家文物局副局长顾玉才会见了德国考古研究院王睦教授，探讨“丝路霓裳——中亚东部公元前十世纪至公元前后的服饰对话”国际合作项目进展。

2月13日，文化部副部长、国家文物局局长励小捷会见了葡萄牙驻华大使若热·托雷斯·佩雷拉一行，商谈在利玛窦和外国传教士墓地重新修建徐日升墓碑事宜，并探讨商签防止盗窃、盗掘和非法进出境文物协议的可能性，加强两国在打击盗窃、盗掘和非法进出境文物方面的合作。

2月18日，国家文物局副局长顾玉才会见了摩尔多瓦文化部部长莫妮卡·巴布克一行，就进一步发展中摩两国在文化遗产领域的交流与合作，探讨商签防止盗窃、盗掘和非法进出境文物协议的可能性，加强两国在打击盗窃、盗掘和非法进出境文物方面的合作进行了会谈。

5月12日，文化部副部长、国家文物局局长励小捷会见了塔吉克斯坦文化部部长尚希金·奥鲁姆别科夫一行，就中塔双方在丝绸之路沿线文物保护、遗产地管理、申报世界遗产等方面开展交流与合作，共同做好丝绸之路文化遗产的保护工作交换意见，并探讨商签防止盗窃、盗掘和非法进出境文物协议的可能性。

6月27日，在国家主席习近平和来访的缅甸总统吴登盛的见证下，文化部副部长、国家文物局局长励小捷与缅甸文化部副部长杜珊达钦在北京人民大会堂签署了《中华人民共和国国家文物局与缅甸联邦共和国文化部关于促进文化遗产领域交流与合作的协议》。

10月13日，文化部副部长、国家文物局局长励小捷会见了罗马尼亚文化部国务秘书希拉·黑革都施一行，建议中罗双方择机签署《防止盗窃、盗掘和非法进出境文物协定》，并就合作举办“罗马尼亚珍宝展”交换意见。

10月24日，文化部副部长、国家文物局局长励小捷会见了塞尔维亚文化部部长伊万·塔索瓦茨一行，就两国在文化遗产领域的交流与合作进行了会谈。

2．外访活动

应匈牙利文化国务秘书彼得·霍巴尔邀请，文化部副部长、国家文物局局长励小捷率团于10月16～18日访问匈牙利。励小捷、霍巴尔就进一步加强中匈两国文化文物领域的交流与合作深入交换意见，并共同签署中国国家文物局与匈牙利人力资源部2015年合作举办“华夏瑰宝展”和“丝绸之路展”的框架协议。

应法国文化与新闻部长弗洛尔·佩勒兰邀请，文化部副部长、国家文物局局长励小捷率团于10月19～22日访问法国。励小捷、佩勒兰共同签署《中国国家文物局局长与法兰西共和国文化与新闻部部长关于文化遗产领域交流与培训计划的行政协议》，并出席“汉风——中国汉代文物展”开幕式。

与港澳台地区的交流与合作

举办赴台“中国南方佛教艺术展”、赴港“敦煌文化与艺术大展”、赴澳“西周霸国文物特展”。台湾历史教师中华历史文化研习营赴陕西研修。

【党的建设】

学习贯彻习近平总书记系列重要讲话精神

根据中组部《关于做好县级以上领导干部学习贯彻习近平总书记系列讲话精神集中轮训工作的通知》要求，举办国家文物局系统处级干部学习贯彻习近平总书记系列重要讲话培训班，国家文物局党组书记、局长励小捷作动员辅导讲话。

教育实践活动整改落实

国家文物局党组高度重视教育实践活动整改工作，形成了国家文物局教育实践活动整改方案、专项整治方案和制度建设计划，并把落实教育实践活动整改任务列入2014年年度重点工作。局党组通过“细化任务、明确责任、列表上墙、督促检查”等方式，把整改落实工作与深化改革、重点工作、日常工作结合起来，通过党组扩大会、局直属机关党委会等形式，组织3次教育实践活动整改落实督办会，确保思想不放松、标准不降低、力度不减弱，确保教育实践活动善始善终、善做善成。截至2014年年底，整改方案中的47项整改任务已基本完成。

学习贯彻十八届四中全会精神

国家文物局直属机关党委编制学习贯彻十八届四中精神工作方案，组织局系统学习贯彻四中全会精神动员部署会、局机关各支部集中学习会，印发局系统学习贯彻四中全会精神的通知，举办局系统学习四中全会精神培训班。

党员教育管理

为贯彻《中国共产党发展党员工作细则》精神，印发了贯彻通知实施意见，要求局系统各级党组织增强发展党员的标准意识、程序意识和纪律意识，严把发展党员质量关，确保局系统党员发展的净增量达到中央规定的标准。在河北易县清西陵举办了入党积极分子培训班。

和谐机关建设

国家文物局直属机关党委与工会、团委等群团组织，组织开展全国文物系统第七届乒乓球比赛（甘肃嘉峪关）、春季健步走、文博中国梦座谈会、参观“直挂云帆济沧海——海上丝绸之路”特展、为贫困母亲献爱心捐赠、慰问复转军人座谈会等活动。

【廉政建设】

2014年党风廉政建设会议

召开国家文物局系统2014年党风廉政建设会议，国家文物局党组书记、局长励小捷作重要讲话，部署强化“两个责任”落实、强化纪律建设、强化作风建设、强化监督制约的具体工作。

落实“两个责任”交流会

召开国家文物局党组中心组学习会，座谈交流落实“两个责任”的有关做法和经验。局党组书记、局长励小捷强调局党组和直属单位党组织要切实担负起党风廉政建设主体责任，主要领导是第一责任人，领导班子成员对职责范围内的党风廉政建设负领导责任。

整治会所歪风

国家文物局党组高度重视违规私人会所整治工作，要求局直属机关党委（纪委）制定专门工作方案，抓紧抓实抓出成效。局直属机关党委（纪委）紧急向全国省级文物行政部门印发了《关于清理整治利用国有文物保护单位设立私人会所和高档餐馆等专项工作的通知》，提出要求，强调责任，规定范围。局长励小捷亲自带队，各司室负责人分别带队，组成6个检查组，在全国范围内抽取了12个省（自治区、直辖市）进行了调查核实。各省级文物局共统计上报全国重点文物保护单位4191处、省级文物保护单位14168处、市县级文物保护单位95254处，计113613处，存在私人会所和高档餐馆10个。6个检查组共检查核实全国重点文物保护单位72处、省级文物保护单位15处、市县级文物保护单位2处，计89处，核查私人会所和高档餐馆5个。统计和核查出的私人会所和高档餐馆有序进行了整改。参加中央教育实践活动办公室牵头的十部委联合检查组，对天津整治会所中的歪风工作进行了专项检查。与住建部、文化部等十部委起草了整治会所歪风的通知，由中办、国办向全国印发。

加强制度建设

制定印发了《中共国家文物局党组关于落实党委主体责任和纪委监督责任的实施意见》《中共国家文物局党组贯彻落实〈建立健全惩治和预防腐败体系2013～2017年工作规划〉的实施意见》，为党要管党、从严治党工作提供了制度保障。

贯彻落实中央八项规定精神

把贯彻落实"八项规定"精神与做好日常管理监督检查结合起来。日常出差调研实行处、司、办公室三级审批制，由局办公室统一发函，对贯彻执行"八项规定"提出明确要求，严格按照标准自行结算费用。在重大节假日，局党组要求局机关和各直属单位严禁以各种名义突击花钱和滥发津贴、补贴、奖金、实物，严禁用公款搞相互走访、送礼、宴请等活动。

【人才队伍建设】

文博人才培养"金鼎工程"

编制并印发《国家文物局文博人才培养"金鼎工程"实施方案》，以培养领军人才、科技人才、技能人才及复合管理人才为主要内容，成立了由局长任组长的领导小组，推动适合我国文博事业发展的人才培养和教育体系的建成和完善。建立全国文物行政部门"金鼎工程"联络员工作机制。完成对10家文博人才培训基地试点单位的申报评估工作。

《全国文博人才发展中长期规划纲要》

5月6日，《全国文博人才发展中长期规划纲要（2014～2020年）》印发，为未来几年特别是"十三五"期间文博人才培养工作明确了方向。委托西北大学完成了《全国文博人才教育教学体系》研究，对完善文博人才教育教学体系提出工作建议。

文物保护科技优秀青年研究计划

实施首批文物保护科技优秀青年研究计划，注重青年科技人才培养，建立创新团队增长机制。

文博人才培训

国家文物局全年完成35个培训班，培训文物系统管理人员和专业技术人员2383人次。其中第17～21期全国县级文物行政部门负责人培训班培训学员563人；委托中国文化遗产研究院举办现代分析技术在文物保护中的应用、海洋出水文物脱盐技术、丝毛文物保护修复技术培训班、化学风险防范（化学清洗技术方法的选择）培训班；委托故宫博物院承办官式古建筑传统木作技艺及修复保护培训班、馆藏文物（陶瓷）保护修复培训班、馆藏文物鉴定培训明清瓷器班、中德博物馆管理培训班。以高等院校、职业院校为依托，委托北京建筑大学举办建筑文化遗产保护规划培训班，委托陕西文物保护专修学院举办考古绘图培训班。上述培训班针对文物保护工作实际需求，重在培养文物保护修复、文物保护规划编制、古建筑修复、考古发掘等行业紧缺人才，为文物保护各项任务的完成提供了人才保障。

组织江苏、浙江、湖南、山东四省文物行政执法人员片区培训班，培训基层文物行政执法人员547人。组织河南、安徽、广东三省片区举办了安全管理培训班，培训300余人。

举办为期20天的首届田野考古高级研修班，共培训全国省级考古单位专业骨干人员19人。举办2014年度民办博物馆馆长培训班，来自全国25个省份的40位民办博物馆的馆长学员参加培训。加强文物进出境责任鉴定员培训与考核，举办书画、青铜器、佛造像类文物鉴定培训；举办文物进出境责任鉴定员法律法规考试。

国家文物局系统在职人员培训

完成国家文物局图书管理系统建设并试运行，组织局机关和直属单位参加中组部干部调训23人次，完成中央组织部2014年青年拔尖人才支持计划国家文物局系统人员的选拔和申报工作。

全国文物保护职业教育培训工作座谈会

2014年11月21日，为落实国务院《关于加快发展现代职业教育的决定》和全国职业教育工作会议精神，进一步推动文物保护与职业教育融合。国家文物局召开全国文物保护职业教育培训工作座谈会，邀请教育部、人力资源和社会保障部、有关文物保护职业院校以及文物系统的领导、专家和学者参加，在总结近年来文博技能型人才培养和文博职业教育培训经验的基础上，探讨行业需求和职业院校培养有效对接的途径，积极推动文博职业教育体系建设，更好地为文物事业提供人才保障和智力支持。

文博人才培训方式创新

启动“全国文博网络学院”建设工作，编制建设方案；开展机关培训学习园地（内网）数据资料整理工作，逐步形成专业培训与学历教育相结合、线下培训与线上教学相结合，形式多样、梯次合理的人才培养架构模式。支持北京建筑大学开展服务国家特殊需求博士生招录工作，连续3年招收“建筑遗产保护理论与技术人才培养项目”博士研究生。

文博高级职称评审

完成2014年度高级职称评审。北京鲁迅博物馆（北京新文化运动纪念馆）郭俊英、肖振鸣，中国文化遗产研究院李宏松、姜波，天津美术馆卢永琇，天津博物馆徐春苓，平津战役纪念馆张彩欣，天津市文物管理中心梅鹏云、盛立双等9人获得研究馆员任职资格；中国民族博物馆贺琛，中国民族大学民族博物馆马莉萍，北京鲁迅博物馆（北京新文化运动纪念馆）李禧，国文信评估部师焕英等4人获得副研究馆员任职资格。文物出版社王戈、周小玮获得编审任职资格；中国文物报社李珍萍、文物出版社赵宁获得副编审任职资格。中国文化遗产研究院吴婷获得古建高级工程师任职资格。

2014年度政府特殊津贴获得人选

根据《人力资源社会保障部关于公布2014年享受政府特殊津贴人员名单的通知》，经国务院批准，北京鲁迅博物馆杨阳，文物出版社李穆，中国文化遗产研究院刘少刚、张廷皓4位同志为2014年享受政府特殊津贴人员。

《国家职业分类大典》修订

配合人力资源和社会保障部开展《国家职业分类大典》中文博行业8个职业、15个工种的编撰审核工作，为文博人才培养提供制度保障。

【人事工作】

机构编制

2014年6月，根据《中央编办关于设立国家文物局水下文化遗产保护中心的批复》批复：

第一，中央编办批复同意设立国家文物局水下文化遗产保护中心，主要负责组织实施全国水下文化遗产调查、发掘、保护、科研、培训以及国际交流与合作等工作。核定财政补助事业编制21名，其中14名从中国文化遗产研究院划转，7名从北京鲁迅博物馆划转，领导职数1正2副。

第二，中国文化遗产研究院不再加挂国家文物局水下文化遗产保护中心牌子，财政补助事业编制由137名减少到123名，其中领导职数1正4副。

第三，北京鲁迅博物馆和北京新文化运动纪念馆合并为北京鲁迅博物馆（北京新文化运动纪念馆），主要负责鲁迅和新文化运动时期著名人物、重大事件有关实物和资料的征集、保管、研究、宣传与展示等工作。核定财政补助事业编制82名，其中领导职数1正3副。

干部管理

4月，任命梁立刚为国家文物局机关服务中心（局）主任（局长）、办公室（外事联络司）副主任；任命李金光为北京新文化运动纪念馆馆长助理。

6月，任命刘铭威为督察司司长，免去其直属机关党委专职副书记职务；任命王莉为直属机关党委专职副书记；免去叶春的督察司司长职务。

7月，任命柴晓明为国家文物局水下文化遗产保护中心主任，免去其中国文化遗产研究院党委书记、副院长职务；任命郭俊英为北京鲁迅博物馆（北京新文化运动纪念馆）馆长、赵国顺为北京鲁迅博物馆（北京新文化运动纪念馆）党委书记、黄乔生为北京鲁迅博物馆（北京新文化运动纪念馆）常务副馆长、何洪为北京鲁迅博物馆（北京新文化运动纪念馆）副馆长、安来顺为北京鲁迅博物馆（北京新文化运动纪念馆）副馆长、李战崎为北京鲁迅博物馆（北京新文化运动纪念馆）党委副书记、李金光为北京鲁迅博物馆（北京新文化运动纪念馆）馆长助理；免去杨阳的北京鲁迅博物馆馆长职务；免去刘小和的中国文物信息咨询中心总工程师职务；免去李战崎的中国文化遗产研究院院长助理职务。

8月，免去赵国顺的北京鲁迅博物馆（北京新文化运动纪念馆）党委书记职务。

9月，任命郭俊英为北京鲁迅博物馆（北京新文化运动纪念馆）党委书记；任命张威为国家文物局水下文化遗产保护中心党支部书记、副主任。

10月，任命王大民为国家文物局水下文化遗产保护中心主任助理，免去其人事司专家与培训处处长职务；任命佟薇为人事司专家与培训处处长，免去其文物保护与考古司（世界文化遗产司）考古处副处长职务；调范伊然到国家文物局机关工作，任政策法规司新闻与宣传处处长。

国际古迹遗址理事会执委

11月，在国际古迹遗址理事会第18届大会（意大利佛罗伦萨）上，文物保护与考古司副司长陆琼当选为国际古迹遗址理事会新一届执委。

收入分配制度改革

10月，国家文物局印发《关于〈中国文物交流中心绩效工资考核分配办法（试行）〉的批复》，原则同意《中国文物交流中心绩效工资考核分配办法（试行）》，并从批复之日起执行。

社团管理

完成国家文物局主管的17家社会组织2013年年度检查材料的初审工作。

批复同意中国避暑山庄外八庙保护协会召开第二次会员代表大会，开展换届选举工作。

分述篇

北京鲁迅博物馆（北京新文化运动纪念馆）

【概述】

根据中央编办复字〔2014〕57号文件精神，经国家文物局党组批准，2014年7月，原北京鲁迅博物馆与原北京新文化运动纪念馆正式合并为北京鲁迅博物馆（北京新文化运动纪念馆）。北京鲁迅博物馆（北京新文化运动纪念馆）认真贯彻落实习近平总书记关于文物保护的重要指示精神，努力"让收藏在博物馆里的文物活起来"，紧紧围绕业务建设发展中心地位不动摇，学术研究、社会教育、陈列展览和资料信息建设等项工作均取得显著成绩，博物馆服务社会的能力和水平得到提升。

【机构设置】

北京鲁迅博物馆（北京新文化运动纪念馆）现下设办公室、资产财务处、安全保卫处、鲁迅研究室、新文化运动研究室、文物资料保管部、社会教育部、信息中心、文化发展服务中心。

【馆藏文物】

北京鲁迅博物馆（北京新文化运动纪念馆）现有藏品、图书等8万余件（套、册）。其中，文物藏品3万余件（套），包括一级藏品759件（套），主要有鲁迅文物、鲁迅亲属文物、鲁迅同时代文化名人的手稿、照片、生平史料、藏书、藏画等；新、旧图书5万余册，主要有鲁迅著译版本、鲁迅研究著作、新文化运动研究著作、新旧期刊、社科图书等。

先后征集第四批胡风文物、百余幅曹文汉版画和十余幅朱公瑾版画作品，以及中国国语留声机唱片、郭沫若签名本《屈原》和《中国新文学大系》等。实施文物藏品数字化，为展览、研究提供便利条件，减少藏品的重复提用，从而达到保护文物的目的。目前电子图库软件主体已搭建完成。

【学术科研】

坚持以《鲁迅研究月刊》为平台，积极展示鲁迅研究新成果，全年出版12期共180万字。在中国社会科学评价中心发布的《中国人文社会科学期刊评价报告（2014年）》中，《鲁迅研究月刊》被评为14种核心期刊之一。

以国家社科基金课题为依托，积极展开科学研究，全年发表阶段性成果论文1篇、出版资料汇编2部。顺利通过全国哲学社科规划办中期审查，并获批滚动资金资助。国家社科基金一般项目"国内六家鲁迅纪念馆的历史和现状研究（1951～2016）"获得立项资助。科研人员全年发表论文25篇，编辑出版著作《读懂鲁迅》《70后鲁迅学人研究论文集》。

加强馆藏文物研究工作，编撰《雪泥鸿爪——新文化运动纪念馆馆藏文物研究系列丛书（第一册）》，出版《鲁迅藏外国版画全集》《鲁迅译作初版本精选集》《鲁迅编印美术书刊辑存》《鲁迅藏拓本全集·汉画像卷》。

坚持以研究带动展览，以展览促进研究。通过举办“胡适文物图片展”出版《寻找·发现·还原——胡适速写》一书；通过举办“千秋史画——梁又铭画展”编著《空军抗战画史》。

全年主办研讨会4次：鲁迅与中国历史文化学术研讨会暨《鲁迅藏百衲本二十四史》新书发布会；与中华全国台湾同胞联谊会等联合举办以“李霁野与两岸文化融合”为主题的李霁野先生诞辰110周年纪念座谈会；2014年度研究生论文开题会暨鲁迅研究专家专题报告会；鲁迅手稿整理、研究、出版专家论证会。

【陈列展览】

利用馆藏文物资源举办展览，积极送展览到学校、社区，与兄弟博物馆合作办展览。将“鲁迅的艺术世界——北京鲁迅博物馆馆藏文物精品展”“新时代的先声——五四新文化运动展览”等6个展览到上海、广州、黑龙江及天津等11余省市进行巡展，对传播鲁迅精神和新文化运动重大历史意义起到了积极的推动作用。

发挥资源和人才优势，精心打造“疑古创新——新文化运动先驱钱玄同文物特展”展览，2014年5～10月与澳门艺术博物馆在澳门进行了为期5个月的联合展览，参观人数达6万余人次，反响十分强烈。

紧跟时代发展步伐，自觉服务外交大局，不断提高对外文化交流与合作水平，让馆藏文物走出国门、走向世界。应美洲菩提中心邀请，于2月14～22日参加在美国美洲菩提中心举办的庆祝中国农历新年活动，并在休斯敦华侨社区玉佛寺和美洲菩提中心本部举办2场“吉祥喜庆饰大年”年画展览。此次赴美“吉祥喜庆饰大年”年画展，以120幅传统年画展示了中国春节吉庆祥和的传统艺术，再现了中国“年”文化的魅力。同时配合展览和中国新年开展了猜灯谜和印制传统年画活动，观众参与度极高，让美国人民感受中华民族对和平美好生活的向往和信念，让海外华人华侨感受中华民族文化的源远流长、增强民族认同感，弘扬中华民族文化。2014年是中法建交50周年，为加强中法文化交流，增进中法两国人民的友谊，与法国蒙达尔纪市法中友好协会合作，策划了“印记：法国文化在中国（1900～1949）”展览，通过260余张照片及若干实物展品展示了新文化运动时期至新中国成立以前中国对法国文化的接受与传播，以及法国文化在中国教育、科技、文学、艺术等方面产生的影响。展览在法国蒙达尔纪市图书馆开幕，蒙达尔纪市市长等地方官员出席了开幕式并致辞。展览还先后在北大红楼、北京外国语大学等4所高校图书馆及武汉革命博物馆展出，参观人数达3万余人次，法国驻华大使白林女士等一行也专程到红楼参观。在韩国举办了“甘露——1980以后”展（韩国光州双年展20周年纪念特别企划展），充分展示了中华悠久历史文化深厚底蕴和魅力。

【社会教育】

充分发挥馆藏资源优势和社会教育功能，以弘扬鲁迅精神、传播鲁迅文化为宗旨，采取“走出去、引进来”的方式，以“鲁迅是我的老邻居”为独特切入点，把“知北京、爱北京”公民意识教育与宣传鲁迅精神有机结合起来，开展了系列内容丰富、形式多样的阳光少年教育活动。

坚持做好免费对外开放工作。全年开放307天，青少年观众约占42%，创历史新高。全年参观总人数为766979人次，其中包括各地区临展、巡展参观人数666979人次。

积极开展馆校、社区结合，让“走近鲁迅”“大家风范——中国精神”等7项原创性展览走进中国人民大学、北京大学和北京市各城区等地进行巡展，让大学生不出校门、居民不出社区就能享受到多种精美的文化大餐。与北京市第65中学联合开展“我的中国梦——奋斗的青春最美丽”主题团日活动，团中央书记处书记傅振邦，文化部副部长、国家文物局局长励小捷出席活动，并参观了新文化运动纪念馆基本陈列。与共建单位共同举办“纪念五·四运动95周年诗歌朗诵会”，开展以“藏品架起沟通的桥梁”为主题的国际博物馆日有奖知识竞答活动等，积极培训志愿服务讲解员，对推动高校和社区精神文明建设做出了积极贡献，取得了良好的社会效益，赢得了社会各界赞誉。荣获2014年度“北京市校外教育先进集体奖”和“第九届北京阳光少年活动优秀组织奖”。

中国文物信息咨询中心

【概述】

2014年，中国文物信息咨询中心全体职工在国家文物局党组的正确领导下，统筹部署、务实工作、稳中求进，较好地完成了全年各项任务。

【内部建设】

（一）坚决落实党中央精神，扎实推进党建工作

认真传达、组织学习党的十八届四中全会、习近平总书记系列重要讲话及国家文物局领导重要讲话精神，继续推进教育实践活动整改工作，完成全部整改措施；明确党总支主体责任和纪检监督责任，加强党风廉政建设，切实把党员干部的思想行动统一到中央精神和国家文物局的决策部署上来。

（二）贯彻执行预决算制度，预算执行率达到100%

根据国家文物局对中心2014年预算批复，认真制订工作方案，对重点项目和工作的经费使用情况实行统一监督、管理，预算执行达到100%。

（三）研究制定发展规划，提高宏观管理水平

作为巩固教育活动的整改措施之一，编制《中国文物信息咨询中心三年发展规划》，重点解决职能定位、发展方向及重点项目等问题，进一步明确了中心“事业产业两手抓，打牢事业基础，拓展产业空间”的原则目标。

（四）优化岗位管理，推进分配改革

按照干部能上能下、能进能出的原则，从履职情况、工作能力和业绩出发，参考个人意愿，开展岗位双向选择。按照国家组织人事规定，制定聘任工作方案，并报国家文物局人事司批准。在不突破国家文物局批复中心岗位数量的前提下，提拔、解聘干部，晋升技术人员岗位，调整人员工作部门。通过上述措施，一方面打破了论资排辈、能上不能下的陈规陋矩，另一方面将一批德才兼备、年富力强、业务突出的职工选配到合适的工作岗位上，激发了职工的工作热情。

编制完成《中国文物信息咨询中心绩效工资考核分配办法（试行）》，明确基本绩效工资与奖励绩效工资之间的比例，减少由职工“身份”确定的基本绩效工资，加大由“业绩”确定的奖励绩效工资；完善并细化了考核分配制度，已报国家文物局审批。

（五）培养引进人才，强化队伍建设

关心职工成长，鼓励职工多学习。建立中心图书室，每周定期向大家开放，积极鼓励普通员工参加业务培训。现在中层干部每年至少参加2次以上理论或业务学习，部分行政或业务岗位人员学习达到4次以上。关心职工的实际困难，申报了1名京外调干指标，解除技术骨干的后顾之忧。

2014年，通过评审有9名同志获得了初中级职称、2名同志获得高级职称。先后有2人被推荐参加文物保护科技优秀青年研究计划课题评选和社会科学领军人才评选。引进了1名博士研究生、12名硕士研究生，其中具有高级职称的3人、具有中级职称的7人。

【改革创新】

2014年，中国文物信息咨询中心所属的北京国文信文物保护有限公司正式以第三方机构身份承担文物保护方案审核工作。公司实行市场化运作，并采用全新的网络报审方式。原来审核一个纸质方案大概需要3天时间，现在最快只需3小时。截至2014年年底，已审核完成3023项，较2013年审核完成的1489项相比，审批量增长103%。为确保审核质量，公司制订了《评估工作守则》，对工作流程和工作纪律提出具体要求。确立工作周报和月报制度，便于国家文物局有关司处及时掌握评审进度。通过上述工作，不仅提高了评审效率，还实现了扭亏为盈，达到了改革的预期目的。

此外，公司还不断拓展在规划设计、文物影响评估等方面业务。截至2014年年底，公司资产增值率达110%，实现了开门红。

【国家文物局委托工作】

（一）国家重点文物保护项目网络报审系统运转顺利，国家文物局网报网审平台研发基本完成

为提高工作效率，国文信公司采用中国文物信息咨询中心研发的国家重点文物保护项目网络报审系统。系统上线一年来，运转正常，方案网络报审率达到98%以上，有力地支持了行政审批制度改革。

在取得成功经验的基础上，中心研发了网报网审平台，将国家文物局现行所有审批项目全部纳入，建成国家文物局“网上政务大厅”，真正实现了“一键进入，联网审批”。目前，该平台已基本研发完成，将于2015年2月上线运行。同时，该项目也得到了地方文物行政部门的关注，中心已承接有关地方省区文化遗产综合管理与信息服务平台建设。

（二）打造行业精品，推动文物活起来

成功举办第六届全国青少年文化遗产知识大赛和第二届全国博物馆文化产品创意设计推介活动，受到社会的高度关注和广泛欢迎。以文化产品创意设计活动为例，官网上线仅1个月，搜索排名已在百度、搜狗、搜搜等中名列第一；不到3个月，浏览量就达到100.38万次。

（三）开展文博舆情监测

对8档351期文物鉴定类电视节目进行监看，完成7期月度报告。制作《每日舆情摘报》190期、《舆情月报》9期和《舆情专报》30期，为国家文物局舆情研判和网络事件处理提供了有力的支持。

（四）配合第一次全国可移动文物普查做好服务工作

2014年7月，中心接管第一次全国可移动文物普查项目平台一期后续技术管理工作以来，成立了专门工作组，每周编报《运维工作简报》和《故障及处理情况》反映工作情况；在全国设定8个监测站对平台实时监测；研发数据转换工具，对湖南、吉林等省进行数据转换；通过开通专用邮箱、QQ群、赴现场办公等方式帮助地方基层单位解决技术难题；多次督促各设备提供商解决系统进度慢的问题等。

（五）其他工作

中心日常维护国家文物局OA等8个系统正常运行。2014年开发完成、设计部署了4个新系统，完成了7项研究课题。摄制2014年国际博物馆日主题宣传片《博物馆藏品架起沟通的桥梁》。完成2014年第一次文物进出境责任鉴定员、文物拍卖专业人员考务工作及文物拍卖企业资质年审工作。

【社会服务】

向社会提供25项专业咨询服务工作，研发“海洋博物馆藏品管理系统”“湖南省博物馆藏品信息管理系统”等软件。启动、完成了7个文物保护规划。与新疆文物古迹保护中心、上海创图公司等18家单位展开项目合作。

文物出版社

【概述】

2014年，文物出版社在国家文物局党组的领导下，认真贯彻落实党的十八大和十八届三中、四中全会精神，贯彻落实习近平总书记系列重要讲话精神及关于文物保护重要指示精神，以扎实的专业素养、踏实的工作作风完成了全年各项工作。

2014年，文物出版社继续以抢救、保护中国文化遗产为己任，以展示中国传统文化内涵和艺术魅力为宗旨，所出版的文物考古、文化艺术等图书均保持一贯的“高、新、精”的特色，获得专业领域与大众市场的认可。同时，贯彻国家文物局坚持稳中求进、改革创新的总基调，主动适应新常态，调整图书结构、启动数字化转型工作、完善机构建设，进一步推动文物出版与文化宣传工作。

【组织建设】

（一）切实贯彻落实中央“八项规定”，加强廉政建设

按照国家文物局党组的要求和部署，文物出版社认真组织学习十八届三中、四中全会精神和习近平总书记系列讲话精神以及关于文物保护重要指示精神，切实贯彻落实中央的“八项规定”和上级党组织一系列反腐倡廉政策规定，制定出台了《中共文物出版社党委贯彻落实〈建立健全惩治和预防腐败体系2013～2017年工作规划〉的实施建议》《中共文物出版社党委贯彻落实党委主体责任、纪委监督责任的实施意见》；为将党风廉政建设责任落到实处，针对全社干部及“人、财、物、数”重要的工作岗位，进行了廉政风险点查找及防范措施的制定。同时，纪检人员对所有重大项目进行全程监督，并建立专题案卷以备核查。

（二）扎实推进群众路线教育实践整改活动，强化作风建设

按照中央的统一部署和国家文物局党组的安排，文物出版社对群众路线教育实践整改活动确定的目标任务积极采取措施，各项整改工作扎实有序推进。在国家文物局督导组的指导下，文物出版社党委召开领导班子专题民主生活会，检验群众路线教育实践整改工作，较好地完成了已进行环节的整改任务。

【机构建设】

2014年，文物出版社根据新的出版环境和业务需要，对部分内设机构进行调整，调整后，出版社下设中心及部室15个，新成立古籍图书中心，撤销音像部，纪检室并入综合办公室。现有正式在职人员117人，高级职称16人，占13.7%；副高级职称25人，占21.4%；中级职称6人，占5.1%。2014年新进大学毕业生5名。

为积极适应出版新环境新趋势，借力新媒体技术促进自身发展，文物出版社于2014年

启动数字化转型工作，把体制机制创新与优质资源内容生产、高新技术融为一体，进一步推动出版社发展与文化传播。于2014年完成“中国文化遗产多媒体资源库项目”“文物3D影音制作系统项目”建设的投标工作，已基本完成系统搭建工作，并将坚持以先进技术为支撑，内容建设为根本，整合资源，创新传播模式。

【出版概况】

2014年，文物出版社出版图书297种，其中新书243种、重印书54种；出版《文物》月刊12期，《书法丛刊》6期。

加强大型套书出版力度，编辑出版《开成石经（珍藏版）》（267册）、《于右任全集》（36卷），修订再版《中国绘画全集》（30卷）、《木雁斋鉴赏笔记》（13册）。此外，《皮影戏全集》（24册）出版过半，将于2015年全部出齐；《中国文物志》编纂工作也在国家文物局领导指导下顺利推进。

逐步开展图书结构调整工作，2014年基本完成古籍图书板块整体布局，推出珍稀古籍丛刊8种、雕版印刷3种、稀见笔记丛刊2种、古籍整理6种。

【年度精品】

为配合“一带一路”国家发展战略，传播丝绸之路的文化底蕴，文物出版社出版《丝绸之路》一书。本书共收录丝绸之路沿线的精美文物400余件，多数为国家一级文物。器类涵盖金器、银器、铜器、铅器、玉器、石器、木器、陶器、瓷器以及丝绸织锦、纸张文书、墓葬壁画等。本书图文并茂，既有精美的文物展示，又配有学者的研究文章，全方位展示了延续千年之久的丝路贸易和文化交流的宏大历史画卷。此外，作为陆上丝绸之路的延伸，文物出版社编辑出版《海上丝绸之路》，进一步推广“陶瓷之路”的文化蕴涵。

完成《开成石经（珍藏版）》的编辑出版工作。《开成石经》是中华文化的原典，是中国历史上七次刻经至今保存最完整的一部，被誉为“古本之终，金本之祖”。《开成石经（珍藏版）》以西安碑林博物馆馆藏《开成石经》民国精拓为底本，是《开成石经》刊刻1181年以来首次原大影印，制作装帧完全遵循手工古法，工艺精美，彰显了《开成石经》文化典藏重刊出版的重大文化价值。本典藏对《开成石经》浩瀚内容进行释文并附于拓本之后，这是《开成石经》释文首次整理出版发行，也是对传统文化孜孜不倦的继承式创新。

【重大出版项目】

2014年，文物出版社《长安高阳原新出土隋唐墓志整理与研究》《敦煌莫高窟题记汇编》获得2014年度国家古籍整理出版专项经费资助，《善本碑帖过眼录（续编）》获得2014年度国家出版基金资助，《博物趣吧》（全6种）获得2014年度“经典中国”国际出版工程项目资助。

2014年，文物出版社对承担的“十二五”国家重点图书、音像、电子出版物规划项目进行检查调整，调整后共承担项目13项，其中1项为音像出版物。

承担“十二五”国家重点图书、音像、电子出版物规划项目·图书部分

序号	项目名称	项目分类	卷（册）数
1	《中国考古学的方法和技术》	历史	4
2	《中国大遗址系列图集》	历史	10
3	《文物藏品定级标准图例》	历史	10
4	《带你走进博物馆丛书》	文化	10
5	《民间藏中国古代书画精品图目》	艺术	10
6	《中国汉代画绘全集》	艺术	12
7	《中国陶瓷史》	艺术	4
8	《中国皮影戏全集》	重大出版工程规划	38
9	《长沙走马楼三国吴简》	古籍整理出版规划	5
10	《新中国出土墓志》（第二期工程）	古籍整理出版规划	10
11	《周公庙新出甲骨》	古籍整理出版规划	10
12	《出土古代瓦当大系》	艺术	10

承担“十二五”国家重点图书、音像、电子出版物规划的项目·音像部分

序号	项目名称	项目分类	规模（分钟）
1	《走进博物馆》（大型历史文化系列专题片）	社科	300

截至2014年年底，图书项目中《带你走进博物馆》丛书已经按计划完成，《中国考古学的方法和技术》《文物藏品定级标准图例》《长沙走马楼三国吴简》开始逐步出版成果，其余8项尚未有正式出版物面市；音像出版物项目《走进博物馆》项目已完成大部分。

同时，文物出版社对承担的2011～2020年国家古籍整理出版规划项目进行检查调整，调整后共承担项目13项，其中1项为电子出版物。

承担2011～2020年国家古籍整理出版规划项目

序号	项目名称	项目分类	卷（册）数
1	《慈利楚简》	出土文献类	1
2	《长沙走马楼三国吴简》	出土文献类	1
3	《里耶秦简》	出土文献类	5
4	《湖南沅陵虎溪山一号汉墓简牍》	出土文献类	1
5	《长沙走马楼西汉简牍》	出土文献类	1
6	《云梦睡虎地M77西汉简牍》	出土文献类	1

续表

序号	项目名称	项目分类	卷（册）数
7	《郴州苏仙桥晋简》	出土文献类	1
8	《新出吐鲁番文献》	出土文献类	2
9	《周公庙新出甲骨（2008）》	出土文献类	1
10	《草原金石录——对散落于内蒙古各地蒙元时代碑铭整理与研究总录》	出土文献类	1
11	《新中国出土墓志》（第二期工程）	出土文献类	20
12	《殷周金文集成续补》	出土文献类	10
13	《中国文物地图集》（电子出版物）	古籍数字化类	7

截至2014年，已出版完成《草原金石录——对散落于内蒙古各地蒙元时代碑铭整理与研究总录》，《里耶秦简》和《中国文物地图集》（电子出版物）也已陆续出版部分成果。

【获奖情况】

2014年，文物出版社在国家新闻出版广电总局、中国出版协会、古籍出版工作委员会、中国文物报社以及各地方举办的评奖活动中共计获得13项荣誉。具体情况如下：

2014年获奖情况

序号	图书名称	奖项
1	《清代家具（修订版）》	中华优秀出版物（图书）奖
2	《谢家福日记（外一种）》	优秀古籍图书奖二等奖
3	《文物》	2014中国最具国际影响力学术期刊
4	《明蓟镇长城：1981～1987年考古报告》	2013年度文化遗产十佳图书
5	《民国文物法规史评》	2013年度文化遗产十佳图书
6	《白山黑水海东青：纪念金中都建都860周年》	2013年度文化遗产十佳图书
7	《俄罗斯滨海边疆区：渤海文物集萃、女真文物集萃》	2013年度文化遗产优秀图书
8	《茶胶寺庙山建筑研究》	2013年度文化遗产优秀图书
9	《海峡两岸及港澳地区建筑遗产再利用研讨会论文集及案例汇编》	2013年度文化遗产优秀图书
10	《二里头（1999～2006）》	中国社会科学院2014年创新工程重大人文基础研究成果
11	《汾阳东龙观宋金壁画墓》	山西省第八次社会科学研究院优秀成果一等奖

续表

序号	图书名称	奖项
12	《山东白陶佛教造像》	山东省第二十八次社会科学优秀成果三等奖
13	《明蓟镇长城：1981～1987年考古报告》	第十四届河北省哲学社会科学优秀成果荣誉奖

【业务往来】

2014年，文物出版社按照新闻出版广电总局“关于做好出版专业技术人员职业资格续展登记注册工作”的通知要求，与中国编辑学会合作开展出版专业技术人员继续教育。对中国重大考古发现与研究，科技考古的现状与趋势，文物类图书的选题与创意，“文物版”图书编辑质量控制初探，文物摄影及图片的特色及图书出版的重点热点等问题进行了讲授。此外，积极参与第十三期全国古籍整理出版编辑培训班、出版物（图书）质量管理与质量检查培训班、第二期版权业务人员培训班等业务课程，提升了编辑人员的专业素养与业务水平。

受哈佛大学东亚语言文明系与费正清中心邀请，文物出版社参加了哈佛大学召开的“九至十五世纪的中国”学术研讨会（Conference on Middle Period China， 800-1400），编辑刘婕的文章被选入此次会议的论文集。

【对外交流与合作】

2014年，文物出版社输出台湾繁体字版项目《博物趣吧·中国最有意思的72件绘画》，与科学出版社东京分社签订《清代园寢志》日本版权输出项目，与英国海德出版公司就《博物趣吧·中国最有意思的80件雕塑》合作申请“经典中国国际出版工程”资助。此外，完成两项版权引进项目：《文化遗产：文化与法律文集》《早期东南亚大陆：从最初的人类到吴哥》。

组织编辑参加南非开普敦国际书展、日本东京国际书展、德国法兰克福书展、台湾祖国大陆书展，一方面将优秀的文化遗产出版物推向世界，另一方面学习各国出版行业知名机构、公司的先进理念和成熟经验，增强出版实力。

中国文化遗产研究院（国家文物局水下文化遗产保护中心）

【概况】

2014年，全院认真贯彻党的十八届四中全会精神和习近平总书记系列重要讲话精神，以实际行动让群众看到了巩固深化落实党的群众路线教育实践活动的整改成果。国家文物局对院领导班子和工作格局做出较大调整，国家文物局水下文化遗产保护中心独立建制，中国文化遗产研究院不再加挂国家文物局水下文化遗产保护中心牌子。

【水下文化遗产】

1．“国家文物局水下文化遗产保护中心”独立建制

6月4日，中央机构编制委员会批复同意设立“国家文物局水下文化遗产保护中心”，中国文化遗产研究院不再加挂水下中心牌子。独立建制的水下中心暂设办公室、预算财务处、水下考古研究所、水下文物保护所、技术与装备部5个部门，主要负责组织实施全国水下文化遗产调查、发掘、保护、科研、培训以及国际交流与合作等工作，成为我国水下文化遗产保护工作的国家队与总平台。

中国文化遗产研究院积极支持并协助完成国家文物局水下文化遗产中心筹备及独立建制工作，为水下中心独立建制后各项工作的顺利开展提供了有力支持与保障。

2．国家文物局召开“全国水下文化遗产保护工作会议”

9月4日，“全国水下文化遗产保护工作会议”在青岛召开。文化部副部长、国家文物局局长励小捷，以及外交部、科学技术部、公安部、交通运输部、国家文物局、国家海洋局和海军等“国家水下文化遗产保护工作协调小组”成员单位代表，沿海和部分内水水域的各有关省（区、市）文物部门、相关科研机构和高等院校代表110余人参加了会议。

3．“南海Ⅰ号”发掘与保护

“南海Ⅰ号”保护发掘项目于2013年11月28日正式启动，2014年2～5月，由水下中心、广东省文物考古研究所和中国文化遗产研究院联合组织的考古队完成了第一阶段的发掘。发掘以表面清淤为主，出土了瓷器、陶器、金属器、漆木器等小件器物标本427件，铜钱800余枚，残损标本1850件，并按计划进行了泥土采样和浮选。

第二阶段发掘工作于2014年10月27日开始，截至年底，“南海Ⅰ号”遗址上表面及两侧船舷清理完毕。出土完整器物标本瓷器945件（套）、金器86套（125件）、银铤23枚、铜器41件、铜钱14000余枚、漆木器11件，此外还有瓷器和船木残损标本1850多件，以及朱砂、骨骸、果核、串饰等。

4．“中国考古01”船投入使用

8月6日，由重庆长航东风船舶工业公司经过16个月建造的我国首艘水下考古工作船——“中国考古01”在青岛交付使用。

“中国考古01”采用全电力推进动力方式，总长57.91米，型宽10.8米，型深4.8米，满载吃水2.883米，满载排水量980吨，航速12节，续航力1000海里，自持力30天，载员36人。主要工作海域为我国沿海与西沙海域，船上配备有专供考古工作所需的考古仪器设备间、出水文物保护实验室、潜水工作室、减压仓、A字架、折臂吊、工作艇等设备，可承担水下文化遗存的调查、发掘以及出水文物现场保护、展示宣传工作。

9月4日，“中国考古01”首航出发赴辽宁丹东港海域执行调查任务，10月2日结束丹东调查转赴河北唐山曹妃甸水域执行调查任务，10月30日结束调查工作返航，10月31日回到青岛母港。经过本航次检验，本船机械设备的各项性能运行基本正常，达到设计目标。

5．“丹东一号”沉船遗址调查

“丹东一号”沉船遗址地处丹东市西南方向海域，距丹东东港市50余公里、大鹿岛20余公里，曾为1894年中日甲午海战时的交战海区。2014年8～10月，为配合丹东港集团有限公司的海洋红港基建项目，国家文物局水下文化遗产保护中心联合辽宁省文物考古研究所组织实施了沉船遗址重点调查项目。“中国考古01”船参与了此次调查任务，并为现场考古工作出水文物临时保护、会议场地、生活食宿等提供支撑。

沉船绝大部分深埋于沙下，方向北偏东35°，目前探明长度从桅杆至艉部约50米，宽9～10米。船体残存外壳为铁板构建，铁板以铆钉相互连接，两侧舷边多因崩塌而平摊于沙层中。整个船体外轮廓形态保存尚可，但舱中损伤较大，受战火及其他因素影响，杂乱分布较多碎木板、铁板、机器零件等物品，并发现多处火烧迹象，与史料吻合，可确认为甲午海战时北洋水师的一艘沉舰。调查时先后发现战舰标志的钢炮、子弹、炮弹、10管格林机关炮等武器弹药，伴出有大量铆钉铁甲板、木质船材、带英文字母瓷片等遗物。

本项目是我国考古工作者第一次系统进行近代沉舰遗址调查工作，第一次确认了甲午海战沉舰的具体位置，为以后开展类似近现代沉舰遗址调查、研究及保护工作积累了经验，提升了近现代铁质战舰水下考古工作能力。

6．“小白礁Ⅰ号”沉船遗址发掘

5月21日，国家文物局水下文化遗产保护中心联合宁波基地正式启动“小白礁Ⅰ号”2014年度发掘工作，经过40多天工作，船体发掘与现场保护工作取得了重要成果。

一是船载文物有新发现。据初步统计，新出水船载文物145件，按质地可分为瓷、陶、木、铜、银、锡、铅等类，另出水有宁波鄞州特产石板材约300块。含往年出水的青花瓷、五彩瓷、紫砂壶、玉石印章、西班牙银币以及日本、越南年号钱币等，“小白礁Ⅰ号”出水文物（含石板材）共计1050余件。

二是船体研究有新进展。“小白礁Ⅰ号”已出水船体构件244件，包括龙骨、肋骨、肋骨补强材、肋骨连接板、隔舱板、隔舱板补强材、舱底垫板、桅座、船壳板等。从船体结构上看，“小白礁Ⅰ号”沉船残长约20.35米，残宽约7.85米，是中外造船技术相互融合难得的实物例证，具有十分重要的历史、科学和研究价值。

三是工作模式的新突破。项目运作上，强化合作理念，创新项目管理，多学科协作，跨领域整合，突破以往单纯依靠文博系统技术力量的传统做法，充分吸纳社会力量共同参与。技术规范上，本次水下考古试行了《水下考古工作规程》，在遵循水下考古国际准则和田野考古工作规律的基础上，结合项目实际情况，参照国际上水下考古的一些成功做法，为国家即将颁布的水下考古技术规范标准提供了实践经验。科技应用上，在国内水下考古工作中首次通过水下三维扫描、地面数字化采集、空中多角度航拍等海陆空三位一体手段，构建了海底古船三维虚拟复原图像、出水文物数字化信息管理系统、水下考古现场三维展示系统等技术平台。

7．“水下考古·宁波论坛”

10月16～17日，首届“水下考古·宁波论坛”在宁波基地国际报告厅举行，论坛主题为“新技术·新方法·新思路”，与会代表共提交高质量的学术论文30多篇，国家文物局副局长顾玉才出席论坛并做重要讲话。联合国教科文水下文化遗产公约秘书处主任Ulrike Guerin博士等14位来自不同国家和地区的专家学者做了专题报告，内容涉及国际水下考古的发展趋势与最新成果、中国水下考古的技术创新与方法探索、水下考古的项目运作与项目管理、“小白礁Ⅰ号”水下考古及相关问题等方面，学术氛围热烈浓郁。

10月16日，国家水下文化遗产保护宁波基地与宁波中国港口博物馆落成开放活动在北仑春晓滨海新城隆重举行。宁波基地于2010年7月29日奠基建设，是我国首个挂牌成立并首先落成投用的国家水下文化遗产保护基地。宁波基地与宁波中国港口博物馆合作共建，资源共享，集水下文化遗产保护、水下考古发掘研究、出水文物修复展示、专业人员培训交流等诸多功能于一体，并逐步打造为我国水下考古的重要平台和合作交流的学术阵地。

【社会科学】

1．大遗址保护行动跟踪研究

2014年，社科基金重大项目“大遗址保护行动跟踪研究”按照既定的研究重点和研究路线稳步推进各项工作。本年度课题组就9个大遗址保护典型案例的调研报告展开了多次交流和讨论，不断修改和完善报告内容，并形成了较为规范的报告体例。在此基础上，对大遗址保护西安片区、良渚遗址和隋唐洛阳城遗址等案例展开了深入的补充调研工作，重点就汉阳陵、杜陵及隋唐洛阳城等遗址的展示利用方式和土地产权问题进行了专题性调研，进一步充实和完善了调研报告的相关内容。

在各子课题报告撰写过程中，通过采取各子课题独立研究和定期交流讨论相结合的方式，提出了一些解决大遗址保护中重点、难点问题的解决思路，包括如何完善大遗址文物产权管理问题、如何对大遗址保护行动进行评估、如何测算大遗址对经济发展的贡献与建立文化补偿机制问题、如何协调大遗址保护与公众关系问题等，由此产生了一批阶段性的研究成果，发表了多篇学术论文。

2．配合《文物保护法》修订开展专项研究工作

2014年，为配合国家文物局开展《文物保护法》修订工作，中国文化遗产研究院承接了“《文物保护法》修订参考资料汇编”项目，并开展了“文物概念研究”和“文化遗产保护公众参与机制研究”。

“《文物保护法》修订参考资料汇编”项目全面、系统完成了资料整理工作，包括193项国内文物保护法律法规（地方法规132件、政府规章61件），88项2003～2013年重要文物工作政策文件，国外重要国家（如日本、韩国、法国、美国、英国、泰国、古巴、波兰等）文物保护法律文件的收集、翻译与校对，34项《文物保护法》修订研究课题成果的收集、整理，以及国内文物法研究论著的收集、整理工作（期刊论文258篇、学位论文162

篇，专著50部）。

“文物概念研究”与“文化遗产保护公众参与机制研究”取得丰富成果，于4月10日在第九届无锡论坛上作了专题汇报，获得与会专家的好评；5月27日，国家文物局副局长董保华在我院主持召开“文物概念研究”课题成果汇报会，与会领导和专家从整体上对研究成果给予肯定，并提出了建设性意见。

此外，我院组织了《〈文物保护法〉修订草案征求意见稿》的解读、分析工作，意见与建议上报国家文物局。

3．“出土文献与中国古代文明研究协同创新中心”联合研究工作

2014年10月，由清华大学牵头，中国文化遗产研究院作为参与单位的“出土文献与中国古代文明研究协同创新中心”经教育部、财政部正式认定。

出土文献与中国古代文明研究协同创新中心于2012年由清华大学、复旦大学以及安徽大学、北京大学、湖南大学、吉林大学、首都师范大学、中国人民大学、中国社会科学院历史研究所、中国文化遗产研究院、中山大学等11家单位联合组建。其使命是整合国内外本领域的研究力量，建成可持续发展的世界最高水准的出土文献研究、交流、资料平台，建成人才培养与学科建设的权威核心机构。参加中心工作，对提升我院在国内出土文献整理、研究方面的地位以及与国内高校联合、协同创新有非常重要的作用。

4．线性文化遗产破坏风险评估与监测方法研究

2014年，中国文化遗产研究院自主课题“线性文化遗产破坏风险评估与监测方法研究——以居延长城甘肃金塔段为例”研究与报告编写任务完成。

课题组针对当前线性文化遗产监测工作中存在的需求不明确、资源分配不平衡等问题开展研究，选取中国西北地区有代表性的甘肃省金塔县境内长城遗存作为研究对象，与当地文物部门通力合作，多次深入现场，对金塔县长城的保存现状、破坏风险影响因素、保护管理工作开展情况，以及金塔县各行政管理部门与长城保护管理相关或区域重叠的县域城乡经济建设开展情况、土地利用现状、发展规划等进行调研。

在大量调研的基础上，提出了线性文化遗产破坏风险评估方法和监测方法的总体思路，以中国文化遗产研究院世界遗产监测预警平台与监测数据指标体系为基础，初步设计了长城监测指标体系，并对金塔县长城监测工作提出了具体的建议。

【世界遗产】

1．大运河成功申报世界遗产

6月22日，在卡塔尔多哈举行的联合国教科文组织第38届世界遗产委员会会议上，由中国文化遗产研究院任申遗文本和管理规划编制单位的中国世界文化遗产提名项目“中国大运河”被批准列入《世界遗产名录》，成为我国第32处世界文化遗产和第46处世界遗产。

2．中国世界文化遗产监测预警平台建设

为继续推进中国世界文化遗产监测预警体系建设，我院2014年重点开展了三项主要工作：第一，完善中国世界文化遗产监测预警系统平台建设；第二，组办中国世界文化遗产监测中心2014年会；第三，组办2014年度中国世界文化遗产监测培训班。

3．花山岩画文化景观申报世界遗产

2013年，中国文化遗产研究院正式承担广西左江花山岩画申报世界文化遗产文件及保护管理规划的编制工作。花山岩画文化景观是我院自云南哈尼梯田、大运河之后的第三个

申报世界文化遗产项目。2014年3月，我院按计划将申遗文本提交国家文物局，使左江花山岩画文化景观最终在多个项目的竞争中脱颖而出，正式被确定为我国2016年申报世界文化遗产项目；7月，按时向国家文物局提交了预审文件，并顺利通过初审。

4. 协助开展“中国土司遗产”申遗工作

2014年是土司遗产申遗的关键年，中国文化遗产研究院承担了贵州遵义海龙囤、湖北咸丰唐崖两处土司遗址的本体保护工程设计方案编制，以及唐崖衙署遗址、海龙囤海潮寺等保护工程的现场施工指导等工作。两处遗址本体保护工程的质量和效果得到国家文物局及申遗专家的高度评价，为土司遗产申遗起到了关键性作用。

【重点工程与规划项目】

1. 承德避暑山庄及周围寺庙石质文物科技保护设计与修复工程

2014年，承德安远庙、溥仁寺石质文物科技保工程继续进行，完成了以下工作：第一，灌浆效果检测。对已进行修复灌浆的石质文物进行灌浆修复效果检测，并完成检测报告，包括安远庙香炉座、幢杆石、山门、须弥座，溥仁寺的丹陛石、碑刻、幢杆石等。第二，修复工艺评估。对已完成修复的石质文物进行修复前后的详细对比，并系统评估清洗、脱盐、灌浆、封护等修复工艺，完成评估报告。第三，继续进行其他石质文物的加固工作。对安远庙1号和4号幢杆石局部及山门砂岩基座裂隙进行表面修复与全色处理，开展溥仁寺汉满碑的脱盐、裂隙修复等工作。第四，增加防风化材料的现场试验。对已筛选出的普乐寺喇嘛塔须弥座、大殿墙壁以及殊像寺抱鼓石材料再次进行表面防风化试验，进一步研究防风化材料对环境变化的适应性，并将其作为一个长期的研究内容进行不间断追踪记录、分析，根据该试验结果细化表面防风化工艺，施工时可根据岩石表面的风化程度选择相对应的防风化材料及施工工艺。

11月1日，项目顺利通过河北省文物局组织的工程验收。

2. 大足石刻千手观音造像抢救性保护工程

大足石刻千手观音造像抢救性保护工程是中国文化遗产研究院重点的延续工作之一，工程本体修复自2011年7月启动，计划2015年5月完成。

2014年，本体修复工作完成了如下项目：中、下层修复区域内527只手及手臂，138件法器，主尊，底层 4 尊侍者像的石质胎体缺失部位补型、修型；顶层、中层修复区域内142件法器及背景云纹、法眼残留彩绘的清洗、加固、打底、补色、协色；本体近50平方米约600只手以及底层右侧两尊协侍像髹漆贴金工作；龛顶15.11平方米裸露基岩渗透加固及两侧龛檐约4平方米彩绘清洗、彩绘预加固、裸露基岩渗透加固、缺失部位补型等工作。

3. 高句丽墓葬壁画原址保护工程

吉林集安高句丽王城、王陵及贵族墓葬为世界文化遗产，其墓葬壁画具有特殊重要性。目前，国际文物保护界对待此类壁画普遍以揭取保护方法为主，而原址保护属国际性难题，没有成功先例。自2009年起，中国文化遗产研究院抽调文物保护工程与规划研究所和文物修复与培训中心的技术骨干组成联合项目组，并与国内多家研究机构联手，多学科参与，联合攻关。

2014年，项目组对前期研究成果进行了系统总结，在墓葬壁画保护理念和技术手段方面均有创新和突破，编制了《高句丽麻线一号墓壁画本体保护修复方案》《高句丽五盔坟5号墓壁画保护修复方案》《高句丽五盔坟5号墓和麻线一号墓微生物及环境监测方案》；完成了五盔坟4号墓、三室墓防渗工程的现场勘察，编制防渗水工程方案，并开展了五盔坟5号墓、麻线一号墓防渗工程施工技术指导工作。

在进行壁画本体保护修复方案设计、墓葬建筑防渗水工程设计和施工的同时，针对高句丽墓葬壁画的最主要病害——壁画表面微生物的清除与防治这一难题，项目组完成基本科研业务费课题“文保有机材料抗菌性研究——以高句丽五盔坟5号墓为例”。

4．山东定陶汉墓保护工程

山东定陶王墓地（王陵）M2汉墓为第七批全国重点文物保护单位，是我国目前发掘的规模最大的“黄肠题凑”汉墓。2012年，山东省文物局委托中国文化遗产研究院承担其保护工作，并成立领导小组。项目组确认了“原址原位”保护思路，完成了《山东定陶王墓地（王陵）M2汉墓保护工程方案（一期）》。

2014年5月14日，国家文物局组织专家会议，评审并通过总方案，计划工程工期3年，投资预算2.8亿元。12月26日，中国文化遗产研究院与定陶县文物局签订考古工作与土遗址保护方案设计、黄肠题凑保护前期研究、生物监测及防治前期研究等合同。目前，项目组正在抓紧施工图细化，推动下一步工作开展。

5．应县木塔维修与保护工程

2014年3月，中国文化遗产研究院编制的《应县木塔严重倾斜部位及严重残损构件加固方案》获国家文物局批复同意。12月4日，应县木塔严重倾斜部位及严重残损构件加固工程启动仪式在山西应县召开，这标志着应县木塔维修加固工程进入了实施阶段。

2014年5月，中国文化遗产研究院设立应县木塔变形监测专项，于10月编制完成《应县木塔变形监测方案（2014年～2016年）》，12月通过了国家文物局组织的专家评审。该方案旨在总结前期变形监测的经验与不足基础上，通过3年连续的变形监测专项实践，为应县木塔长期有效的变形监测工作奠定基础。

6．清东陵保护修缮工程

中国文化遗产研究院在完成清东陵裕陵维修工程设计后，承接了包括9座陵寝和孝陵神道、裕陵地宫防渗等11项维修工程的勘察与设计工作。截至2014年年底，项目组在北京建工建筑设计研究院的协助下完成了孝陵、孝东陵、景陵、惠陵、景妃园寝、景陵皇贵妃园寝、定妃园寝和孝陵神道的维修设计；在辽宁有色勘察研究院的协助下完成了裕陵地宫防渗工程设计；正在编制定陵和慈禧陵的维修工程设计。此外，裕陵维修工程已于2014年11月正式开工。

7．黄石华新水泥厂旧址保护与展示利用

中国文化遗产研究院承担了华新水泥厂旧址保护与展示利用方案编制项目，并结合方案编制开展了“中国近现代工业遗产保护展示技术方法研究——以华新水泥厂旧址为例”研究。课题以文化遗产保护的视角对其保护展示内容、策略、技术方法及应用机制等进行具体的界定分析，在定性评价的基础上建立工业遗产保护展示技术方法体系；对工业遗产整体保护展示策略、实施步骤方面的应用等关键技术要点进行深入剖析，以建立更具可操作性和适用性的近现代中国工业遗产保护展示体系。

8．大遗址保护与展示

4月，国家文物局发布通知，正式开展首次国家考古遗址公园评估工作。我院工程所大遗址与规划部主任安磊作为评估专家组成员，全程跟进了高句丽等数处国家考古遗址公园的现场考察打分和后期评估报告编写工作，为了解公园建成开放后的运营和管理现状，进一步提升其保护、展示、管理和服务水平提供了依据。

11月，以"新型城镇化与大遗址保护"为主题的国家考古遗址公园联盟第四届联席会议在洛阳召开。我院代表受邀参加会议，与来自全国24家国家考古遗址公园等单位的嘉宾一起，共同探讨新型城镇化背景下的国家考古遗址公园发展问题，并就如何顺应形势、找准方向、选对方法、加快大遗址保护步伐进行深入讨论。

同时，我院结合相关工程项目成果的开展，继辅助国家文物局编制出台了《国家考古遗址公园规划编制要求（试行）》《国家考古遗址公园规划编制要求（试行）》等行业规定之后，于2014年开展了《国家考古遗址公园管理办法（试行）》的修编及《国家考古遗址公园操作指南》的预研究工作，以期推进国家考古遗址公园管理实现由"程序管理"向"体系管理"和"统筹管理"的转变。

此外，我院继编制隋唐洛阳城、辽上京、赵王城等一批国家考古遗址公园挂牌和立项单位的公园规划之后，2014年又陆续开展了各项相关的展示设计工作，如隋唐洛阳城应天门遗址概念性展示设计方案、辽上京乾德门遗址展示设计方案等，进一步完善了我院在国家考古遗址公园领域的科研与实践体系。

9．武当山古建筑群保护与管理总体规划

为实施抢救性保护，中国文化遗产研究院编制的《世界文化遗产武当山古建筑群保护与管理总体规划纲要》已通过国家文物局审批。在规划纲要的基础上，2014年，项目组完成编制《武当山古建筑群保护与管理规划总体规划》。项目组在规划的编制过程中探讨了复杂大型文化遗产保护管理问题，针对文化遗产范畴、类型和保护理念进行了探索，对我国文化遗产保护理念具有创新意义。

【援藏、援疆】

1．西藏哲蚌寺壁画抢救性保护修复工程

西藏哲蚌寺壁画抢救性保护修复工程是首个由中国文化遗产研究院独立设计、独立组织实施的大型文物保护修复工程。在2013年的工作基础上，2014年主要完成了西藏哲蚌寺措钦大殿内转经廊西壁内墙的壁画回贴（64平方米），并原位修复门庭四大天王（121平方米）、甘丹颇章护法神殿（50平方米）、大经堂（124平方米）。

2．西藏大昭寺壁画保护修复工程

受西藏自治区文物局委托，中国文化遗产研究院承担西藏大昭寺壁画保护修复工程。2014年度工程施工自4月28日开始，完成了总计约2400平方米壁画的保护修复工作；完成了四处危险空鼓壁画的灌浆加固修复；完成了转经廊、一层大殿回廊等处的墙裙地仗修补工作；完成了外转经廊以及一层大殿门廊西壁共计约1300平方米壁画的补绘工作（除壁画封护外）。

3．新疆龟兹研究院馆藏彩绘泥塑保护修复项目

受龟兹研究院委托，中国文化遗产研究院于2013年7月开始承担馆藏彩绘泥塑保护修复项目。截至2014年年底，完成了全部286件（套）彩塑文物的修复工作。修复后的文物已移交龟兹研究院，修复档案及修复报告正在编制之中。

4．新疆库木吐喇石窟揭取壁画保护修复项目

受龟兹研究院委托，中国文化遗产研究院于2013年7月开始承担新疆库木吐喇石窟揭取壁画保护修复项目。截至2014年年底，共计完成135幅壁画修复工作。

该项目执行期间，项目组协助龟兹研究院及西北大学完成了壁画保护修复专业技术人员培训。目前该项目现场修复工作已经完成，并将所有文物移交龟兹研究院，修复档案及修复报告正在编制之中。

【培训工作】

文物保护专业人才培训工作是中国文化遗产研究院形成体系、特色鲜明的重要领域。2014年，受国家文物局委托，我院先后举办了6个培训班，培训各类专业人员164人。

1．2014年度ICCROM馆藏文物风险防范国际培训班

该培训班是为履行国家文物局与ICCROM（国际文化财产保护与修复研究中心）签署的《关于在中国合作开展文化遗产保护国际培训班的框架协议》而举办的首期国际培训。

培训于7月21日～8月8日举办，共聘请5位外籍专家来华授课，招收了11名中国学员及8名亚太地区的国际学员。培训期间，专家就博物馆藏品风险管理的理念、技术和方法进行了深入介绍，并带领学生在多家文博单位实地演练所学内容。

2．现代分析技术在文物保护中的应用培训班

本次培训班就X射线荧光光谱仪、激光拉曼光谱仪、红外光谱仪、扫描电镜－能谱仪以及X射线衍射仪进行培训，从仪器基本原理、操作使用、样品分析及数据解析等多角度进行了教学和实习，同时组织学员到北京地区仪器设备配置较为全面的博物馆和研究所进行参观交流，扩展了学员的工作思路。

培训于6月23日～8月1日举办，共有来自全国各地文博系统的14名学员参加。

3．海洋出水文物脱盐技术培训班

为继续提高水下文化遗产保护专业力量，受国家文物局委托，中国文化遗产研究院承办了海洋出水文物脱盐技术培训班。

培训于4月12日～5月12日举办，招收了来自出水文物保护相关文博单位学员共17名，分别在中国文化遗产研究院、广东海上丝绸之路博物馆完成了理论教学与实践实习。学员们完成了海洋出水木质、铁质、青铜、陶瓷质等文物的脱盐操作及分析检测评估实践，完成了论文17篇，对30件（套）文物、40枚铜钱进行了脱盐操作练习，并分别完成了相应的脱盐实践报告。

4．化学清洗方法的选择培训班

受文物局委托，2014年度文物修复中的化学风险预防——化学清洗方法的选择培训班于10月8～22日在中国文化遗产研究院举办。

本次培训共招收来自全国各省、市、自治区多家兄弟单位的25名学员，授课教师包括一位北京大学考古文博学院教授和两位意大利中央高等修复研究院专家。培训内容包括理论教学和实验教学，通过本次培训，学员们系统掌握了关于化学风险预防和清洗方法选择的知识，并在实践中初步掌握了不同材质文物清洗方法的应用技术。

5．丝毛文物保护修复技术培训班

于7月1日～9月30日举办丝毛文物保护修复技术培训班，此次培训为“丝路霓裳——中亚东部公元前十世纪至公元前后的服饰对话”国际合作项目内容。

培训班共录取16名学员，聘请包括德国科隆博物馆专家温德里希（Wunderlich）在内的16名国内外学者任教。实践课所使用的文物样品分别来自新疆维吾尔自治区博物馆、新疆吐鲁番学研究院、宁夏博物馆、广西民族博物馆、山西博物院等5家文博单位。国内著名

纺织品文物修复专家，中国丝绸博物馆黄莉君老师执教实践。学员完成并提交专业论文、修复档案、修复方案、文物修复报告各14份，染色实验报告8份，手绘病害图及织物纹饰图数张，并对各自的专业成果进行了公开学术汇报。

6．2014年度考古发掘领队初任培训班

此次培训是国家文物局举办、中国文化遗产研究院承办的第八届考古发掘领队初任培训班。

培训班于5月5～16日在江苏省扬州市举办，来自27个省、市、自治区的73名学员参加了培训。培训班采用理论学习、专题讲座、学员交流与考古工地现场调研等多种形式开展教学，结业时学员获得国家文物局颁发的考古发掘领队证书及业务培训证书。

【对外援助与交流】

1．中国政府援助柬埔寨茶胶寺修复项目

（1）建筑本体保护与修复

截至2014年年底，中国政府援助柬埔寨茶胶寺维修施工进度已赶超总体施工进度计划，共开展建筑本体保护与修复施工12项（第二、三阶段），已基本完成了茶胶寺保护与修复第一阶段（南内塔门、东外塔门、二层台东南角及角楼、二层台东北角和角楼、二层台西南角和角楼、二层台西北角及角楼）、第二阶段（须弥台西南角、须弥台东南角、须弥台东北角、须弥台西北角、南藏经阁、北藏经阁）、第三阶段（须弥台南踏道、须弥台东踏道、二层台北回廊、庙山五塔的排险与结构加固）共16项建筑本体的保护与维修工作。

2014年10月，项目通过了国家文物局、商务部国际经济合作事务局组织的中期验收。

（2）石刻保护研究专项

在茶胶寺石刻保护区安装了气象监测站，采集动态气象环境数据，系统研究了温度、湿度、雨量、紫外辐射等对岩体雕刻风化影响机理；在石刻风化病害调研、病害初步成因分析、病害统计与分布图等前期研究的基础上，完成了《茶胶寺砂岩雕刻抢救性保护方案》与《茶胶寺砂岩雕刻抢救性保护施工图》；进一步深入开展了实验室与现场石刻风化病害测试与分析研究。

（3）考古研究专项

2014年，我院王元林研究员带队，与柬埔寨吴哥古迹保护与发展管理局（APSARA Authority）考古研究人员、金边皇家艺术大学（RUFA）考古系师生联合组建茶胶寺考古队，继续开展考古发掘及研究工作。

本年度的现场考古发掘于东外塔门东南角布设6米×6米探方一个，探明了散水与神道拐角石砌筑结构。此外，为探明庙山外围基础结构和工艺特点以及散水的埋藏状况，考古队分别于东外塔门东南角和一层台东南围墙外布设了1米×7米、1米×8米探沟各一条。

此前发掘获得的茶胶寺东神道、南池及壕沟遗迹技术资料丰富，本年度开展对出土器物拼对修复、照相绘图和登记描绘整理，对遗迹测绘资料分析校对，加之上述两处发掘地点所获的田野资料，结合2011～2012年对北桥和壕沟发掘资料以及调查勘探资料，考古队一并详细整理发掘资料和撰写发掘报告。

2．“丝路霓裳——中亚东部公元前十世纪至公元前后的服饰对话”国际合作项目

“丝路霓裳——中亚东部公元前十世纪至公元前后的服饰对话”国际合作项目由国家文物局批准立项，由中国文化遗产研究院、德国考古研究院、新疆维吾尔自治区文物局联

合开展。该项目计划实施五年（2013年4月～2017年12月），以新疆出土公元前1000年至公元后300年左右各类材质的服饰文物（毛、皮、丝等）为研究对象，开展科学研究、保护修复、人才培养、复原展示、数据库建设等工作。

2014年，我院与合作单位协作开展了卓有成效的项目，在文物修复与培训领域取得积极成果。4～5月，两次赴新疆维吾尔自治区博物馆、新疆文物考古研究所和吐鲁番学研究院调研及采集文物标本，完成2014年待修文物的遴选工作。11月，修复后的文物经验收合格，完成交接手续。

3．中国瑞士科技合作计划项目

2014年是“中国瑞士科技合作计划项目”的最后一年。在之前取得的分析结果和调查基础上，双方探讨硅酸铜钡制品的腐蚀与风化机理，补充实验与研究工作，撰写论文和项目报告。

3月11～16日，苏黎世大学Heinz Berke教授、博士生Burger Marcel与张治国前往河南古代艺术博物馆、洛阳博物馆与焦作博物馆采样。8月4～8日，马清林副院长与Heinz Berke、Burger Marcel赴西安地区采样。8月18日～9月13日，马清林副院长赴瑞士苏黎世开展学术交流，在瑞士高等理工大学（苏黎世）无机化学实验室从事中国古代人工合成颜料及相关材料的研究工作。10月，项目正式结项。

4．援助乌兹别克斯坦花剌子模州历史文化遗迹修复项目

为配合国家“一带一路”建设大局，受商务部委托，经国家文物局批准，4月14～29日，我院工作组赴乌兹别克斯坦，对花剌子模州及希瓦古城做了全面调查，查阅了乌方关于希瓦古城保护相关基础资料，特别是乌方关于希瓦古城保护的总体规划（2013～2030年），并与乌尔根奇市、希瓦市领导和乌兹别克斯坦文化部、经贸部、旅游局等有关部门举行了4次正式会谈，磋商相关工作。

6月4日，国家文物局在北京组织文物保护、工程造价方面专家，就《中国政府援助乌兹别克斯坦花剌子模州历史文化遗迹修复项目可行性考察报告》和《中国政府援助乌兹别克斯坦花剌子模州历史文化遗迹修复项目立项建议书》召开专家评审会。7月3日，立项建议书获商务部批复。

5．国家文物局援助蒙古国科伦巴尔古塔保护工程

2013年，国家文物局委托中国文化遗产研究院承担“国家文物局援助蒙古国科伦巴尔古塔保护工程”。在中国国家文物局与蒙古国文化体育旅游部《关于合作保护科伦巴尔古塔的谅解备忘录》及《中国文化遗产研究院与蒙古国文物保护中心文物保护领域合作谅解备忘录》框架下，我院开展相关工作。

2014年1月6～12日，应我院邀请，蒙方派出代表团来京就蒙古国东方省科伦巴斯塔抢救加固事宜进行协商。双方就确定本次科伦巴斯塔抢救加固的项目性质、目标、期限、经费进行了较为深入的磋商，并就双方承担的工作和责任进行了界定。经国家文物局批准，我院与对方签订了《中国文化遗产研究院与蒙古国文物保护中心关于合作抢救加固科伦塔的协议》。

2014年7～8月，我院项目组按计划赴蒙古进行工程前期勘察。勘察分两次进行，第一次主要进行工程总体勘察和结构勘察；第二次主要进行砖塔现状勘察、记录，三维激光扫描以及建筑砌筑用砖的烧制可行性调查。

在实地考察及完成方案编制设计的基础上，项目组计划于2015年夏天进场施工。

6．与意大利国家研究委员会交流合作

应意大利国家研究委员会邀请，刘曙光院长一行6人于2014年11月5～9日赴意大利访问。

11月7日上午，在意大利国家研究委员会罗马总部，刘曙光院长与意大利国家研究委员会主席尼可拉斯共同签署双方《科研合作框架协议》及细化的《合作项目协议》，明确双方将通过联合科研、人员交流等方式开展合作。根据合作协议，2015年5～9月，双方将在各自内部征集合作研究项目，并于2015年12月最终确认合作项目，为期3年。

签字仪式后，我院与意大利国家研究委员会共同召开了“考古与城市：保存、推广、阐释”双边学术研讨会。包括ICCROM总干事德卡罗在内的数十名学者参会。

7．塞浦路斯文物修复与壁画保护前期调研

经国家文物局批准，应塞浦路斯通信与工程部古迹遗址处邀请，我院代表团于11月3～7日赴塞浦路斯开展学术交流，调研并商谈合作项目。11月5日上午，代表团在塞浦路斯考古学博物馆会见了塞浦路斯通信与工程部古迹遗址处执行主任Despo Pilides博士和古迹遗址处壁画保护修复实验室主任修复师Stella Pissaridou，并就签署合作协议与进一步展开合作进行了初步探讨。

双方建议在文化遗产保护领域选定若干共同的科研关注点，互派科研人员对具体的科研问题展开共同研究。

8．高棉的微笑——柬埔寨吴哥文物与艺术展

为配合国家外交大局，进一步增进中柬合作与交流，经国家文物局及柬埔寨王国政府同意，中国文化遗产研究院联合首都博物馆、北京华协文化发展有限公司引进了“高棉的微笑——柬埔寨吴哥文物与艺术展”。

12月26日，在国家文物局和北京市人民政府的支持下，展览在北京首都博物馆开幕。

中柬交流的历史源远流长。然而由于种种原因，吴哥文物从未在中国展出，该展览成为柬埔寨首次来华举办的文物展览。展品全部来自柬埔寨国家博物馆，总计80件（套），包括大型石刻及青铜等不同材质和形式的文物，展示公元9～14世纪柬埔寨古代历史与文明鼎盛时期创造的吴哥艺术。

【学术及获奖成果】

2014年，全院共发表各类论文177篇，正式出版著作14部。荣获各类奖励情况见下表：

获奖情况表

获奖项目／项目名称	颁奖单位	获奖集体／人员
“中国大运河保护性修复设计项目”获北京国际设计周经典设计奖	国际设计周组委会	中国文化遗产研究院
全国古籍保护工作先进单位	文化部	中国文化遗产研究院
玉树地震灾后恢复重建先进集体	国家发展和改革委员会、人力资源与社会保障部、国务院国资委、解放军总政治部	文物保护工程与规划所

续表

获奖项目／项目名称	颁奖单位	获奖集体／人员
中央国家机关五四红旗团委（团支部）	共青团中央国家机关工作委员会	团支部
玉树新寨嘉那嘛呢震后总体抢险修缮工程	国家文物局	院项目组
关于为我国成功申报大运河、丝绸之路列入世界遗产名录做出较大贡献有关集体和人员进行奖励的通报	国家文物局	文物保护工程与规划所（记功），张谨、赵云（嘉奖）
“干旱环境下土遗址保护加固技术集成与推广应用”获2014年甘肃省科技进步一等奖	甘肃省科技厅	李黎
玉树灾后精神文化重建文物修缮工作先进个人	玉树州文化体育局	刘江

【机构人员】

2014年，全院在册职工127人，其中具有研究生以上学历者77人（博士28人、硕士49人），具有高级专业技术职称资格者66人（正高级职称17人、副高级职称49人）。共有3人获外国政府授勋，18人享受国务院政府特殊津贴，1人入选人力资源和社会保障部等七部委联合评选的国家级百千万人才工程人选。

【其他】

2014年，我院筹集经费40万元，调集28位专业审核人员和3位专职工作人员，全力投入国家文物局委托承担的国家重点文物保护专项补助经费预算初审工作。经我院按照有关财政规定和评审标准严格把关，初审，核减金额46.71亿元。较好地发挥了文物保护国家机构在专业技术方面的优势，履行了服务国家文物局重点工作的职责，为确保国家文物专项经费的下拨提供了可靠的技术支持。

中国文物报社

【概述】

2014年，中国文物报社在国家文物局党组的正确领导下，深入学习贯彻党的十八大和十八届三中、四中全会和习近平总书记系列重要讲话精神，扎实开展党的群众路线教育实践活动，配合全国文物系统重点工作，按照不断推进文物宣传工作科学发展的思路，统筹开展各项采编业务和发行工作，发挥所属报、刊、网在保护传承文化遗产中的舆论导向作用，较为圆满地完成了各项工作任务。

【制度建设】

制定《中国文物报社新闻采编若干规定》《中国文物报发稿排版流程规定》《报刊网编校质量审核惩戒措施草案》《中国文物报社各媒体稿酬标准》《中国文物报社广告管理办法》《新媒体部岗位职责和岗位费管理办法》《中国文物报社公文处理办法》《中国文物报社合同管理办法》等相关规章制度，并印发《中国文物报社制度文件汇编》。

【《中国文物报》】

完成《中国文物报》改版。自2014年下半年起，《中国文物报》由原来的周三、周五刊改为周二、周五刊，进一步增强新闻报道的实效性。

围绕世界文化遗产申报、《文物保护法》修订、全国第一次可移动文物普查、纪念抗日战争胜利69周年等专题，以全国“两会”和“4·18”国际古迹遗址日、“5·18”国际博物馆日、“6·14”中国文化遗产日、南京大屠杀死难者国家公祭日、中国博物馆协会会员代表大会暨博博会等活动为契机，抓好选题切入，进行专题专刊宣传报道。

深入丝绸之路、大运河申遗一线进行专题采访，开辟“丝路文保行专栏” 展开连续报道；第一时间推出世界遗产微博，及时发布消息、时评、局长访谈、申遗文本负责人感言；多次以专刊形式报道申遗过程中的文物保护工作。

“文物事业与法制建设”是2014年无锡论坛的主题，《中国文物报》除及时发布消息外，还推出《〈文物保护法〉应该怎么修》等深度报道文章。在《中国文物报》、国家文物局官网开辟“文物法修订建言”专栏，推动研讨交流。

加强可移动文物普查专题宣传，开设“我是普查员”专栏，实时报道各地可移动文物普查进展情况，“5·18”国际博物馆日、“6·14”中国文化遗产日特刊分别专题报道了可移动文物普查成果；组织中央媒体赴重庆、四川、西藏等地开展普查专题采访报道。

关注社会热点，对新媒体传播方式进行积极探索，拓宽产品渠道。例如《收藏鉴赏》周刊就追踪《功甫帖》真伪、“皿方罍”回归等推出深度报道，反响热烈；官方微博推出热点话题讨论“《功甫帖》问题辨析”，官微读者数量达10万人次。

【国家文物局官网建设】

2014年上半年，完成国家文物局官网全新改版。制作“2014年全国文物局局长会专题”“文物督察在行动专题”“抗战文物保护与利用专题”“国际古迹遗址日专题”“中国文化遗产日专题”“博博会专题”等。大力扩展信息源和信息量，加快动态更新，加强信息公开，强化服务功能，回应社会关切。

【网络建设】

建设报、网、刊一体化采编系统和多媒体传播平台，初步实现对网站、报纸、期刊等多媒体内容的采、编、发全过程管理。完成采编工作系统和办公OA系统的软硬件设备设施采购及调试应用等工作。

【《文物天地》】

2014年《文物天地》共编辑出版12期。结合收藏年度热点和关注点，推出了“傅抱石书画”“马年”“2013年秋拍观察”“钧窑”“纪念王世襄诞辰百年”“沉香”“茶”“2014春拍观察”“定窑”和“青铜器”10个专题。

【《中国文化遗产》】

2014年《中国文化遗产》共编辑出版6期。在文章的约稿和编辑、排版过程中，注意突出学术性、专业性。配合首个中国抗战纪念日的设立、中国文化遗产日主场城市、孔子诞辰2565周年，分别策划推出了“抗战遗产，为了未曾忘却的纪念”“大器成景：景德镇瓷都风华”“聚焦中国孔庙”等专题。

【《文物工作》】

《文物工作》全年共编辑出版12期。及时刊发文物工作方针政策和国家文物局领导讲话，根据国家文物局重点工作，编辑了“抗战文物保护利用谈会”“第六次全国文物保护工程会”“文物保护工程调研报告”等专题。为基层文博工作者了解全国文物工作的方针政策提供了重要渠道。

【红楼橱窗】

红楼橱窗全年共展出11期。先后策划推出“榜样的力量——全国博物馆陈列展览精品工程回顾展”“奔马迎春——中国马文物图片展贺年”“国际古遗址日特展 · 无锡论坛回眸”“荆楚回声——湖北省重要考古发现展”“中国名城 · 世界瓷都——景德镇文化遗产特展”“中原物语——河南的世界文化遗产”“鸟瞰古都”，以及河南省博物院、黑龙江省博物馆、四川博物院免费开放成就展等。

【评选活动】

（一）2013年度全国十大考古新发现

评选结果于4月9日揭晓。陕西宝鸡石鼓山西周墓地、湖北随州文峰塔东周墓地、山东沂水纪王崮春秋墓葬、湖南益阳兔子山遗址、四川成都老官山西汉木椁墓、河南洛阳新安汉函谷关遗址、陕西西安西汉长安城渭桥遗址、江苏扬州曹庄隋唐墓（隋炀帝墓）、四川石渠吐蕃时代石刻、江西景德镇南窑唐代窑址被评为“2013年度全国十大考古新发现”。

（二）第十一届（2013年度）全国博物馆十大陈列展览精品

评选结果于5月18日揭晓。

第十一届（2013年度）全国博物馆十大陈列展览精品奖

序号	项目	单位
1	南都繁会·苏韵流芳——南京博物院基本陈列	南京博物院
2	白山·黑水·海东青——纪念金中都建都860周年特展	首都博物馆、黑龙江省博物馆
3	丝路帆远——海上丝绸之路文物精品七省联展	福建博物院
4	衡山仰止——吴门画派之文徵明特展	苏州博物馆
5	鼎盛中华——中国鼎文化展览	河南博物院
6	鹰城古韵——平顶山历史与文化陈列	平顶山博物馆
7	异趣·同辉——馆藏清代外销艺术精品展	广东省博物馆
8	“中国出了个毛泽东”陈列	韶山毛泽东同志纪念馆
9	共和国枪械的摇篮——庆华军工遗址博物馆基本陈列	庆华军工遗址博物馆
10	巧手良医——陕西历史博物馆文物保护修复工作展	陕西历史博物馆

第十一届（2013年度）全国博物馆十大陈列展览优胜奖

序号	项目	单位
1	瓷美如花——馆藏瓷器精品展	广西壮族自治区博物馆
2	“铁西百年记忆”陈列	沈阳工业博物馆
3	空灵之约——中国沉香文化展	山东博物馆、天津沉香艺术博物馆
4	“武陵足音”陈列	湖北省恩施土家族苗族自治州博物馆
5	百万雄师过大江——渡江战役纪念馆基本陈列	渡江战役纪念馆
6	上海电影博物馆常设展览	上海电影博物馆
7	“近代大连”陈列	大连现代博物馆
8	“海上国门”陈列	天津市滨海新区塘沽大沽口炮台遗址博物馆
9	傩魂神韵——中国傩戏傩面具艺术展	贵州省民族博物馆
10	园林博物馆展览陈列	园林博物馆

（三）首届（2013年度）全国十佳文物保护工程评选推介活动

结果于11月5日揭晓。山西高平市二郎庙保护修缮工程、辽宁北镇庙古建筑群维修工程、上海市北京东路2号房屋修缮工程、福建泉州天后宫正殿维修工程、山东曲阜尼山孔庙建筑群维修工程、广东佛山祖庙修缮工程、西藏扎什伦布寺保护维修工程、陕西紫阳北五省会馆壁画保护修复项目、甘肃敦煌莫高窟保护利用工程崖体加固工程、新疆柏孜克里克石窟二期保护工程等荣获“全国十佳文物保护工程”（按行政区划排列）。青海玉树新寨嘉那嘛呢震后总体抢险修缮工程荣获“特别荣誉奖”。

（四）2013年度全国文化遗产十佳图书评选推介活动

结果于6月14日揭晓。

2013年度全国文化遗产十佳图书评选推介活动十佳图书

序号	书名	作者	出版社
1	《明蓟镇长城》	河北省文物研究所（编）	文物出版社
2	《西夏六号陵》	宁夏文物考古研究所（编）	科学出版社
3	《澳门黑砂玉石作坊》	邓聪（著）	澳门民政总署
4	《民国文物法规史评》	李晓东（著）	文物出版社
5	《白山黑水海东青：纪念金中都建都860周年》	首都博物馆、黑龙江省博物馆（编）	文物出版社
6	《稻作与史前文化演变》	吕烈丹（著）	科学出版社
7	《鼎盛中华：中国鼎文化》	河南博物院（编）	大象出版社
8	《科技考古进展》	王昌燧（编）	科学出版社
9	《新世纪中国考古新发现2001～2010》	《考古》杂志社（编）	中国社会科学出版社
10	《洛镜铜华：洛阳铜镜发现与研究》	霍宏伟、史家珍（著）	科学出版社

2013年度全国文化遗产十佳图书评选推介活动优秀图书

序号	书名	作者	出版社
1	《博物馆陈列艺术总体设计》	徐乃湘（著）	高等教育出版社
2	《秦汉城邑考古学研究》	徐龙国（著）	中国社会科学出版社
3	《逝者的面具：汉唐墓葬艺术研究》	郑岩（著）	北京大学出版社
4	《博物馆绘本：青铜器、玉器、元青花》	陈燮君（著）	华东师范大学出版社
5	《俄罗斯滨海边疆区：渤海文物集萃、女真文物集萃》	吉林省文物考古研究所等（编）	文物出版社
6	《中国古代壁画保护规范研究》	王旭东等（著）	科学出版社
7	《茶胶寺庙山建筑研究》	温玉清（著）	文物出版社
8	《海峡两岸及港澳地区建筑遗产再利用研讨会论文集及案例汇编》	国家文物局（编）	文物出版社
9	《陶瓷手记：陶瓷史思索和操作的规律》	谢明良（著）	上海古籍出版社
10	《中国古兵二十讲》	李力、杨泓（著）	生活·读书·新知三联书店

【其他】

完成国家文物局委托的“抗战文物保护利用状况调研”课题。经过大量资料的收集整理和实地调研，完成了4个小组调研报告、1个抗战文物信息统计分析报告、1个综合调研报告，总计12万字，为主管部门决策提供重要参考。

完成国家文物局委托的“中国特色文物理论体系预研究”工作。经过多次专家论证会和资料的收集整理，完成了约6万余字的报告。

组织2014中国文化遗产日主题口号征集、评选、推介。宣传评选出的主题为“让文化遗产活起来”；口号6条：“瓷都千年薪火相传”“保护遗产留住乡愁”“寻找历史记忆做好文物普查”“保护文化遗产讲好中国故事”“传承文化遗产添彩美丽中国”“用心灵感悟文化以行动保护遗产”。

完成国家文物局委托开展的2014年度全国文物行政处罚案卷评查工作。评出“十佳案卷”10份、“优秀案卷”20份、“规范案卷”10份。北京市、浙江省、河南省文物局和上海市、重庆市文化市场行政执法总队为“优秀组织单位”。在浙江省杭州市召开了2014年度全国文物行政处罚案卷评查座谈会。

3月，中国文物报社2014年通联工作会议在京召开。各省、自治区、直辖市和计划单列市、部分中央文博单位、中央有关媒体的通联工作负责人以及中国文物报社全体同志共聚一堂，就做好文物宣传工作、促进中国文物报社建设与发展等问题献计献策。

5月，中国博物馆协会、中国文物报社编辑出版《回眸·创新——全国博物馆陈列展览研讨会论文集》。

9月，中国文物报社“文博在线”项目获得财政部文资办通过。

11月，张德勤同志《困顿与开拓——一个国家文物局局长的自述》出版发行座谈会在京召开；组织召开了中国博物馆协会传媒专业委员会会员代表大会和专委会年会——第二届博物馆与新媒体学术研讨会。

中国文物交流中心

【概述】

2014年，中国文物交流中心在国家文物局党组的正确领导下，坚持以十八届三中、四中全会精神，习近平总书记系列重要讲话精神为指导，凝心聚力，务实合作，服务大局，开拓创新，扎实推进文物对外交流重点工作计划，思想建设、组织建设、制度建设、业务建设取得新进展。

【内部建设】

（一）班子建设

认真执行集体领导下的分工负责制，团结共事、民主决策。全年召开中心办公会21次、中心主任办公会19次。召开中心工会换届选举大会，选举新的工会班子。

（二）党团建设

加强党建，带动团建以及中心文化建设。召开2014年党员领导干部民主生活会，开展批评与自我批评。召开党员大会，按计划发展预备党员1名。积极开展团学活动，派员参加国家文物局团委“青春中国梦——文博基层行”主题团日活动、团工委“根在基层、情系民生”实践活动，增强年轻人的理想信念。开展职工游泳健身活动，促进职工身心健康。组织第五届职工摄影比赛，丰富职工业余文化生活。

（三）队伍建设

公开招聘5名工作人员，中心队伍进一步壮大。加强职工培训，全年举办各类讲座7场，提高了职工业务水平和履职能力。

2014年举办讲座列表

序号	内　容	授课人	时间
1	赴发展中国家举办中国文物展览总结分析——以“斗品团香·中摩茶文化交流展”为例	中心展览交流处崔金泽	1月3日
2	中国传统节日风俗	北京民俗博物馆博士崔瑞萍	1月24日
3	至宝逸翰——北京故宫博物院藏古代书法珍品赏析	北京故宫博物院书画部主任曾君	3月14日

续表

序号	内　容	授课人	时间
4	水下考古的缘起与发展	中国国家博物馆副馆长、二级研究员张威	5月16日
5	与古人神交——从古陶瓷鉴赏谈起	北京故宫博物院研究员陈华莎	7月11日
6	六大茶类品鉴及乌龙茶茶艺	中国茶叶博物馆高级评茶员、高级茶艺师朱阳、李昕	7月30日
7	藏品保管的标准与规范	首都博物馆馆长助理、藏品保管部主任武俊玲	12月26日

（四）廉政建设

贯彻落实中央“八项”规定以及中央和国家机关差旅费、会议费、因公出国经费使用相关管理规定。优化规范外事出访计划，做好因公出国人员公示。通过委托招标代理公司，完成文物包装运输服务、翻译服务等项目的政府采购公开招标工作，确保公平竞争。倡导勤俭办事，精简会议、培训数量，加强政府采购管理。定期通报中心财务收支情况，提高财务透明度。

【制度建设】

历时3年调研、修订，中心《绩效考核分配办法》报经国家文物局批准施行。《职工教育培训办法》《计划生育管理办法》《人事管理办法》《微信管理办法》《公务卡报销结算管理办法》等10余项管理规章制度颁布实施，提升中心业务管理规范化水平。

【业务建设】

（一）服务外交，保障重点文物展览项目顺利实施

2014年共举办出境展览14项、来华展览1项，涉及英国、意大利、法国、摩洛哥、捷克、土耳其、罗马尼亚、日本及香港、台湾地区。

纪念中法建交50周年、中坦建交50周年、中马建交40周年文物出境展览列入政府间重要交流项目。国家主席习近平和法国总统奥朗德共同担任“汉风——中国汉代文物展”的监护人并为之作序、互致贺词，该项目被纳入中法高级别人文交流机制。落实“华夏文明洲际行”展览计划，完成赴捷克首场大规模中国文物展——“华夏瑰宝”展；赴匈牙利“华夏瑰宝”展已基本完成前期筹备工作。配合“一带一路”国家战略实施，成功举办赴坦桑尼亚“牵星过洋——中非海上丝绸之路展”，赴匈牙利国家博物馆“丝绸之路展”已基本完成前期筹备工作。赴台湾“光照大千——丝绸之路的佛教艺术展”被列入国台办重点对台交流项目并予以奖励；赴大英博物馆“明：皇朝盛世50年（1400～1450）”展览，被列入国家文物局“2014年文物对外交流与合作重点项目”扶持资助对象。

2014年出境展览列表

序号	展览名称	展出国家（地区）	展览时间	展出地点
1	中国西域·丝路传奇展	日本	2013-02-08~2014-01-13	长崎孔子庙中国历代博物馆
2	中国古代绘画名品700～1900展	英国	2013-10-26~2014-01-19	伦敦维多利亚阿尔伯特博物馆
3	地下的中国——凤翥龙翔考展	香港	2013-10-25~2014-03-02	香港中文大学文物馆
4	早期中国（公元前3500年～公元前221年）——中华文明系列展Ⅰ	意大利	2013-06-20~2014-03-20	罗马威尼斯宫国立博物馆
5	光照大千——丝绸之路的佛教艺术展	台湾	2013-12-20~2014-03-24	台东史前文化博物馆
6	斗品团香——中摩茶文化交流展	摩洛哥	2013-11-25~2014-09-15	索维拉市默罕默德·本·阿卜杜拉先生博物馆
7	十里红妆——中国浙东地区婚俗文物展	日本	2014-06-07~2015-05-25	长崎孔子庙中国历代博物馆
8	华夏瑰宝展	捷克	2014-08-08~2014-11-09	布拉格城堡
9	明：皇朝盛世50年（1400～1450年）展	英国	2014-09-18~2015-01-05	伦敦大英博物馆
10	七宝瑞光——中国南方佛教艺术展	台湾	2014-09-23~2014-12-07	台湾高雄佛光山佛陀纪念馆
11	七宝瑞光——中国南方佛教艺术展	台湾	2014-12-20~2015-03-24	台东史前文化博物馆
12	汉风——中国汉代文物展	法国	2014-10-21~2015-03-01	国立吉美亚洲艺术博物馆
13	牵星过洋——中非海上丝绸之路历史文化展	坦桑尼亚	2014-12-15~2015-01-15	坦桑尼亚达累斯萨拉姆国家博物馆
14	颐和园珍宝展	马来西亚	2014-12-15~2015-03-03	国家博物馆

2014年入境展览列表

序号	展览名称	展出国家（地区）	展览时间	展出地点
1	安纳托利亚文明：从新石器时代到奥斯曼帝国展	中国	2013-11-18~2014-02.20	上海博物馆

（二）务实合作，建设多元丰富的文物交流体系

发挥中国博协展览交流专业委员会平台作用，组织参加“博博会”，召开年会和学术研讨会，促进馆际交流，加强会员沟通。与中国国学中心合作课题研究，与陕西省文化厅、陕西文化产业投资控股（集团）有限公司等单位联合举办“丝路·长安”国际文化创意周暨第二届“中国创意”产品大赛。

加强“走出去”战略，扩大国际交流。与美国国家美术馆、肯尼亚国家博物馆、韩国国立中央博物馆、法国卡地亚当代艺术基金会以及意大利MondoMostreSRL公司建立友好合作关系，与大英博物馆在英合作举办第四届“中国艺术博物馆”论坛。

推动两岸三地文博机构交流合作。贯彻对台工作方针，推进与台北故宫博物院、台东史前文化博物馆的交流合作。加强与香港特区政府康乐及文化事务署的交流，推进实施与香港中文大学考古艺术研究中心合作计划，与香港历史博物馆建立合作关系。

（三）强化安全，为文物对外交流保驾护航

按月编发《安全工作简报》，及时发布文物展品安全动态。印发《出境展览工作安全管理手册》，加强职工安全技能培训，提高安全意识。完善展览各环节安全预案及保障措施，加强文物安全预案专家论证，提高管理科学化水平，2014年未发生文物安全责任事故。

（四）尽心尽责，顺利完成国家文物局涉外委托事项

认真筹划、精心组织，与有关单位共同承办国家文物局重点培训项目“展览策划培训班”（兰州）、“文化遗产创意产业暨品牌授权专题培训班”（广州）；承办赴陕西“驻华使节走进中国文化遗产”活动。

2014年共接待来访团组6个；完成国家文物局委托涉外展览项目（含港澳台）初审61项；为国家文物局系统办理出国（境）团组98个、办理签证266人次，其中中心团组39组、136人次。承担委托翻译（笔译）48项。

（五）创新思路，扩大宣传

组织召开“媒体座谈会”，与媒体建立通联机制。建立中心微信公众平台，增强宣传推介力度。研究制定中心年度宣传要点，按计划、有步骤地推进宣传工作，提高中心影响力。

创新展览方式，实现对外交流展示多元发展。由文化部、国家文物局共同策划，中心与国内数字科技企业联合设计并组织实施“文物带你看中国”展示项目。该项目通过“可视化三维还原技术”让文化遗产“活”起来，更加生动地展示中华文化的魅力，促进了文物对外交流展示的多元化发展，受到了刘云山、刘延东等中央领导同志的肯定。2014年6月中旬首次在丹麦哥本哈根中国文化中心揭牌亮相，年内完成在法国、老挝、尼泊尔中国文化中心的安装使用。

（六）加强研究，促进学术水平不断提高

受国家文物局委托，编制完成《“一带一路”文化遗产工作规划（草案）》，正广泛征求文博、考古、高校领域专家学者的意见。配合展览，编辑出版了《十里红妆——中国浙东地区婚俗文物展》《华夏瑰宝》《汉风——中国汉代文物展》《在兹中国》4本展览图录，推广中心学术研究成果，提升展览学术水平。研究编制《中长期及2014年度对外交流计划政策性建议》和《海外推介展览目录》。

与专业机构合作开发文物电子点交软件并通过验收，2015年计划在文博系统推广使用。合作开发的文物交流网也上线运行。

（七）效能建设与财务管理

通过制定和分解《年度重点工作计划》和阶段性重点工作安排，明确时间表、路线图以及责任人，有布置、有落实、有监督。加强“三公”经费预算和支出审核，全面推行公务卡结算制度。坚持财政预算执行节点提醒制度，保证项目预算执行率， 2014年7月预算执行计划进度79.91%，实际进度81.46%，超额完成1.55%；9月计划进度80.68%，实际进度90.22%，超额完成9.54%；12月计划进度和实际进度都为100%。增收节支，保障人员经费预算稳步增加。通过绩效工资改革努力提高职工收入水平 。

北京市

【概述】

2014年，北京市共启动文物修缮项目185项，竣工160项，修缮面积33.86万平方米。大运河北京段两处河道、两处遗产点成功列入《世界遗产名录》，玉河南段遗址考古工作取得重要成果。完成了第五批地下文物埋藏区和第九批文物保护单位保护范围及建设控制地带现场测绘与初步划定工作，完成了第七批（31项）全国重点文物保护单位记录档案的编制工作。《北京市地下文物保护管理办法》正式实施，初步建立了土储项目文物保护工作联席会制度，建立了全国有资质的考古发掘单位参与北京市配合基本建设工程考古调查、勘探工作的机制。北京文博事业获得新的发展。

【法规建设】

2014年3月1日，《北京市地下文物保护管理办法》正式实施。为配合该《办法》实施，还制定发布了《北京市地下文物保护预案备案办法》等规范性文件及以“传承中华文明，保护地下文物”为主题的两段宣传片。此外，以“守望家园，薪火传承”为题，在《北京日报》对《北京市地下文物保护管理办法》进行专版解读。

完成了《对〈中华人民共和国文物保护法（修订草案征求意见稿）〉的修订反馈意见》，为全面修法工作的开展做好了准备。配合北京市人大完成了北京市名人故居保护管理工作调研，摸清了基本情况，探讨了将名人故居纳入不可移动文物进行保护的可能性，为更好地保护名人故居奠定了基础。

积极配合做好棚户区改造过程中涉及的不可移动文物保护和相关地下文物保护工作。制定公布了《关于在北京市棚户区改造和环境整治中做好文物保护工作的指导意见》和《关于棚户区改造和环境整治项目进一步简化文物审批工作的意见》，明确了“该用则用、该修则修、应保尽保”的原则，与规划、国土、建设等部门密切配合，积极主动对建设单位进行指导，及时完成各项审批工作。

【执法督察和安全保卫】

2014年，对国保单位开展执法巡查758次、安全检查730次，发现隐患45次，责令整改45次；对市保单位开展执法巡查998次、安全检查785次，发现隐患26次，责令整改26次；配合公检法机关协调文物鉴定专家为涉案文物鉴定59次，鉴定文物415件。

6月12日，北京市文物局会同北京市安监局、北京市消防局和西城区文委组成联合督察组，对全国重点文物保护单位国立蒙藏学校旧址和北海进行了重点安全督察。经过近十年的努力，国立蒙藏学校旧址内的商铺已经全部腾退，淹没在违章建设中的文物建筑露出“庐山真面目”。

6月19～20日，北京市文物局举办“文物安全与执法工作培训班”，就文物安全与执法工作如何面对媒体、文物安全和执法工作信息化管理系统操作与规范使用等进行了全面细致的讲解，对文物安全和执法工作中存在的问题进行了探讨，资深执法人员与学员分享了多年积累的宝贵经验。

11月24日，北京市文物局举办“北京地区博物馆安全工作培训班”，向德春副局长出席，并在开班仪式上就博物馆的安全管理工作提出了要求。全市博物馆安全工作负责人共180余人参加培训。

12月16日，北京市文物局与北京市公安局房山分局、房山区文委联合召开“房山区打击盗窃文物犯罪行动文物移交大会”，区级文保单位环秀禅寺藻井石、陕甘总督黄廷桂墓墓志及部分石刻文物被追回。此次抓捕犯罪嫌疑人9名，同时起获被盗文物21件及作案工具。

【不可移动文物的保护和管理】

2014年，共启动文物修缮项目185项，竣工160项，修缮面积33.86万平方米。积极推进城市中轴线文物保护修缮计划，完成了景山寿皇殿文物修缮方案论证、编制和前期准备工作，天安门石质文物安全检测方案编制完成。明十三陵石牌坊加固、颐和园围墙（一期）修缮工程竣工，平谷区红石门长城修缮（一期）、密云县卧虎山长城修缮、颐和园南湖岛修缮工程等基本完工，石景山昊天门等古建筑群文物修缮工程已完成，八大处石府龙王庙修缮工程进入主体施工阶段。

完成了第五批地下文物埋藏区和第九批文物保护单位保护范围及建设控制地带现场测绘与初步划定工作；完成了第七批（31项）全国重点文物保护单位记录档案的编制工作。

完成了周口店监测预警体系建设（一期）项目，周口店北京人遗址博物馆迁建、新馆建设及遗址核心区环境整治和生态改善工程已经完成。

《圆明园考古工作计划（2014～2020年）》获国家文物局批准。开展了圆明园全园初步考古调查和大宫门区御河遗址1000平方米发掘工作，完成了桃花洞、一孔桥等遗址保护工程；圆明园鉴碧亭和绮春园宫门修缮工程已经进入主体施工阶段。5月22日，为贯彻落实国务院领导对圆明园遗址保护展示工作要求，国家文物局文物保护与考古司司长关强等就圆明园遗址保护展示工作与北京市文物局召开专题座谈会，初步研究确定了下一步圆明园遗址保护重点工作的落实方案，包括考古工作、遗址展示、西洋楼遗址保护、保障机制、经费安排等几个方面。

6月22日，2014年世界遗产大会正式批准中国大运河列入《世界遗产名录》。北京市共有两处河道和两处遗产点入选直接申报名单，分别为通惠河北京旧城段（包括什刹海和玉河故道）、通惠河通州段、西城区澄清上闸（万宁桥）和东城区澄清中闸（东不压桥）。10月30日，北京市人大常委会组织人大代表对世界文化遗产大运河玉河段文物保护进行专题调研。代表们对市文物局加强大运河遗产保护，优先安排保护修缮经费计划的工作表示支持，要求进一步做好正在开展的玉河南区考古发掘和文化景观恢复工作，力争实现澄清上、中、下三座水闸全部对社会开放。

【考古发掘】

2014年，共完成勘探项目331项、勘探面积4138万平方米，正在进行的勘探项目83项、勘探面积862万平方米；发现地下文物需要实施考古发掘的项目95项，其中已完成发掘93

项、正在实施2项，完成发掘面积35509平方米，发现墓葬等遗址3662座，发掘和保护1814座，出土各类文物共计4280余件（套）。

2014年，玉河南区现场考古发掘工作完工，初步探明了玉河故道南区河道堤岸分布情况，发现了部分河道驳岸、雁翅及水闸遗址和石桥遗迹一处，根据文献记载初步研究，所发现的水闸遗址应为澄清下闸。今后，将研究澄清下闸遗址和新发现的石桥遗址的保护展示措施，逐步恢复玉河故道南区历史文化景观。

【博物馆与可移动文物】

（一）博物馆

1．博物馆建设

2014年，新注册登记中国海关博物馆、园林博物馆、北京英杰硬石艺术博物馆、北京御仙都皇家菜博物馆等4家博物馆。北京奥运博物馆开始试运行；徐悲鸿纪念馆改造工程进展顺利，展陈大纲及深化设计制作工作基本完成；北京地税博物馆、月季博物馆、中国人民革命军事博物馆新馆建设等工作有序进行。

10月16日，历时近两年的大钟寺古钟博物馆“古建大修工程、电增容改造工程、展览陈列改造工程”圆满完工，重新对外开放。此次重点对寺内大雄宝殿屋盖漏雨、寺内现存文物建筑本体、院墙、院落地面和排水系统等进行修缮、清理。改造后的展览陈列分为十大主题，展览面积3000平方米，展出文物约400件，其中一级文物6件、二级文物13件。

12月23日，北京市文物局与北京博物馆学会举办“2014年北京地区民办博物馆馆长培训班”，旨在提高北京地区民办博物馆办馆水平，普及博物馆办馆及运营知识，推动民办博物馆事业的发展。北京地区15家民办博物馆近20名馆级领导参加培训。

2．重要陈列展览

积极协调整合博物馆优势资源，采用政府购买公共服务方式与故宫博物院、江西省博物馆、河南省博物馆、湖南省博物馆及相关省级博物馆合作，成功策划推出“2014北京博物馆展览季”品牌项目，共推出“江西文物精品展”“海上丝绸之路特展”“凤舞九天——楚文化特展”等15项展览，汇集两千多件精品文物，观众达百余万人次。

2月25日～5月25日，“赣水流韵　辉耀千载——江西古代文物精品展”在首都博物馆展出。展览选取了江西省博物馆以及全省多家博物馆的文物精品共计160余件（套），涵盖了青铜器、陶瓷器、玉石器、金银器、丝织品和书画作品，充分展示了江西古代文明的辉煌成就。

4月24日～7月27日，“直挂云帆济沧海——海上丝绸之路特展”在首都博物馆展出。展览汇集了海南、广东、福建、山东、上海等省市51家博物馆的瓷器、丝绸、金银器、玻璃器等文物精品240余件（套），呈现了从远古到宋元、直至明清时期海上丝绸之路形成、发展、繁荣的全过程。

4月26日～7月26日，“灵动飞扬——汉代玉器掠影”展在北京艺术博物馆展出。展览汇集了以安徽省巢湖汉墓、天长汉墓为主的出土玉器，另有北京地区和陕西省境内的汉代玉器加以补充，共196件（套），其中不少展品是首次在北京地区展出。

5月16日～8月12日，“天地之中——登封窑瓷器艺术展”在北京艺术博物馆举办。本次展览是登封窑瓷器首次来京集中展示，展出登封窑瓷器148件（套），具有重要学术意义。

5月18日，北京市文物局与房山区政府在周口店遗址联合举办“5·18”国际博物馆日主会场活动暨周口店北京人遗址博物馆新馆开馆活动。当日，全市近60家博物馆推出展览、讲座等活动，接待观众近百万人次。

7月10日～8月24日，“长宜茀禄：乾隆花园的秘密”在首都博物馆展出。展览分“颐养谢尘喧”“虚以待君王”“堂皇富雅趣”三部分，对乾隆花园的建筑、格局、陈设及重要文物进行解读。

7月29日～10月7日，“呦呦鹿鸣——燕国公主眼里的霸国”展在首都博物馆展举办。共展出文物180余件（套），包括青铜器、漆器、玉器等，展示了霸国独具特色的文化。

9月5日～12月21日，“气度与风范——明代江西藩王墓出土玉器展”在北京艺术博物馆举办。展览分为“圭见礼仪”“玉带尊贵”“组佩玎珰”等六个单元，展出考古发掘出土的明代藩王及家族成员所配用的玉器、金镶玉器及嵌宝石金饰品95件（套）。

9月12日，“中华古建彩画展”在北京古代建筑博物馆开幕。展览以彩画模型、精美图片以及观众可参与动手的互动项目将中华古建彩画的精彩形象以复原图的形式进行公开展示，透过构图、布局结构、典型纹样形式和色彩方案等一系列视觉表象来诠释中华建筑彩画的精神内涵。

9月16日～11月16日，“金戏砖影——金代山西戏曲砖雕艺术展”在北京辽金城垣博物馆展出。展览分“散乐百戏　世俗生活”“戏剧世相　粉墨百态”“‘戏’行教化　以‘孝’维道”“生死同乐　人生戏梦”四部分，共展出山西博物馆馆藏的78件（组）戏曲砖雕。

12月26日，“盛世京华之掠影——北京纸币诞生八百年展”在北京市古代钱币展览馆开幕。展览以富含北京地区历史文化内涵的珍贵纸币为主线，共展出钱币类文物500余件（套），包括宋元时期的早期纸币资料、明清时期纸币实物、民国时期各种纸币实物及革命根据地纸币等。

12月30日，“凤舞九天——楚文化特展”在首都博物馆开幕。展览通过18家文博机构的约200件楚汉文物精品，分“尊礼崇乐”“蕴美求奇”“究天人之际”“楚启汉风”四部分展示春秋战国时期楚国的文化艺术特色，以及楚文化与汉文化之间的文脉关系。

（二）第一次全国可移动文物普查

北京市第一次全国可移动文物普查工作全面推开，完成了国有单位收藏情况调查工作，共反馈调查表8731份，自查有文物的单位389家，申报文物和遗存物数量1170万余件（套）。文物认定、数据采集登录工作也已启动，完成132万件（套）藏品信息采集、录入工作。

【社会文物管理】

2014年，完成全市254场文物艺术品拍卖会18.6251万件（套）标的的审核工作，成交额超过231.57亿元，确定国家一级珍贵文物45件，撤拍禁止拍卖类文物260件。新批准1家文物商店设立申请；完成了全市19家申请设立文物拍卖资质企业的初审工作，13家企业经国家文物局批准获得文物拍卖资质；开展了对全市19家申报一类文物拍卖资质企业的初审工作，经国家文物局审核，11家企业获得一类文物拍卖资质。继续发挥三局联席会议工作制度效用，联合查处违法违规经营行为7起。

5月15～19日，北京市文物局组织首都博物馆、北京古玩城有限公司等单位参加了“第十届中国（深圳）文化产业博览交易会”北京展馆的相关工作，展示了北京市文博行业文化衍生产品开发最新成果。

9月17日，“2014北京惠民文化消费季——金秋文物艺术品拍卖月”活动正式启动。期间，匡时、瀚海、嘉德等拍卖公司共组织20场现场拍卖会，瓷器、玉器、书画、家具、古籍善本、文玩杂项等7大项3万余件（套）拍品上拍，成交总额达8.35亿元。

11月19～23日，“2014北京·中国文物国际博览会”在全国农业展览馆新馆举办。本次博览会共设3个会场，还新增加了“博物馆文化衍生产品展售区”以及“大清邮筒·方寸之间、传承文化”的观众互动区。期间共接待观众6.5万人次，累计成交额3.6亿元。

12月17～18日，北京市文物局举办北京市文物拍卖企业业务知识培训，邀请专家就中国古代玉器、掐丝珐琅、古代书画等进行了专题培训。全市120余家文物拍卖企业、文物经营单位及相关管理部门的200余人参加培训。

【科技与信息】

2014年，完成课题“北京市古建筑石质结构安全状况无损检测技术研究与应用”，在石质文物表层风化、裂隙病害无损或微损检测技术，以及受力石质构件结构安全判定等技术方面有所创新，为北京市石质文物保护提供了新的科技手段。首都博物馆“基于无损检测技术的中国古玉器鉴定研究”课题获北京市科委市级科技计划绿色通道项目立项，北京市文物研究所“建立数字化北京地下文物数据库研究”等4个项目获北京市社科基金项目立项。

2014年，编制并发布了《北京市文物保护标准化发展规划（2014～2020年）》，这是全国文物系统内首个文物保护地方标准规划。批准发布了《文物建筑修缮工程操作规程·第3部分：油漆作》，加上此前已实施的瓦石作、木作、彩画作，该标准共4个部分均开始在北京地区文物建筑修缮中使用。

【文博宣传与出版】

2014年，共举办各类新闻发布会、组织媒体记者集体采访、主动发放新闻宣传素材49次，接待境内外记者采访36次。政务微博“北京文博”累计发布各类微博信息2008条。向市委、市政府、市委宣传部、国家文物局等单位报送重要信息158条；局网站采用机关各处室、局属各单位报送信息1214条。

【机构及人员】

北京市文物局机关内设办公室、政策法规处、文物保护处、博物馆处等9个职能处室，现有在职人员76人。另有局属事业单位30家，其中博物馆18家、文物公司1家、文物科研机构3家。截至2014年12月31日，30个局属事业单位实有岗位926个，在职人员902人。按学历情况划分：高中及以下49名；大专84名；大学本科616名；研究生153名，其中博士生27名。按岗位等级划分：初级专业岗位213个；中级专业岗位191个；高级专业岗位71个，其中正高级专业技术岗位15个。

【对外交流与合作】

3月，北京市文物局赴泰国曼谷中国文化中心举办了“品味京都——北京城、胡同、四合院”展，并将184册图书捐赠给曼谷中国文化中心；赴俄罗斯莫斯科中国文化中心举办了“禅茶与寺庙”展。

4月23日，由北京古代建筑博物馆制作的“古都今与昔·北京老建筑风貌展”在台湾台南市萧垄文化园区开幕，展品包括300余幅图片、10余件模型，展示了北京地区建筑的旧貌与新颜。

6月20日，“土木中华——中国古代建筑展”在德国柏林中国文化中心开幕，通过图片、建筑模型真实还原了宫殿、民居、园林等建筑类型的发展历史，以及台基、梁架、斗拱等部件的营造技法和藻井、浮雕、彩绘等装饰的制作工艺，全方位、多角度地介绍了中国古代建筑的发展状况。12月，该展览赴西班牙马德里中国文化中心展出。

10月20日，由北京市文物局主办，北京古代建筑博物馆承办的“园林北京”展在澳大利亚堪培拉开幕。展览高度浓缩北京古代园林建筑的历史、技术、艺术，让澳洲观众领略到北京园林的艺术魅力。

12月26日，“高棉的微笑——吴哥艺术特展”在首都博物馆开幕，共展出柬埔寨国家博物馆藏前吴哥王朝时期和吴哥王朝时期的铜制、砂岩造像及建筑构件、陶土器物等珍贵文物80件（套），使观众充分领略了柬埔寨吴哥王朝时期辉煌的宗教、建筑艺术。

【其他】

4月4日，“2014年北京市文物工作会”召开。会议对全市2013年文物修缮及历史文化名城保护、博物馆建设和公共文化服务、文物流通和艺术品拍卖市场管理、文物安全和执法等工作进行了总结，部署了2014年工作任务，传达了习近平总书记视察北京的讲话精神及2013年全国文物局长会议精神。

4月12日，北京市文物局和北京市慈善义工协会联合启动“北京市文物安全保护志愿服务行动”，由志愿者对服务范围内的文物开展日常巡查监督，部分解决了执法人员少、文物监管难度大的问题。截至12月31日，共注册文保义工779人，经过培训正式上岗的536人，认领不可移动文物866处，举报各类线索100余条。

6月14日，中国文化遗产日主会场活动在房山区水峪村举行，活动现场发布了北京市传统村落保护、调查、修缮等有关工作的最新进展，启动了水峪村瓮桥修缮工程和北京市传统村落公益摄影作品征集活动。

7月14日，北京市文物局会同北京市规划委向北京市政府提交《关于申报中国历史文化街区情况的报告》，推荐皇城、南锣鼓巷、雍和宫至国子监地区、东四三条至八条、东交民巷、西四北头条至八条、什刹海、大栅栏共计 8 片历史文化街区申报中国历史文化街区。

9月18日，北京市文物局同北京市国土局、北京市土储中心等部门联合召开土储开发项目文物保护工作联席会，会议研究讨论了联席会工作规则，提出并审议了《关于建立市国土局、市文物局联席会议制度有关问题的意见》。

12月19日，北京市文物局召开文物保护工程安全管理暨质量管理工作会，传达贯彻第六次全国文物保护工程会议精神，会议对2014年北京市文物保护工程进行了总结，对2015年文物修缮工程的管理及质量、安全工作提出具体要求。

天津市

【概述】

2014年是全面深化改革的开局之年，是加快建设美丽天津的关键一年。天津市文化广播影视局（天津市文物局）全面贯彻落实党的十八大和十八届三中、四中全会精神，深入学习贯彻习近平总书记系列重要讲话，文物博物馆工作取得了新进展、新成效。大运河成功入选《世界遗产名录》。天津市第一次全国可移动文物普查工作稳步推进。全市博物馆、纪念馆举办展览367个，接待观众977余万人次。天津自然博物馆新馆对外开放。天津市滨海新区塘沽大沽口炮台遗址博物馆“海上国门陈列”、天津沉香艺术博物馆“空灵之约——中国沉香文化展”（与山东博物馆合办）荣获第十一届（2013年度）全国博物馆十大陈列展览精品优胜奖。

【执法督察与安全保卫】

天津市文化市场行政执法总队依据《文物保护单位执法巡查办法》相关规定，对部分国家重点文物保护单位及部分第四批天津市文物保护单位进行文物执法巡查。巡查文物保护单位19个、责令整改3个，促进全市不可移动文物日常保护和管理，推动全市文物执法工作的开展。

天津市文化市场行政执法总队联合天津市文化广播影视局（天津市文物局）、天津市海洋局、中国海监天津市总队以及天津市文物管理中心（天津市文化遗产保护中心）开展天津市管辖海域文化遗产联合执法行动，对天津市水下文物保护重点区域展开巡航检查，对是否存在破坏水下文物的违法违规行为进行了重点巡查，取得了良好的效果。

【不可移动文物的保护和管理】

2014年，天津市全面推进全国重点文物保护单位和天津市文物保护单位“四有”档案著录工作，积极开展文物保护单位现状调查工作，指导各区县公布不可移动文物名录和文物保护单位。组织第七批全国重点文物保护单位和第四批天津市文物保护单位的保护标志牌及二维码的制作与安装。完成全国重点文物保护单位和天津市文物保护单位的保护范围和建设控制地带的划定起草工作，提请市政府审定公布全国重点文物保护单位、天津市文物保护单位的保护范围和建设控制地带。

6月22日，在卡塔尔多哈召开的联合国教科文组织第38届世界遗产委员会会议审议通过将中国大运河项目列入《世界遗产名录》，全长71公里，流经武清、北辰、河北、红桥、南开、西青等6个区县的北、南运河天津三岔口段位列其中。

【考古发掘】

3～5月，完成京秦高速公路（天津段）工程赵家湾遗址考古发掘。发掘商周时期灰坑46座，发掘面积3800平方米，出土文物标本近百件，丰富了天津地区商周时期考古学文化资料。

4～5月，完成塘廊高速公路田庄坨遗址考古发掘。发掘战国时期灰坑16座、汉代墓葬3座，出土文物标本150余件，基本了解了田庄坨遗址的形成及延续年代。

4～7月，完成蓟县峰景苑小毛庄墓群的考古发掘。共发掘明清时期墓葬16座、战国墓葬1座、汉代墓葬11座，其中7座汉代墓葬为大中型墓葬。2号墓葬带回廊“甲”字形石室大墓形制独特、规模宏大。经专家论证，由2号墓葬回廊结构以及出土的鎏金铜缕玉衣片推断，该墓为东汉早期列侯等级大型墓葬，为目前天津地区发现规格等级最高的墓葬。

10～11月，进行天津市静海县老房管局平房还迁改造工程考古发掘。发掘清代房屋基址4座，发掘面积960平方米。

【博物馆与可移动文物保护】

（一）博物馆

1．博物馆建设

1月25日，天津自然博物馆新馆向公众开放。天津自然博物馆新馆位于天津文化中心、原天津博物馆内，占地面积5万平方米，建筑面积3.5万平方米，展示面积1.4万平方米，展出各类标本近万件。天津自然博物馆新馆陈列以“家园”为主题，在办馆理念、功能定位、主题策划、展示特色、科普教育等多方面进行综合创新，将建设成为融收藏与研究、展示与体验、文化交流与科普教育、文化旅游与智性休闲于一体的具有天津特色、国内领先的现代化、综合性自然博物馆。

8月18日，天津鼓楼博物馆整体维修，暂停对外开放。天津鼓楼于2002年作为博物馆对外开放后，产生了较大的社会影响，成为天津市的标志性建筑之一，但因年久失修，基础设施严重老化，已无法满足对外开放的需要。闭馆期间，天津鼓楼博物馆将在做好预案的前提下对建筑进行整体维修，以保证最佳展出效果。

11月1日，天津市武清区博物馆开馆。天津市武清区博物馆建筑面积9200平方米，地面五层为展示厅，地下一层为综合展品修复、储藏空间。其中一层为书画展厅，二层为武清历史沿革展厅，三层为古典家具展厅和撤村建居展厅，四层为海峡两岸文化交流展厅，五层为多功能观光区。地下一层主要包括文物库房、大件木器处理室、大件石器处理室、文物修复中心、书画装裱室等。

2014年，天津市文化广播影视局（天津市文物局）开展全市博物馆、纪念馆的考评工作。此次考评工作面向全市国办、民办、行业等各级各类博物馆，按照“公平、公正、公开”和扶持民办、行业博物发展的原则，委托第三方组织实施，以单位自评、专家评估、现场复核的方式，对博物馆的综合管理与设施、藏品管理、陈列展览、社会服务、科学研究等5项指标进行量化评分。这是天津市加强对博物馆的行业管理、建立博物馆管理的长效机制，是博物馆行业主管部门由“办文化”向“管文化”转变的一项重要举措。经专家评委对参加考评的博物馆进行了认真的考核和实地复核，天津博物馆等16家单位考评结果为优秀，元明清天妃宫遗址博物馆等30家单位考评结果为合格，3家单位考评结果为不合格。

2．博物馆间的交流与合作

3月18日，元明清天妃宫遗址博物馆与天津市武清区文化广播电视局在天津市武清区进行座谈协商，就元明清天妃宫遗址博物馆对口帮扶天津市武清区博物馆达成帮扶意向。双方就博物馆建章立制、文物的保护与修复、出土文物的调拨、陈列布展的专家评估、展览交流、讲解员培训等具体帮扶事项进行了探讨和交流。

4月25日，天津博物馆推出的“世纪回眸——二十世纪中国画发展历程”展览在苏州博物馆展出，展示20世纪最具影响力的90余位画家的120幅作品。

4月29日，“新时代的先声——‘五四’新文化运动展览”在周恩来邓颖超纪念馆展出。展览由周恩来邓颖超纪念馆与北京新文化运动纪念馆联合举办，展示200余幅历史图片、50件实物，激励人们继续发扬“五四”精神，为实现中华民族的伟大复兴、为实现“中国梦”而不懈奋斗。

5月9日，天津自然博物馆对口支援天津市古林古海岸遗迹博物馆项目签约仪式在天津市古林古海岸遗迹博物馆举行。双方签订为期三年的协议。天津自然博物馆将为天津市古林古海岸遗迹博物馆提供藏品鉴定、藏品养护、标本制作技术咨询、业务培训、展陈设计指导咨询等援助。

6月12日，天津博物馆推出的“雅韵清玩——天津博物馆藏文房用具展”在深圳博物馆展出。展览从天津博物馆珍藏的文房用具中遴选出203件（套）精品进行展示。

6月26日，为弘扬中国传统文化，天津美术馆联合天津博物馆、天津市文物公司举办“百年巨匠展——近现代名家特展”，展出任伯年、吴昌硕、金城等11位近现代名家的精品力作70余件。

7月25日，展览“从南昌起义走出的共和国将帅”在周恩来邓颖超纪念馆展出。展览由周恩来邓颖超纪念馆与南昌八一起义纪念馆联合举办。

8月中旬，天津自然博物馆推出的“奇趣昆虫”专题展在南京汤山直立人化石遗址博物馆与观众见面，千姿百态的蝴蝶、昆虫标本受到广大观众喜爱。

8月20日，天津博物馆推出的“群星璀璨——二十世纪中国画发展历程”展览在陕西历史博物馆展出。

8月28日，“深情厚谊——宋庆龄与周恩来、邓颖超的交往”在周恩来邓颖超纪念馆展出。展览由周恩来邓颖超纪念馆与上海宋庆龄故居纪念馆联合举办，讲述周恩来、邓颖超与宋庆龄的并肩奋斗、相互关怀。

9月22日，“挖掘馆内优势资源 拓展教育服务功能——博物馆、纪念馆宣教工作研讨暨特色宣教形式展演活动”在天津举行。活动由中国博物馆协会纪念馆专业委员会主办，周恩来邓颖超纪念馆、天津市文博学会社教专业委员会共同承办。

3．重要展览

1月8日，天津杨柳青木版年画博物馆举办以“过年去哪玩儿——赏年画，叙民俗”为主题的春节年画展。展览凸显“赏年画，叙民俗”的趣味性，在主展线中特设“精品展区”，立体还原民俗场景。馆内还特别展出4幅新创作的马年年画，让广大观众感受马年的气氛。

1月28日，天津博物馆推出“海上风华——馆藏‘海派’绘画作品展”，共展出50余位“海派”画家的画作80余件（套），题材有人物、花鸟、山水等。

4月1日，天津市文博学会民间收藏专业委员会举办的“天津市民间收藏系列展”在天津鼓楼博物馆开展，展出包括服饰、紫砂、瓷器、算盘、唱片、史料等6大项的200余件展品。

4月2日，“纪念邓颖超诞辰110周年 周保章捐赠文物特展”在周恩来邓颖超纪念馆展出。展览共展出百余件珍贵文物、文献及历史照片，其中周保章同志捐赠的65件（套）文物均为首次展出。

5月1日，天津博物馆推出“见‘怪’非怪——馆藏‘扬州画派’精品展”，汇聚了馆藏扬州画派12位画家的百余幅作品。

5月18日，由国家文物局指导，中国博物馆协会、中国文物报社主办的第十一届（2013年度）全国博物馆十大陈列展览精品评选颁奖仪式在2014年“5·18”国际博物馆日全国主会场南京博物院举行。天津市滨海新区塘沽大沽口炮台遗址博物馆“海上国门陈列”、天津沉香艺术博物馆“空灵之约——中国沉香文化展”（与山东博物馆合办）荣获第十一届（2013年度）全国博物馆十大陈列展览优胜奖。“海上国门陈列”展示了大沽口炮台在近代中国所具有的战略地位和由此产生的悲壮的历史，彰显了不屈不挠的民族气节。“空灵之约——中国沉香文化展”展出历代香器和珍贵香料238件（套），其中天津沉香艺术博物馆提供展品148件。

9月30日，周恩来邓颖超纪念馆举办“馆藏文物精品展”，展出与周恩来、邓颖超相关的文物91件、照片38张，一些国家一级文物首次与观众见面。

9月30日，平津战役纪念馆推出“无尽的怀念”和“新中国从这里走来”两个展览。“无尽的怀念”介绍了64位（组）具有突出事迹及卓越功勋的烈士。“新中国从这里走来”挖掘整合辽沈、淮海、平津三大战役相关内容，再现了伟大的历史画卷。

12月16日，李叔同故居纪念馆推出“弘一大师的足迹纪念展”。展览介绍了李叔同生活、工作、著述与弘法的生活历程，展示了李叔同为中国近代文化、艺术、教育及佛教事业做出的卓越贡献。

（二）可移动文物保护

为系统掌握天津市近现代文物的基本情况，天津市文化广播影视局（天津市文物局）在2014年继续开展近现代文物定级工作。对周恩来邓颖超纪念馆、天津市三条石历史博物馆、天津义和团纪念馆、天津市滨海新区塘沽大沽口炮台遗址博物馆等单位的178件（套）藏品进行鉴定定级，共鉴定一级文物1件（套）、二级文物5件（套）、三级文物76件（套）、一般文物89件（套）、资料7件（套）。

大沽口炮台遗址博物馆馆藏铁炮等文物是大沽口炮台的重要历史遗存，鉴于铁质文物受室外环境和高含盐量引起的腐蚀的影响出现病害加剧的迹象，亟须进行保护修复处理，天津市滨海新区塘沽大沽口炮台遗址博物馆于2014年3月委托中国文化遗产研究院编制完成了《天津大沽口炮台遗址博物馆馆藏铁器保护修复方案》。5月30日，该方案获国家文物局批准。

（三）第一次全国可移动文物普查

天津市2014年度第一次全国可移动文物普查工作以文物登录为核心展开。

6月24～26日，天津市文化广播影视局（天津市文物局）在北辰区举办天津市第一次全国可移动文物普查文物登录骨干培训班。全市各区县普查办、市属文博单位、行业博物馆及部分文物收藏单位的普查业务骨干百余人参加培训。本次培训班的举办，标志着天津市可移动文物普查藏品登录工作正式启动。

截至2014年年底，全市登录文物91332件（套），实际数量336348件。平津战役纪念馆、周恩来邓颖超纪念馆、天津戏剧博物馆文庙博物馆管理办公室等45家单位完成了文物登录，完成文物登录的单位数量约占应登录单位的35%。天津博物馆、天津市文物公司、天津自然博物馆分别登录了32387件（套）、15273件（套）、14681件（套）文物。

【社会文物管理】

2014年审核拍卖标的物品17461件，撤拍11 件；文物商店售前审核804件，确定不允许销售28件；审核出境文物及文物复仿制品424 件，经审核禁止出境的文物6件；审核临时进境文物45件；受天津海关委托，现场鉴定疑似文物1209件，经鉴定禁止出境文物266件。

【文博教育与培训】

5月25～28日，天津市2014年度文博系列专业技术人员继续教育培训在天津博物馆学术报告厅举办，400余名学员参加。

7月21日～8月8日，由国家文物局、国际文化财产保护与修复研究中心（ICCROM）联合主办，中国文化遗产研究院、天津博物馆合作承办的“2014年度ICCROM馆藏文物风险防范国际培训班”在天津博物馆举办。培训讲师为来自加拿大、巴西、印度、塞尔维亚等国家的文保专家，19名学员则来自印度、不丹、叙利亚、中国等国家。学员们围绕“文物预防性保护和风险防范管理”这一主题，系统学习了藏品风险防范制度，藏品风险类型，分析、评估、应对藏品风险等相关知识。

9月16～18日，天津市文化广播影视局（天津市文物局）在宝坻区举办天津市博物馆馆长培训班，60余家博物馆及相关单位的负责同志参加培训。课程包括博物馆陈列与展览、专题博物馆和纪念馆的运行管理及博物馆法人治理等。

11月17～19日，天津市文化广播影视局（天津市文物局）在静海县举办天津市文博系统讲解员培训班。专家们在教学的同时，还加入了优秀讲解案例展示及现场指导环节。43家博物馆、纪念馆的76位讲解员和50位志愿者参加了培训。

2014年12月，天津市文博系统第二期“名师教室”结业。12月12日上午，结业仪式在天津博物馆举行，45名学员结业。“名师教室”注重将导师指导、现场教学与专题讲座相结合，2014年组织学员赴首都博物馆、南京博物院等10余个博物馆、纪念馆进行现场教学，邀请美国大都会博物馆、浙江大学、复旦大学、中国文物交流中心、上海博物馆的专家学者进行专题讲座，学员受益匪浅。

【文博宣传与出版】

（一）文博宣传

1．国际博物馆日宣传活动

5月18日，天津市国际博物馆日主场活动在劝业场商业街周边举行。天津市50余家博物馆通过文艺表演、非物质文化遗产演示和博物馆馆长访谈等形式向公众进行宣传，天津市文物管理中心的文物鉴定专家还在现场为公众免费开展文物鉴定咨询服务。天津市文化广播影视局（天津市文物局）制作了《天津市博物馆一览》宣传手册，向公众免费发放。各博物馆和相关单位耐心解答公众提出的问题，发放宣传材料，加深了公众对博物馆的认识。

为广泛宣传第一次全国可移动文物普查工作，天津市文化广播影视局（天津市文物局）于国际博物馆日期间举办“国宝知多少——第一次全国可移动文物普查工作图片展”，并印制了精美的“天津市第一次全国可移动文物普查宣传折页”，向公众免费发放。

2. 文化遗产日主题宣传活动

6月14日，天津市文化遗产日主题宣传活动在和平区民园广场举行。活动内容包括第七批全国重点文物保护单位——“天津五大道近代建筑群”保护标志揭牌仪式、“文化遗产一点通”移动多媒体信息平台正式开通上线仪式、“文化遗产的活化——保护和利用双赢之路”现场展览、“品味与畅想——专家带您看五大道”活动、考古工地现场开放日活动等一系列内容丰富、形式多样的宣传活动。同时，天津市文化广播影视局（天津市文物局）与天津日报社合作，在《天津日报》推出为期28天的走进全国重点文物保护单位系列报道。

（二）学术研究与出版

2014年图书出版一览表

序号	作者	书名	出版社	出版时间
1	盛立双	《初耕集：天津蓟县旧石器考古发现与研究》	天津古籍出版社	2014年4月
2	刘渤	《历代陶瓷款识品鉴》	百花文艺出版社	2014年6月
3	张彩欣	《透视平津硝烟》	天津人民出版社	2014年7月
4	天津博物馆	《天津博物馆论丛·2013》	科学出版社	2014年8月
5	《蓟县文物志》编纂委员会	《蓟县文物志》	天津人民出版社	2014年8月
6	康金凤	《周恩来邓颖超纪念馆：周恩来、邓颖超的故事》	南京出版社	2014年6月
7	王培军	《平津战役纪念馆故事》	南京出版社	2014年7月

【机构及人员】

2014年，天津市共有文博单位82个。其中，文物保护管理机构8个，年检博物馆72个（文物系统博物馆27个、行业博物馆23个、民办博物馆22个），文物商店1个，文物科研单位1个。文物系统在编人员760人。

11月20日，由全国红色旅游工作协调小组办公室主办，中国网络电视台承办的第五届全国红色旅游导游员、讲解员电视网络大赛决赛在江苏淮安举行。周恩来邓颖超纪念馆讲解员安利伟荣获第一名。

【对外交流与合作】

8月17日，由美国华人联合总会发起，周恩来和平研究院主办的“纪念中美建交35周年暨中美友好关系主题论坛”在美国洛杉矶举行。作为此次论坛重要活动之一，由周恩来思想生平研究会、周恩来邓颖超纪念馆推出的“魅力·智慧——美国人眼中的周恩来”展览在尼克松图书馆展出。

8月30日，“地中海女人——法国艺术家沃尔蒂作品展”在天津美术馆开幕。展览展出了这位杰出的艺术家以女性为主要题材的100件代表作品，包括雕塑、素描、粉笔、壁毯等多种艺术形式。

12月9日，“飞越欧洲的雄鹰——拿破仑文物特展”在天津博物馆开幕。展览以法国大革命为时代背景，通过油画、照片、文献、实物等208件（套）展品，展现了与拿破仑有关的知名战争、重要人物、重大事件等。

河北省

【概述】

2014年，全省文物系统深入贯彻落实党的十八届三中、四中全会和习近平总书记关于传承弘扬中华优秀传统文化、加强文物保护的重要论述，在省委、省政府的正确领导下，在全局工作总体把握上强化基础、突出重点、统筹谋划、稳中求进，各项文物工作取得显著成绩。

【执法督察与安全保卫】

2014年，河北省文物局坚持把加强安全督察、打击文物违法犯罪作为一项重点工作来抓，对文物违法犯罪案件实行“零容忍”，发现一起，查处一起。对田野文物安全工作不间断地开展督察活动。采取专项督察与日常督察相结合、省局统一组织督察与随机督察相结合的方式，重点督察全省各级文物管理部门、各个文博单位落实文物安全责任制情况和组织开展日常巡查活动情况、安全隐患排查整改情况、违法案件查处纠正情况。对督察中发现的问题，及时与当地文物管理部门沟通，提出整改意见，督促整改落实。省文物局领导多次到文物单位进行安全督察。年初，河北省文物局分别与省直各文博单位签订2014年文物安全责任书。全年累计督办处理文物被盗、行政违法等各类文物违法案件20件，有力打击了文物违法行为，保障了文物安全。

1月26日，河北省消防总队举行灭火救援演练日活动，西柏坡纪念馆、清东陵、避暑山庄、直隶总督署、广府古城等具有代表性的文物古建筑单位被纳入了此次演练范围，当地文物管理部门、文物管理机构与消防部门一起组织实施了文物建筑灭火救援演练活动。此外，各设区市、县还自行确定了一些文物建筑进行灭火救援演练。通过演练，增强了文物部门消防意识，提升了消防、文物部门协同处置火灾的能力。

1～3月，对全省所有文物古建筑、博物馆、文物收藏单位和施工工地进行拉网式排查，找隐患、定措施、抓整改，把火灾事故消灭在萌芽状态。

贯彻落实省政府张庆伟省长关于加强全省文物古建筑消防安全工作的重要批示精神，切实做好古城、村寨及文物古建筑消防安全工作，坚决预防火灾事故特别是重特大火灾事故的发生，河北省文物局与省公安厅联合印发了《古城村寨及文物古建筑消防安全专项治理工作方案》。1～5月，河北省公安消防总队、省文物局以及各市、县公安消防和文物管理部门在全省范围内联合开展了古城村寨及文物古建筑消防安全专项治理活动，查找存在的火灾隐患，及时进行整改，有效地防范了文物火灾事故的发生。

认真贯彻公安部、住房和城乡建设部、国家文物局《关于加强历史文化名城名镇名村及文物建筑消防安全工作的指导意见》。5月中旬，河北省公安厅、省住建厅、省文物局联合印发了《关于加强历史文化名城名镇名村及文物建筑消防安全工作的实施意见》，作为河北省历史文化名城名镇名村及文物建筑消防安全工作的指导性文件，从健全消防安全责任体系、加强消防基础建设、强化火灾防控措施等方面提出了要求，进行了部署。

根据国家文物局有关要求，8～11月，在石家庄、秦皇岛、邯郸3个设区市部署开展了为期4个月的古城保护中文物违法与消防安全专项督察工作。重点督察、核查第三次全国文物普查登录的不可移动文物消失情况、擅自拆除或破坏不可移动文物本体的违法情况、文物保护单位保护范围和建设控制地带违法建设行为，以及古城文物消防安全状况和火灾隐患整改等情况。9月中旬，河北省文物局组成督察组，联合相关设区市文物部门，通过听取汇报、实地检查等方式，对正定、永年和大名古城进行了文物违法与消防安全专项督察，并对发现的问题提出了整改意见和要求。

全省田野文物安全防范系统全面建成，运行良好。在此基础上，河北省文物局报经省政府同意，协调省公安厅、省财政厅联合印发《关于加强田野文物安全防范系统管理工作的通知》，要求相关市、县的文物、公安、财政部门将田野文物安全防范系统运行和维护费用纳入本级政府财政年度预算，提供人员和经费保障，明确安防系统管理机构，健全规章制度，加强日常维护，充分发挥作用，严厉打击盗窃盗掘文物犯罪。

加强田野散存石刻文物安全工作，启动散存石刻集中管理。

为全面提高全省文物安全防护工作的科学管理水平，河北省建立了安防、消防和防雷项目立项、勘察、设计、施工、验收、日常管理专家支持和保障体系，成立了由安防、消防、防雷和文物4个方面专业人员构成的专家组。

【不可移动文物的保护和管理】

（一）概况

截至2014年年底，河北省拥有不可移动文物33943处，其中全国重点文物保护单位278处、省级以上文物保护单位930处。全省市县级文物保护单位3882处，其中2014年新增市级文物保护单位102处。

河北省拥有国家级历史文化名城5座，省级历史文化名城7座，历史文化名村名镇47处。其中，2014年省政府批准公布大名为省级历史文化名城。

（二）大遗址保护

积极推进阳原泥河湾、张北元中都、邯郸赵王城国家考古遗址公园建设。加快推进泥河湾遗址群保护工程，东方人类探源工程研究工作不断取得新进展。元中都遗址开始实施遗址公园环境整治工作。邯郸赵王陵、定窑遗址等大遗址保护规划正在编制之中。

推进元中都、燕下都、内丘邢窑等大遗址保护及展示工程。基本完成元中都中心大殿保护工程、宫城小广场及马道和皇城南门的保护工程；实施了燕下都武阳台等建筑基址围栏保护工程，泥河湾遗址群小长梁遗址栈道等保护工程，中山古城遗址王厝墓、桓公墓保护工程；内丘邢窑遗址保护展示设施工程开始实施。

（三）世界文化遗产

大运河成功申遗，河北段大运河“两点一段”，即衡水景县华家口夯土险工、沧州东光县连镇谢家坝、沧州至德州段运河河道位列其中，成为河北省第4项世界文化遗产。

申遗成功后，河北省文物局与有关市县一起重点开展了以下工作：重视做好大运河遗产保护管理工作，逐步建立大运河遗产长效保护管理机制。加强各地保护管理机构和人才队伍建设，将大运河遗产保护纳入各级领导责任制，通过制度和政策保障，推动大运河遗产保护管理朝着常态化、规范化发展。做好遗产点段的保护工作和日常维护工作，加大大运河遗产环境和景观保护展示力度，广泛开展大运河遗产保护的宣传工作，深入研究、发掘和弘扬大运河文化。

（四）文物保护工程

1．正定古城保护工程

开元寺、正定文庙等6项文物保护规划由河北省政府公布。隆兴寺、临济寺澄灵塔规划已完成，并呈报国家文物局待批。正定城墙规划立项得到国家文物局批复，规划正在编制中。

正定城墙—南门系统修缮工程、天王殿保护维修工程开工；隆兴寺方丈院维修工程已通过省级技术验收，并开辟为梁思成文物保护史迹陈列馆；隆兴寺毗卢殿维修工程、正定文庙大成殿维修工程具备开工条件；隆兴寺壁画保护工程、隆兴寺整体保护工程方案在审批中。

2．承德避暑山庄及周围寺庙文化遗产保护工程

承德避暑山庄及周围寺庙文物本体维修工程累计到位资金5.26亿元，110个项目方案已全部编制完成，有80项工程完工，20多项通过验收。

3．清东陵、清西陵清代皇家陵寝建筑保护工程

清东陵、清西陵文物保护工程累计到位资金5.5亿多元。清东陵、清西陵文物保护规划正在抓紧编制；清东陵孝陵主神道石桥修缮工程、景陵圣德神功碑及碑楼修缮工程，清西陵泰东陵等保护维修工程进展顺利。

4．长城保护工程

山海关关城南墙（靖边楼西侧）、镇东楼瓮城东墙维修加固工程和镇东楼城楼屋面工程、紫荆关长城二期工程已完工；紫荆关长城一、二期工程通过省级技术验收；山海关长城二期保护工程三个段落、涞源乌龙沟长城（一期）、迁西青山关长城、抚宁板厂峪长城、万全右卫城南北瓮城、张家口大境门城台及东侧部分长城、金山岭长城修缮工程已开工；紫荆关长城（三期）、卢龙桃林口长城修缮工程具备开工条件，正抓紧进行前期准备工作；抚宁县罗汉洞段长城、九门口点将台、宽城县喜峰口段长城、板厂峪长城（二期）修缮工程方案得到国家文物局批复，方案正在修改完善中；遵化大石峪长城、崇礼岔梁沟长城保护工程正在审批中。

5．早期建筑、组群建筑保护工程

涞水庆化寺塔（辽）、西岗塔（辽）、衡水宝云塔（宋）修缮工程已完工，并通过省级技术验收；响堂山石窟常乐寺塔（宋）塔基加固工程、常乐寺塔本体修缮工程、观音禅寺塔（金）修缮工程开工；启动实施了蔚县古建筑保护工程，华严寺、西古堡董家会馆修缮工程开工；玉皇阁修缮工程具备开工条件；常平仓维修工程方案按国家文物局意见修改完善中。

鸡鸣驿城、娲皇宫娲皇阁、九江圣母庙、察哈尔都统署旧址、昌黎双阳塔等保护工程项目通过河北省文物局组织的技术验收。鸡鸣驿城城内22处建筑保护工程完成过半。宣化古城城墙保护工程分段实施，北城墙保护工程开工。铁行会馆、行唐封崇寺等省保单位维修工程正在实施中。

（五）其他

1．传统村落保护工程

河北省怀来县鸡鸣驿村、蔚县暖泉西古堡村、顺平县南腰山村被住建部、国家文物局列入第一批中国古村落整体保护利用项目实施名单，启动实施了怀来县鸡鸣驿村、蔚县西古

堡村、顺平县南腰山村全国重点文物保护单位和省级文物保护单位集中成片传统村落的整体保护利用工作。截至2014年年底，已完成传统村落文物保护总体方案编制工作，并已通过国家文物局审批。第二批实施名单已报国家文物局，拟开展文物维修立项和方案编制工作。

与河北省住建厅一起，配合住建部、国家文物局做好了邯郸国家历史文化名城的整改工作。

2．抗战文物保护工作

河北抗战文物资源广泛分布于全省11个设区市，大量抗战文物资源真实地记录了日军侵略的历史事实。按照国家文物局《关于加强抗日战争时期文物保护利用工作的通知》要求，河北省文物局对全省涉及抗日文物的保护单位进行梳理，抓紧组织安排保护维修工程项目，省、市、县各级保护单位中的抗战遗存抓紧制定保护措施，积极争取资金，推动保护。涉及国保单位的遗址、遗迹和传统建筑本体维修保护和展示利用的项目，抓紧组织申报。

3．文物保护工程规范管理

贯彻国家文物局方案审批制度改革工作，按照《全国重点文物保护单位文物保护工程申报审批管理办法》要求，调整国保方案审核纳入第三方审核的机制。结合方案审批制度改革工作和实际情况，河北省文物局研究加强文物保护工作管理工作的意见，明确责任业主、设计、施工、监理等单位的职责，强化程序意识，推进保护工程的规范管理。对本级项目的审批、审核做到精心组织，周密安排，2014年组织全国专家力量对文物保护工程设计方案进行了6次评审，共计40项，通过33项。同时，对第三方审核的15项方案进行了批复，办理行政许可事项26项。

发挥专家作用，加强施工过程的检查指导。邀请文物保护工程专家参加保护规划和设计方案的评审工作；聘请专家为重大工程提供技术咨询、指导，参与工程招投标工作，对正在实施的重点修缮项目进行阶段性检查及技术指导。

强化工程验收，加强总结工作。结合工程实施情况，组织专家对一批近年实施的项目进行检查，对文物保护工程进行全面分析、总结和质量评估，为下一步同类保护工程积累经验和教训。

进一步加强对文物保护维修工程的管理，规范文物保护工程、勘察设计资质的申报和年检程序。完成了28家文物保护工程施工资质单位、14家文物保护工程勘察设计资质单位、2家监理资质单位的资质年检工作。新增文物保护工程资质单位15家，包括设计单位4家，施工单位7家（其中升级单位1家），监理单位4家。

完成了国家文物局要求的河北省文物保护工程从业人员108人的认定以及205人培训名单的审核、上报工作。

【考古发掘】

（一）概况

全年主要考古项目共计36项，完成年度田野工作任务，共计调查行程约2200千米，勘探面积约300万平方米，发掘面积约3.6万平方米，出土了一批旧石器时代至明清时期文物，在保护抢救文化遗产的同时，有力地支援了国家基建工程建设。

（二）重要考古项目

1．泥河湾遗址群考古研究

与中国科学院古脊椎动物与古人类研究所合作编写了《泥河湾考古工作计划

（2014～2017）》，通过国家文物局批准。12月19～21日，中国考古学会旧石器专业委员会暨泥河湾2014年工作汇报会在河北师范大学召开。北京大学、吉林大学、中国人民大学等高校以及山东、山西、安徽、广东、广西等近20家省级考古研究所的近70名相关领域的专家学者参加会议。12月20日，河北省文物研究所与中国科学院古脊椎动物与古人类研究所、中国社会科学院考古研究所在石家庄签署泥河湾研究合作协议。

泥河湾遗址群马圈沟遗址、照坡遗址、麻地沟遗址、油房遗址、岑家湾遗址等的发掘工作正在进行中。

2．元中都遗址考古发掘

《2013～2016元中都遗址考古工作计划》已经国家局文物局批准实施，元中都遗址考古方案获国家文物局批准，将对元中都遗址中心大殿周围1000平方米范围内遗址进行考古。

3．赵邯郸故城遗址赵王城小北城考古发掘

邯郸赵王城遗址考古研究已开展多年。2014年继续做好该遗址西门发掘工作，弄清了小北城遗址的城墙建筑结构。对三号台遗址进行了解剖，了解其建筑结构；对赵王城进行了勘探，弄清了城内的道路和水系布局。

4． 隆尧唐祖陵陵园区地上文物调查

为配合隆尧唐祖陵编制保护规划，对陵园区地上文物进行了调查，对双阙及陵园区的石像生进行了发掘，对部分遗迹进行了重新勘探，为以后更准确的研究唐代的陵园奠定了基础。

5．满城要庄遗址勘探

弄清了遗址的范围，墓葬区的分布，发现了类似城址的遗迹。

6．内丘邢窑遗址考古发掘

继续对内丘邢窑遗址进行考古发掘，发掘面积240平方米，揭露出唐至金时期的文化遗存。

7．康保县西土城遗址考古勘察和发掘

河北省文物研究所和河北师范大学合作对康保县西土城遗址进行了考古勘察和发掘，发现丰富的辽金时期遗存，取得重要收获。

8．卢龙蔡家坟遗址考古发掘

由河北省文物研究所和中国人民大学合作发掘的卢龙蔡家坟遗址取得重要成果，发现夏、商、周、春秋、战国、汉代等6个时期的文化遗存，为滦河流域考古学文化谱系研究提供了重要资料。

9．中山故城遗址考古发掘

为配合中山故城遗址文物保护工程实施，对东城遗址进行了勘探发掘，初步探明了遗址的年代、城门城壕的位置和规格。

（三）配合基本建设工程考古

完成张承高速公路张家口段、正定新区、石济铁路客运专线等建设项目的考古发掘工作。京港澳高速扩建工程主线站的考古发掘工作发现大批汉唐时期墓葬。

完成南水北调中线工程水厂以上管线配套工程沧州、保定、邯郸、邢台等市文物遗存的考古勘察和发掘工作。抢救发掘了邯郸永年施庄遗址、临城古鲁营遗址、柏乡寨西里遗址、隆尧乡观遗址、泊头十里高遗址、任丘后赵遗址、榕城东牛庄遗址、定兴北台上遗址、唐县黄家庄遗址，保护了一批文物。对保沧干渠蠡县段的唐代墓葬进行了抢救性发掘，出土了一批珍贵的文物。

完成省内超高压输电项目、沧州和唐山核电项目的文物调查和保护方案编制工作。

（四）抢救性发掘

对磁县西来村宋墓抢救性发掘，发现了珍贵的宋代人物出行图壁画，为研究宋代初期的政治和经济提供了实物资料。

石家庄市文物研究所和新乐市文物保管所对岸城村唐代石造像埋藏坑进行抢救性发掘，发现10余件精美的石造像。

邢台市、张家口、保定等市文物部门抢救发掘了一批古墓葬，保护了地下文物。

（五）水下考古

组织实施了河北沿海海域水下文化遗产陆上调查项目，完成沧州和唐山地区海域水下文化遗产陆上调查，共发现水下文化遗产文物点30余处。与国家文物局水下文化遗产保护中心合作，启用“中国考古01”船，对唐山“东坑坨Ⅰ号”沉船遗址进行了水下重点调查。清除了船体表面凝结物，摸清了沉船总体结构，对船体进行了测绘。通过1个月的潜水作业，初步确认该沉船为一艘清末民国时期的铜皮木质船。此外，对“东坑坨Ⅰ号”沉船周围海域进行物探扫测，新发现沉船点3处。

（六）其他

1．黄帝城中华文明起源工程

河北省文物研究所和吉林大学边疆考古研究中心合作对涿鹿故城遗址进行了考古发掘，明确了遗址的始建年代及城内的文物埋藏情况。发掘证实，涿鹿黄帝城城内遗存的年代为战国时期，城墙的年代为汉代，在城墙之下叠压新石器时代遗存。

2．泥河湾东方人类探源工程

继续实施“河北省东方人类探源工程——泥河湾人类起源、地质及环境研究”项目。河北省文物研究所、中国科学院古脊椎动物与古人类研究所、河北师范大学等单位对泥河湾盆地以及怀来、康保等县多处旧石器时代遗址进行了考古发掘，取得较大收获。

3．万里茶道的文物资源调查工作。

张家口市文物部门和社会科学研究机构成立万里茶道文物资源调查队伍，开展万里茶道文物资源调查，并结合文献史志，确定万里茶道在河北的线路走向。

【博物馆与可移动文物保护】

（一）博物馆

1．博物馆建设

河北省共有博物馆、纪念馆105家，年检新增邺城博物馆、博野县毛主席像章文化博物馆。加强对衡水市博物馆、沧州市博物馆新馆建设定期督导。

河北省博物馆新馆建成并组建了河北博物院。6月9日中国文化遗产日当天河北博物院揭牌并正式开放，推出了“战国雄风——古中山国”“大汉绝唱——满城汉墓”“河北商代文明”“慷慨悲歌——燕赵故事”“北朝壁画”“名窑名瓷”“曲阳石雕”“石器时代的河北”8个精品展览，展出文物近5000件（套），全年接待近50万观众。除南区的基本陈列以外，利用北区设施举办了“第十二届全国美术作品展览·综合材料绘画展”等23个临时展览。南、北两区功能定位清晰，相互补充，相得益彰，形成了独特的展览体系和展陈特色。

沧州市博物馆建成并开放。该馆建筑面积32275平方米，由市政府投资建设，2014年6

月11日开馆，推出“沧州历史文化陈列”“沧州民俗文化陈列”“沧州民间收藏——浅绛瓷韵”“沧州历史名人”等基本陈列。沧州博物馆工程被评为2014年“鲁班奖”。

开展国家二、三级博物馆运行评估工作。河北省共有国家二、三级博物馆29家（国家二级博物馆13家、国家三级博物馆16家）参加了本次运行评估工作。国家二级博物馆中，邯郸市博物馆评定为优秀，其余12家博物馆评定为合格；国家三级博物馆中廊坊博物馆评定为优秀，其余15家博物馆评定为合格。

做好2013年度博物馆年度检查工作。全省共有101家博物馆、纪念馆参加了2013年度博物馆年检及备案工作，河北博物院等93家博物馆、纪念馆年检合格，7家博物馆年检评定为基本合格，1家博物馆年检评定为不合格。

2．博物馆间的交流与合作

河北博物院承办以“个性·拓展·超越——充满活力的博物馆教育”为主题的“华北五省（区、市）社教工作研讨会”，来自华北五省及国家博物馆、上海博物馆的专家与会进行学术交流。河北博物院院参加了“博物馆工作理论与实践”“如何让文物活起来——博物馆展陈创意策划研讨会”等10余个国际、国内研讨会。

为积极响应中央“京津冀一体化”号召，河北博物院拟与京、津两地博物院联合推出“京津冀文物精品联展”，2014年年底确定了展览大纲。河北省民俗博物馆“岁月旧梦——馆藏老月份牌年画作品展”自8月始，先后到邯郸磁州窑博物馆、邯郸博物馆、廊坊博物馆等地巡展。石家庄市博物馆、唐山博物馆等地方博物馆采取走出去、请进来的方式，与省内外多家博物馆合作，促进文化交流与合作。

6月9日，河北省政府与故宫博物院在石家庄签署合作框架协议。

10月15日，豫陕晋冀四省博物馆理论与实践研讨会在河南安阳举办，会议的主题为“藏品：博物馆服务、沟通的桥梁”。河南、陕西、山西、河北四省文博单位百余位代表参加了研讨会。

（二）可移动文物保护

截至2014年年底，河北省博物馆、纪念馆馆藏三级以上文物79695件。

2014年，河北博物院征集到“1937年日文版《河北省北部地方金矿开发方策并调查资料》”“抗日战争时期河北省伯延镇地形图”等文物、文物拓片，以及“定窑白釉刻花玉梭瓶”等艺术品，共计9个批次127件（套）。

可移动文物保护科研基地建设取得新进展。河北省文物研究所鹿泉文物资料整理基地主体工程于2014年初竣工，年内完成了大院绿化、路面硬化、泵房蓄水池等附属工程，购置了部分文物货架，预计2015年投入使用。

《战国铁足大鼎科技保护方案》《河北省博物馆新馆陈列石质文物保护方案》《曲阳修德寺遗址出土石质文物保护修复方案》《河北曲阳北岳庙北魏背光千佛像、唐代石灯抢救性保护修复方案》《井陉矿区天护陀罗尼经幢保护方案》经国家局批准。

（三）第一次全国可移动文物普查

扎实推进第一次全国可移动文物普查工作，省直文博单位完成文物信息采集10万余件，做好与国家可移动文物普查平台的联络工作，同时组织全省各级普查办开展文物认定工作。

7月7～10日，河北省普查办在石家庄举办了第一次全国可移动文物普查第二期培训班，中央和省属外系统国有可移动文物收藏单位、省直各有关收藏单位从事文物信息采集登录工作人员，各设区市、辛集市、定州市普查办负责文物信息审核管理员，全省各县区普查办负责文物信息审核管理员，以及省内部分重点文物收藏单位业务骨干共计270余人参加培训。之后，河北市县两级普查工作有序展开，各设区市开展普查培训共10次，培训人员超过1200人次，全省普查员近1100人。

【社会文物管理】

2014年，河北省文物局对嘉海拍卖有限公司、盛世东方国际拍卖有限公司、大马河北拍卖有限公司艺术品拍卖会拍卖标的进行审核并完成备案工作。

河北省文物出境鉴定中心审核鉴定出境文物292件，涉案文物3005件，馆藏文物1157件，拟征集文物7件，拍卖标的3283件。

【科技与信息】

8月8日，河北省文物局与河北省建筑科学研究院签署了《加强文物科技保护战略合作框架协议》。

2014年河北博物院承担两项省级科研课题：省社科联“聚焦河北国保，助推旅游发展——以全国重点文物保护单位为切入点”结项；省社科院“乡间庙宇壁画的保护发展之路——以崇礼县窝铺村关帝庙为例”正在抓紧开展。

河北省文物研究所与河北师范大学合作的田野考古数字化课题组，完成了南水北调11个工地资料的数字化。

【文博教育与培训】

3月4～6日，河北省财政厅、省文物局联合举办了《国家重点文物保护专项补助资金管理办法》培训班。河北省财政厅、省文物局相关处室到会，各市级文物部门、财政部门和有关项目实施单位、省直管县财政局等参加了培训。

2014年，河北博物院启动了首次面向社会的志愿者招募活动。通过面试以及培训等一系列程序，40名志愿者考核合格，于“5·18”国际博物院日当天正式上岗。

9月24～26日，河北省文物局在石家庄举办全省文物安全管理与行政执法培训班，来自全省各市文物部门、文物机构、文化市场执法大队等单位的103人参加了培训。

河北省民俗博物馆与石家庄新闻网和河北省青年报社联合举办了“快乐学民俗”“超级体验”等6期民间艺术培训班，每期学员30名，年龄为4～12岁。小学员在家长的陪同下跟随民俗专家学习剪纸和武强木版年画的制作，体验传统文化的魅力。

实施校地战略合作，多方培养人才。张北县、阳原县与高校签订校地战略合作协议，开展宽领域、深层次的校地合作交流。“北京大学考古文博学院教学基地”“河北师范大学考古专业教学基地”在张北元中都遗址正式挂牌。

【文博宣传与出版】

（一）文物宣传活动

2014年，河北省文物局组织向驻石媒体及新华社、《中国文物报》、《光明日报》、国家文物局网站等媒体提供和刊载了大量信息、稿件。与中央电视台《国宝档案》栏目合作，联系策划拍摄《战国中山》等12集专题节目。

6月9日是我国第九个中国文化遗产日，河北省文物局组织全省各级文物部门和文博单位开展宣传活动，全省114处文物单位减、免费开放，向公众发送文化遗产保护宣传短信5万条。由河北博物院组织本院志愿者、共建院校师生以及媒体热心读者等赴曲阳北岳庙、定窑遗址、田庄大墓等文物保护单位开展公共考古活动。遗产日当天，河北博物院面向广大公众推出了"文博讲坛"，内容涉及历史、文物鉴赏、艺术等多学科、多领域，每个周日上午举办。

认真做好河北文物网站维护工作，对栏目及内容及时进行调整和补充完善，全年刊发各类稿件500余篇、图片60余张，及时关注并收集媒体舆情尤其是网络舆情。

9月2日，为纪念邓小平、习仲勋提出"爱我中华、修我长城"30周年，秦皇岛市文物局组织了山海关国际长城节，开展了"感恩上海、携手长城"等活动，提升了公众保护长城意识；邢台市文物局在开元寺大成殿修复工作的基础上，推动文物合理利用，举办了春、秋两季孔子祭祀活动，弘扬国学。

（二）出版工作

出版《中国文物地图集·河北分册（上、中、下）》，《明蓟镇长城1981年～1987年考古报告》第九卷《古北口卷》、第十卷《白马关卷》，《传统工艺珍品集》丛书之《太行风情——河北省民俗博物馆藏当代铁板浮雕作品》，以及《中国出土壁画全集·河北卷》《邺城考古发现与研究》《邺城文物菁华》《名窑名瓷》《蔚县古戏楼》《徐水东黑山》《邢台开元寺》《我们的老家——走进河北名镇名村》等著作。河北省文物研究编著的《中国出土壁画全集·河北卷》获第三届中国政府出版奖图书奖；《明蓟镇长城1981年～1987年考古报告》获"2013年度全国文化遗产十佳图书奖"和"第十四届河北省社会科学优秀成果荣誉奖"；《元中都——1998～2003年发掘报告》获"第十四届河北省社会科学优秀科研成果二等奖"。

编发《河北文物工作》6期，全面反映文博工作动态和重要活动。

【机构与人员】

河北省共有各类文物机构303个，从业人员8433人。其中，文物保护机构165个，博物馆、纪念馆105个，科研机构5个，其他文物事业单位1个，文物商店2个，文物行政主管部门23个，其他文物企业单位2个。

2014年年底，原河北省民俗博物馆、河北省文物交流中心、河北省出入境文物鉴定中心并入河北博物院。

河北博物院荣获2012～2013年省级文明单位、2013年度全国"青少年维权岗"称号，河北博物院社教部荣获"全国工人先锋号"称号。11月，中国博物馆协会第六届会员代表大会暨"2014博物馆及相关产品与技术博览会"在厦门市国际会展中心召开，河北博物院展示厅荣获"最佳展示奖"。

【对外交流与合作】

河北省文物代表团成功出访法国、瑞士，取得了丰硕成果；部分精品文物参加了在法国吉美博物馆举办的庆祝中法建交50周年"汉风——中国汉代文物展"；"定窑·优雅的白瓷世界——窑址发掘成果展"在日本大阪东洋陶瓷美术馆展出，参观人数创该馆历年历次之最。4月，河北省文物保护中心应邀派员赴法国巴黎参加2014年CAA（计算机和定量方法在文物考古中的应用）国际会议。

8月5～7日，由中国社会科学院考古研究所、河北省文物局、邯郸市人民政府主办，临漳县人民政府、邺城考古队、邯郸市文物局承办的“东亚古代都城暨邺城考古·历史”国际学术研讨会在临漳县召开，以三至六世纪东亚地区古代都城研究为主题，涵盖同时期陵墓考古学、艺术史等研究内容，进行了学术讨论与交流。来自国内和美国、日本、韩国、德国的邺城文化研究专家、学者130余人参加研讨会。

山西省

【概述】

2014年，在山西省委、省政府的正确领导下，在国家文物局的大力支持下，全省文博系统深入学习习近平总书记系列重要讲话精神，认真落实中央和省级领导对文物保护工作的重要批示、指示，认真履责，狠抓落实，圆满完成了各项工作任务。山西博物院被评为“2014年度山西省模范单位”和“全省廉政文化建设示范联系点”；山西省古建筑保护研究所实施的二郎庙维修工程荣获首届“全国十佳文物保护工程”称号。

【法规建设】

积极配合国家文物局，就《中华人民共和国文物保护法（修订草案征求意见稿）》广泛征求了各方面的意见和建议。

认真落实刘延东副总理对山西古村落、古建筑构件频遭盗卖的重要批示精神，山西省政府于9月23日召开专题会议，提出了由山西省文物局牵头起草制定《山西省文物建筑构件保护管理办法（草案）》的决议。经过前期广泛征求意见和法制部门审核，该办法草案已列入山西省政府2015年政府规章计划。

为规范社会力量参与古建筑保护行为，由山西省文物局牵头起草的《山西省社会力量参与保护利用古建筑条例（草案）》已完成立法调研工作，并报请山西省人大常委会尽快出台。

【执法督察与安全保卫】

（一）执法督察

组织参与了2014年度全国文物行政处罚案卷评查活动。妥善处理了太谷县武家花园因开发被拆、榆次区古城墙遭破坏、交城县玄中寺保护范围内违法施工、太原市晋绥铁路银行旧址和王靖国公馆旧址被作为私人会馆等文物行政违法案件13起。

按照中央领导和省级领导的批示精神，调查处理了《瞭望》周刊反映的晋城、晋中、长治、运城等地文物建筑构件失盗买卖情况。

配合公安部门督导处置了阳泉市郊区大乐山楞伽寺塔基地宫被盗、曲沃县曲村—天马遗址盗墓等文物犯罪案件5起。

（二）安全保卫

联合消防部门在全省范围内开展了为期5个月的“文物系统火灾隐患集中整治专项行动”，并对整治行动中发现的问题进行了全面整改。

配合国家文物局对太原迎泽区、大同城区、平遥县和新绛县等481处不可移动文物开展了为期3个月的“古城保护中文物违法行为与消防安全专项督察”，发现7处被拆（改）建迁、2处遭坍塌、9处被异地迁建，均为未定级的不可移动文物。

组织开展了7次较大规模的安全检查，涉及全省11个市30多个县区的190余个文博单位，下达隐患通知书22份，整改隐患600余处。

【不可移动文物的保护和管理】

（一）概况

山西现有不可移动文物53875处，其中古建筑28027处、古遗址13477处、古墓葬4298处、石窟寺及石刻1112处、近现代重要史迹及代表性建筑6715处、其他246处。在全省不可移动文物中，有13227处被公布为文物保护单位，其中全国重点文物保护单位452处，约占全国总数（4295处）的10.5%，位居全国第一；省级文物保护单位309处；市、县级文物保护单位12466处。

（二）大遗址保护

截至2014年年底，陶寺遗址、侯马晋国遗址、曲村—天马遗址、晋阳古城遗址、蒲津渡与蒲州故城遗址列入了国家文物局“十二五”大遗址保护规划项目；晋阳古城遗址、蒲津渡与蒲州故城遗址列入了国家文物局考古遗址公园立项名单。

1．晋国遗址保护

启动了晋都核心区文物保护和经济建设的规划编制工作。加大了晋国遗址考古调查、发掘整理和考古遗址公园建设力度。不断深化晋文化研究展示力度，6篇旨在厘清晋国地位、价值、文化特色等核心价值的文章已经拿出了初稿，力求全方位反映晋国历史的电视文献片正在积极筹划中。

2．晋阳古城国家考古遗址公园

多次组织召开遗址公园建设推进会、年度考古工作计划座谈会及考古工作专家咨询会。组织对晋阳古城遗址一号建筑基址进行发掘，完成发掘面积2800平方米，平均深度3米，出土文物500余件。整理编写了《一号建筑基址考古报告》，在《文物世界》杂志上发表了晋阳古城2013年考古资料专刊。

3．蒲津渡与蒲州故城遗址

2014年上半年主要选择4个地点共计850平方米进行了田野考古发掘工作，出土器物459件。下半年主要是对2013年Ⅱ区5条探沟的发掘资料进行整理并撰写发掘报告。

（三）全国重点文物保护单位

1．保护管理

2014年10月9日，山西省人民政府印发了《关于公布太原市古交遗址等181处全国重点文物保护单位保护范围及建设控制地带的通知》。第五批省级文物保护单位申报核查工作已经展开，大批第三次全国不可移动文物普查登记在册的文物已被有关市、县政府依法公布为文物保护单位。境内长城重点段落保护范围和建设控制地带的划定及保护标志的竖立工作已经完成。

2．经费投入

自山西省政府与国家文物局签署文物保护合作协议以来，山西文物保护专项补助经费呈现逐年递增的趋势。2014年，山西省文物保护专项资金投入达到69584.7万元，其中中央财政40551万元、省级财政12000万元、市级财政5506万元、县级财政11527.7万元。尤其是在古建筑保护方面，2011～2014年累计投入10.66亿元，其中中央财政8.73亿元、省级财政

1.93亿元。

3．重大工程项目

继续推进实施山西南部早期建筑保护工程。截至2014年年底，105处元代及元代以前的木结构古建筑已完工73处，剩余32处正在实施，到2015年年底将全部完工。

继续推进实施太原西山文化带文物保护工程。2014年完成了窦大夫祠、净因寺、多福寺等全面维修工程，组织实施了天龙山石窟、龙山石窟维修工程以及晋阳古城西城墙抢险加固工程。

启动了应县木塔加固维修工程。2014年国家文物局先后批复了应县木塔严重倾斜部位及严重残损构件加固工程和应县木塔抢险加固工程监测方案，并对应县木塔（2014～2016年）监测项目进行了立项。2014年12月4日，应县木塔严重倾斜部位及严重残损构件加固工程正式启动。

（四）世界文化遗产

山西现有世界文化遗产3处，即平遥古城、云冈石窟和五台山。2014年，平遥古城组织实施了岩土监测工程，完成了城墙重点险情段和双林寺大雄宝殿抢险加固工程。云冈石窟五华洞窟檐建设和岩体加固完成，彩塑壁画修复正在进行。五台山重点寺庙抢险维修工程正在实施。

（五）其他

安排濒危文物建筑抢险维修项目105处，有关抢险经费已下拨到用款单位，抢险工程正在实施。

组织实施了彩塑壁画实体保护和数字化保护工程。长子崇庆寺和晋城玉皇庙彩塑壁画维修项目已经完工并通过专家验收，《山西省寺观彩塑壁画数据采集规范》通过评审，蒲县东岳庙等4处项目的彩塑壁画数字化勘察记录方案编制完成。

组织实施了古村落古民居抢救保护工程。编制了湘峪古堡、柳氏民居、窦庄古建筑群、郭峪古建筑群等20余处院落维修方案，启动了山西省国保省保集中成片首批3个试点村落保护维修工程，会同住建部门组织开展了第六批中国历史文化名镇、名村和第二批中国传统村落的申报工作，完成了第四批省级历史文化名镇、名村公布工作。

立足于山西古建筑巨大存量与保护需求的实际差距，积极探索社会力量参与古建筑保护途径。曲沃、泽州、盐湖区等一些县区都进行了有益的尝试。

【考古发掘】

（一）概况

2014年山西考古部门组织调查各类遗址面积约1430万平方米，钻探面积约16万平方米，发掘面积近13400平方米，出土文物19000余件（套）。

（二）重要考古项目

1．翼城大河口墓地考古发掘

按照国家文物局2013年批准的翼城大河口墓地发掘计划，2014年6月山西省考古研究所对该墓地进行了考古发掘，共揭露面积5000平方米，发现墓葬238座、灰坑47座，出土器物近300件。目前发掘工作仍在进行。

2．翼城苇沟—北寿城遗址调查、勘探与试掘

翼城苇沟—北寿城遗址东西长约2900米、南北宽约3000米，总面积近900万平方米。

2014年，山西省考古研究所对该遗址进行了考古调查和勘探试掘工作。调查共发现遗迹、遗物点372处。遗址北部发现早期地点较多，以新石器、夏、西周时期遗存为主；遗址南部以东周至汉代的遗存为主。勘探发现城址1座，出土陶片3000余件。试掘工作历时45天，总面积232平方米。通过试掘工作初步判断古城使用年代为东周时期，废弃年代为汉代。城墙受自然和人为破坏严重，有待进一步调查。

3．襄汾陶寺北两周墓地考古发掘

襄汾陶寺北两周墓地墓区东西长约600米、南北宽约400米，总面积在24万平方米左右，墓葬时代集中于两周之际，最晚到战国时期。2014年9月，由山西省考古研究所牵头，临汾市文物局和襄汾县文物旅游局配合，对该墓地进行了初步的考古勘探。钻探工作以探寻墓区边缘为重心，墓区的中心区域仅钻探30%左右，总钻探面积约12万平方米，发现墓葬513座，墓向基本分东西向和南北向。探出宽度在2.5米以上的大中型墓40余座，但近半数有明显的盗洞痕迹。选取了Ⅰ区的两座墓葬进行试掘，发掘面积300余平方米，出土器物数十件。

（三）其他

忻州九原岗北朝壁画墓地考古发掘工作基本结束，有关墓葬和壁画将采取回填保护或整体搬迁到室内进行保护。蒲津渡与蒲州故城遗址发掘面积850平方米，出土器物459件。丁村遗址群进行了旧石器时代中期调查和试掘，试掘面积约280平方米，出土文物2100余件。绛州署衙遗址考古发掘面积2600平方米，从出土的近万件文物基本可以确定该遗址为唐至明清时期的古代官式建筑遗址。应县佛宫寺、辽代应州城及净土寺遗址的考古勘探资料整理已经全部完成，发掘资料整理工作过半。五台县佛光寺对寺庙区各寮院区域、塔坪区进行了全面考古勘探和重点勘探，勘探总面积约3万平方米，重点勘探面积450平方米，发现了5块边长0.8米的方形夯土台遗迹，间距5米，等距排列，推测为早于金代文殊殿的建筑。

配合山西省重点工程建设涉及文物保护的26个项目中，12项完成了考古发掘等保护工作，14项完成了文物调查或出具了文物保护意见书，钻探总面积约180余万平方米，发现各时期古墓葬30座，确保了重点工程建设和文物保护工作两不误。

【博物馆与可移动文物保护】

（一）博物馆

2014年山西省年检登记的博物馆共有124家，其中文物部门所属博物馆81家、行业性国有博物馆13家、民办博物馆30家。全省有国家一级博物馆3家（山西博物院、八路军太行纪念馆、中国煤炭博物馆），国家二级博物馆13家，国家三级博物馆10家。全省实行免费开放的博物馆、纪念馆、爱国主义教育基地有31家。

1．博物馆建设

2014年，山西各级各类博物馆的建设取得了重大进展。晋城、大同、朔州等市级博物馆和介休市县级博物馆完成主题陈列并对外开放。太原、运城等市级博物馆正在进行陈列布展。临汾、忻州、晋中等市级博物馆建设正在有序推进。第一座大型遗址类博物馆晋国博物馆和第一座生态博物馆平顺太行三村博物馆——豆口认知中心正式对外开放，填补了山西博物馆品类和形态的空白。

2．博物馆间的交流与合作

山西博物院引进了“娄东画派书画精品展”“洛杉矶郡艺术博物馆馆藏印度艺术精品

展”“中国少数民族文化特展”“新安画派书画精品展”“北美洲原著居民艺术展”“清代广东外销工艺品展”“于非闇书画展”“居巢、居绘画精品展”8个大型临时展览及特展；输出了“山西出土周代文物展”“金代山西戏曲砖雕艺术展”“燕国公主眼里的霸国特展”“赵梅生画展”“山西博物院院藏青铜艺术展”“山西博物院院藏明清书画艺术展”6个展览，分别在安徽博物院、北京辽金城垣博物馆、首都博物馆、深圳关山月美术馆和晋城博物馆展出。此外，还精心选调7批次、80件（套）藏品参与了法国联合国教科文组织总部、大英博物馆、内蒙古博物院、陕西历史博物馆、秦始皇帝陵博物院、国家博物馆举办的各类大型文化展览。

3．重要陈列展览

2014年，全省各级各类博物馆共举办展览398个，接待观众2001万人次，获得了良好的社会效益。

山西博物院策划举办了“腾跃甲午马年特展”“旅美艺术家王满晟作品展”“万德书画作品展”“苏高礼油画艺术暨捐赠作品展”4个大型临时展览及特展。山西省民俗博物馆完成了功能定位的转身，推出了“山西印象”主题陈列展。

4．博物馆教育

由山西博物院组织开展的“小小讲解员团队”活动已经形成了暑期、寒假、常规三位一体的系统化活动菜单，为孩子们提供了多样化、多重感官的博物馆体验和成长平台。由山西博物院组织开展的“时光飞船”进校园系列活动，以古建、瓷器等为主题在太原市8所中小学校园实施了275个课时，受益学生约1230人。

山西博物院以临时展览、传统节日为主题，开展了系列主题教育活动，其中“金石拓文”和“感受古建，同筑未来”2个教育项目入选首届“中国博物馆教育项目示范案例”评选优秀案例。

山西博物院圆满完成了“完善博物馆青少年教育功能试点”任务。试点工作以“青铜‘玩’国”教育项目进校园活动为载体，以在中小学校园开展博物馆教育需求调查活动为导向，形成了试点结项报告、试点课程集锦、博物馆教育需求调查报告和博物馆教育资源调查报告4项成果。

（二）可移动文物保护

1．概况

山西现存可移动文物序列完整、数量众多、品类丰实。据统计，全省文物部门所属博物馆馆藏文物1212017件（套），其中珍贵文物54785件（套），包括一级文物3370件（套）、二级文物8120件（套）、三级文物43295件（套）。

2．可移动文物保护科研基地建设

山西省第一批具有可移动文物修复资质的单位有6家，分别是山西省考古研究所、山西博物院、山西省文物技术中心、山西省文物交流中心、太原市文物考古研究所、山西省民俗博物馆。2014年，山西省文物保护研究中心被正式批复同意成立，该中心挂靠山西博物院管理，主要承担全省可移动文物保护修复的方案设计、课题申报、项目实施、技术研究等工作。

3．可移动文物保护技术、方法及应用

山西博物院和山西省考古研究所是山西可移动文物科技保护方面的重要力量和骨干队伍。2014年，山西博物院完成了“晋国文物精华巡展”68件青铜器的保养封护、院藏4座宋金元墓葬壁画复原保护、院藏88幅书画保护修复、院藏106件瓷器保护修复、院藏7件石质文物保护修复，以及7件宝宁寺水陆画保护修复和忻州九原岗北齐壁画墓抢救性搬迁等任务。山西省考古研究所完成了122件青铜器、玉石器等文物的保护修复工作，完成了744件青铜、铁、陶瓷、石质文物保存现状调研工作。

（三）第一次全国可移动文物普查

可移动文物普查工作进展顺利。山西省第一次全国可移动文物普查工作在市县两级政府、行业系统主管部门和有关国有单位的大力支持和积极配合下，2014年落实了普查经费，举办了第二轮普查骨干业务培训班，制定了档案、钱币、图书等专项收录范围和计量规范，完成了全省各级各类国有单位文物收藏情况调查和认定工作，共登录文物92万余件（套），普查进度和质量控制水平排在全国前列。

【社会文物管理】

为配合打击文物犯罪活动，全年开展文物司法鉴定43起。涉案文物985件，其中青铜器73件、陶瓷126件、玉器41件、书画3件、杂项742件，有4件定为三级文物、381件定为一般文物、600件定为现代仿品。

组织专家对4948件（套）拍卖标的进行了审核鉴定，其中1264件（套）属于文物监管标的、526件（套）属于限制出境。

组织国家文物进出境审核山西管理处完成了“印度的世界——美国洛杉矶郡艺术博物馆馆藏印度文物展”127件（套）展品的临时进境审核工作。

【科技与信息】

成立了山西省文物保护标准化专业技术委员会，并依托2014年度山西省文物科技保护与研究课题，设立标准研究项目8项。

组织开展了2014年度文物保护科学与研究课题申报、评审和立项工作，由山西博物院和山西省考古所编制的24个可移动文物保护方案和4个数字化保护方案获得国家文物局批准立项。

由山西省考古研究所主持编写的《汾阳东龙观宋金壁画墓》《侯马白店铸铜遗址》《山西碑碣续编》分别荣获山西省社科联科技成果一等奖、二等奖和三等奖，另外还有3部作品荣获优秀奖。

【文博教育与培训】

安排组织文物局机关6名省管干部、65名处级干部参加了学习贯彻习总书记系列讲话和十八届三中全会精神集中轮训班。完成了国家文物局举办的5期共27名县级文物行政负责同志培训工作和各类专业培训报名选调工作。

与意大利文物保护修复高级研究院在太原合作举办了“山西省古建筑保护技术专业培训班”。

举办了太原、忻州、晋中、晋城、长治片区文物安全工作培训班和全省博物馆馆长培训班。

【文博宣传与出版】

与临汾市政府在曲沃县联合主办了“走进曲沃 · 感知晋国——2014年中国文化遗产日

山西主场活动”，并召开了晋国遗址保护暨晋文化传承研讨会。

与山西晚报合作“山西文化遗产展示工程”，共刊发128期；与山西导报合作“山西古村落”专栏，共刊发80期；通过山西文物网播发新闻、公告等4620余条，网站全年访问量达到83.6万次。

山西早期碑刻调查研究项目完成了吕梁、阳泉、太原、忻州的调查研究工作，《山西文物精粹——漫谈山西碑刻》已写作完成；山西出土墓志整理研究项目正在进行，已完成了长治市50余通墓志图片的收集及抄录工作。

【机构及人员】

山西省文物局是山西省人民政府设置的主管全省文物工作的直属机构，正厅级建制。全省11个市全部成立了文物行政管理机构。其中，太原、大同、临汾3个市为正处级建制的文物局；吕梁、长治、晋城3个市为正处级建制的文物旅游局；朔州市、忻州市是文物局和文广新局两块牌子一套人员，正处级建制；运城市为正处级建制的外事侨务文物旅游局；晋中市为副处级建制的文物局；阳泉市文物局为市文化局管辖的二级局。全省119个县（市、区）共设立独立的科级文物局或文物旅游局80个。

内蒙古自治区

【概述】

2014年，内蒙古自治区文物局在国家文物局的指导、支持下，在自治区党委、政府和文化厅党组的领导下，认真学习、贯彻习近平总书记关于弘扬中华优秀传统文化重要讲话精神，深入贯彻自治区“8337”发展思路，充分发挥文物工作在弘扬中华优秀传统文化、塑造社会主义核心价值观方面的重要作用。努力打造祖国北疆亮丽的文物风景线，努力为社会主义核心价值观建设服务，为全区各族人民服务。

【执法督察与安全保卫】

2014年，在内蒙古自治区文物局大力支持下，锡林郭勒盟文化局（文物局）发动牧民成立“马背文物保护队”，在保护锡林郭勒盟草原文物、宣传动员广大群众守望相助、建设草原文化亮丽风景线方面，取得了显著成绩。

按照自治区主席巴特尔的重要指示，自治区文物局会同自治区公安厅依法开展了严厉打击文物犯罪分子的专项斗争。全区共出动公安、文物执法人员363人次，抓获文物犯罪嫌疑人56人，收缴文物713件（套），严厉打击了盗掘古遗址、古墓葬，走私文物等违法犯罪活动取得了突出的战果。

由自治区文化厅、文物局与自治区公安边防总队在呼和浩特市共同签署了《警地共建边境地区文物保护“草原神鹰”工程建设工作的合作协议》，在19个旗县30多万平方公里的土地上开展文物保护工作。

【不可移动文物的保护和管理】

（一）概况

2014年9月6日，经内蒙古自治区人民政府第31次常务会议审议，批准自治区文化厅《关于申请审批第五批自治区重点文物保护单位的请示》。9月29日，自治区人民政府发布《关于公布第五批自治区级重点文物保护单位的通知》，公布了内蒙古自治区第五批重点文物保护单位，共计247处，包括古遗址古遗址106处、古墓葬34处、古建筑26处、石窟和石刻28处、近现代纪念物38处、历代长城15段，区保单位增加到511处。

继续实施一批古遗址、长城、明清古建筑、纪念性建筑保护维修工程。主要有和林格尔土城子遗址、居延黑城遗址、阴山岩画、桌子山岩画、大巴图古城遗址等遗址保护工程；乌拉特中旗乌布浪口秦汉长城、包头市石拐区赵北长城、固阳县秦长城、金界壕兴安盟科右中旗、扎赉特旗段保护工程；灵悦寺、宝善寺、库伦三大寺、贝子庙、增格林沁王府、奈曼蒙古王府、乌审召、将军衙署、大昭寺、乌素图召、成吉思汗庙等古建筑及纪念性建筑保护工程。同时启动了中东铁路近现代建筑、奇乾村等传统村落的保护工作。

自治区文物局会同自治区财政厅制定了《关于加强全区文物保护经费审计监督审查工作的通知》，在全区开展文物保护经费使用情况的专项检查工作。

（二）大遗址保护

国家文物局批准内蒙古自治区辽上京遗址、萨拉乌苏遗址列入“第二批国家考古遗址公园立项名单”，自治区文物局制定了相关考古发掘计划，深入开展对辽上京遗址、萨拉乌苏遗址的考古发掘和研究工作。

（三）全国重点文物保护单位

认真梳理和利用长城资源调查、第三次全国文物普查成果，完善夯实基础工作。2014年，全区共有不可移动文物21000余处，其中141处为全国重点文物保护单位。

2014年，自治区文物局组织文物保护中心重点开展了第六批和第七批国保单位的记录档案建档工作，并已上报国家文物局备案。

（四）世界文化遗产

内蒙古红山文化遗址群、辽代上京城与祖陵遗址群、阴山岩刻遗址群已列入“中国世界文化遗产预备名单”，并被国家确定为“有潜力的世界文化遗产预备项目”。

2014年6月，有关领导和专家赴赤峰市和辽宁省朝阳市开展红山文化遗址和牛河梁遗址联合申遗调研和对接工作，为推动申遗工作做出了具体部署，签订了《内蒙古赤峰市政府与辽宁省朝阳市政府关于红山文化遗址和牛河梁遗址联合申遗工作协议》，力争在2018年联合申遗成功。

【考古发掘】

（一）概况

2014年，内蒙古自治区文物局共向国家文物局上报了16项考古发掘项目，其中5项获国家文物局批准，辽上京遗址考古发掘取得新成果。此外，自治区文物局还督促自治区考古研究所，配合基本建设开展了相关考古调查、勘探、发掘工作。

为进一步规范内蒙古自治区考古调查、勘探与发掘工作，增强考古调查、勘探与发掘工作的科学性、计划性与主动性，根据《中华人民共和国文物保护法》《考古发掘管理办法》和《内蒙古自治区文物保护条例》等相关法律法规，内蒙古自治区文物局经认真调查研究、征求意见，制定了《内蒙古自治区考古调查、勘探与发掘工作管理办法》，并于2014年11月5日向全区各级文化、文物行政管理部门印发。

（二）重要考古项目

由自治区文化厅、文物局向国家文物局上报了《“蒙古族源与元朝帝陵综合考察研究项目”考古工作计划书（2014～2018年）》，在国家文物局的大力支持，此项工作取得了阶段性成果，发现一批与早期蒙古历史有关的古代墓葬。

内蒙古自治区文物考古研究所蒙古国考古队继续与蒙古国游牧文化研究国际学院等单位合作，实施了“蒙古国境内古代游牧民族文化遗存考古调查及发掘合作项目（2011～2015年）”。

【博物馆与可移动文物保护】

（一）博物馆

按照国家文物局的要求，制定了全区国家二、三级博物馆评估方案及评分细则。开发了国家二、三级博物馆评估运行管理评估系统，并已经完成全区25家国家二、三级博物馆运行评估工作。加强博物馆陈列展览管理工作，印发了《关于加强博物馆陈列展览文物说明工作的通知》。完成了对呼市地区民办博物馆检查督导工作，根据检查情况，下达了整改意见书。

突出博物馆公共文化服务体系的标准化、均等化建设，不断提高博物馆的服务水平和质量。在“全国文物合理利用工作交流会”期间，内蒙古博物院报告了积极开展博物馆进校园、进课堂、融入国民教育的做法和经验，受到大会关注。

3月，内蒙古自治区博物馆学会成立大会召开，为全区博物馆学研究与合作搭建了平台。10月，承办了“全区博物馆藏品管理研讨会”，将培训与研讨结合起来，针对性强，重点突出，切中实务，进一步加强了全区博物馆的学术交流，推进了全区博物馆藏品管理工作的标准化与科学化，促进了内蒙古博物馆学会保管专业委员会的自身建设。

（二）可移动文物保护

以第一次可移动文物普查工作为契机，强化藏品管理。2014年累计采集藏品数据2.4万余条，包括9万余件（套）藏品信息，拍摄藏品照片11万余张。

组织编制了内蒙古博物院、呼伦贝尔民族博物院等7个重点博物馆馆藏文物预防性保护方案，为提高馆藏文物保护管理水平奠定了基础。

【科技与信息】

内蒙古自治区文物考古研究所2014年共承担国家社会科学基金课题4项。一是国家社科基金重大委托项目“蒙古族源与元朝帝陵综合研究”，与社科院组建呼伦贝尔联合考古队，完成2014年度考古发掘、调查、测绘工作，发掘墓葬23座，发掘面积500平方米。二是国家社科基金重大课题“清代蒙古高原历史地理研究”之子课题“清代历史遗迹调查研究”。三是国家社科基金青年项目“蒙古国辽代城址的综合研究”，课题编号14CKG014。四是国家社科基金西部项目“蒙古国考古学概论”，课题编号14XKG004。

【文博教育与培训】

全年加强文物行政执法培训和文物保护培训，制定完成了《内蒙古文物博物馆人才培养“金鼎计划”（2015～2020年）》，为在国家“十三五”规划期间做好全区文博人才培养工作打下了良好的基础。

根据自治区文化厅部署，2014年先后在呼和浩特市、赤峰学院、鄂尔多斯“恩格贝培训中心”举办了全区博物馆馆藏文物保护培训班、全区文物保护管理培训班、全区文物保护方案与项目申报培训班。

为加强文物行政执法能力，在锡林郭勒盟举办了为期4天的全区文物行政执法培训班，培训学员87人；继续选派基层文博干部参加国家文物局举办的“十二五”规划期间全国旗县级文物干部行政执法培训班。

举办全区博物馆保管员培训班工作，进一步提高了馆藏文物保护管理水平。

【文博宣传与出版】

自治区文物局在全区制定了《内蒙古自治区“5·18”国际博物馆日、世界文化遗产日、草原文化遗产日宣传方案》。在“5·18”国际博物馆日前后，通过内蒙古日报等媒体进行集中宣传，在锡林浩特市举办了自治区主场城市活动，全区各地也结合实际，组织开展了形式多样的宣传活动。

在首届“中国博物馆教育项目示范案例”评选活动中，内蒙古博物院承担了征集、组织评审、书稿统筹等工作。编辑出版的《首届“中国博物馆教育项目示范案例”评选优秀案例》中，收录了43个新时期博物馆社会教育典型案例，内蒙古博物院“欢乐大课堂”知识竞赛活动和小学生综合实践课全票入选。

内蒙古博物院承担和参与编写《中华民族文化大系·蒙古族卷》《中国玉器全集·元代卷》《中华民族大交流书系·蒙古族卷》《中国边疆文库·北部边疆卷》及《内蒙古历史文献丛书》等大型丛书，自主立项科研项目“《北方民族文物图典》编撰工作”正在进行中，《萨拉乌苏河晚第四纪地质与古人类综合研究》即将结稿。

【对外交流与合作】

内蒙古博物院和中科院古脊椎动物与古人类研究所共同对大窑遗址四道沟地点进行发掘，获取旧石器时代中早期的人工打制石制品和哺乳动物化石，表明四道沟地点确实是古人类活动的区域；与加拿大皇家蒂雷尔古生物博物馆就合作研究龟类化石和禽龙类骨骼及皮肤印痕化石达成意向，双方合作完成了巴彦淖尔市巴彦满达呼地区晚白垩世内蒙古赞格尔龟化石的研究项目；先后与加拿大国家自然博物馆、俄罗斯布里亚特共和国国立大学、蒙古国乌兰巴托大学考古学学院、匈牙利世界萨满文化学会等就相关领域的合作与研究进行了充分的交流。

【其他】

根据十八届三中全会改革精神及国家文物局文物系统改革的要求和具体举措，2014年内蒙古自治区文物系统改革加大力度推进。为健全全区文物保护行业体系，促进全区文物事业健康发展，根据自治区文物保护事业的总体需求，经报请自治区文化厅党组研究同意后，自治区文物保护中心组建成立了“内蒙古蒙文盛文物保护有限公司”。

在内蒙古博物院、呼伦贝尔民族博物院，开展了成立博物馆理事会、监事会，加强法人治理结构建设等改革试点工作。

辽宁省

【概述】

2014年，在辽宁省委、省政府的正确领导下，在国家文物局的大力支持下，辽宁省文物系统按照辽宁省文化厅党组的决策部署，深入贯彻科学发展观，按照社会主义核心价值观体系，全面落实党的十八届三中、四中全会精神，严格贯彻执行《中华人民共和国文物保护法》，坚持文物工作方针，紧紧围绕中心工作，群策群力，扎实奋进，圆满完成了年度工作任务，文物执法督察、不可移动文物的保护与管理、考古发掘、博物馆建设等各项工作均取得了显著成绩，为构建和谐辽宁、发展繁荣辽宁文化做出了积极贡献。

【执法督察与安全保卫】

调查处理了全国重点文物保护单位义县奉国寺寺内违法建设“罗汉墙”问题。违法建设工程罗汉墙位于奉国寺院内中轴线西南角，距离主体建筑大雄殿150米，在保护范围内，其南侧是公共卫生间、西侧是旅游停车场。罗汉墙墙体长19米，高4.9米，与奉国寺围墙基本同高，由于并不在寺院的中轴线上并且距离主体建筑较远，整体看并不明显。已责成锦州市文物局组织有关专家论证，按照意见落实责任，进行整改。

依法处理全国重点文物保护单位义县万佛堂石窟违规修建佛像群问题。万佛堂石窟在建设控制地带内50米处修建观音、罗汉、弥勒、释迦牟尼等佛像群建，其中罗汉像20尊，高约1.7米左右，修建在万佛堂石窟东侧山脚下；其余大的造像修建在建筑控制地带以外100米处废弃的岩洞内。此工程未履行报批手续，属违法建设工程。已责令锦州市文物局依法拆除违法雕塑并恢复原貌，查清原因，明确责任，依法对责任单位进行行政处罚，对有关责任人进行处理。

依法处理沈阳故宫十王亭南侧违法修建“石桥”问题。经查，该工程是沈阳市沈河区政府实施“沈阳故宫——张氏帅府”旅游一条街工程的部分建设项目。三座石桥位于沈阳故宫十王亭南约50米处，在保护范围内；另有两座铜雕墙位于建设控制地带内（已拆除）。有关工程未经文物行政部门论证和批准，属于违法建设工程。目前，石桥已全部拆除，恢复原貌、落实责任等工作尚在进行中。

严格落实文物安全工作相关规定。元旦、春节、十一期间对全省部分省级以上文物保护单位以及辽宁省博物馆、考古研究所、文物总店的文物安全工作进行了重点检查、抽查。

完成了一批安防工程。受国家文物局委托，组织协调有关安防专家，对全国重点文物保护单位牛河梁的安全技术防范建设工程进行验收，下达了验收合格通知，并对今后安防系统的使用、管理等工作提出了要求。实施了辽宁省考古研究所地下文物库房安防系统改造工程；完成了抚顺平顶山惨案工作遗址安全技术防范工程方案，并通过省级安防专家审定上报至国家文物局。

【不可移动文物的保护和管理】

（一）概况

截至2014年，辽宁省共有全国重点文物单位128处，省级文物保护单位472处。2014年新公布省级文物保护单位251处（含合并项目1处）。

（二）全国重点文物保护单位

完成了第七批全国重点文物保护单位保护标识碑的制作和运输工作。启动了第七批全国重点文物保护单位保护范围和建设控制地带划定工作。启动了第六、第七批全国重点文物保护单位记录档案的编制工作。

开展了2014年全国重点文物保护单位和省级文物保护单位调查登记工作，初步摸清了当年省内国、省两级文物保护单位现状及存在的问题。对全省国、省、市（县）级文物保护单位用作私人会所的情况开展了调查统计，并进行了整改。

开展了2014年全国重点文物保护单位保护工程立项和工程方案编制工作。根据国家文物局文保工程项目审批改革精神，组织有关单位编制了圣水寺、千山古建筑群、营口俄国领事馆旧址、元帅林、本溪湖工业遗产群、东山嘴遗址、小虹螺山长城等40余项全国重点文物保护单位的保护工程方案和立项报告，其中有30余项获得国家文物局审批；实施了兴城城墙整体维修工程、元帅林哨楼祭台抢险工程等10余项全国重点文物保护单位的文物保护工程。

2014年，从财政部、国家文物局共争取国家重点文物保护专项补助资金1.1411亿元；从国家发展与改革委员会争取到国家文化和自然遗产保护设施资金2412万元。

（三）抗战遗址

高质量完成全省抗战遗址排查工作。按照文化厅的工作部署，10月17日，在全省范围内开展了对国保、省保抗战纪念设施及重要遗址的保护、利用等情况的排查工作。经排查，各地上报了与国保、省保抗战纪念设施及重要遗址有关的9处全国重点文物和14处省级文物保护单位的保存现状及存在的问题。在排查的基础上，10月25～29日，对上报存在问题的旅顺监狱旧址、南子弹库旧址、抚顺战犯管理所旧址、本溪湖工业遗产群（肉丘坟）4处全国重点文物保护单位，以及柳木桥抗联密营遗址、台吉万人坑、下五家子惨案遗址等3处省级文物保护单位进行了现场调研。根据调研中各保护单位存在的不同问题，有针对性地提出了文物本体保护展示工程可行性工作建议，初步估算了方案编制和工程实施所需时间和经费。

全面做好阜新万人坑保护展示工程。10月，中央领导和省领导对阜新万人坑保护工作做出重要批示后，辽宁省文化厅党组高度重视，将此项工作列为全厅一号工程，围绕落实具体工作任务召开了专门会议，梳理工作、明确任务、责任到人、倒排工期，并迅即与国家、省有关部门和阜新市政府及相关设计单位进行了全面、细致的沟通和对接，抓紧时间落实各项工作任务。截至2014年年底，完成了阜新万人坑展示利用总体建设规划、遗骸遗址保护工程等9项规划和方案的设计、论证、审批、核准工作；争取到国家文物保护专项资金5193万元；岩土工程勘察及遗骨防潮、防腐工程工程已顺利完工，保护设施工程等工程进入全面实施阶段。

（四）文物保护工程

启动兴城城墙整体维修工程；核准了连山区小虹螺山长城8段墙体和10号敌台保护维修

工程方案；《小虹螺山长城文物保护规划》通过连山区政府评审并上报国家文物局；连山区圣水寺消防工程立项报告等方案得到国家文物局批复。

扎实推进省市共建文物保护工程。自2012年始，用3年时间完成了葫芦岛、营口市共建文物保护工程，其中葫芦岛市文物保护工程27项，投入资金11629 万元；营口市文物保护工程16 项，投入资金3091万元。2014年，葫芦岛市获得国家重点文物保护专项补助资金1300万元；营口市《西炮台遗址二期保护工程》《高丽城山城保护规划》《盖州市石棚山石棚保护工程》等工程方案得到国家文物局批复，获得国家重点文物保护专项补助资金1062万元。

确定了抚顺市为继葫芦岛、营口之后的辽宁省文化厅文物保护重点项目支持市。完成并向国家文物局上报了清永陵四碑楼修缮等工程立项报告，核准了清永陵油饰及防雀网、赫图阿拉故城正白旗衙门正房修缮等工程方案，赫图阿拉故城消防设施工程、元帅林祭台抢险修缮以及元帅林陵墙、哨楼抢险修缮等工程方案得到国家文物局批准，并从财政部、国家文物局争取到国家重点文物保护专项补助资金1895万元。

【考古发掘】

（一）配合基本建设考古

完成了沈康高速公路调兵山连接线、辽宁中部环线高速公路铁岭至本溪段、丹东港海洋红港区疏港高速公路、京哈高速公路杏山北互通式立交工程、丹东大东港疏港高速公路工程、绥中—凌源高速公路、沈阳—四平高速公路、抚顺电厂、开原宏达热电厂、辽阳宏达热电厂、巴林至阜新500千伏输变电项目、抚顺—锦州成品油输油管道、锦西石化输油管道、绥中疏港铁路、叶赤线铁路、华能阜新台吉风电场、华润新能源（北票）风能有限公司涌泉风电场等30余个大、中型基本建设项目的考古调查工作，调查里程约1478公里，面积约7458万平方米。

完成了昌图绕城公路、沈营线辽阳十里河—望水大街改扩建、铁岭新三线（二期）、绥中至凌源高速、辽宁中部环线高速、沈阳至四平高速、营口鲅鱼圈疏港高速、丹东海洋红港区疏港高速、中水电本溪热电厂、辽阳宏达电厂、开原宏达电厂、抚顺—锦州成品油输油管道、辽阳辽河油田恒泰丽坤燃气有限公司CNG加气母站、盘锦北沥公司制氨装置供气工程、盘锦高新技术产业开发区天然气城市供气项目、铁大线（鞍山—大连段）输油管道改造、锦州义县至朝阳至叶柏寿线扩能改造、京沈铁路客运专线、中电投北票风电、中广核义县刘龙台风电等30余项工程占地区域内的考古勘探工作，勘探总面积约102万平方米。

完成了丹东三湾水库江沿台堡城址、辽阳苗圃魏晋墓地、上河首南地遗址、上河首东坡地遗址、铁岭昌图刘塘坊遗址、铁岭昌图天增和遗址、阜新八家子遗址、阜新高林台遗址的抢救性考古发掘工作，发掘面积约16975平方米，清理发掘墓葬90座。

（二）主动科研考古

继续对江官屯窑址进行发掘。发掘面积400余平方米，发掘窑址1座、灰坑77个、房址2座、作坊址3座，出土铁、石、骨、陶、瓷器标本千余件，瓷片数百万片。与瓷器烧造有关的制作作坊等遗迹的发现，丰富了对窑址内涵的认识。

《医巫闾山辽代遗址考古工作计划（2014～2018年）》获得国家文物局正式批准，为实施医巫闾山辽代遗迹的考古工作奠定了坚实基础。按照工作计划，2014年对新立辽代建筑遗址进行了大规模考古勘探，勘探面积约8万平方米，发现了大型建筑基址、道路和疑似墓葬等一批重要遗迹。

（三）水下考古

完成了盘锦港荣兴港区30万吨级原油码头建设工程项目、盘锦港荣兴港区西作业区323#液体化工泊位项目宗海建设工程的水下文化遗存调查。继续对绥中碣石宫海域水下遗存开展调查。配合国家文物局水下文化遗产保护中心对丹东港海域一号沉船进行了重点调查。

【博物馆与可移动文物保护】

（一）博物馆

圆满完成2013年度全省博物馆年检工作。根据《博物馆管理办法》有关规定，严格按照国家文物局《关于做好2013年度博物馆年检、备案工作的通知》规定的年检对象、年检内容、年检材料、年检程序、年检标准、年检监督等进行年检，并对年检基本合格和不合格的单位提出了具体的整改意见。年检对象共108家，其中国有博物馆77家、民办博物馆31家。在77家国有博物馆中，归属文化文物系统管理的博物馆62家，行业博物馆15家。经博物馆自检上报，各市文化局初审和省文物局审核，批准其中60家为年检合格单位、33家为年检基本合格单位、15家为年检不合格单位。

完成了2013年度国家二、三级博物馆运行评估工作。据国家文物局的工作要求，先后完成了辽宁省评估工作方案、评分细则、评估申报书的编制、论证和报批工作，下发了辽宁省开展国家二、三级博物馆运行评估的通知。组织专家完成了辽宁省12家国家二、三级博物馆的预评估、定性和定量评估，并进行了现场复核。通过全面工作，拟定沈阳故宫博物院、辽阳博物馆为优秀单位，其余10家为合格单位，并将运行评估结果上报国家文物局复核。

开展了博物馆十大陈列展览精品申报活动。按照国家文物局《关于请推荐陈列展览精品项目的通知》要求，全省各级各类博物馆积极参与第十一届（2013年度）全国博物馆十大陈列展览精品评选活动，辽宁省文物局共推荐10家博物馆的精品展览项目14个。其中，沈阳工业博物馆“铁西百年记忆” 陈列和大连现代博物馆“近代大连”陈列成功入围终评，并获得优胜奖。

加强对民办博物馆的管理工作。在2013年度辽宁省博物馆年检工作中，结合本省的实际情况，重点加强了对民办博物馆在馆藏品管理和博物馆法人资格等方面的年检要求，并对年检基本合格和不合格的单位提出了具体的整改意见。根据国家文物局《关于民办博物馆设立的指导意见》要求，下发了《关于做好民办博物馆管理工作的通知》，要求各地对申报材料进行认真审核，严格把好初审环节；有序推进对已设立但未达到相应条件的民办博物馆的整改工作。

（二）可移动文物保护

加强文物保护修复方案设计编制工作。指导相关资质单位编制完成并向国家文物局上报了《辽宁省锦州市博物馆藏青铜器保护修复方案》《辽宁省凌源县小喇嘛沟辽墓出土金银器保护修复方案》《辽宁省喀左县博物馆藏青铜器保护修复方案》，均通过国家文物局专家组论证，并得到国家文物局批复。

做好文物保护修复立项报告编制工作。相关资质单位编制完成并向国家文物局上报了《辽宁省辽阳市燕州城遗址出土铁质文物保护修复立项报告》《辽宁省本溪市五女山山城出土铁质文物保护修复立项报告》，目前已通过国家文物局专家组论证，并得到国家文物局批复。

推动文物保护修复项目实施工作。相关资质单位开展了《辽宁省北票市喇嘛洞三燕墓地出土铁质文物保护修复项目》和《辽宁省建昌县东大杖子战国墓地出土陶制彩绘文物保护修复项目》实施工作，这两个项目将于2015年年底前结项。

注重文物保护修复科研与交流合作。辽宁省文物考古研究所与北京大学考古文博学院合作开展了《北票喇嘛洞三燕墓地出土铁质文物保护修复与综合研究》一书的编制工作。辽宁省文物考古研究所与本溪博物馆合作开展了北票喇嘛洞三燕墓地出土铁质文物保护修复工作，并邀请中国文化遗产研究院、国家博物馆、北京故宫博物院、中科院高能物理研究所、湖北荆州博物馆等单位的知名专家、学者进行现场指导与讲座。

开展珍贵文物预防性保护工作。邀请文物保护专家对《辽宁省文物考古研究所珍贵文物预防性保护方案》进行了科学论证。根据专家意见，辽宁省考古所会同馆藏文物保存环境国家文物局重点科研基地（上海博物馆）等方案编制单位对方案进行了补充修改，形成了较为完善的《辽宁省文物考古研究所珍贵文物预防性保护实施方案》。

开展可移动文物科技保护项目申报。相关资质单位编制完成并向国家文物局上报了《建昌东大杖子陶质彩绘文物保护修复方案》《朝阳县博物馆馆藏石质文物保护修复方案》《喇嘛洞墓地出土铁质文物保护修复方案》3个可移动文物科技保护方案，其中《喇嘛洞墓地出土铁质文物保护修复方案》已获国家文物局批准。

【社会文物管理】

加强对拍卖标的审核工作。严格审批程序，规范拍卖审核，依法对省内拍卖行进行监督管理。2014年，辽宁省文物拍卖企业先后举办拍卖会5次，上拍标的4266件。

辽宁省文物总店举办了第三届全国文物商店文物艺术品联合交流会。6月5日，交流会在东北大厦会议厅举行，邀请了包括北京、上海、天津、河南等30多家国有文物商店和80多家包括台湾地区的文物艺术品经营者参展。交流会历时3天，汇集陶瓷、玉器、铜器、杂项等各类参展商品近20万件，参展人数突破万人次，成交额近千万元，是参展商最多、规模最大的一次。辽宁电视台、沈阳日报、辽沈晚报、大公报、沈阳网等媒体对此次展会进行了报道。

【科技与信息】

加强辽宁省内文物科技保护资质建设。为适应当前文物保护工作需要，进一步加强全省可移动文物保护的科技水平，促进区域文物保护修复工作标准化和规范化，积极推进全省文物科技保护资质建设。

积极推动博物馆陈列展览精品数字产品制作工作。按照国家文物局要求，组织全省相关博物馆开展文物数字化保护工作。大连现代博物馆的“近代大连——大连现代博物馆基本陈列”和旅顺博物馆“丝路撷英——旅顺博物馆藏丝绸之路文物展”数字化项目方案得到国家初审通过。

【文博宣传与出版】

按照国家文物局的统一部署，辽宁省文化厅、辽宁省文物局组织全省博物馆、纪念馆紧扣“博物馆藏品架起沟通的桥梁”这一宣传主题，在第38个“5·18”国际博物馆日开展了丰富多彩的系列宣传活动。

在“5·18”国际博物馆日专题宣传活动中，辽宁省博物馆策划推出了“我眼中的博物馆微信网络征集活动”，通过这种新颖的宣传推广手段让更多的人了解博物馆，更好地发挥博物馆的社会服务功能。“5·18”国际博物馆日当天，辽宁省博物馆开展了多项惠民活动，筹办新展览并联合共建单位与志愿者团体开展具有博物馆特色的文艺表演；特别设立“文物保护与修复技术”演示互动区，解读文物保护背后的故事；设立“国际博物馆日宣传展示区”，免费发放宣传资料和精美的导览手册，介绍辽宁省博物馆新馆建设情况，展示馆藏珍贵文物，宣传博物馆知识和政策法规、博物馆社区文化建设等多项内容。

【机构与人数】

2014年辽宁省共有文物机构132个，均为事业单位，总数与2013年持平。其中，文物保护管理机构61个，博物馆63个，文物科研机构4个，文物商店3个，其他文物机构1个。从业人员总数3818人，比2013年增加236人。其中，文物保护管理机构有高级职称44人，中级职称192人；博物馆有高级职称212人，中级职称595人；文物科研机构有高级职称31人，中级职称44人；文物商店有高级职称2人；其他文物机构有高级职称1人。

【对外交流与合作】

引进展览“曙光时代——伊特鲁里亚文物特展”和“从文艺复兴到黄金时代——威尼斯之辉”；赴韩国举办“大彩契丹——辽宁省博物馆馆藏辽代三彩”。

辽宁省博物馆、辽宁省文物考古所与韩国对口合作单位开展文化交流活动，多次派代表赴韩国参加国际学术会议，进行学术演讲与学术交流。辽宁省文物考古所派优秀专业人员赴日本参加学术交流，并担任客座教授进行专业讲学。

为弘扬中华民族优秀传统文化，加强国际文化交流与合作，辽宁省博物馆选派优秀专业人员赴美商洽合作项目，就举办“齐白石书画艺术展”的各项具体事宜与美方进行商洽，进行实地考察评估，签署了合作意向书；同时与美国西部最大的艺术博物馆洛杉矶艺术博物馆就引进“印度佛教艺术展”进行具体商洽，签署了合作意向书。

为纪念中捷建交65周年，增进两国之间的文化交流与合作，辽宁省博物馆选派优秀专业人员赴捷克商洽展览事宜，并鉴选了“欧洲玻璃艺术史珍品展——捷克共和国布拉格国家工艺美术博物馆收藏”展品。

大连市文化广播影视局、大连现代博物馆代表赴台湾就大连现代博物馆举办“世变的形象：台湾鸿禧美术馆藏十九世纪中国绘画展”与台方进行具体磋商，协助鉴选文物，签署展览协议；参加“博物馆文化创意产业座谈会”和“博物馆新能量价值论坛座谈会”，与业内人士进行交流。

大连市文化广播影视局、旅顺博物馆代表赴台湾高雄就举办“红楼梦特展”各项事宜进行项目接洽，并实地考察展览场地，签署了协议书；参观人间文教基金会教育体检项目，签署《大连市文广局与人间文教基金会未来五年文化交流框架协议书》。

吉林省

【概述】

2014年，吉林省文物事业得到了快速发展，世界文化遗产保护工作稳步推进，文物保护重点项目顺利实施，文物科技保护水平显著提升，考古工作亮点频现，博物馆服务社会作用明显，文物基础工作扎实有效，文物安全形势明显好转，文物保护队伍能力建设不断提高，文物专项资金大幅增加。

【执法督察与安全保卫】

（一）执法督察

近年来，随着吉林省城镇化进程的不断加快，文物违法案件也呈高发态势，且多为法人违法，办案难度大。吉林省文物局不断增强责任意识，先后督办了吉林泡子沿前山遗址违法施工案、长春东本愿寺保护范围违法建设案等多起文物行政违法案件和文物行政违法行动。其中，长春东本愿寺一案为国家局重点督办案件，案件查办难度大。在厅党组和局领导的支持和直接调度下，在国家文物局和长春市政府的大力支持下，办案人员克服各种困难，积极协调长春市政府和相关单位，在国家文物局规定的时限内拆除了违法建筑，并对当事人罚款10万元，有效维护了法律的尊严。加上违建本身和拆除费用，开发商违法成本高达上千万元。该项工作得到了文化部和国家文物局的充分肯定，该案也被文化部评为2014年度全国文化市场重大案件。

为有效解决全省文物行政监管执法体制不健全、职责分工不明确，以及一线执法人员短缺、执法水平不高、装备落后、文物执法能力较弱等问题，2014年，吉林省有针对性地组织开展了一次为期3个月的文物行政执法专项调研。调研主要针对文物行政执法队伍的现状、主要案件查办情况、存在的问题以及相关意见和建议等开展，全省以地区为单位回收调查报告11份、调查表56份，初步摸清了全省文物行政执法工作现状，找出了文物执法工作中存在的困难和问题。在调研的基础上，依据国家有关规定，制定下发了全省文物行政处罚案卷文书样本，使文物行政执法工作更加科学化和规范化。为全面提高文化市场执法人员的文物执法水平，邀请国内文物法专家对全省文化市场稽查人员进行了文物执法培训。

为进一步提高全省文物行政执法案件的办案质量，吉林省文物局积极组织相关文物行政部门参加了全国文物行政处罚案卷评查工作。吉林省参评的两起文物案件均通过了国家文物局的初评和终审。其中，“通化县承办的中国电信股份有限公司通化分公司擅自在全国重点文物保护单位龙岗遗址群保护范围内进行建设工程案”被评为“十佳案卷”；吉林省文化市场稽查总队承办的“沈阳铁路局梅河口车务段擅自在省级文物保护单位中共中央东北局梅河口会议会址保护范围内进行建设工程案”被评为“优秀案卷”。

（二）安全保卫

为抓好文物安全工作，牢固树立文物安全无小事意识，吉林省文物局把文物安全防范工作作为日常监管重点，全面加强全省文物安全工作的督察指导。在元旦、春节以及劳动节、国庆节等重大节假日期间，吉林省文物局都积极组织开展各种形式的文物安全专项检查工作，督促各地落实安全管理责任，做好文物安全保卫工作。按照吉林省政府统一要求和部署，全省各级文物行政部门和各相关文博单位，严格依照属地管理原则，认真履行文物安全监管职责，强化对文物安全工作监督检管，有效防范了各类重大安全事故发生，2014年未发生任何文物安全责任事故。全年各级文物行政部门共开展安全检查8966次，发现各类安全隐患9项，整改完毕3项。其中，对全国重点文物保护单位检查1837次，发现各类安全隐患4项，整改完毕1项；对核定为风险单位的文物收藏单位检查1935次，发现安全隐患2项，整改完毕2项。

为进一步加强对历史文化名城消防安全和行政执法工作的指导，根据国家文物局的统一部署，组织开展了县域历史文化名城行政执法和消防安全专项督察工作。成立督察组对集安市和吉林市龙潭区、昌邑区进行了专项检查，重点对第三次全国文物普查登录的不可移动文物保存状况、擅自拆除或破坏不可移动文物本体的违法行为、文物保护单位保护范围和建设控制地带内的违法建设行为、文物消防安全状况、火灾隐患整改情况及文物行政执法责任制落实等内容进行了检查。督察历史文化名城核心区域内国家重点文物保护单位7处，省级文物保护单位14处，市级文物保护单位23处，第三次文物普查登录的文物600处。督察组听取当地文物部门的汇报，并随机抽取丸都山城、国内城、乌拉街清代建筑群、泡子沿前山遗址等部分文物保护单位和第三次全国文物普查登录点进行现场核查和违法建设行为督察，通过了国家文物局的专项检查。

【不可移动文物的保护和管理】

（一）概况

吉林省在第三次全国文物普查后登记不可移动文物保护单位9017处。其中，全国重点文物保护单位76处，省级文物保护单位373处（含2014年8月5日吉林省政府新公布省级文物保护单位159处以及与现有省级文物保护单位合并项目2处），市级文物保护单位615处，县市级文物保护单位1897处。2014年省级文物保护专项经费增加到1000万元，比2013年增长了25%；争取国家专项资金2.7716亿元，比2013年提高了92%。

截至2014年12月，第一至六批全国重点文物保护单位保护规划编制已全部启动，其中完成编制24处，正在编制9处；第七批全国重点文物保护单位保护规划编制启动22处。

（二）大遗址保护

按照《吉林省文物保护专项规划》目标，启动实施6处大遗址保护工作。组织开展罗通山城、自安山城、苏密城3处大遗址本体保护维修工程；启动龙潭山城遗址、帽儿山墓群、万发拨子遗址公园3处大遗址考古公园规划编制工作。

整体提升渤海中京国家考古遗址公园展示水平。组织做好渤海中京国家考古遗址公园对外开放现场指导和运行评估检查工作，谋划和龙市渤海中京国家考古遗址公园顶层设计，编制《渤海中京城遗址和龙头山古墓群文物本体展示提升方案》，不断提升渤海中京国家考古遗址公园总体展示水平。

丰富世界文化遗产内涵，配合国家文物局完成集安国家考古遗址公园运行评估工作，启动集安高句丽国家考古遗址公园展示工程建设，开展顶层设计，编制遗址公园展示工程方案。

（三）全国重点文物保护单位

吉林省文物局联合吉林省住房和城乡建设厅提请省政府批准公布了第七批全国重点文物保护单位保护范围及建设控制地带范围，并组织开展第六、七批全国重点文物保护单位记录档案备案工作。

推进全国重点文物保护单位保护项目。着手启动伪满皇宫旧址、伪满军事部旧址、伪满经济部旧址文物本体保护维修工程；辽源矿工墓被列为国家文物局重点支持项目；辽源矿工墓作为全国首批重点抗战遗迹之一进行宣传。

（四）文物保护工程

根据《文物保护工程管理办法》等相关规章、制度的要求，吉林省逐步规范完善文物保护工程设计方案的省级专家审核论证制度，成立省级文物保护工程专家组，对所有设计方案进行审核论证。同时，邀请建设、水利、水电、地质等相关领域的专家积极参与到文物保护工作中来，有力推动了全省文物保护工程设计方案在质量水平方面的提升。

逐步完善开工及验收制度、加强文物保护工程资质单位的建设与管理。吉林省文物局在总结历年来文物保护工程经验的基础上，参照建设、水利等其他部门的工程验收制度，草拟了《吉林省文物保护工程管理办法》，对文物保护工程的开工及验收工作着重做了要求，使施工单位与监理单位做到有据可依。通过一系列措施，不断改进工作方式，逐步规范文物保护工程的验收程序，业主单位自查与验收相结合，科学管理，扎实有效地开展开工与验收工作，督促工程质量不断提高。

为打破行业壁垒，结合吉林省高校多的实际，引入了吉林大学、吉林建筑学院、吉林省城乡规划院等高校和科研单位参与到文物保护工作中来，文物保护工程专业人才队伍建设取得了长足进步，数量与质量同时得到提升。目前，吉林省有文物保护工程监理甲级资质单位1家、二级及以下施工资质单位8家、乙级及以下勘察设计资质单位5家，登记从业人员137人。

【考古发掘】

（一）概况

2014年，吉林省对桦甸市苏密城、吉林市龙潭山城、白城市城四家子城址、磐石市八面佛遗址、图们市磨盘村山城、图们市水南关遗址、大安市后套木嘎遗址、春捺钵遗址、安图县宝马城遗址、大安尹家窝堡遗址9处遗址进行了考古发掘，取得了重要的学术收获。

（二）重要考古项目

1．桦甸市苏密城

苏密城位于桦甸市桦甸镇大城子村，西邻桦甸城区。2014年度的发掘区位于外城南部，紧邻内城南墙中部的区域。发掘时间为6～11月，发掘面积1000平方米。最重要的收获是确认了一座现存有礤堆和夯土台基的渤海时期寺庙建筑，出土一批渤海建筑瓦件和具有唐代风格的陶质贴塑佛像。通过发掘明确了渤海时期寺庙建筑、内城南城垣间的相对年代关系。

清理的渤海寺庙建筑址以黏土夯筑台基，台基表面础石已全部缺失，仅存礤堆。建筑台基经勘探，现存南北约33米、东西约35米，北部被内城南城壕打破。受气候所限，本年度未能将建筑台基完整揭露。台基东侧发现大量的渤海时期灰陶瓦、瓦当、兽头、鸱尾等建筑构件，并出土300余件陶质贴塑佛像残块。

通过2014年的发掘，从考古地层学上明确了内城南墙晚于外城的渤海寺庙建筑；同时，外城的寺庙建筑层位与外城南北中轴线的道路、外城南城垣一致，方向亦相同。结合2013年度对内、外城垣的考古工作收获，现有考古资料进一步倾向于外城为渤海时期始建、内城为辽代补筑的学术认识。

2．吉林市龙潭山城

龙潭山城位于吉林省吉林市龙潭区东南部的龙潭山上。2014年的发掘工作主要集中于城内东部台地。发掘时间为6～12月，发掘面积1400平方米。共清理房址3座、建筑台基5座。

建筑台基（编号为TJ1～TJ5）均为长方形。TJ4的构筑方式比较特别，以黄色亚黏土夯筑圆形墩台，作为础石的基础，再于墩台合围的区域内用风化岩碎块、粗砂和黄色亚黏土构筑台基，倒塌堆积中出土大量灰色、红褐色布纹瓦和脊兽残件。TJ5以黄土筑成，其上现存一处八角形建筑的残迹，保留有础石和土筑墙基。出土遗物多见瓦件，日用陶器和瓷器数量亦多。瓷器按釉色分为白、青、黑、酱等，铜钱以北宋时期及金代年号钱为主。

清理的5座建筑台基和主要出土遗物时代为金代，建筑性质为金代早中期的一组寺庙建筑。TJ5下叠压的地层中出土渤海时期陶片，城内当存在渤海时期遗存。

3．白城市城四家子城址

城四家子城址位于白城市洮北区德顺蒙古族自治乡古城村。2014年的工作主要有两部分：一是完成2013年度发掘区内遗留的工作；二是进一步了解建筑周边附属设施的情况，深化2013年的发掘认识。发掘时间为5～11月，发掘面积900平方米。新发现辽金时期房址3座、户外灶址4处、柱洞16个、灰坑30个、沟5条、排水涵洞8处，以及晚期墓葬6座。出土较多泥塑和佛像残块，个别带有彩绘。

通过2013、2014两个年度的发掘，明确了建筑及附属设施的分期。第一期为辽代晚期，此建筑应当用作佛教寺院；第二期为辽金之交，寺庙荒废，主体建筑倒塌，在其南北两端兴建了用于居住的房屋；第三期为金代，荒废的建筑台基以及第二期房址被垫平夯实，在其上重修新的建筑。第三期建筑从规模和出土瓦件来看级别较高，应是城内一处重要的官方设施。

4．磐石市八面佛遗址

八面佛遗址位于磐石市烟筒山镇振兴村东约1000米的八面佛山上。2014年，吉林省文物考古研究所对遗址进行了发掘。发掘时间为5～8月，发掘面积1050平方米。共揭露遗迹31个，其中包括建筑台基2处、房址2处、灰坑17个、露炊遗迹10个。

根据遗迹层位关系和出土遗物判断，遗址中至少含有早、晚两期遗存。一期遗存以建筑台基TJ1、TJ2为代表，包括散落在TJ1南部地表的石幢，出土遗物主要为具有典型辽金特征的建筑瓦件。一期遗存时代应为辽金时期，性质为寺庙遗址，对金代佛教遗存研究具有重要意义。二期遗存包括F1、灰坑、露炊遗迹，出土遗物主要为被扰动和再次利用的一期建筑瓦件，另出土有少量铁质农具和陶片。二期遗存亦为辽金时期，当为寺庙废弃后普通民众从事生产、生活活动形成的聚落址。

5．图们市磨盘村山城

磨盘村山城位于图们市长安镇磨盘村南面的城子山上。2014年对磨盘村山城的北门址、2号宫殿址、1号角楼进行了清理，并对东、西门址南侧的墙体进行了解剖。发掘时间为6～11月，发掘面积800平方米。

发掘出土遗物包括铁镞、铁刀、礌石等兵器，铁镐、铁斧、铁锤等生产工具，陶盆、陶碗、陶碟等生活器皿，元祐通宝、大定通宝等宋、金钱币和大量的砖瓦建筑构件，出土的一件人物石刻尤为珍贵。

以往学术界倾向于磨盘村山城为东夏南京故城，但一直未经考古资料证实。此次发掘基本明确了城墙、北门址和1号角楼的构筑方式，明确了2号宫殿址的建筑布局，并出土了大量东夏国时期遗物。它不仅验证了《元史》东夏国“南京，城坚如立铁”的准确性，而且为鲜见于文献记载的金东夏国研究提供了极为重要的实物资料。

6．图们市水南关遗址

水南关遗址位于图们市长安镇磨盘村水南屯东南约3公里。2014年的清理，基本明确了水南关遗址的结构和年代。发掘时间为6～11月，发掘面积585平方米。

水南关平面近平行四边形，方向140°，墙体由石块垒砌，周长74.7米，现存高0.85～1.95米。门址位于南墙中部偏东处，宽2.9米，残存有地栿痕迹。关内发现了与关同期的两座房址，房址内出土具有明显渤海特征的重唇深腹罐等遗物。

通过水南关内出土遗物，结合门址地栿木炭的碳十四检测结果，可以认定水南关的使用年代为渤海时期。这一认识为进一步确认延边边墙的年代提供了重要实物依据，对渤海疆域变迁等历史文化研究具有重要意义。

7．春捺钵遗址群后鸣字区遗址

2014年吉林大学边疆考古研究中心对春捺钵遗址群后鸣字区遗址进行了地面调查、航空调查、钻探、发掘等考古工作，取得重要收获。发掘时间为8～10月，发掘面积479平方米。

新发现道路1条，圆圈遗迹2个。勘探10万平方米，新勘探出的遗迹有井1口、灰坑2个、路3条、灶3个、城门1座。布方540平方米，实际发掘479平方米，揭露夯土层1个、烧灰面1个、房屋建筑1座，出土了观音菩萨头像、瓦当、滴水、凤鸟、鸱吻、陶盆、定窑瓷片、提梁铁锅、车輨、北宋铜钱等重要文物标本百余件。瓦顶建筑位于小城西侧，规模超小的建筑却有华贵奇异的瓦顶装饰，显示该建筑具有特殊性；其瓦当做成花形，花芯涂抹，滴水的宽阔面上印着兽面瓦当纹，这些都比较罕见。通过地面调查、航空调查、钻探、发掘、土壤监测分析等初步的系列考古工作，可以确定该遗址不是定居村落，也不是大型盐场，人最初生活在地面，由于湿地—沼泽的环境才修筑矮的土包台便于驻扎帐篷，年复一年逐层堆积修建形成现在的高大土包台。该遗址靠近水面，规模超大，布局不规矩，但有一定次序可循，应该是辽金春捺钵遗址，也是我国目前发现最大的季节性营地遗址。

8．大安市后套木嘎遗址

2014年吉林大学边疆考古研究中心与吉林省文物考古研究所对合作的吉林省田野考古实践与遗址保护研究项目——吉林省大安市后套木嘎遗址进行了考古发掘，发掘时间为7～11月，发掘面积1520平方米。

此次发掘工作除进一步完善后套木嘎田野资料数据库，使得田野发掘资料电子化且系统化外，还采用全站仪进行测量工作，运用了CAD绘图、土样浮选以及航拍飞行器实时航拍等多种科技手段，遗址的三维扫描工作也正在进行中。遗存分属后套木嘎第三期（距今6000～6500年）、第四期（距今5000～5500年前后，与红山文化晚期大体相当）及第七期（辽金时期）三个时期。出土完整和可复原陶器20余件，以及数量较多的细石器、骨器和少量的玉器等，搜集到大量的蚌壳、鱼骨、兽骨，为研究各时期的经济形态及环境提供了重要的资料，为了解东北地区新石器时代古代人类的生活情况提供了更多新的资料。

9．尹家窝堡遗址

尹家窝堡遗址位于吉林省大安市安广镇永丰村尹家窝堡屯西北约2.5公里处，新荒泡西南岸。发掘时间为7～11月，发掘面积300平方米。

遗址面积约15万平方米，地表可见大量辽金时期的陶瓷片等遗物。遗址北部边缘有沿水边规律分布的10个土包，经钻探可知为人工遗迹。为配合《吉林大安后套木嘎遗址考古工作规划》的实施，2014年吉林大学边疆考古研究中心与吉林省文物考古研究所联合对该遗址Ⅵ号土包东北部进行了试掘。发现各类遗迹20余个，有淋卤坑、灶址、灰坑、水渠、堆土遗迹、烧火迹象及墓葬1座。除墓葬为打破Ⅵ号土包主体（时代为金代）外，其他遗迹均为土包形成过程中所存在的，部分遗迹虽在相对年代上有早晚之分，但同类遗迹形制结构及出土遗物基本相同，应统属辽金时期。此次发掘虽未发现与制盐相关的工具及陶瓷器皿，然观察5座淋卤坑结构，与元代《熬波图》及明代《天工开物》中记载的“淋灰取滷”的“灰淋”和“滷井”颇有相似之处。尹家窝堡遗址发现的制盐遗存在东北地区尚属首次，不仅填补了东北地区辽金时期土盐制作遗存的空白，同时也为东北地区盐业发展史的研究提供了重要的实物资料。

【博物馆与可移动文物保护】

（一）博物馆

1．博物馆建设

打造文化旅游品牌，全面提升长春电影制片厂早期建筑展示利用水平。争取国家专项补助资金2562万元，相比2013年同期增长363.5%。引导企业提升遗存的展示利用水平，建成长影旧址博物馆，8月正式对外开放。

10月，吉林省博物院与白城市洮北区合作共建的洮北区博物馆正式开馆。

11月21日，在厦门举办的中国博物馆协会第六届会员代表大会暨“2014博物馆及相关产品与技术博览会”上，吉林省博物院获“全国文化创意产品十佳商店”，“双陆棋调味瓶”获宏博文化创意产品最佳设计奖和优秀文创奖。

2．博物馆间的交流与合作

吉林省博物院为高志航纪念馆、镇赉县博物馆、德惠市博物馆、松原市博物馆等十余个地方市（县）博物馆的展览策划和内容设计提供免费业务指导和服务；与首都博物馆、故宫博物院、上海市博物馆、天津市博物馆、陕西省博物馆、河北省博物院、四川省博物院、广东省博物馆、辽宁省博物馆、黑龙江省博物馆、甘肃省博物馆、无锡市博物馆等二十余家国内博物馆进行工作交流，就合作事宜达成意向性协议。

1月7日，吉林省博物院“齐白石绘画作品展”赴黑龙江省博物馆展出。

3月16日，吉林省博物院引进“广东省博物馆藏外销清代艺术品展”。

5月，吉林省博物院参加由中国文物交流中心主办、甘肃省文化厅承办的“2014年展览交流推介会”。

5月21日，吉林省博物院引进“台北故宫博物院藏历代书画精品二玄社仿真展”。

6月6日，吉林省博物院与台湾历史博物馆、四川省博物馆、深圳博物馆联合举办的“万里江山频入梦——张大千辞世三十周年纪念展”四地巡回展在吉林省博物院展出；9月

6日，在台湾历史博物馆展出。

8月19日，景德镇陶瓷学院一行6人来吉林省博物院研究商议“吉林省陶瓷艺术馆陈列”合作办展事宜。

9月17日，吉林省文化厅、吉林省博物院派员赴景德镇陶瓷学院考察并参加“吉林省陶瓷艺术馆陈列”形式设计研讨会。

9月24日，由吉林省文化厅、新疆阿勒泰地区文化局主办，吉林省博物院承办的援疆项目“新疆阿勒泰地区美术书法摄影展”在吉林省博物院展出。

10月25日，澳门文物大使协会一行21人来吉林省学习考察和交流。

2．重要陈列展览

1月29日，由吉林省文化厅主办、吉林省博物院承办的“大美吉林——全省工艺精品展”在吉林省博物院展出。展览内容汇集了刀画、玻璃画、剪纸、农民画等富具吉林特色的民间工艺作品。

2月9日，“嗣响升山——纪念成多禄诞辰一百周年张运成师生书法展”在吉林省博物院展出。

2月20日，“感谢生活——戈沙画展”在吉林省博物院展出。

3月4日，“陈涤画展”在吉林省博物院展出，中国汉字博物馆的“中国汉字展”在吉林省博物院展出。

8月26日，由吉林省文化厅主办、吉林省博物院承办的“幸福家乡——吉林省农民摄影展”在吉林省博物院展出，汇集全省农民摄影作品200余幅。

8月28日，“钱松岩画展”在吉林省博物院展出。

10月15日，“中国传统书画装潢样式展暨吉林省博物院院藏书画作品展”开幕。

11月1日，“初发芙蓉——吉林省美术馆新秀书画展”在吉林省博物院展出，展览内容主要为吉林省美术馆职工创作的山水、油画、工艺美术画作等。

11月18日，“人到中年——王玉峰、吴向东、肖明、姚晶、赵胜利、李晓林六人画展”在吉林省博物院展出。

12月10日，“乡间长白——吉林省油画名家作品展”在吉林省博物院展出。

2月20日“情系长白山——吉林省长白山美术家协会会员作品展”在吉林省博物院展出。

（二）可移动文物保护

吉林省现有馆藏文物53万余件，其中一级文物678件、二级文物4007件、三级文物18342件。

9月，吉林省博物院完成了文物保护修复中心实验室建设项目招投标工作，第一阶段（土建改造）工程基本结束，拟在2015年5月底开始实施第二阶段（设备采购、安装）项目工程。

【科技与信息】

吉林省博物院建设了比较完善的网络环境，基础设施配置到位，网络运行顺畅；开展了文物数据库建设，配备了数据服务器、磁盘阵列柜、安全防范设备、配电设备、防雷设备等，形成了独立的文物信息管理平台；应用新媒体等多技术手段进行展览展示、宣传推广等，完成了“黑土军魂——东北抗日联军军史陈列”虚拟展厅制作，并已链接网站；拓展社教服务形式，开发了智能手机导览服务系统，完成了手机导览系统服务器架设，WiFi

网络环境布置、安装和调试，与中国文物信息咨询中心合作完成了“吉林省博物院智能手机导览系统应用研究”。

【机构及人员】

2014年吉林省博物馆总数达到114家，文化系统所属博物馆79家、行业博物馆21家、民办博物馆14家，其中一级博物馆2家、二级博物馆5家、三级博物馆4家。全省博物馆系统在编1367人，其中高级职称240人。

黑龙江省

【概述】

2014年，黑龙江省文物局积极贯彻“保护为主、抢救第一、合理利用、加强管理”的文物工作方针，遵循文物保护基本原则，按照国家文物局和省政府的工作部署、要求，全面实施文化遗产保护、展示、利用，维护文化遗产尊严，推动全省文化遗产事业全面协调可持续发展。

【执法督察与安全保卫】

以预防为主，强化巡查与专项督察工作。全省各地共检查各类文物保护单位1163次，其中全国重点文物保护单位116次，省级文物保护单位328次，市、县级文物保护单位719次，检查博物馆98次，共发现各类火灾隐患97项，当即整改94项。由省政府统一部署，对全省各市及有关县的文物古建等单位进行春季防火工作专项督察。下发《黑龙江省文化厅关于文物安全督察情况的通报 》和《黑龙江省文化厅关于加强文物保护单位安全管理工作的紧急通知》，对文物保护单位的安全管理工作提出明确要求。

强化文物执法工作，严肃处理文物违法案件。及时调查和处理了“意大利领事馆一侧围墙拆除”事件，消除了在社会上引起的不良影响；迅速处理了全国重点文物保护单位侵华日军第七三一部队旧址中“细菌弹壳厂旧址遭破坏”案件，第一时间向国家文物局督察司报告案件情况并积极配合现场督办，积极协调各级政府和公安部门开展案件侦办工作，及时将案件移交司法部门；对哈尔滨市级文物保护单位中东铁路管理局副局长官邸旧址“室内擅自修缮改造”违法行为进行现场督察处理，并将调查处理结果上报省政府；对哈尔滨市市级文物保护单位中东铁路旅馆旧址“遮雨棚被违法拆除”情况进行督办，并将调查处理情况上报国家文物局。

【不可移动文物的保护和管理】

（一）大遗址保护

开展了渤海国上京龙泉府遗址国家考古遗址公园建设。推进渤海遗址保护工程结项工作，开展了渤海兴隆寺保护工程验收工作，实施渤海镇土台子村动迁后考古发掘项目。

指导金上京会宁府遗址开展国家考古遗址公园立项后的各项准备工作。展开金上京会宁府遗址考古发掘项目；开展亚沟石刻保护规划和保护工程方案编制和审核工作；金上京会宁府遗址安技防工程项目获国家文物局资金支持。

（二）全国重点文物保护单位

强化“四有”建设工作。开展了第七批全国重点文物保护单位标志制作工作；开展了第七批全国重点文物保护单位保护范围和建设控制地带划定工作；组织制作了黑龙江省第

六、七批全国重点文物保护单位（共33处）的记录档案。

对黑龙江省抗战文物和日军罪证文物进行了全面梳理，为2015年抗战胜利70周年做好准备。其中全国重点文物保护单位6处，均对外开放，开放率为100%。

侵华日军第七三一部队旧址保护工作全面展开。按国家文物局和黑龙江省委、省政府工作部署，落实国家有关领导相关指示精神，全面推进七三一旧址环境整治、文物本体保护、资料收集整理、陈列馆新馆建设等方面工作，使七三一旧址的保护、利用在2015年抗战胜利70周年之际取得明显成效。积极推动七三一旧址申遗工作，协调哈尔滨市政府及旧址管理部门，确定申遗范围，报送《预备名单提交表格》。开展相关资料的收集研究和申遗文本编制的准备工作，为申遗工作奠定基础。

为适应文化遗产保护事业发展需要，规范黑龙江省文物保护单位文物保护规划和保护工程申报程序，提高审批质量和效率，加强保护工程管理各项工作，根据国家有关文物保护法律法规和相关规范性文件规定，2014年，黑龙江省文物局制定了《黑龙江省全国重点文物保护单位保护规划、保护工程申报及保护工程施工管理暂行规定》。

积极开展文物保护单位保护规划立项及编制工作。开展了卜奎清真寺、孙吴胜山要塞、瓦里霍吞城址保护规划立项工作，获国家文物局批准，并获资金支持。推进了金界壕遗址、昂昂溪遗址、塔子城址、五排山城址、东宁要塞群、虎头要塞、侵华日军第七三一部队旧址保护规划编制工作。侵华日军第七三一部队旧址保护规划于2014年2月18日由黑龙江省政府正式公布实施；其他国保单位的保护规划设计方陆续赴现场勘察、采集了有关信息，绘制了部分图纸，将集中人力开展文本编写。

继续开展中东铁路建筑群保护工作。中东铁路建筑群（黑龙江省段）整体规划编制工作启动；《海林市横道河子镇中东铁路建筑群保护规划》《齐齐哈尔市昂昂溪区中东铁路建筑群保护规划》编制工作已完成中期评审。昂昂溪、横道河子镇中东铁路建筑群保护维修工程实施，其中横道河子机车库和圣母进堂教堂维修工程现已全部结束，并完成了验收工作。哈尔滨至齐齐哈尔铁路客运专线工程涉及中东铁路建筑迁移，其中安达市迁移后的文物建筑已完成保护修缮，经验收合格移交管理单位。

积极开展文物保护项目申报工作。2014年共申报国家重点文物保护项目24项，获国家文物局批复18项。其中获批复的保护规划项目3处，包括莽吉塔故城、宁古塔将军驻地旧城遗址、哈尔滨颐园街一号欧式建筑；保护维修工程6处，包括颐园街一号欧式建筑、塔子城址、卜奎清真寺、侵华日军东北要塞虎头要塞、胜山要塞、中东铁路建筑群铁路治安所驻地；安技防工程1处，为金上京会宁府遗址；考古发掘项目5处，包括渤海上京城寺庙遗址、金上京遗址、齐齐哈尔洪河遗址、饶河县小南山遗、伊春桃山旧石器遗址；保护展示工程3处，包括侵华日军第七三一部队旧址的本部旧址、细菌实验室及特设监狱旧址、细菌弹壳制造厂。上述项目获国家资金支持7211万元。

积极开展国家发改委、国家文物局文化和自然遗产保护设施建设项目上报工作。召开2014年国家文化和自然遗产建设项目工作会议，对穆棱市小四方山城址保护项目、佳木斯三江平原汉魏时期遗址保护项目进行了工作部署，组织地方编制可行性研究报告上报国家发改委、国家文物局，经费已到位，工程技术方案正在审核中。

统筹规划全国重点文物保护单位的保护、维修工作。金界壕遗址水冲沟保护工程、横道河子中东铁路建筑保护工程、汤原县桃温万户府故城和桦川县瓦里霍吞城址抢救性保护设施建设项目等2013年国家批复的保护工程项目已全面开展，一大批濒临人为或自然毁坏的文物建筑本体得以修复。在国家文物局的大力支持下，积极开展了因水灾受损文物保护单位的救灾工作，申报的11个保护维修项目全部批复；组织各地编制受灾国保单位的保护维修工程方案，报国家文物局补批。对颐园街一号欧式建筑、哈尔滨文庙安技防工程进行了验收，文物安全得到有效保障。

（三）其他

配合地方经济建设，全力做好文物保护工作。开展哈尔滨市地铁2号线一期工程沿线文物保护调研工作及文物保护方案论证工作；开展哈尔滨至牡丹江铁路客运专线穿越全国重点文物保护单位亚沟石刻建设控制地带的审批工作；开展哈尔滨火车站改造工程中全国重点文物保护单位霁虹桥的保护工作。

举办黑龙江省全国重点文物保护单位文物保护项目洽谈对接会，来自全国的24家设计单位和省内49个文物部门参加会议。通过具体项目对接，引入竞争机制，规范黑龙江省文物保护工程市场，促成高水平的文物保护勘察设计队伍和工程队伍承担黑龙江省文物保护项目建设。

成立黑龙江省文物保护中心，主要业务职责为承担全省文物保护业务基础建设工作和提供专业技术支持。

【考古发掘】

（一）概况

2014年黑龙江省考古勘探发掘工作稳步推进。全年共完成考古勘探项目30余项，其中配合基本建设考古发掘2项，分别为海林市秦家东山旧石器遗址发掘、牡丹江市红星辽金遗址发掘；大遗址考古1项，为金上京南城南墙西门址发掘；主动性课题考古2项，分别为齐齐哈尔市洪河遗址发掘、大兴安岭岩画洞穴址试掘；配合文物项目考古2项，分别为侵华日军第七三一旧址考古发掘、清代瑷珲新城勘探与试掘；配合黑龙江、松花江、嫩江治理工程开展了三江流域文物调查工作。大批文物遗址得到有效保护。

（二）重要考古项目

1．阿城金上京南城南墙西门址

6～10月，黑龙江省文物考古研究所对金上京南城南墙西门址进行了考古发掘，发掘面积1100多平方米。金上京南城南墙西门址由城门和瓮城组成。该门址和上京城皇城午门址在一条中轴线上，位置重要。城门址由单门道、路面和东西两侧的夯土城墙（墩台）组成。门道呈长方形，其两侧中部尚存有门砧石，中间有石门限。西侧门砧石北部存留有石地栿，石地栿上有少量的木痕。瓮城平面大致呈马蹄形，东西内径长约50米、南北内径宽约20米。此次发掘出土器物标本500余件，有陶、瓷、石、骨、铁、铜器等，以陶质建筑构件和铁质兵器为主。这是第一次对金代都城门址进行的科学发掘，明确了其基本形制结构，具有重要学术意义。

2．齐齐哈尔市洪河新石器至青铜时代遗址

洪河遗址位于齐齐哈尔市富拉尔基区杜尔门沁达斡尔族乡洪河村。在2013年工作基础上，黑龙江省文物考古研究所于2014年7～10月对该遗址进行了第二次正式的考古发掘，发掘面积850平方米。清理新石器及青铜时代灰坑36个、灰沟1条；新石器时代房址4座、墓葬1座。出土不同时期、不同质地遗物400余件，其中完整及可复原的陶器有20余件，器形有罐、钵、碗、杯等。此次发掘的新石器时代遗存，为建立嫩江流域新石器时代的文化序列以及进一步探究昂昂溪文化深层次的相关问题提供了重要资料，也为研究东北地区渔猎型定居聚落新石器时代的生业方式提供了重要依据。

3．黑河市清代瑷珲新城遗址

瑷珲新城遗址位于黑河市爱辉镇，北距黑河市约35公里，东濒黑龙江，与俄罗斯隔江相望。为配合《瑷珲新城遗址保护规划》的编制，黑龙江省文物考古研究所于7～10月对瑷珲新城遗址进行了考古工作。通过考古发掘，找到了瑷珲新城1685～1900年的内城城墙，确定了其位置、范围，确定了衙署的位置和其内的4处建筑基址，并在城北寺庙区内确定了1处建筑基址；进一步认定了1907年复建的城墙、瑷珲副都统衙署、水师营、北大营遗址的存在，明确了其保存现状，对瑷珲古城建设布局的相关记载和口耳相传的各种传说进行了证实和厘清，取得了重大的学术突破。发掘出土了建筑构件、生活用品、军事物品以及数量较多的清代铜钱，完整或可修复的文物350余件，为认识清代东北重镇瑷珲建设、发展、遭遇战火、收复重建的历史发展脉络提供了重要的实物资料。

4．侵华日军第七三一部队细菌实验室及特设监狱遗址

遗址位于哈尔滨市平房区新疆大街47号侵华日军第七三一部队旧址院内，在本部大楼北侧。为配合侵华日军第七三一旧址保护和利用工作，黑龙江省文物考古研究所于5～11月对其进行全面发掘，发掘面积17000平方米。此次发掘对细菌实验室及特设监狱的上、下水系统以及机电等设施布局有了较为清晰的了解，对细菌实验室及特设监狱的建筑结构与施工工艺有较为深刻的认识。发现多处爆破点以及4处焚烧坑，掌握了日军败退前销毁细菌战罪证的确凿证据。发掘出土了较为丰富的建筑构件、机械设备、金属管材、工具、玻璃器皿、陶瓷制品以及橡胶制品等遗物千余件，为研究侵华日军第七三一部队的历史和当时的建筑提供了翔实的资料。

5．大兴安岭呼中北山洞旧石器至汉魏时期遗存

呼中北山洞遗址位于呼中区碧水镇以北、呼玛河左岸石峰之上。8～11月，黑龙江省文物考古研究所对北山洞遗存进行清理试掘工作。此次清理揭露出旧石器至东汉鲜卑时期文化层，初步认定8层；发现依北岩壁自然形成的石椅1座；出土陶片、铁镞、铁针、玻璃珠、玛瑙珠、白玉石管、玉刃等，还有大量不同形制的磨制、压制、打制石器，对研究大兴安岭的历史传承提供了重要的实物资料。

6．海林市秦家东山旧石器遗址

秦家东山遗址位于黑龙江省海林市秦家村东。为配合海林至牡丹江公路工程建设，黑龙江省文物考古研究所于10～11月在遗址东北角进行考古发掘工作，总发掘面积约200平方米。此次发掘获得的石制品以黑曜岩和玄武岩为主要原料，还有少量的燧石、砂岩、石英和安山岩等。遗迹主要有一座半地穴式房址，内出土大量石制品和素面夹砂陶片。根据地层和遗物特征判断，遗址年代为旧石器时代末期或向新石器时代过渡阶段。

7．牡丹江市红星辽金时期遗址

红星遗址位于牡丹江市西安区海南朝鲜族乡海南村西、牡伊公路南侧。为配合海林至牡丹江公路工程建设，黑龙江省文物考古研究所于10～11月对此遗址进行了发掘，发掘面积500平方米。出土遗物主要有瓦片、方砖、木炭、铁钉等。根据揭露遗迹和出土遗物初步判定，该遗址为辽金时期的大型建筑基址，对研究牡丹江地区的历史文化面貌具有重要意义。

8．配合三江治理工程开展三江流域文物调查工作

三江治理工程包括黑龙江、松花江、嫩江干流堤防工程和胖头泡蓄滞洪区工程，涉及

哈尔滨市、齐齐哈尔市、佳木斯市、大庆市、绥化市、伊春市、鹤岗市、黑河市、大兴安岭地区等9个地级市，含抚远县等38个市县及21个国营农场。根据黑龙江省委省政府的工作部署，成立专门机构和考古调查队伍，开展了三江流域文物调查工作，完成了2014年度应急度汛工程区和三江干流治理工程区内涉及文物遗存的考古调查，制定了三江干流应急度汛工程区文物保护方案和三江干流治理工程区文物保护方案。通过调查勘探工作，基本弄清了三江干流治理工程区文物概况，对文物遗存的分布、特征和价值等有了较为深入的认识，为下一阶段全面展开的文物抢救性发掘和保护奠定了基础。

【博物馆与可移动文物保护】

（一）博物馆

1．博物馆建设

推进黑龙江省博物馆新馆建设工程。按照黑龙江省委省政府部署，进一步拓展了黑龙江省博物馆新馆功能。2014年，主要推进新馆扩建工程规划及用地、建筑方案深化设计，编制陈列展览大纲，编制《可行性研究报告》等，扩建工程正在稳步推进。

完成黑龙江省国家二、三级博物馆评估工作。按照国家文物局的统一部署，2014年5月，完成了黑龙江省评估工作方案、评分细则和评估申报书的编制工作。同时，抽调省文博专家组成员组建了黑龙江省博物馆评估委员会。6～8月，各馆进行自评并如实填写《评估申报书》，经市级文物行政部门审核后报送省评估委员会。9月，由省评估委员会汇总、整理各参评博物馆材料，进行定性评估打分和定量评估打分。之后组织专家赴黑龙江省民族博物馆、佳木斯市博物馆、嘉荫恐龙博物馆、远东林木博物馆、伊春市博物馆、伊春森林博物馆等进行抽样实地考察。最后由省评估委员会汇总各馆定性评估意见、定量评估数据以及现场复核情况，得出相对科学、准确的评估结果，经省文物局审核后报国家文物局。

2．重要陈列展览及馆际交流

各级各类博物馆充分发掘利用黑龙江省独有的、本土的、民族的文化资源和收藏特色，以服务经济、服务社会、服务百姓为宗旨，深入推进博物馆免费开放工作。2014年全省博物馆举办基本陈列400余个、临时展览300余个，免费接待观众近1200万人次。在第十一届全国博物馆十大陈列展览精品项目申报中，黑龙江省博物馆与首都博物馆联合推出的“白山·黑水·海东青”金代文物精品展及北安庆华军工遗址博物馆推出的“共和国枪械的摇篮”同获全国博物馆十大陈列展览精品奖。

（1）坚持办馆方向，举办特色展览

黑龙江省博物馆继续举办特色民俗系列、每月一县系列、每月一星系列、寒暑假系列展览，并于7月举办了俄侨博物馆专题展览。9月，黑龙江省民族博物馆与哈尔滨市教育部门合作，创新祭孔主题，举办了以“礼、信、孝、善、智”为主题的系列祭孔活动。革命领袖视察黑龙江纪念馆结合群众路线教育活动，继续举办“光辉征程——中国共产党一大至十八大图片展览”，成为各单位开展廉政教育工作的重要基地。北安市博物馆举办了“缪斯圣地——博物馆门票收藏展”，使观众了解各行各业博物馆的“性格”。

为纪念中国人民抗日战争暨世界反法西斯战争胜利69周年，各级博物馆发挥馆藏特色，积极举办各类纪念活动。东北烈士纪念馆举办了“松花江上——大型抗日歌曲演唱会”，大庆市博物馆举办了“民族魂——不屈的脊梁”纪念抗日战争胜利图片展，侵华日军第七三一部队旧址陈列馆联合四川建川博物馆共同举办了“为了和平·收藏战争”抗日战争专题展览。

（2）重视馆际交流，提高服务水平

4月，黑龙江省博物馆在重庆中国三峡博物馆举办了“从远古走来的渔猎文明——黑龙江鱼皮、兽皮、桦树皮历史文化展”，同时引进了该馆的馆藏鼻烟壶展。此外，黑龙江省博物馆还在北京鲁迅博物馆举办了“北大荒版画展”。10～12月，大庆市博物馆分别在广东东莞市展览馆和广西桂林市举办“东北第四纪哺乳动物化石”巡展，并举办了“大庆·菏泽两地书画作品联展”，促进了文化交流。黑河知青博物馆继续举办“与共和国同命运”巡展，2014年先后赴天津、山东、江苏、云南、重庆等地，引起了社会的广泛关注。

（3）举办文化产品专题展

博物馆文化产品开发是塑造博物馆社会形象，打造博物馆自身品牌的需要。2014年“5·18”国际博物馆日期间举办“把博物馆带回家——首届全省博物馆文化产品专题展”，展出了选自黑龙江省24家博物馆的374件文化产品，旨在引导和鼓励全省博物馆和社会力量充分利用丰富多彩的博物馆文化元素，加强博物馆文化产品的创意设计，拓展和延伸博物馆文化传播功能。这些依托博物馆特有的文化遗产资源开发的艺术品，包括民族手工艺制品、创意类文化产品、文物复仿制品、纪念类工艺品等，成为观众可以带回家珍藏的博物馆“文化礼物”。

3．黑龙江书画名人名作典藏工程

将著名的黑龙江籍艺术家的书画作品收集到黑龙江省博物馆进行展示、研究，传播和弘扬其艺术思想，将民族文化精髓永久典藏并世代传承，是“黑龙江书画名人名作典藏工程”的初衷和目标。2014年4月，黑龙江省博物馆于志学艺术馆开馆，冰雪画派创始人于志学先生捐出114幅代表作品及创作手稿等珍贵资料，标志着“黑龙江书画名人名作典藏工程”收获了首个重要成果。目前已有多位艺术家提出捐赠意向，接下来将陆续有艺术家作品入藏。这些珍贵的艺术品将极大地丰富黑龙江省博物馆馆藏，并对其藏品结构产生深远影响。

（二）可移动文物保护

截至2014年年底，黑龙江省博物馆、纪念馆馆藏文物共计635292件（套），其中三级以上文物35369件（套）。

黑龙江省文物局高度重视藏品征集和保护管理工作，多次召开专题会议研究，并提出工作要求。全省各级博物馆也将文物藏品的征集和管理工作作为博物馆建设的重要任务来抓。为进一步规范省级财政1000万元文物征集专项资金的使用，2014年，黑龙江省文物局与省财政厅联合制发了《黑龙江省省直文物藏品征集专项资金管理使用暂行办法》和《关于进一步完善文物藏品征集经费支出手续的通知》。各省直博物馆按照自身专业特点开展藏品征集，全年共征集文物2万余件（套），包括黑龙江省博物馆征集的第四纪古生物化石系列，东北烈士纪念馆征集的前苏联红军武器装备、侵华日军武器装备系列文物，黑龙江省民族博物馆征集的赫哲族文物、柯尔克孜族文物等，进一步丰富了馆藏，为陈列布展和科学研究工作提供了实物基础。各地市博物馆也以第一次全国可移动文物普查工作为契机，积极开展卓有成效的文物征集工作。

探索藏品数字化管理，将现代计算机技术与大数据、移动互联网相结合，为藏品登录及以后的保护、管理和利用提供便利，更好促进藏品的内涵价值转化为社会价值。2014年，黑龙江省博物馆、东北烈士纪念馆、黑龙江省民族博物馆等单位着手开展了藏品数字化工作，包括藏品文字描述、藏品图像和藏品相关视频的数字化，同时进行了藏品管理系统的开发和应用，包括出入库管理、网上签名、藏品电子出入库单据等。此外，绥化市博物馆也开展了藏品数字化工作，着手建设数字博物馆。

（三）第一次全国可移动文物普查

周密安排，有序推进。年初下发《关于做好我省第一次全国可移动文物普查2014年度重点工作的通知》，部署2014年度全省普查重点工作任务。8月，根据国家文物局领导在“2014年全国省级普查办主任工作会议”上的讲话精神，专门对全省一普工作进行了一次全面系统的分析和评估，下发《关于做好我省第一次全国可移动文物普查2014年下阶段重点工作的通知》，明确各个时间节点的任务安排。

加强培训，提升业务。积极开展省、市两级培训，举办了多期省及地市普查骨干培训班。6～7月，连续举办了5期可移动文物信息登录平台培训班，近700人次参训。同时，为保障普查中的文物安全，专门开展了相关课程的培训，为普查工作在全省深入开展打下坚实的专业基础。在培训基础上，按照国家文物局要求，对1529名普查员发放普查员证，做到持证工作。

抓住重点，做好普查。主要开展两方面工作：一是文物认定工作。根据国家文物局的有关规定和《黑龙江省〈文物认定管理暂行办法〉实施细则（试行）》，组织全省各级普查机构开展文物认定工作。哈尔滨市、佳木斯市、鸡西市、伊春市、省农垦总局率先完成文物认定工作。黑龙江省文物局对二级文物认定实行分片集中、统一认定的方式，提高了工作效率，减轻了基层负担。黑龙江省博物馆针对文物藏品特点，从俄罗斯科学院、故宫博物院及国内相关专业院所聘请专家为馆藏佛造像和地图等文物藏品进行认定。二是文物信息采集、录入工作。在逐步解决文物信息平台登录问题、完善文物信息平台登录单位和人员信息等工作的同时，全省各地的文物信息采集、录入工作相继开展。在文物信息采集、录入工作上，积极探索符合本省实际的方式方法。一方面，省直馆和地方馆的工作方法有所不同，省直馆藏品量大，主要采取专项推进方式，即集中拍照、集中测量、集中文字撰写、统一合成的方式；地方馆藏品量相对少，主要采取一次性完成拍照、测量、文字撰写的方式。另一方面，为更好地保证采集、录入的质量，减少重复工作，采取数据线下采集、离线录入、集中审核、集中上传的方式。

10月，国家文物局在黑龙江省黑河市召开了东北三省全国可移动文物普查培训会议，对加快推进普查工作提出明确要求。会后决定调整工作思路，要求各收藏单位由最后统一上传数据改为随录随传，将已经完成采集录入的信息全部上传到全国可移动文物信息登录平台中，同时对录入工作提出了具体要求。

【文博教育与培训】

2014年5月，举办黑龙江省文物保护工程业务人员培训，进一步提高了黑龙江省文物保护工程单位设计、施工队伍水平，扩大了专业人员队伍，为更好地开展文化遗产保护工作奠定了基础。

【文博宣传】

黑龙江省各级各类博物馆以馆藏文物为依托，充分发挥送展小分队的作用，深入社区、大中小学校、武警部队，开展形式多样的宣传活动，使博物馆直接服务于社会的理念得到进一步发展和延伸。东北烈士纪念馆开展了“送展览、献爱心，党员服务进社区”的活动，将“赵一曼领导哈尔滨电车工人大罢工”和“共同的胜利”展览送到部队、社区。齐齐哈尔博物馆专门设置爱国主义主题讲解，将“人民的公仆 不朽的丰碑——焦裕禄事迹展”送到社区、街道，推动了群众路线教育活动的开展。黑龙江省民族博物馆的“赫哲族鱼皮记忆专题展”先后赴抚远、佳木斯市同江、双鸭山市饶河等地展出，受到当地群众的欢迎。

【机构及人员】

截至2014年年底，黑龙江省共有文物业机构251个，从业人员2790人，其中专业技术人员1393人，包含正高级职称67人、副高级职称222人、中级职称570人。

等级备案博物馆193座，包括文化（文物）系统博物馆115座、行业博物馆38座、民办博物馆40座，其中国家一级博物馆4座、二级博物馆7座、三级博物馆18座。

文物保护工程勘察设计甲级资质单位1家，文物保护工程勘察设计乙级资质单位4家；文物保护工程施工一级资质单位1家，文物保护工程施工二级资质单位2家；文物保护工程监理乙级资质单位1家。

上海市

【概述】

2014年是国家文物博物馆事业发展“十二五”规划和上海文物事业发展“十二五”规划实施的最后一年，在国家文物局的指导下，在上海市委、市政府的领导下，上海文物工作深入贯彻“保护为主、抢救第一、合理利用、加强管理”的方针，着力加强博物馆公益性文化阵地建设，持续加大文物保护力度，不断规范文物市场运行秩序，取得了预期成效。

【法规建设】

2014年6月19日上午，上海市十四届人大常委会第十三次会议表决通过了《上海市文物保护条例》（以下简称《条例》），并于2014年10月1日起正式施行。《条例》的颁布，对于进一步加大上海市文化遗产保护力度，提高文物资源利用水平，推动文物保护事业加快发展具有重要意义。

【执法督察与安全保卫】

上海市文博系统牢固树立安全意识、责任意识，坚持安全第一，做到警钟长鸣，2014年全市未发生重大文物安全事故。

根据国家文物局的统一部署，上海市文物局会同公安、消防、文化执法总队等部门，对上海市1200处文物建筑及博物馆、纪念馆等文物收藏、展示机构进行安全大检查，发现安全隐患56处，及时落实整改措施，整改率达100%。

上海市文物局与上海市文化市场行政执法总队加强协作，加大对文保单位的执法巡查和消防检查，落实文物安全责任制，实行文物安全事故责任追究制度。初步建立上海市主要博物馆安全专职干部管理网络，逐步健全实时安全信息、安防设施检验情况及时上报制度等。

【不可移动文物的保护和管理】

（一）概况

截至2014年，上海市共有29处全国重点文物保护单位，238处市级文物保护单位，404处区县级文物保护单位，811处登记不可移动文物，10座国家级历史文化名镇，3条中国历史文化名街。

上海市文物局坚持文物抢救性保护与预防性保护有机结合的原则，2014年共完成20余处文物保护单位的维修及环境整治工程，确保市级以上重点文物保护单位的重大文物险情排除率达到100%。

2014年，上海市人民政府正式批复同意新增85处市级文物保护单位，上海市文物局在文化遗产日期间举行了新增85处市级文物保护单位的揭牌仪式。

（二）大遗址保护

青浦区福泉山是上海市唯一被国家文物局确定为150处大遗址之一的文物保护单位。青浦区重固镇政府高度重视福泉山遗址的保护利用工作，委托中国建筑科学研究院历史所启动了保护规划编制的立项申报工作。

【考古发掘】

（一）概况

2014年考古发掘、勘探与调查工作主要集中在全国文物保护单位广富林遗址、福泉山遗址、崧泽遗址以及近年发现的青龙镇遗址，上海水下文物埋藏区的考古扫测与探摸工作也取得重大进展。

（二）重要考古项目

1．广富林遗址发掘与钻探

广富林遗址位于松江区方松街道。2014年2～12月，在遗址建设控制地带的西部及中南部区域进行抢救性考古发掘，发掘面积约17000平方米。发现大量新石器时代至明清时期的文化遗存，清理崧泽、良渚文化时期墓地2处，约100余座墓葬。此次发掘最重要的收获是发现一处良渚文化时期人工堆筑的土台。土台面积约2000平方米，使用草包泥的方式堆筑，外围再作加固处理。

为探明广富林遗址西侧的分布范围，2014年5月，采用探铲钻探的方法对遗址进行勘探，勘探面积约10万平方米。基本确定至辰山塘西部为广富林遗址西界，为本区域下一步的文物保护方案规划提供了重要的参考资料。

2．福泉山遗址考古钻探

福泉山遗址位于青浦区重固镇。2014年4～11月，对遗址进行勘探，勘探面积约20万平方米。勘探主要集中在福泉山遗址西区和北区，基本确定了遗址的西界和南界，此外还确定了黄土台地4处，为下一阶段的考古工作和编制福泉山遗址保护专项规划提供了基础资料。

3．崧泽遗址考古发掘

崧泽遗址位于青浦区赵巷镇。自2014年10月，配合工程建设在遗址西部的油墩港西岸进行抢救性发掘，发掘面积860平方米。出土大量春秋战国时期的铜器、原始瓷器、陶器等，第一次明确发现了良渚时期的地层及遗物，丰富了遗址的文化内涵。

4．青龙镇遗址考古钻探

青龙镇遗址位于青浦区白鹤镇。自2014年10月，在塘湾村、鹤联村、杜村、杏花村和青龙村等若干自然村进行勘探，勘探面积约20万平方米。在塘湾村发现了堆积较厚的砖瓦堆积，根据砖上的文字，推测此地可能与寺庙遗迹有关，是唐宋时期的重要埋藏区，可能是当时青龙镇的中心区域。

5．上海水下文物埋藏区的考古扫测与探摸

2014年9月和11月，分别对青浦区淀山湖，金山区大、小金山水域和崇明县横沙岛水域进行了水下考古扫测和潜水探摸，收集到部分沉船或水下遗存信息。

【博物馆与可移动文物保护】

（一）博物馆

1．博物馆建设

（1）上海崧泽遗址博物馆开馆

5月18日，在青浦崧泽遗址所在地上建设的上海崧泽遗址博物馆正式对外开放。

上海崧泽遗址博物馆紧邻沪青平公路，总建筑面积3680平方米，主展厅由“发现崧泽遗址”“走进崧泽社会”“传承崧泽遗产”三部分组成，向观众集中展示了上海早期人类文化发展的历史进程。

崧泽是上海先民最早繁衍生息的乡土，是上海命名的第一个考古学文化，在博物馆的展厅里，用文物、照片、模型和场景讲述着诸多的“上海第一”。博物馆还设有互动展馆，设置了不少结合崧泽遗址文物及考古活动的互动项目。

（2）苏州河工业文明展示馆开馆

5月18日，苏州河工业文明展示馆正式对社会免费开放。

展示馆位于光复西路2690号长风生态商务区5号绿地内，为上海眼镜厂旧址。苏州河工业文明展示馆分室内、室外两大展区。室内展示总面积约900平方米，一楼为序厅，以机器场景复原、大型油画、多媒体视频等形式展示了“苏州河·前世今生”“苏州河·工业遗产”等内容；二楼为苏州河工业文明的历程展厅，分“先河——开放兴业”“摇篮——实业救国”“丰碑——工业兴邦”“涅槃——转型发展”四部分。室外展区以大型机器、场景复原等为主。两大展区互为补充和呼应，相得益彰。展示馆以历史为时间轴、以苏州河为空间轴，通过近200件实物和大量的图文资料，展现了自上海开埠至今苏州河沿线工业文明的风雨历程和辉煌成就。

（3）浦东机场博物馆开馆

6月4日，国内首家机场博物馆在上海浦东国际机场T2国际出发候机厅正式开馆。

为了让机场旅客在候机、转机时间能更好地体验中国文化、感悟艺术熏陶，营造上海城市文化氛围，上海市文化广播影视管理局和上海国际机场股份有限公司合作筹建浦东机场博物馆，通过定期举办不同方面、不同内容的专题展览，为国内外旅客提供精致可口的文化艺术大餐。

作为浦东机场博物馆的首个展览，“东风西渐——上海市历史博物馆馆藏欧洲瓷器展”于开馆当日拉开帷幕。此次展览精选了上海市历史博物馆馆藏的53件瓷器展品，从“创新和发展”以及“传播和融合”两个方面向观众讲述中西瓷艺会通的历史佳话。

2．博物馆间的交流与合作

6月6日～8月31日，“申城寻踪——上海考古大展” 在上海博物馆举行。展览由“文明之光”“城镇之路”和“古塔遗珍”三部分组成，分为“古代文明寻根溯源”和“城镇社会兴起繁荣”两大主题。展品汇集了历年上海地区出土的各时期文物精品500余件，共计接待观众近63万人次。展览期间举办了“城市与文明”国际学术研讨会。

7月7日，卢沟桥事变77周年之际，由宋庆龄陵园和武汉中山舰博物馆共同主办的“风雨沉浮百年名舰——中山舰史话暨出水精品文物特展”在宋庆龄陵园举行，展期3个月，这是中山舰出水文物首次在上海展出。武汉中山舰博物馆提供了60多件中山舰出水文物中的精品，其中包括目前全世界仅发现5尊的由孙中山挚友梅屋庄吉为孙中山奉安大典定制的半身铜像；一批经历了武汉会战，与中山舰共存亡的武器装备；一批刻有“永丰”和“中山”铭文，见证了永丰舰改名中山舰的铭章标牌和生活用品；一批由上海生产、中山舰官兵使用的，展现了当年“上海制造”辉煌历史的武器装备和生活用品。

11月28日，由上海博物馆、新疆维吾尔自治区博物馆和策勒县人民政府共同主办的“丝路梵相：新疆和田达玛沟佛教遗址出土壁画艺术展”在上海博物馆开展。展览以托普鲁克墩遗址出土的壁画为主，同时遴选其周边佛教遗址近年出土的部分壁画，共51件展品。分“佛像庄严”“如是我闻”“千年幽光”和“附部”四部分展现了于阗佛教绘画的风采。此次展览是这些千年瑰宝首次在上海展出。

11月13日，由陕西省考古研究院、宝鸡市文物旅游局、上海博物馆主办的“周野鹿鸣：宝鸡石鼓山西周贵族墓出土青铜器展”在上海博物馆开展。展览集中展示了石鼓山西周贵族墓最新出土的文物珍品，包括部分极为稀见或首次经考古发现的青铜器精品。大型龙纹禁以及与之配套的方彝、卣、斗等酒器是首次由科学考古发现的禁与酒器的组合，对认识和了解此类器物的使用和组合状况具有很高的价值。上海博物馆还借展了现藏美国大都会博物馆的棜禁以及现藏天津博物馆的龙纹禁，促成了这三件目前世所仅见的西周铜禁的首次聚首。此外，还有部分玉质、陶质文物也一并展出。

3．重要陈列展览

1～3月，上海市文物局组织全市博物馆开展陈列展览精品评选活动，共收到全市10个场馆的11个申报项目。经过专家评审，上海崧泽遗址博物馆的基本陈列展、上海汽车博物馆“珍藏馆陈列”、上海电影博物馆“谢晋诞辰90周年精品文物展”、上海科技馆“科学奇异果，多思多美味”、上海孙中山故居纪念馆“故居百载，书香犹在——孙中山藏书展”被推介参评第十二届（2014年度）全国博物馆十大陈列展览精品评选。

4月20日～5月30日，由中共一大会址纪念馆与北京新文化运动纪念馆共同主办的“新时代的先声——五四新文化运动展览”在中共一大会址纪念馆专题临时陈列展厅举行。展览分为“点燃新文化的火炬”和“吹响新时代的号角”两个部分。

6月27日～7月30日，“鲁迅精神与廉洁文化专题展”在上海鲁迅纪念馆举行，共计展出展板81块、文物10件（套）。展览分倡导（倡廉）、反对（反腐）和实践（示范）三个部分，展示鲁迅的清正为民实践，为廉洁文化建设提供了示范资源。

8月22日～10月8日，由中共上海市委宣传部、中共上海市委党史研究室和上海市文化广播影视管理局主办的“邓小平与上海改革开放——纪念邓小平诞辰110周年展览”在中共一大会址纪念馆专题临时陈列展厅展出。本次展览共展出照片资料120余件，全面反映了在邓小平指导、支持和推动下，上海在改革开放和社会主义现代化建设中所取得的伟大成就。

9月26日，由上海市文化广播影视管理局主办，上海市历史博物馆与上海市文化艺术档案馆承办的“东方红·中国梦——纪念建国65周年音乐舞蹈史诗《东方红》艺术档案展”在上海城市规划馆举行。展览首次展出近200件相关档案原件、100件复制品及400多张珍贵照片，揭示《东方红》台前幕后的故事及演出细节，展现这部红色经典舞剧诞生的全过程。

4．其他

2014年上海市民办（社会力量举办）博物馆扶持资金工作于5月正式启动，共收到64家场馆的120项申请。经过材料梳理、实地查看、专家初评、定评等环节，上海市文物局确定了2014年度扶持资金资助项目名单，并向社会公示。共有56个场馆的92个申请项目拟列入资助范围，金额共计1275.1万元。

为促进博物馆青少年教育与学校教育的有效衔接，探索构建具有均等性、广覆盖的博物馆青少年教育机制，上海市承担了国家文物局“完善博物馆青少年教育功能试点”工作。试点工作充分发挥中央地方共建国家级博物馆、国家一级博物馆的资源优势和引领带动作用，带动一批行业、民办博物馆，在青少年教育活动的设计、组织等方面形成区域合力，根据博物馆展示的内容与特点，形成一批针对性强、通用度广的博物馆教育活动，并在全市推广，取得良好成效。

为推动上海市博物馆文创产品的开发和宣传，由上海市文化广播影视管理局、上海市文物局主办，联合中华艺术宫、上海博物馆、上海玻璃博物馆等12家博物馆，举办“上海市首届博物馆文化创意产品网络展评”活动。通过开展观众喜爱的博物馆文创产品票选活动，有效促进和推动博物馆进一步深挖藏品文化内涵，拓宽博物馆文化传播的渠道。

（二）可移动文物保护

上海市扎实推进第一次全国可移动文物普查工作，着力抓好各区县及主要文物收藏单位的统筹协调，实行责任分工，严把质量控制和数据审核关。2014年主要完成了以下工作：

通过调查，上海市154家国有单位共收藏保管经国家认定的文物约135万件，物质遗存约5万件。

10月起，上海市普查办根据各区县汇总的本区县内系统外单位文物藏品清单，从上海市第一次全国可移动文物普查专家库中选取相关专家开展现场认定工作。截至12月下旬，共对17个区县的94家系统外收藏单位进行现场认定，认定文物2914件（套）。

举办上海市馆藏文物登录规范和信息采集软件系统培训班，全市各区县普查办、市级重点文物收藏单位的普查专业人员参加了培训。17个区县共举办区域内文物普查专项培训44次。

全面开展文物信息采集、登录及审核工作。上海市在可移动文物普查平台上注册的收藏单位共89家，其中41家单位已开始登录文物。青浦区烈士陵园、长宁区革命文物陈列馆、上海古猗园、嘉定区图书馆等16家国有单位已经完成全部文物的登录。文物收藏数量在1万件（套）以上的文物收藏单位，如上海博物馆、中共一大会址纪念馆、上海市历史博物馆、上海鲁迅纪念馆、陈云纪念馆、青浦区博物馆，以及上海孙中山宋庆龄文物管理委员会所属的3家文博单位等，已经建立起文物信息采集、拍摄和登录的有效机制，离线采集工作有序展开。

【社会文物管理】

2014年文物进出境审核288人次、5689件；审核文物商店旧工艺品5616件。全年举办文物拍卖会195场，成交额约20亿元；上海文物商店共销售商品7484件，金额7829万元。

【科技与信息】

上海市文物局与甘肃省文物厅和敦煌莫高窟研究院协商，拟推动数字莫高窟落地上海，用3D技术在中华艺术宫按全景、全结构1∶1复制莫高窟的某一洞窟，使不可移动文物实现跨越区域展示，让参观者足不出“沪”就能零距离触摸、感受敦煌艺术的独特魅力。此外，应用该项技术，为援疆、援藏中保护、开发、利用文物提供服务。

上海市文物保护研究中心联合上海博物馆及上海大学，继9月中旬利用水下机器人完成淀山湖水域扫测后，在第四季度继续利用该技术实施崇明横沙、金山两地相关水域的扫测和淀山湖水域的探摸。

【文博教育与培训】

上海市文物局与上海市文化人才认证中心联合举办第七期上海市文物保护工程从业人员资格培训班，聘请具有丰富经验的专家、教师讲授文物保护理论、文物保护技术以及文物保护工程实践等课程，并安排了现场实践。2014年共培训文物保护工程勘察设计、施工、监理从业人员500余人，打下了坚实的人才基础。

【文博宣传与出版】

（一）文博宣传

第38个国际博物馆日的活动主题是“博物馆藏品架起沟通的桥梁”。上海市文广影视局、上海市文物局组织全市125家博物馆于5月17～19日举办一系列活动，搭建博物馆与公众沟通互动平台，以亲民为立足点，开展了全媒体宣传普及活动，营造了全民参与国际博物馆日的氛围。

全市共有125家博物馆、纪念馆、美术馆、陈列馆等场馆于国际博物馆日活动期间免费或半价开放。5月18日，全市12个区40家博物馆加入“博物馆之夜”活动，延长开放至21时，为观众提供夜间参观体验，感受别样之美。上海三山会馆的京剧展演、上海笔墨博物馆教画扇面、钱学森图书馆“仰望星空”广场电影播放等，受到观众特别是年轻观众喜爱。掌上博物馆汇集全市博物馆数字化建设成果，推出20多家博物馆网上虚拟展厅、微信公众号和微博，公众可以随时随地了解博物馆展览、活动咨询等。首次举办的博物馆文化创意产品展评，拓展了藏品文化内涵。与上海市旅游局合作的“博物馆巴士游”，推荐离站点近、有看点的博物馆、美术馆、展览馆。上海邮政博物馆、上海电信博物馆等经典老上海博物馆路线，吸引了不少“发烧友”。5月18日恰逢全国助残日，与市残联合作启动了“百家博物馆文化助残公益行动”，鲁迅纪念馆残疾儿童课本剧展演活动、崧泽遗址博物馆盲人触摸体验文物活动等受到残疾人广泛赞誉。

国际博物馆日上海迎来了两座新馆开放。崧泽遗址博物馆展示了上海先民最早的生活足迹和上海早期人类文化发展的历史进程。苏州河工业文明展示馆以历史为时间轴、以苏州河为空间轴，展现了自上海开埠至今苏州河沿线工业文明的沧桑历程。两座新馆开馆一早就迎来了大批观众，崧泽遗址博物馆当天就接待观众8950人次。

多家民办、行业博物馆吸引了大批参观者，博物馆的接待人次创历史新高。据统计，5月18日全市接待观众最多的是上海汽车博物馆，人数高达20408人，为平日的50倍。

（二）文博出版

2014年，上海市文物局出版了“文化上海 · 品鉴”系列丛书的《上海百处名人故居品鉴》《上海百家博物馆、美术馆品鉴》和“文化上海 · 典藏”系列丛书的《上海市行业博物馆藏品精选》。

2月，经过上海市历史博物馆与上海市地方志办公室通力合作，上海市哲学社会科学规划重点课题《民国上海市通志稿》的第一册由上海古籍出版社出版发行。

【机构及人员】

上海市文化广播影视管理局（上海市文物局）所属6家机构，包括文物保护管理及科研机构1家：上海市文物保护研究中心；博物馆4家：中共一大会址纪念馆、上海市历史博物馆、上海鲁迅纪念馆、上海世博会博物馆；文物商店1家：上海文物商店。

上海市文化广播影视管理局（上海市文物局）所属事业单位人员数量共计210名，其中大专以下3241人、大专50人、大学本科95人、硕士31人、博士2人，有初级职称67人、中级职称86人、高级职称20人。

【对外交流与合作】

3月7日，由上海宋庆龄故居纪念馆、孙中山南洋纪念馆联合主办的“笃爱有缘：孙中山夫人宋庆龄”特展在新加坡晚晴园孙中山南洋纪念馆举行。特展以宋庆龄生平为线索，通过130多件珍贵的历史照片、文物和文献，完整地展示了宋庆龄波澜壮阔的一生。

3月22～30日，由上海市政府新闻办、上海市对外文化交流协会和世博会博物馆共同主办的“世博会——从上海到米兰”摄影图片展在米兰市中心的莫兰多展览馆举行。2014年是上海与米兰结为友好城市35周年纪念，同时，上海与米兰也是先后两届综合类世博会的举办地。

6月14～18日，上海鲁迅纪念馆在法国巴黎库尔芒迪什市教育文化中心举办“重返与再现——鲁迅1934年组织的中国新兴版画重返巴黎回顾展”。展览展出鲁迅收藏版画《在码头上》《怒吼吧，中国》《逆水行舟》《一个平凡的故事》等共计58件（套）。

12月2日，由上海博物馆和加尔各答印度博物馆联合举办的“圣境印象：印度佛教艺术展”在上海博物馆开展。本次展览是2014年度“中印友好交流年”的系列活动之一。展览分为“佛陀传略”“薪火相传”“梵天诸神”“佛法东渐”四大部分，系统地反映了印度佛教文化在各个历史时期的发展沿革。

江苏省

【概述】

江苏省文物局将2014年确定为“重点项目推进年”，全省文物系统深化改革、锐意进取，突出重点、攻坚克难，文物工作取得了新的成绩，积累了新的经验。江苏省文物局“创新文化遗产机构建设”工作被评为首批“法治江苏建设优秀实践案例”。

按照国家文物局、江苏省政府统一部署，深化文物领域改革。一是简政放权。对江苏省文物局原有30项行政许可事项进行梳理，取消3项，部分下放1项，加之合并项目，将行政审批事项精简到17项。二是调整优化职能机构。经江苏省编办批复，江苏省文物局在综合处内设行政审批处，集中承担行政审批职能，独立运作。

【法规建设】

积极配合国家文物局做好《中华人民共和国文物保护法（修订草案征求意见稿）》修订工作，组织全省各市各有关单位逐条研究，整理上报70多条意见建议。

镇江市印发《文物安全突发事件应急预案》，将文物保护单位纳入基层派出所治安巡查范围，实现区域内重点文博单位监管全覆盖。

【执法督察与安全保卫】

江苏省各级文物行政执法部门不断加大违法案件查办督办力度，全年查处各类违法案件38起，罚款412.05万元。省级文物保护单位徐州韩桥煤矿旧址遭破坏一案，建设单位和施工单位分别被实施50万元的行政处罚，10人被给予党纪政纪处分，3人被刑事拘留，3人被治安拘留并处罚款。无锡市级文物保护单位横山草堂被破坏案正在查处之中。江苏省文物局联合省公安厅、南京海关开展打击文物违法犯罪专项行动，破获文物刑事案件10起，抓获犯罪嫌疑人8人，摧毁涉及文物犯罪团伙3个。南京海关依法移交罚没走私文物477件，指定由南京博物院收藏。全省文物安全形势保持稳定。

继续深化江浙沪文物行政执法合作，组织人员参加江浙沪执法业务交流会，淮安市淮安区、南京市江宁区代表江苏做执法经验交流。开展全省文物行政执法案卷评查，在2014年全国文物行政处罚案卷评查活动中，江苏选送的5份案卷有4份获奖，其中“中煤建筑安装工程集团有限公司擅自在文物保护单位保护范围内进行建筑工程案”被评为“十佳案卷”。

6月30日～7月4日，江苏省文物局在淮安市淮安区举办全国文物行政执法培训班暨江苏省文物行政执法示范区现场会，集中展示十年来江苏文物行政执法工作成果。此次现场会主要面向全省各地分管文物执法的领导及业务骨干，通报表彰2012～2013年江苏省文物行政执法案卷评查获奖单位。

遴选一批有执法经验的业务骨干，组成江苏省文物行政执法讲师团在全省巡讲。加大文物普法宣传，制作江苏省文物行政执法成果展板并在全省巡展。江苏省文物局被评为省级机关“六五普法”中期先进单位，“构建文物执法创新机制”获2013～2014年江苏省政府“法制工作创新奖”。

江苏省文物局于11月开展为期一个月的“文物安全督察月”活动，侧重于全面查找各地、各部门、各单位在文物安全方面存在的问题和不足，有效解决制度缺失、监管不力、执行不到位等问题。实施方式上以地方自查、自纠、自我整改为主，江苏省文物局根据情况适时组织督察督办。

按照国家文物局要求，江苏省开展古城保护中文物违法与消防安全检查。开展“三普点”核查工作。遵照中央和省群众路线教育实践活动办公室要求，对全省文物保护单位、历史建筑中的会所进行查处。

联合江苏省消防局在泰州召开全省文物单位消防安全现场会并组织消防知识讲座。泰州市文物局与泰州消防局在全省率先签署“合作协议”，完善文物消防安全管理体制机制。

【不可移动文物保护和管理】

（一）概况

2014年，江苏不可移动文物保护与管理一方面狠抓“四有”档案和数据库建设、保护规划编制等基础工作，另一方面突出重点项目，体现江苏特色。

第七批省级以上文物保护单位保护范围和建设控制地带划定工作取得进展。江苏省第六、七批共179处全国重点文物保护单位记录档案备案工作基本完成，向国家文物局上报235套记录档案。第七批188处省级文物保护单位记录档案基本完成并入库。

大运河沿线各市不断完善监测预警和动态管理，中国明清城墙、江南水乡古镇监测平台试点工作顺利，南京明孝陵、苏州古典园林保护规划开始修编。

（二）大遗址保护

组织召开江苏大遗址保护工作推进会，传达学习国家文物局关于做好大遗址保护工作有关文件精神，总结近两年来江苏大遗址保护工作情况，研究部署下一阶段大遗址保护利用工作。无锡阖闾城遗址保护展示工程、徐州汉楚王墓群保护规划编制等已获国家文物局批准立项。无锡鸿山国家考古遗址公园顺利通过国家文物局现场评估。

（三）世界文化遗产

6月22日，在第38届世界遗产委员会上，中国大运河项目正式列入《世界遗产名录》，成为继苏州古典园林、南京明孝陵之后江苏第三处世界文化遗产。7月17日，江苏省政府在扬州召开大运河申遗工作总结会议，总结近10年来江苏大运河保护申遗工作的突出成绩，部署下一阶段大运河遗产保护管理工作。江苏省大运河保护和申遗市厅际会商小组20家成员单位相关负责人、大运河沿线8市文物行政主管部门负责人及相关专家代表参加会议。会议传达了《关于大运河江苏段保护与申遗工作的批示》，宣读了《省政府办公厅关于大运河申报世界文化遗产有关工作通报》。10月24～25日，由中国文物学会、江苏省文物局、江苏省水利厅、淮安市人民政府共同主办的中国大运河遗产保护管理论坛在淮安市举办，论坛主题为“大运河后申遗时代的遗产管理和可持续发展”。

由南京市牵头的中国明清城墙联合申遗工作取得新的进展，分别在南京和临海召开中国明清城墙联合申遗工作推进会，成立联合申遗办公室，通过《中国明清城墙申报世界文化遗产工作总体工作计划》。

无锡惠山祠堂群完成正式申遗文本及保护管理规划初稿编制。南通唐闸历史工业城镇、张家港黄泗浦遗址、太仓浏河天妃宫遗迹等项目积极申请列入中国世界文化遗产预备名单。

江南水乡古镇联合申遗工作有力推进，苏州市为联合申遗牵头城市，张家港凤凰镇、吴江震泽镇、黎里镇加入“江南水乡古镇”申遗行列。

（四）文物保护工程

江苏省现有文物保护工程资质单位153家，中高级专业人才2300余人。编制完成《江苏省文物建筑修缮技术规程（试行）》《江苏省文物保护工程质量评估指标（试行）》，加强文物保护工程资质管理和培训工作，完成江苏省文物保护技术专业委员会换届改选和发展新会员工作。

全年共受理文物保护单位保护工程和保护规划项目239项，其中全国重点文物保护单位保护项目133项。实施各类各级文物保护工程128项，竣工78项。江苏入选国家专项资金库项目总数达到199项，位居全国前列。国家、省确定的重点保护项目达200项，包括大运河遗产项目在内的一批重点文物保护工程实施完成，既保护文化遗产，又改善人居环境。

为纪念抗日战争胜利70周年，配合国家公祭活动，江苏省文物局组织召开江苏抗战文物保护利用工作座谈会。编制侵华日军南京大屠杀死难同胞丛葬地展示工程、新四军江南指挥部旧址保护规划、黄山炮台旧址修缮与环境整治工程、新四军重建军部旧址等全国重点文物保护单位保护规划及保护工程立项和方案，并获国家文物局批准立项。完成黄花塘新四军军部旧址、八十二烈士墓、抗大五分校旧址等抗战文物保护工程方案审核。

（五）其他

贯彻中央城镇化工作会议精神，保护传统文化，延续历史文脉，积极做好历史文化名城名镇名村和古村落保护工作。指导常州市、高邮市申报国家历史文化名城。苏州市吴江区黎里镇、吴中区东山镇杨湾村等8镇7村入选第六批中国历史文化名镇名村。常州市焦溪村等10个村落列入第三批中国传统村落。全年完成23项历史文化名城名镇名村保护规划审核论证，常州、高邮历史文化名城保护规划等4个规划经省政府批准实施。苏州市吴中区陆巷村、明月湾村、东村村及三山村4个项目入选国家传统村落保护工程。南京颐和公馆历史街区项目获得2014年联合国教科文组织亚太地区文化遗产保护奖。

【考古发掘】

田野考古和考古遗址公园建设扎实推进，基本建设考古发掘工作有序开展，组织实施太湖流域水环境综合治理、新沟河水利工程、连镇铁路、江苏句容抽水蓄能电站、苏州地铁三号线等重点基础设施建设工程文物保护工作。向国家文物局申报考古发掘项目63项，52项获得批准，考古发掘工作全部完成。扬州曹庄隋唐墓（隋炀帝墓）获“2013年度全国十大考古新发现”。扬州蜀冈古代城址发掘取得新突破，首次发现战国木构水涵洞，以及汉代至南宋的水窦、水关等遗迹。太仓元代木船得到科学发掘与保护。泰兴黄桥明代墓地、南京秦淮门西胡家花园建设工程工地、徐州新沂焦庄遗址、盱眙泗洲城遗址等24个考古项目通过验收。

配合国家战略，考古工作逐步向沿海及内陆水域延伸，制定上报《江苏省水下文物调查工作方案》，包括沿海和近海、内水水域、地面相关水下文物调查等内容。江苏省文物局根据国家文物局批复意见，在征求省内考古专家和国家文物局水下文化遗产保护中心意见的基础上，对方案进行深度修改，争取纳入2015年国家水下文化遗产保护计划。

【博物馆与可移动文物保护】

（一）博物馆

2014年，江苏博物馆、纪念馆事业蓬勃发展，数量继续快速增长，社会服务水平持续提升，多元化博物馆体系逐步形成，馆藏文物管理更加规范。博物馆免费开放服务不断深化，全省免费开放的博物馆、纪念馆208家，占总数的73.8%。南京博物院被授予2014年度“最具创新力博物馆”。苏州博物馆被文化部、人力资源与社会保障部评为“全国文化系统先进集体”。侵华日军南京大屠杀遇难同胞纪念馆等7处文物保护单位、纪念馆被列入第一批国家级抗战纪念设施、遗址名录。宿迁市博物馆、南京六朝博物馆、江宁织造博物馆等一批新馆建成开放。

完成全省博物馆年检和2013年度国家二、三级博物馆运行评估工作。江苏省已登记博物馆、纪念馆282家（比2013年增加12家），其中文物行政部门所属135家，非文物行政部门所属行业性国有博物馆89家，民办博物馆58家。全省33家国家二、三级博物馆参加了评估。

南京博物院在完善基本陈列的同时，全年推出25个大型专题临展，接待国内外观众250余万人次。南京静海寺纪念馆、苏州碑刻博物馆等8家博物馆实施陈列展览提升。“南都繁会·苏韵流芳——南京博物院基本陈列”“衡山仰止——吴门画派之文徵明特展”获第十一届（2013年度）全国博物馆十大陈列展览精品奖。南京博物院“多彩的生活——南京博物院藏木刻年画展”等10个项目纳入江苏省馆藏文物巡回展，全年共巡展60余场次，吸引观众120余万人次。

南通环濠河博物馆群创建国家公共文化服务示范项目通过文化部、财政部验收。无锡鸿山遗址博物馆被国家文物局列为博物馆陈列展览数字化项目试点单位。

完成国家文物局在江苏开展的“完善博物馆青少年教育功能”试点工作。在首届“中国博物馆教育项目示范案例”评选中，江苏的南京博物院、苏州博物馆、常州博物馆等4个教育项目入选。

南京博物院、苏州博物馆等3家单位被列为国家文物预防性保护工程试点项目，南京市江宁、仪征、金坛和新沂4个县级博物馆开展预防性保护试点工作基本完成，馆藏文物保护环境得到明显改善。

（二）第一次全国可移动文物普查

根据《省政府关于做好我省第一次全国可移动文物普查工作的通知》文件要求，扎实推进第一次全国可移动文物普查工作。组建江苏省普查专家指导小组并召开第一次工作会议，江苏省13个省辖市均组建文物普查专家指导小组，开展文物认定和平台信息审核工作。制作“江苏省第一次全国可移动文物普查宣传资料展”，在全省巡回展出20余场次，印发《普查工作简报》16期。

指导省新闻出版局开展新闻出版系统全国试点单位的文物普查工作，对江苏省档案局（馆）、南京图书馆等7家系统外重点文物收藏单位进行走访调研。会同江苏省教育厅召开部分驻苏高校可移动文物普查工作推进会。分别在淮安、常熟、南京等地举办全省普查文物登录规范骨干、信息登录平台骨干、普查志愿者等培训班，全省各级普查机构积极开展业务培训，全省参培人员达1000多人次。

扬州市、南京市江宁区、灌云县3个普查试点单位全面完成试点工作任务。苏州市、扬州市、灌云县、南京市江宁区博物馆率先全面完成信息采集和登录。截至2014年年底，江苏省共上传文物数据信息16万余条，位居全国前列。苏州博物馆朱恪勤、江宁区博物馆杨霖被国家文物局普查办评为“普查之星”。

【社会文物管理】

社会文物管理规范有序，文物流通市场活跃。全年共批复艺术品拍卖会文物标的审核48场，审核申请标的31134件（套），同意拍卖涉及文物标的11700件（套）。完成国家文物局组织开展的《文物拍卖许可证》年审工作，江苏23家文物拍卖企业年审合格。南京嘉信拍卖有限公司等3家文物拍卖企业获得国家文物局第一类文物拍卖许可资质。

【科技与信息】

南京博物院“纸质文物保护国家文物局重点科研基地”、东南大学“传统木构建筑营造技艺研究国家文物局重点科研基地”发挥研究、保护的作用。南京博物院“近现代纸质文献脱酸保护技术”列入文化部重点实验室，是文博系统中唯一的文化部重点实验基地。

中国传媒大学南广学院申报的“优秀传统文化传承体系及文化遗产保护和传承工作机制研究”等18个课题立项，南京博物院“江苏省彩绘类文物保护相关定额标准制定研究”等4个课题结项。江苏省文物局与南京大学签署合作共建备忘录，开展重点项目合作。

江苏省文物局委托省基础地理信息中心研发的信息管理系统基本完成。全省省级以上文物保护单位记录档案数据库建设全面完成，226处国保、583处省保记录档案实现数字化录入，文物保护单位数据库建库工作基本完成。

【文博教育与培训】

江苏省文物局全年组织各类培训8场，1000余人次参加培训。受国家文物局委托，江苏省文物局分别在扬州、句容举办全国考古领队初任培训班和田野考古高级研修班。10月14日，由国家文物局主办、江苏省文物局承办的2014年度全国民办博物馆馆长培训班在无锡开班，来自全国20余个省份的40余名民办博物馆馆长或副馆长参加培训。

11月29日，由国家文物局指导，中国文物交流协会、台湾沈春池文教基金会、江苏省文物局联合举办的第六届海峡两岸文化遗产保护论坛在苏州成功举办。

【文博宣传与出版】

“4·18”国际古迹遗址日，江苏省文物局围绕“纪念性建筑”主题，对革命老区盐城、阜宁开展抗战文物保护与利用的调研。

5月18日，由国家文物局、江苏省政府共同主办的第38个“国际博物馆日”中国主会场活动在南京博物院举行，主题为“博物馆藏品架起沟通的桥梁”。有关陈列展览、学术研讨、公众互动、电视特别节目和文化助残等270多项活动同时在各文博场馆举办。

6月14日，江苏省文物局、无锡市政府联合在无锡惠山古镇举行文化遗产日活动，推动无锡惠山祠堂群保护与申遗工作。全省各文博单位采取多种形式开展宣传。

南京市利用青奥会契机组织倒计时30天暨“环城七十里”青春秀、“触摸南京——古城墙探秘”等系列主题活动，近20万市民和游客登上明城墙，感受历史文脉，参与文物保护。

创刊《江苏文物》（季刊），出版《江苏博物馆》《江苏省文博优秀论文集2014》《实践中的法治——江苏省文物法治实践优秀案例集萃》，此外，《江苏省县级博物馆展览展示与服务水平提升工程汇编》《江苏考古（2012～2013）》《江苏省博物馆馆长论文汇编》以及《江苏省志·文化遗产志》（初稿）等编纂工作已完成。

【机构及人员】

江苏省现有文博专业副高级以上职称人员442名，其中文物系统325名。2014年，南京市白宁、连云港市高伟、淮安市孙玉军、镇江市孙志军等获“全国文化系统先进工作者”称号。

【对外交流与合作】

江苏省文物局与斯里兰卡开展文化遗产保护交流活动，对斯里兰卡国家博物馆收藏的郑和碑实施保护。中美博物馆高层论坛在南京博物院举办。江苏省文物局组织“七宝瑞光——中国南方佛教文物展”“南京瑰宝”“六朝文物展”等14个进出境展览项目。

【其他】

4月10～11日，由国家文物局主办、无锡市政府和江苏省文物局承办的2014年中国文化遗产保护无锡论坛在国家历史文化名城无锡举办，全国人大、国务院法制办、中南财经政法大学、中国政法大学等方面专家学者出席。本次论坛主题为“文物事业与法制建设”，首次在全国范围内开展文物法制建设大讨论，标志着文物保护工作进入全面推进法制建设新阶段。

10月29～30日，江苏省文物局在徐州市召开全省文物安全综合管理实验区试点单位现场会，5家试点单位（镇江市、淮安市淮安区两个片区和徐州博物馆、南京市太平天国历史博物馆、镇江博物馆3家单位）以及部分市县行政机关、博物馆有关人员约40人参加会议。镇江市文物局、淮安区文物局、南京市太平天国历史博物馆、镇江博物馆分别汇报交流试点工作进展情况，江苏省文物局有关人员介绍全省文物安全综合管理实验区建设工作计划和目标内容。会议还讨论《江苏省文物安全综合管理实验区建设标准（初稿）》。

12月1～3日，国家文物局督察组一行6人来江苏开展2014年重点工作专项督察。督察组成员由文物保护与考古司、博物馆与社会文物司、督察司、局办公室有关负责人组成，督察重点包括重点文物保护工程和国家重点文物保护专项补助资金使用情况、古城保护中文物违法与消防安全督察情况、第一次全国可移动文物普查工作进展情况、第七批全国重点文物保护单位“四有”工作完成情况等。

浙江省

【概述】

2014年，浙江省围绕建设文物强省目标，紧扣“十二五”规划目标任务，推进“一普”、申遗等重点工作，文物系统改革有突破，文物安全及执法监察得到加强，考古等保护工作取得成效，文物合理利用有新手段，博物馆建设与管理实现提升，社会文物管理有新动作，文物保护科技拥有新成果，文物事业影响力实现继续提升。

【法规建设】

2014年，舟山市出台《水下文物保护管理办法》和《不可移动文物修缮保护补助办法（暂行）》，丽水市出台《民办博物馆设立和终止实施细则（试行）》。

【执法督察与安全保卫】

经努力争取，浙江省财政设立每年3000万元的全省文物平安工程专项资金，实施期限暂定3年。正式启动文物平安工程，编制了今后3年文保单位安防、消防和防雷工作计划，初步形成文物平安工程项目库。文物安防项目申报及工程建设业绩不俗，建德市新叶村乡土建筑等6处成功列入“全国文物消防安全百项工程”，平阳县顺溪古建筑群被列为全国文物消防安全专项规划编制试点单位。审核批准中国茶叶博物馆提升改造等安防工程方案11项，杭州章太炎纪念馆等5项安防工程竣工验收。

文物行政执法巡查工作不断加强，各级文物监察机构全年出动23373人次，检查文博单位11783家次，督察文物违法案件36起。积极开展古城保护中的文物违法与消防安全专项督察、管辖海域内文化遗产联合执法、全省文物执法交叉检查等活动。成功破获安吉龙山越国贵族墓群内的八亩墩盗掘案、庆元胡纮墓被盗案等重大文物违法案件，绍兴市成功摧毁了特大盗掘古墓、盗卖文物犯罪团伙。

努力提升文物行政执法工作水平，完成“天地一体”系统框架编制。在2014年度全国文物行政处罚案卷评查活动中，浙江省2个案卷入选“十佳案卷”、3个案卷入选“优秀案卷”，浙江省文物局荣获“优秀组织单位奖”。9月8～12日，2014年度全国文物行政执法人员（浙江片区）培训班在湖州举办。

2014年文物部门共受理涉案文物鉴定68起，鉴定涉案物品1744件（套），确认一级文物2件、二级文物15件（套）、三级文物115件，此外一般文物1370件、非文物231件、待定11件；现场勘察认定被盗掘古墓葬、古文化遗址不可移动文物209处（座），其中具有比较重要历史、艺术、科学价值的6处，不确定的5处。庆元胡紘墓葬被盗案和绍兴史上最大盗墓案“4·8”专案影响较大。

【不可移动文物的保护和管理】

（一）概况

截至2014年年底，浙江省共有世界文化遗产2处，全国重点文物保护单位231处，省级文物保护单位624处。大运河（浙江段）成为继杭州西湖文化景观之后浙江省第二处世界文化遗产。全年省级财政补助各地不可移动文物保护（含宗祠保护）资金达5550万元。文保单位“四有”及保护规划编制工作扎实推进，提请省政府调整、公布文保单位保护范围和建设控制地带117处，审查、审批省级以上文保单位建设控制地带内建设项目14项。

（二）大遗址保护

浙江省文物局配合国家文物局开展国家考古遗址公园评估，上报良渚国家考古遗址公园评估资料并接受专家组现场评估。大窑龙泉窑省级考古遗址公园总体规划编制完成并组织省级论证。

（三）全国重点文物保护单位

受国家文物局委托，浙江省开展全国重点文物保护单位保护方案审查与批准，累计审查、上报全国重点文物保护单位保护工程立项申请27项，审批或向国家文物局上报全国重点文物保护单位保护维修方案20余项，并加强文保工程的中期管理整改和竣工验收。飞来峰造像二期保护工程入围“首届（2013年度）全国十佳文物保护工程评选”终评。

浙江省开展国保单位保护规划编制必要性评估，排定任务表，重点组织了对建德新叶村乡土建筑等全国重点文物保护单位保护规划的论证。全国重点文物保护单位诸葛、长乐村民居保护规划上报国家文物局审查，功臣塔及功臣寺遗址等保护规划通过审查并提请省政府批准公布。同时，文物部门对杭州六和塔、临安城遗址等一批全国重点文物保护单位保护范围、建设控制地带内建设项目方案进行审查论证，审查并向国家文物局上报涉及全国重点文物保护单位建设控制地带的建设项目8项。

（四）世界文化遗产

浙江省完成了大运河相关申遗材料的增补、说明，参加大运河保护和申遗省部际会商小组第五次会议，配合做好相关配套工作，召开了全省大运河申遗工作情况通报会，统筹全省开展大运河申遗宣传。中国大运河项目列入《世界遗产名录》，浙江省有了第二处世界文化遗产，涉及5个设区市和18个县（市、区）。

良渚古城遗址申遗各项前期工作有序推进。良渚古城遗址保护工作专家咨询会对良渚古城遗址价值和申遗可行性进行了评估。文物部门协助浙江省政府完成浙江省良渚遗址申报世界文化遗产工作领导小组的组建，明确了成员单位工作职责，筹备领导小组第一次会议，并根据国家文物局《世界文化遗产申报工作规程（试行）》完成良渚遗址申报世界文化遗产正式项目材料上报。保护展示整治方案完成初审、立项、上报并获国家文物局批复。9月2日，中国世界文化遗产预备名单遗产地联盟成立大会在良渚举行，并选举产生了第一届理事会，达成了《中国世界文化遗产预备名单遗产地联盟良渚共识》。

为加强保护管理，文物部门在指导继续做好杭州西湖文化景观保护管理与监测的同时，着力抓好已列入《中国世界文化遗产预备名单》项目的研究、保护与管理。推进江南水乡古镇、中国明清城墙联合申遗。慈溪、龙泉、上虞等地开展青瓷窑遗址申遗的前期研究、保护等基础工作。

（五）其他

2014年，浙江省新增文物保护工程勘察设计甲级单位2家，施工一级单位1家。浙江省文物局审查并向国家文物局上报甲级、一级资质单位申请6家，新增授予资质单位14家，提升资质等级12家，完成特定范围文物保护工程施工一级资质、文物保护工程专业人员证书和培训申报的审核上报，完成2013年度文物保护工程资质单位年检。

浙江省继续推进建德新叶村国家文物局古村落保护利用综合试点项目相关工作，启动、实施了全省国保和省保单位集中成片传统村落的保护利用工作；完成了相关调研、数据填报以及建德新叶、诸暨斯宅、永嘉芙蓉等列入首批项目的总体方案的编制、上报；召开了全省国保、省保单位集中成片传统村落保护利用工作会议，明确了今后3年的总体安排；完成了实施方案制定、专家组组建及部分传统村落保护项目的督促指导、技术方案审核等工作。松阳县酉田村被选定为浙江省文物局重点扶持的历史文化村落保护利用示范项目。“浙江省古村落综合保护利用调研——以浙江省建德新叶村为例”“浙江省传统民居类文物建筑再利用研究”等调研课题完成，浙江省传统民居类文物建筑保护利用导则、图则编制启动并基本完成。

文物部门协助、指导国家历史文化名城申报，协同完成对丽水、平阳申报省级历史文化名城的实地考评，并将审查意见上报浙江省政府。湖州被列为国家历史文化名城，丽水被浙江省政府列为省历史文化名城。浙江省4个镇和14个村入选第六批中国历史文化名镇（村）名单，全省总数达48个，居全国首位。根据部署完成中国历史文化街区申报的审核上报，启动了第五批省历史文化街区、名镇名村申报。

【考古发掘】

（一）概况

浙江省文物部门全年组织实施考古调查、勘探、发掘项目38项，其中龙游荷花山早期新石器时代遗址、余杭良渚官井头新石器时代遗址入围“2013年度全国十大考古新发现”终评；国家水下文化遗产保护宁波基地全面建成，象山渔山“小白礁Ⅰ号”清代沉船完成水下考古发掘并启动船体保护修复项目。

（二）重要考古项目

1. 临安市横街村西坟山遗址

2013年10月～2014年1月，杭州市文物考古研究所会同临安市文物馆对临安市锦城街道横街村的西坟山遗址进行考古发掘，面积1150平方米。遗址跨越良渚、商周、六朝、宋元、明清时期，共发现遗迹现象9处，出土文物749件，陶、瓷器残片与石质品近万件，对研究临安地区历史具有重要意义。

2. 长兴县紫金山遗址

2013年11月～2014年6月，浙江省文物考古研究所、长兴县博物馆对长兴县白岘乡五通山行政村西岗自然村紫金山遗址进行发掘，共布方约650平方米，出土石标本1000余件，其中石制品约500件。经北京大学城市与环境学院采用光释光技术测定，紫金山遗址的年代距今约16万年，处在旧石器时代中期早段。该遗址的发现完善了浙江旧石器时代的年代框架，对于研究浙江旧石器时代中期阶段的文化面貌和人地关系具有重要价值，对研究现代人的起源、演进和迁徙也有重要意义。

3．安吉县三官黄泥岗古墓葬

1～10月，浙江省文物考古研究所、安吉县博物馆对位于安吉县递铺镇的黄泥岗遗址进行了发掘，面积近4000平方米，共发掘土墩遗存13座，清理春秋战国至明清时期墓葬75座，窑炉遗迹14座，出土陶器及铁器、铜器、铜钱等随葬器物近500件。其中东汉时期墓葬65座，均为长方形土坑墓。此次发掘为研究浙江北部秦汉时期墓葬形制以及浙江地区丧葬历史习俗提供了较丰富的资料。

4．绍兴市柯桥区平水四丰将台山汉六朝墓

2～5月，浙江省文物考古研究所与柯桥区文保所联合对绍兴市柯桥区平水镇四丰村裘家岭自然村西南的将台山墓地进行抢救性考古发掘，共清理墓葬36座，其中汉代土坑墓4座、汉六朝砖室墓31座、唐墓1座，并有两处集中分布，可能分属同一家族。近年来，浙北地区湖州杨家埠、安吉上马山、长兴夏家庙发现的大量家族墓地位于人工营建土台或先秦土墩里，而绍兴平水将台山墓地的家族茔地位于自然山坡，为浙江两汉时期的葬俗、分区研究提供了新资料。

5．海宁市酒地上遗址

2～7月，浙江省文物考古研究所在2013年的基础上对海宁双喜村酒地上遗址继续进行发掘，发掘面积1800平方米，共清理崧泽文化与良渚文化墓葬32座、灰坑5座、水井8口、建筑遗迹4处（其中1处初步判断为房址）。遗址主体为崧泽文化晚期至良渚文化早期，为研究崧泽文化向良渚文化的转变及这一时期的聚落形态提供了重要资料。

6．杭州市余杭区张家墩遗址

2～10月，浙江省文物考古研究所继续对杭州市余杭区张家墩遗址进行发掘，揭露面积3200平方米，共清理马家浜文化建筑遗迹10处、灰坑9个、灰沟3条，崧泽文化墓葬2座，良渚文化墓葬5座、灰坑21个，战国墓葬1座，唐代窑址1座，唐宋时期水井1口。张家墩遗址发现于2007年，主要为马家浜文化和良渚文化堆积。发掘证明，自马家浜文化时期起古代先民就已在良渚遗址群南侧大雄山丘陵一带栖居并传承壮大，最终为良渚遗址群的兴起奠定了基础。

7．庆元县胡紘墓

4月，浙江省文物考古研究所、庆元县文物管理委员会办公室对发现并确认的南宋时期胡紘墓进行发掘。墓葬为长方形砖砌墓室，有瓷器、铜镜、水晶、金银器、铜钱等随葬品以及墓志。墓葬墓室保存完好，随葬品丰富，许多器物质量高且极为少见，对研究南宋中期墓葬结构、随葬品组合及南宋时期浙江礼制变化等具有重要意义。墓葬出土的龙泉窑瓷器量多质精并伴有墓葬纪年，是龙泉窑断代的重要标准器物。

8．临安市横街村西坟山墓群

4～6月，杭州市文物考古研究所会同临安市文物馆对临安市横街村西坟山墓群进行了考古发掘，共清理六朝、宋元、明清时期的古墓葬43座，出土随葬品107件。“刀”字形三国时期砖室墓及出土的“卜”字形铁戟在临安属首次发现；南宋洪起畏夫妇合葬墓构筑精致，规模宏大，墓志记载内容丰富，对研究南宋晚期历史具有重要作用。

9．宁波市海曙区月湖西区二期建设地块

4～10月，宁波市文物考古研究所对海曙区月湖西区二期建设地块进行考古发掘，面积约1300平方米，共清理东汉土坑墓葬1座，南宋建筑基址1处，清代房址2座、水井4口、砖室墓葬17座。其中东汉墓葬与南宋建筑基址均为宁波城市考古新发现，为研究宁波城市发展史提供了新的实物资料。

10．象山县“小白礁Ⅰ号”清代沉船

“小白礁Ⅰ号”沉船遗址位于宁波市象山县海域小白礁畔水下，是沉没于清道光年间的木质商船，2008年发现。2014年5～7月，宁波市文物考古研究所与国家文物局水下文化遗产保护中心合作完成船体水下发掘，清理面积300余平方米。发掘厘清了现存船体情况，出水船体构件244块、船载文物145件，另有宁波鄞州特产石板材306块，出水文物（含石板材）总量达到1050件。

11．慈溪市潮塘江元代沉船

6～7月，宁波市文物考古研究所对慈溪市宗汉街道新华村的潮塘江元代沉船进行发掘，面积约120平方米。发掘厘清了沉船船体情况（除首尾已残外，其余部分皆保存较好），发现了少量船员生活用品，还出土了一枚黏在船板上的北宋徽宗崇宁年间的铜钱，可能是船主用于避邪的压胜钱。

12．杭州市拱墅区八卦墩墓地

5～10月，杭州市文物考古研究所对拱墅区半山街道的八卦墩遗址进行发掘，面积约1800平方米，共发现良渚文化时期至汉六朝时期的各类遗迹64处，出土陶、瓷、石、玉、铜、铁类器物数百件（套）。此次发掘再次证明半山地区是春秋战国、汉六朝时期先民生活的重要场所。

13．长兴县云峰古墓

5～12月，浙江省文物考古研究所对长兴县泗安镇云峰村一处古墓地进行配合性发掘，面积1200平方米，发现北宋晚期墓葬1座、南宋中期大型墓葬1座及其墓园、明代晚期墓葬1座。古墓主体为南宋中期墓葬和墓园，占地面积2000余平方米。墓葬为方形石板椁砖室双穴合葬墓，已被多次盗扰。根据出土墓志石碑记载，该墓为韩杕和妻东平郡主合葬墓。韩杕为韩世忠之孙，韩彦直仲子，东平郡主为永王之女。墓园有拜台和墓祠，拜台有残留迹象，墓祠主体建筑已毁。墓园中发现石像生，并发掘出土大量南宋时期砖模建筑构件。韩杕和东平郡主合葬墓与墓园的发掘，为研究浙江北部南宋墓葬形制提供了重要材料，也为研究南宋时期古代建筑及建筑构件提供了实物资料。

14．德清县胡堂庙窑址

6～9月，浙江省文物考古研究所与德清县博物馆联合对德清县胡堂庙区域文化遗存进行发掘，面积约1000平方米，共发现先秦时期遗迹2处、汉至清代砖室墓20座、宋代建筑遗迹1处。胡堂庙区域遗存丰富，遗迹单元较为复杂，为深入研究德清地区社会发展、丧葬习俗提供了新的考古学资料。

15．杭州市平安里吴越捍海塘遗址

6～11月，杭州市文物考古研究所对原江城文化宫地库进行考古发掘，发现了吴越王钱镠兴建的捍海塘遗址。发掘揭露面积约450平方米，深度约7米，首次较为完整直观地揭示了吴越捍海塘遗址的主体结构形制、修建工序、工程做法，尤其是首次发现了柴草加固的海塘工程做法。五代吴越国捍海塘遗址是我国迄今发现并保存最早的海塘实物，对研究唐五代土木工程技术和海塘修筑技术具有重要价值，作为历史地理坐标对研究杭州古代城市发展史也有重要意义。

16．海宁市姚家浜遗址

7～10月，浙江省文物考古研究所会同海宁市博物馆对海宁市海昌街道勤民村的部分姚家浜遗址进行了发掘，面积800平方米，发现良渚文化时期台地2处、墓葬3座、灰坑5个、灰沟1条、烧土堆积1处、石块堆积1处，商周时期灰坑5个，唐宋时期灰沟1条，还发现少量崧泽文化晚期和马桥文化遗物。海宁姚家浜遗址的发掘获取了一批良渚文化晚期新资料，为浙北地区聚落考古研究提供了新线索。

17．建德市梅城镇严州古城墙遗址

7～12月，杭州市文物考古研究所对位于建德市梅城镇的严州古城墙遗址进行发掘，揭露了城南西路22号前至小南门段城墙。城墙主体部分蜿蜒曲折，两壁包砌砖石，内芯以掺有细小石块及瓦砾的灰黄色土夯筑而成，局部填有较多碎砖块。城墙南侧发现道路及房屋遗迹。严州是唐代以来江南重要州府之一，唐、宋、明各代建城历史沿革有序，明清城址格局清晰，体现了典型的南方山水城市特色，是我国城市发展史上的实物见证之一，具有重要历史价值。

18．湖州市南浔区庙头角遗址

8～11月，浙江省文物考古研究所和湖州市文物保护管理所联合对湖州市南浔区千金镇东驿达村庙头角自然村西部的庙头角遗址进行抢救性发掘，发掘面积近1500平方米，共出土文物200多件。其中一座良渚文化墓葬中出土的一件保存较好的骨匕与河姆渡文化中较多见的同类器物有明显传承关系；商周时期文化层出土的一件基本完整的泥质灰陶鬲在长江下游以南地区非常少见；自史前至不同历史时期的动植物等遗存直观反映了南方地区先民的部分日常生活内容。庙头角遗址的发掘，表明湖州东南部一带的杭嘉湖平原腹地至少在距今5000年前就开始了稳定和持续的社会文化发展过程，并构成了中国东南文化圈的重要组成部分。

19．义乌市桥头遗址

9～12月，浙江省文物考古研究所对义乌市桥头遗址进行发掘，面积520平方米，清理晚期灰坑22座、墓葬23座，上山文化时期灰坑34座、石块和石器堆积1处，发现上山文化晚期台地型聚落遗址1处。发掘对研究上山文化时期古人类的生活居住模式具有重要意义。

20．庆元县黄坛窑址

10～11月，浙江省文物考古研究所与庆元县文管会联合对庆元县黄坛窑址进行发掘，面积195平方米，清理唐代残窑底1座和灰坑1处，获得了较为完整的唐代窑业堆积，出土大量瓷片和窑具标本。通过发掘对窑址产品种类及生产情况有了较为清晰的认识，出土的少量匣钵突破了对黄坛窑址生产技术的原有认识，多角罐产品的发现为该类产品产地指明了方向，出土的大量标本为研究、比较同时期周边地区窑址提供了丰富资料。

21.良渚古城遗址

2014年，浙江省文物考古研究所对良渚古城遗址的莫角山遗址进行了较大规模的勘探和发掘，对塘山遗址河中村段进行了勘探，并对城外西北部的水利系统进行了系统调查。基本确认了环绕大莫角山的石头围墙，发现了多处石头墙基、石头路面、石磡等遗迹；基本完成了塘山河中村约70万平方米的勘探，对塘山的双层结构、堆筑过程等有了初步了解。对良渚古城西北部水利系统的系统调查显示，水坝遗址距今4800～5000年。

【博物馆与可移动文物保护】

（一）博物馆

2014年，浙江省积极推进博物馆建设，宁波港口博物馆、安吉吴昌硕纪念馆等一批新馆建成开放，浙江省博物馆漆器艺术馆开馆，宁波博物馆被授予“2014年全国最具创新力博物馆”称号。在2013年度博物馆年检工作中，浙江省通过年检的博物馆总数达270家，提前达到《浙江省文物博物馆事业发展“十二五”规划》提出的“‘十二五’期末全省通过年检的博物馆总数超过260座”的目标。

浙江省组织开展首次全省国家二、三级博物馆运行评估工作，形成并上报了《浙江省2013年度国家二、三级博物馆运行评估工作报告》。

为指导并推动博物馆理事会制度的探索，浙江省首个博物馆理事会——嘉兴博物馆理事会于11月成立，标志全省博物馆法人治理结构试点工作迈出第一步。此外，浙江省文物局还组织举办了全省博物馆馆长培训班。

为深化博物馆免费开放，提升博物馆公共文化服务能力，浙江省开展第二届全省博物馆免费开放最佳做法推介活动，研究制定了《博物馆陈列展览精品项目评选规则（试行）》和相应申报材料格式文本，组织开展了第八届（2013年度）全省博物馆陈列展览精品项目申报评选。中国丝绸博物馆“天蚕灵机——中国蚕桑丝织技艺非物质文化展”等10个展览被评为精品奖，湖州博物馆“明清古典家具陈列”等8个展览被评为优秀奖。

为促进馆际间文物藏品资源的整合共享，浙江省召开博物馆陈列展览交流信息平台建设座谈会，进一步加强博物馆展览交流信息平台建设，充分发挥各博物馆藏品资源特色与优势，促进博物馆之间的资源整合共享。

浙江省文物主管部门组织全省文博系统组团参加第九届中国（义乌）文化产品交易会，主动接轨市场，展示、宣传全省博物馆研发的衍生产品，促进文化产品创意设计信息交流。同时组织全省80多位博物馆馆长、设区市文物行政部门分管领导考察观摩义乌文交会，学习先进经验，转变博物馆事业发展理念，提升博物馆文化衍生品开发水平。

浙江省承担国家文物局完善博物馆青少年教育功能试点工作，组织、委托浙江自然博物馆牵头，浙江省博物馆、杭州博物馆等8家博物馆参与，联合杭州市文明办、杭州园林文物局、杭州市教育局等单位共同开展完善博物馆青少年教育功能试点工作，完善中小学生参观利用博物馆的长效机制。

为积极引导民办博物馆发展，提升办馆水平，浙江省组织召开全省国有博物馆对口帮扶民办博物馆试点工作经验交流会，出台《2014年度国有博物馆对口帮扶民办博物馆工作实施意见》，确定第二批国有博物馆对口帮扶民办博物馆11对，举办全省首次民办博物馆馆长培训班。

（二）第一次全国可移动文物普查

为积极做好全省第一次全国可移动文物普查工作，浙江省8月召开全省普查工作会议，同时与浙江省财政厅联合开展普查经费保障专项督察，确保普查经费到位。截至2014年年底，全省各级普查办均已落实普查经费总额为3645万元，市县落实比例位居全国前列。各级普查办全面启动系统外国有单位文物认定工作，完成761家单位中706家的认定，完成比例92.8%；共认定文物（含自然类藏品）17万余件（套），超过了国家文物局10万件（套）的预定目标。同时，浙江省全面开展文物信息采集登录工作，在全国可移动文物信息登录平台上登录藏品总数171875件（套），实际数量318319件；还完成了文物调查及数据库管理系统建设项目文物数据的批量转换。

根据普查实际需要，浙江省积极开展全省业务培训，保证普查工作质量。浙江省普查办共举办文物认定培训班1期、文物影像信息采集培训班2期、信息登录平台培训班3期，总计培训人员约600人次。

2014年，浙江省大力开展普查宣传，全年印发普查工作简报7期；建成并开通省普查网络信息平台，做好全国可移动文物公众网浙江地方频道的维护更新；连续两个月在杭州公交移动电视等媒体上投放普查宣传片，收视人群达千万人次；在中共浙江省委主管主办的《今日浙江》半月刊开展专题宣传，为“一普”工作营造了良好氛围。

【社会文物管理】

2014年，浙江省共办理文物出境许可6批次、85件，文物临时进境登记6批次、64件；旧家具及复仿制品出境审核52批次、17692件；审核查验浙江省博物馆赴日本“十里红妆展”展品71件及中国茶叶博物馆赴摩洛哥“斗品团香——中摩茶文化展”临时出境复进境文物。

文物部门分别对宁波博物馆、杭州工艺美术博物馆、杭州西湖博物馆、桐乡钱旭洲钱币艺术博物馆、余姚博物馆、港口博物馆（筹）等单位的61250件各类文物进行了馆藏文物定级，确认一级文物13件、二级文物51件、三级文物792件；还对浙江省博物馆、中国茶叶博物馆、杭州博物馆等十余家国有文物收藏单位的待征集文物开展初鉴，初步查明34批次、993件（套）。

履行社会文物管理职能，做好文物拍卖等市场监管工作。组织开展2012～2013年《文物拍卖许可证》年审工作，并督促未通过年审企业进行整改；做好2014年度文物拍卖企业第一类文物拍卖经营资质申请审核上报工作，新增第一类文物拍卖资质企业1家，新增文物拍卖企业3家。全年审核文物拍卖经营活动55场，审核文物拍卖标的40889件（套），撤拍56件（套），年交易额超过30亿。全年审核、新增文物商店2家。西泠印社艺术品鉴定评估中心被国家文物局确定为民间收藏文物鉴定试点。浙江省文物鉴定委员会换届并召开省文物鉴定委员会换届大会暨委员会年会，组成了第六届浙江省文物鉴定委员会，制定、印发了《浙江省文物鉴定委员会管理规定》。

【科技与信息】

浙江省联合相关企业推进浙江省文物保护传承专用设备产业技术联盟工作，依托联盟行业优势开展文物保护专用设备研发；推进文化遗产保护科技创新联盟（浙江）建设，组织召开文化遗产保护科技创新联盟理事会会议，选举产生了新一届理事会，成立了由19名专家组成的创新联盟学术委员会，提出了打造文物保护科技工作升级版的主要思路。

推进国家科技支撑计划项目及课题的实施，完成国家2014年度行业标准修订计划项目申报，协同省经信委做好2013年国家文物保护装备产业化及应用示范项目申报（其中馆藏文物保存环境监测系统项目立项）；完成2013年度省文物保护科技项目申报与评审，17个项目通过初评和答辩。国家科技支撑计划项目——文化遗产数字化公共服务平台与产业化应用项目的研究成果、浙江省文物保护科技项目糯米灰浆的传统工艺科学化的研究成果、丝肽—氨基酸的脆弱丝织品接枝加固技术及无损检测分析技术研究成果、浙江省科技厅重大专项大型饱水木质文物冷冻干燥脱水技术研究成果等一批文物保护科技项目成果得到应用并取得良好成效。

文物科技援藏、援疆工作进一步开展，浙江省文物局深化与新疆文物局、浙江大学、塔里木大学的文物保护科技合作，组织中国丝绸博物馆参加国家文物局重点科研基地西藏联合工作站组建工作。

【文博教育与培训】

8月9～11日，浙江省文物局主办、浙江省文物考古研究所承办的2014年度全省文物保护单位“四有”培训班在杭州举办，来自全省各地的69名文物业务人员参加了培训。

8月18～22日，浙江省文物局主办、浙江省文物考古研究所承办的2014年度浙江省文物保护管理工作培训班在杭州举办，全省各市、县（市、区）文物管理部门的主要负责人、业务骨干40余人参加了培训。

12月22～30日，浙江省文物局主办，浙江省文物考古研究所、浙江省考古学会承办的浙江省第五期文物保护工程从业人员上岗培训班在杭州举办，全省文物保护工程勘察设计、施工、监理单位的160余名主要专业技术人员参加了培训。

【文博宣传与出版】

浙江省积极拓展文物宣传工作平台，推动良渚遗址成为省委党校干部任职培训现场教学点，并积极开展现场教学活动，使教学点逐步成为面向各级干部宣传文物工作的重要窗口；认真做好文化遗产日等宣传，与丽水市政府合作举办了2014文化遗产日浙江主场城市（丽水）活动，收到了良好成效；积极主办、承办重大学术会议论坛，举办了首届“水下考古·宁波论坛”、博物馆发展现状和未来使命学术研讨会等一系列学术研讨会，不断扩大浙江文物工作的影响力。联盟成员浙江大学在《科技日报》上刊登介绍专版，推广了创新联盟的影响。

浙江省博物馆除配合展览推出图录16种之外，还编辑出版了《中国古代制瓷技术对外传播及影响国际学术研讨会论文集》《中国博物馆协会博物馆学专业委员会“博物馆建筑与功能”学术研讨会论文集》《中国博物馆协会博物馆学专业委员会“博物馆与教育”学术研讨会论文集》《竹伴愿堂百回春——纪念郦承铨先生诞辰110周年》《浙江省博物馆出版图书总汇（1929～2013）》。浙江自然博物馆承办的第五届“恐龙蛋与恐龙宝宝”国际学术研讨会论文专集由英国国际古生物杂志出版，还主编或参编出版了《湿地环境教育手册》《恐龙蛋诞恐龙》等专著（图册）11册。浙江省文物考古研究所完成考古报告6部，其中《浙北崧泽文化考古报告集》《钱山漾》《塔山》3部考古报告已出版；《夏商原始瓷略论稿》及《原始瓷起源研究论文集》《浙江省文物考古研究所学刊（第十辑）》均已交付出版；《浙北崧泽文化图录》《钱山漾与广富林》2部图录已出版。

【机构及人员】

2014年，浙江省共有各类文物机构347家，比2013年增加1家；从业人员7040人，比2013年增加465人。其中文物保护管理机构93家，从业人员1839人；博物馆机构187家（含部分文物系统外博物馆），从业人员4010人；文物商店9家，从业人员85人；文物科研机构5家，从业人员155人；其他文物机构53家，从业人员951人。按隶属关系划分，省级文物机构从业人员590人，地市级文物机构从业人员2960人，县市区级文物机构从业人员3490人。

在各类文物机构从业人员中，高级职称494人（其中文物保护管理机构125人、博物馆311人、文物科研机构42人、其他文物机构15人、文物商店1人），较2013年增加26人；中级职称856人（其中文物保护管理机构235人、博物馆568人、文物商店11人、文物科研机构20人、其他文物机构22人），较2013年增加56人。

【对外交流与合作】

1月22日～4月20日，“曙光时代——意大利的伊特鲁里亚文明”特别展在浙江省博物馆举办。

4月10日，为庆祝中国和巴林建交25周年，“丝国之路——中国丝绸艺术的历史和时尚”展在巴林开幕，揭开中阿丝绸之路文化之旅“中国文化周”的序幕。

4月16～20日，“文化遗产与公众参与”国际培训班在宁波举行。

7月3日，“法国卡玛格湿地自然保护区风采展”在杭州举行。

10月24日，中日合作考古项目“浙江史前动植物遗存研究”成果报告会在杭州举行。

10月31日，第九届国际绞缬染织研讨会在杭州开幕。

11月16～17日，第五届跨湖桥国际学术研讨会召开。

11月8日，“超越历史和物质——中国当代丝绸艺术展”在曼谷开幕，这也是“2014泰国·美丽浙江文化节”项目之一。

安徽省

【概述】

2014年，安徽省各级文物部门和文博单位认真贯彻落实习近平总书记系列重要讲话精神和全国文物局长会议精神，坚持文物工作方针，稳中求进、改革创新，以文物保护项目推进年、博物馆公共服务提升年、文物安全保障年为抓手，抓主抓重，攻坚克难，各项工作实现新突破、取得新成效。

【执法督察与安全保卫】

文博单位安全隐患排查整治取得实效。根据国家文物局等上级管理部门的部署，2014年开展了“加强文物消防工作、排查安全隐患专项检查”“文物消防安全隐患排查整改专项行动”“加强博物馆安全管理工作专项检查”“古城保护与消防安全专项督察”等活动，各级文物行政管理部门结合本地实际，认真开展隐患排查、整治工作。

文博单位安全技术防范工程达标建设稳步推进。2014年完成了芜湖市博物馆、南陵县博物馆、马鞍山市博物馆、绩溪县博物馆等单位安全防范项目建设，并已顺利通过验收，正式投入运行；完成了蚌埠市博物馆、宣城市博物馆安防工程实施方案的审核工作，各项工程已顺利实施。

指导督促各地文物管理部门，开展文物安全设施建设的项目申报、方案编制工作。

4月，安徽省文物局在第七届安徽国际社会公共安全产品暨警用装备展览会上辟专区设立了“安徽文博行业安全防范成果展”，展览全面介绍了安徽省文物管理部门在安全防范应用管理等方面的工作情况和取得的成果。文物部门作为安全防范的应用行业，在安防展会上进行本行业安全防范方面的管理要求及应用实例的宣传，是全国安防行业展会的首创，受到社会各界尤其是安防行业的热情关注。

常态化保持打击文物犯罪高压态势。 安徽省文物局与公安刑侦部门紧密配合，始终保持严厉打击文物犯罪行为的高压态势，狠抓重点案件的侦破不放松，取得了显著成效。寿县在全县范围开展了打击文物犯罪专项行动，破获各类文物案件22起，抓获犯罪嫌疑人13人，追缴珍贵文物数十件。

积极开展文物安全管理相关科研项目研究工作。2014年继续承担国家文物局“博物馆安防系统监管平台”二期科研项目。同时，安徽省文物局还与科研单位合作，开展了“文博单位电气安全隐患监测系统”等科研项目的研发工作。

【不可移动文物的保护和管理】

（一）概况

2014年，积极推进国保、省保单位肥西县刘铭传旧居、旌德县江村古建筑群、泾县查济古建筑群二甲祠、黄山区程氏宗祠、宣城市广教寺双塔、祁门县古戏台、徽州区金紫祠、亳州市薛阁塔及南京巷钱庄、颍上管鲍祠等20多处重点维修工程。泾县桃花潭镇、绩溪县龙川村等10个镇村入选第六批中国历史文化名镇名村名单。

（二）大遗址保护

积极推进含山县凌家滩和凤阳县明中都皇故城两个国家考古遗址公园建设，完成凌家滩遗址考古发掘工作和明中都皇故城遗址全面考古勘探工作。组织编制了凌家滩遗址东西居住址区域文物保护工程和内环壕保护展示工程立项方案，编制上报了明中都皇故城东华门及角楼修缮、护城河修缮等8个工程立项。实施明中都皇故城西城墙抢险加固工程，完成凌家滩遗址防洪工程招投标工作。

（三）世界文化遗产

6月22日，联合国教科文组织第38届世界遗产委员会会议审议通过了中国大运河项目列入《世界遗产名录》。安徽省通济渠柳孜段、柳孜运河桥梁遗址、通济渠泗县段3处点段名列其中。按照国家文物局要求，督促两地继续加强遗产地保护管理工作，申报柳孜遗址和泗县段保护规划立项报告，以及相关保护区保护利用、环境整治方案。

安徽省文物局继续督促做好寿县古城墙、凤阳县明中都皇故城申报世界文化遗产项目；按要求编制黄山摩崖石刻群和黄山登山古道及古建筑的文物保护规划立项报告和黄山4处古建筑修缮立项报告，组织黟县编制了南屏村古建筑群文物保护规划立项报告和西递除金堂等6个修缮立项报告。

（四）其他

文物保护样板工程和古村落综合利用试点工程加快实施。2013年，国家文物局确定将安徽省黄山市徽州区呈坎村古建筑群和宣城市泾县黄田村古建筑群列为国家文物保护样板工程，呈坎村同时列入全国古村落保护利用综合试点。2013年以来，先后组织编制了一期工程17处古建筑维修方案，二期工程22处古建筑维修方案和三期工程立项、展示利用立项及彩画保护等设计方案或立项报告，已获国家文物局批准同意。截至2014年，黄田村一期工程7处文物点维修基本完工；呈坎村一期工程7处古建筑正在维修，其中呈坎环秀桥、黄田东新桥、敬义堂等维修工程已完工。

国保、省保集中成片传统村落整体保护利用工程启动。安徽省有中国传统村落111个，其中有24个列入国家文物局270个国保、省保集中成片传统村落整体保护利用工程项目实施名单。徽州区呈坎村、歙县许村、泾县查济村3个古村落列为2014年首批国家文物局国保、省保集中成片传统村落整体保护利用项目。安徽省文化厅、省文物局先后召开传统村落文化遗产保护利用工作会议和全省文物保护项目推进工作会议，安徽省文物局成立了工作指导小组，指导地方成立了由县（区）政府主要领导任组长的工作领导小组，组织编制了传统村落整体保护利用工作实施方案和文物保护工程总体方案，总体方案已获国家文物局批复，各项整治、保护工作正在积极推进。8月11日，安徽省住建厅、省文物局等四部门公布了安徽省首批传统村落228个。安徽省文物局、黟县西递镇分别在国家文物局传统村落整体保护利用工作现场会、加强文物合理利用工作交流会上作典型发言。

【考古发掘】

（一）概况

2014年，安徽省文物考古研究所完成18 项建设工程40余个文物点的抢救性考古发掘工作，主要是配合六安经济开发区、宿扬高速天长段、济祁高速寿县段与淮南段的抢救性发掘项目。此外，完成了商合杭铁路沿线、淮水北调工程沿线、淮南引大别山优质水源水利工程沿线和黄山月潭水库等20 余项工程的考古调查工作，共调查文物点60 多处，发掘古遗址、古墓葬40 余处，发掘面积近10000平方米。安徽省文物考古研究所获全国文化系统先进集体称号。

（二）重要考古项目

1．繁昌窑遗址考古发掘

2013年11月～2014年11月，安徽省文物考古研究所对繁昌窑遗址开始主动性考古发掘，主要发掘了柯家冲窑址和骆冲窑址两个地点。

柯家冲窑址发掘了龙窑1座、作坊基址2处、排水沟1条，对瓷片废品堆积作了解剖性发掘。出土瓷器有青白瓷碗、盏、碟、盘、温碗、壶、香炉、水盂、粉盒等。作坊区位于窑炉东部平坦区域，发现了储泥池、排水沟等。

骆冲窑址发掘面积300平方米，发现龙窑1座、房址1处、路面1条，瓷片废品堆积亦进行了解剖发掘。出土瓷器有青白瓷碗、盏、碟、盘、壶、炉、枕和瓷塑动物等。房址为青砖房基，平面为长方形，出土有牡丹纹瓦当、雕花砖、青白瓷片等。

柯家冲窑址和骆冲窑址的青白瓷产品既有不少共性，又有鲜明的个性，为研究繁昌窑青白瓷特点、烧造工艺、市场定位等提供了重要资料。柯家冲窑址作坊内发现有淘洗池、沉淀池、储泥池、排水沟等多种遗迹，是研究龙窑作坊布局的重要资料；骆冲窑址发现了高等级的房址，可能是设官监烧的遗迹。

2．东至县华龙洞旧石器与古人类遗址发掘

10月9日～11月20日，由安徽省文物考古研究所和中国科学院古脊椎动物与古人类研究所合作，对华龙洞遗址进行了第二次主动性考古发掘。

本次发掘在第一次发掘探方的一侧布设3米×5米的探沟，逐层下挖，发掘深度约为2米。遗址地层分为4层，第一层为近现代耕土层，厚约40～50厘米，无化石出土；第二层为棕红色粉土层，厚约50～60厘米，出土大量动物化石；第三层为黄色砂土夹角砾层，厚约20～25厘米，仅出土少量动物化石；第四层仍为棕红色粉土层，但夹杂较多胶结物，厚约70～100厘米，出土人牙化石、石制品和大量动物化石。发掘中采用干筛和水洗的方法，尽可能从堆积物中获得考古遗存，并对洞顶钙板采样进行铀系法测年，发现了古人类牙齿2枚、疑似古人类头骨碎片若干、石制品3件、疑似与古人活动有关的切割和砍砸痕迹骨片若干以及大量残碎的哺乳动物化石。石制品经初步鉴定，为锤击石片、刮削器和断块。哺乳动物化石经初步判断，累计15种，种属有谷氏大额牛、东方剑齿象、巴氏大熊猫等，绝大多数属绝灭种。

综合所有发现，认为华龙洞遗址为一处古老洞穴坍塌形成，时代为中更新世。

3．凌家滩遗址发掘

2014年，围绕凌家滩国家考古遗址公园建设，以及“中华文明探源工程（四）”的子课题“含山凌家滩遗址及所在裕溪河流域聚落形态研究”，对凌家滩遗址的内壕沟进行了发掘，目的是了解内壕沟的年代和性质、结构。在壕沟西段、北段共布探沟3条，面积271.5平方米。

西段地处平地，壕沟宽24～30米，沟口距地表约0.5米，沟底距地表最深2.5米，新石器时代沟壁较为平缓，沟底较水平，沟内侧红烧土块和碎陶片十分丰富，兽骨数量也较多，但近底部遗物数量极少。北段壕沟宽约24米，沟口距地表0.5～1米，沟最深处距地表4.4米以上，沟底坡度明显，并呈现出继续向两侧延伸、加深的趋势。该处壕沟有断缺，中间有15米左右的空白地带，应为当时的一处出入口。

经过发掘，确认壕沟开挖年代与凌家滩墓地年代接近，至汉代被重新使用。

【博物馆与可移动文物保护】

（一）博物馆

1．博物馆建设

安徽省现有各级各类博物馆、纪念馆193家，隶属文化文物行政管理部门的博物馆、纪念馆104家，其中省级博物馆4 家、市级博物馆27家、县级博物馆73家；隶属非文物行政管理部门所属的行业性国有博物馆27家；非国有博物馆62家。2014年，安徽中国徽州文化博物馆获全国文化系统先进集体称号。

全省博物馆在第一次全国可移动文物普查的工作基础上，已完成了清库建档、数据采集，按照计划部署，逐步推进数据登录工作。博物馆的藏品管理工作进步明显，尤其是各地新建馆，库房面积、藏品保管、展示环境等均得到很大改善。博物馆的库房管理制度基本完善，藏品入藏手续齐全，总登记账清晰，能做到账、物、卡三者相符。新入藏的藏品均有备案，及时记入藏品总账。藏品提用手续齐全，进、出库均有记录。藏品存放按材料质地分类保管，二级以上藏品70%以上配备有符合要求的装具，并存放于专柜或专库，由专人负责保管。藏品的展示环境大幅度改善，博物馆文物陈列室安装有中央空调系统，文物展柜采用无毒、无污染、无有害气体释放的材料制成，文物陈列室配有防尘、防震、防有害光线辐射的装备，有效阻挡了紫外线对文物的伤害。在漆器和徽墨等特殊陈列展柜内还独立安装了柜内温湿度控制和空气净化设备，有效保护了文物的安全。

安徽省文物局组织开展全省国家二、三级博物馆运行评估工作，共有7家国家二级博物馆和22家国家三级博物馆参加了评估，评估周期为2013年1月1日～12月31日。评估采取自主申报、专家评估、现场复核、统一公布的方式进行。评估结果显示，随着博物馆实行分级管理以来，全省国家二、三级博物馆整体运行态势平稳，在藏品保管、社会服务、信息化工作、制度建设等方面都有不同程度的进步与发展。29家参评单位对评估指标体系和运行标准基本了解，能够按照评估工作要求，如实、规范、准确地填报材料。通过评估，各博物馆理清了工作思路，针对自身不足进行有重点、有计划地整改，达到了“以评促建，以评促改”的目的。

2．陈列展览

2014年安徽省各博物馆共举办基本陈列285个、临时展览545个，全年共接待观众1823万人次，其中青少年观众825万人次。全省各博物馆展览交流日益频繁，不断更新提升基本陈列，积极举办内容丰富、形式多样的临时性专题展览，获得社会公众的好评。

安徽博物院全年共举办高品质临时展览23个，引发参观热潮。马鞍山市博物馆举办的展览涵盖了自然类、艺术类、历史考古类，其中“穿越七十万年——世界文化遗产：周口店北京人遗址文物特展”等引起了热烈反响。安徽中国徽州文化博物馆推出“徽州税文化展”“中国徽州文化博物馆馆藏文房四宝巡展”等具有地方特色的展览，在推陈出新的同时努力弘扬徽州文化。

为促进馆藏文物资源共享，全省77家博物馆组建了陈列展览联盟，联合基层和非国有博物馆推出“灵动飞扬——汉代玉器掠影”“神工意匠——徽州古建筑雕刻艺术展”“镜里乾坤——铜镜背后的故事”“安徽汉代玉器精华展”“岸芷汀兰——故宫博物院珍藏书画复本展”“安徽剪纸艺术展”等原创展览，社会反响强烈。

全省各博物馆在提升基本陈列的基础上，积极举办内容丰富、形式多样的临时性、专题性展览，满足了不同观众群体的精神文化需求。引进“熠熠生辉——故宫博物院珍藏清代宫廷金银器特展”“艺游心曲——孙多慈艺术展”“晋国遗珍——山西出土周代文物展”“墨韵无疆——齐白石艺术作品展”“彩韵流芳——界首窑彩陶精华展”和“中部非洲传统兵器艺术展”等6个高品质展览；输出“画魂——潘玉良艺术展”“笔墨纸砚——安徽文房四宝展”“新安画派精品特展”等10个原创展览。

（二）可移动文物保护

1. 文物数量、等级等基本情况

安徽省文物资源具有数量多、价值高、类型丰富、品种齐全、特点突出等特性。截至2014年，安徽省共有各类馆藏文物71.56万件（套），其中一级文物2331件（套）、二级文物 5192件（套）、三级文物 47853 件（套）。

2. 可移动文物保护修复基地建设情况

安徽博物院文保中心按照文物保护科研室规范化的建设要求，完成了文物保护化学实验室、熏蒸室、漆木器脱水保护室等科研室的规划设计、设备调试安装以及制度建设等工作。同时为适应未来文化遗产保护事业发展的需要，对中心原有的修复室进行改造。中心设立古陶瓷器修复室、古籍修复室、书画装裱室、青铜修复室、油画修复室（筹备中）、分析检测室、化学实验室、文物熏蒸室、纸质文物保护室、文物摄影室等。这些基础设施的建设，为充分发挥中心在传统修复和科技保护的潜能，建立立足本省的开放性文物保护中心奠定了坚实的基础。

3. 可移动文物保护技术和方法及其应用情况

安徽省顺利推进馆藏文物预防性保护工程，实施馆藏天长汉墓出土漆木器脱水保护项目，推进出土木漆器国家文物局重点科研基地安徽工作站建设；完善油画修复室建设，举办“全国油画修复保护技术高级培训班”，推进全省馆藏油画保存状况调查工作，编制相关文物保护修复方案；完成中国徽州文化博物馆、马鞍山市博物馆、皖西博物馆、安庆市博物馆、淮北市博物馆“可移动文物预防性保护工程”项目实施工作。

【社会文物管理】

安徽省文物总店发挥国有文物商店主渠道作用，走出去、请进来，拓宽经营渠道，举办多场次文物展销活动，经营收入大幅增加。

安徽省文物鉴定站为司法机关办理涉案文物鉴定60起，其中可移动文物764件（套），不可移动文物（盗掘古墓葬、古遗址、田野石刻）61处；办理进出境文物审核4次，审核进出境物品72件（套）；审核文物拍卖标的1864件（套），含限制出境文物11件（套）；完成8家文博单位的鉴定工作任务，共计鉴定文物2512件（套）；完成7家文物收藏单位的藏品征集鉴定工作，共计鉴定文物758件（套）；开展专题性的文物鉴定知识培训、讲座，共计开展15场次。

【科技与信息】

由安徽博物院和荆州文物保护中心联合共建的“出土漆木器保护国家文物局重点科研基地安徽工作站”成立。安徽博物院申报2014年度国家社会科学基金项目课题1项，申报2014年度省社科联课题8项并获批，完成2012～2014年17个院级课题评审结项工作，在国家以及省级报刊公开发表论文70篇。安徽省文物考古研究所开展了六安双墩一号汉墓现场“黄肠题凑”维护、宣城大夫第保护、南陵宋墓保护、淮南毛集墓葬漆盾提取和繁昌窑地震法勘测等5项现场文物保护和科技考古工作，实施国家文化科技提升计划项目“徽州牌坊的保护修复与数字化展示研究”。

【文博教育与培训】

先后举办全国文物安全管理人员（安徽片区）培训班、全省第四期可移动文物普查培训班、全省第三期文物保护工程培训班。举办全省可移动文物普查摄影、信息登录平台、藏品保管及鉴定培训班。12月18～20日，安徽省博物馆协会举办全省博物馆馆长高级研修班。

【文博宣传与出版】

全省各地开展“5·18”国际博物馆日活动。6月，在安徽大学举办文化遗产日主场启动仪式及“文化遗产进校园”系列活动，开展“安徽省文化遗产摄影展”和“黟县百工展”、含山凌家滩遗址公众考古开放日等活动。《中国文化报》重点推介安徽省传统村落整体保护利用工作经验。安徽博物院开展“安徽文博讲堂”“安博人文小课堂”“文化遗产宣传季”等10余个系列总计73场主题教育活动，组织宣讲小分队走进院校、社区、部队，开展文化宣讲近20场。安徽省文物考古研究所两次与安徽省电视台经济生活频道合作，分别对固镇蔡庄墓群1号墓考古发掘现场及繁昌窑遗址考古发掘现场进行现场直播。安徽省文物局、安徽博物院获全省文化信息宣传工作先进单位。

完成了《宿州芦城孜遗址发掘报告》《濉溪石山子》《铜陵师姑墩遗址发掘报告》《六安双墩汉墓发掘报告》《六安双龙机床厂墓群发掘报告》等一批考古资料整理出版的政府采购工作。淮北柳孜运河遗址、肥西乱墩孜墓群、冯阳乔涧子钟离国贵族墓、运河安徽段调查勘探等10余个项目的资料整理工作基本完成，部分发掘简报、报告完成初稿。此外，完成2013《考古年报》《文物研究（第21辑）》和《新时期革命纪念馆地位和作用研讨论文集》的编辑出版工作。安徽博物院配合展览出版图录7册，完成省级专业刊物《文物鉴定与鉴赏》杂志“稽古”栏目全年组稿工作。

【机构及人员】

截至2014年，安徽省有文物保护管理机构94个，从业人员472人，其中中级职称114人、副高级职称27人、正高级职称2人。

博物馆164个，其中综合类79个，从业人员1371人，包括中级职称224人、副高级职称71人、正高级职称28人；历史类47个，从业人员649人，包括中级职称56人、副高级职称12人、高级职称2人；艺术类12个，从业人员242人，包括中级职称33人、副高级职称4人、高级职称3人；自然科技类6个，从业人员80人，包括中级职称11人、副高级职称5人；其他20个，从业人员315人，包括中级职称34人，副高级职称15人，高级职称5人。

文物商店2个，从业人员46人，其中中级职称9人、副高级职称2人、正高级职称1人。

文物科研机构1个，从业人员42人，其中中级职称18人、副高级职称6人、正高级职称7人。

其他文物机构9个，从业人员95人，其中中级职称3人、副高级职称3人、正高级职称1人。

【对外交流与合作】

安徽省积极开展博物馆领域对外合作，推动海内外文化交流。举办了唐代佛塔回乡、欧豪年美术馆开馆及孙多慈画展开幕三项皖台文化交流活动；与中国科学技术大学联合举办第八届国际东方天文学史会议，向来自15个国家和地区的专家学者展示了安徽博物院的天文遗产和汉代星空展览；主办中意博物馆联盟展览交流第三次会议暨首届联盟理事会，会议共推介了70多个展览项目并签署出境展览意向性协议；与法国自然科学博物馆、英中体育文化交流协会签署赴英法展览合作交流意向书，与法国赛努西美术馆、吉美博物馆协商潘玉良展览事项。

福建省

【概述】

2014年，在福建省委、省政府的正确领导下，在国家文物局的大力支持下，全省文博系统深入学习习近平总书记系列重要讲话精神，认真落实中央和省级领导对文物保护工作的重要批示指示，认真履责，狠抓落实，圆满完成了各项工作任务。

【法规建设】

加强历史文化名城名镇名村保护和传统村落整体保护利用。会同福建省法制办、省住建厅起草《福建省历史文化名城名镇名村保护条例》，贯彻落实住建部、文化部、国家文物局《关于切实加强中国传统村落保护的指导意见》。

【执法督察与安全保卫】

按照国家文物局的部署，开展福州市仓山区、泉州市鲤城区、漳州市芗城区和龙岩市长汀县等古城中文物违法与消防安全的专项检查，督察拆除了仓山严复墓保护范围内违建的移动发射塔。

12月18～31日，福建省文物局联合省公安消防总队组织3个检查组分赴全省各地开展文物保护单位消防安全检查。安全检查的范围主要为世界文化遗产，各级文物保护单位，历史文化名镇、名村、街区等文物建筑集中成片的重点区域。

【不可移动文物的保护和管理】

（一）概况

福建省拥有全国重点文物保护单位137处、291个点，省级文物保护单位674处，县市级文物保护单位近5000处，形成了国家、省和市、县（区）三级文物保护的有效保护体系。

实施第三次全国文物普查成果转化工作，开展朱子文物、林则徐文物、严复文物、革命文物、“海丝”文物、闽南红砖建筑、“万里茶道”文物等专题调查，推动福建特色文物的保护与利用。

国家文物局启动首批国保、省保集中成片的传统村落整体保护利用工作，福建省连城培田村和永安吉山村、海沧村入选其中。按照国家文物局实施方案的要求，组织连城县、永安市编制了3个村的总体保护方案和保护工程技术方案，成立了福建省文化厅国保、省保集中成片传统村落整体保护利用工作指导小组和专家组；承办国家文物局在龙岩举办的全国传统村落整体保护利用工作现场会。

福建省人民政府公布了福州三坊七巷等9个省级历史文化街区。会同福建省住建厅组织审查了《福州历史文化名城保护规划》《漳州历史文化名城保护规划》以及一批省级以上历史文化名镇、名村保护规划，并经省人民政府审定公布；启动了全省历史建筑、特色建筑、历史风貌区普查工作；重点扶持10个历史文化名镇名村环境景观提升；编制了《福建省历史文化名镇名村保护与整治导则》《福建省历史文化名镇名村保护与发展规划（2014～2030）》。

继续推进涉台文物保护工程。在国台办、财政部和国家文物局的支持下，启动了第二阶段（2014～2020）涉台文物保护工程。实施了一批重要涉台文物保护工程，其中泉州天后宫正殿保护工程荣获首届“全国十佳文物保护工程”称号。

（二）大遗址保护

开展城村汉城、万寿岩国家考古遗址公园建设和大遗址保护展示工作，做好遗址保护工程项目立项和技术方案的编制与报批，实施遗址本体保护与展示工程。召开三明万寿岩遗址保护专家论证会，进一步明确万寿岩遗址保护展示工程的技术路线和国家考古遗址公园建设的目标任务。

（三）全国重点文物保护单位

开展全国重点文物保护单位保护范围重新核定和建设控制地带划定工作，以及第七批全国重点文物保护单位保护碑树立工作。完成第六、七批全国重点文物保护单位记录档案建立与备案。

落实国家文物局关于文物保护工程审核制度改革的部署，组织2014年文物保护项目的立项、技术方案的编制，审核和申报了80多个全国重点文物保护单位保护规划立项、保护工程立项、技术方案和安防、消防、防雷方案。经国家文物局或福建省文物局批准的全国重点文物保护单位保护项目，包括保护规划立项16项、保护规划3项、保护工程和保护展示立项23项、保护工程技术方案18项、安全防护工程技术方案5项。

（四）世界文化遗产

加强福建土楼的保护管理，印发《福建省文化厅关于实施〈福建省“福建土楼”世界文化遗产保护条例〉有关意见的函》，组织编制二宜楼等土楼的保护维修和消防、防雷技术方案并获国家文物局批准。开展福建省世界文化遗产地巡视工作，由福建省文物局领导率队赴福建土楼、武夷山巡视，并邀请福建省消防总队防火部负责同志参加。巡视主要围绕《福建省“福建土楼”世界文化遗产保护条例》和《福建省武夷山世界文化和自然遗产保护条例》的执行情况、管理体制协调情况、遗产地范围内建设控制情况、遗产地商业行为的规范、文化遗产安全防范情况、遗产监测情况等展开。巡视结束后，福建省文物局以通报的形式要求地方针对存在的问题限期整改。

推进鼓浪屿申报世界文化遗产工作，会同厦门市组织召开了鼓浪屿文化遗产价值专家研讨会，完成申报文本和保护规划的完善和报批，持续实施遗产本体维修、环境整治、展示与阐释等工作。开展海上丝绸之路、闽南红砖建筑文化遗产的保护和研究工作，在泉州召开海上丝绸之路与世界文化遗产申报学术研讨会。在武夷山召开 “万里茶道”文化遗产保护利用座谈会和“万里茶道”文化遗产保护利用研讨会。

【考古发掘】

（一）概况

开展泉州古船保护的调研、保护项目立项的编制与报批，并获国家文物局批准。启动福建明清海防线性文化遗产考古学调查的前期工作。开展汀江流域、闽江下游考古学专题调查的田野工作和福州新店古城、南靖东溪窑址、福州淮安窑址的调查勘探与研究工作。

开展武夷山葫芦山遗址、霞浦屏风山遗址、闽清窑下岗窑址、将乐岩子洞遗址、福州文儒坊西段唐宋遗址等5项考古发掘。

做好基本建设中文物调查勘探与重要遗址抢救性考古发掘，组织上杭白沙水库、厦门新机场、平潭海上风电场等十余个项目的文物调查勘探工作，开展南平延顺高速、漳州核电厂等项目范围内重要遗址的抢救性考古发掘工作，协调光泽馒头山遗址保护工作。

配合国家文物局水下文化遗产保护中心开展“福建平潭海域（以海坛海峡为中心）水下考古区域调查”，参与国家海洋局公益课题“水下文物探测、保护技术体系研究与示范”，开展漳州海域水下文化遗产重点调查。

（二）重要考古项目

1．明溪南山遗址

继2012年发掘后，福建博物院和中国社会科学院考古研究所联合考古队于2013年11月～2014年1月对明溪县南山遗址再次进行考古发掘，两次发掘面积共计620平方米。山顶发掘区发现蓄水池2个、墓葬3座、灰坑数十个，以及一批柱洞等遗迹；4号洞共发现墓葬5座和数个史前人类活动面、火塘等遗迹。发掘出土了5具人类骨骼，大量碳化稻谷，少量果核、动物骨骼，以及打制、磨制石器和磨光黑陶、白陶等陶器。此次发掘揭露的山顶及洞穴遗址年代跨度大、文化层连续而完整，是福建省罕见的新石器至青铜时期洞穴、旷野相结合的立体型遗址。

2．福州屏山遗址

为配合福州地铁一号线屏山站建设项目，由福建博物院和福州市考古队联合开展抢救性考古发掘，从2013年8月开始田野考古，至2014年1月结束，发掘面积2000平方米。地层年代从汉代延续至明清，揭露出大面积西汉时期夯土层，发现有水井、河道、沟、灰坑、房屋基址、水塘、道路、陶窑等遗迹。出土的主要遗物有包括汉代万岁瓦当在内的各类砖瓦、石柱础等建筑材料，以及金属器、陶瓷器、漆木器、角器等生活用具。该遗址的发现，为福州城市变迁和闽越国都冶城地望研究提供了重要实物见证。

【博物馆与可移动文物保护】

（一）博物馆

1．博物馆建设

2014年，福建省新建博物馆5家（莆田市博物馆、永定县福建土楼博物馆、尤溪县博物馆、长泰县博物馆、松溪县博物馆），改扩建博物馆4家（连城县博物馆、上杭县博物馆、上杭县客家族谱博物馆、武夷山市博物馆），建筑面积72480平方米，投资金额6.76亿元。

福建省文物局委托中国文物信息中心编制博物馆评估定性标准，结合福建省实际制定相关定量标准，对福建省27家国家二、三级博物馆运行情况进行评估。运行评估对福建省博物馆工作的可持续发展起到了积极的促进作用，国家二、三级博物馆的综合能力得到有效提升。同时，福建省文物局还将运行评估推广到福建省所有博物馆，推动福建省博物馆规范运行，提升整体能力和水平。此外，按计划完成了福建省109家博物馆的年检工作。

组织开展福建省民办博物馆调研，会同福建省民政、财政、国土资源、住房和城乡建设、旅游、国税、地税等部门出台了《关于进一步推动我省民办博物馆建设与发展的意见（试行）》。新审批、备案设立4家非国有博物馆，福建省非国有博物馆数量达到18家。

2．博物馆间的交流与合作

4～7月，由国家文物局、福建省政府、北京市政府联合主办，福建省文化厅、北京市文物局共同承办的“直挂云帆济沧海——海上丝绸之路特展”在首都博物馆进行为期3个月的展出，并在有关省市巡展；12月，“海上丝绸之路文物精品图片展”受邀前往联合国总部展出，展览取得圆满成功。漳州、泉州市先后举办“海上丝绸之路九市文物精品联展”。

福建·中国闽台缘博物馆“指掌春秋——闽台木偶艺术展”、中国船政文化博物馆“深层脉动——船政文化对台湾近现代文化的影响”到台湾展出；福建·中国闽台缘博物馆引进“星云大师一笔字书法展”。

3．重要陈列展览

福建省博物馆积极做好免费开放工作，围绕不同主题举办各类专题展览663场，参观人数达2183.7万人次。

福建博物院举办的“丝路帆远——海上丝绸之路文物精品七省联展”获得“第十一届（2013年度）全国博物馆十大陈列展览精品奖”；福建博物院“绿叶对根的情谊——华侨华人爱国奉献展”列入国家文物局“弘扬优秀传统文化、培育社会主义核心价值观”主题展览项目全国推广计划。

4．其他

2014年5月，福建省被国家文物局确定为全国“完善博物馆青少年教育功能”试点省份，福建省文物局确定福建博物院、泉州海外交通史博物馆和陈嘉庚纪念馆为试点单位，分别就博物馆青少年教育课程项目开发、配套教材教具研发、教师培训、实施教育体验活动、流动展览进校园等开展试点工作，取得了较好成效。12月，在全国“完善博物馆青少年教育功能试点工作总结推广会”上，通过国家文物局组织的结项验收。

组织福建省33个博物馆参加了由国家文物局指导，中国博物馆协会、厦门市人民政府、中国自然科学博物馆协会联合主办的“2014博物馆及相关产品与技术博览会”。福建省文物局获最佳组织奖，福建博物院获最佳展示奖、最佳组织奖、十佳文创产品奖、最佳博物馆商店奖，厦门市陈嘉庚纪念馆获优秀组织奖。

（二）可移动文物保护

截至2014年年底，福建省博物馆馆藏文物藏品数为482562件（套），馆藏珍贵文物97514件（套），其中一级文物1038件（套）、二级文物2833件（套）、三级文物93643件（套）。

重视和加强博物馆馆藏文物保护工作，编制完成馆藏文物保存环境建设方案4个、馆藏文物保护修复方案4个，并获国家文物局立项审批。

福建博物院和泉州海外交通史博物馆获得可移动文物保护设计和修复资质。

（三）第一次全国可移动文物普查

3月11～13日，福建省文物局在龙岩市举办福建省可移动文物普查登录骨干培训班，福建省各级普查机构普查业务骨干共计160余人参加了培训。

组织开展福建省文物系统外国有单位收藏文物的认定工作，指导各地开展信息采集及登录工作，组织对泉州、三明、南平、宁德4个设区市可移动文物普查工作进展情况开展了专项督察。重点检查了各级普查办和各国有收藏单位在国家文物局普查登录平台的注册情况、系统外国有单位的文物认定工作完成进度、文物信息采集与登录工作的进展情况、普查培训情况以及普查经费保障情况，推动可移动文物普查工作的进一步开展。

【文博教育与培训】

10月10～16日，福建省文物局与中央文化管理干部学院在北京联合举办福建省可移动文物保护培训班，福建省各博物馆馆长共计56人参加了培训。

12月22～24日，福建省文物局在福州举办福建省博物馆讲解员培训班，福建省各博物馆讲解员共计150余人参加了培训。

此外，举办文物保护工程勘察设计研修班暨世界文化遗产保护管理培训班，培训对象包括福建省文物保护工程专家库中建筑类专家，文物保护工程勘察设计甲级、乙级资质单位技术负责人和设计人员，设区市文物部门及世界文化遗产管理机构负责人，共80余人。

江西省

【概述】

2014年，江西省文物系统紧紧围绕党和国家大政方针，深入学习贯彻党的十八届三中、四中全会和习近平总书记系列重要讲话精神，坚持稳中求进、改革创新的总基调，抓主抓重，攻坚克难，开拓进取，全省文物事业取得了新进展、新成效。

【执法督察与安全保卫】

开展消防专项检查。年初组织江西省各级文物部门与公安消防部门联合开展文物消防安全检查。检查采用各文物单位自查自改、市县文物主管部门与公安消防部门联合检查、省级主管部门重点抽查的形式进行，共开展火灾隐患排查1219次，检查各类文博单位1115处（点），发现火灾隐患数量157个，整改数量153个。

文物安全警钟长鸣。先后印发了《转发国家文物局关于加强文物消防工作的紧急通知》《关于转发国家文物局〈关于加强博物馆安全管理工作的通知〉的通知》《关于开展全省文物博物馆单位安全督察工作的通知》和《关于转发国家文物局〈关于加强文物安全工作的紧急通知〉的通知》等文件，全面落实文物安全五查制度的要求。

开展实地重点督察。10月下旬，江西省文化厅、江西省文物局抽调人员组成4个督察组对全省文物安全工作进行了实地督查，共检查各类文博单位142处（179点），整改安全隐患106个。通过重点督察，有效预防和遏制了文物安全事故发生，确保江西省文物、博物馆单位的安全和稳定。

2014年，先后督办了井冈山象山庵革命旧址燃香案、三清宫东西厢房复原工程案、景德镇御窑厂遗址围墙建设案和抚州崇仁县黄州桥被拆除案等，及时下发督办单，并进行跟踪问效。通过督察，有效制止了一批违法行为和安全事故的发生，特别是上饶市文物保护执法支队处理的“上饶市信州区茅家岭周田涂料厂在全国重点文物保护单位上饶市集中营旧址——周田监狱旁违法建设案”，被国家文物局评为2014年全国文物行政处罚案卷评查“优秀案卷”。同时，配合国家文物局开展了古城保护中文物违法和消防安全专项督察工作，基本摸清了南昌市东湖区和西湖区、景德镇市昌江区和珠山区等重点县域文物安全状况，特别是第三次全国文物普查登录不可移动文物的保存状况和消失情况。

【不可移动文物的保护和管理】

（一）概况

2014年，江西省立足优势，继续抓好大遗址保护各项工作；认真做好第七批全国重点文物保护单位保护范围和建设控制地带划定及第六批和第七批全国重点文物保护单位记录档案编制工作；大力推进全国重点文物保护单位保护项目立项报告、方案编制、报批及保护资金申报工作；深入推进赣南等原中央苏区革命遗址保护；及时跟进国家文物局推动传统村落文物整体保护利用的新要求，全力做好全省传统村落文物整体保护利用综合协调工作和指导工作；认真抓好历史文化名镇名村申报和保护等各项工作。

（二）大遗址保护

景德镇片区大遗址保护取得明显进展，御窑厂遗址国家考古遗址公园建设进展顺利并正式挂牌对外开放，湖田窑遗址和高岭瓷土矿遗址保护工程有序开展。继续推进吉州窑考古遗址公园建设，着力抓好吴城遗址、筑卫城遗址、吉州窑遗址、牛头城址、瑞昌铜岭铜矿遗址等已纳入国家“十二五”大遗址保护规划的大遗址保护项目设计、实施和管理。第七批国保中的一批大遗址保护项目顺利立项，一批保护规划和保护方案也相继启动编制，江西省大遗址保护格局进一步拓展。

（三）全国重点文物保护单位

根据国家文物局要求，江西省文物局会同江西省住房和城乡建设厅认真做好第七批全国重点文物保护单位保护范围和建设控制地带划定工作。同时，认真组织相关文博单位开展了第六批和第七批全国重点文物保护单位记录档案制作工作，按时完成第六批和第七批全国重点文物保护单位记录档案制作、报送备案工作。

大力推进全国重点文物保护单位保护项目立项报告、方案编制、报批及保护资金申报工作，及时落实国家文物局《全国重点文物保护单位文物保护工程申报审批管理办法（试行）》和《全国重点文物保护单位文物保护项目咨询评估机构管理办法（试行）》，会同江西省财政厅举办国家重点文物保护专项补助资金管理办法培训班。2014年江西省约200个文保维修项目获得评审通过，同时各地认真抓好经费申报工作，成效显著。

根据国家文物局批准的《赣南等原中央苏区革命遗址保护规划》要求，2014年江西省以国保单位为龙头，编制了16个《2014～2016年赣南等原中央苏区革命遗址保护维修工程项目立项意见书》，并获国家文物局批准。项目涉及54个苏区县的600多个革命遗址点，分3年实施。2014年共有170多个维修方案通过国家文物局第三方机构评审，中央财政安排2.1亿元专项补助资金用于革命遗址的保护维修。

为规范文物保护工程实施，根据文物保护法律法规和国家文物局有关文件精神，结合江西省实际，制定《江西省文物保护工程技术标准》《赣南等原中央苏区革命遗址文物保护工程导则（试行）》和《江西省中国传统村落整体保护利用文物保护工程导则（试行）》等一系列规范性文件，用于指导各项文物保护工程的实施。江西省文物保护工程项目实施工作获国家文物局充分认可，2014年11月，国家文物局在山东召开了第六次全国文物保护工程会议，江西省作典型发言，介绍经验。

（四）历史文化名镇名村

2014年3月，萍乡市安源区安源镇、铅山县河口镇、铅山县石塘镇等6个古镇被住房和城乡建设部和国家文物局公布为中国历史文化名镇，婺源县思口镇思溪村、宁都县田埠乡东龙村、吉水县金滩镇桑园村等6个古村被公布为中国历史文化名村。截至2014年年底，江西省共有中国历史文化名镇名村33个（名镇10个、名村23个），总数继续名列全国前茅。

2014年8月9日，江西省政府公布金溪县浒湾镇、峡江县巴邱镇和进贤县文港镇周坊村等32个古镇古村为第五批省级历史文化名镇名村，江西省省级历史文化名镇名村总数达115个。

【考古发掘】

（一）概况

2014年，江西省有新建墎墩西汉海昏侯墓、新干牛头城遗址、瑞昌铜岭铜矿遗址、赣州七里镇窑址、吉安吉州窑址、莲花东周墓葬、九江县荞麦岭商代遗址、龙虎山大上清宫遗址、樟树国字山墓葬、宜黄县谭纶墓园等13个考古发掘项目获国家文物局批准并获发掘保护专项经费支持，发掘总面积超7000平方米，以国保单位和具有重大科研价值的遗址为核心的主动性考古发掘工作得以纵深发展，取得重要成果。

江西省文物考古研究所全力做好大型基本建设项目的文物保护工作，积极开展文物资源评估、考古勘查与抢救性考古发掘工作，取得多方面成果。完成了高速公路、铁路、水库、机场、电厂、码头等19个项目的文物资源评估工作，评估线路长1118公里，评估面积1505亩；完成了南昌至宁都高速公路、南昌至上栗高速公路、南昌南外环高速公路、九景衢铁路、武九客运专线等5个工程项目的考古勘查工作，总计勘查线路长809公里；完成了金溪至抚州高速公路的金溪聂家商周遗址，南昌至宁都高速公路的乐安县罗陂松山遗址、万崇双牛山遗址、万崇月形山遗址、万崇凤形山古墓葬群、山砀松山遗址、丰城市洛市镇洋坑岭墓群，南昌至上栗高速公路的新建县于家老屋汉宋墓葬群、高安市黄牛山商周遗址、上高县岭背商周遗址，资溪县花山界（赣闽界）至里木高速公路的高田葫芦冈遗址等12处文物点的抢救性考古发掘工作，发掘面积共15000平方米，抢救出了一批珍贵的文物。

（二）主动性考古发掘

1．新建墎墩西汉海昏侯墓考古发掘

2014年，开展了新建墎墩西汉海昏侯墓葬主墓M1的考古发掘工作，并继续发掘北门和北门阙、东门和东门阙、北门西侧礼制性建筑、主墓前寝殿F1和祠堂F2东西两面的厢房和寝殿F1北部祭祀坑，补充发掘M5前的祠堂，发掘面积共约3000平方米。主墓M1已揭掉椁室西回廊第一层盖板，在第二层盖板上已出土“昌邑九年造”、圆形镶玉金箔等各类漆木器、冥器类车马、伞盖等近百件遗物。椁室北回廊仅一层盖板，已揭掉。椁室北回廊正在发掘清理过程中，已清理出近千斤五铢铜钱，三套带有彩绘支架的鎏金、错金银的打击乐器、编钟、编磬，大量青铜器、木俑、髹漆陶器和“五谷”类植物种子等遗物。椁室南回廊、东回廊和主椁室还未清理。

2．新干牛城城址考古发掘

2014年，该遗址考古发掘取得重要收获：一是发现了目前中国南方地区最早的半倒焰窑；二是在半倒焰窑区域发掘出土了与窑炉共存的作坊遗存，包括作坊挡墙、储泥池、水井等一系列反映商代陶瓷烧造工艺流程的遗存；三是发掘出了与陶瓷手工业作坊共存的排水沟、码头等反映陶瓷销售的考古遗存，构成了完整的陶瓷生产和销售体系；四是在陶瓷作坊东边发现了夯筑内城墙，对于研究城址布局具有重要的学术价值。

3．吉安县吉州窑址考古发掘

2014年，对吉州窑茅庵岭、东昌路窑址进行了考古发掘，共布10米×10米探方15个，揭露面积1350平方米。清理了明清时期墓葬10座、明代灰坑9个、明代挡土墙基14条、元明时期房屋基址5处，以及路面2条、储泥池1个、龙窑2条等43个不同时期的遗迹，出土一批宋、元、明时期青白釉、白釉、黑釉、绿釉瓷以及彩绘瓷、青花瓷等瓷器标本，考古发掘取得了较大收获。

4．赣州七里镇窑址考古发掘

2014年发掘面积300平方米，揭露分属五代、北宋、南宋三个时期的龙窑遗迹各1座，出土五代至宋元的多种釉色瓷器上万件，取得重要成果。一是在周屋坞窑揭露一座历经7次改扩建的南宋龙窑遗迹，这是迄今全国发现的经过改扩建次数最多的龙窑，对研究宋代窑炉建造技术、产量大小以及窑包山的成因都具有重要价值。二是此次揭露的五代龙窑残长17.5米、宽2.8米，北宋龙窑残长28.5米、宽3.7米，南宋龙窑残长19米、宽3.85～4.2米，这三座龙窑分属三个朝代，其宽度不断扩大，对研究我国龙窑由北方向南方、由唐宋到元明的形态演变过程具有重要价值。三是在赖屋岭窑发现了从五代到北宋早中期的典型地层堆积，特别是五代风格的青瓷与北宋早期风格的青白瓷伴出的堆积，对研究南方青白瓷窑系的窑口从五代以生产青瓷为主向北宋以生产白瓷、青白瓷为主这一过渡期间的制瓷技术与烧造技术的变化，具有特别重要的价值。

5．瑞昌铜岭铜矿遗址调查与发掘

2014年，通过调查新发现重要文物点2处、一般文物点6处，并在新发现的合连山北坡商代遗址和余家山冶炼区展开试掘工作，取得如下成果：一是根据合连山北坡商代遗址出土陶器判断，其时代介于吴城一期二段与二期之间，年代上限早至商代中期，这与铜岭铜矿遗址的始采时间一致。文化堆积中的炉壁残片、炼渣等遗物表明，铜岭遗址从采矿伊始就是一处采冶相结合的铜矿遗址，而商代中期冶炼遗物的发现，也为我们寻找商代中期冶炼遗迹提供了线索。二是合连山北坡遗址出土的陶器标本，有助于分析铜岭遗址的文化属性和来源，尤其是出土的鬲、豆等日常用具与檀树咀遗址出土的商代同类器器形一致，有助于了解上述两个遗址的关系。三是根据余家山冶炼区出土的陶器等标本判断，其时代约在春秋晚期至战国早期，出土的大量炼渣、炉壁残块以及石英等筑炉材料，有助于分析了解当时的冶炼技术。

6．鄱阳县明代淮王府遗址考古发掘与资料整理

2014年是该遗址的第三期发掘，主要对遗址的东部进行发掘。经三期发掘，发掘区内各时期建筑遗迹的布局与层位关系基本清楚，出土的明清景德镇官窑瓷器无论类型与数量都有所增加，特别是能够修复的器物数量增加较多，对明代淮王府的建筑与生活用品的面貌有了更进一步的了解。

7．宜黄县谭纶墓园考古调查与勘探

2014年，通过考古调查与勘探工作，基本弄清了墓园自然人文景观、布局结构和相关遗迹遗物之间的关系，排除了墓园原神道位置存在的问题，明确了原神道的认识，找到了该区域被垫高和拓宽的依据，并进行了科学记录。

8．樟树筑卫城国字山墓葬调查与试掘

国字山墓葬位于国家重点文物保护单位筑卫城以西约300米。2014年，经国家文物局批准，启动了国字山墓葬的勘探调查和试掘。在前期勘探中，发现国字山遗址有较大型墓葬一座M1，在其东南约150米处有另一处墓葬M2。已经对M1和M2进行了初步的钻探。钻探和试掘表面，国字山原为一处春秋战国遗址，有厚约1米的文化堆积。为了修建M1，将国字山修整为两级台地，在上层台地表面覆盖有厚约30厘米的红土层，应该是修墓时整平台子时覆盖。国字山墓葬规模在赣中地区为首见，且距筑卫城很近，必与筑卫城有关，对其发掘不但可以加强对筑卫城时代和性质的研究，而且对赣中乃至整个江西春秋战国到秦汉的历史研究都有重要意义。

9．九江县荞麦岭夏商遗址考古发掘

遗址位于九江市九江县马回岭镇富民村荞麦岭村民小组后山，2014年发掘区位于2013年发掘区南侧，发掘面积800平方米。从发掘情况看，遗址北区主要为手工业作坊区，遗址中部为祭祀区，遗址南部主要为生活区。荞麦岭夏商遗址是目前江西发现保存较好的二里头晚期至二里岗期的古文化遗址，分布范围大，地层堆积深厚，发现遗迹多，出土遗物丰富，年代系列清晰，对于认识江西夏商文化全貌有重要作用，对于研究长江中游南岸地区夏商代文明的南渐和江西地区早期历史具有重要价值。

10．星子县秀峰明代僧人壁画墓葬考古发掘

墓葬位于庐山南麓，江西省九江市星子县白鹿镇秀峰村开先陈村民小组北约50米处，西北距庐山秀峰景区大门约200米，南面为环庐山南路公路。墓地名叫塔园，为长方形台地，高出东边水田3米左右，高出南、西面旱地1.5米左右，高出北边水田0.5米左右。在发掘过程中，发现三座墓并排连在一起，坐北朝南，均由麻石堆砌而成，穹隆顶，圆形墓室，长方形阶梯墓道。三座墓并排相连，形制结构基本一致，墓室内壁画图案风格一致，绘画手法基本相似，形制结构在南方地区较少见。星子塔园明代高僧墓葬的发掘，进一步丰富了庐山及江西佛教文化的内涵，其独特的墓室结构、葬式及其保存基本完好的墓室壁画和随葬品，为研究江西乃至整个江南地区的佛教文化及僧人的丧葬制度提供了珍贵的实物资料。

11．鹰潭龙虎山大上清宫遗址考古调查与发掘

龙虎山大上清宫遗址于2014年6月龙虎山大上清宫二期工程施工过程中被发现，江西省考古所与鹰潭市博物馆迅速入驻考古现场进行了联合发掘。发掘工作历时6个月，取得了较大成果。目前发掘位置为遗址的玉皇殿区域，占地面积约10000平方米，揭露面积2500平方米。已揭露出来的建筑基址有龙虎门、玉皇殿、三官殿、周廊、厢房等，除北部的玉皇殿遗迹损坏较大，仅保存有北墙的局部外，其余皆保存较好。通过发掘，科学揭示了龙虎山大上清宫的建筑规制，初步探清了大上清宫的古代建筑布局、规制及所使用的建材。

（三）基本建设考古发掘

1．南昌市生米镇龙岗遗址

该遗址是修建江西南昌南外环高速公路过程中发现的，位于南昌市红谷滩新区生米镇五里岗自然村北面赣江西岸二级台地地上。遗址分为A、B两个发掘区，A发掘区位于公路东侧，B发掘区位于公路西侧，发掘面积2350平方米，揭露出西周陶窑1座以及灰坑9个。陶窑位于遗址东部，东西向分布，结构保存完整，由烟道、窑室、投柴孔、灰道等组成。陶窑边分布大量灰坑，灰坑的包含物为陶片和烧土等比较单一的堆积物，应为窑址废弃物。出土遗物主要有陶器、石器、原始瓷和制陶工具。龙岗遗址的陶窑与原始瓷的发现，对于研究窑址形态的演变与制陶、制瓷技术的发展与过渡具有较大价值。该遗址的发现为江西西周时期考古学研究提供了重要的新资料。

2．乐安县万崇月形山遗址

月形山遗址位于乐安县万崇镇坪背村委会下胡家小组西侧的一处台地上，当地村民称之为月形山。2014年2～5月，为配合南昌至宁都高速公路工程建设，江西省文物考古研究所与乐安县博物馆联合组队对此遗址进行了考古发掘。此次发掘在月形山遗址上高速公路走向红线范围内，发掘面积1000平方米。揭露遗迹有壕沟1条、灰坑3个，还有柱洞等遗迹，出土一批重要的石器、陶器标本等遗物。整体看来，月形山遗址出土陶器、石器的特

征与赣北修水山背下层文化、赣中樟树筑卫城下层文化有许多相似，应同属于新石器晚期文化。

3．新建县于家老屋墓葬

2014年3～5月，为配合南昌至上栗高速公路的建设项目，江西省文物考古研究所会同新建县博物馆对新建县于家老屋墓葬群进行抢救性考古发掘。经发掘共清理墓葬13座，其中汉墓5座、宋墓8座，出土遗物近20件，为研究汉、宋时期的葬俗提供了珍贵的实物资料。

【博物馆与可移动文物保护】

（一）博物馆

1．博物馆建设

截至2014年年底，江西省在省级文化行政管理部门登记的博物馆共有141家，其中文化（文物）系统管理的106家、行业博物馆11家、民办博物馆24家。从类别来分，综合类68家、历史类37家、艺术类23家、自然科学类6家、其他类7家；从级别来分，国家一级博物馆4家、国家二级博物馆5家、国家三级博物馆22家。

赣州市博物馆、景德镇中国陶瓷博物馆、高安市博物馆、吉安市博物馆、江西矿冶文化博物馆、玉山县博物馆等新馆建设已进入陈展实施阶段；崇仁县博物馆、上高县博物馆、樟树市博物馆等计划筹建新馆，已完成建筑方案设计评审。

督促、指导江西省博物馆和景德镇御窑博物馆（市陶瓷考古研究所）完成馆藏古铜钱、官窑瓷片标本专项清点、分类、建档、登录工作；深化调查景德镇陶瓷馆馆藏文物管理情况。

根据国家文物局要求，江西省组织开展了27家国家二、三级博物馆2013年度运行状况评估工作。经工作准备、数据填报、评估及报审，并接受国家文物局组织的抽查复核，最终确定国家二级博物馆评估结果为“优秀”的1家（江西客家博物院）、“合格”的4家；国家三级博物馆评估结果为“优秀”的2家（庐山博物馆、鹰潭市博物馆）、“合格”的20家。

2014年，庐山抗战纪念馆、抗日阵亡将士陵园被国务院公布为首批国家级抗战纪念设施、遗址名录；安源路矿工人运动纪念馆、方志敏纪念馆、南昌市民俗博物馆、婺源博物馆被公布为“全国人文社会科学普及基地”；安源路矿工人运动纪念馆被授予“全国青少年革命传统教育基地”。

2．博物馆间的交流与合作

2014年江西全省博物馆馆际交流扩大，如景德镇御窑博物馆年内先后在东莞袁崇焕纪念园推出“蓝色革命——海上丝绸之路的见证展”、在深圳博物馆推出“景德镇出土成化官窑精品展”、在抚州博物馆推出“皇帝的瓷器——景德镇明代官窑精品展”、在湖南省博物馆推出“御窑密码——明代皇家瓷器特展”等，进一步宣传了景德镇陶瓷文化。

2014年2～5月，在首都博物馆推出“赣水流韵辉耀千载——江西古代文物精品展”，作为“江西风景独好”——北京·江西文化月首个项目。该展由北京市文物局、江西省文物局联合主办，江西省博物馆和首都博物馆联合承办，举全省之力，首次汇集省内各家博物馆珍藏的160余件文物精品，时间跨度从石器时代至清代，器物类型囊括青铜器、瓷器、玉器、金银、织物和书画，等级之高、规模之大、品类之全前所未有。

3．重要陈列展览

江西省文物局开展全省博物馆（2011～2013年）陈列展览“十大精品”评选活动，

评选出“铁的新四军”“红土魂——江西革命烈士事迹陈列展”“跃上葱茏——庐山历史文化陈列”“吴有训生平展”“中国丹霞——龙虎山地质展”“昌盛之邦——宜春历史文明展”“安源路矿工人运动史陈列”“图说南昌民俗”“傅抱石生平事迹与艺术成就展”“湘鄂赣革命根据地斗争史陈列”十大精品展览。

“傅抱石生平事迹与艺术成就展”是新余市博物馆基本陈列，是一个全面完整、客观展示傅抱石先生生平事迹和艺术成就的专题展览。展览分为一个序厅和“艺术人生”“艺术成就”“翰墨流芳”三个专题，遴选展示了傅抱石先生各时期的代表作150余幅，生动再现了傅抱石瑰丽璀璨的艺术人生。

“湘鄂赣革命根据地斗争史陈列”是万载县湘鄂赣革命根据地纪念馆基本陈列，以湘鄂赣革命根据地斗争历史为主线，全面展示了在中国共产党的领导下，湘鄂赣边区人民不畏艰险、前赴后继、浴血奋战开创湘鄂赣苏区的艰难历程，展现了湘鄂赣红色根据地风雷激荡、波澜壮阔的历史画卷。

（二）可移动文物保护

截至2014年年底，江西省文化系统国有博物馆馆藏文物总数为409473件（套），其中珍贵文物47852件（套），包括一级文物1316件（套）、二级文物5566件（套）、三级文物40970件（套）；账目登记来源为出土文物的有49311件（套）。

江西省博物馆具有国家文物局颁发的可移动文物技术保护设计甲级资质和可移动文物修复一级资质。2014年编制完成了《鹰潭市博物馆馆藏瓷器保护修复方案》《景德镇陶瓷馆馆藏瓷器保护修复方案》；与抚州市博物馆、丰城市博物馆签订了《抚州市博物馆库房改造及馆藏珍贵文物保护修复合同书》《丰城市博物馆馆藏珍贵文物保护修复合同书》，对上述两馆的42件馆藏文物进行了科学保护、修复。

（三）第一次全国可移动文物普查

全面推进江西省第一次全国可移动文物普查工作。江西省普查办下发《关于进一步加强我省可移动文物普查工作的通知》，指导各地在完成国有单位文物收藏情况调查的基础上，以县域为单元，全面开展文物普查认定和信息数据登录等工作。举办全省第一次可移动文物普查信息登录骨干培训班，各地也陆续逐级开展标准化培训，受训人员达700多人次。完成国有单位文物收藏情况调查，全省调查并登记各类国有、企事业单位48094家，反馈有（疑似）文物收藏的单位420家，基本掌握了全省国有可移动文物分布和收藏情况。收藏有文物的单位根据国家统一规范和技术标准，开展文物测量、拍摄、信息数据资料采集和登记。

【社会文物管理】

江西省文物商店坚持以诚待客、以信服人的经营理念，进一步在客源和货源上下功夫，既善待老客户、老货源，又千方百计发现和培育新客户、新货源，其中清官窑经营专项仍占据业务总量的半数以上。在经营方式上，继续坚持灵活多样的方式，引客上门、送货出拍、送货参展、推荐入市等，千方百计开拓市场，提高了营业额和效益。全年实现赢利近500万，不仅保证了正常开支，而且有效地提升了综合实力。

【科技与信息】

江西省各地博物馆积极探索运用网络及新媒体开展服务工作。如安源路矿工人运动纪念馆开发“720度虚拟实景展示系统”；秋收起义铜鼓纪念馆在网站上开通3D数字展馆；南昌县博物馆建立“洪州窑青瓷网上虚拟展”，将实体展览通过三维立体的方式完整呈现在网络上。江西省博物馆等多家博物馆还建立了官方微博和微信。目前，江西省大部分博物馆都建立了网站或网页，为公众提供参观预约、藏品赏析、资料分享、咨询答疑、文化产品营销和互动联系等便捷、有效的在线服务，更大程度地架起了博物馆与广大观众之间沟通的桥梁。

【文博宣传与出版】

江西省文物系统以国际博物馆日、文化遗产日为契机，结合实际，开展了各具特色的文物宣传活动，拓展延伸了文物博物馆的传播力和辐射力。

4月18日，国家文物局和江西省文物局在北京召开中国文化遗产日主场城市活动（景德镇）新闻发布会，极大地提升了景德镇文化遗产日主场城市活动的知名度。6月14日，由国家文物局、江西省人民政府主办，江西省文物局、景德镇市人民政府承办的2014年中国文化遗产日主场城市活动在景德镇市成功举办。主场城市活动主题鲜明、内容丰富、影响广泛、反响强烈，充分展示了江西省及景德镇市深厚的历史文化底蕴，充分体现了江西省及景德镇市坚持把历史文脉保下来、坚持让文化意义说出来、坚持让文化影响传开来、坚持让文化观念立起来、坚持让文化工作动起来和坚持让文化发展快起来的文物保护理念，真正做到了“让文化遗产活起来”。

江西省各地也积极开展了独具特色的博物馆文化宣传普及活动，如井冈山革命博物馆依托红色资源优势，创作出一场以歌舞、快板、情景朗诵和专家访谈等多形式展现井冈山精神的宣讲报告会《永恒的信念》；瑞金中央革命根据地纪念馆自2013年以来，通过开展“微笑服务”活动，规范服务用语和服务态度，以优质文明的服务树立良好窗口形象，全年共收到游客表扬信100余封，游客反馈满意率达90%以上。

【机构及人员】

江西省共有文物机构208个，其中文物保护管理机构69个、博物馆141个、文物商店4个、文物科研机构2个、其他文物机构2个。全省文物业从业人数3433人。

【对外交流与合作】

7月21日，由江西省博物馆与台湾台北历史博物馆共同举办“铜与瓷的交辉——江西古代文明文物精品展”开启赣台经贸文化交流合作序幕。

江西省博物馆在“江西米兰文化交流年”系列文化交流项目中，11月4～15日在米兰举办了“千年瓷都——中国景德镇当代瓷器艺术精品展”。

山东省

【概述】

2014年，山东省文物系统学习贯彻党的十八届三中、四中全会和习近平总书记系列重要讲话精神，围绕中心、服务大局，深化改革、依法行政，深入推进全省文博事业发展“十二五”规划，实施“七区两带”文化遗产保护片区和重点项目带动战略，让文物在保护与利用中“活”起来，推动全省文物事业健康快速发展，在多个领域实现重大突破，为弘扬中华优秀传统文化、加快建设经济文化强省做出积极贡献。

【法规建设】

《山东省曲阜孔庙、孔林、孔府保护管理条例》列入省人大常委会地方立法计划并完成起草。

启动“省级考古遗址公园”规划建设，完成《山东省省级考古遗址公园管理办法》起草，遴选推荐了首批立项名单，已报请省政府公布实施。

【行政制度改革】

经山东省政府核定，山东省文物局取消和下放了10项行政审批事项，公布28项；梳理行政处罚权59项，制定了《山东省文物局行政处罚裁量基准》。全面推行权力清单制度，会同山东省编办在82个文物法规、政策文件中初步梳理、核定山东省文物局行政权力事项171项。

【行政执法与文物安全】

全面落实安全责任制，完善多部门联合监管和执法机制，完善巡查监管制度，督办了齐国故城遗址保护范围内违法建设案、青岛市湛山炮台旧址遭破坏案等文物违法案件。

启动文物安全“天网工程”试点，与公安机关天网监控指挥中心互通共享，对田野文物实施24小时全方位监控。济南市长清区基本完成工程试点工作，积累了宝贵经验，日照市试点工作全面展开。推行田野文物“文物保护员”制度，县、乡、村三级文物保护网络基本建立。全年国家文物局批复山东省76个文物安防、消防、防雷工程项目。

【不可移动文物的管理和保护】

（一）概况

截至2014年年底，山东全省共登录各类不可移动文物5万余处，其中全国重点文物保护单位196处，省级文物保护单位1293处，市、县（市、区）重点文物保护单位1万余处；世界文化遗产4处（泰山、“三孔”、齐长城、大运河）；省级优秀历史建筑373处；历史文化名城20座，其中国家级历史文化名城10座（曲阜、济南、青岛、烟台、聊城、青州、邹城、临淄、泰安、蓬莱）。

（二）大遗址保护

《国家大遗址保护“曲阜片区”文化遗产保护总体规划》获国家文物局批复。启动“三孔”古建筑彩绘保护工程，聘请中国文化遗产研究院、故宫博物院古建筑彩绘专家组成专家咨询队伍，《曲阜孔庙、孔府、孔林建筑彩绘保护维修立项报告》《颜庙古建筑群彩绘修缮保护工程方案》获国家文物局批复，工程前期准备工作基本完成。组织实施一批古建筑本体保护工程，“三孔”完成孔庙弘道门、尼山孔庙古建筑群等维修工程，孔府中路建筑维修工程基本完工，进行孔庙、孔林维修项目方案设计并筹备招标，泰山岱庙碑亭修复、中寝宫维修等工程全面竣工。尼山孔庙古建筑群维修荣获首届“全国十佳文物保护工程”。

山东省列入首批立项名单的三大国家考古遗址公园建设工程进展顺利。鲁国故城考古遗址公园完成区域内周公庙建筑群的环境整治与展示、东北角城墙保护与展示工程等项工程。南旺枢纽考古遗址公园完成分水龙王庙建筑群的维修及建筑基址保护与展示、南旺枢纽博物馆建设等工程。大汶口考古遗址公园全面展开考古发掘工作，完成汶河南北岸治理工程的北岸整理工程。章丘城子崖、临淄齐国故城被列入第二批国家考古遗址公园立项名单。

（三）全国重点文物保护单位

全省95处第七批国保单位“四有”工作完成率达73%。完成第六、七批全国重点文物保护单位纸质及电子档案备案工作并通过国家文物局验收。

孔府东路等42处国保单位维修方案、保护规划及立项获国家文物局批复。完成毕自严故居等35处省级以上文物保护单位维修保护方案审核。全年启动全国重点文物保护单位保护规划编制34个，完成8个。

加强抗战文物保护工作，8处抗战纪念设施、遗址入选第一批国家级抗战纪念设施、遗址名录。

（四）世界文化遗产

6月22日，第38届世界遗产组织大会在卡塔尔首都多哈审议通过中国大运河成为新的世界文化遗产，大运河山东段成为山东继泰山、“三孔”、齐长城之后的第4处世界文化遗产。大运河山东段保护申遗工作历经5年艰苦努力，共编制实施文物保护工程方案40项，各级累计投入资金近10亿元，完成申遗8段河段、15处遗产点的维修保护展示和环境治理工程，合理搬迁安置了部分村民，取得了显著社会和经济效益，直接间接受益民众超过500万人。山东省政府对大运河保护申遗17个先进集体、30个先进个人予以通报表扬。围绕“鲁西南经济隆起带”战略大局，启动《山东大运河历史文化长廊建设规划》编制工作。

（五）“乡村记忆”工程

为切实加强城镇化建设中的文化遗产保护，探索创新农村文化遗产保护模式，山东省文物局在2014年初提出了“乡村记忆”工程的基本思路，得到了山东省委、省政府高度重视。建立了由山东省委宣传部和省文物局牵头的九部门联席会议机制，在全省启动实施。

“乡村记忆”工程是“记得住乡愁”“留得住乡情”载体工程，目标是在全省建成一批各具特色、美丽宜居的“乡村记忆”工程示范单位，提升乡村传统文化、传统建筑保护和传承水平。计划到2020年，在全省保护、整修、恢复设立10个左右“乡村记忆”乡镇，50个左右“乡村记忆”民俗节庆，100个左右“乡村记忆”博物馆（优秀传统文化和非物质文化遗产传承展示馆、村志馆、档案馆），1000个左右“乡村记忆”村落（街区），5000个左右“乡村记忆”民俗文化和民俗工艺传承人，10000个左右“乡村记忆”民居。

2014年，开展了全省“乡村记忆”工程保护单位普查和调研工作，第一批共上报保护单位689个，其中乡镇26个、村落（街区）230个、民居353个、乡村（社区）博物馆80个。经专家遴选确定24个试点单位，工程试点工作全面铺开。

（六）其他

扎实推进中华文化标志城规划建设，加强孔孟文化遗产地世界银行贷款项目管理，建立项目月报、季报和考核机制，70个项目合同包中已签订合同39个，使用贷款1213万美元，占贷款额的24%。推动山东省文物局、济宁市政府、国家开发银行山东分行曲阜片区文化遗产保护利用金融合作项目，首批28个项目融资174亿元，其中邹城市峄山项目8亿元资金已到位。

依据齐长城资源调查成果，编制完成《齐长城总体保护规划》和重点区段保护展示工程设计方案，齐长城长清段等10处重点区段的抢救性保护维修工程设计方案获国家文物局批复，齐长城源头等保护工程进入具体实施阶段。

会同山东省住建厅做好中国传统村落推荐工作，全省37个传统村落列入中国传统村落名录。

【考古发掘】

沂水纪王崮春秋墓葬入选“2013年度全国十大考古新发现”，这是山东省连续第6年获此殊荣，累计入选已达18次、21项。全年组织完成129项建设工程的考古调查和勘探等文物保护工作，出具97份工程选址文件和93份准予施工通知。20项考古发掘证照获国家文物局批复，其中主动性考古发掘项目8项，大部分考古发掘项目完成田野工作。不完全统计，全年全省徒步考古调查近2000公里，考古勘探超过1500万平方米，考古发掘面积近2万平方米。配合国家建设工程，完成了山西中南部铁路工程穿越京杭大运河梁山段、济青高速铁路沿线考古调查等工作。在城乡建设、新农村改造中，先后完成了济宁、枣庄、临沂等地的26个考古调查、勘探、发掘项目。

重点对泰安大汶口、章丘城子崖、临淄齐故城遗址进行了考古发掘，鲁国故城的资料整理工作正在有序开展。大遗址考古方面，全面完成了章丘东平陵城遗址的考古勘探，对无棣信阳故城、平度即墨故城、沾化盐业遗址群等大遗址进行了大规模考古勘探，对曹县梁堌堆、郜堌堆、定陶十里铺等遗址进行了考古调查、勘探和发掘工作。2014年初对定陶大型汉墓积沙槽进行了清理，为保护规划方案的编制提供了翔实的考古资料。围绕课题研究项目，按照计划对昌邑古代盐业遗址、博兴龙华寺佛教遗址进行了考古发掘。

扎实推进水下考古工作。水下文化遗产调查和数据库建设填补了山东内陆河流湖泊水域调查空白，明清沿海海防设施保护总体规划已立项，东平湖水域及其周围淹没区遗址调查研究课题实施方案获国家文物局批复。经过积极争取，国家水下文化遗产保护中心北海基地和全国第一艘水下考古船落户青岛，举行了我国第一艘水下考古船首航仪式。

【博物馆与可移动文物保护】

（一）博物馆

进一步加强国有博物馆建设。2014年山东省实施博物馆建设项目45个，其中建成项目20家，续建项目19个，新建项目6个，总投资59.9亿元，年度完成投资12.4亿元。全年实施馆舍维修及改扩建、展厅及库房改造提升、游客服务设施建设等基础设施项目178个，总投资6.2亿元，年度完成投资4.3亿元。着力促进非国有博物馆发展，会签完成《山东省人民政府关于促进非国有博物馆发展的意见》，开展了全省县级博物馆发展及县域历史文化展示情况调研。截至2014年年底，全省注册各级各类博物馆达到273家，其中文物部门所属博物馆149家、行业性国有博物馆66家、民办博物馆58家，分别比上年增加7家、17家、39家。全省国家一、二、三级博物馆达到42家。国有博物馆馆藏文物182万件，其中一级文物1.26万件。

着力提升管理和社会服务水平。建立健全博物馆考核评价制度，开展国家二、三级博物馆运行评估，完成199家博物馆年检工作。举办了第二届“山东省博物馆、纪念馆十大精品陈列展览”和首届“山东省十佳博物馆”评选活动，启动了“齐鲁瑰宝”推选暨山东省第六届讲解员大赛。深入实施将参观博物馆纳入中小学教学计划和旅游推介项目，被国家文物局列入“全国完善博物馆青少年教育功能试点”并顺利通过验收。山东博物馆“孔子学堂”、青岛市博物馆“奇妙博物馆”等被评为全省首届“博物馆、纪念馆十大优秀社会教育活动案例”。开展了百家博物馆文化助残公益行动。截至2014年年底，山东省各博物馆共举办基本陈列1545个、临时展览1195个，开展社会教育活动11496次。全年共接待观众5376万人次，比上年增长19.1%，其中青少年观众1846万人次，比2013年增长36%。全省220家博物馆免费开放，占博物馆总数的80%，免费接待观众4427万人次，比2013年增长24%。

山东博物馆新馆开放四年来，累计接待观众450多万人次，有力带动了山东全省博物馆事业的蓬勃发展。经过两年的工作，美国环球健康与教育基金会主席肯尼斯·贝林向山东博物馆捐赠的非洲大型珍稀动物标本全部到位，共400余件，总价值逾2亿元人民币，捐赠数量、质量和总价值均创下山东省博物馆接受国际捐赠的新纪录。山东博物馆以此为基础打造了自然展厅常设展览“非洲野生动物大迁徙展”。11月16日新馆开放四周年之际，举行了“贝林先生捐赠非洲野生动物标本交接暨山东数字化博物馆开通仪式”，山东省政府授予肯尼斯·贝林先生“山东省荣誉公民”称号。

（二）第一次全国可移动文物普查

全省各市、县（市、区）全部成立了普查机构并落实了普查经费，全省注册登记普查员2474人、志愿者884人，全年培训普查人员7638人次。

全面完成67510个国有单位收藏文物情况的调查摸底工作，转入文物认定和信息采集、登录阶段。全省200家文物系统单位完成405027件（套）文物的基本信息采集和227383件（套）文物的影像信息采集，119家文物收藏单位共登录文物信息81227件（套）。

调查反馈收藏有文物的国有单位共761个，初步统计全省文物收藏总量为2679418件（套），圆满完成2014年全国第一次可移动文物普查工作任务。

【科技与信息】

山东省政府与故宫博物院，山东省文物局与山东大学、山东建筑大学分别签署了加强交流合作框架协议，在全省开展文物保护科学与技术研究重点基地建设和重点课题申报工作。遴选确定山东博物馆数字博物馆建设标准化研究、三孔古建筑工程管理处文物古建筑彩绘保护与研究、青州市博物馆陶器彩绘文物保护、山东省考古所出土木质文物保护、山东大学科技考古应用研究、山东省文物保护与修复中心石质文物保护研究、山东博物馆文物纺织品保护7个首批省级文物科研基地和6个重点课题。

建设山东数字化博物馆，切实解决大量文物因展陈条件限制而得不到充分展示利用的问题，“让馆藏文物活起来，让文物说话，讲中国故事”。运用信息、互联网、多媒体、新媒体等技术手段，整合全省文物资源，对馆藏珍贵文物进行数字化采集处理和保护，并实现网上共享展示，打造“没有围墙的山东省博物馆”。项目一期于2014年年底完成山东文物信息专用数据库建设和管理展示共享软件平台的研发，对山东博物馆馆藏2000件珍贵文物进行了数字化采集处理并上线试运行。

【文博教育与培训】

山东省文物局会同省委组织部举办了第二期全省文物工作县（市、区）长专题培训班。在国家文物局支持下，连续第4年举办全省文物行政执法和安全监管培训班，共培训执法人员600余人次。此外，先后举办了全省博物馆长、考古所长，以及项目经费管理、大遗址保护、文物普查员、宣传通讯员和“十三五”规划编制工作等12个培训班，培训近千人次。全年选派8批、45人参加全国县级文物行政部门负责人培训班和专业人才培训班。

【文博宣传与出版】

利用国际博物馆日、中国文化遗产日和普法宣传日等，在全省组织开展丰富多彩、形式多样的文博宣传活动。

加强与主流新闻媒体的沟通合作，出版文物专版、专刊、专栏，宣传普及文物保护法律法规和知识。全年推出《中国文物报》专版7期，《中国日报》中英文专版4期，《人文天下·山东文物》杂志3期，其他报刊专版36期，《大众日报》《联合日报》以专栏、专题报道等形式刊发文物稿件50余篇。创办《山东文物》双月刊杂志。与山东卫视合作，制作播出专访互动节目6期，制作文物保护宣传片3部。中国山东网开辟了“乡村记忆”工程、可移动文物普查和文物保护专页。中央及省、市媒体全年编发文物工作新闻稿件2000余篇条。

【机构及人员】

截至2014年年底，山东省17个市中有15个市成立了文物局，2个市成立了文物管理处或文物管理办公室，14个市成立了文物保护委员会，5个市成立了文物保护社会团体。

山东省共有文物机构461个，其中文物行政主管部门53个、文物保护管理机构112个、博物馆273家、文物商店5家、科研机构10个、其他文物机构8家。省直文博单位有山东博物馆、山东省文物考古研究所、山东省文物总店、山东省石刻艺术博物馆和山东省文物科技保护中心。全省文物系统从业人员10672人，其中专业技术人才3761人，包括高级职称147人、副高职称77人、中级职称1487人、初级职称2050人。

【对外交流与合作】

2014年5月21～23日，第三届尼山世界文明论坛在山东大学成功举办，共举行40场高端学术活动，来自世界21个国家和地区的150多位专家学者和各界人士出席活动。

推进“齐鲁文化走出去”“永远的孔子展”“黄河与泰山：中华文明之源与世界遗产展”“千年重光：青州龙兴寺佛教造像展”等具有中华文化特色、在海内外享有盛誉的文物对外展览品牌。在香港举办了“甲午战争文物展”，协助国家文物局举办了英国伦敦“明：皇朝盛世50年（1400～1450）”、法国巴黎中法建交50周年“汉风——中国汉代文物展”；山东博物馆引进“星云大师一笔字书法展”。全年共接待来自美国、法国、英国、日本、韩国和香港等国家和地区来访团组110人次。

河南省

【概述】

2014年，河南省文物工作以党的群众路线教育实践活动为动力，认真贯彻执行文物工作方针，坚持保护利用并重、传承创新并举、合作交流并行，解放思想，深化改革，求实创新，大运河河南段、丝绸之路河南段两个项目成功列入《世界遗产名录》，洛阳新安汉函谷关遗址被评为“2013年度全国十大考古新发现”，“鼎盛中华”和“鹰城古韵”两项陈列展览荣获第十一届（2013年度）“全国博物馆十大陈列展览精品奖”，文物保护工作助力社会经济发展的作用日益明显。

【法规建设】

2014年12月4日，河南省第十二届人大常委会第十一次会议审议批准了《郑州市郑韩故城遗址保护条例》，于2015年1月1日起施行。郑韩故城遗址是东周时期郑国和韩国的都城遗址，是首批全国重点文物保护单位，是目前世界上同一时期保存最高大、最完整的都城遗址，也是首批国家重点支持的36处大遗址之一。《条例》制定主要依据《中华人民共和国文物保护法》《中华人民共和国文物保护法实施办法》《河南省实施〈中华人民共和国文物保护法〉办法》等法律、法规以及国务院、文化部相关规范性文件。该《条例》在批准前四次向全社会征求意见，经过了数十次的修改和专家论证，在制定和修改过程中将目前最新的大遗址保护和考古遗址公园等理念融入其中，为新时期的文物保护工作进行了有益探索。《条例》的颁布实施，将对加强郑州市郑韩故城遗址的保护、更好地继承和弘扬优秀历史文化、提升城市品位与文化内涵、合理利用历史文化资源发挥重要作用。

【执法督察与安全保卫】

（一）执法督察

督促查处商登高速公路尉氏县取土场古墓葬遭破坏等13起文物违法案件。督办破获太康寿圣寺塔、登封均庵主塔、济源汤帝庙等10余起文物被盗案件。会同河南省公安厅表彰了9个2013年全省打击文物犯罪成绩突出单位。全年组织鉴定涉案文物99起、701件，维护了河南全省文物安全形势的整体稳定。

（二）安全保卫

部署开展古城保护以及元旦春节、传统庙会等特殊节日期间文物安全专项检查，累计检查文物博物馆单位364个，提出意见建议260余条，对24处存在较大安全隐患的单位及时下达了整改通知书，并跟踪督察，确保整改意见落到实处。推进文物风险单位安全防范设施建设，组织编制60余部技防、消防、防雷方案。积极调动社会力量参与文物保护的积极性，完成省级以上文物保护员登记备案，对2014年度全省157名优秀文物保护员进行了表彰奖励。举办了为期5天的2014年度全国文物安全管理人员（河南片区）培训班，全省文物行政部门及有关文博单位安全工作负责同志等150余名学员参加了培训。

【不可移动文物的保护和管理】

（一）概况

截至2014年年底，河南省共有全国重点文物保护单位358处、省级文物保护单位902处。

（二）大遗址保护

全年编制完成11部大遗址保护展示和环境整治方案，组织开展15项相关主动性考古发掘，向国家文物局申请立项17个大遗址保护项目。持续推进偃师二里头遗址、渑池仰韶村、宝丰清凉寺汝官窑遗址等16处大遗址保护展示工程。安阳殷墟、隋唐洛阳城、汉魏洛阳故城3处国家考古遗址公园和郑州商城、新郑郑韩故城、偃师商城、内黄三杨庄、信阳城阳城遗址5处国家考古遗址公园立项项目的建设取得阶段性成效。隋唐洛阳城明堂、天堂、宫城遗址和郑州商城东南城垣、西南城垣遗址保护展示工程圆满竣工。

（三）全国重点文物单位

编制完成57项全国重点文物保护单位保护规划和维修方案，已有19项获得批准。济源阳台宫、浚县城墙、西平宝严寺塔等50余项保护维修工程顺利通过结项验收。一批濒危文物建筑得到抢救维修，文物周边环境得到较大改善。

（四）世界文化遗产

大运河、丝绸之路申报世界文化遗产，是近年来我国同时进行的两项重大文化工程。河南作为全国唯一同时承担这两项申遗任务的省份，共有11处遗产点列入申遗名单，涉及郑州、洛阳、三门峡、商丘、鹤壁、安阳、滑县、浚县、夏邑、新安、陕县等6市5县。河南省文物局组织制定倒计时工作方案，指导协调遗产地政府及文物部门，攻坚克难，精益求精，顺利完成大运河洛阳市回洛仓遗址和含嘉仓遗址、通济渠郑州段、通济渠商丘南关段、通济渠商丘夏邑段、永济渠滑县—浚县段、浚县黎阳仓遗址和丝绸之路汉魏洛阳城遗址、隋唐洛阳城定鼎门遗址、新安汉函谷关遗址和陕县崤函古道石壕段遗址全部11处遗产点冲刺阶段各项准备工作。在2014年6月22日第38届世界遗产大会上，两个项目成功列入《世界遗产名录》，河南成为全国唯一成功“双申遗”的省份，实现了世界文化遗产保护工作的重大突破。加之洛阳龙门石窟、安阳殷墟、登封“天地之中”历史建筑群，河南全省世界文化遗产达到5处。

进一步加强世界文化遗产保护、管理、研究、宣传、展示等工作，继续推进世界文化遗产监测预警体系建设。由国家文物局批准实施的龙门石窟监测预警体系建设一期工作内容已经完成，并进入试运行阶段，由新成立的龙门石窟世界遗产监测中心负责日常监测，二期建设正在实施中。殷墟监测预警体系建设已获国家文物局批准立项，建设工作正在稳步推进。

（五）其他

会同河南省住房和城乡建设厅公布第五批286处省级文物保护单位保护范围和建设控制地带，第六批省级文物保护单位保护范围和建设控制地带划分工作稳步推进。会同有关部门召开“全省加强传统村落保护工作电视电话会议”，对做好新形势下全省传统村落保护工作作出具体安排部署。对“万里茶路”“河南古民居”等进行调查。探索开展中小型石窟高浮雕拓印、建档测绘工作，努力抢救保护田野文物，取得一定成效。

【考古发掘】

（一）概况

服务全省经济社会发展大局，积极做好大型建设项目中的文物保护工作，配合郑州至机场高速公路建设、商登高速公路建设、南阳至信阳燃气管道建设、博洛煤层气管道建设、南水北调新郑支线等多项重点项目的文物调查和考古发掘工作，取得了重要收获。洛阳新安汉函谷关遗址被评为“2013年度全国十大考古新发现”。河南获此殊荣的项目总数已达42项，总量稳居全国第一。

（二）重要考古项目

1．濮阳戚城龙山时代城址

戚城遗址位于河南省濮阳市华龙区古城路与京开大道交会处西南角，为第四批全国重点文物保护单位。2014年3～10月，河南省文物考古研究院联合首都师范大学历史学院、濮阳文化局、戚城文物景区管理处等单位组成戚城遗址联合考古发掘队，对戚城龙山时代城址南城墙中段缺口处、西北拐角处进行发掘，对2008年发掘的东城墙南段探沟即TG1四壁进行了外扩。同时，对城内布局及城外护城壕沟等情况进行了初步勘探。

从考古发掘地层层位及遗迹的叠压打破关系看，戚城龙山时代城墙之下叠压有龙山时代文化层和龙山时代灰坑；其上又被多层龙山时代文化层叠压并被龙山时代灰坑打破。戚城龙山城址的时代为龙山时代确凿无疑。该城址周围环绕有蒯聩台遗址、金桥遗址、马庄遗址、铁丘遗址等龙山时代遗址。戚城龙山时代城址应为周围小聚落所环绕的较高级别的大的中心性聚落。戚城龙山城址的时代与上古五帝时代舜帝的年代相吻合，在探讨文明起源中具有十分重要的地位。

2．郑州东赵遗址

东赵遗址位于郑州市西郊，分布在檀山东北的台地上，处于夏商文化分布的核心区域。2012年10月～2014年12月，北京大学考古文博学院与郑州市文物考古研究院联合对东赵遗址进行了连续性考古发掘与勘探，发现有大、中、小三个“叠套”在一起的城址，时代从龙山文化时期到东周，延续时间长，年代序列相对完整，文化遗存丰富。

小城位于东赵遗址的东北部，平面基本呈方形，边长150米，面积约2.2万平方米，为郑州地区嵩山以北发现的第一座确认的新砦期城址。中城大致位于东赵遗址中部，平面基本呈梯形，南城墙长256米，北城墙长150米，南北长350米，面积约7.2万平方米，是为数不多的二里头时期城址，内涵丰富。如集中成片似有着统一管理及规划的圆形地穴式遗存，是该时期第一次发现；卜骨坑也是目前该时期单一遗迹内集中出土卜骨数量最多的；在中城南墙基槽内发现一孩童骨骸，似与祭祀活动相关，这类现象在同时期其他遗址中也未见。大城整体形状呈横长方形，东西长约1000米、南北宽600米，面积近60万平方米，年代为东周战国时期。此外，东赵遗址还发现二里岗时期的大型夯土建筑基址，基址面积达3000平方米。考虑到之前遗址内采集到的商代铜器和遗址内丰富的二里岗时期遗存，推断东赵遗址为商代早期郑州商城西部的一处重要聚落。

东赵遗址的发现为研究夏商时期年代谱系抑或郑州西北的区域聚落、二里头时期偏早阶段聚落设防及规划、早商时期商夷关系和郑州地区西周文化等提供了新材料和新视角，具有重要的学术价值和意义。

3．南阳市百里奚路西汉木椁墓

2014年6月，为配合南阳市百里荣昌陶瓷城工程建设，南阳市文物考古研究所对建设区域进行文物钻探，在百里奚路中段西侧发现了一批古墓葬。2014年6～8月，河南省文物考古研究院、南阳市文物考古研究所对这批墓葬进行考古发掘，共发掘墓葬12座，均为西汉时期土坑墓。其中M10、M12东西相邻，墓形、方向相同，应为共用同一墓塚的夫妻异穴合葬墓，虽经盗扰仍出土了丰富的随葬品，主要有陶鼎、陶壶、陶盒、铜镜、铜钱、漆盒、漆耳杯、漆盘、铜剑、铁矛和玉印章等，共130余件。玉印为正方形，正反面均雕刻有篆体印文，分别为“孔调”和“臣调”。M12出土的四神图彩绘漆棺为河南省首次发现，具有重要的研究价值。这两座墓葬的考古发掘，为研究中原地区汉代历史文化的发展及随葬习俗、埋葬制度等提供了新的实物资料。

4．汉魏洛阳城太极殿东堂遗址

为全面了解汉魏洛阳城宫城太极殿的形制布局、时代演变，结合国家考古遗址公园建设的需要，2013～2014年，中国社会科学院考古研究所洛阳汉魏城队在太极殿遗址发掘的基础上，对太极殿东堂遗址进行了发掘，共完成发掘面积约2700平方米。

汉魏洛阳城的“太极殿”，其始建年代可上溯至曹魏初年，历经西晋、北魏的修补、沿用，是中国历史上第一座“建中立极”的大型宫室。通过发掘，明确了太极殿是由东西两侧的东堂、西堂和居中的主殿为三座主体建筑（占地面积8000余平方米），以及外围回廊等附属建筑共同构成的一组规划有序、布局严谨、气势恢宏的大型建筑群，是汉魏洛阳城乃至于中国古代建筑中体量最大的建筑群之一。

通过考古发掘，明确了太极殿东堂的平面形制、太极殿的建筑布局以及时代演变等，使我们得以清晰地了解2～6世纪中国最高政治权利集团的建筑形态，对于汉魏洛阳城遗址的研究乃至中国古代都城制度的研究具有重要的意义。而由此开启的“太极殿制度”，更成为古代中国最核心的政治制度，一直延续到明清时期，并远播日、韩等国。

5．隋代回洛仓与黎阳仓遗址

为配合中国大运河“申遗”，自2011年，由河南省文物考古研究院、浚县文物旅游局、洛阳市文物考古研究院联合对隋代回洛仓与黎阳仓粮食仓储遗址进行了较为全面的考古调查、勘探与发掘，基本掌握了两处仓城遗址的范围、道路、仓窖、管理区等总体布局以及漕运相关的情况，清理出的主要遗迹有仓城城墙、护城壕沟、夯土基址、仓窖遗迹、道路、漕渠和大型建筑基址等，取得了极为丰富的考古成果。隋代回洛仓遗址位于隋唐洛阳城外东北部的洛阳市瀍河区，目前完成发掘面积4800平方米，发掘展示了隋代都城具有战略储备和最终消费功能的大型官仓的储粮规模和仓窖形制特征等。隋代黎阳仓遗址位于河南省浚县城关镇东关村，目前完成发掘面积3000平方米，其发掘显示出依托大运河而具有中转性质的大型官仓的性质特征。

隋代回洛仓与黎阳仓代表了隋代不同类型的大型国有粮仓，两者的发掘相互补充地提供了隋代地下储粮技术各个环节新的考古资料，揭示了我国古代地下储粮技术完备时期特大型官仓的概貌、储粮技术水平以及储粮种类，对于研究和复原隋代大型粮仓的仓储全过程具有重要价值。两处仓储遗址的考古发现为中国大运河成功“申遗”提供了隋代运河开凿和利用的珍贵实物证据。

【博物馆与可移动文物保护】

（一）博物馆

1．博物馆建设

开展偃师二里头夏文化遗址博物馆、中原考古博物院建设工程前期筹备工作，加快商丘博物馆、开封博物馆、漯河博物馆等建设和陈列布展工作，林州红旗渠纪念馆新馆、信阳城阳城遗址博物馆、新县丁李湾生态博物馆等对外开放。具有中原文化特色的博物馆网络体系日益完善，全省博物馆、纪念馆总数达到232座。在国家开展的2013年度博物馆运行评估工作中，河南博物院、郑州博物馆、洛阳博物馆、南阳汉画馆4家国家一级博物馆，开封市博物馆等10家国家二级博物馆，兰考县焦裕禄纪念馆等23家国家三级博物馆全部合格，其中开封市博物馆、兰考县焦裕禄纪念馆考核等级为优秀。

2．博物馆间的交流与合作

举办全省博物馆陈列展览培训班，主办豫陕晋冀四省博物馆理论与实践研讨会，推进省际博物馆合作交流。

3．重要陈列展览

全省博物馆、纪念馆围绕经济社会发展大局，不断提高陈展水平和服务质量。河南博物院“鼎盛中华——中国鼎文化展”和平顶山博物馆“鹰城古韵——平顶山历史与文化陈列”荣获第十一届（2013年度）“全国博物馆十大陈列展览精品奖”。同时郑州博物馆“君子四艺——琴棋书画艺术展”等10项陈列展览被评为“河南省优秀陈列展览”，丰富了广大人民群众的精神文化生活。全年全省博物馆累计举办1000多个陈列展览，接待观众4500多万人次。

4．其他

开展财政资金补助博物馆、纪念馆免费开放专题调研，实施2013年度博物馆、纪念馆免费开放绩效考评。组织开展文物鉴定、文物知识讲座、文物展览进社区进校园、博物馆青少年教育功能试点等文化惠民活动。

（二）可移动文物保护

1．概况

截至2014年年底，全省博物馆、纪念馆文物藏品总数2043967件（套），其中一级文物2433件（套）、二级文物17082件（套）、三级文物287765件（套）。

争取省财政支持，在84个县域和8个省辖市区开展田野零散石刻文物集中保管工作，累计抢救保护石刻文物近万件。

2．可移动文物保护科研基地建设

研究制定《河南省文物局重点科研基地管理办法》，命名第二批河南省文物局重点科研基地9个，总数达到14个。完成河南省文物科技保护中心新址搬迁工作，完善软硬件建设，提高文物科技保护研究和应用水平。

3．可移动文物保护技术、方法及应用

坚持理论与实践相结合，有针对性地举办两期青铜器保护修复技术强化培训班，全年组织实施可移动文物保护修复项目18个，抢救修复珍贵文物600多件。鼓励文物科研人员在各类文物期刊发表学术文章300多篇，编辑出版学术专著、考古发掘报告、文物普及读物50余部。

（三）第一次全国可移动文物普查

2014年河南省主要开展了以县域为基础的可移动文物信息数据登录工作，已登录数据10万余条，实际登录文物28万件。

【社会文物管理】

河南省文物交流中心成功举办春秋两季“河南郑州全国文物艺术品交流展”，全年实现销售收入300余万元，销售文物商品547件。国家文物出境鉴定河南站为全省13家文物拍卖企业提供鉴定审核服务，共鉴定审核拍卖标的10300余件；办理文物及复仿制品出境、临时进境9起，审核进出境文物及复仿制品等130多件；配合郑州海关鉴定缉私文物及复仿制品等105件；鉴定光山县净居寺文物旅游中心、安阳市民间艺术博物馆征集的各类文物1500多件。

【科技与信息】

河南省文物考古研究院编制的《田野考古钻探记录规范》为2013年度国家文物局确定的一项行业标准制定项目，目前正在对送审稿初稿专家意见进行统计和修订完善。继续承担国家重大科研项目“中华文明探源工程（四）”中的子课题“禹州瓦店遗址聚落形态研究”；承担国家社科基金重点项目“禹州瓦店遗址考古报告”；承担国家社科基金后期资助项目“荥阳小胡村商周墓地”；继续承担国家社科基金一般项目“郑韩故城出土东周陶文整理研究”等。承办“河南省科学技术史学会第五次会员代表大会”和“开封北宋东京城新郑门遗址考古发掘与保护研讨咨询会”等。

河南省文物建筑保护研究院组织申报了“嵩山文明研究会”课题。“河南古建筑彩画信息深度采集与保护研究”“河南古聚落”等课题继续推进。已立项的“河南省文物建筑彩画成分分析与研究”“古城址典型病害特征及形成机理研究”等省级课题和“河南文物建筑精华——会馆”“数字图像技术在古塔保护中的应用研究”“归德府明清城市保存情况调查与保护研究”“河南典型古戏楼遗存现状调查及研究”等课题正在有序开展。《安阳石窟》《周口关帝庙》《文物保护工程竣工报告选集》等研究成果正在编辑中。“沁阳北大寺古建筑彩画信息采集与研究”“豫西北民居调查”两课题完成了结项报告。

【文博教育与培训】

先后举办全省县级文物保护管理所所长、文物安全管理人员培训班以及博物馆陈列展览、文物保护专项补助资金申报及预算编制、信息宣传等培训班，培训各类专业技术人员2000余人次，为各项工作的顺利实施提供了人才支撑。

【文博宣传与出版】

配合国家文物局组织开展河南文物事业发展成就宣传系列报道，新华社、光明日报（光明网）、中央电视台、中国日报、中国新闻、中国文化报、中国文物报等10余家中央主要新闻媒体和网络媒体到河南进行实地采访，编发各类信息100余条，取得良好社会反响。香港文汇报以《世界文化 · 河南遗产》为题，通版刊发宣传河南世界文化遗产价值、意义和工作经验。河南日报推出《丝绸之路上的河南印记》《大运河走过河南》两个专版，对河南两处新增世界文化遗产的内在价值、保护成果进行了宣传报道。光明日报分别以《呵护中华文明的历史见证》《解读大遗址保护的洛阳模式》专刊刊发了郑州市、洛阳市两大片区对大遗址保护的探索和创新。落实与中国文物报社宣传合作协议，相继推出大遗址保护、可移动文物普查、博物馆发展成就、文物科技保护等7个专版，进一步扩大了河南文物工作的影响力。

为庆祝第九个中国文化遗产日，河南省文物局组织全省文物系统，紧紧围绕“让文化遗产活起来”这一主题，从有形文化遗产和无形文化遗产两个方面精心策划开展了一系列特色活动。期间，全省300多家博物馆和文物单位向公众免费开放或优惠开放。

2014年，出版《华夏考古》1～4期、《河南文物工作》1～4期，出版学术著作《古代青铜器的修复与保护技术》《河南省文物考古文集（5）》《话说安阳曹操高陵——发现曹操墓》《话说安阳曹操高陵——解密曹操墓》《文物建筑（第7辑）》等。

【机构及人员】

2014年，河南全省文物保护机构总数为544个，比2013年增加26个，其中文物保护管理机构124个、博物馆248个、文物商店6个、文物科研机构15个、其他文物机构7个；人员总数11862人，比2013年增加516人，其中高级职称407人、中级职称1080人。

【对外交流与合作】

为庆祝中法建交50周年，参加国家文物局赴法举办的“汉风——中国汉代文物精品展”。应联合国教科文组织中国全委会的邀请，组织“洛阳·丝绸之路与大运河交汇的城市”展览赴联合国教科文组织巴黎总部展出。组织“河南的世界文化遗产”“河南重要考古发现成果展”“中国古代音乐交流展”“汉字展”等，分别赴加拿大、韩国、德国、法国、泰国、尼泊尔等国家和台湾、澳门等地区展出。持续落实与瑞典国立世界文化博物馆的五年合作协议，完成2015年赴瑞典“洛阳：丝绸之路上的大都会——唐代文明展”前期筹备工作，并创新外展手段，于2014年6月先期在洛阳博物馆对外展出。全省文物博物馆单位继续实施与美国、瑞典、奥地利、澳大利亚、日本、韩国等国家和港澳台地区文博机构的合作协议，持续开展考古研究、科技保护、人才培养等领域的合作交流。

湖北省

【概述】

2014年，是贯彻落实党的十八届三中、四中全会精神，全面深化改革的重要一年，是湖北加快“建成支点、走在前列”进程的关键之年。湖北省文物系统认真学习贯彻习近平总书记系列重要讲话精神，坚持稳中求进、改革创新的总基调，围绕中心，服务大局，努力推进文物保护与利用，谋大事，抓重点，圆满完成各项工作。

【法规建设】

配合湖北省人大开展文物保护法规贯彻执行工作调研；配合国家文物局，开展《文物保护法》修订征求意见工作，组织专家座谈，提出建设性意见；加强《湖北省历史文化名城名镇名村保护管理条例》《文物安全管理办法》立法工作，出台《湖北省可移动文物保护修复管理办法》。

【行政制度改革】

按照简政放权要求，经湖北省人民政府行政审批制度改革办公室批准，取消“拍摄省级文物保护单位审批”，下放“文物保护工程勘察设计丙级、施工三级、监理丙级资质许可”，对“拍卖文物的许可”等事项进行合并，调整后省级文物行政审批事项由10项减少为6项。承接国家文物局下放的2项行政审批事项。适应国家文物局网上联审联批新要求，规范项目申报审核流程，提高办事效率。配合省发改委，完成省级投资项目网上联合审批平台系统建设，运行效果良好。

【执法督察与安全保卫】

（一）执法督察

与公安部门联合召开2014年打击文物犯罪工作会议，对古墓葬重点保护区域情况进行督导检查，实现打击文物犯罪工作常态化。全年共破获盗掘古墓案22起，摧毁盗墓团伙6个，抓获犯罪嫌疑人50名，追缴文物28件。

开展古城保护中文物违法与消防安全专项督察，全面排查武昌区、荆州区、襄城区、钟祥市第三次文物普查登录公布为不可移动文物的保护情况，督办整改一批重大安全隐患。

开展文物建筑消防安全专项检查，共检查全国重点文物保护单位和省级文物保护单位189个，排查发现消防安全隐患232处，并督促完成整改。

编制印发《湖北省文物行政执法手册》和《湖北省文物行政执法示范案例卷宗》。

（二）安全保卫

将文物安全保护工作纳入市、州政府综治目标管理考核评价体系，进一步强化地方政府文物安全责任。会同湖北省社会管理综合治理委员会制定《2014年全省文物安全保护工作综治目标管理考核细则》，按照省综合考评和地方自评相结合的方式开展考核工作，发挥综治考核正向激励作用。

持续推进博物馆安全达标，全省8家博物馆通过达标验收，5家博物馆具备验收条件，15家博物馆编制完成建设方案，10家博物馆达标工作经费已纳入本级财政预算。

加强田野文物安全监管，印发《省文物局关于进一步加强田野文物安全防控体系建设的指导意见》，形成市、县、乡、村四级田野文物安全防控体系，田野文物安全巡查管护机制日渐完善。

组织编制49个全国重点文物保护单位安全防护工程立项报告及设计方案，完成11项安全防护工程建设并投入使用。

【不可移动文物的保护和管理】

（一）概况

湖北省现有全国重点文物保护单位148处。2014年，湖北省人民政府公布第六批省级文物保护单位（共180处），总数达到850处。

全省继续实施“四片两区一水线”不可移动文物保护战略（“四片”指黄石工业遗产片区、大遗址保护荆州片区、随州曾文化遗产片区、武当山皇家建筑片区，“一水”指中国内陆水下文化遗产保护，“一线”指万里茶道文化线路保护）：启动随州安居城址和京山苏家垄墓群保护规划编制；开展丹江口水下资源调查，发现多处明代古建筑遗迹；完成万里茶道湖北段文物资源调查和初步筛选工作。

（二）大遗址保护

开展盘龙城、石家河、铜绿山、屈家岭等大遗址考古工作。组织召开“盘龙城与长江文明国际学术研讨会”“第二届中国农谷论坛暨纪念屈家岭文化发现60周年学术研讨会”。报请湖北省人民政府两次召开铜绿山遗址保护专题协调会，形成加强文物保护的意见。

完成盘龙城遗址本体保护样板段工程、铜绿山古铜矿遗址白蚁防治一期工程、龙湾遗址保护设施建设工程。龙湾遗址博物馆主体工程完工，盘龙城、铜绿山遗址博物馆工程完成前期选址及设计方案。

召开湖北省大遗址保护暨考古遗址公园建设推进会，梳理“十二五”工作目标完成进度，谋划部署2015年和“十三五”工作计划。湖北省政协组织召开“随州大遗址保护与利用工作界别协商会议”，研究将随州大遗址保护上升至国家层面。湖北省文物局与黄冈市政府联合实施湖北省第一个省级大遗址项目——黄冈禹王城保护项目。

（三）全国重点文物保护单位

编制完成董必武故居等10余处全国重点文物保护单位的文物保护规划并上报国家文物局，其中鱼木寨、五里坪革命旧址、大水井古建筑群、雕龙碑遗址4处保护规划获得批准，由湖北省人民政府颁布实施。

先后完成大水井古建筑群李盖五旧宅、鱼木寨、五里坪革命旧址（一期）等10余项全国重点文物保护单位修缮工程，一批重要文物保护状况得到改善。

李盖五旧宅位于湖北省恩施州利川市，2013年9月开工，2014年10月竣工，实施屋面、东厢房、正院等修缮工程。鱼木寨位于湖北省恩施州利川市，2013年10月开工，2014年11月竣工，实施重要单体——连五间的维修工程。五里坪革命旧址位于湖北省恩施州鹤峰县，2014年1～12月实施一期维修工程，对其中的中央湘鄂边特委机关旧址、湘鄂边独立团团部旧址、红军被服厂旧址、收编川军谈判旧址、赤色监所旧址、九区苏维埃政府旧址、湘鄂边苏维埃合作社旧址、红军驻军旧址等8处旧址建筑进行修缮。

按照习近平总书记“修旧如旧，保留原貌，防止建设性破坏”的重要批示，湖北省及时完成武汉中共中央机关旧址文物保护工程立项、方案编制及经费申报。国家文物局批准方案并予以专项经费支持。中共中央办公厅批复武汉中共中央机关旧址纪念馆的设立申请。工程计划于2015年初开工。

（四）世界文化遗产

加强武当山古建筑群、钟祥明显陵两处世界文化遗产的管理与监测。启动明显陵的重要单体文物——影壁监测工程的招标和前期工作。

编制完成《武当山古建筑群保护与管理规划纲要（2013～2030）》及复真观、仙都桥、仁威观等文物保护维修方案，并报国家文物局批复同意。

推动唐崖土司城址申遗。湖北省政府公布《唐崖土司城址保护管理规划》；实施本体保护、考古发掘等工程；召开唐崖土司学术研讨会，出版专题论文集；完成联合国教科文组织的国际专家现场考察评估。

推进申遗预备项目保护利用。召开黄石矿冶工业遗产申遗中外专家咨询会，加强对荆州、襄阳城墙的保护管理。

开展万里茶道保护研究。联合福建、河南等7省，共同启动万里茶道文化遗产资源调查工作；率先开展茶道沿线文物维修，完成汉口东正教堂文物维修保护工程。

（五）其他

1. 加大省级文物保护力度

近年来湖北省文物保护专项经费大幅增长，2014年达4150万元。为提高省级文物保护经费绩效，湖北省文物局按照“突出重点，以点带片，形成示范”的工作思路，大胆创新，确定一批“省级文物保护单位重点支持示范项目”，与地方政府和相关部门形成合力，在对文物本体进行维修的同时，对周边环境进行整治，恢复重要文物建筑及遗存历史风貌。2014年，全省先后完成北伐军、第二十军军部旧址、陈潭秋故居、段氏府等10余处省级文物保护单位修缮工程项目。

2. 加强传统村落保护

与湖北省住建厅签订《城乡建设与文化传承战略合作备忘录》，制定三年行动计划。成立省历史文化名城名镇名村保护工作指导委员会和保护专业委员会。46处村落入选第三批中国传统村落名录，全省总数达到89处。其中，18处传统村落方案获国家四部局批准，12处传统村落入选国保、省保单位集中连片的中国传统村落名单。鹤峰五里村、利川鱼木村、赤壁羊楼洞村列入中国传统村落整体保护利用项目第一批实施名单，完成档案、规划和保护方案编制工作。开展专题调研，完成新型城镇化中的文化传承创新研究报告。

3. 加强对抗战文物的保护利用

编制完成汉口新四军军部旧址、大悟新四军五师司令部旧址、老河口李宗仁司令部旧址、通城天岳关抗日将士阵亡纪念亭等抗战文物的保护方案，做好抗战文物的维修前期工作。

【考古发掘】

（一）概况

2014年，全省完成武汉盘龙城遗址、大冶铜绿山四方塘遗址等8项主动性考古项目，襄阳米庄社区墓葬、秭归树坪墓群等21项配合基本建设考古项目。随州文峰塔东周墓地考古项目被评为“2013年度全国十大考古新发现”。

（二）重要考古项目

1．大冶铜绿山四方塘遗址

四方塘遗址位于大冶市金湖街办事处泉塘村大岩阴山（7号矿体）北麓，为全国重点文物保护单位铜绿山古铜矿遗址的一部分。

为配合铜绿山古铜矿遗址博物馆新馆建设，经国家文物局批准，2014年，湖北省文物考古研究所对其进行发掘。新发现东周和西汉炼铜场区、宋明时期焙烧炉子以及春秋时期墓葬区，出土一批重要文物。目前清理春秋时期竖穴岩（土）坑墓葬36座，分为一椁一棺墓、无椁单棺墓和无椁无棺墓3类。墓中葬具和人骨保存不好，随葬品数量不一，均为日用器，出土器物有青铜小爬钉、削刀、戈，陶鬲、豆、盂，玉佩饰以及铁矿石等。墓葬区与7号矿体连成一片，但又相对独立分布于7号矿体北边的矮丘上，墓葬分布密集，大小排列有序，随葬品具有明显的等级和职业特征，对深入研究铜绿山矿冶场地的布局、春秋时期铜绿山矿冶生产的国别、墓主人族属、矿冶管理机构和采冶分工等提供了极其珍贵的资料。此次春秋时期墓地的发现，是铜绿山考古工作开展41年以来取得的又一次重要突破，在长江中下游地区乃至中国矿冶考古工作中也是首次发现，填补了中国矿冶史空白。

2．枣阳郭家庙墓地

郭家庙墓地位于枣阳市吴店镇东赵湖村，东距周台东周遗址、忠义寨城址1公里，西距九连墩战国楚墓葬群1.5公里，现为省级文物保护单位。

经国家文物局批准，2014年11月起，湖北省文物考古研究所对位于墓地南部的曹门湾墓区进行考古发掘，共发掘西周晚期至春秋早期墓葬29座、车坑1座、马坑2座、车马坑1座，出土铜、陶、漆木、骨、皮革、玉石等各类质地文物千余件，其中青铜器800余件套、玉器86件、漆木器40余件。有鼎、盘等4件铭文青铜器，见“曾子寿”“曾子□（泽）”等字样，根据铭文内容，结合此前曾伯陭墓发掘情况，判断此墓地应为西周晚期至春秋早期曾侯墓地。其重要性和学术价值在于：一是填补了西周早期叶家山曾侯墓地和春秋中晚期的文峰塔曾侯墓地之间的缺环，对于曾国的历史研究以及考古学文化序列的建立意义重大；二是首次发现曾国最大的车坑和马坑，发现的钟、磬、瑟、鼓等乐器以及彩漆木雕编钟、编磬笥虡是迄今发现年代最早、保存较好的实物遗存，发现了历史上最早的人工墨，出土的金属制品锻造工艺成熟，对于研究东周车马制度、礼乐制度、技术发展水平等具有重要价值。

【博物馆与可移动文物保护】

（一）博物馆

1．博物馆建设

扎实推进全省博物馆基础设施建设。湖北省博物馆三期扩建工程有序开展，设备楼主体竣工并完成验收，主体工程规划报建、电力增容、方案设计等稳步推进。宜昌、襄阳、天门、仙桃4家地市级博物馆开工建设。重点县市级博物馆建设呈良好态势。全省10家县级博物馆启动新馆建设，咸丰、应城博物馆建成并对外开放，来凤博物馆竣工建成，通山、黄梅、宣恩、郧县、南漳等博物馆建设顺利推进。

加强全省馆藏文物的借用、复制、调拨等规范管理，鼓励和支持各博物馆馆际交流。全年共批复报备借展文物16批次191件（套），批复报备复制文物2批次23件（套）。建立健全藏品管理制度，提升库房保管水平，添置技术安防设备，完善安全保卫制度，确保文物安全。有计划地对馆藏文物进行清理和保护，并制订科学合理的文物修复保护方案。2014年，申报国家重点文物保护项目 23项，批复16项。

规范博物馆管理。完成182家博物馆年检备案、8家行业和民办博物馆设立审批等工作。开展全省36家国家二、三级博物馆2013年度运行评估工作，经国家文物局复核，辛亥革命武昌起义纪念馆、湖北明代藩王博物馆、黄冈市博物馆为优秀等次，武汉市革命博物馆等33家单位为合格等次，总体运行状况良好。

2．博物馆间的交流与合作

湖北省博物馆引进“创建真实——意大利歌剧大师威尔第200周年纪念展”“美洲原住民——玛雅、印加和北美土著　杰夫·佛可思摄影作品展”“长翅膀的鹿——俄罗斯儿童眼中的青铜器展”“大宗维翰——周原青铜器特展”“飞越欧洲的雄鹰——拿破仑文物特展”“新中国女性第一与中国梦”“印度的世界——美国洛杉矶郡艺术博物馆藏印度文物精品展”。恩施州博物馆与贵州省民族博物馆、广西民族博物馆联合推出“绚彩中华——中国侗族服饰展”。

辛亥革命武昌起义纪念馆在广州、中山等地举办“流年似水——旧上海广告月份牌特展”，引进台北孙中山纪念馆“剑胆琴心——辛亥名人翰墨展”。武汉博物馆引进“瓷国明珠　海上琨瑜——福建德化瓷展”。武汉市革命博物馆引进“品味经典　感受大师——中国新文化作家和作品展”。荆州博物馆引进蕲春县博物馆“荆王府珍宝展”。荆门市博物馆引进“步履生花——中国近代鞋履展”。

10月26日，“海峡两岸博物馆弘扬中华文化论坛·社会教育专题”在湖北省博物馆举办，来自两岸三地的嘉宾出席论坛开幕式，启动“两岸博物馆青年志愿者活动”，并为两岸青年志愿者授旗。与会嘉宾就两岸博物馆社会教育发展、志愿者服务运行机制及两岸博物馆文化创意产品开发进行了探讨。

3．重要陈列展览

辛亥革命武昌起义纪念馆举办“为天下先——辛亥革命武昌起义史迹陈列”“湖北谘议局史迹陈列”。武汉市革命博物馆举办“探索与奠基——武昌中央农民运动讲习所历史陈列”“毛泽东在武汉——毛泽东旧居纪念馆基本陈列”。宜昌博物馆举办“国之复兴 路写春秋——川汉铁路百年历史图片文物展”。咸丰县民族博物馆举办“历史文化展”“民俗文化展”。

湖北省博物馆“楚腔汉调——汉剧文物展”在国家大剧院展出；“江汉汤汤——湖北出土商周文物展”在国家博物馆展出，系统展示了湖北地区从商代早期至战国时期的礼乐文明。

（二）可移动文物保护

1．概况

截至2014年年底，湖北全省博物馆、纪念馆馆藏文物藏品及标本总量178万件（套），其中一级文物2514件（套）、三级以上珍贵文物10.6万件（套）。

2. 可移动文物保护科研基地建设

扎实推进木漆器保护国家文物局重点科研基地建设，荆州文物保护中心作为科研基地的依托单位之一，其总投资9300万元、建筑面积9600平方米的综合大楼土建及外装修已完成，现进入室内装修阶段。

荆州文物保护中心承担的国家科技部课题“古尸类文物保存关键技术研究”“出土有机质文物现场提取技术研究与应用示范”等2项，国家文物局课题“可移动文物病害评估技术规程”“馆藏文物保护修复技术简明手册”等4项，基地重点课题、资助课题、开放课题10项，以及文化名家课题17项按计划开展。“古尸类文物保存关键技术研究”课题通过第三方评估，即将结题；“出土有机质文物现场提取技术研究与应用示范”已提交第三方评估报告。组织编写湖北、湖南、安徽等省文博单位文物保护方案以及遗迹现场、预防性保护方案，涉及藏品包括竹木漆器2077件、简牍21567枚、纺织品228件。承担河南、江西、湖南等省文博单位文物保护项目11项。新建安徽合肥工作站，在全国各地设立工作站达到5个。获第六届博物馆及相关产品与技术博览会“弘博奖·最佳展示奖”。

湖北省博物馆承办国家文物局“可移动文物病害评估技术规程培训班”，全国文物系统的近百名学员参加培训。承办“中国文物保护技术学会第八次学术年会”。编制的《湖北省文物考古研究所可移动文物预防性保护方案》《随州文峰塔墓地出土青铜器保护》获国家文物局批准，获补助资金1600万；为全省博物馆编制12项文物保护方案并获批复。配合随州、枣阳等考古工地，对各类文物进行现场保护及抢救性考古整理，修复保护叶家山墓地和宜昌万福垴等项目的青铜器，云梦、临沂等地漆木器及其他文物300余件，复制宜昌、大悟、来凤文物30余件，发表论文14篇。

截至2014年年底，湖北省具备可移动文物保护修复资质单位共9家，包括湖北省博物馆、荆州市文物保护中心、湖北省文物总店、武汉市博物馆、襄阳市博物馆、鄂州市博物馆、荆州博物馆、宜城市博物馆、荆州楚地文物保护工程有限公司。

3. 可移动文物保护技术、方法及应用

2014年，竹木漆器类文物保护修复技术应用于云梦县博物馆、山东临沂博物馆等多家文博单位的木漆器保护项目；纺织品类文物保护修复技术应用于荆州博物馆、青海省博物馆、山东泰州博物馆等多家文博单位的纺织品保护项目；加温矫形工艺修复青铜器技术应用于宜昌市博物馆青铜器保护、叶家山墓地和宜昌万福垴青铜器保护修复保护等项目。

（三）全国第一次可移动文物普查

扎实推进全国第一次可移动文物普查。全面完成全省文物系统外596家国有单位文物收藏认定工作，其中认定收藏有文物的单位387家，认定文物总数132401件（套），实际数量超过20万件（套）。启动全省馆藏自然类藏品登录工作，确定自然类藏品登录范围和登录内容。积极开展文物信息采集登录，全省上报文物藏品120535件（套）。

【社会文物管理】

全年审核拍卖公司拍卖标的6282件（套），审查批复14场文物艺术品拍卖方案。有效服务文物司法鉴定，全年鉴定涉案文物178件（套）。查处湖北圣典拍卖有限公司“2014台湾回流书画专场拍卖会”涉及违规行为。为首届湖北省艺术品博会参展商办理50件艺术品临时进出境手续，为博物馆进出境展览审核文物636件（套），审核出境艺术品21件（套）。

【科技与信息】

“荆州大遗址保护测绘与三维信息系统项目”获全国测绘科技进步二等奖。“湖北省文物管理信息系统”正式启用。湖北省博物馆推出的“数字博物馆展览”在中国“博博会”上亮相，武汉博物馆“数字武博”正式上线，恩施州、京山县等博物馆实现网上虚拟展示。湖北省文物考古研究所两名同志的课题项目分别获2014年度国家社科基金重大项目和资助项目奖励，一名同志的专著获湖北省社会科学优秀成果二等奖。

【文博教育与培训】

加大人才培养力度，继续组织人员参加全国县级文物局长和国家文物局委托中国文化遗产研究院举办的专业培训。结合重大项目，与高校联合组织专题培训，全年举办可移动文物普查、博物馆社会教育、青铜器保护修复、文物保护工程管理、文物行政执法、博物馆监控操作技能、“三区”人才支持计划博物馆专业、专项经费管理等培训班近20个，投入资金近100万元，参训人员达1000余人次。注重扶持拔尖人才，鼓励多出成果，在奖项申报、成果出版等方面提供条件。

【文博宣传与出版】

加强文物宣传及政务信息报送。充分利用重大节日及重要纪念日开展形式多样的宣传活动，多篇新闻宣传稿在《中国文物报》《湖北日报》和国家文物局网站等发表，数量同比上升30%。与湖南、贵州联合在《中国文化遗产》杂志推出土司申遗专刊。配合中国文物报社开展“寻找最美基层文物守护员”活动，对全省3名先进典型进行专题采访报道。印发《湖北省文物系统政务信息报送工作管理办法》，规范信息报送制度。

【机构及人员】

湖北省有文物机构257家，其中文物科研机构3家、文物保护管理机构49家（新增2家）、博物馆197家（新增15家）、文物商店1家、其他文物机构7家（新增2家）；从业人员4374人（新增103人），其中正高级职称119人（新增17人）、副高级职称234人（新增1人）、中级职称1056人（新增19人）、初级职称及以下2162人。

完成省直事业单位分类改革，经省编办批准，成立湖北省水下文化遗产保护中心（原湖北省三峡工程库区文物管理中心）、湖北省文物交流信息中心（原湖北省文物总店），进一步整合资源，明晰和强化业务职能。

【对外交流与合作】

3月3日，“礼乐中国——湖北省博物馆馆藏商周青铜器特展”在俄罗斯国立普希金造型艺术博物馆隆重开幕。俄罗斯联邦文化部部长、中国驻俄罗斯联邦大使馆公使衔文化参赞等400余名各界来宾出席开幕式并参观展览。该展览是由中国文化部、湖北省政府主办，中国驻俄罗斯联邦大使馆、莫斯科中国文化中心、湖北省文化厅承办的“荆楚风、中俄情——湖北文化走进俄罗斯”系列活动中的重要项目之一。展览荣获国家文物局对外交流与合作专项奖励。

10月15日，武当山博物馆、武当山道教协会与台湾地区道教界恭迎玄天上帝委员会等共同策划“武当山玄天上帝600年神尊巡境台湾”活动，并在台湾举办“神游武当——千年道教文物特展”。

10月17日，武汉市中山舰博物馆应新加坡晚晴园——孙中山南洋纪念馆的邀请，赴新加坡举办“中山舰出水文物展”。展览荣获国家文物局对外交流与合作专项奖励。

12月20日，湖北省博物馆、武当山博物馆、台北历史博物馆及台湾联合报等单位共同举办的“道教文物特展”在台湾历史博物馆开展。

湖南省

【概述】

2014年，湖南省文博单位干部职工在省委、省政府的高度重视下，在国家文物局的大力支持下，深入贯彻落实党的十八届三中、四中全会精神和习近平总书记系列重要讲话精神，奋发有为，务实进取，圆满完成了各项任务，在省重点文化工程、传统村落整体保护利用、考古工作、文物安全、文物开放、文化遗产园区、对外交流等方面取得新成效。

【法规建设】

按照国家文物局的部署和要求，扎实开展《文物保护法》修订意见征集工作，通过调研、召开座谈会和研讨会等形式向市州、省直有关部门征集意见和建议280余条，梳理上报100余条。

【行政制度改革】

依法完成部门权力清单和责任清单的梳理和报审，共梳理行政权力清单60项、责任清单10大类44项，切实做到法无授权不可为、法有规定必须为、法无禁止皆可为，给行政“乱作为”“不作为”套上法治“笼头”。

着力深化行政审批制度改革，清理行政审批事项16项，保留14项、合并1项、取消1项。全面推行网上行政审批制，受理和办结行政审批事项26项、行政复议案1件，办结率100%。

【执法督察与安全保卫】

文物安全行政责任制进一步强化，在全国率先将国有文物安全纳入省委省政府对市州党委、政府绩效考核评估指标体系。

加强文物安全法制建设，扎牢安全保障制度网，实施《湖南省文物单位安全管理责任制度》，安全保障能力得到提高。文物安全检查力度日益加大，坚持专项检查常态化、日常巡查常规化。省文物局全年组织3次文物安全专项检查，全省全年累计出动安全检查人员8685人次，检查各类文博单位5815处，排查安全隐患1211处，下达整改通知书958份，整改安全隐患1047项。

部门联动互动机制逐步加强。联合公安部门重力打击文物违法犯罪行为，破获文物犯罪案件12起，抓获犯罪嫌疑人34人，其中已判刑4人，追缴文物1300件（套）。联合公安消防部门重点对长沙、岳阳、凤凰古城开展文物违法和消防安全专项督察，确保了古城文物的安全。联合长沙海关打击文物走私犯罪行为，依法鉴定和移交罚没文物30件（套）。

重点文物单位的安全防范切实加强，如湖南省博物馆成功申请原驻防武警中队继续驻扎防护，韶山毛泽东同志纪念馆整合公安部门和保安公司力量建立防爆反恐队伍等。

【不可移动文物的保护和管理】

（一）概况

截至2014年年底，湖南省共有全国重点文物保护单位183处、省级文物保护单位862处。

（二）大遗址保护

长沙铜官窑3个新的保护方案获得国家局批复、铜官窑遗址博物馆完成主体工程，谭家坡一号龙窑本体保护工程已竣工验收，陈家坪考古发掘现场保护工程入围“首届全国十佳文物保护工程”。宁乡炭河里国家考古遗址公园立项获国家文物局批复，炭河里遗址博物馆与周边河道相关土建与整治工程已竣工。澧县城头山遗址3个新的方案获得国家局批复，遗址博物馆及两个重要遗迹点展示工程已完成。澧县彭头山、八十垱遗址结合老百姓生产生活需求，对叠压在遗址上的废弃建筑、现代坟墓、古河道进行了整治，结合管理需要修缮了管理用房，举办了小型展览。老司城、里耶、长沙王陵的大遗址保护与相关考古工作也按年初计划完成。

（三）全国重点文物保护单位

2014年，永顺县湘鄂川黔革命根据地旧址保护规划、谢觉哉故居修缮工程勘察设计方案获国家文物局审批通过，完成胡耀邦故居、渌江书院、大云山三战三捷摩崖石刻、林伯渠故居、红二六军团长征出发地旧址、黄埔军校第二分校旧址、蔡和森蔡畅故居、红二军团长征出发地旧址等修缮工程勘察设计方案审批，完成湖南省立第一师范学校旧址（文物建筑维修工程第三期）、谢觉哉故居、齐白石故居、任弼时故居、湘南年关暴动指挥部旧址、永顺县湘鄂川黔革命根据地旧址（文物建筑维修工程第一阶段）、安江农校纪念园（文物建筑维修工程第一期第二阶段）、普光禅寺古建筑群之武庙、岳麓书院半学斋、洪江古建筑群（含吉发堆货栈、徐复隆商号、苏州会馆，桃花源一期）、龙兴讲寺等一批保护修缮工程；完成长沙铜官窑谭家坡一号龙窑本体、洪江古建筑群（含永州会馆、东海堂、财神殿）、浯溪摩崖石刻、大渔村王氏宗祠、柳子庙、坪坦风雨桥、岳麓书院文庙大成殿等一批抢救性保护工程及邵阳北塔堤岸加固工程。

（四）世界文化遗产

2014年9月，中国土司遗址申遗项目顺利通过联合国世界文化遗产专家现场考察评估。永顺老司城遗址的保护与管理工作获得世界文化遗产专家塔拉·夏玛的充分肯定和积极评价。按照申遗规程，2015年6月，中国土司遗址申遗项目将作为中国申报世界文化遗产唯一项目提交世界遗产大会表决。

侗族村寨（通道、绥宁）、凤凰区域性防御体系申报世界文化遗产基础工作扎实推进，各项前期工作逐步实施，文物本体保护工程有条不紊地进行。

（五）传统村落整体保护与利用

按照住建部、文化部、财政部、国家文物局加强传统村落保护工作电视电话会议的部署和《关于切实加强中国传统村落保护的指导意见》的要求，积极推进传统村落保护工作，国家已公布的2555个中国传统村落中，湖南省有91个。国家文物局确定的270个国保省保集中成片传统村落整体保护利用名单中，湖南省有28个，其中张家界市石堰坪村、怀化市高椅村、湘西自治州双凤村3个传统村落被列入首批实施整体保护利用试点村。2014年6月30日，湖南省人民政府召开专题会议，部署传统村落整体保护利用工作，省、市、县、乡、村五级责任单位负责人参加会议，在全国开创文物保护“五级会商”新模式。

【考古发掘】

（一）概况

2014年，为应对考古收费从行政事业性收费序列取消的现实，湖南省文物局与省财政、省物价局联合下发了《关于加强基本建设考古调查勘探和发掘工作经费管理的通知》；全年审批了72个建设工程文物调查勘探项目、14个建设工程考古发掘项目，审批了9个重大建设项目选址的文物影响评估报告。田野考古工作方面，完成25个项目的考古调查勘探。科技考古工作方面，“文物出土现场保护移动实验平台”建设取得进展，已研发出适合湖南出土文物现场保护的移动实验平台；“湖南澧阳平原史前遗址机载激光测绘遥感考古与三维考古GIS平台项目”通过验收；成功开展了湖南省第一次壁画墓的保护搬迁，完成对娄底市万宝镇明代壁画墓的保护和搬迁工作。积极开展跨省合作，由湖南省牵头，联合湖北、广西开展有明显瑶文化特征的古堆石墓文化保护利用研究。援藏、援疆工作进入收尾阶段，西藏山南地区庄园遗存的研究已完成田野调查，进入调查资料整理和报告编写阶段；新疆吐鲁番洋海墓地考古调查和考古工作计划的编制工作扎实推进。益阳兔子山遗址考古发掘荣获“2013年度全国十大考古新发现”。

（二）重要考古项目

1．宁乡罗家冲遗址

罗家冲遗址现存面积约2.5万平方米。自2014年9月起，长沙市文物考古研究所对该遗址进行了考古发掘工作。

截至2014年年底，在考古发掘中已经初步确认罗家冲遗址至少存在早晚两个时期的建筑基址，出土遗物种类较为丰富，已达千余件，包括石器、陶器以及少量的小件青铜器、玉器标本。石器数量较多，有成品、加工工具、毛坯或半成品、石料等；陶器以夹砂宽扁形鼎足为主，另有少量陶杯、陶罐等。根据出土遗物特征初步确定遗址的时代大致在新石器时代末期至晚商时期，下限进入商末周初。发现了两组规格较高的大型建筑基址，结合周边同时期遗址点的分布情况，初步推测罗家冲遗址群为一处社会等级较高的聚落遗址，且延续时间较长。

2．城头山遗址南门外护城河

城头山遗址屈家岭文化时期城墙在正南部存在一个30多米宽的豁口，湖南省文物考古研究所对城头山遗址南部正对屈家岭文化时期城墙豁口的一段护城河进行了考古发掘。在地表现存护城河内岸、城墙豁口之外东西向布设5米×5米探方4个，另外南北向横跨现存护城河地表布设5米×5米探方7个，实际总发掘面积216平方米。

发掘区内主要揭示出屈家岭文化晚期和石家河文化时期遗存，局部见有少量屈家岭文化早期和大溪文化时期遗存，最重要的收获是揭示出一处石家河文化时期人工堆筑的土台。该土台开口于石家河文化时期淤泥之下，南端被一历史时期河沟打破；土台之下主要叠压着屈家岭文化晚期的淤泥类堆积，即城头山四期护城河废弃堆积，南端叠压在一石家河文化时期河沟之上。土台北部，即近城墙豁口处宽14米，南北长超过30米。边界大部延伸至发掘区以外，整体形状不明。土台堆积厚度不一，北部厚处超过1米，南部薄处不足0.2米。堆积较斑杂，主要有黄褐色黏土、杂密集铁锰结核的褐色与灰色淤泥等，包含物仅见零星陶片。土台表面凹凸不平，整体自北向南倾斜，北部见有柱洞类遗迹。该土台应是石家河文化时期城头山遗址外围护城河淤积废弃后，当时先民向南部城外扩展自己生活空间和清淤活动的产物。

3．茶陵晓塘古城及周边墓葬

2014年10月起，株洲晓塘古城考古队对茶陵县秩堂镇战国时期晓塘古城进行了调查勘探。调查面积约2平方公里，勘探面积约3000平方米，发掘面积约200平方米。通过调查和勘探，在晓塘古城内东北角农民建房地基内发现战国时期水井2口，在古城周边发现同时期墓葬分布点5处，对城墙疑似北门的段面进行了夯层划分，对被破坏的两口水井、四座土坑墓进行了抢救性发掘。出土了战国时期筒瓦、瓦当、罐、壶、鼎、鬲、甑、钵、杯、豆等陶瓷器标本，棺椁、漆耳杯、木梳、竹席、麻绳和木构件等有机文物，以及青铜鼎、盆、勺、印章、带钩、剑、矛、戈、鐏、箭镞等珍贵文物。

通过这次田野考古工作，弄清了晓塘古城的大致年代、城墙的基本构造技术和古城及护城河的规模，初步弄清了古城周边的文物分布情况。尤其是黄泥坡高规格楚墓和荒塘坳大型越人墓的抢救性发掘，无论从葬俗、墓葬的规模及规格，还是随葬品的文化内涵，都强烈地反映出本地东周时期楚越两种不同文化的相互交融，为研究湘东地区以及湘赣两省边区古代历史提供了极为重要的实物资料。

4．湘阴洋沙湖斗笠铺窑址

斗笠铺窑址位于湘阴县城南乡紫华村八组瓦子江、窑坡一带。第二次文物普查资料有载录，当时窑业遗存分布面积约1.25万平方米，文化堆积厚达1.8米，有黄褐釉、绿褐釉陶瓷残片，器形有缸、罐、碗等，另外有乳钉垫圈等窑具。2014年3月文物部门调查时斗笠铺窑址窑堆被推去大半，大量唐五代的标本暴露于地表，有青釉印花碗、乳钉垫圈、匣钵等。另外在斗笠铺北向约100米的工程施工道路渣土垫层中发现大量东晋至南朝时期的青瓷残片及窑具，可辨器形有青釉大平底碗、盘口壶、饼足杯、齿状支烧具、匣钵等。

勘探情况表明斗笠铺窑址所在地原为一较高的山包，当地称为窑坡，现已被推为一台地，南北向长约60米、东西向宽约30米，西部靠近洋沙湖的高处已被推平，东部低洼处填土深3～5米。在台地中部布设南北向0.5米×40米探沟1条、东西向0.5×10米探沟5条，探明在台地中部尚存原生窑业废弃堆积层，呈西高东低的坡状，堆积层厚0.3～0.5米，分布面积约400平方米，但未能发现窑炉等其他遗迹现象，也不见第二次文物普查时所见的两晋南朝时期窑业遗存。出土碗、盘、碟、杯、壶、碾槽、器盖器物，以及匣钵、乳丁垫圈、火照等窑具。在废弃堆积内还出土数片胎质细密的白瓷片，从外观特征看，这些白瓷片并非该窑址自身烧制的产品，应是北方邢窑或定窑系的产品。斗笠铺窑址可视为晚唐至北宋时期岳州境内的代表性窑址，该窑址的发掘对研究岳州窑在晚唐的演变及其与长沙铜官窑之间的关系具有重要参考价值。

5．城步县古苗文摩崖石刻群

城步县古苗文摩崖石刻群文物调查、勘探工作取得重要成果，发现的石刻数量从最初的12块增加至300块左右，内容涵盖文字、图形、符号、划痕等诸多元素。

6．澧水流域（津市段）水下考古

对澧水流域津市市区段进行了水下考古工作，获取了河道较为精确的声呐图和数据资料，摸清了该河段的河床地形，并发现沉船1艘。

【博物馆与可移动文物保护】

（一）博物馆

1．博物馆建设

新增杨得志故居陈列馆、桃源县翦伯赞生平业绩陈列馆、安化黑茶博物馆（安化县博物馆）3家新馆，截至2014年年底，全省依法依规设立的博物馆共130家。

2014年，湖南省文物局推进省重点文化工程项目，与娄底市、邵阳市、株洲市、常德市、长沙市、湘潭市、张家界市、岳阳市政府共同推动市州博物馆建设，积极扶持县市特色专题博物馆建设。湖南省博物馆改扩建工程，完成年度申报投资额3.3亿元，累计完成投资5.8亿元，完成主体工程的3/5，展陈策划、产业规划等工作扎实推进。娄底市博物馆新馆土建工程已完成；邵阳市博物馆新馆土建已完成主体工程90%的工程量；株洲市博物馆新馆正在实施装饰装修工程；常德博物馆老馆改造工程正在实施中；长沙市博物馆新馆正在实施装饰装修工程；湘潭市博物馆新馆、张家界市博物馆新馆正在实施基本陈列布展前期程序工作；岳阳博物馆“洞庭长歌——岳阳古代文明陈列”基本陈列布展本年度内完成。安化黑茶博物馆（安化县博物馆）新馆已建成，基本陈列布展正在实施中；城头山遗址博物馆新馆已建成，正在实施基本陈列布展前期程序工作；岳阳县新墙河抗战博物馆馆舍改造和“血战新墙河——新墙河抗战史实陈列”基本陈列布展正在实施中。

按时按质完成国家二、三级博物馆运行评估工作。湖南省文物局组织省博物馆学会等相关单位顺利完成了全省国家二、三级博物馆运行评估工作，并编制完成了《湖南省2013年度国家二、三级博物馆运行评估结果》《湖南省2013年度国家二、三级博物馆运行评估报告》，国家二级博物馆常德博物馆及国家三级博物馆益阳市博物馆评估为优秀。

2．博物馆间的交流与合作

湖南省博物馆赴意大利、法国举办外展2次，赴北京、大连等地举办巡展3次，联合湖南省广播电视台推出“芒果中庭艺术珍品展·皿方罍”、与长沙市湘江新区规划展示馆、谭国斌当代艺术博物馆等合作举办各类展览9个。岳阳市博物馆联合湖南雷锋纪念馆举办“创建文明城市　争做雷锋传人”，在岳阳市企事业机关单位、学校、社区巡回展出。

3．重要陈列展览

2014年，湖南省博物馆、纪念馆共举办各类展览556个，参观人数近4200万人次，免费开放博物馆和实行低票价博物馆参观人数达3800万人次。

韶山毛泽东同志纪念馆基本陈列“中国出了个毛泽东”荣获“第十一届（2013年度）全国博物馆十大陈列展览精品奖”。此项陈列展览历经五年多的策展打造，科学、准确、生动地反映了毛泽东同志在中国革命和建设中的历史地位、丰功伟绩和崇高的人格风范，全面系统地展示了伟人毛泽东一生的光辉历程。

湖南省博物馆“马王堆汉墓传奇展”由国家文物局、意大利文化遗产与活动部和湖南省人民政府主办，湖南省博物馆承办，是2010年10月中意两国签署的《中华人民共和国国家文物局与意大利共和国文化遗产与活动部关于促进文化遗产合作的谅解备忘录》中的重要项目，也是继“早期中国——中华文明系列展”之后，中意两国展览互换计划的第二个中国展览。该展于2014年7月3日～2015年3月6日在意大利首都罗马威尼斯宫国立博物馆展出，分“传说中的马王堆”“千年古墓发掘揭秘”和“震惊世界的考古收获”三大部分，共展出漆木器、丝织品、帛书、帛画等文物珍品76件（套），呈现两千多年前中国汉代丰富多彩的社会生活和文化艺术。

（二）可移动文物保护

截至2014年年底，湖南省博物馆、纪念馆馆藏三级以上文物6.6万余件（套）。

2014年，湖南省文物局组织相关单位编制了《湖南益阳兔子山遗址饱水简牍及竹木器保护修复方案》《张家界市馆藏青铜文物保护修复方案》《湖南汨罗黄家垄M2竹木漆器保护修复方案》《湖南省文物考古研究所珍贵文物预防性保护方案（二期）》《长沙西汉“渔阳”墓漆木器保护修复方案》《长沙五一广场东汉简牍保护修复方案（二）》《湖南省预防性保护方案》7个可移动文物保护修复方案并获批。

（三）第一次全国可移动文物普查

截至2014年4月，湖南省已全面完成第一次全国可移动文物普查国有单位文物收藏情况调查阶段工作任务。全省共调查国有单位5万多家，反馈有文物收藏的单位511家，在全国居第13位；文物（疑似文物）210余万件（套），居全国第5位。

在完成国有单位文物收藏情况调查阶段工作任务后，2014年4月起，全省普查全面转入文物认定、信息采集及登录阶段。全省文物系统外反馈收藏有文物（疑似文物）的334家国有单位中完成142家的文物认定工作，占比42%，共认定文物40万余件（套）。在对文物系统外省直国有单位反馈疑似文物的认定过程中，省直普查队发现了非常珍贵的文物。如在湖南大学岳麓书院发现了元版《新编古今事文类聚》善本一套15册，具有极高的收藏和研究价值；对湖南省湘绣博物馆100余幅书画艺术作品进行了认定，许多作品都是名家鼎盛时期的作品；将湖南省陶瓷研究所后勤服务中心1915年在巴拿马万国博览会上获金奖的扁豆双禽瓶、民国时期醴陵釉下五彩瓷纳入文物登记范围等等。

在积极开展文物系统外国有单位文物认定工作的同时，湖南省文物局有序、高效组织开展全省的馆藏文物鉴定定级工作。全省2014年度共组织馆藏文物集中鉴定3次，鉴定藏品618件（套）。经鉴定，新增一级文物2件（套）、二级文物15件（套）、三级文物148件（套）、一般文物440件（套）。

2014年6～7月，湖南省财政厅、湖南省文物局组织开展了全省可移动文物普查经费保障情况督察。督察结果显示，全省各级财政共落实2013、2014年度普查专项经费3161万元其中省本级700万元、市县共2461万元。

【社会文物管理】

湖南省文物交流鉴定中心成为国家文物局民间收藏文物鉴定试点单位。

成功举办湖南省第十二届文物（国际）博览会，吸引全国28个省市区、港澳台地区及澳大利亚、巴基斯坦等国家共1200家商户逾2万人参展，总成交额达4.3亿元。

【文博教育与培训】

举办全国重点文物保护单位科学记录档案业务骨干及资金项目申报培训、“一普”骨干培训、文物收藏单位保管员培训等各类培训5期，培训人员900余人次。

组织参加国家文物局举办的县级文物行政部门负责人、考古绘图、青铜器鉴定、展览策划、文创产业、丝毛文物保护修复、馆藏文物风险防范、纸质文物保护修复、可移动文物病害评估、陶瓷保护修复、建筑遗产保护与规划、官式古建筑木构保护等各类培训，累计参训30余人次。

【文博宣传与出版】

完成湖南文化遗产网改版升级，并上线运行。各地积极开展国际博物馆日、文化遗产日宣传活动，社会保护文化遗产的氛围日益浓厚。湖南省考古所开展“全国十大考古新发现”进校园活动，宣传公众考古和文化遗产保护知识。新媒体发挥积极宣传作用，湖南省博物馆新浪微博宣传推广活动得到中国博物馆界广泛关注；“湖南考古”官方微博和微信公众号开通运营，中国文物报、中国文化报、新华社、湖南日报、湖南卫视、湖南经视等主流媒体多方位对湖南省考古工作进行了报道。

协助中央电视台中文国际频道拍摄大型纪录片《记住乡愁》，完成岳阳县张谷英村、零陵区涧岩头村、龙山县捞车村、永顺县双凤村、张家界市石堰坪村、桂阳县板梁村、泸溪县岩门村等8个村落纪录片的拍摄。

编辑出版《湖南文化遗产》3期。完成《湖南文物志》《湖南文物故事》《永顺老司城》《沅陵窑头发掘报告——战国秦汉城址与墓葬》《楚文化研究论集（第11集）》《湖南考古辑刊（第11集）》的编辑出版工作。

【机构及人员】

截至2014年12月31日，全省有文物机构259个，文物从业人员4367人。有博物馆、纪念馆130家，其中文化文物部门主管的104家、行业博物馆9家、民办博物馆17家。

【对外交流与合作】

2014年12月，由湖南省文物考古研究所专家组与孟加拉国Agrasor Vikrampur基金会Oitihya Onneswan考古研究中心组建了毗诃罗普尔佛教遗址Nateshwar联合考古队，共进行了50多天田野发掘，发掘面积1200平方米。此次发掘揭露出多种遗迹遗存，包括塔院建筑、佛塔、寺庙、坛台、房间、道路、砖或砖灰末铺筑的路面、排水设施以及大量功能暂不清楚的砖墙。据地层堆积、出土器物及建筑风格等推测，该遗址大约为公元8～12世纪时期的佛教建筑遗存，处于孟加拉国历史的前中世纪（Pre-Medieval）时期，大致相当于中国的唐宋时期。

与日本国琵琶湖博物馆合作关于“中国湖南考古遗址出土稻谷及鲤鱼科遗存的研究”，历时3年，出版《水陆交界带的鱼类和人类：稻作起源论的新方法》。

与美国合作的“澧阳平原稻作农业起源研究”项目，已完成相关区域考古发掘。

引进“传统与传承——北美地区的部落文化艺术”巡展、“欧洲玻璃艺术史珍品展——捷克共和国布拉格国家工艺美术博物馆收藏”巡展。赴意大利举办“马王堆汉墓传奇展”，提供文物参加中国文物交流中心与法国吉美博物馆承办的“汉风——中国汉代文物展”。

参加境外学术活动及培训班。派员赴台湾参加“从马祖列岛到亚洲东南沿海：史前文化与体质遗留研究”国际学术研讨会；派员赴美国参加湖南省宣传文化系统“五个一批”人才美国培训班。

【其他】

2014年6月，在湖南省委省政府的高度重视下，省委宣传部、省财政厅、省文化厅、省国资委、省工商联、省国税局、省地税局、省外事侨务办、省外汇管理局、长沙海关、省文物局、省博物馆、省文化艺术基金会、谭国斌当代艺术博物馆等单位大力支持，积极作为，湖南广播电视台、湖南中烟工业有限责任公司、湖南出版投资控股集团有限公司、湖南华菱钢铁集团有限责任公司、湖南湘投控股集团有限公司、中联重科股份有限公司等单位积极捐款，通力合作，最终促成了流失海外、漂泊近一个世纪的商代青铜重器皿方罍器身在纽约成功洽购，顺利归国回湘，与收藏在省博物馆的器盖实现盖身合一，在国内首创了政府政策支持，企业、社会参与捐资，多方力量积极促成海外流失文物回归的新途径、新模式。

广东省

【概述】

2014年，广东省文物系统深入贯彻党的十八大和十八届三中、四中全会精神，认真履行工作职责，积极推进文物博物馆事业发展。全年重点推进可移动文物普查、省文物保护单位遴选、“海上丝绸之路”史迹保护与申遗等工作。开展“三旧”改造用地范围内的历史文化遗产保护，广东省政府出台了全省首个加强历史建筑保护的意见。继续组织免费文物鉴定、免费讲座、制作精品展览，强化文化遗产的保护与宣传，鼓励民办博物馆发展。做好“南海Ⅰ号”和“南澳Ⅰ号”等考古项目的后续发掘保护，开展“守护南粤文化遗存”行动。

【法规建设】

10月，广东省府办印发了《关于加强历史建筑保护意见的通知》，这是广东省首个关于加强历史建筑保护的行政规章，明确了在推进新型城市化建设和文化强省建设中，历史建筑的保护和利用工作。

【行政制度改革】

加快行政审批制度改革。2014年1月，将广州、深圳辖区内除国家、省发展改革委立项外的大型基本建设工程文物考古调查与勘探工作下放给广东省、深圳市文物行政部门；7月，将文物保护工程勘察设计乙级以下（含乙级）、施工二级以下（含二级）、监理乙级以下（含乙级）资质审批职能转移至广东省古迹保护协会；将全国重点文物保护单位和省级文物保护单位文物保护工程方案审核、保护规划审核和文物保护工程技术初验收以及验收工作转移给广东省文物考古研究所；报请省编办批准，取消文物保护单位与馆藏文物拍摄审批权，制定相关标准与规范，交由文物保护管理机构或使用者自行确定。

制定权责清单，实现网上办事。根据中央关于加快转变政府职能及推行权责清单制度的精神，按照广东省府办的统一部署，2014年，广东省文物局几经梳理和调整，共确认了行政许可事项19项、非行政许可事项16项、行政检查事项7项、行政指导事项12项、行政确认事项1项、其他事项53项，报省编办审核。广东省文物局所有行政许可和非行政许可事项在广东省网上办事大厅公共审批平台开通网上申报，实现网上办理。

以专项经费管理为切入点改革审批与监管方式。“广东省重点文物保护专项资金”和“广东省鼓励民办博物馆建设专项资金”分别印发了新的《管理办法》和《申报指南》，明确规定专项资金实行网络平台统一申报，公开专项资金申请受理情况和分配情况。

【执法督察与安全保卫】

构建舆情监控平台，妥善处理突发事件。2014年，广东省文物安全形势依然严峻，文物破坏案仍有发生，河源洋溪桥被拆等文物安全事件，经省领导批示和媒体聚焦，引起社会广泛关注。在往年应对文物安全突发事件积累经验的基础上，广东省文化厅行动迅速，及时协调相关各方，发布有关信息，妥善处理相关事件，违法分子受到刑事处分。为了及时掌握互联网舆情动态，广东省文物局与中国文物信息咨询中心合作，开展24小时文物安全事件网络舆情追踪，同时利用微博、广东文物网等网络渠道发布政策信息，做到及时处理应对。

筑牢文物安全防范基础。广东省文物局会同省公安、消防和气象部门严把文物保护单位和博物馆的安防、消防和防雷工程设计审批和验收关，组织广东省各地落实消防安全措施，加强技防、消防、防雷等安防设施建设。此外，开平碉楼、东华里古建筑群、韶关市长围村围屋等被列为国家文物消防安全百项工程试点，潮州老城古民居建筑群被列为国家文物消防安全专项规划编制试点。

【不可移动文物的保护与管理】

（一）概况

截至2014年年底，广东省有全国重点文物保护单位98处，省级文物保护单位475处，市县级文物保护单位4200多处，核定公布的不可移动文物2.5万余处；国家历史文化名城7座，中国历史文化名镇15个，中国历史文化名村22个，省级历史文化名城16个，省级历史文化名镇9个，省级历史文化名村45个，省级历史文化街区11个；广东省20个国保、省保集中成片村落纳入到传统村落经费的支持名单，重点关注少数民族地区村落。

（二）文物保护单位

全年共审批海丰红宫红场旧址等37项修缮工程勘察设计方案；审核并向国家文物局上报怀圣寺光塔保护范围内建筑重建等45处在文物保护单位保护范围和建设控制地带内进行的建设工程方案；组织专家对开平碉楼等7处文物保护工程进行竣工验收；启动了第八批广东省文物保护单位遴选以及广东省第一批水下文物保护区和地下文物埋藏区申报工作。佛山祖庙修缮工程获评“首届（2013年度）全国十佳文物保护工程”。全国重点文物保护单位光孝寺和南汉二陵保护规划报国家文物局同意后，获省政府批准公布。

（三）世界文化遗产

继续落实世界文化遗产开平碉楼与村落的日常管理、监测工作，审核、上报在开平碉楼核心区和缓冲区内进行的建设工程方案。

2014年重点推进汕头、江门、阳江、湛江加入“海上丝绸之路”世界文化遗产预备名单的各项准备工作，制定了“海上丝绸之路”申报世界文化遗产工作方案，成立了领导小组，委托科研单位编制申报文本和保护管理规划。为全面摸清广东省范围海上丝绸之路文物史迹情况，加强全省“海丝”文物科学研究工作，广东省文物局在全省开展海上丝绸之路文物调查工作，共收集整理全省海上丝绸之路史迹近700处。此外，广东省文物局还成立了“广东省海上丝绸之路遗迹保护与研究专家组”，组织专家相继对湛江、汕头、江门等地的申遗史迹点进行考察和论证。

（四）其他

12月，广东省文化厅与建设厅、国土厅联合印发了《关于开展“三旧”改造用地范围内历史文化遗产普查的通知》，要求各地摸清历史风貌区、历史建筑和文物建筑信息，并建立信息库，推动“三旧”改造中的历史文物保护利用工作。三部门还对“三旧”改造中的项目进行了联合检查。

【考古发掘】

（一）概况

2014年，广东省内考古单位配合大型基本建设工程进行文物考古调查、勘探和发掘，全年累计完成文物调查、勘探项目近百个，发掘项目15个，发掘面积近2万平方米。

（二）重要考古项目

1．“南海Ⅰ号”

在建设完成保护发掘辅助系统的基础上，进行上表面淤泥的发掘任务。于10月开始第二阶段发掘与保护工作，进入遗址表面和凝结物的保护提取阶段，对木质船体、陶瓷器、金属物、有机质文物和凝结物开展现场保护和处理。

2．“南澳Ⅰ号”

7～8 月，组织水下考古专业人员对“南澳Ⅰ号”沉船的保存状况及框架进行物探和潜水调查，取得了第一手的珍贵资料，证明大型框架的保护作用和效果非常理想。“南澳Ⅰ号”沉船资料整理及编写工作正有序开展。

3．郁南磨刀山遗址

广东省考古所于2014年重点发掘的郁南磨刀山遗址是省内首次进行科学考古发掘的旧石器遗址，发掘面积约200平方米，出土旧石器时代早期文化遗物350 余件。该遗址的发现将广东人类活动的历史由已知的距今13万年左右大幅提前至数十万年前，是广东史前考古的重大突破。

【博物馆与可移动文物保护】

（一）博物馆

充分发挥博物馆的公共服务功能。继续实施博物馆免费开放政策，全年博物馆参观人数达4000万人次；完善文化服务设施，支持欠发达地区新建、改扩建博物馆7家，扶持资金400万元；推进粤港澳联合发放“区域博物馆证”，鼓励更多公众走进博物馆；引进、制作国际国内交流展览13个，使公众能够欣赏高水平的文物展览；进一步提升博物馆陈列展览水平，广东省博物馆的“异趣·同辉——馆藏清代外销艺术精品展”获“第十一届（2013年度）全国博物馆十大陈列展览精品奖”；开展国家二、三级博物馆运行评估工作，进一步提升博物馆质量；举办13场免费文物鉴定咨询活动，为百姓提供更优质的义务文物鉴定服务。

为促进博物馆与青少年教育相结合，广东省向国家文物局申报了流动博物馆展览进校园与教育体验项目，经国家文物局批准，正式承担试点工作。选取了广东省博物馆、广州市博物馆、佛山市南海区博物馆和东莞唯美陶瓷博物馆作为“完善博物馆青少年教育功能试点”单位。

鼓励扶持民办博物馆发展。规范民办博物馆年检，2014年全省通过文物系统登记年检的民办博物馆共计44家；鼓励各地创新办馆机制，充分利用民间资源服务公众，如深圳博物馆的“寄展”，广东省博物馆举办的民间藏家精品展览等；促进民办博物馆与社会融合，组织民办博物馆参加国际博物馆日和中国文化遗产日等节庆活动；开展国有博物馆对口帮扶，为民办博物馆提供专业指导，解决民办博物馆人员单薄、专业素质不高等问题。

（二）第一次全国可移动文物普查

2014年，全面完成广东省文物普查工作机构组建，各级财政落实普查资金3375万元，其中省级财政1200万元；全省共举办文物普查培训9期，培训普查人员2000多人次；强化督察，定期印发普查进度通报，组成督察组分片区赴各市开展专项督察；完成全部国有单位文物收藏情况调查工作，基本摸清了全省国有单位文物收藏情况，广东省共有国有文物收藏单位单位586家，文物总数量约为235万件（套）。

大部分地市已初步完成文物认定工作，开展文物信息登录。截至2014年12月，广东省已登录普查平台的收藏单位有355家，已登录的藏品数量为36000件（套）。

【社会文物管理】

加强文物市场的监督管理，规范文物经营活动和民间文物收藏行为，促进文物市场健康发展。强化对文物拍卖经营活动的管理，规范资质审查、资格审批、拍卖标的审核备案和文物拍卖企业的年检制度，对具有文物经营资质的3家单位及其分店进行了年审。全年共审核文物拍卖企业举办的拍卖活动29场，审核文物标的6314件。

【科技与信息】

推进8个课题的开题工作，分别是：不可移动文物分级分类保护管理与利用研究、广东海上丝绸之路遗迹调查研究、珠三角建筑遗产保育和活化利用模式研究、历史文化名镇名村保护规划编制和利用研究、《广东省文物保护单位保护规划编制指引》研究、《广东省不可移动文物认定参考标准》研究、《广东省文物保护工程管理工作规范》研究、《广东省公共博物馆运行评估标准》研究。

申请国家文物局馆藏文物预防性保护经费支持和智慧博物馆试点工作。2014年8月国家文物局发布《可移动文物修复管理办法》，广东省文物局立即部署相关工作，并按照管理办法指示开展可移动文物修复资质评审工作。

按照国家文物局的部署开展相关调研，并撰写以下报告：《广东省推进“21世纪海上丝绸之路”建设工作情况》《广东省进一步加强博物馆安全情况》《广东省可移动文物保护工作情况》《文物法修订中“文物保护单位降级、撤销”课题研究方案》《广东省世界文化遗产保护管理情况（2006～2012）》等。

【文博教育与培训】

10月，广东省文化厅联合省委党校举办了“广东省文化遗产保护培训班”，邀请著名专家讲授文化遗产保护有关课程，各地级以上市和文物资源较丰富的县分管文物工作的市（县）领导共65人参加了培训。

12月，由广东省文物局主办、东莞鸦片战争博物馆承办的“广东博物馆展览策划培训班暨第二届粤港澳博物馆专业论坛”在东莞虎门举办，各博物馆展览陈列主管人员共60余人参加培训。

此外，2014年国家文物局在广东省举办“全国文物安全管理（广东片区）培训班”，各地文物基层人员70人参加培训。

【文博宣传与出版】

为扩大文物保护宣传力度，构建政府、专家学者、社会组织和媒体相互沟通的平台，广东省文物局与华南理工大学联合组织了“文物保护大家谈”活动。

继续编辑出版第三次全国文物普查成果《广东文化遗产》（共十三册），完成《广东明清海防遗存调查与研究》《石峡遗址》《孤帆遗珍——“南澳Ⅰ号”出水文物精品图录》《禅宗六组慧能胜迹录》等一批反映广东省文化遗产特色的图书。

【机构及人员】

广东省共有文物行政管理机构35个，从业人员321人；文物科研机构4个，从业人员188人；文物系统内博物馆175家，从业人员3396人；文物商店4家，从业人员95人；其他文物机构52个，从业人员186人。

广东省文化厅直属文博单位有广东省博物馆、广东省考古所、广东省文物鉴定站和鲁迅纪念馆。全省省属文博机构共有行政管理人员59人，专业技术人员217人，其中正高级职称15人、副高级职称30人、中级职称76人、初级职称96人。

【对外交流与合作】

3月，由中国博物馆协会主办的“中国博物馆教育培训研讨会”在广东省博物馆开办。此次培训邀请了英国、美国和国内优秀的博物馆教育方面的专家，介绍国内外先进博物馆教育理念和教育方法，来自各地博物馆的高层管理人员和教育部主任等近140人参加了研讨会。

广西壮族自治区

【概述】

2014年，在国家文物局的大力支持下，在自治区党委、政府的正确领导下，各项文物工作取得显著成绩。左江花山岩画文化景观被国家文物局确定为2016年中国申报世界文化遗产唯一项目；桂林甑皮岩遗址保护工程和新展示中心建设基本完工，成为华南地区唯一的国家考古遗址公园；灵川县江头村和长岗村古建筑群、贺州市临贺故城、灵山县大芦村建筑群、西林县西林岑氏家族建筑群等4个文物保护单位列入全国“文物消防安全百项工程”名单；稳步推进第一次可移动文物普查；广西博物馆“瓷美如花”基本陈列荣获“第十一届（2013年度）全国博物馆十大陈列展览优胜奖”。

【行政制度改革】

完成文物行政审批制度改革相关工作，认真开展文物行政审批事项摸底、清理取消下放调整工作，取消6项行政审批事项，承接国家文物局2项行政审批事项，保留13项行政许可事项和非行政许可审批事项。积极做好取消和调整行政审批项目的落实和衔接工作，及时制定《广西壮族自治区文化厅关于公布行政审批项目接收方案的决定》《关于取消文物行政审批事项后续监管办法》，并利用举办“广西传统村落整体保护利用项目实施暨国家重点文物保护专项补助资金管理培训班”的契机，对推进文物行政审批事项“接、放、管”工作进行了培训。

【执法督察与安全保卫】

组织完成10个全国重点文物保护单位的消防、安防和防雷工程设计方案，25个全国重点文物保护单位“文物消防安全百项工程”和4个“文物消防安全专项规划编制试点”的申报工作。灵川县江头村和长岗村古建筑群、贺州市临贺故城、灵山县大芦村建筑群、西林县西林岑氏家族建筑群等4个文物保护单位列入全国“文物消防安全百项工程”名单。

8月至9月上旬，自治区文化厅组织4个督察组分赴14个设区市开展文物工作专项督察，并将督察情况及时反馈给各有关市、县和文博单位。完成柳州历史文化名城整改工作，通过住房和城乡建设部、国家文物局组织的专家组复查。9月下旬，组织督察组赴柳州和桂林两市开展古城保护中文物违法与消防安全专项督察。

全年检查文博单位1779次，抽查17个文博单位和6个文物保护维修工程工地，排查消防安全隐患122项，完成整改108项；发现并及时请当地政府制止文物保护范围内违规施工行为2起，完成桂林王城违规建设整治工作，对南宁、桂林、贺州市文物安全案件进行查处。继续安排临桂区文物管理所、右江区文物管理所、富川瑶族自治县文物管理所、巴马瑶族自治县文物管理所、中国红军第八军革命纪念馆重点文物保护巡查和执法工具设备。

【不可移动文物的保护和管理】

（一）概况

2014年，国家发展和改革委、财政部、国家文物局给予自治区重点文物保护、博物馆免费开放、博物馆建设、陈列展览提升、抢救性文物保护设施建设等专项经费达31392万元，比2013年增加7204万元。同时，自治区财政预算安排抢救性文物保护等项目经费4311.46万元，比2013年增加1146.46万元。

（二）大遗址保护

积极参与国家“21世纪海上丝绸之路”建设有关项目。指导北海市、合浦县编制完成合浦汉墓群文物保护规划，并规划建设海上丝绸之路博物馆等，为列入“21世纪海上丝绸之路”项目奠定基础。

组织编制靖江王府及王陵、甑皮岩遗址大遗址修缮、环境整治、保护展示工程立项报告和技术方案；积极争取国家专项资金用于广西壮族自治区合浦汉墓群总体保护规划纲要编制、《2010～2013年合浦汉晋墓发掘报告》出版、靖江王府修缮、甑皮岩遗址保护展示等工程，以及靖江王府遗址考古发掘等项目。完成靖江王陵悼僖王陵内陵及奉祠、怀顺王陵、安肃王陵、宪定王陵、荣穆王陵5处遗址考古发掘和靖江王陵第十代王陵等重点保护工程。桂林甑皮岩遗址保护工程和新展示中心建设基本完工，成为华南地区唯一的国家考古遗址公园。

（三）全国重点文物保护单位

完成第七批全国重点文物保护单位记录档案备案，并报送国家文物局。

全面完成花山岩画本体开裂加固保护工程并通过验收。兴安灵渠、灵川长岗岭和江头村古建筑群一期、北海近代建筑德国领事馆旧址、会吏长楼旧址、容县经略台真武阁、贺州临贺故城粤东会馆等一批国家、自治区重点保护工程顺利完成。

完成高岭坡遗址、靖江王府等5个文物保护规划和花山岩画、湘江战役旧址、八路军桂林办事处旧址路莫村物质转运站、白莲洞遗址二期、西林岑氏家族建筑群等27个文物保护方案编制工作。开展灵川江头村和长岗岭村古建筑群（爱莲家祠）、贺州临贺故城等一批文物保护工程验收。

兴安县灵渠渗水治理及环境整治工程分三期实施。一期工程为一区、二区、三区、四区的秦堤渗水加固，二期为渠首枢纽、大小天平、泄水天平环境整治工程和五区、六区泄水天平渗水加固工程；三期工程为七区、八区、九区的秦堤渗水加固工程和三将军墓环境整治工程、秦堤道路恢复工程。目前完成一期、二期工程。

恭城古建筑群——文庙和武庙维修工程由广西文物保护研究设计中心承担维修施工。目前，武庙维修基本完成，文庙维修进展顺利。

（四）世界文化遗产

灵渠、花山岩画申遗写入自治区政府工作报告并列入自治区领导联系推进重大项目（事项）。自治区文化厅与桂林、崇左两市建立协作机制，加快推进申遗各项工作。组织编制完成灵渠、左江花山岩画文化景观申遗文本、保护管理规划等申报材料，并报送国家文物局。经国家文物局组织的专家评审，在9个省区申报的11个项目中，左江花山岩画文化景观项目脱颖而出，被确定为2016年中国唯一申报世界文化遗产项目。11月，该项目申遗文本预审稿通过联合国教科文组织世界遗产中心的预审（格式审查），广西申遗工作取得突破性进展。

组织完成专家指导组实地调研指导的有关工作，以及灵渠和左江花山岩画文化景观申遗项目宣传、左江岩画系列课题研究、花山岩画申遗文本和保护管理规划修改完善、申遗专题片脚本编写评审、左江花山岩画系列文集编辑出版等9大类12项工作。组织指导相关市县开展遗产区环境整治、左江花山岩画文化景观保护监测站以及监测预警系统等基础设施建设。4月30日，自治区人民政府印发《关于核定公布左江岩画为自治区文物保护单位的通知》，核定公布左江岩画（包括左江及其支流明江两岸岩画点共计36点）为自治区文物保护单位。

此外，组织开展海上丝绸之路·北海史迹、侗族村寨·三江侗族村寨申遗项目遗产区保护、管理、研究等基础工作。

（五）其他

组织开展中国传统村落、“美丽广西”、广西特色名镇名村建设等涉及文物保护的项目。2014年有20个村落列入中国传统村落名单，广西的中国传统村落已达89个。

审定批准广西鼎之晟园林古建筑工程有限公司文物保护工程勘察设计乙级资质、施工二级资质单位。

【考古发掘】

（一）概况

2014年，配合水利、电力、铁路、公路等国家和自治区重点工程组织实施30余个项目的考古调查、勘探工作；完成郁江老口水利枢纽工程涉及隆安大龙潭遗址、扶绥江西岸遗址、敢造遗址，邕江水利枢纽工程涉及南宁凌屋贝丘遗址等项目的考古发掘工作。全年考古发掘面积10060平方米，出土器物3585件（套）。

组织考古单位开展申遗项目、大遗址及考古遗址公园、重大历史课题研究等考古调查、发掘工作，对秦城遗址、龙州县庭城遗址、兴安县通济城遗址等近年发掘项目的资料进行整理。与国家水下文化遗产保护中心合作开展北部湾水下考古调研工作。

（二）重要考古项目

1．凌屋新石器时代贝丘遗址

位于南宁市青秀区长塘镇五合村凌屋坡西南约50米的邕江北岸台地上，距今约3600～5000年。2013年12月～2014年12月，因邕宁水利枢纽工程建设，广西文物保护与考古研究所对该遗址进行抢救性考古发掘，发掘面积2000平方米。遗址出土大量的蚌器、骨器、石器、陶片、兽骨等遗物，其中以鱼头形蚌刀最具特色。

遗迹主要为墓葬，共发现303座。葬式主要有屈肢葬和肢解葬两种。屈肢葬有仰身屈肢葬、侧身屈肢葬、俯身屈肢葬、蹲踞葬等形式。肢解葬为国内外所罕见。这些墓葬对研究史前时期人类的宗教思想意识和生产生活情况具有十分重要的意义。

2．江西岸遗址

位于扶绥县新宁镇城厢居委会江西岸屯东南700米左江拐弯处的北岸，年代为新石器时代中、晚期。4～8月，因广西郁江老口航运枢纽工程建设，广西文物保护与考古研究所该遗址进行抢救性考古发掘，揭露面积2000 平方米，发现新石器时代、宋元时期和近现代的文化遗存。新石器时代中期出土螺壳、蚌壳、动物骨、砾石、简单打制的石核石片以及穿孔石器、研磨器、石斧、石锛、砺石、陶片、炭粒、烧土颗粒、骨凿、骨锥、骨钩、骨针、蚌铲等遗物；晚期出土砾石、红烧土、炭粒、石研磨器、石斧形器等遗物。

江西岸遗址是左江流域年代较早的新时期时代遗存，为探究左江流域新石器时代贝丘遗址的文化内涵、年代、性质、源流、族属等学术问题提供了重要的实物资料。

3．敢造贝丘遗址

位于扶绥县城西北约3公里的左江北岸台地上，距今约3000～7000年。4～9月，因郁江老口水利枢纽工程建设，广西文物保护与考古研究所对该遗址进行抢救性考古发掘，发掘面积约1025平方米。

根据地层堆积形态和遗迹、遗物的特征，大致可分为五期：第一期堆积主要是介壳堆积，主体为大量的小螺壳伴有个体较大的蚌壳，年代距今约7000年。第二期亦为介壳堆积，堆积中只有个体较小的贝壳，年代距今约5000年。第三期堆积主要为不含螺壳的黑褐色黏土，年代距今约4500～5000年左右。第四期地层堆积内不含贝壳，也未出土动物骨骼，年代距今约4000年。第五期未发现地层堆积，仅见遗迹及遗物，其中在一个灰坑内还发现大石铲与陶器共出，年代距今约3000年。

此次发掘是广西首次发现贝丘遗存、石器加工场遗存、大石铲遗存之间的相互叠压关系，为研究广西新石器时代同类遗存的年代早晚提供了地层学方面的证据。

4．大龙潭遗址

位于隆安县乔建镇博浪村博浪屯东北约1.5公里的大龙潭附近，年代为新石器时代晚期。3～9月，因广西郁江老口航运枢纽工程建设，广西文物保护与考古研究所对该遗址进行抢救性考古发掘。此次发掘分为两个发掘区，发掘面积5000平方米。遗址地层堆积较为单一，共有4层堆积，除耕土层外，其余均为新石器时代晚期堆积。

以大龙潭遗址为代表的桂南大石铲遗存是广西史前考古研究领域最具地域特色的一种原始文化。此次发现的大量石铲埋藏坑及石铲祭祀场不仅为此类遗址的研究补充了新的资料，而且丰富了对其文化内涵的认识，为进一步深化大石铲的研究提供了丰富的资料。

5．汉代庭城遗址

位于崇左市龙州县上金乡联江村舍巴屯东北约500米的台地上，年代为新石器时代晚期以及汉代、唐代、近现代。10月，广西文物保护与考古研究所对龙州县汉代庭城遗址进行了发掘，发掘面积近400平方米。

从遗址所处地理位置和考古发掘的情况来看，该遗址是一座带有军事性质的汉代城址。本次考古发掘工作中新发现的弧状瓦片堆积、斜插瓦片带以及带柱础石或石块堆积的柱洞、坑等遗迹，对揭示庭城遗址的布局结构具有重要意义。

6．平南县六浊岭冶铁遗址

位于平南县六陈镇大妙村寺一屯北面六浊岭的斜坡上，年代为汉至六朝时期。11～12月，为探究广西古代冶炼的工艺、规模、年代、性质、族属、源流等问题，广西文物保护与考古研究所联合中山大学和北京科技大学对平南县六浊岭遗址进行考古调查与试掘，试掘面积110平方米。

该遗址为汉至六朝时期规模较大的冶铁遗存，地表露出部分炼炉，采集到铁渣、炉壁、模范、陶瓷片等遗物，为研究广西汉至六朝时期的冶铁技术提供了宝贵资料。

7．桂林市靖江王陵遗址

位于桂林市尧山路。1～12月，为配合桂林市靖江王陵考古遗址公园建设，广西文物保护与考古研究所会同桂林市靖江王陵文物管理处对靖江王陵进行考古发掘清理工作。共发掘清理靖江王陵第二代悼僖王陵内陵及奉祠、第四代怀顺王陵、第七代安肃王陵、第十一代宪定王陵、第十二代荣穆王陵5处陵园遗址，发掘清理面积约5万平方米。

此次考古发掘清理首次发现了悼僖王陵的奉祠遗址以及悼僖王陵陵园内的道路网及亭等重要遗迹，发现了怀顺王陵独特的后期构筑的五边形外围墙，发现了荣穆王陵独特的布局、构筑方式及建筑材料。

8．北海白龙城明清遗址

白龙城又名珍珠城，位于北海市铁山港区营盘镇白龙村，是明清时期集珍珠监采、海盐生产、海防军事于一体的一座海滨名城。1～11月，广西文物保护与考古研究所、北海市文物局对“海上丝绸之路”文化遗产点——北海白龙城明清遗址进行考古调查、勘探、试掘、三维复原等工作。

【博物馆与可移动文物保护】

（一）博物馆

继续推进百家博物馆建设。建成开放贵港市博物馆、柳州苍圣阁印章美术馆、柳州市骆越博物馆、柳州市潭中博物馆、柳州市大观杂项博物馆、柳州石尚艺术馆、柳州市自然居石文化博物馆、柳州市国酒文化博物馆、柳州市红木文化博物馆、广西军区军史馆、广西广播电影电视博物馆、胡志明与壮族人民陈列馆、天等县立屯隧道实体博物馆、北海老城历史文化馆、北海坭兴陶馆、北海水彩画馆、玉林铁力木家具博物馆、桂林市鸡血玉博物馆、中央红军突破湘江战役纪念馆、燕京·漓泉桂林啤酒文化博物馆等20家博物馆，广西百家博物馆建设项目已有93家建成开放。

自治区现有79家博物馆、纪念馆免费向公众开放。围绕博物馆建设，全年征集文物8812件（套）。各级各类博物馆、纪念馆、文物管理所收藏文物48.19万件（套）。

举办“瓯骆汉风：广西古代陶制明器”“BEIXNUENGX（贝侬）——壮族文化展”“星云大师一笔字书法展”“丹青桂韵——馆藏齐白石、黄宾虹、徐悲鸿、张大千精品画展”“丹青桂韵——桂北李氏一门书画作品展”等基本陈列和临时展览453个，观众人数达到1680.763万人次，其中未成年人416.39万人次。广西博物馆“瓷美如花”基本陈列荣获“第十一届（2013年度）全国博物馆十大陈列展览优胜奖”。

（二）可移动文物保护

国家及自治区财政共安排可移动文物保护专项补助经费326万元，组织开展广西民族博物馆珍贵文物数字化保护、合浦县博物馆珍贵文物保存柜架囊匣配置及广西博物馆馆藏青铜器、广西文物保护与考古研究所合浦文昌塔汉墓出土青铜器文物修复与保护工作。

（三）第一次全国可移动文物普查

第一次全国可移动文物普查工作稳步推进，完成国有单位收藏保管文物情况摸底排查、国有单位文物认定和普查督察工作。共向自治区46231个国有单位发放和回收《国有单位收藏保管文物情况摸底排查调查表格》，反馈收藏有1949年以前物质遗存的国有单位共447家，物质遗存109.7828万件（套），涵盖了文化、档案、民政、教育和国有资产管理等领域，实现了国有单位摸底调查全覆盖。从7月开始，自治区普查办组织开展为期3个月的国有单位收藏保管文物认定，共认定文物98万件（套）。此外，自治区文物局还派出3个督察组对普查组织机构建设、普查经费落实情况、普查培训、宣传工作、国有单位收藏文物摸底排查等工作进行了督察。

【文博教育与培训】

举办纺织品文物保护修复培训班，邀请故宫博物院、南京云锦博物馆、中国丝绸博物馆的专家授课，自治区17个文博单位和云南、贵州等省学员20人参加培训。

举办广西第一次可移动文物普查第二阶段工作和摄影技术、广西传统村落整体保护利用项目实施暨国家重点文物保护专项补助资金管理、广西第六批和第七批全国重点文物保护单位记录档案备案工作等培训班，培训基层文博管理干部、业务人员近300人。

选派文博系统相关专业人员参加国家文物局、中国文化遗产研究院、故宫博物院等举办的第一次全国可移动文物信息登录平台培训班以及纸质文物、陶瓷藏品等各类文物修复技术培训班和玉石器、明清瓷器鉴定班等。

组团参加在贵阳举办的世界岩画联合会年会，与崇左市合作在崇左、南宁举办左江花山岩画国际专家考察座谈会。组织举办城镇化与古村落保护研讨会，来自全国的100多名专家学者进行深入探讨。

【文博宣传与出版】

在“壮族三月三”、国际博物馆日、文化遗产保护宣传月期间，各地文博单位组织开展形式多样、内容丰富的宣传活动。自治区文化厅在梧州市举办“5·18”国际博物馆日主场城市活动，广西民族博物馆举办“壮族三月三”主题系列活动、“唱响八桂”民族文化节，广西博物馆举办《八桂史话》系列讲座，广西文物保护与考古研究所举办“公众体验考古”活动。

中国—东盟博览会、国庆假日和世界体操锦标赛期间，广西民族博物馆举办生态博物馆非物质文化遗产展演，广西博物馆举办少儿民族服饰大赛、中国与东盟戏剧周展演等活动。

出版《灵渠》《连城要塞遗址》《桂林靖江昭和王陵考古发掘清理报告》等图书，组织编写《左江花山岩画文集》。配合自治区党委宣传部组织编写出版《广西文物丛书》。

【机构及人员】

自治区、市、县三级文物保护网络健全，共有各级文物博物馆机构189个。其中，文物行政主管部门6个，博物馆106个（国家一级博物馆1个、国家二级博物馆6个、国家三级博物馆17个），文物管理所（站）67个，文物商店4个，文物考古研究所1个，文物考古工作队（考古队）2个，文物保护研究设计中心1个，文物拍卖企业2个。

全区文博系统从业人员2283人，其中专业技术人员1044人，包括正高级职称32人、副高级职称79人、中级职称380人。

【对外交流与合作】

7月16日～9月15日，由广西壮族自治区文化厅、香港特别行政区政府康乐及文化事务署主办，广西壮族自治区文物局、广西文物保护与考古研究所、香港历史博物馆承办的“瓯骆汉风：广西古代陶制明器”展在香港历史博物馆展出。该展览是国家2014年度对港澳文化交流重点项目之一，也是广西首次以文物整体形象赴香港展出，共展出西汉至南朝的陶屋、陶仓、陶井、陶灶、陶船及动物俑等珍贵文物76件（套），观众达13万多人次。

11月，广西博物馆赴马来西亚举办“美丽中国·美丽广西——庆祝中马建交四十周年广西少数民族文化展”。

海南省

【概述】

2014年，海南省共有国家重点文物保护单位24处26点，省级文物保护单位108处，市县级文物保护单位375处。全省有各类博物馆、纪念馆29家，其中有19家文化文物部门归口管理的公共博物馆、纪念馆列入国家免费开放名单，还有一批博物馆、纪念馆自行向社会免费开放。

【执法督察与安全保卫】

海南省政府及文物行政主管部门按照“保护为主，抢救第一，合理利用，加强管理”的方针，认真落实国家文物局关于开展2014年度文物执法检查工作的系列部署。海南省文物局及时向全省文化、文物部门发出通知，明确要求各市县强力执行，确保文物安全。

2014年，海南省文物局和各级文博单位充分利用全国第一次可移动文物普查的成果，围绕如何做好文物安全保护工作，借助“5·18”国际博物馆日和中国文化遗产日等特定节日，深入开展《中华人民共和国文物保护法》《中华人民共和国文物保护法实施条例》等文物政策法规的宣传活动，全面、形象地宣传报道海南的历史文化遗产，进一步加大文物法规建设和实施《中华人民共和国文物保护法》的力度，不断在文物的利用、保护和管理上下功夫，取得了良好的效果，使文物安全保护意识深入人心，全民自觉保护文物安全已成为新常态。此外，2014年各市县开展了与文物法相关的培训班和专题学习宣传活动80多次，从而使广大人民群众更多的了解和遵守国家和海南省的文物政策法规，不断树立全民自觉保护文物安全的良好社会风尚。

2014年，海南省进一步重视和加强对全省文物消防安全工作的监管，警钟长鸣，常抓不懈，文物消防安全无事故发生，但野外文物单位的安全仍令人担忧。

2014年2月8日上午10时22分，省级文物保护单位唐胄墓再次被盗。接报后，海南省文物局负责人和海口市文物局的有关人员立即赶赴案发现场，云龙镇派出所公安干警、唐氏后人和海口市琼山区公安分局刑警也到达现场。在公安部门做完技术勘察取证程序后，省市文物局负责人及有关专家进行了现场勘查，发现此次被盗墓冢为唐胄之妾陈淑人墓，该墓冢的后侧被撬开一个高约1.7米、宽约1.3米的洞口，里面部分的碎石片被清理出来堆积在墓冢旁边。由墓冢基础（即现地面）往下发现有盗窃分子挖掘的盗洞，洞口不规则，宽约1.1米、深约1.4米。堆积在墓冢洞口周围的乱石和红土是20世纪80年代修缮墓冢时填埋的活土，盗墓者尚未挖到墓穴，未发现葬具和随葬品出土迹象。海南省文物局及时向国家文物局报送《关于海口市唐胄墓再次被盗相关情况的报告》，并要求海口市文物局密切跟踪案情，积极配合公安部门破案。目前，唐胄墓已按原貌修复完好。

截至2014年年底，全省共开展文物行政执法、文物安全检查和文物市场执法860多人次，文物市场、安全检查执法取得一定成效。

【不可移动文物的保护和管理】

海南省共有全国重点文物保护单位24处，“四有”工作基本完成，安全状况良好，目前儋州故城、海瑞墓、美榔双塔、丘浚故居、丘浚墓、东坡书院、五公祠、中共琼崖一大旧址8处设立了专门的管理处，其他单位由当地文体局设专职人员负责管理。

2014年，完成斗柄塔、崖城学宫等7处全国重点文物保护单位保护规划、方案立项工作；开展儋州古盐田、程德汉故居、东方感城学宫的规划、维修方案编制；推进儋州古盐田、临高透滩村、澄迈李氏宗祠等文化遗产周边景观改造；开展第三批省级文物保护单位申报工作，完成150处申报单位申报材料审核编制；对省级文物保护单位儒符石塔、琼山学宫大成殿、陵水县农民协会旧址、东方感恩学宫等10处省级文物保护单位开展了保护修缮工程；对梁云龙墓、李氏古墓群、陈得平墓、曾鹏墓、吴元猷墓、王国宪故居、挺秀坊等10处市、县级文物保护单位实施了修缮和环境整治工程。

完成落笔洞遗址、儋州故城、海瑞墓、丘浚故居及墓、东坡书院、五公祠、中共琼崖第一次代表大会旧址、蔡家宅、甘泉岛沉船遗址、北礁沉船遗址保护规划并上报国家文物局，其中中共琼崖一大旧址及丘浚墓保护规划已通过省人民政府审批；完成秀英炮台修缮工程并对外开放，完成丘浚墓修缮和环境整治工程，完成全国重点文物保护单位美榔双塔石坝、石坊等维修及绿化、保护设施工程；开展东坡书院修缮工程、开展蔡家宅维修保护及安防工程；投入国家经费723.55万元开展了海南省琼海市蔡家宅组群建筑防雷工程、海南省“华光礁Ⅰ号”出水木船保护方案（Ⅰ期）等项目。

【考古发掘】

（一）田野考古

1．做好配合基本建设工程考古调查工作

完成国电海南西南部电厂工程项目、华能南山电厂扩建工程、海口市南渡江引水工程、海南岛环岛天然气管网文昌—琼海—三亚输气管道工程、华能洋浦热电联产工程、三亚凤凰机场迁建预选场址等项目建设用地的考古调查工作，并将有关意见函复建设单位，保证各项重点建设项目顺利进行。

2．做好主动性考古发掘与研究工作

向国家文物局申报陵水县黎安镇莲子湾遗址发掘、陵水县新村镇桥山遗址考古发掘、昌江乌烈镇乌烈村遗址考古发掘、东方市荣村遗址考古发掘等主要性考古发掘项目并获得批准。其中，莲子湾遗址和荣村遗址考古发掘工作已经完成，桥山遗址考古发掘项目已经启动。

（二）水下考古工作

对永乐环礁中银屿3处、石屿4处、金银岛3处遗存进行执法巡查。

开展西沙珊瑚岛一号沉船遗址重点调查，完成了该遗址的平面图草图测绘、新型工作平台搭建测试、遗址表面珊瑚清理试验等工作。

开展海上丝绸之路沿海水下文化遗产调查，对琼海、文昌海域进行了为期15天的调查，共发现3处水下文化遗存。

【博物馆与可移动文物保护】

（一）博物馆

1．博物馆建设

在海南省委省政府的高度重视支持下，作为我省唯一一家国家级博物馆的海南省博物馆二期建设工程将于2015年6月底前交付。建成后的海南省博物馆占地面积将达到 4.5万平方米，展示内容以历史文化、海洋文化、民族民俗文化、非物质文化遗产和艺术为主，馆藏文物达2万余件。

海南省民族博物馆拆除重建工程列入2014年省委省政府为民办实事事项，重建后的省民族博物馆工程将于2015年6月底前交付。新馆的基本陈列以纺织文化为主线，充分展示海南目前唯一的世界非物质文化遗产——黎锦及苗、回族等各民族纺织文化。

2．博物馆间的交流与合作

海南省博物馆的“大海的方向——华光礁Ⅰ号沉船特展”自荣获第十届（2012年度）全国博物馆十大陈列展览精品奖，已扬帆北上开启全国巡展，继在首都博物馆、河南博物院和山西博物院开展之后，2014年又赴宁夏博物馆、浙江博物馆和新疆博物馆展出。海南省民族博物馆的“锦绣天成——黎族树皮服饰与赫哲族鱼皮服饰展”先后赴黑龙江省博物馆、贵州省博物馆、杭州博物馆、西藏博物馆和云南省博物馆展出，社会反响强烈。

2014年博物馆及相关产品与技术博览会上，海南省博物馆荣获“弘博奖·最佳展示奖”。

3．重要陈列展览

2014年度的重点文物展览从题材选择到策展制作都力求突破，其中精品文物展览有“回望大明——海瑞生活的时代”“朔地长歌——宁夏岩画特展”“笔墨纸砚——安徽文房四宝特展”“家在紫禁城——开封市博物馆藏宫廷用品展”“铁血滇缅——南侨机工回国抗战75周年纪念展”“大千世界——张大千临摹敦煌壁画作品展”，吸引了大批观众参观。

（二）可移动文物的保护

博物馆认真做好馆藏文物的日常保护和管理工作，做好入库文物的接收、登记和整理工作，其藏品类别主要分为考古发掘文物、传世文物、水下文物、民族文物和近现代文物，以出水陶瓷器为最多。藏品增加主要通过考古发掘、社会征集以及民间捐赠几种途径。截至2014年，海南省国有文物收藏单位文物总量为98250件（套），其中珍贵文物3476件（套），包括一级文物119件（套）、二级文物435件（套）、三级文物2386件（套）。

海南省博物馆出水文物保护修复实验室和船板处理室建成，极大地促进了“华光礁Ⅰ号”出水木船构件及系列出水文物的保护和修复工作。华光礁沉船脱盐防腐工作已持续进行近4年，阶段性保护修复处理效果良好，达到了预期目标，目前这项工作仍在进行中。

2014年，海南省博物馆修复了“华光礁Ⅰ号”出水残损陶瓷器千余件，包含碗、执壶、粉盒、小瓶等，出水船板、铁器以及馆藏铁炮的保护修复仍在进行当中，为海南省博物馆二期展陈奠定了基础。另外，海南省博物馆出水文物修复实验室帮助各市县博物馆修复文物9件，包括三亚市博物馆的残缺文物6件、保亭县博物馆的残缺文物3件。

【社会文物管理】

2014年12月5日，海南久远文物商店举办海南第二届全国文物艺术品交流会并擅自举行文物拍卖活动。根据国家文物局关于调查处理这一违规行为的电话指示，海南省文化广电出版体育厅立即要求省文化市场行政执法总队调查核实，并召开专门会议，研究对海南久远文物商店违规行为的调查处理意见。由于取证难度大，且没有拍卖成交纪录，会议达成两点处理意见：一是责令海南久远文物商店立即作出整改；二是写出保证以后不再违规进行文物拍卖经营活动的书面整改意见。省文化市场行政执法总队于当日下午给海南久远文物商店下达了责令整改通知书，并派执法人员直接送达海南久远文物商店有关负责人签收。该文物商店承认了在举办海南第二届全国文物艺术品交流会期间擅自从事举行文物拍卖活动的错误，并上交了书面整改报告。省文化市场行政执法总队将继续监督该商店进行整改，坚决防止类似违规事件的再次发生。

【科技与信息】

海南省博物馆派员参加“台湾中央研究院史语所南岛语族国际研讨会”，正在进行海南省哲学社会科学规划课题1项；海南省民族博物馆正在进行《中国少数民族文物图典海南省民族博物馆卷》编写工作，承担社科资金项目课题“黎族杞方言社会文化变迁研究”“黎族文化产业保护与传承研究”“黎族村寨变迁研究”和“海南省民族研究基地项目”等。

海南省博物馆对网站、微信进行改版，并设计制作手机客户端，通过多种平台进一步提升网络宣传力度，致力于打造观众手中的移动博物馆。

【文博教育与培训】

全年派员参加海南省内、省外培训班20余个；自行组织2014年文化遗产保护，全省可移动文物普查，博物馆安全教育、礼仪和一线员工业务技能培训班，参加培训人员超过500余人次。

2014年6月，海南省文化广电出版体育厅主办的南海丝绸之路文化遗产保护研讨会在海口举办，来自国内沿海省份的60余名文博界人士齐聚一堂，共同探讨南海丝绸之路文化遗产保护大计。

【文博宣传与出版】

海南省博物馆于5月18日举办了国际博物馆日系列活动，活动紧紧围绕“博物馆藏品架起沟通的桥梁”这一主题开展；6月14日上午，由海南省文化广电出版体育厅主办、省群众艺术馆和非物质文化遗产保护中心承办的“第五届海南省黎族织锦大赛”和“黎族传统纺染织绣技艺保护成果展”在海南省博物馆同时举行。

2014年海南省博物馆出版了《环海南岛明清时期海防设施考古调查报告》《乔德龙作品集》和《带你走进博物馆 · 海南省博物馆》；海南省民族博物馆出版了《走近中国少数民族 · 黎族》《海南黎族哈应人丧葬文化研究》等。

【机构与人员】

2014年海南省有文物机构30个，其中文物保护管理机构13个、博物馆16个、文物科研机构1个，包括省级文物保护管理机构1个、博物馆2个、文物科研机构1个；市级文物保护管理机构12个、博物馆2个、其他文物机构13个；县级博物馆12个。

截至2014年年底，海南省文物机构从业人员315人，其中高级职称13人、中级职称40

人。

取得文物保护工程施工资质的单位1个：海南献林林建筑安装工程有限公司，为文物保护工程一级施工资质单位。

取得考古发掘资质的单位1个：海南省文物考古研究所（海南省博物馆）。

取得考古发掘领队资格的6人：丘刚、王大新、王育龙、阎根齐、王明忠、何国俊。

【对外交流与合作】

2014年对外交流方面工作取得突破。阿根廷驻华大使、英国贸易投资总署访琼代表团等参观了海南省博物馆；7月，“华光礁Ⅰ号”沉船图片展在日本展出。

重庆市

【概述】

2014年，重庆市文物系统深入贯彻党的十八届三中、四中全会精神，认真学习习近平总书记系列讲话精神和关于传承弘扬中华优秀传统文化、加强历史文物保护的重要论述，以整体提升文物保护与利用水平为目标，以实施文物保护重点工程为着力点，突出改革、发展、管理主题，统筹推进文物保护利用，圆满完成了年度目标任务，全市文物事业各项工作取得了新的进展。

【法规建设】

重庆市配合国家文物局开展了《中华人民共和国文物保护法（修订草案）》意见征求工作，上报修改意见建议50余条。

《钓鱼城遗址管理办法》前期调研有序进行。

《重庆市长江白鹤梁题刻保护管理办法》经市政府于2013年12月第31次常务会议通过并予以公布，于2014年2月1日开始实施。办法共三十条，包含制定目的、主管部门、经费管理、禁止性规定和行政处罚五部分。

【执法督察与安全保卫】

重庆市文物局会同市公安局、市文化执法总队联合开展预防和打击文物犯罪专项行动。该行动共呈请立案1件、立案侦查4件、破获3件，进一步完善了安全防范体系和警文联防机制。

文物安全责任全面落实。以全国重点文物保护单位、市级文物保护单位为重点，重庆市文物局分别与38个区县文物行政部门和直属文博单位签订了2014年文物安全目标责任书，并督促区县文物部门与市级以上文物保护单位的管理使用单位签订文物安全责任书。全市337处市级以上文物保护单位已签订315处，签订率达93.5%。

文物安全制度不断完善。继续执行《重庆市文物安全巡查报告制度》，进一步完善文物安全突发事件报告和定期通报制度。重庆市文物局会同市公安局、市城乡建委、市规划局出台了《关于加强历史文化名城名镇名村及文物建筑消防安全工作的实施意见》。组织部分区县文物部门分管负责同志和文物管理所长现场观摩消防演练，提高了文博单位消防安全应变能力，促进了文物消防安全管理工作的规范化、制度化。

加强文物日常安全巡查。全年共对36个区县、55处全国重点文物保护单位、231处市级文物保护单位、81处抗战遗址进行了日常安全巡查，查处违法行为2起，整改安全隐患45处。

开展文物安全工作专项行动。重庆市文物局联合市公安消防总队开展了文物消防安全“大排查、大整治、大执法、大督察”行动。会同重庆市文化执法总队检查16个区县、40处文物保护单位的安全管理工作。开展渝中区、南岸区、江北区古城保护中文物违法与消防安全专项检查。会同重庆市文化执法总队对全市15个区县、81处保存现状差的抗战遗址进行了专项检查，查处违法损毁1处，违规改扩建12处，不依法履行责任单位8个，整改安全隐患18处。

【不可移动文物的保护与管理】

（一）概况

2014年，重庆市新公布潼南县杨氏民宅等7处全国重点文物保护单位保护规划，以及市级历史文化名镇2个、市级历史文化街区1个。在全国范围内率先开展文物保护单位定点定位入库工作。初步划定第七批全国重点文物保护单位保护范围和建设控制地带21处。实施市级以上重点文物保护工程46个。重庆市现有不可移动文物25908处，包括世界文化遗产1个（大足石刻），列入世界文化遗产预备名单2个（合川钓鱼城遗址与涪陵白鹤梁题刻），全国重点文物保护单位55个，市级文物保护单位283个，中国历史文化名镇18个，中国历史文化名村1个，中国历史文化名街1个，中国传统村落63个。

（二）大遗址保护

重庆市正加快实施合川区钓鱼城悬空卧佛寺保护、钓鱼城遗址摩崖题刻及碑刻抢救性保护等工程。

（三）文物保护单位

重庆市申报国家重点文物保护专项资金年度实施项目74个，中央财政下达到位国家重点文物保护专项补助资金13548万元。重庆市文物局会同市财政局制定印发了《重庆市市级文物保护专项资金管理办法》，并对2010～2013年国保、市保专项资金使用情况进行了检查。实施市级以上重点文物保护工程46个，其中国保项目30个、市保项目16个，竣工项目20个、在建项目26个。

抗战遗址保护和利用得到加强。组织实施世界佛学院汉藏教理院旧址、育才学校旧址等7个全国重点文物保护单位和于右任官邸、李宗仁旧居等9个市级文物保护单位维修项目，197处市级以上抗战遗址中的129处已实现对外开放。

古建筑及重点寺观教堂保护成效明显。云阳县彭氏宗祠、铜梁区安居古建筑群——下紫云宫和东岳庙等项目基本完成，梁平县双桂堂一期工程、江津区江公享堂、大足区石马真原堂、万州区金黄甲大院、巫山县龙溪古建筑群——杨氏民居维修等项目竣工并通过验收。

（四）世界文化遗产

大足石刻千手观音抢救修复工程推进顺利，石质、彩绘和贴金等主体修复基本完成。

世界文化遗产申报工程积极推进。白鹤梁题刻水下保护体玻璃窗改造工程顺利实施，水下廊道照明、防撞设施建设工程稳步启动。

（五）其他

文物保护项目工程质量管理得到加强。及时开展项目方案评审，定期组织专家对文物保护项目现场进行巡查、指导，文物保护工程管理质量明显提高。合川区涞滩二佛寺下殿保护修缮工程入围“全国首届十佳文物保护工程”二十强。湖广会馆、杨氏民宅、南腰界红三军司令部旧址等3处消防工程被国家文物局确定为“文物消防安全百项工程”。

文物保护规划引领作用明显。重庆市文物局发挥文物部门职能作用，会同市规划部门开展了《重庆市历史文化名城保护总体规划》编制及《重庆市城乡总体规划》修订完善工作，已经市政府常务会议审议通过。结合重庆市五大功能区发展战略，初步编制完成《重庆市五大功能区文化遗产保护与利用总体规划》，着力推进文物保护与新型城镇化建设协调发展。完成了《重庆市主城区文物保护单位定点定位规划》《主城区抗战遗址定点定位规划》《酉阳县酉水河镇后溪村文物保护工程总体实施规划》《巫溪县宁厂镇文物保护保护利用总体规划》等规划编制，更多文物保护法定要件得到完善。

文物保护主动性进一步增强。着眼解决保护工作滞后、失之于软的现状，加强与规划部门的协调，在全国率先开展文物保护单位定点定位入库工作，实行主城区文物保护与城市规划的“一张图”管理，主城区419处文物保护单位和314处抗战遗址在城市规划中“定点定位、信息入库”，共同构建重庆市历史文化资源数据库，将历史文化遗产保护系统化、信息化，实现了文物保护与城市规划的有机结合与有效管理，增强了文物保护工作的主动性。积极完善文物保护技术规范，编制完成《重庆市传统建筑修缮技术导则》，为名城名镇名村及传统村落中的传统建筑保护修缮、日常维修和风貌维护制定技术标准、提供技术指导。

开县温泉镇、黔江区濯水镇和涪陵区青羊镇安镇村成功申报为第六批中国历史文化名镇（名村），南岸区慈云寺—米市街—龙门浩经重庆市政府常务会议批准为市级历史文化街区，綦江区郭扶镇、江津区吴滩镇经市政府公布为市级历史文化名镇。涪陵区大顺乡大顺村等15个中国传统村落入选2014年中央财政支持范围名单。酉阳县后溪村、涪陵区大顺村纳入国家国保、省保集中成片传统村落整体保护示范项目，批复实施保护项目10个，下达到位保护补助资金1370万元。

组织开展三峡文物保护专项验收工作，制订实施方案，严格验收标准，指导库区相关区县和单位对787个三峡文物保护项目开展全面自验，组织专家验收组对371个项目进行现场踏勘、资料查阅，圆满完成全市三峡文物保护项目市级初验工作任务。切实抓好三峡后续文物保护工作，完成了三峡后续文化遗产保护规划的优化完善，明确了优化完善的8个重点项目，建立了三峡后续文物保护二期项目库，督促加快2011～2012年已批复项目的实施进度，完工24项、在建28项，各项目进展较为顺利。申报三峡后续文物保护年度项目76个，获批项目46个，其中新增28个、续建18个，核定批准补助资金1.03亿元。

【考古发掘】

（一）概况

2014年，实施39个基本建设中的文物保护项目，调查面积87.64平方公里，调查里程598公里，勘探面积 24.7万平方米，发掘面积2.99万平方米，出土文物7323件（套）。完成秀山至贵州松桃高速公路、潼南航电枢纽工程、铜梁农业科技园等建设项目中的文物保护工作，以及万州盐井沟、奉节兴隆镇、巫山抱龙镇的生物地层学调查。

（二）重要考古项目

1．老鼓楼衙署遗址

2012年开始发掘，基本厘清了宋元明清及近现代重庆衙署遗址建筑叠压分布状况，目前遗址公园建设正在加速推进，已完成1.5万平方米的遗址公园规划。

2．永川区汉东城遗址

2013年10月开始考古发掘，遗址分布面积约40万平方米，遗存保存较好区域面积为6.45万平方米，核心区面积约2万平方米。试发掘面积大约800平方米，发现各类遗迹101处，出土器物800余件、器物标本4500余件。阶段性考古发掘通过专家验收，被誉为“通史式的古遗址”。

3．太平门遗址

2014年在工地施工中发现，由重庆市文化遗产研究院进驻现场进行考古发掘。经考古发掘测量，太平门门洞内部高达5.1米、宽4.4米，基本确定太平门遗址城墙存在3次大型修建和使用期，并在使用过程中进行了多次修葺。该遗址的发现为研究重庆古城格局、城市发展历史提供了重要实证。

【博物馆与可移动文物保护】

（一）博物馆

2014年，重庆市新增博物馆7家，总数已达79家。重庆自然博物馆新馆陈列布展加紧实施，工业博物馆建设正式启动，开州博物馆新馆建成开放，武隆县博物馆、巴渝民俗博物馆完成展览改陈，9个区县博物馆新馆正在进行陈列布展。完成10家国家二、三级博物馆运行评估工作，刘伯承同志纪念馆考评为优秀，重庆自然博物馆等9家博物馆考评结果为合格。继续开展博物馆免费开放绩效考核，公共文化服务能力不断提升。全市博物馆年参观人数达1911万人次，其中免费参观1700万人次。文博单位改革不断深化，重庆中国三峡博物馆积极探索总分馆制，红岩联线开展了理事会制度建设试点。文旅融合不断深入，红岩联线5A景区创建工作积极开展，全年遗址类博物馆接待观众307万人次，门票收入达1.28亿元。

重庆市成功申报纳入“完善博物馆青少年教育功能”全国15个试点省市之一，以重庆中国三峡博物馆、红岩联线文化发展管理中心、重庆自然博物馆为依托，积极争取教育部门支持，完成学校需求与博物馆资源调研、送展览到学校、校本教材编写等8项试点任务，重点凝练了博物馆青少年教育课程项目库、青少年教育体验活动项目库、流动博物馆展览项目库等一批博物馆青少年教育项目库，着力探索实现博物馆教育资源利用最大化的有效途径和手段，初步建立了博物馆教育与学校教育结合的工作机制，试点工作取得明显成效。

积极扶持民办博物馆。重庆中国三峡博物馆对口帮扶重庆匾额博物馆“匾额精品”展览提升，万州区博物馆对口帮扶万州良公祠民俗纪念馆民俗展览改陈提升。

重庆市全年举办“抗战岁月”“红岩精神与中国梦”等专题展览100个，开展教育活动715次，送展览到乡镇学校977场次，接待观众212.5万人次，文化惠民效益彰显。红岩联线“红岩精神　千秋楷模”入选全国弘扬优秀传统文化、培育社会主义核心价值观主题展览项目库，取材于红岩题材的话剧《幸存者》获得全国“五个一工程奖”称号。

（二）可移动文物保护

全年征集文物藏品10910件（套），修复珍贵文物2035件（套）。

重庆市文物局制定出台了《重庆市文化遗产科研基地认定暂行管理办法》。全国首个文物保护装备产业基地（重庆市南岸区）方案已通过国家有关部委组织的专家评审。积极推动文物与科研的融合，成功申报文物保护装备产业化及应用示范项目4个。

（三）第一次全国可移动文物普查

重庆市文物、财政部门联合开展了普查专项资金落实情况督察。全面开展文物认定，建立了市级可移动文物认定审核专家库，严格按照《文物认定管理暂行办法》，制定文物认定程序和工作细则，将文物普查与文物清库建档、定级相结合，文物系统外国有收藏单位文物认定工作全部完成。推进普查文物信息采集登录工作，狠抓进度管理和质量控制，现90个国有收藏单位采集并上报文物信息数据43858件（套），实有文物数量达103573件；34个中小型收藏单位已完成文物信息采集登录工作。

【社会文物管理】

组织开展涉案等文物鉴定45次，鉴定文物1260件；开展文物公益鉴定活动2次，为涪陵、梁平两地的文物艺术品收藏爱好者提供了免费鉴定服务。

审批恒升、华夏两家文物艺术品拍卖公司举办的3次拍卖活动，审核1518件拍卖标的并报国家文物局备案。完成两家拍卖公司2013年度《文物拍卖许可证》年审工作。成功举办首届川渝集珍文物艺术品拍卖会。

【科技与信息】

2014年，重庆市文物系统共开展科研项目24个，发表各类学术论文254篇。完成“抗战时期重庆漫画所展现之历史研究”“宛梆研究”“大教育观下博物馆公共教育功能及实施策略研究”等国家社科基金项目申报，重庆自然博物馆成功申报环境保护部“生物多样性示范观测”科研项目，5个抗战遗址研究课题进入重庆市委宣传部2015年度重点研究课题名单。

成功举办“重庆与抗战时期的中国”海峡两岸学术与文化论坛、2014大足学国际学术研讨会等学术研讨会4次。三峡博物馆举办“三峡文博大讲坛”学术讲座16期。

【文博教育与培训】

重庆市文物局全年举办2期文物专题培训班，培训260余人次。举办了第一次全国可移动文物普查信息登录平台骨干培训班，140余名可移动文物普查骨干参与了培训。

【文博宣传与出版】

突出“博物馆藏品架起沟通的桥梁”和“让文化遗产活起来”的主题，举办了第五届重庆文化遗产宣传月活动，推出7大板块、34项活动，展示了重庆市文物保护取得的新成果，增强了全社会的文物保护意识。大足区成功申报2015年中国文化遗产日活动主场城市。

以三峡博物馆馆藏精品文物为表现对象的30集系列纪录片《品鉴》，荣获重庆市第十三届精神文明建设“五个一工程”奖。光明日报等7家媒体对重庆的普查工作作了专门采访报道。重庆市文物局网站基本建成，再添对外宣传展示平台。

全年出版《三峡通志校著》2部、《红岩精神与群众路线教育故事读本》2部。

【机构及人员】

何智亚等9名专家进入全国重点文物工程审核专家库，1人入选重庆首批文化青年优才计划。初步建立重庆市文物博物馆事业发展专家库，为全市文物事业发展提供智力支持。

【对外交流与合作】

在新加坡举办了重庆文化遗产专题展览，在匈牙利举办“19～20世纪书画精品展”，在法国巴黎中国文化中心举办“自然的吟唱——馆藏花鸟画精品展”，在泰国举办“乡土圆梦——馆藏中国农民画展”以及在香港展出“巨龙传奇”，取得良好效果，提升了重庆形象。

四川省

【概述】

2014年，四川省文物事业欣欣向荣、蓬勃发展，文物基础工作继续夯实。四川省人民政府公布230处全国重点文物保护单位和965处省级文物保护单位的保护范围和建设控制地带；第一次全国可移动文物普查工作深入推进；芦山地震灾后文物抢救保护工作成绩显著；不可移动文物保护工作扎实开展，“蜀道”申报世界文化与自然遗产前期工作有序进行，成都老官山西汉木椁墓、石渠吐蕃时代石刻同时获评“2013年度全国十大考古新发现”，22个传统村落列入第三批中国传统村落名录；博物馆公共文化服务体系建设效益凸显，89家免费开放博物馆、纪念馆年接待观众逾5000万人次；文物对外交流更加频繁；文物安全和文物宣传工作持续强化，文物违法案件及时处理；四川省古迹遗址保护协会正式成立，第三方咨询评估机构建设工作初见成效。

【法规建设】

根据《中华人民共和国文物保护法实施条例》修改条款，四川省人大审议通过了对《四川省〈中华人民共和国文物保护法〉实施办法》第二十八条、第三十四条的修正，为四川依法开展文物工作提供了法律保障。

四川省文物局组织开展《中华人民共和国文物保护法（修订草案征求意见稿）》意见征求工作，配合国家文物局修法调研组做好相关调研工作，并将51条修改意见及“花脸稿”及时上报国家文物局。

【行政制度改革】

根据《国务院关于第四批取消和调整行政审批项目的决定》和《国务院关于第五批取消和下放管理层级行政审批项目的决定》，四川省文物局继续深化行政审批制度改革，进一步清理行政审批项目，取消2项，部分取消2项，保留7大项14小项；同时对13项非行政许可审批事项进行清理，其中建议下放1项，建议调整为政府内部审批事项12项。

【执法督察与安全保卫】

清理整治利用国有文物保护单位设立私人会所和高档餐馆等专项工作有效开展，文物火灾隐患排查整治活动效果明显，古城保护中文物违法与消防专项督察工作扎实进行。全国“文物消防安全百项工程”申报工作顺利完成，剑门蜀道遗址（昭化段）、阿坝藏羌碉群、尧坝镇古建筑群、卓克基土司官寨位列其中，同时剑门蜀道遗址（昭化段）入选全国10处文物消防安全专项规划编制试点单位。

文物执法巡查与安全检查工作持续加强，县级以上文物行政部门对各级文物保护单位开展执法巡查2736次、安全检查3904次，发现各类安全隐患928项，整改完成916项，整改率达98.7%。文物行政执法工作继续加强，“平武报恩寺建设控制地带内违法建设”等文物违法案件得到及时处理。文物部门与公安、工商、海关等部门的合作机制日益完善，文物违法犯罪多发势头得到有效遏制。

【不可移动文物保护和管理】

（一）大遗址保护

成都平原史前城址·芒城遗址保护规划、罗家坝遗址本体保护工程等项目立项上报工作顺利完成，《三星堆遗址总体保护规划》修编及《明蜀王陵墓群保护规划》编制工作相继启动，《邛窑遗址考古工作规划》《罗家坝遗址2014～2018年度考古工作规划》等大遗址考古工作计划编制上报，宝墩遗址、三星堆遗址西部区域考古勘探等考古发掘工作有序推进，三星堆遗址、金沙遗址2014年度国家考古遗址公园运行评估相关工作扎实开展。《邛窑遗址一号窑包保护展示工程设计方案》《皇泽寺摩崖造像安防方案》相继获批。澳门援建三星堆遗址灾后保护工程、三星堆遗址二号渠以北文物遗存区重要遗迹保护及环境整治工程通过竣工验收。

（二）文物保护单位

11月28日，四川省人民政府公布平襄楼等7处全国重点文物保护单位和文殊院等11处省级文物保护单位保护规划，至此四川省已公布文物保护规划58个，其中全国重点文物保护单位保护规划45个。10月31日，四川省人民政府公布全省230处全国重点文物保护单位和965处省级文物保护单位保护范围和建设控制地带，这是扎实推进依法治省的具体举措，对于依法做好全省文物保护工作具有重要意义。10月，全省完成第六批和第七批全国重点文物保护单位记录档案备案工作，四川文物保护管理基础工作进一步夯实。

2014年，四川省文物局组织召开专家评审会40余次，评审方案、规划文本200余个，组织上报34处全国重点文物保护单位保护规划编制立项和39处全国重点文物保护单位文物保护工程立项，组织审批4处省级文物保护单位保护规划和25处全国重点文物保护单位以及76处省级文物保护单位保护工程设计方案，统筹推进宝箴塞段家大院维修工程、泸县龙脑桥河堤维修保护工程、阆中观音寺抢险维修工程等重点文物保护工程数十项。成都市金堂县五凤古镇（南华宫、关圣宫）文物维修工程进入“首届（2013年度）全国十佳文物保护工程”终评，这是四川文物保护工程质量不断提升的缩影。

（三）世界文化遗产

按照《世界文化遗产申报规程》有关规定，“古蜀文明遗址”申报世界文化遗产相关材料及时编制完成并参加中国2016年申报世界文化遗产提名项目遴选。同时，按照四川省人民政府工作部署，四川省文物局积极配合四川省住建厅，督促相关市（州）做好“蜀道”申报世界文化与自然遗产的前期工作。此外，《乐山大佛世界文化遗产监测预警体系建设实施方案》《乐山大佛左侧（天洞—麻洞）危岩治理工程初步设计方案》编制完成，《乐山大佛保护规划》《峨眉山保护规划》初稿完成。

（四）其他

按照《芦山地震灾后恢复重建总体规划》相关要求，灾后文物抢救保护各项工作有序推进。截至2014年年底，纳入总体规划的13个县（市、区）文物抢救保护工程项目估算投资27243万元，落实资金23056万元，占估算投资的84.6%，项目开工率100%，累计完成投资3555.56万元；博物馆、纪念馆重建项目估算投资11231万元，已到位资金10011万元，到位率98%，其中芦山县博物馆等6个博物馆、纪念馆、文管所业务用房的维修加固、恢复重建等工作，以及167件（套）可移动文物修复保护工作顺利完成。同时，国家重点工程——全国重点文物保护单位茶马古道·观音阁、三苏祠灾后文物抢救保护工程基本完工，灾后文物抢救保护工程取得重要阶段性胜利。

四川省9个传统村落列入全国270个国保、省保集中成片传统村落整体保护利用名单，其中泸县方洞镇石牌坊村和古蔺县二郎镇红军街社区成为全国首批启动该项工作的传统村落，同时攀枝花市仁和区平地镇迤沙拉村等14个村落进入《2014年第一批列入中央财政支持范围的中国传统村落名单》。截至2014年年底，四川省文物局以及泸县和古蔺县人民政府分别成立了相应的传统村落整体保护利用工作领导机构，泸县方洞镇石牌坊村和古蔺县二郎镇红军街社区总体保护方案获国家文物局批准，工程技术方案基本编制完成，工程开工前各项准备工作有序开展。

11月1日，四川省古迹遗址保护协会筹备组在成都召开“四川省古迹遗址保护协会成立大会”。该协会是由从事文化遗产保护与研究的专家学者和管理工作者自愿组成的全国性、群众性、非营利性的学术团体，具有独立社团法人资格。其宗旨为从事文化遗产保护理论、方法与科学技术的研究、运用、推广与普及，为文化遗产的保护工作提供专业咨询服务。它的成立对于积极推进政府职能转变、简政放权和第三方专业技术咨询评估机构建设等具有示范作用。

【考古发掘】

（一）概况

2014年，四川省文物考古研究院共完成考古发掘39项，发掘面积20900多平方米，出土各类文物2439件（套）。成都文物考古研究所共完成考古发掘57项，发掘面积4800余平方米，出土各类文物760余件（套）。四川成都老官山西汉木椁墓、四川石渠吐蕃时代石刻被评为“2013年度全国十大考古新发现”。

（二）重要考古项目

1．成都东华门古遗址

2013年10月～2014年6月，成都文物考古研究所对“成都体育中心整体提升改造项目”建设区域实施了抢救性考古发掘。发掘面积约5000平方米，发现有汉、六朝、隋、唐、五代、宋、元、明各时期的文化遗存。其中最为重要的收获，是确认了由隋代蜀王杨秀建造并沿用至明代蜀王皇家园林的摩诃池的位置，为建立隋唐时期成都城城市坐标提供了重要证据。而完整揭露出的唐代院落遗址面积较大、工艺精湛、用料考究，是迄今成都市区发现规模最大的唐代建筑遗址。本次考古发现为研究成都秦汉以来的历史文化和唐宋时期成都的城市布局、人文风貌及城市发展史等提供了极为重要的实物资料。

2．成都下同仁路古遗址

2014年9～11月，成都文物考古研究所对成都市青羊区下同仁路古遗址进行了考古勘探发掘。发掘面积约500平方米，清理出灰坑8座、水井2口，出土瓷器、陶器、石造像等一批重要的生活遗物，尤其是一批南朝至唐代的佛教造像极具价值。这批佛教造像具有明确的出土地点和层位关系，为进一步认识南朝造像艺术以及佛教在西南地区的传播提供了珍贵的实物资料。

3．广汉三星堆遗址

按照《三星堆遗址2011～2015年考古工作规划》，2014年，四川省文物考古研究院对青关山城墙、李家院子城墙、马屁股城墙拐角等遗存进行了考古发掘，发掘总面积约1400平方米。对青关山城墙的发掘，初步印证其可能为三星堆城址北城墙的组成部分；李家院子城墙位于仓包包台地西缘地表下，初步证实为三星堆时期的人工堆筑城墙；马屁股城墙拐角初步推测是由“东城墙北端”和“北城墙东端”残留构成。这些发掘工作的开展，对进一步深化廓清三星堆城址布局具有重要作用。

4．广元昭化大坪子墓地

2013年12月～2014年7月，四川省文物考古研究院对位于广元市昭化区昭化镇城关村一组的广元昭化大坪子墓地进行了抢救性考古发掘。发掘面积约7000平方米，清理墓葬79座，出土随葬器物1300余件（套），时代为战国至东汉。该墓地范围大、使用时间长、墓葬分布密集，不同时期、不同规模的墓葬形制及其随葬品组合关系演变轨迹较清晰，战国中晚期及西汉早期墓葬随葬品以秦文化典型器物为主。这批墓葬的发现与发掘，为探索秦灭巴蜀之后秦移民入川以及秦文化从关中平原向成都平原的传播等提供了新的重要资料。

5．茂县下关子新石器时代及汉代遗址

2014年10月，四川省文物考古研究院对位于阿坝州茂县光明镇中心村3组和马蹄村4组的下关子新石器时代及汉代遗址进行了抢救性考古发掘。发掘总面积约5500平方米，清理新石器、汉代墓葬66座，出土铜、铁、陶、石、骨、琉璃等各类器物近500余件（套）。该遗址地处岷江上游与涪江流域的交接处，其新石器时代遗存承接岷江上游新石器文化发展而来，对研究岷江上游新石器时代晚期文化的发展以及对外传播具有重要意义。

6．西昌沙坪站遗址

2014年10月，成都文物考古研究所、凉山彝族自治州博物馆、西昌市文物管理所联合对位于凉山彝族自治州西昌市佑君镇站沟村六组的沙坪站遗址进行了考古发掘。发掘面积500平方米，发现了丰富的遗存，包括房址、灰坑、灰沟、柱洞等遗迹，初步推断其时代分为早晚两期，早期为春秋战国时期，晚期为宋元时期。沙坪站遗址早期遗存的发现，弥补了安宁河流域春秋战国时期居址遗存较少的遗憾，丰富了安宁河流域考古学文化内涵。该地区发现的半地穴式房址、大石墓与东北地区同类遗存有一定的相似性，再一次证明了学界半月形文化传播带的论点。

【博物馆与可移动文物保护】

（一）博物馆

1．博物馆间的交流与合作

四川博物院联合省内多家年画收藏机构，组织策划绵竹年画大型巡回展览，首站在甘肃省博物馆展出，获得了观众好评；四川博物院与成都体育学院、河南博物院、陕西省历史博物馆、南京博物院联合举办“中国体育文物精品展”，于8月在南京进行了首站展出并出版了相关图录。四川建川博物馆分别在长春伪满皇宫博物院、侵华日军第七三一部队罪证陈列馆成功举办“建川博物馆抗战文物展”，中央电视台、人民日报等30余家媒体进行了报道，累计接待观众40余万人。广汉三星堆博物馆与全国多家博物馆合作，先后赴西安大明宫国家遗址公园、广东东莞展览馆、内蒙古博物院举办三星堆文物交流展览，取得良好社会效益。自贡恐龙博物馆先后赴西安曲江、广西柳州、新疆昌吉、广东江门、安徽芜湖以及北京展览馆、四川博物院等举办展览，接待观众逾283万人次。

四川博物院继续开展对全省博物馆的帮扶工作。2014年，四川博物院开展了色达格萨尔艺术中心、阿坝州博物馆、红军飞夺泸定桥纪念馆、川藏公路纪念馆陈列展览文本大纲的撰写，协助巴中川陕革命根据地博物馆完成形式方案设计及修复方案的写作，帮助完成摩梭博物馆的整体设计、文物征集以及雅安市博物馆新馆改造等工作。

2．重要陈列展览

2014年，四川省各博物馆举办了多个重要文物陈列展览。四川博物院举办了“两岸四地张大千辞世30周年纪念展”“扬州八怪书画展”“四川博物院藏扇面展”“新疆丝绸之路出土文物精品展”“黑龙江三皮历史文化展”“吉林省博物院藏清代满族服饰展”“饶宗颐书画展及法国艺术家沃尔蒂作品展”等。成都金沙遗址博物馆举办了“傩魂神韵——中国傩戏·傩面具艺术展”“苗乡侗寨情及玉叶金枝——明代江西藩王墓出土文物精品展”等。成都杜甫草堂博物馆举办了“古韵清风——成都杜甫草堂博物馆家具旧藏展”和“土地—身体——我们的土地—我们的身体”澳大利亚土著艺术展等。广安邓小平故居陈列馆新建邓小平缅怀馆，该馆基本陈列以“回家”为设计理念，以“小平，您好”为展览主题，集中表达了“人民领袖人民爱”的情感，以真实遗物为主陈列，再现了小平同志生前的工作和生活场景。

3．其他

2014年，四川省文化厅（四川省文物局）、四川省教育厅组织四川博物院、成都杜甫草堂博物馆、广汉三星堆博物馆会同教育部门、科研机构共同实施了博物馆青少年教育功能试点项目，组织开展教育体验活动138次，75所学校、约2万余名师生和家长参加了博物馆教育体验活动。

四川博物院继续开展流动博物馆活动。先后赴资阳、眉山以及凉山州农校、广汉七一中学、宜宾学院、西华大学等地区和单位举办了10次展览，接待观众超过10余万人次；同时首次尝试实现了“一地数日展览”和“一地数次展览”，这种全新的模式极大地缩减了展览开支，节省了准备时间。此外，四川博物院还邀请知名学者持续开展学术讲座和公众讲座，包括“藏族传统绘画艺术流派”“张大千的艺术、张大千与当代艺术市场”“张大千的传奇人生与艺术”“张大千艺术概论”“舌尖上的川博”“视觉数字的发现”“丹青不老——饶宗颐教授绘画略说”“中国传统书画的研究方法”“红军革命文物略谈”等。

四川省文物考古研究院虚拟考古体验馆深入开展公众考古活动，首都师范大学考古学社将其作为工地公众活动的范本。该院研发的与体验馆配套的文化创意产品，包括《少儿考古入门》卡通书等深受公众喜爱，北京大学公众考古中心将该卡通书和动漫光盘作为全国中学生考古夏令营的教材。中央电视台《国宝档案》、四川电视台《阳光起跑线》栏目组相继到馆拍摄，其中《阳光起跑线》栏目签约组织小记者们定期到体验馆学习。

成都金沙遗址博物馆定期举办面向公众的“金沙讲坛”以及小小讲解员、考古夏令营等社会活动。该馆结合音乐、舞蹈等形式开展博物馆文化传播活动，2014年相继开展了《金沙·找魂》中国文化遗产日公益音乐会、“金沙之夜·中韩青年舞蹈家交流展演”和“金沙之夜·美国乡村音乐会”等活动。成都武侯祠博物馆开展了“小喜神送福”“益智桌游比赛”“三国小学堂”“历史三国·武侯学堂”等社教活动。成都杜甫草堂博物馆继续深入开展以“草堂一课”为代表的品牌教育项目建设，并新创“教育家·草堂论坛”品牌。

自贡恐龙博物馆不断创新公益活动形式，制作的人偶剧《恐龙去哪儿了》应邀参加了在北京展览馆举办的首届“城市科学节”，在中国首次实现了“从科普到科幻”的策展主张，成为此次科学节上的最大亮点。广汉三星堆博物馆与教育部门共同策划实施了“探秘三星堆·共圆中国梦——三星堆文化·校园文化‘双进’活动”，覆盖全市53所学校6万余名师生。

（二）可移动文物保护

2014年，中央资金投入四川省可移动文物保护共计4324万元，省级经费投入可移动文物保护共计604万元。四川博物院、成都博物馆、成都金沙遗址博物馆、雅安市博物馆、泸州市博物馆、茂县羌族博物馆等6个文物收藏单位启动了文物预防性保护项目。广汉三星堆博物馆启动实施文物数字化保护项目。四川博物院、成都文物考古研究所等可移动文物修复资质单位完成可移动文物修复项目13项，共修复文物884件（套）。

（三）第一次全国可移动文物普查

2014年，四川省持续开展国有单位文物收藏情况调查工作，整理核对有关资料，开展文物系统收藏单位的文物清库整理、信息采集以及文物认定等工作。全年四川省各级财政落实文物普查专项经费共计2494万元，其中省级财政500万元。

国家普查平台正式开通后，全省启动了国有单位平台激活登录和文物信息采集登录工作，取得阶段性成果。截至2014年年底，四川省在全国普查平台登录文物信息214613件（套）。此外，为保证“馆藏珍贵文物调查”项目中已采集珍贵文物数据完整准确导入，各收藏单位启动开展了珍贵文物数据的核对完善工作。

4月28～29日，国家文物局在成都组织召开“第一次全国可移动文物普查2014年省级普查办公室主任工作会议暨全国可移动文物普查信息登录技术培训班”，其间四川省普查办组织套开了“四川省可移动文物普查信息登录技术培训班”。9月下旬，四川省文物局分别在遂宁市、巴中市、泸定县组织举办了3次普查分片区培训会，培训普查技术骨干近300名。11月26日，四川省文化厅（四川省文物局）与四川省教育厅联合召开全省部分高等院校第一次全国可移动文物普查工作会议及业务培训会，文化厅、教育厅领导及四川大学等14所高校的相关负责同志参加了会议。

【社会文物管理】

国家文物进出境审核四川管理处共办理文物出境1次1件；文物复仿制品出境1次10件；文物临时出境1次127件；禁止文物出境9次100余件（套）。同时，开展涉案文物鉴定45次，涉及古遗址1处、古墓葬27座，鉴定物品3024件（套），其中一级文物1件、二级文物3件、三级文物46件（套）。

2014年，四川省新增取得国家文物局《文物拍卖许可证》的拍卖企业2家，即四川重华拍卖有限公司、四川翰雅拍卖有限公司，全省取得《文物拍卖许可证》的企业达15家。各拍卖企业全年共计举办艺术品拍卖会33场，累计成交标的3087件，成交金额26579.5715万元。

乐山天地人文化艺术有限公司依法设立文物商店，全省文物商店达到5家。

【科技与信息】

四川博物院流动博物馆多功能展示车中的“可拆分式多功能移动式博物馆专用手扶梯”“多功能移动式博物馆带活动展板的遥控文物展示柜”以及“多功能移动式博物馆

用整体滑移式伸展舱”获得实用新型专利。成都博物院与中国丝绸博物馆联合申报国家文物局“指南针计划”专项“汉代提花技术复原研究与展示——以成都老官山汉墓出土织机为例”获批立项。四川省科学城海天实业有限公司联合中国工程物理研究院化工材料研究所、四川大学等相关单位，申报承担了国家文物保护装备产业化及应用示范项目“馆藏文物保存环境调控系统”和工业转型升级强基工程项目“高精度多参数污染因子监测传感器”专项研究工作，并取得阶段性成果。

四川博物院、成都金沙遗址博物馆、成都武侯祠博物馆、成都杜甫草堂博物馆、广安邓小平故居陈列馆、四川建川博物馆等多家博物馆积极推进信息化工作，启动“智慧博物馆”建设。成都武侯祠博物馆充分运用微博、微信、网站与观众互动，普及三国文化知识，其中微信平台设置18个专题栏目，全年推送图文信息191条，关注人数增至9万人；同时与成都文物信息中心合作完成馆内重点文物三维扫描，制作三维虚拟漫游博物馆软件。

【文博教育与培训】

1月17日～18日，四川省文物局会同成都市文物局委托成都市文物信息中心举办“四川省大遗址保护工作培训班”，讲授了考古遗址展示策略、大遗址保护与考古遗址公园等课程。

2月26日，四川省文物局举办了全省民办博物馆业务培训班，共有120余名民办博物馆从业人员参加培训。

2月28日，四川省文物局在成都举办四川省《国家重点文物保护专项补助资金管理办法》培训班，全省各市（州）、部分扩权县文化（文物）局，四川博物院、四川省文物考古研究院负责项目资金管理申报的同志以及有关项目单位负责人参加了培训。

8月26日，四川省文物局在成都举办全省第六批和第七批全国重点文物保护单位记录档案备案工作培训班，就国家文物局对国保单位记录档案备案的新规范、新要求进行了讲解培训。

12月16日，由四川省文化厅、四川省教育厅主办，广汉市教育局、广汉市文物局协办，广汉三星堆博物馆承办的“四川省完善博物馆青少年教育功能试点项目总结暨经验推广会”在三星堆博物馆顺利召开，相关领导及中小学师生代表170余人参加会议并现场参观体验了丰富多彩的博物馆教育体验活动及成果展示。

【文博宣传与出版】

传统村落保护利用宣传工作有效开展，《四川日报》刊载的《乡愁记忆——传统村落中文物保护引发的思考》引起社会强烈反响。

2014年，四川博物院出版《四川博物院百品珍赏》《博物馆学刊（第4辑）》《书画成都——清初四王山水册二种》《书画成都——张大千西康纪游册》《四川博物院征集文物选》等图书。四川省文物考古研究院联合有关单位出版《城坝遗址出土文物》《穿越横断山脉——藏羌文化走廊考古综合考察》《四川崖墓石刻病害调查与风化机理研究》《汉阙与秦汉文明论文集》及《广汉二龙岗》等，其中《四川崖墓石刻病害调查与风化机理研究》一书为全国考古院所出版的第一本崖墓石刻病害调查与研究著作，对四川石质文物的保护有相当重要的参考价值。此外，成都文物考古研究所、雅安市博物馆等单位出版《茶马古道（雅安）研究要览》，成都杜甫草堂博物馆出版《诗意草堂》《传拓的记忆》《线装书装订》等。

【对外交流与合作】

10月19日，由四川省文物局、美国宝尔博物馆共同主办的“中国失落的古文明：神秘的三星堆展”在美国加利福尼亚州圣安娜市宝尔博物馆顺利开幕。该展览共展出青铜器、玉石器和陶器等古蜀文物120件（套），包括三星堆遗址出土文物64件（套）、金沙遗址出土文物56件（套），其中一级文物24件（套），展览在宝尔博物馆将展出至2015年3月15日，随后将转往休斯敦自然科学博物馆继续展出。

贵州省

【概述】

2014年，在国家文物局的关心和指导下，在贵州贵州省委、省政府和贵州省文化厅党组的领导下，全省文博系统干部职工，认真学习党的十八届三中、四中全会和贵州省委十一届四次、五次全会精神，贯彻落实习近平总书记系列重要讲话精神，深化改革，真抓实干，开拓创新，圆满地完成了全年各项工作任务。

【行政制度改革】

根据贵州省政府关于清理行政许可事项的要求，对贵州省文物保护行政审批、许可事项进行了清理，完成了省政府法制办统一要求的行政许可事项流程图，并派出工作人员进驻省社会服务中心大楼，受理文物行政许可事项，使文物法制建设和行政许可工作走向规范化轨道。

【执法督察与安全保卫】

2014年，贵州省文物局积极指导全省文博单位完善文物安全责任制度、文物消防安全管理制度和应急预案制度建设工作，按时做好文物安全与行政执法信息上报工作。

1月，贵州省文物局与各市（州）文物部门和省直文博单位签订了《文物安全责任书》。3月，开展了上半年全省文物安全行政执法和文物保护工程检查工作，并将检查结果上报国家文物局。下半年，组织开展汛期文物安全检查工作。同时，按照国家文物局《关于开展古城保护中文物违法与消防安全专项督察工作的通知》要求，配合国家文物局完成检查。11月，对全省文物安全工作再次进行巡查、督察，并就有关问题提出整改要求。与相关市州共同处理文物违法事件2起，有效地维护了文物保护法的严肃性。

贵州省文物局着力抓好全国重点文物保护单位三防项目（消防、防雷、安防）工作，向国家文物局申报三防项目80余个。2014年，贵州省共有6个全国重点文物保护单位列入“全国文物消防安全百项工程”，为贵州省古建筑群、古村落的消防安全规范化、科学化管理奠定了坚实基础。

【不可移动文物的保护和管理】

（一）概况

2014年，贵州省继续推进遵义海龙屯土司遗址的申遗工作，推进全国重点文物保护单位的维修方案编制、督导项目实施和检查、验收工作；启动贵州省第五批省级文物保护单位的评审工作，组织专家对各市、州申报的311处进行审查和核查，初步确定推荐名单77处。根据国家文物局文物保护工程资质管理工作要求，进一步规范了全省文物保护设计、施工企业的资质管理工作。

（二）全国重点文物保护单位

2014年，在全省各级文物部门的共同努力下，全面完成第六、第七批全国重点文物保护单位（共52处）的档案记录工作，涉及51个县（市、区）的 91个文物点，记录档案799份，并通过国家文物局审核。如期启动了贵州省第五批省级文物保护单位的评审工作。

组织53个全国重点文物保护单位保护修缮方案和71个修缮、保护规划立项报告编制和审查工作。2014年全省文物保护专项资金达4亿元，比2013年（2.6亿元）增长了53.8%，取得历史性突破。核准全国重点文物保护单位维修设计修订方案共45个。组织对贵州省全国重点文物保护单位和省级文物保护单位共20处的验收工作。

（三）世界文化遗产

贵州遵义海龙屯申遗工作取得重大进展。按照国家文物局的要求和贵州省政府第二十七次常务会议的部署，及时启动海龙屯文物保护、基础设施建设和环境整治等工程。采取定期督察、定期汇报、现场办公等方法，解决工作中的困难和问题。贵州省委、省政府有关领导多次召开专题会并现场调研办公，强有力推进海龙屯申遗各项工作的开展。两年来，海龙屯申遗项目争取中央财政支持1.3亿元、贵州省财政支持700万元。9月，联合国教科文组织派出的国际专家现场考察评估，对海龙屯的保护、展示和管理等工作给予高度评价。

（四）其他

传统村落保护工作有序推进。贵州省10个传统村落成功入选国家文物局国保、省保单位集中成片传统村落整体保护利用项目。召集有关市、州政府和文物部门召开会议，安排部署相关工作。有效开展贵州省国保、省保单位集中成片传统村落整体保护利用项目规划、总体方案、技术方案的编制、审批和上报工作。与贵州省住建厅联合核报贵州省2014年第一批、第二批中国传统村落中央补助资金项目名单，分别为52个和68个。与贵州省住建厅开展第三批中国传统村落的申报404个，获批134个。积极参与贵州省政协传统村落保护利用和少数民族特色村寨建设调研。

【考古发掘】

（一）概况

2014年，贵州省文物考古研究所共完成考古调查、勘探70余项，调查面积逾1000平方公里，共发现地面和地下文物点200余处。专题调查项目有遵义播州杨氏土司遗存调查、安顺宁谷遗址调查、马场镇区域考古调查。编制各类文物保护规划报告60余个。全年共开展考古发掘项目11项，其中主动发掘项目6项、配合基本建设发掘项目5项，出土各类文物标本数千件。

贵州省文物考古研究所与北京大学考古文博学院合作编制完成《遵义新蒲村杨氏土司墓群保护与展示工程》，与中国社会科院考古研究所合作完成《杨价墓出土金银器的修复保护方案》《杨价墓实验室考古方案》。

（二）重要考古项目

1．海龙屯遗址第三期发掘

1～12月，贵州省文物考古研究所继续对遵义海龙屯进行发掘，面积约500平方米，发掘出土各类文物标本百余件。进一步厘清了海龙屯新王宫遗址的中轴线建筑格局、全屯的道路交通系统、关隘及城墙的构筑方式等历史文化信息，有力的支撑了海龙屯土司遗产申遗工作。

2．遵义新蒲杨氏土司墓地发掘

1～12月，贵州省文物考古研究所对遵义中桥水库水淹区内的杨氏土司墓地进行了发掘，出土金、银、铜、陶、玉等文物百余件。

3．马场镇牛坡洞遗址第三期发掘

1～12月，贵州省文物考古研究所与中国社会科学院考古研究所合作，对贵安新区马场牛坡洞遗址进行第三期发掘，发掘面积近100平方米，出土石器、陶器、骨器等文物标本数百件。

【博物馆与可移动文物保护】

（一）博物馆

1．博物馆建设

贵州贵州省委、省政府高度重视贵州省博物馆建设。贵州省博物馆新馆建设工程被列入贵州贵州省委、省政府“十大民生”工程之一，新馆占地面积106.29亩，建筑面积46450平方米，展厅面积15000平方米，总投资约5.3亿元。此外，遵义会议纪念馆新馆已建成开馆，湄潭茶文化生态博物馆、贵州财经大学票据博物馆已向社会开放，印江合水、黎平堂安、乌当渡寨生态博物馆，三都的水族文化博物馆主体工程已完成。

推进以红色文化遗产纪念体系为主的保护、利用与文化创意产业的研发和市场推广工作。全省博物馆、纪念馆积极与国内外文创产业机构联系，开展合作，推进以遵义会议会址、习水土城、息烽集中营、黎平会议会址等为重点的红色文化遗产纪念体系的保护和利用。在地方党委、政府的大力支持下，建设了一批红色文化专题博物馆、纪念馆。深入挖掘地方文化和特色，主导以免费开放博物馆、纪念馆为阵地的文化创意产业的研发和市场推广工作，促进地方经济社会发展，仅贵州省博物馆就推出了上百种文化纪念品。

2．重要陈列展览

按照中央关于“弘扬中华民族优秀传统文化，培育社会主义核心价值观”的精神，狠抓博物馆陈列展览精品，努力提升全省博物馆陈列展览水平。创新思路，克服困难，在贵阳孔学堂推出了介绍孔子一生的大型展览“斯文在兹”，积极配合举办“贵州省党的群众路线教育实践活动展”。组织选报3个展览参加2013年度全国博物馆十大陈列展览精品评选，其中“傩魂神韵——中国傩戏傩面具艺术展”获优胜奖。贵州省博物馆引进了意大利都灵萨包达博物馆“璀璨的欧洲绘画艺术展”、浙江省博物馆“掬翠融青——自然与心灵交融的青色世界”等展览。

3．其他

贵州省文物局积极探索博物馆理事会管理机制，推进博物馆法人治理结构建设，组织制定了工作方案和《贵州省博物馆章程（草案）》，并积极推进各项改革。根据国家文物局《关于开展2013年度国家二、三级博物馆运行评估工作的通知》精神，编制了工作方案及申报书、评分细则等，按期组织了贵州省国家二、三级博物馆运行评估并报送国家文物局审核。

继续探索博物馆免费开放的绩效管理。继续实施博物馆免费开放动态管理，通过组织各市（州）开展全省免费开放博物馆（2013～2014年）工作自查和绩效评估，提出了考评意见。经评定，11个单位评为优秀，34个单位评为合格，2个单位评为基本合格。对基本合格单位扣减了50%的专项补助资金。

（二）第一次全国可移动文物普查

贵州省文物局组织完成了全省国有单位文物认定，并组织开展信息采集和录入工作，上传文物22000余件（套）。组织开展了全省文物认定、信息采集、平台登录骨干培训班，200余名普查工作人员参加培训。

【文博教育与培训】

2014年，贵州省文物局承办国家文物局组织的“全国生态博物馆项目专家评审会”；组织参加全国县级文物行政部门负责人培训班4期；举办全省民族村寨（文物）消防安全培训班。

贵州省文物考古研究所应贵阳一中考古社邀请，两次赴一中作播州杨氏土司遗存考古讲座。

【文博宣传与出版】

在国际博物馆日、中国文化遗产日等开展丰富多彩的宣传活动，普及文化遗产知识。各大媒体、报刊、网络美术家协会分别对海龙屯申报世界文化遗产进行宣传报道。

贵州省文物考古研究所联合遵义市文物局、遵义新浦新区文广局开展了杨价墓公众考古系列活动。2014年9月，贵州省文物考古研究所与中央电视台探索发现栏目组合作拍摄的《2014年考古进行时·黔北古墓》创下收视新高，在全国引起了巨大反响。

继续推进第三次全国文物普查成果的转化，目前，80%的县（市、区）已整理、编辑出版成册。贵州省博物馆策划、编纂了馆藏书画、瓷器以及古籍《楚辞考辨》《黔诗纪略后编》《阳明先生遗像题跋》等相关的22套书籍，目前已出版13卷册。贵州省文物考古研究所出版《土司，考古与公众——海龙囤公众考古的实践与思考》《贵州田野考古报告集（1993～2013）》等图书8本。贵州省文保中心编辑出版图书《贵州文化遗产》。

全年出版《贵州文化遗产》杂志共6期。

2014年，贵州省文博研究工作工作者在各类专业杂志、期刊、报纸、文集发表文章共计500余篇。

【机构及人员】

截至2014年12月，贵州省文物保护机构总数为156个，其中文物保护管理机构90个、博物馆86个、文物商店2个、文物科研机构2个。文博从业人数为1843人，其中博士2人、硕士31人、大学本科778、大专549人、大专以下483人；具有正高级职称12人、副高级职称60人、中级职称220人、初级职称519人。

云南省

【概述】

在文化厅党组和厅领导的正确领导下，在云南省文物局全体同志的辛勤劳动和共同努力下，2014年文物工作顺利推进，成效显著，亮点突出。

【经费管理】

2014年，国家和省级财政加大了文物保护经费数量，有力地支持了文物工作的开展。云南省文物部门在文物保护项目和经费数额大幅增加的基础上，全力以赴开展立项报告、保护维修方案、消防避雷方案和项目经费预算的编制、论证、审批和上报等程序，完成了景迈山古茶园糯干村、翁基村村落整治等77个国家重点文物保护项目专项经费的申报工作，向国家文物局、财政部申请中央补助资金4.4亿元。2014年落实国家文物局补助项目68个、资金27981万元，比2013年落实的48个项目、资金23400万元有大幅增加。

改革省级文物保护经费申报管理办法。由云南省文物局和云南省财政厅联合发出《云南申报2014年文物保护专项经费的通知》，由县级财政和文化部门进行经费和项目的申报，有省级文物和财政部门对项目和经费进行审定。完成省级文物保护专项经费和项目的审核、经费评审、起草文件、下拨使用的工作，安排省级文物保护经费8000万元，启动101项省级文物保护单位抢救维修、考古发掘项目。

为规范和加强云南省公共博物馆、纪念馆免费开放专用资金的使用管理，保证免费开放单位的正常运转，提高资金使用效益，根据财政部《中央补助地方博物馆、纪念馆免费开放专项资金管理暂行办法》精神，结合云南省实际，云南省财政厅、云南省文化厅联合制定并印发《云南省博物馆、纪念馆免费开放专项资金管理办法》，对补助范围、标准与支出内容，申报与审批，管理与使用，监督与检查等事项做出了明确的说明。

【不可移动文物的保护与管理】

（一）概况

文物部门积极将新型文化遗产纳入保护范畴，为文物保护项目和经费的增加奠定了基础。高度重视世界文化遗产、历史文化名城（村镇）、文物保护单位和中国传统村落的申报公布工作，积极将云南茶马古道、金沙江岩画、澜沧景迈山古茶林等区域性、线性遗产申报为全国重点文物保护单位，为云南扩大文物保护项目的规模提供了保障。

（二）世界文化遗产

云南省人民政府成立了景迈山古茶林申报世界文化遗产领导小组，普洱景迈山古茶林保护管理规划和世界文化遗产申报文本通过论证并上报国家文物局。在国家文物局组织的世界文化遗产申报项目评审会上景迈山古茶林名列前茅，为景迈山古茶林早日申报世界文化遗产奠定了良好基础。文化部副部长、国家文物局局长励小捷于8月2日调研云南文化遗产保护和普洱景迈山古茶林申遗等工作，对景迈山古茶林保护管理工作给予高度评价，并要求云南积极做好景迈山古茶林申报世界文化遗产的准备工作，争取2017年正式申报。

哈尼梯田入选世界文化遗产一周年之际，组织制订了《红河哈尼梯田世界遗产地生态旅游发展规划》《红河哈尼梯田世界遗产解说与展示系统规划》及《元阳县哈尼梯田农耕文化保护与传承方案》。

（三）其他

报请国家住建部和国家文物局将保山市隆阳区金鸡乡、弥渡县密祉乡文盛街村、永平县曲硐村历、永胜县期纳镇清水村公布为历史文化名村，云南的国家级和省级历史文化名城（村、镇）数量达到78个。

云南共有中国传统村落294个，占全国1561个传统村落的近两成。2014年，云南建水团山民居和普洱澜沧景迈山的糯干村、翁基村被列入国家总体保护名录，现已完成了3个村落传统文物保护利用工程总体方案的编制以及维修方案制定、审批和经费落实工作，争取保护经费共计3700万元。

【博物馆与可移动文物保护】

（一）博物馆

截至2014年年底，云南省有注册博物馆100座，较2013年的92家增加了滇西抗战纪念馆、临沧微电影博物馆、石屏县博物馆、易武普洱茶文化博物馆、腾冲翡翠博物馆、云南茶文化博物馆、怒江州志伟民俗博物馆、瑞丽珠宝翡翠博物馆等 8 家博物馆。据博物馆年检统计，全省各级博物馆、纪念馆藏品总数1341313件（套），其中昆明动物博物馆的化石标本藏品709629件；举办展览722个，其中基本陈列展览343个、临时展览379个；免费参观人次超过1981万，其中未成年人超过425万人次、外宾超过90万人次。针对免费开放博物馆数量不断增加，制定下发了云南省第一个《免费开放博物馆绩效考评管理办法》。全年没有发生因免费开放而造成的人身和文物安全事故，取得了良好的社会效益。

云南省博物馆新馆及州市级“三馆”建设等一批重大项目加快推进；曲靖市完成“五馆一中心”建设规模，总投资20余亿元；文山州博物馆完成搬迁并于12月底正式开馆。

目前云南省有2家国家一级博物馆，5家国家二级博物馆，10家国家三级博物馆。根据《国家二、三级博物馆运行评估评估指标体系》的规定，云南省文物局编制了《云南省国家二、三级博物馆运行评估工作方案》并上报国家文物局审批同意。2014年8月，开展了云南省国家二、三级博物馆运行评估工作，全省15家国家二、三级博物馆参加运行评估申报，最终经国家文物局复核全部合格。

（二）第一次全国可移动文物普查

2014年6月，云南省第一次全国可移动文物普查全省巡回督导暨第二次全省馆藏文物巡回鉴定工作正式启动。本次巡回督导和文物鉴定旨在督察云南省各级普查办可移动文物普查相关工作落实情况，并提供积极的指导和帮助。

文物普查的重点和难点是在文物认定环节，由于距上次云南省文物认定工作结束已近20年，所以云南省文物普查办公室委托云南省文物鉴定专家委员会同期开展国有文物鉴定工作。截至2014年12月，由云南省文物局、云南省文物鉴定专家委员会组成的文物普查督导组和文物认定组对红河哈尼族彝族自治州、玉溪市、曲靖市、丽江市州（市）级普查办及所属县级普查办进行了工作督导和文物认定工作。

6月10～11日，根据国家文物局成都会议的精神和要求，为使云南省各地文物普查办及时掌握新情况和新技术，更好地开展下一阶段可移动文物普查工作。云南省各级国有可移动文物普查办公室主任会议暨全国可移动文物信息登录平台骨干培训班在曲靖市陆良县举办。云南省16个州、市级普查办公室主任，129个县、区（市）级普查办以及169家国有文物收藏单位和18家行业博物馆的普查骨干280余人参加培训。云南省第一次全国可移动文物普查领导小组就全省第一阶段可移动文物普查工作进行了总结，同时就下一阶段的普查任务和工作程序提出了部署和要求。主任会议后，普查办专家为全省普查骨干进行了“馆藏文物的分类与定名”“文物登录系统的使用”“离线报送软件的使用”“工作管理子系统”等方面的业务培训，并组织了现场数据填报演练和答疑。此次培训增强了第一次全国可移动文物普查数据登录的工作针对性和实效性，为任务的完成打下了扎实的基础。

【社会文物管理】

10月24日，为引导规范民间收藏文物鉴定行为，更好满足社会需求，国家文物局批准云南文博文物评估鉴定有限公司开展民间收藏文物鉴定试点工作。

12月5日，经国家文物局审核，同意恢复云南典藏拍卖集团有限公司第一、二、三类文物拍卖经营资质。

【对外交流与合作】

10月27～31日，由国家文物局、云南省政府主办，云南省文化厅、红河哈尼族彝族自治州政府承办的红河哈尼梯田可持续发展国际学术研讨会在蒙自市举行。联合国教科文组织世界遗产中心、国际古迹遗址理事会、国际文物保护与修复研究中心等研究机构参会。会议期间，来自国内和意大利、德国、南非、印度、越南、菲律宾、马来西亚等国家的80余位专家学者前往老虎嘴、多依树、坝达景区和阿者科、牛倮普、箐口传统村落考察，围绕“保护、发展、持续、共赢”主题，分别就活态文化景观遗产的保护与管理、案例研究、文化多样性的保护与传承、文化景观可持续生态旅游发展策略等4个主题深入探讨交流。会上发出《关于梯田文化景观可持续发展红河倡议》，会议取得圆满成功。

为庆祝中法建交50周年，由中华人民共和国国家主席习近平和法兰西共和国总统奥朗德共同监护的“汉风——中国汉代文物展”于当地时间10月21日晚在法国国立吉美亚洲艺术博物馆开幕。云南与河南、河北、山东、江苏、湖南、陕西、甘肃、新疆等省区的27家文博单位为此次展览提供了展品。

西藏自治区

【概述】

2014年，在国家文物局的大力支持下，在自治区党委、政府的坚强领导下，在全国各兄弟省市的无私援助下，全区文物工作紧紧围绕中心，服务大局，认真贯彻习近平总书记系列重要讲话特别是关于文物保护工作的重要论述精神，认真贯彻执行文物工作方针，开拓创新，求真务实。随着国家和自治区对文物工作投入的稳步提升，各项重点文物保护单位修缮、保护得到有力保障。

【法规建设】

严格贯彻执行《中华人民共和国文物保护法》《西藏自治区文物保护条例》，组织全区文物部门负责人召开《中华人民共和国文物保护法》修订征求意见会，收集10多条意见并上报国家文物局；完成《西藏自治区布达拉宫历史建筑群保护条例》立法前期工作，已上报西藏自治区人民政府审批。

【执法督察与安全保卫】

（一）执法督察

面对文物安全和历史文化名城出现违法违规的个别现象，自治区主要领导多次作出重要批示和指示。11月13日，自治区召开世界文化遗产管理领导小组成员专题会议，研究拉萨市区内违规建筑影响历史文化名城风貌的整治工作，明确部署了限期整治拆除拉萨神力时代广场违章建筑以及拉萨市核心区内违章搭建的各类建筑物、户外广告牌等。

按照自治区党委、政府有关安全生产工作的一系列指示精神以及国家文物局有关文物安全工作通知精神，先后开展了年初三大节日前文物安全大检查、3月敏感时期文物安全检查、全区文物单位重大火灾隐患集中整治专项行动、古城保护中文物违法与消防安全专项督察等，分阶段（自查自纠阶段、摸底检查阶段、总结验收阶段）制订实施方案，组织人员分批分组，会同当地文物、公安、消防、宣传、民宗等部门，深入实地对全区各地市70多个县的170多处文物保护单位的安全生产工作进行了拉网式大检查。各检查组对发现的隐患提出了具体整改意见，并对各项检查工作进行了总结、通报，对夏鲁寺、纳塘寺、强钦寺等存在的安全隐患及时下达了限期整改通知。

（二）安全保卫

在各级文物、消防、寺管会等部门的共同努力下，有效地遏制了文物古建筑火灾事故的发生。针对全国重点文物保护单位和部分区保单位的消防安全工作，安排近500万元的专项资金，修建千盏灯房，消除了最大的火险隐患。各地、县也在加大消防设施的建设力度及资金投入。根据全区古建筑存在的安全险情（如昌都强巴林寺强巴佛殿），第一时间组织专家进驻实地确定保护维修方案，并实施保护维修工程，消除了本体建筑存在的安全隐患，确保了文物的安全。

对哲蚌寺、色拉寺等26处自治区级以上文物保护单位的安消防技术设施、排水系统、电气线路和周边环境进行整治，消除安全隐患。甘丹寺等4个项目列入“文物消防安全百项工程”和“文物消防安全专项规划编制试点”名单。按照国务院《关于旅游等开发建设活动中文物保护工作的意见》精神，下大力气抓好旅游等开发建设活动中的文物保护工作。积极协调自治区财政厅落实野外文保单位看管人员经费457.74万元，加强野外文物的保护管理。

【不可移动文物的保护和管理】

（一）概况

截至2014年7月，西藏已调查登记的文物点有4277处，各级文物保护单位1424处，其中国家级55处、自治区级391处、县（市）级978处；世界文化遗产1处3个点（布达拉宫及其扩展项目大昭寺、罗布林卡）；国家级历史文化名城3处（拉萨市、日喀则市和江孜县）；中国历史文化名镇2处（山南乃东县昌珠镇、日喀则萨迦县萨迦镇）；中国历史文化名街1处（拉萨八廓街）；国家历史文化名村3个（日喀则吉隆县帮兴村、林芝工布江达县错高村、拉萨市尼木县吞巴乡吞达村）。

（二）全国重点文物保护单位

2014年，聂唐卓玛拉康等18个文物保护工程项目已完工并通过自治区验收，占“十二五”规划项目的39%；白居寺等23处文物保护工程已开工建设，占规划项目的50%；乃宁曲德寺等3个项目已经审批。组织实施了布旦康萨等10处全区抢救性项目。古格王国遗址、东嘎皮央遗址、布达拉宫结构监测、敏竹林寺等重点文物保护工程项目通过国家文物局专家组的验收。

（三）世界文化遗产

安排500万元对布达拉宫、罗布林卡推广应用分布式文物古建筑高压喷雾灭火系统试点工作，积极组织实施布达拉宫雷电灾害防御基础研究项目及安消防整合提升工程。自治区投入资金1820万元，启动了布达拉宫网上售票、门禁等系统。

【考古发掘】

（一）概况

2014年完成主动考古项目10项（抢救性考古项目4项、合作性考古项目3项、课题性考古项目3项），配合基本建设的考古项目8项，考古调查面积达4000余平方公里，发掘面积达2200平方米。西藏文物保护研究所承担的国家级社科基金项目“吐蕃时期碑刻研究”，与四川省文物考古研究院合作开展的“10～13世纪西藏古建筑与壁画研究”，与陕西、甘肃、青海、四川等省区考古院（所）共同组织的“2014唐蕃古道考察”活动，与中国社会科学院考古研究所合作开展的“西藏阿里地区曲踏墓地、故如甲木墓地考古发掘”项目均取得了重大成果。

（二）重要考古项目

1．故如甲木墓地考古项目

故如甲木墓地位于西藏阿里地区噶尔县门士乡故如甲木寺旁，东距乡政府所在地约15

公里，海拔4300米。2014年，西藏自治区文物保护研究所与中国社会科学院考古研究所在西藏阿里象泉河上游地区联合开展考古发掘工作，在故如甲木墓地发现并清理了一座大型竖穴土坑墓葬，对于古代西藏西部文明的复原研究提供了十分重要的资料。

墓室保留有完整的墓顶横木，发现有多人合葬，并有木棺遗迹，该墓葬位于墓地南端，有助于界定墓地分布的范围。根据碳十四测年数据，故如甲木墓地墓葬年代距今1715～1855年，即公元2世纪至3世纪前半，相当于中原的东汉时期。根据卡尔东城址的调查和测年数据，墓地与城址基本同时，因此可以推测墓葬主人应是卡尔东城址的修建者或使用者，两者之间关系是密不可分的。

2．噶琼寺西塔考古项目

噶琼寺隶属拉萨市堆龙德庆县柳梧乡然玛岗村，地处拉萨河中游南岸。噶琼寺即“噶琼多吉英寺”。6月9日～7月10日，对噶琼寺西佛塔遗址进行了为期1个月的发掘，发掘面积约520平方米。

该佛塔仅存基址部分，石砌台基上构筑仿曼荼罗形状平面呈“亜”字形夯土塔基，宽18.1米，残高1.6～2.3米，其外侧砌筑石块包裹。该佛塔砌筑方法为：首先在洪积形成的黄色粉砂土层上铺设一层厚约0.2米的含大量碎小卵石并经加工紧密的黄灰土；其次，在其上铺设一层厚0.4～0.5米的纯净黄色粉砂土，亦经加工紧密，但未见夯打痕迹；然后，铺设平面近正方形的石砌台基，在台基上构筑平面呈“亞”字形的塔基。

噶琼寺是由吐蕃赞普赤德松赞亲自倡修的寺院，在西藏佛教史上具有特殊的重要地位，噶琼寺西佛塔遗址的发掘，对于研究西藏早期佛教史具有无可替代的重要价值。

3．曲踏墓地考古

曲踏墓地位于札达县城西1.5公里处的象泉河南岸一级台地，前有小河，背靠吉嘎尔小山坡，海拔3724米。2014年6月，西藏自治区文物保护研究所与中国社会科学院考古研究所在西藏阿里象泉河上游地区联合开展考古发掘工作，在曲踏墓地发现并清理了5座洞式墓，出土了一批珍贵文物。

这5座墓葬一字排开，埋藏于深约2米的次生砂石堆积之下，都属于带有竖井墓道的洞式墓，墓室近两千年来未经侵扰，保存相当完好。墓室有单室墓和双室墓两种类型，各墓室都保存有较好的长方形箱式木棺、成组的大小陶器以及大量马、羊等动物骨头，木棺内有墓主人尸骨及大量随葬用品。其中一座墓葬中出土有精美的天珠（蚀花玛瑙珠），是青藏高原首次考古出土；铜镜带有短柄，应该与欧亚草原的带柄铜镜同属一个系统，在阿里地区属首次发现；两件四足木案上分别有彩绘对鸟纹和对羊纹及其他丰富的几何纹样，是这一时期少见的带彩绘器物。各类随葬品都有特定的位置，有的墓壁上刻划有折尺形几何符号，似乎与丧葬习俗和宗教信仰有一定的联系。

这5座墓葬层位清楚，形制完整，未经盗扰，内容丰富，使我们对以往在西藏西部发现的零散文物的出土背景有了清晰的认识。根据碳十四数据，这批墓葬的年代在距今2170～2200年左右，即公元前2世纪前后，为重建这一时期西藏西部文明的社会生活面貌提供了极有价值的资料，可以帮助了解和研究西藏西部文明与和我国新疆以及中亚和北印度地区文化之间的互动关系。

（三）其他

“唐蕃古道”即唐蕃驿道，是公元7～9世纪中原唐王朝与青藏高原吐蕃王朝政治、经济、文化交流的重要通道。5月27日，由陕西、甘肃、青海、四川、西藏5个省区考古院

（所）共同组织的“2014唐蕃古道考察”队伍从唐王朝都城皇宫大明宫遗址公园出发，途经甘肃、青海、四川和西藏，于6月17日到达拉萨。这是我国多省区合作组织专业人员对唐蕃古道进行的首次综合性考察活动。

考察队成员由五省区汉、藏、回等民族的考古专家，中国国家博物馆、中国人民大学、南京大学特邀专家，以及美国科罗拉多大学、英国爱丁堡大学的研究生组成，囊括了隋唐考古、西藏考古、佛教考古、丝绸之路考古、航空遥感考古、藏传佛教艺术史、古代交通史、人类学等多学科，从考古学、历史地理、交通史、艺术史、宗教学、民族学、人类学、社会学等多角度对唐蕃古道进行全面考察。

本次考察行程6500余公里，考察文物点56处，其中四川省石渠县境内发现的孜莫遗址、旺布洞遗址、阿日扎吐蕃墓葬等3处文物点为新发现。

【博物馆与可移动文物保护】

（一）博物馆

1．博物馆建设

2014年，山南博物馆、昌都博物馆主体竣工，阿里博物馆、那曲博物馆前期筹建工作已经完成，西藏博物馆改扩建工程等正在编制可行性研究报告，西藏第一家专题博物馆——西藏牦牛博物馆于5月18日正式试运行；全力扶持民间博物馆建设，全区首家民间博物馆——墨竹工卡县群觉古代兵器博物馆已建成，西藏藏香博物馆、吞弥藏文字博物馆已经完成注册工作。

2．重要陈列展览

2014年，重要陈列展览有“盛世华彩——西藏博物馆丝绸特展”“妙相梵容——西藏博物馆藏传佛教造像艺术专题展”“亘古探幽——西藏史前文化展”“五彩净土——西藏博物馆唐卡展”“金色宝藏——西藏文物珍品展”。

此外，博物馆合作展览有“红红火火中国梦——河北武强年画展”“国民政府赴藏女专使刘曼卿文献史料展”“锦绣天成——黎族树皮服饰展”“云端哈达纪念——纪念川藏青藏公路通车六十周年书法展”“历代达赖、班禅赠送中央政府礼品展”“川藏之光——四川美术作品交流展”“尼泊尔——中国唐卡艺术展”“西藏文保单位及寺庙消防工作三十年成就展”“中华人民共和国民族区域自治法实践30周年大型主题展”。

受拉萨市政法委的委托，西藏博物馆承接设计制作的外展项目“拉萨市反分裂斗争史陈列”于2014年7月正式面向社会免费开放。

（二）可移动文物保护

1．概况

截至2014年，西藏博物馆藏品6万余件，其中一级文物1001件、二级文物15784件、三级文物26746件，接收移交文物225件、捐赠文物22件，征集文物25件。

2．可移动文物保护科研基地建设

借助国家文物局重点科研基地的力量，通过“以修代培”的方式为西藏培养文物科技保护专业人才。与国家博物馆等6家国家文物局重点科研基地签署协议，共同组建“国家文物局重点科研基地西藏联合工作站”。

与上海博物馆、中国丝绸博物馆、陕西省文物保护研究院等国家文物局重点科研基地合作，编制了《唐卡保护修复方案》等5项西藏自治区急需的文物科技保护方案，得到了国家文物局的批准。

（三）第一次全国可移动文物普查

2014年自治区财政厅投入普查经费108万元，不断完善可移动文物普查软硬件设施。举办全区可移动文物普查信息登录平台软件培训班，派专家和教员赴7地市举办地区级文物普查骨干培训班，培训人数超过300人；派出专家42人次，赴拉萨、阿里等7地市15个县30多个乡，对80余个文物收藏单位及8000多件（套）文物进行普查登记；对日喀则市谢通门县、拉萨市林周县等4个县已完成的可移动文物数据进行了审核验收；对布达拉宫、罗布林卡、西藏博物馆的4000余件可移动文物进行登录工作，并上报国家普查办。

【科技与信息】

西藏博物馆副研究员娘吉加申报的2014年度西藏自治区哲学社会科学专项资金项目“康马乃宁寺藏大明皇帝御制旃檀佛像入藏考”已于2014年10月28日立项，批准号为14BKG001。此课题搜集整理大量文献资料，深入实际开展调查研究，具有较高的理论意义、实践价值和学术水平。

【文博教育与培训】

2014年，西藏自治区文物局积极组织参加国家文物局及各省市部门组织的各类培训班8个，从事陈列展览策划、文物普查、文物保管、考古、文物修复等工作的100余人次参加了培训。

【文博宣传与出版】

以西藏自治区政府名义召开新闻发布会，广泛宣传西藏文物保护工作取得的新成绩，参与的媒体达20余家，在社会上引起强烈的反响。配合国家文物局、国家普查办，组织中央电视台、中国人民网、中国文物报等5家媒体记者专门赴西藏各地，对文物事业发展所取得的成就和可移动文物普查情况进行拍摄采访，并在全国范围内进行了广泛的宣传报道，取得良好社会反映。

以“5·18”国际博物馆日、世界文化遗产日、“12·4”法制宣传日为契机，对文物法律法规及可移动文物普查的目的和意义进行了广泛的宣传，分发宣传材料15000余份。

2014年，《西藏文物》（季刊）共编辑印刷4期，旨在宣传国家、自治区文物工作指导方针政策，促进全区各地市文物工作交流，展示西藏文博事业发展成就；《布达拉宫馆刊》（半年刊）共编辑印刷2期，旨在推动布达拉宫科研成果推广；《西藏博物馆》（半年刊）共编辑印刷2期，旨在促进西藏博物馆与业界及藏学等其他领域之间的交流，促进馆内学术科研发展，展示西藏博物馆学术科研成果。

【机构及人员】

2014年，西藏自治区有文物保护管理机构88个，其中7地（市）、县（市、区）文物保护管理机构74个，专兼职工作人员457名。拉萨市、山南和林芝地区设立合署办公的正处级文物局，日喀则、昌都、那曲和阿里地区为文化局管理的副处级文物局。拉萨市和日喀则、山南、昌都、林芝、那曲、阿里地区的74个县（市、区）相继成立了合署办公的科级文物局，极大地提升了自治区文物保护管理的整体实力。

【其他】

2014年，西藏自治区文物局扎实开展强基础、惠民生活动，自治区文博系统4支工作队积极发挥自身专业优势，大力开展寺庙僧人的思想政治和文物保护教育，多渠道争取资金实施惠民项目建设，展现了文物部门优良作风和文物工作者的良好风貌。自治区文物局被区党委、政府评为强基础、惠民生“优秀组织单位”、西藏博物馆、罗布林卡管理处被评为“先进驻村工作队”，3名同志被评为自治区先进驻村工作队队员。

陕西省

【概述】

2014年，陕西省文物系统广大干部职工紧密围绕贯彻落实党的十八届三中、四中全会精神和陕西省委、省政府的决策部署，按照《文物保护法》要求，稳步推进事业改革，积极创新工作思路，为建设“三个陕西”做出了应有贡献。本年度，陕西文物工作继续保持全国领先水平，充分表明陕西的文物大省地位。陕西文物保护工作在全国荣获多项大奖，包括宝鸡石鼓山商周墓地和西安西汉长安城渭桥遗址荣获“2013年度全国十大考古新发现”，陕西历史博物馆“巧手良医”荣获“第十一届（2013年度）全国博物馆十大陈列展览精品奖”，陕西文物专家负责的“紫阳北五省会馆壁画保护修复”“山西晋城玉皇庙彩绘泥塑保护”项目分别荣获“首届全国十佳文物保护工程”和“中国文化遗产保护最佳工程奖”，《西咸新区文化遗产保护总体规划》荣获建设部“优秀规划设计奖”，西安碑林博物馆荣获全国社会扶贫先进集体，同时被评为“陕西省首届119消防奖先进集体”和“第二届全国119消防奖先进集体”。

【法规建设】

2014年，陕西省文物局完成在全国具有独创性的《陕西省帝陵保护条例（草案）》并列入2015年陕西省人大立法计划。在各市支持下，配合国家文物局完成了《文物保护法》修订调研工作。完成国家文物局修法科研课题“文物保护补偿入法研究”并形成了研究报告。在全国文物系统率先完成《陕西文物事业“十三五”规划（征求意见稿）》的编制工作。

陕西省文物局结合当前工作向省政府上报了《群众依法保护文物奖励办法（草案）》，提出按当地经济水平作为奖励系数的思路，得到中央政治局常委刘云山同志和国务院副总理刘延东同志的肯定。

【行政制度改革】

经陕西省政府批准，陕西省文物局全年累计取消、下放行政审批事项34项，承接国家文物局下放行政审批事项4项，行政审批调整比例达到57.6%。积极指导全省各市做好陕西省文物局下放的审批权限承接工作。引入建立了第三方评估机制，省级以上文物保护单位的文物保护、安技防工程和设计方案的评审、验收等工作均委托第三方机构组织实施。

【执法督察与安全保卫】

文物执法督察力度明显加大，全年共下达《督察通知》29份、赴现场督察督办30余次。全面提升安全防范能力。全年开展5次全省文物系统消防检查，陕西省文物局与陕西省消防总队在宝鸡联合举办了消防综合演练。陕西省文物局先后对宝鸡、咸阳、渭南等10个市50多个区县的100余个文博单位有针对性地进行检查、抽查，全省文博单位的安全管护能力得到提升，实现了馆藏文物安全年。商洛市对洛南城隍庙违法拆除及时查处和积极整改，组织召开全市文物安全工作会议，强化法律意识和责任意识。

陕西省文物局与陕西省公安厅共同推进全国文物犯罪信息中心建设，在全国首创打击防范文物犯罪微信官方公共平台，共同开展了联合打击文物犯罪专项行动。共破获盗窃文物案件71起、盗掘古墓葬案件176起、其他文物犯罪案件100起，打击处理犯罪嫌疑人442人，破获团伙案件43起，抓获团伙成员205人，鉴定涉案文物101批2229件（套），追缴文物1701件。文物犯罪案件发案率明显下降，重大文物犯罪案件销声匿迹，有效地遏制了文物案件高发势头。

层层落实文物安全责任，连续29年无文物重大安全事故。2014年，陕西省文物局与全省各市文物行政管理部门和直属单位签订了文物安全责任书、消防安全责任书。西安、宝鸡、咸阳、渭南、汉中等市政府将文物安全纳入对所辖区县政府的年度目标任务考核；杨凌示范区将文物目标任务纳入乡镇政府年度考核内容；宝鸡市全面落实安全管理责任加大宣传力度，群众主动保护捐献文物事迹不断，在全国产生了积极的影响。

【不可移动文物的保护和管理】

（一）概况

截至2014年年底，陕西省共有各类文物点49058处（古遗址23453处、古墓葬14367处、古建筑6702处、石窟寺及石刻1068处、近现代重要史迹及代表性建筑3213处、其他255处）。其中，全国重点文物保护单位235处，陕西省文物保护单位811处。

（二）大遗址保护

2014年，陕西不断创新完善文物保护利用发展模式，逐渐形成了大遗址保护“四个结合”的原则理念，即把大遗址保护与当地经济社会发展相结合、与当地群众生活水平提高相结合、与城乡基本建设发展相结合、与当地环境改善相结合。 陕西省文物局提出的大遗址保护“四个结合”理念经陕西省委上报，中央办公厅以《陕西坚持“四个结合”做好大遗址保护工作》为题在内部刊物《每日汇报》上全文刊发并呈送中央政治局领导，国务院办公厅二局、三局共同到陕西专题调研文物保护利用工作，对陕西文物相关工作给予充分肯定。

（三）全国重点文物保护单位

截至2014年，陕西共有全国重点文物保护单位235处。陕西文物系统相关单位积极参与推动省政府确定的30个重大文化项目规划工作，编制完成了相关项目的文物保护利用规划。在陕西省文物局主导下，西安南门城墙箭楼展示性修复工程竣工开放，不但成为提升西安城市形象的新亮点，也是陕西文物保护利用模式的又一次创新。

（四）世界文化遗产

在卡塔尔多哈举行的第38届世界遗产大会上，由中国、哈萨克斯坦、吉尔吉斯斯坦三国联合申报的“丝绸之路：长安—天山廊道路网项目”通过大会审议，陕西的汉长安城未央宫遗址、唐长安城大明宫遗址、大雁塔、小雁塔、兴教寺塔、张骞墓、彬县大佛寺石窟共7处遗产点列入《世界遗产名录》。经协商，陕西被确立为未来丝绸之路保护和管理的国际协调机制中的主导单位，协调组织丝路遗产的监测管理研究工作，彰显了陕西文物工作的国际影响力。历时8年的丝路申遗圆满成功，也是陕西时隔27年又有世界文化遗产被审议通过。陕西省政府授予省文物局和相关市“丝绸之路申报世界文化遗产工作先进单位”称号，并予以通报表彰。

以申遗为契机，陕西省在积极做好世界文化遗产管理的同时，按照世界文化遗产标准，以提高陕西文化遗产整体管理水平为目标，编制了《申报世界文化遗产工作规划》，遴选出西安丰镐遗址、宝鸡周原遗址、榆林神木石峁遗址、延安黄帝陵、关中汉唐帝陵、汉传佛教六大祖庭等具有世界文化遗产潜力的项目纳入未来申遗工作规划，以此提升文化遗产的管理水平。

（五）其他

2014年，陕西省努力提升陕西文化旅游名镇和传统村落整体保护利用的工作水平。按照“修旧如旧”原则，做好全省31个旅游文化名镇的文物古迹、历史建筑和传统民居保护，逐步推广商洛镇安云盖寺镇“三个一点”的古镇保护利用做法。全省17座村落被公布为第三批中国传统村落，韩城党家村等7个村落列入全国重点文物保护单位和省级文物保护单位集中成片传统村落整体保护利用项目首批实施名单。与陕西省住建厅、文化厅、财政厅联合开展传统村落调查，拟定了171个首批省级传统村落。制定了《历史文化街区认定办法》并开展了相关工作。

【考古发掘】

（一）概况

2014年，陕西完成大型建设项目考古调查25项，调查面积约200平方公里，线路长2145公里；开展考古勘探项目432项，勘探面积约9700万平方米；发掘古墓葬1300余座、遗址3万余平方米，出土各类文物近5000件（套）；完成汉唐帝陵等大遗址考古调查工作156平方公里，完成考古勘探工作157万平方米。主动性考古工作取得重要收获，榆林清涧莘庄遗址发现的商代回字形遗址、宝鸡周原遗址发现的西周铜车马、西安唐韩休墓中首次发现的唐代大幅独屏山水壁画，以及榆林元代壁画墓、西安渭桥遗址等考古新发现在全国引起关注。

（二）重要考古项目

1．陕西长安郭新庄唐韩休墓

唐韩休墓位于西安市长安区大兆街办郭新庄村南，地处少陵原上，西北距离杜陵2公里。2014年3月，陕西省考古研究院与陕西历史博物馆、长安区文物局联合对韩休墓进行抢救性发掘。

经发掘，墓葬为长斜坡墓道单砖室墓，由墓道、过洞、天井、壁龛、封门、甬道、墓室、棺床等8部分组成，平面形制呈“刀把”形，坐北向南。甬道及墓室壁画保存完整，甬道两侧为侍女图、宦官抬箱图；墓室南壁为朱雀图，北壁西侧为玄武图、东侧为山水图，西壁为树下高仕图，东壁为乐舞图。壁画是本次发掘最重要的发现，尤其是墓室北壁首次发现的独幅山水画，可填补唐代山水画未有实物发现的空白，弥补中国山水画发展的缺环。

2．陕西富平桑园唐代砖瓦窑址

桑园窑址位于富平县宫里镇桑园村与涧头村西侧、唐定陵陵山的西南侧，是一处唐代砖瓦窑遗址，整个窑址分布面积达0.9平方公里，2006年被公布为陕西省文物保护单位。

经过考古调查与勘探，发现唐代砖瓦窑495座，分为12组，每组均呈南北方向、两两相对的两排布列，两排间为操作通道。根据勘探结果，对1000平方米区域进行了考古发掘，共发掘揭露窑15座、操作道3道、斜坡道3道、灰坑3个、水井1眼。出土遗物主要是砖、瓦烧成品与生坯，另外有少量陶制工具、陶片、瓷片与铜镞等。该窑群是迄今发现的唐代砖瓦窑中规模最大、数量最多、保存最好的，对研究唐代砖瓦制作工艺有重大意义。另外，该窑址之规模远超其他唐代帝陵附近发现的砖瓦窑址，其当年的管理、用途及与周围遗址的关系还需要进一步的考古发掘与研究。

3．陕西清涧辛庄商代建筑遗址

清涧辛庄遗址位于陕西清涧县无定河下游支流、川口河上游的辛庄村东梁峁上，总面积约10万平方米。

2012～2014年，陕西省考古研究院与相关市县单位组成联合考古队，对遗址进行了全面调查、重点勘探与抢救性发掘，明确了遗址的内涵与布局。根据地层及出土文物如陶、石、铜器，以及卜骨、兽骨等判断，辛庄遗址的年代应为商代晚期。遗址建筑群层级结构清楚，种类多样齐全，所有建筑皆为下沉式结构，建筑于生土之下，在已发现的夏商周三代遗址中均未发现这一情况。辛庄遗址的发现是进一步认识陕晋高原地区商代考古学文化面貌特征、生活习俗、经济形态的重要资料。不同形式建筑设施的揭露，和石刀、石斧等与农业相关的生产工具的较多发现，清楚地反映了以辛庄遗址为代表的李家崖文化先民应该是以山地农业经济为主，同时经营少量畜牧活动的生业形态，这可能将改变过去普遍认为我国北方早期青铜文化属于所谓草原牧业文明的观念。

【博物馆与可移动文物保护】

（一）博物馆

1．博物馆建设

2014年，陕西全年新登记备案博物馆 20家，其中文物系统博物馆7家、行业博物馆2家、民办博物馆11家。陕西省博物馆总数达到241家，年参观人数突破3000万，其中免费开放博物馆参观人数超过1000万。

陕西省各级政府和文物部门高度重视博物馆建设，西安、渭南市积极引进人才加快建设步伐，提升博物馆管理水平；安康博物馆在安康市政府主要领导的关注下已建成并即将开馆；延安为加强革命旧址和历史博物馆建设，将延安革命纪念地管理局升格为副厅级；咸阳博物院的一区、二区、四区、五区主体建筑完成，并完成陈列大纲的编写；榆林市政府积极推动榆林民俗博物馆建设，已完成环评手续。陕西文化重点工程——陕西考古博物馆在陕西省政府、西安市政府的大力协调下，获得250亩建设用地指标并确定了具体位置，正在办理项目落地等手续。配合全省博物馆提档升级和库房改造工程，陕西省县级以上博物馆、文管所库房基础设施配备已全面完成。积极扶持民办博物馆发展，举办“第五届民办博物馆发展西安论坛”。

2．重要陈列展览

2014年，陕西全省各博物馆共举办展览170余个，其中引进国内馆际交流展20个，这些展览均引起当地媒体和群众的广泛关注。举办全国巡回展览16个，其中宝鸡“西周青铜器展”应邀在上海国际艺术节展出；铜川“耀州窑陶瓷艺术展”在北京、甘肃展出。

（二）可移动文物保护

1．概况

截至2014年年底，陕西省文物系统共有藏品100余万件（套），其中一级文物8000余件（套）、已定级珍贵文物11万余件（套）。

2．可移动文物保护科研基地建设

2014年，陕西省承担的可移动文物保护修复基地共4个，分别是砖石质文物保护国家文物局重点科研基地、陶质彩绘文物保护国家文物局重点科研基地、考古发掘现场文物保护国家文物局重点科研基地、国家科技部重点科研基地。

砖石质文物保护基地按时完成了砖石基地运行评估材料的收集、整理及总结工作，及时上报国家文物局，并于12月顺利通过了国家文物局组织的运行情况考核评估。开展的工作主要包括：与西安中国书法艺术博物馆签订了《秦封泥联合保护研究协议书》；与成都市文物考古研究所进行沟通，达成共建砖石基地成都工作站的合作意向；联合国家博物馆、上海博物馆、敦煌研究院、中国丝绸博物馆与西藏博物馆拟定了《共建“西藏文物保护科技联合工作站”合作意向书》；与西安碑林博物馆达成战略合作协议，双方共同构建“陕西省文物保护研究院（砖石质文物保护国家文物局重点科研基地）——西安碑林博物馆工作站”；与陕西历史博物馆达成战略合作协议，达成“成果共享、利益双赢、责任共担”的合作机制。

陶质彩绘文物保护国家文物局重点科研基地以科研基地和工程技术研究中心为平台，积极推动成果推广应用，全年共修复文物37件（套）。为河南焦作和山东沂源、定陶、临淄等地文博单位提供高水平的对外文物保护修复和人员培训等技术支持。科研基地青州工作站顺利挂牌；通过了青州香山汉墓保护修复项目结项验收；提交国家文物局评估资料并顺利完成第二次科研基地评估与答辩；国家文物局文物科技保护优秀青年计划申报成功；参与了国家文物局《文物保护简明手册》《文物保护工程量清单计价规范》的编写。以科研基地为平台为兄弟单位提供陶质彩绘文物保护修复方面的技术支持方面成效显著。

考古发掘现场文物保护国家文物局重点科研基地（陕西省考古研究院）继续围绕“推动考古发掘现场文物保护技术的规范化、科学化，最大限度提取相关文物的完整信息、原真信息，并抑制文物材质劣变”这一工作目标开展各项工作，在科研学研究、现场文物保护以及室内文物保护修复等方面均取得了较好的成绩。另外，在完成科研工作的基础上，发表文物保护方面研究论文近20篇。

国家科技部重点科研基地以“国际科技合作基地”为依托，开展中德合作科研项目3项，包括与慕尼黑工业大学以及德国海德堡大学东亚艺术研究所合作开展的蓝田水陆庵彩绘泥塑保护研究项目、陕西淳化金川湾石窟保护研究项目与安康紫阳北五省会馆壁画保护修复研究项目。目前，3个项目均已基本完成了协议内容，处于总结编写项目报告阶段。10月16日，中意合作项目意方主要负责人意大利文物保护专家马里奥·米盖里先生到访陕西，并参观了新建成的分析检测中心及保护修复室。9月21～24日，德国海德堡大学科学院雷德侯教授和英国牛津大学罗森教授访问陕西省文物保护研究院，就与海德堡大学科学院联合开展陕西境内佛教刻经合作研究事宜进行了洽商，并达成合作意向。

（三）第一次全国可移动文物普查

2014年，陕西省强力推进第一次全国可移动文物普查工作，开展了第二轮普查培训工作，共举办5期培训班，近600名普查骨干参训；以县为单位组建了普查工作队；铜川、榆林等市完成了国有可移动文物普查工作。目前，陕西在国家文物局信息登录平台中录入数据已达30万件（套）。

【科技与信息】

陕西高光谱航空遥感技术在考古勘测中的应用项目入选“2014年中国遥感领域十大事件”，“新型纳米材料在馆藏壁画保护中的应用”成功立项，《可移动文物病害评估规程——石质文物》行业标准即将公布实施。科技部“惠民计划”项目“博物馆公共安全管理与服务物联网技术集成应用示范”启动，利用物联网技术完成了陕西省文物保存环境监测系统框架，实现了对重点文物保护单位的远程实时监测和离线分析。

陕西省文物局汉唐网在全省省级政府门户网站中首先开通了运用云适配技术的移动服务端。全年完成109座虚拟博物馆的制作上线，数字博物馆点击率突破50万，数量和效果领先全国；推出“数字博物馆口袋版”“文物三维数字魔卡”，在全国文物系统首创文物信息消费模式。

截至2014年8月底，“陕西省文物综合信息大屏展示系统”项目一期已经实现了对陕西数字博物馆、陕西省考古研究院考古工地视频监测系统、秦始皇帝陵博物院的物联网—智慧博物馆系统，以及陕西省文物保存环境检测系统、汉唐网站的图像、文字和数据库的实时访问、接入和大屏幕展示，可以实时查看、分析、判读与定位研究陕西省文物系统已有的信息库、数据库的相关信息，完成了项目任务、达到了设计目标。该系统作为一个跨区域、多系统、实时在线的文物综合信息管理平台，针对文物管理的特点和需求，集成了目前陕西省文物系统的各类信息数据库，实现了远程访问、浏览和展示，在国内尚属初次尝试。

【文博教育与培训】

全年组织和安排机关、直属单位226人次参加了公务员任职培训、公务员大讲堂、自主选学及其他各类培训班。为陕西省文物局44人次发放网络培训学习卡和课程卡，并及时督促提醒网络学习和考试。面向社会举办了以“文博讲坛”为代表的各类讲坛、讲座。在全国文物系统首次为佛教界举办“佛教寺院文物管理专题培训班”，激发了佛教界人士主动、自觉保护佛教文物的意识。

【文博宣传与出版】

在“5·18”国际博物馆日，与陕西省残联联合启动了“陕西省百家博物馆文化助残公益行动”，让文化成果惠及更需要社会关爱的人群。积极申报成为“完善博物馆青少年教育功能试点”省份，结合“欢乐博物馆文化教育体验联盟”开展了22场体验活动。以“让文化遗产活起来”为主题，开展了丰富多彩的宣传活动，西安市成功打造了“小雁塔春节荐福庙会”“我是小八路”“原始部落快乐行”生活体验等文化精品品牌；榆林市开展了“爱我中华、护我长城”为主题的长城保护宣传活动。组织全省文物系统开展丰富多彩的“12·4”国家宪法日暨全国法制宣传日系列宣传活动。

2014年，陕西省文物局汉唐网实现全新组合升级，成为国内唯一一家集中文版、英文版、政务之窗、汉唐微博、移动客户端和公众互动平台（汉唐论坛）“六位一体”的省厅局政务网站，文化遗产宣传工作成效显著。陕西文物局汉唐网荣获 “陕西网络宣传先进单位”，汉唐网微博获“陕西政府机构微博2014年最具影响力奖”。

陕西省文物局牵头联合省教育厅、陕西旅游出版社编辑出版的《陕西历史文化遗产》

丛书（22册），成为全国首套纳入国民教育体系的文化遗产类中小学教材，受到教育部和国家文物局的充分肯定。

【机构及人员】

2014年，陕西省文物局直属单位、全省各市职改办推荐上报40份评审材料，经过陕西省文物局人事处初审、陕西省人社厅和专家的复审，共审核通过35人，其中正高级职称13人、副高级职称22人。组织召开了评审会，有4人未通过评审。年初评定通过了2013年度文博系列中级职称20人。

配合完成了机关公务员招录的审核、笔试等工作，并组织了专业科目考试和面试，按计划完成2名公务员招录工作。指导完成了直属单位陕西省文化遗产研究院人员招录工作。接收安置军转干部7人，其中机关4人、事业单位3人；接收安置复转军人3人。

【对外交流与合作】

2014年，陕西省文物局共派出39个团组102人次赴美国、英国和港澳台等16个国家和地区进行交流，共接待来自港澳台的客人和来自美国、法国等60个国家的外宾206批4922人次，完成了包括乌兹别克斯坦总统卡西莫夫、美国前总统卡特等重要接待任务，圆满完成了2014年“驻华使节走进中国文化遗产”活动，为国家外交大局作出了新的贡献。

全年共组织文物出境展览6个，特别是落实刘延东副总理签署的中美人文交流合作重点项目——“中国陕西秦兵马俑：始皇帝的彩绘军阵”在美国印第安纳波利斯儿童博物馆成功举办；为庆祝中法建交50周年，参与在巴黎吉美博物馆举办的“汉风——中国汉代文物展”。引进展览5个，其中“毛利碧玉：新西兰文化艺术珍品展”“曙光时代——伊特鲁利亚文物特展”“日本西出义心先生珍藏于右任先生日记及书法精品特展”社会反响较好。

甘肃省

【概述】

甘肃省文物局围绕打造丝绸之路经济带黄金通道和建设华夏文明传承创新区，全面完成各项工作任务，文物事业取得新发展。华夏文明传承创新区建设初见成效，丝绸之路申遗圆满收官，麦积山石窟、炳灵寺石窟、锁阳城遗址、悬泉置遗址和玉门关遗址成功列入《世界遗产名录》；以莫高窟数字展示中心为重点和亮点的敦煌莫高窟保护利用工程全面竣工投入使用，嘉峪关文化遗产保护工程中的文物本体保护与遗产监测项目进入收尾阶段。可移动文物普查取得了阶段性成果，完成了全省非文物系统国有单位收藏文物或疑似文物认定工作，采集登录文物信息数据达到了国家普查办提出的年度任务要求。

【法规建设】

甘肃省文物局配合甘肃省人大开展《甘肃长城保护决议》和《甘肃永靖炳灵寺石窟保护条例》立法调研工作并完成了法规初稿。

【执法督察与安全保卫】

2014年，甘肃省文物安全形势总体平稳，文博单位安防、消防、防雷设施建设进一步加强。甘肃省文物局修订完善了《甘肃省文物安全突发事件应急预案》《甘肃省文物局文物安全目标责任考核办法》。年初，对全省文物保护员情况进行了调查摸底，督促各地落实文物保护员报酬并建立文物保护员档案，评选表彰了一批优秀文物保护员。

开展古城保护中文物违法与消防安全专项督察，针对天水、武威、张掖、敦煌4个国家级历史文化名城在督察中暴露出的安全隐患和违法违规问题，要求地方政府和文物部门进行了整改。依法督办了发生在敦煌、嘉峪关、肃州、甘州、榆中等市县（区）的9起文物违法违规案件。

【不可移动文物保护管理】

甘肃省文物局协调各地完成了第七批国保单位和全部省保单位保护范围划定方案，经省政府批复同意，正式公布了全省59处第七批全国重点文物保护单位及所有470处省级文物保护单位保护范围。完成了第七批全国重点文物保护单位记录档案编制和向国家文物局报备工作。

进一步加大保护规划编制工作力度，10个国保单位保护规划获得国家文物局审核同意。

天水玉泉观古建筑群、武山水帘洞石窟等一批全国重点文物保护单位保护维修工程竣工，兰州五泉山太昊宫修缮、景泰永泰城址保护加固等工程开工实施。编制了《甘肃省全国重点文物保护单位集中成片传统村落整体保护利用工作实施方案》，榆中青城古民居保护工程开工实施。省级文物保护单位兰州白塔山白塔、天水纪信祠、张掖东仓、民勤东镇大庙等文物保护维修工程相继实施。

【考古发掘】

全年配合基本建设开展考古调查53项，勘探面积28万平方米，清理墓葬99座，出土文物781件。继续开展早期秦文化考古调查项目，甘谷毛家坪遗址考古发掘获得重要发现，泾川佛教窖藏遗址、河西走廊早期冶金遗址发掘取得重要成果。甘肃省文物考古研究所和中国社会科学院联合对马家窑遗址进行了首次科学发掘，开展了张家川石峡口旧石器遗址发掘工作。

【博物馆与可移动文物普查】

（一）博物馆

截至2014年年底，甘肃省博物馆、纪念馆总数增至201个。甘肃省文物局加大博物馆管理工作力度，组织完成了全省国家二、三级博物馆运行评估工作，经国家文物局复核，敦煌研究院、天水市博物馆和会宁县博物馆评估结果为“优”，为晋级提升奠定了基础；修订印发了《甘肃省文博单位陈列展览方案审核办法》和《甘肃省各级博物馆藏品管理办法》，使博物馆相关基础工作有章可循，有据可依；积极探索支持民办博物馆发展的新途径，全省正式批准成立的民办博物馆增至15个，引导其规范发展，推动国有博物馆在藏品管理、人员培养和展览提升等方面对口帮扶民办博物馆取得初步成效。

2014年，甘肃省文物系统博物馆共征集流散文物2505件（套），配合司法部门鉴定涉案文物162件。对全省民间文物收藏情况进行了摸底调查，积极支持具备相应基础条件的收藏者成立博物馆，极大地调动了收藏者举办博物馆的积极性，一大批收藏者在文物部门的指导下积极开展筹备建馆工作，有8个博物馆正式获准成立。

甘肃省文物局与省财政厅联合开展了2013年度博物馆免费开放绩效考评，完善了博物馆管理的长效机制，有效促进了博物馆整体质量的提升。积极发挥博物馆在公共文化服务体系中的独特作用，全年推出新的陈列展览10个、改造提升陈列展览11个、举办临时展览53个，接待观众600余万人次，其中青少年观众约260万人次；组织开展“四进”（进社区、进校园、进企业、进军营）活动200余次，接待观众1754万人次，产生了良好社会效益。各级博物馆、纪念馆紧扣时代脉搏，以未成年人教育为抓手，努力打造公共文化服务品牌，甘肃省博物馆“亲子快乐营系列主题活动”入选中国博物馆优秀教育项目示范案例。

选调甘肃省精品文物参加文化部、国家文物局和西北五省区政府在国家博物馆联合主办的“丝绸之路”展览；为纪念早期秦文化考古调查研究项目实施10周年，甘肃省文物局与陕西省文物局、北京大学在北京联合举办“秦与戎——早期秦文化考古十年成果展”，展出文物613件（套），向社会各界展示了早期秦文化考古的丰硕成果。

（二）第一次全国可移动文物普查

完成了27793个国有单位收藏文物调查工作，在此基础上，初步查明全省文物系统国有单位收藏文物600318件（套），非文物系统国有单位收藏文物或疑似文物94956件（套）；完成了全省非文物系统国有单位收藏文物或疑似文物认定工作，共认定文物26069件（套），其中18113件（套）文物纳入普查范围；全力开展文物信息采集登录工作，全省共采集登录文物信息数据155767条，占应采集总量的24.5%，达到了国家普查办提出的完成采集信息10万条以上、采集登录进度达到20%以上的年度任务要求，采集登录的数据量位居全国第三。

【社会文物管理】

依法规范和管理文物艺术品拍卖活动，会同公安、工商部门联合开展了全省古玩旧货市场检查工作，摸清了商户数量、注册登记、从业人员、经营面积、经营品类、年交易额等基本情况，为规范甘肃省古玩旧货市场秩序，打击非法经营，促进古玩旧货市场健康有序发展奠定了基础。

【科技与信息】

2014年，甘肃省文物系统，特别是以敦煌研究院为龙头的省直文博单位，承担并开展了40余项国家及省级重大专项课题研究任务并取得阶段性成果；国家古代壁画与土遗址保护工程技术研究中心、古代壁画与土遗址保护国家文物局重点科研基地、甘肃省古代壁画与土遗址保护重点实验室继续在相关领域发挥科研平台和示范引领作用。敦煌研究院和甘肃省博物馆分别被国家文物局确定为文物保护装备发展平台项目建设单位和全国首批智慧博物馆建设试点单位。文物科研管理进一步规范，修订了《甘肃省文物保护科学和技术研究课题管理办法》，23项省级文物保护科学和技术研究课题立项实施。文物科技保护取得新成绩，完成了8个可移动文物保护修复项目，保护修复石质、铜质、铁质、陶质、书画类文物200余件，有效延长了文物寿命，提高了文物利用率。莫高窟、麦积山石窟文物数字化工作继续开展。

【文博教育与培训】

4月，甘肃省文物局组织全省相关文博单位举办了国保单位记录档案编制备案培训班；5月，协助中国文物交流中心举办展览策划培训班；7月，举办文物保护工程培训班和全省可移动文物普查信息采集登录培训班。

【文博宣传与出版】

配合丝绸之路申遗成功，甘肃省文物局协调省政府新闻办在兰州召开了申遗成功新闻发布会；在《甘肃日报》《中国文物报》等连续刊发专版文章专题介绍甘肃省新增世界文化遗产及其重大意义，与《丝绸之路》杂志共同推出世界文化遗产丝绸之路甘肃专刊；与中国文物学会在敦煌共同主办了“丝绸之路文化遗产保护研讨会”，在天水举办了“世界文化遗产丝绸之路甘肃论坛”。

【机构及人员】

甘肃省设文物局的市州7个：兰州、嘉峪关、酒泉、张掖、武威、定西、平凉市；设文物局的县市区14个：礼县、会宁、秦安、武山、民乐、高台、肃南、临泽、山丹、敦煌、瓜州、肃北县和甘州区、肃州区。

全省文物、博物馆从业人员3000余人，其中专业人员近1000人（中级及以上职称570余人，其中高级职称约160人）。

甘肃省直文博单位共11个，编制总数750人，共有专业技术人员491人，其中高级职称

104人（正高级职称32人）。敦煌研究院正高级职称22人、副高级职称33人、中级职称109人；甘肃省博物馆正高级职称3人、副高级职称20人、中级职称55人；甘肃省文物考古研究所正高级职称4人、副高级职称6人、中级职称11人；麦积山石窟艺术研究所正高级职称2人、副高级职称6人、中级职称31人。

【对外交流与合作】

第四届文化财产返还国际专家会议在甘肃省成功举办，会上发表了《敦煌宣言》。甘肃省文博单位与美国盖蒂保护研究所、日本东京艺术大学、瑞士贝奇基金会、英国诺丁汉—特伦特大学等机构在文化遗产地游客承载量研究、洞窟无损技术分析等方面的合作取得阶段性成果。

围绕丝绸之路经济带建设、中法建交50周年、甘肃省与日本秋田县缔结友好关系30周年、敦煌研究院建院70周年等，组织开展或参与赴法“汉风——中国汉代文物展”、赴日“秋田县·甘肃省缔结友好关系30周年纪念文化交流展”、赴蒙古“丝路拾珍——中国敦煌文化艺术展”、赴台湾“光照大千——丝绸之路的佛教艺术特展”、赴香港“敦煌——说不完的故事”等文物外展。

青海省

【概述】

2014年，在青海省委、省政府的正确领导下，在国家文物局的大力支持下，在青海省文化新闻出版厅党组的具体指导下，青海省文物系统全面贯彻党的十八大和十八届三中、四中全会精神以及习近平总书记系列重要讲话精神，始终坚持稳中求进、改革创新的工作总基调，更新观念、理顺思路、创新方法、围绕中心、狠抓落实，圆满完成了年初确定的各项工作任务。全年工作概括起来突出一个“新”字，主要表现在：一是深化认识，工作思路和工作方法有了新的转变；二是强化管理，项目工作取得新的进展；三是深化改革，依法行政的水平和能力有了新的提升；四是积极进取，博物馆工作取得了新的成效；五是注重创新，考古研究工作迈出了新的步伐；六是积极作为，可移动文物保护工作步入新的台阶；七是强化职能，机构建设和队伍建设呈现新起色。

【制度保障】

为确保文物保护工作的规范运行，积极落实国家文物局有关项目审批制度改革的具体要求，注重加强制度建设，促进规范化管理，通过近一年的调研论证，在广泛征求相关部门、基层单位和专家意见的基础上，制定落实了《青海省文物保护工程管理办法（试行）》和《青海省文物保护工程建设单位信息实行备案办法（试行）》，在以制度来规范管理文物市场主体方面迈出了实质性的步伐，在依法依规加强文物工程管理、确保工程质量和安全方面提供了制度保障。

【执法督察与安全保卫】

严格执法，加大文物安全督察力度。认真落实国家文物局和青海省政府有关安全通知精神，在青海省范围内集中开展了为期一个月的文物安全排查整治工作，共检查博物馆18家，文物保护单位200余处，现场整改了100多处消防安全隐患，下达整改通知书4份。

认真履行监管职责，针对基础建设中出现的违法行为，勇于执法，敢于叫停。对建设项目涉及文物保护单位的施工方下发了停工令，与相关部门召开专题会议，提出了处理意见。同时，为避免类似事件再次发生，协商建立了协调机制，依法保护文物安全的工作得到了加强。

根据国家文物局《关于做好2015年元旦、春节期间文物安全工作的通知》要求，青海省文物局及时下发了《关于进一步切实做好文物安全工作的通知》。在各地自查和整改的基础上，青海省文物局组成检查组对全省重点地区、重点单位文物安全进行了一次督察。督察由青海省文物局牵头，联合公安、消防等部门，组成3个检查组，先后对全省7个市、州，19个县，40多个文博单位的文物安全工作进行了督察。重点督察文物安全工作组织领导和安全责任制度落实，文物安全制度措施建立和执行，文物防火、防盗、防雷设施设备建设和使用，应急预案的制定和演练，文物安全隐患整改等。

【不可移动文物的保护和管理】

（一）概况

截至2014年年底，青海省共有全国重点文物保护单位45 处，省级文物保护单位415处，县（市）级文物保护单位888处；国家级历史文化名城1个，国家级历史文化名镇6个；国家级的传统村落41个，省级传统村落231个；各类博物馆、纪念馆19家。

（二）大遗址保护

喇家国家考古遗址公园建设有效推进。按照青海省政府下发的《青海省喇家国家考古遗址公园建设行动方案》，青海省喇家国家考古遗址公园建设领导小组先后两次组织召开会议，研究安排遗址公园建设工作，明确了遗址公园建设工作目标、工作重点和具体责任。按照考古先行的要求，圆满完成了2014年度考古任务，为“三棚一馆”建设项目的落实奠定了基础。完成了《喇家国家考古遗址公园建设规划》和“三棚一馆”建设设计方案编制和省级评审工作，并经领导小组审定。《喇家遗址环境整治工程》《喇家国家考古遗址公园规划》等7个立项报告已上报国家文物局审批。为保证各项工作进展顺利，青海喇家国家考古遗址公园建设情况已建立专报机制。

基本完成明长城青海段中湟中、互助、大通、门源四段（第一阶段）的抢险加固工程。

（三）其他

2014年，青海省共落实文物保护资金2.25亿元。其中，申报国家重点文物保护工程项目69项，获批57项，落实文物保护专项补助资金1.68亿元。重点实施了塔尔寺4处活佛府邸、尕前活佛院等古建筑维修工程和塔尔寺防雷工程、隆务寺时轮学院保护维修工程等。玉树灾后投资5亿元文化遗产抢救保护重大项目工程全面完工，新寨嘉那嘛呢震后总体抢险修缮工程荣获“首届全国十佳文物保护工程特别荣誉奖”。

编制完成了4处全国重点文物保护单位的文物保护总体规划，通过省级初审并上报国家文物局审批；13处全国重点文物保护单位保护规划立项报告已经国家文物局批准，开始编制工作。第一批传统村落整体保护工程方案已经国家文物局批准立项，正在编制文物本体保护工程方案、环境整治方案、展示利用方案，以及安防、消防、防雷工程方案。

省级及省级以下文物保护单位的保护工程扎实推进。2014年，借加强寺院六大基础工作之机，青海省级文物保护补助资金有重大突破，共落实财政补助资金2000万元。安排了贵德白马寺、湟中李九村古建筑群等33处文物保护单位的维修工程，全面完成了20余项省级及省级以下文物保护单位的修缮工程。

【考古发掘】

田野考古工作卓有成效。积极参与唐蕃古道考古调查，首次对玉树囊谦、果洛下达武等地开展了考古调查。完成玉树古墓群、青海湖151遗址、12处岩画、囊谦县娘麦遗址、西海郡古城遗址考古勘探发掘工作。青海湖151遗址的首次考古发掘意义重大，人类活动遗迹的发现，为青藏高原上古人类活动历史研究提供了丰富的研究材料，并将为高原上狩猎采集经济向农牧经济过渡的研究提供重要信息。12处岩画的发现，补充完善了相关资料，对考古学、文化人类学、历史学、民族学等研究都有着重要的意义。

配合基建项目考古工作稳步推进。青海省文物考古研究所与陕西省考古研究院、西藏考古研究室以联合考古的形式，提前一年完成了哇沿水库建设项目的考古发掘任务。配合省内基建工作，完成了民和工业园区等11处考古调查，完成了民和胡李家遗址等4处文物调查考古勘探，完成了海东工业园临空物流园区汉墓的考古发掘工作。

大遗址考古工作成效显著。围绕喇家国家考古遗址公园建设，以联合考古的方式圆满完成了2014年度考古发掘工作。共发掘136处遗迹，发现马家窑文化、齐家文化和汉唐时期的文化遗存，发掘揭露出喇家遗址第一座陶窑以及多样性的房屋结构和近千件文物标本。进一步丰富了喇家遗址的文化内涵，为喇家国家考古遗址公园的展示提供了新的内容，拓展了新的研究领域。

【博物馆与可移动文物保护】

（一）博物馆

1．概况

博物馆基础工作进一步夯实。完成2013年度青海省博物馆年检，组织全省17家国有博物馆、2家国有行业博物馆、6家民办博物馆进行了年检。组织开展了青海省国家二、三级博物馆运行评估工作。青海省共有国家二、三级博物馆6家，在此次运行评估工作中均取得了较好的成绩。其中，青海省博物馆为优秀，其他5家博物馆均为合格。玉树州博物馆、文成公主纪念馆、果洛州格萨尔博物馆、海南州民族博物馆、黄南州民族博物馆、湟中县博物馆相继建成，进入展陈设计和布展阶段。

根据国家文物局民办博物馆设立指导意见，对申请的民办博物馆进行了审核。全省国有行业博物馆、民办博物馆比重逐步加大。

博物馆免费开放的绩效不断提升。全省16家免费开放博物馆、纪念馆坚持“三贴近”原则，提高精品意识，丰富展示内容，改进展示方式，极大地提升了博物馆服务水平，增加了影响力。2014年，各级博物馆共举办陈列展览93个，累计免费接待观众326万人次，省外展出4次，举办教育活动260次。

2．博物馆间的交流与合作

认真做好“丝绸之路——大西北遗珍展”的前期协调、文物点交等工作。由青海省博物馆与西北五省区博物馆共同策划筹办的此项展览自2010年8月在陕西历史博物馆首次展出以来，观众量已达到300万人次。各省对该展览给予了大规模、多层次的宣传，在社会上反响巨大，已形成了一个展览品牌。2014年10月，为配合APEC会议在北京召开，在国家文物局的统一领导和组织下，对该展览进一步的调整、充实、完善，在国家博物馆正式展出。

精心组织“妙境梵音——青海藏传佛教艺术展”赴省外展出。青海省博物馆于5月18日～7月18日、7月24日～9月24日期间先后在西安博物院、广西民族博物馆展出“妙境梵音——青海藏传佛教艺术展”。展览精选了青海省博物馆具有代表性的藏传佛教艺术珍品150余件（套），分“书刻经典”“铸刻雕塑”“织锦绣衣”“彩绘佛画”“乐舞法供”五大部分，充分展现了藏传佛教艺术丰富的内涵和独特的艺术魅力，深受当地观众的欢迎。展览期间观众人数达50余万人次。

3．重要文物陈列展览

成功举办“道德光芒耀昆仑——公民道德教育图片展”。为贯彻落实中共中央办公厅印发的《关于培育和践行社会主义核心价值观的意见》的通知精神， 2014年1月15日，由青海省委宣传部、省文明办、省厅主办，青海省博物馆承办的“道德光芒耀昆仑——公民道德教育图片展”顺利开展。展览展出期间，青海省博物馆利用自身优势和特点，精心组织，精心安排，以图文并茂、视频播放、讲解员讲解等多种形式，详细介绍青海省“第四届全国道德模范”、首届“青海好人”及“最美青海人”先进事迹，并穿插展示“青海省公民道德规范”和“讲文明树新风”公益广告宣传片。

完成“江河源文明——青海历史文物展”局部改陈工作。青海省博物馆常设展览“江河源文明——青海历史文物展”展出已历时5年，2014年初，在青海省文化和新闻出版厅的统一安排部署下，由最初的局部改陈提升为全面改造，对展览内容、展出文物、形式设计方案等进行重新设计，并经专家数次讨论后最终审定。

（二）可移动文物保护

经初步核定，青海省国有博物馆藏品总数12万余件，其中珍贵文物2387件，包括一级文物457件。

2014年，组织评审并上报了青海省博物馆、青海省考古研究所、青海省柳湾彩陶博物馆的可移动文物预防性保护方案；组织评审并上报了青海省民俗博物馆等5家单位的文物修复方案；争取到国家文物局纸质文物保护修复基地的无偿设计保护项目，将对青海省博物馆的365件元代纸币和瞿昙寺碑亭出土文物进行修复。

全年申报和落实可移动文物抢救性保护和预防性保护项目7个，落实保护经费1380万元。可移动文物科技保护工作由“被动的抢救性保护”逐步向“主动的预防性保护”转变，为可移动文物保护的全面开展积累了经验。

青海省级博物馆全年共完成《青海省博物馆文物预防性保护方案》《青海柳湾彩陶博物馆文物预防性保护方案》《青海省考古研究所预防性保护方案》《青海省博物馆馆藏文物预防性保护基础设施改造方案》《青海省博物馆唐代纺织品收藏及展陈微环境改造方案》等的编制和申报，并与南京博物院合作完成《青海省博物馆馆藏纸质文物保护修复》方案的编制和申报工作。其中青海省博物馆申报的《青海省博物馆文物预防性保护方案》《青海省馆藏唐代纺织品保护修复方案》已通过国家文物局批准，项目资金已到位，保护工程已开始实施。

（三）第一次全国可移动文物普查

根据全省可移动文物普查实施方案及工作计划，普查工作顺利推进。全年举办普查骨干培训班两期，编制并发放《青海省第一次全国可移动文物普查手册》等专业参考资料和宣传材料。

青海省普查办组织文物认定专家组和技术审核组，对全省8个市（州）21个县的101家收藏单位开展文物认定、数据采集和数据上传工作。截至2014年年底，共筛选藏品26377件（套），其中认定文物2693件（套），共登录上传文物信息8955条。青海省第一次全国可移动文物普查整体工作进度实现了与全国同步。

【社会文物管理】

青海省有文物商店1个，从业人员9名，其中中级职称2人；文物藏品数量4410件，其中2014年新增270件；全年销售额154万元。

【文博教育与培训】

着力加强人才培训工作，先后选派12名基层单位负责人参加了国家文物局组织的县级文物行政部门负责人培训、选派7人参加了国家文物局举办的全国普查办主任年会暨骨干培训班。

2014年青海省文物管理局分别举办了重点文物保护专项资金及文物保护项目申报培训班、青海省第一次全国可移动文物普查培训班（第二期）和可移动文物保护方案编制培训班，组织召开了青海省明长城保护工程现场观摩交流会。青海省博物馆举办了文物鉴赏知识培训班。柳湾彩陶博物馆举办了“纪念柳湾遗址发掘40周年暨中国青海柳湾彩陶博物馆建馆10周年——中国西北地区彩陶学术研讨会”。各市州文化（文物）部门、省直文博单位，结合自身工作实际，采取选派文博人员到外地学习、就地培训、相互交流学习等形式，提高了干部的业务水平。

【文博宣传与出版】

注重加强文物工作宣传和信息交流工作，印发了可移动文物普查宣传折页，重新编发了汉、藏双语《文物工作手册》。积极利用新闻媒体，加大文物工作宣传力度，在《中国文物报》、国家文物局网站和省级新闻媒体共发布各类信息报道30余篇，对推进青海文物工作起到了积极作用。

全省各级各类博物馆利用国际博物馆日、文化遗产日等开展了形式多样的宣传教育活动，获得社会的高度评价和肯定。

【机构及人员】

截至2014年年底，青海有省级文物行政部门1个、州级文物行政部门2个、县级文物局（文物管理所）25个；全省各类博物馆34家，其中系统内博物馆22家、行业博物馆3家、民办博物馆9家，包括国家二级博物馆1家、国家三级博物馆4家；考古所1个；文物商店1个。全省文博行业从业人员361人，其中专业技术人员191人。

宁夏回族自治区

【概述】

2014年，宁夏回族自治区文物局认真贯彻落实党的十八大，十八大三中、四中全会和习近平总书记系列重要讲话精神以及全国文物局长会议、全国文物局长座谈会议精神，在国家文物局的关心指导下，紧紧围绕文物博物馆事业发展“十二五”规划的目标任务，坚持“保护为主、抢救第一、合理利用、加强管理”的文物工作方针，圆满完成了文物博物馆事业的各项工作，取得了良好的成绩。

【执法督察与安全保卫】

配合自治区人大在全区开展旅游法执法中文物保护与利用的检查工作，先后对西夏陵、贺兰口岩画等全国重点文物保护单位进行了检查，对查出的问题及时反馈当地政府，提出整改意见。制定全区博物馆行业反恐怖防范标准，并上报自治区反恐办公室。开展全区文物安全督察，针对长城等国保单位排查出的安全隐患，责成相关单位立即整改，确保取得实效。针对银川市西夏区古城保护中文物违法与消防安全进行了专项督察，并将督察报告上报国家文物局。

【不可移动文物的保护和管理】

（一）概况

截至2014年年底，宁夏登记不可移动文物3818处，其中全国重点文物保护单位35处（古遗址14处、古墓葬3处、古建筑15处、石窟寺及石刻2处、近现代重要史迹及代表性建筑1处），自治区文物保护单位125处（其中古遗址类59处、古墓葬6处、古建筑18处、石窟寺及石刻24处、近现代重要史迹及代表性建筑17处、其他1处），市县文物保护单位345处。加强新型城镇化建设中的古城、古镇和古村落保护工作，配合住建厅开展了全区国家级传统村落的调查，配合完成了传统村落保护项目计划书。

（二）全国重点文物保护单位

2014年完成了第六、第七批全国重点文物保护单位记录档案编制，第七批全国重点文物保护单位保护范围划定和保护标志碑的制作，并按照国家文物局的要求上报备案；启动了《宁夏境内长城保护总体规划》的编制，完成全国重点文物保护单位菜园遗址、鸽子山遗址、张家场城址保护规划文本编制工作；《宁夏古城考古调查测绘方案》已由国家文物局审定通过。实施了明长城三关口段、贺兰口岩画等保护性加固修缮工程；完成了海宝塔的安防工程；编制上报了田州塔、中卫高庙等全国重点文物保护单位修缮方案。

（三）世界文化遗产

西夏陵申报世界文化遗产：指导银川市编制申报2016年世界文化遗产申报文本和各

专项规划，并上报国家文物局；自治区政府、银川市政府与兰州空军部队签署了《西夏陵申遗区空六师老营区军用设施搬迁协议》；西夏遗址博物馆完成概念性设计招投标工作；实施了1、2号陵及39号陪葬墓保护工程与环境整治，启动了陵区安防系统工程和遗产监测工程。

丝绸之路跨国联合申遗——固原段：指导固原市编制了申报世界文化遗产的实施方案，成立了申遗专家组；编制了固原古城北城墙西段及西城墙北段抢险加固和须弥山抢险加固工程方案，实施了须弥山石窟的安防工程；完成了须弥山石窟子孙宫考古调查测绘工作和《须弥山圆光寺》考古报告，开展北朝隋唐墓地中唐墓的考古发掘，出土了壁画等大量珍贵文物；成功举办第二届丝绸之路国际学术研讨会。

【考古发掘】

（一）概况

2014年，宁夏文物考古研究所主要围绕配合基本建设项目和课题研究开展文物调查、勘探和抢救性考古发掘工作。

配合基本建设的主要有京藏高速改扩建工程、青银高速公路和宁夏电网改造工程等项目的考古调查；抢救性考古发掘为固原南塬M1401唐墓考古发掘；围绕课题研究开展的为朝那湫渊祭祀遗址勘探、水洞沟第6次考古发掘、鸽子山遗址2014年发掘、固原须弥山石窟调查测绘等。

（二）配合基本建设进行的考古调查工作

1．京藏高速石嘴山（蒙宁界）至中宁段改扩建工程考古调查

9月1～15日，宁夏文物考古研究所组织专业人员对该项目沿线进行了徒步考古调查，行程400公里左右。共发现文物分布点10处，涵盖更新世到明清时期的多类遗迹。其中化石点1处（西河桥化石点）；墓地6处（落石滩西夏墓地、东和墓地、古城墓地、关马湖墓地、鸣沙墓地、恩和南墓地）；长城及附属设施1处（红柳沟西岸明长城遗迹）；古代水渠2处5个点（唐徕渠、汉延渠）。经与建设单位多次协商，以改线避让的方式使明长城等文物遗迹得到了有效保护。

2．青银高速公路宁东过境段项目考古调查

10月30日～11月3日，宁夏文物考古研究所对青银高速公路宁东过境段项目沿线进行了考古调查工作。沿线分布的文物遗迹点主要有路方墩烽火台、清水营城址及明长城，但与该工程距离在100米之外。

3．配合宁夏电网改造工程考古调查工作

2014年共完成沙坡头750KV变电工程文物调查勘探工作7项，其中宁夏电力设计院的输变电线路项目4项、国网宁夏电力设计有限公司3项。

（三）抢救性考古发掘工作

2014年6月，经国家文物局批准，宁夏文物考古研究所对位于固原市原州区开城镇寇庄村东北侧一座被盗墓进行抢救性发掘。该墓葬为一座长斜坡墓道多天井的唐代壁画墓，发现了彩绘泥俑、开元通宝、玻璃珠、铜带饰、骨钗等遗物上百件。其中部分泥俑有彩绘贴金，装饰华丽；一批开元通宝字迹清晰、肉廓俱好、制作精良，是唐代铸造技术最高水平的代表。最为重要的发现是在墓道至墓室的各个建筑单元残存的壁画，部分壁画保存状况较好，是研究唐代丧葬礼仪制度的重要材料。

（四）围绕课题研究进行的考古调查发掘工作

1．朝那湫渊祭祀遗址考古勘探

朝那湫渊祭祀遗址由海子和凉马台两部分组成。宁夏文物考古研究所于2014年4～6月对该遗址进行了考古钻探，勘探面积7万多平方米。通过考古钻探，在遗址区凉马台发现诸多遗迹现象，发现夯土基址3个、夯土台9个、砖遗迹15个、灰坑9个、窑址10个。经考古钻探，初步认为该遗址上层应为宋代的建筑遗址；其下层应有秦汉时期的建筑痕迹，但已经被破坏殆尽。

2．水洞沟第6次考古发掘工作

水洞沟遗址自1923年发现以来，历经5次正式发掘。2014年6～7月，宁夏文物考古研究所和中科院古脊椎动物与古人类研究所合作对水洞沟遗址进行发掘，发掘位置处于第2地点原发掘区东北，发掘面积50平方米左右。本次发掘共出土1000多件标本，有少量装饰品及毛坯（鸵鸟蛋皮半成品）等，还采集到大量食草类哺乳动物牙齿和骨殖，同时还有较多的灰烬、火塘等遗迹现象，其中大量人工炭标本为测量遗址年代提供了可靠的材料。

3．鸽子山遗址2014年发掘工作

鸽子山遗址位于青铜峡市西部贺兰山台地中段鸽子山盆地周边，自20世纪90年代起，在15平方公里范围内共发现15个遗迹点。本次发掘工作是宁夏文物考古研究所和中科院古脊椎动物与古人类研究所合作展开，意在搞清鸽子山遗址10号地点的文化埋藏状况，发掘面积约100平方米左右。在上部扰土层中采集了烧石9000余块，打制类石制品600余件，磨制类石制品和磨食工具（磨盘、磨棒）200余件（块），细石器类石制品70余件和少量装饰品及毛坯（鸵鸟蛋皮半成品、石环毛坯）等，还采集到大量食草类哺乳动物牙齿和骨殖；未经扰动土层中目前已经发现两个文化层，共出土700多件标本，其中下文化层出土遗物较多，除了与上部扰土层同类型的遗物之外，还有较多的灰烬、火塘、灶等遗迹现象。

4．宁夏固原须弥山石窟调查测绘工作

宁夏文物考古研究所与浙江大学文化遗产研究院合作进行为期5年（2012～2017年）的须弥山石窟联合调查测绘工作。2014年重点对圆光寺、相国寺、松树洼、三个窑、黑石沟以及禅塔山进行了考古调查、测绘。

【博物馆与可移动文物保护】

（一）博物馆

1．概况

2014年，完成了全区国家三级博物馆的运行评估工作；开展了全区行业博物馆建设、运行、管理等情况调研，形成了行业博物馆的专题报告，基本掌握了全区行业博物馆基本情况，为制定支持行业博物馆免费开放提供依据；推进宁夏固原博物馆展览提升工程，展览提升大纲已经通过专家评审；推出和引进“史前记忆——宁夏岩画特展”等大型展览37个，全区各级各类博物馆参观人数155万。

实施全区馆藏珍贵文物预防性保护，《宁夏博物馆西夏铁器修复方案》《宁夏固原博物馆史射勿墓壁画保护修复方案》《宁夏常乐墓地出土竹木漆保护方案》已获国家文物局批复。

宁夏博物馆完成了122件馆藏文物的修复保护，重点完成了馆藏“西夏青铜六楞瓶”和“馆藏西夏千佛龛唐卡”本体保护。宁夏固原博物馆完成“唐梁元珍墓室壁画保护修复项目”中5幅壁画的保护修复工作，包括前期调查、保护修复方案制定、影像采集、病害图绘制、壁画的保护修复、修复档案编写、资料整理等；完成“宁夏固原博物馆隋代史射勿墓壁画保护修复项目”中壁画的前期调查、研究及实施方案的初步制定等工作。

2. 重要陈列展览

2014年，宁夏博物馆推出“丝绸之路——大西北遗珍”“朔地恋歌——宁夏岩画特展”“回乡漫步——宁夏回族民俗文物特展”3项主题展览，并在全国9个省区巡回展出；先后与陕西省图书馆、中国妇女儿童博物馆、海南省博物馆、甘肃书画院、广西民族博物馆、郑州市博物馆等多家博物馆合作，引进各类展览17项，“丝绸之中西北地区珍贵典籍展”“新中国女性第一与中国梦”“南海遗珍——华光礁Ⅰ号沉船特展”“姜建国书画作品展”“西吉钱币博物馆钱币收藏展”“中国瑶族服饰展”“郑州汉代画像砖拓片艺术展”“玉溪文物精品展”等精品展览深受观众好评。

宁夏固原博物馆推出了“世界遗产摄影艺术图片系列展二”“为民务实清廉书画展”“王莹、宋坤绘画展”“人间鲁迅”等展览，并赴内蒙古博物院参加了“相映成辉——草原丝绸之路文物精华”展，展出文物15件（套）；赴国家博物馆参加了“丝绸之路”展，展出文物32件（套）。

（二）第一次全国可移动文物普查

2014年，完成全区82家国有单位6万余件文物藏品的认定和1万余件文物信息的网上登录报送工作，组织开展了文化（文物）系统外国有单位的馆藏文物信息采集、登录工作。在全区5个片区举办了可移动文物普查人员培训班，对来自全区33个普查队、71家国有单位的近150名普查人员进行了信息采集、软件操作、数据报送等方面的业务培训。

【科技与信息】

宁夏文物考古研究所承担多项国家级课题项目，包括国家社会科学基金项目“固原北魏漆棺画研究”和教育部古籍整理项目。宁夏博物馆进行了国家社科基金特别委托项目“西夏文献文物研究·宁夏卷”以及国家社科基金重大项目子课题“元代北方地区遗存金石碑刻汇录·甘肃宁夏卷”、宁夏艺术科学规划课题“宁夏回族文物调查研究”的资料整理和编撰。牛达生获自治区政府“突出贡献奖”；孙昌盛论文《西夏陵陵主考》获宁夏社会科学优秀成果三等奖。

【文博教育与培训】

11月，在银川举办了为期4天的全区考古发掘、文物保护与现代科技应用高级研修班，邀请了中国社会科学院考古研究所、北京大学、吉林大学等单位相关领域著名的专家、学者授课，60余名学员参加研修。

【文博宣传与出版】

利用国际博物馆日、文化遗产日和宁夏长城保护宣传日等开展主题宣传活动。在吴忠市举办了文化遗产日主场城市活动，推出“文化遗产保护成果展”“非遗保护成果图片展”等系列展览，举办题为“宁夏与丝绸之路”的专题讲座，邀请文物专家进行免费文物鉴定咨询。宁夏博物馆在玉皇阁广场举办图片展览并进行文化遗产知识有奖问答和“扫描二维码、关注宁夏博物馆”活动，同时在馆内举办学剪纸、做岩画拓片等趣味性强的观众互动活动。宁夏固原博物馆联合宁夏师范学院，开展“感悟汉字深厚底蕴、弘扬中华传统文明”汉字听写大赛活动。青铜峡市文管所制作发布了《青铜峡黄河铁桥》宣传片和长城保护电子宣传画，并开展“走进黄河铁桥、感知历史文化”公众体验文物修缮加固现场活动。

2014年共出版考古著作四本，分别为牛达生《西夏考古论稿》，宁夏文物考古研究所丛刊之《唐史道洛墓》，配合南水北调中线一期工程文物保护项目《石家庄元氏、鹿泉墓葬发掘报告》《郧县上宝盖》。另外，《须弥山圆光寺》《须弥山石窟图录》《长城资源调查报告》都已交付出版社。

【机构及人员】

2014年，宁夏共有文物保护管理机构22个；从业人员286人，其中专业技术人员114人，具有高级职称的12人、具有中级职称的36人。

【对外交流与合作】

8月13～16日，宁夏文物考古研究所联合北京大学中国古代史研究中心、宁夏固原博物馆举办了第二届丝绸之路国际学术研讨会——“粟特人在中国：考古发现与出土文献的新印证”。来自中国（包括台湾地区）、日本、韩国、美国、英国、德国、法国等国家的高校、科研院所与文博单位的108位代表参加了会议。与会专家学者以“丝绸之路”“考古发现与研究”“粟特石棺床及相关问题”“粟特墓志及其他”“宗教与信仰”“美术史的东西交流”“粟特人在中亚”“粟特人在中国”为专题，在考古学、历史学、宗教学、语言学以及美术史等领域进行了广泛的交流与探讨。

新疆维吾尔自治区

【概述】

2014年，在新疆维吾尔自治区党委、人民政府的高度重视和领导下，在国家文物局的大力支持下，在相关部门和各地的支持协助下，新疆维吾尔自治区文物局认真贯彻落实党的十八大和十八届三中、四中全会精神，以及习近平总书记系列重要讲话精神和自治区党委八届八次全委（扩大）会议精神，坚持现代文化引领，紧紧围绕实现新疆社会稳定和长治久安这一中心，服务大局，各项工作取得显著成效和进展。丝绸之路成功申遗，一批重点文物遗址得到抢救保护，文物保存环境状况明显改善，公共博物馆服务体系不断完善，文物对外交流与合作日趋活跃，文化遗产在正确阐述新疆历史、维护新疆社会稳定、加强民族团结和促进经济社会发展的作用日益凸显。

【法规建设】

组织开展《文物保护法》修法“出土文物移交分配”专项课题调研、课题报告撰写工作。认真组织开展学法、普法考试等工作。

【行政制度改革】

2014年，新疆维吾尔自治区文物局推进行政审批清理工作，精简行政许可事项，在梳理原有23项文物行政审批事项的基础上，报经自治区人民政府行政审批改革领导小组办公室修改审核后，经自治区人民政府公布，总计保留8项文物行政审批项目，相关行政审批名称、具体内容、办理流程等均通过网站向社会公布。

【执法督察与安全保卫】

（一）执法督察

根据伊犁哈萨克自治州文物局上报的《关于霍城县惠远镇在全国重点文物保护单位惠远新老古城内进行施工建设的情况报告》，新疆文物行政执法总队赴惠远镇开展执法督察，相关责任单位按照文物部门提出的意见进行了整改。

针对喀什地区文物局和图木舒克市文物局上报的有关“图木舒克佛寺遗址等两处文物保护单位标志牌被损坏”引起的突发纠纷事件，新疆文物行政执法总队组织完成了两处文物保护单位所属权问题的情况调查报告，提出解决相关问题的建议和意见。

抽调有关部门文物执法人员与新疆文物行政执法总队共同组成调查组，现场检查了全国重点文物保护单位温巴什石窟第十洞窟坍塌文物受损程度，并及时向国家文物局报告。

（二）安全保卫

新疆维吾尔自治区文物局始终将文物安全工作列为全年工作的重点，根据国家文物局

《关于加强文物安全工作的紧急通知》《关于加强文物消防工作的紧急通知》等一系列要求，自治区文物局结合实际，出台具体措施进一步加强文物安全工作。

5～11月，自治区文物局组织人员赴阿克苏地区、巴音郭楞蒙古自治州等地，完成14处全国重点文物保护单位的安全巡查任务，并按照国家《文物保护单位执法抽查档案》要求完成档案制作和备案工作，同时通过自治区绩效考核网络平台上报自治区绩效办。

为贯彻落实公安部、住房和城乡建设部、国家文物局《关于加强历史文化名城名镇名村及文物建筑消防安全工作的指导意见》，新疆维吾尔自治区文物局与自治区消防总队、住建厅共同拟定了《实施方案》，并按照要求组织实施。

6月，按照国家文物局《关于开展古城保护中文物违法与消防安全专项督察工作的通知》，自治区文物局要求喀什地区、吐鲁番地区和阿克苏地区对所辖区域文化历史名城内的文保单位进行一次严格的防护安全大检查，完成《新疆维吾尔自治区开展古城保护中文物违法与消防安全自查工作报告》并报送国家文物局。9月，新疆文物行政执法总队赴阿克苏地区库车县和吐鲁番进行实地核查，对通古斯巴西古城考古工地现场进行了安全检查。

2014年，完成《七个星佛寺遗址、红山核爆指挥中心旧址和满汉王府等三家安全防范系统方案》及《哈密回王墓消防系统工程设计方案》等的审核、上报工作。

【不可移动文物的保护和管理】

（一）概况

截至2014年年底，新疆维吾尔自治区共有文物点9542处，其中全国重点文物保护单位113处，自治区级文物保护单位550处，市县级文物保护单位3833处，其他未公布级别的不可移动文物5046处。

（二）大遗址保护

为配合大遗址保护以及保护规划的编制、考古项目的实施，组织开展了策勒县达玛沟佛寺遗址、巴州烽燧群、奇台县石城子古城遗址、奇台县唐朝墩子遗址、博乐达勒特故城遗址的测绘，完成了基础信息采集的外业工作，为相关项目的开展提供了基础资料。

（三）全国重点文物保护单位

2014年，新疆维吾尔自治区人民政府公布了尼雅遗址、克孜尔千佛洞、石头城遗址、安迪尔古城遗址、伊犁将军府、麻扎塔格戍堡、苏巴什佛寺遗址、森木塞姆千佛洞等8处全国重点文物保护单位的规划。

（四）世界文化遗产

根据联合国教科文组织专家组考察评估报告的反馈意见，组织开展了文本资料的补充工作，补充了丝绸之路交通、文化传播线路及水系变迁研究，补充了线路体系的相关遗存清单，筛选出丝绸之路中期申遗的扩展名单。完善了丝绸之路各遗产地间协同管理的管理系统建设要求，形成了《4省文物局、11地市人民政府关于合作保护丝绸之路遗产的协定》，完成了“丝绸之路遗产保护联盟”成立的准备工作。

6月22日，在卡塔尔首都多哈召开的38届世界遗产大会上，中国、哈萨克斯坦、吉尔吉斯斯坦三国联合申报的“丝绸之路：长安—天山廊道的路网”项目，作为线路文化遗产成功列入《世界遗产名录》。高昌故城、交河故城、北庭故城遗址、克孜尔尕哈烽燧、克孜尔石窟、苏巴什佛寺遗址等6个遗产地成为新疆首批世界文化遗产。

配合申遗成功，各遗产地先后进行了形式多样的庆祝宣传活动，新疆维吾尔自治区政府举行了新闻发布会，新华社、光明日报、新疆日报等20多家新闻媒体进行了报导；《新疆画报》《新疆人文地理》等期刊对申遗成功进行了深入全面的介绍。

继续推进遗产地本体保护、基础设施建设。高昌故城、交河故城游客中心建设全面启动，完成工程主体建设；高昌故城继续实施五期保护工程，交河故城启动环城道路建设项目，完成雅尔湖石窟保护项目的前期准备工作。北庭故城实施了第三期考古钻探工作，城墙加固、西寺本体保护工作全面展开。

丝绸之路各遗产地在中国世界文化遗产监测中心的指导下，开始启动世界文化遗产监测工作。

（五）文物保护工程

继续实施吐鲁番地区坎儿井、哈密地区坎儿井、克州烽燧群、吐虎鲁克·铁木尔汗麻扎、艾比布·艾洁木麻扎、三区革命政府政治文化中心等文物保护维修工程。启动森木塞姆千佛洞壁画、康家石门子岩画、哈密回王墓—艾提尕尔清真寺、巴州烽燧等文物保护维修工程。

继续做好重点文物保护项目的基础工作，完成孔雀河烽燧群等19处国保单位的规划立项申报工作，完成并上报吐鲁番44处烽燧、哈密烽燧二期维修方案；继续推进人口较少民族不可移动文物保护、可可托海工矿区文物保护工作，完成莫洛托夫学校、塔城师范学校旧址和可可托海影剧院等文物点的保护维修工程立项报告的编制及审核工作；完成并上报克孜尔千佛洞、北庭故城、高昌故城、苏公塔、靖远寺、达玛沟佛寺遗址安防方案。

【考古发掘】

（一）概况

2014年，新疆维吾尔自治区文物局组织相关部门积极做好主动型考古发掘和配合基本建设的考古发掘工作。

经国家文物局批准，组织实施了温泉县阿敦乔鲁遗址与墓葬、青河县三海子墓葬及鹿石遗址（花海子3号遗址）、塔什库尔干县吉尔赞喀勒古墓群、巴里坤红山口—石人子沟遗址群、额敏县也木勒遗址、新和县通古斯巴什古城、阿勒泰市喀腊希力克别特墓群、奇台县石城子古城等一系列主动性考古发掘项目。

为配合国家能源、交通、开发区建设以及文物保护工程的实施，完成了哈密白杨沟佛寺遗址群、哈巴河县喀拉苏墓地、阿勒泰市乌拉斯特墓地等15项考古发掘和调查工作，涉及发掘或调查面积约28.9万平方米，发掘墓葬678座。

（二）重要考古发掘项目

1．昭苏县别斯喀拉盖墓地

发掘时间为2014年4月，发掘3座墓葬，涉及面积约300平方米，出土器物近10件。相关的研究成果及碳十四数据表明时代为战国至汉代。

2．且末县来利勒克遗址群

分为来利勒克遗址、来利勒克细石器遗址，两次调查时间分别为2013年11～12月、2014年4～5月，调查面积合计近80平方公里，地表采集陶器、石器、铜器、铁器、玻璃器、木器、瓷器等各类遗物共计200余件。

3．莎车县兰干遗址

发掘时间为2014年4～6月，发掘面积4000平方米以上（其中部分遗迹现象未能清理完）。地表采集和探方发掘中发现较多的石器，主要有马鞍形石磨盘、打制石器和穿孔石器。其中马鞍形石磨盘最多，多为残块；打制石器以盘状砍砸器最为典型，普遍器形较大；还有较多的穿孔石器，从大小形态来看，以重石为主，也有个别的石锄和饰品，多未完成穿孔或为残块。陶片以手制为主，其中靠近口沿有一排由外向内穿的圆形小孔的陶片最具特点，是所谓"阿克塔拉文化"的典型器物。仅在灰坑和城墙的清理中发现有零星的小铜器，其中最大的是一把环首铜刀。未见铁器。

4．哈密市白杨沟佛寺遗址

发掘时间为2014年5～6月，涉及面积2000余平方米，出土器物20余件，有陶器、砖、木、石和壁画等。陶器为大宗，均为残片，器形有瓮、缸、罐、杯、钵、盏等。砖分青砖和红砖，有方形和长方形两种，部分青方砖上有忍冬纹图案。白杨沟佛寺遗址群始建于高昌回鹘时期，是研究唐代西域佛教寺院规划布局和建设发展的宝贵实证。

5．哈巴河县喀拉苏墓地

发掘时间为2014年5～7月，涉及面积约5500平方米。发掘墓葬53座，出土文物约600件，按照质地可以分为石器、骨器、陶器、铜器、铁器、金器等。墓葬年代跨度大，初步分为三个不同的时代，4座墓葬上限可能达早期铁器时代，12座墓葬属于汉代前后，23座墓葬可能在公元7世纪前后。喀拉苏墓地的发掘将进一步完善阿勒泰地区史前考古学文化序列，对于阿尔泰山早期文明发展的研究有着重要的意义。

6．和静县依开布鲁斯台沟口墓地

发掘时间为2014年7月，发掘墓葬74座，出土器物150余件，主要有铜器、金器、石器、陶器、铁器、木器和骨器等。推测其时代，应为早到相当于战国、晚至唐宋的墓葬群。

7．阿勒泰市乌拉斯特墓地

发掘时间为2014年7月，发掘墓葬8座，涉及面积约200平方米，出土器物近10件，主要为陶壶、金箔、铁刀、羊骨等。初步推测墓葬年代为早期铁器时代至汉代。

8．哈巴河县阿依托汗一号墓群考古发掘

发掘时间为2014年7～8月，发掘墓葬27座，出土器物10余件，主要为陶罐、铜箭镞、铜带饰等。初步推测阿依托汗一号墓群年代跨度较大，时代上至青铜时代早期，下线延续至隋唐时期甚至更晚，考古学文化性质相对复杂。

9．青河县喀英德布拉克水库墓地

发掘时间为2014年7～9月，涉及面积约1500平方米，发掘墓葬15座，出土少量陶器、铁器、骨器和金箔。

10．和静县哈布其罕萨拉4号墓地

发掘时间为2014年8月，发掘墓葬11座，发现祭祀遗迹9处，出土器物100余件，有铜器、陶器、木器、骨器、玛瑙、石器、铁器以及小件的铜饰。初步推断这批墓葬的时代相当于察吾呼文化中晚期，即青铜时代晚期至早期铁器时代。

11．尼勒克县乌吐兰墓地发掘

发掘时间为2014年8～9月，发掘面积约1000平方米，出土器物34件，主要是陶器、铜器、铁器、金器等。2013年8月曾对尼勒克县乌吐兰墓群的部分墓葬及遗址进行抢救性发掘，两次合计发掘墓葬25座、祭祀遗址3座。

12．奇台县石城子古城遗址

发掘时间为2014年9～10月，发掘面积约300平方米，遗址总面积约80000平方米。遗存的主要年代为汉代，另有少量为清代。在汉代遗存中清理出城墙、壕沟、房址、灰坑、柱洞、车辙、夯窝等遗迹，出土陶器、铁器、铜器、石器等。

13．伊吾县沙梁子墓地

发掘时间为2014年10月，涉及面积约18600平方米，出土器物有陶器、金器、铜器、铁器、料珠等，共19件，以陶器为大宗。初步推断墓地年代为战国至西汉前期。

14．富蕴县海子口墓地

发掘时间为2014年9～10月，发掘墓葬19座，出土文物20余件（套），包括陶壶、铁刀、铜镜、铜牌饰、金箔片、砺石、石杵、石研磨棒和石球、穿孔石器等。

15．沙湾县大鹿角湾墓群

发掘时间为2014年9～10月，发掘墓葬36座，涉及面积3600平方米，出土文物51件（套），可分为陶器、铜器、铁器、木器、石器。陶器有罐、壶、管流等，铜器有镜、针、刀、镞、扣、饰件等，骨器有镞、角嵩、扣等，石器有砺石、料珠等。

【博物馆与可移动文物保护】

（一）博物馆

1．博物馆建设

伊犁哈萨克自治州博物馆、克孜勒苏柯尔克孜自治州博物馆、塔城地区博物馆、乌苏市博物馆、裕民县博物馆、青河县博物馆、哈密市博物馆、新和县博物馆、库车县博物馆、阿克陶县博物馆、于田县博物馆等完成新馆主体工程建设。库尔勒市博物馆、吉木萨尔县博物馆、玛纳斯县博物馆、英吉沙县博物馆、莎车县博物馆、塔什库尔干塔吉克自治县博物馆新馆建成并对外开放。

2．陈列展览

全年推出“西域历史的记忆——新疆历史文物陈列”“丝路梵相——新疆和田达玛沟佛教遗址出土壁画艺术展”“丝路遗珍汇天山——西北五省文物精品展”“丝路梵韵——龟兹石窟佛教壁画艺术展”“骏程万里——丝绸之路马文化展”等精品展览。

新疆维吾尔自治区博物馆选送“天山往事——古代新疆丝路文明展”“丝绸之路——大西北遗珍展”“丰腴之美——唐代仕女生活展”“新疆阿瓦提县刀郎部落农民画展”赴江西、四川、浙江、青岛、兰州、深圳等地巡展。吐鲁番博物馆推出“吐鲁番出土文书精粹展”，分别在四川、江西、湖南等多个省展出，展现吐鲁番悠久历史和丝路文明。伊犁哈萨克自治州博物馆“伊犁草原文化——寻找游牧人的历史轨迹展”赴沈阳故宫展出。

博尔塔拉蒙古自治州博物馆引进“瑞玉呈祥——湖北省博物馆典藏明清玉器展”。昌吉回族自治州博物馆引进“故宫博物院藏清代碧玉器与玛纳斯”。巴音郭楞蒙古自治州博物馆引进“清治铜华以为镜·莹光如水照佳人——陕西历史博物馆馆藏铜镜展”和“草原古韵·塞外风情——内蒙古包头博物馆馆藏岩画、唐卡、文物精品展”。

（二）可移动文物保护

1．概况

截至2014年年底，自治区可移动文物总量15余万件（套），其中一级文物707件（套）、二级文物1339件（套）、三级文物4038件（套），馆藏珍贵文物全部实现了信息化管理。

2．可移动文物保护修复基地建设情况

新疆维吾尔自治区博物馆“纺织品文物保护国家文物局重点科研基地新疆工作站”、

新疆维吾尔自治区龟兹研究院“古代壁画保护修复研究中心新疆工作站”、新疆文物古迹保护中心“国家古代壁画保护工程技术研究中心新疆工作站”各项工作均按计划顺利推进，并取得了一定成果。

3．可移动文物保护技术和方法及应用情况

2014年，共有11个文物科技保护项目得到国家文物局批复立项。包括新疆维吾尔自治区博物馆可移动文物预防性保护、吐鲁番地区博物馆可移动文物预防性保护、巴州博物馆可移动文物预防性保护、吐鲁番地区博物馆馆藏壁画文物保护、巴州博物馆馆藏壁画文物保护、于田县博物馆馆藏壁画文物保护、新疆维吾尔自治区博物馆馆藏纺织品文物修复保护、新疆维吾尔自治区文物考古研究所所藏纺织品文物修复保护、和田地区博物馆馆藏纺织品文物修复保护、新疆维吾尔自治区博物馆馆藏青铜器修复保护、巴州博物馆馆藏纺织品文物修复保护等。

【社会文物管理】

截至2014年年底，新疆尚没有文物拍卖企业，没有进行过文物拍卖活动；文物商店1家（新疆维吾尔自治区文物总店），文物库存数量24188件，无珍贵文物；新疆尚未成立文物进出境审核机构，正在为积极申请成立文物进出境审核机构做准备。

【科技与信息】

新疆维吾尔自治区博物馆与浙江大学合作制定了信息化建设规划，并形成了《新疆维吾尔自治区博物馆信息中心及数字博物馆建设方案》，2014年完成藏品三维信息化建设。

《新疆维吾尔自治区博物馆馆藏文物数字化保护》项目获批，第一批一级文物（375件）已经完成信息化。

【文博教育与培训】

5月，新疆维吾尔自治区第一次全国可移动文物普查办公室主任工作会议暨可移动文物信息登录平台骨干培训班在新疆博物馆举办，来自4家区属文博单位和全疆14个地州市、80多个县市的近百名业务骨干参加了培训。会议对第一阶段全疆可移动文物普查工作做了全面总结，对2014年自治区可移动文物普查重点工作进行了安排并提出具体要求。

5月，在新疆维吾尔自治区文化厅、文物局和西北大学文化遗产学员的关心支持下，“2013年西北大学新疆文物保护专业高级研修班”教学实践活动在新疆龟兹研究院启动。

7月，“新疆馆藏纸质文物保护修复培训班”开班典礼在新疆维吾尔自治区博物馆举行。本次培训为期一个月，南京博物院的13位纸质文物保护专家向来自全疆的12名学员讲授馆藏纸质文物保护修复的档案记录、方案编写、病害分类、相关检测等内容，并指导学员进行实践操作。

7月，新疆龟兹研究院正式启动导师制培养计划，全院近24名青年业务人员与7名导师建立了导师和培养人关系。

10月，“新疆重点文物保护项目和专项补助资金申报工作培训班”在乌鲁木齐开班，国家文物局副局长顾玉才在培训班上作了“当前文物保护工作形势和文物经费申报工作要求”的专题授课，来自自治区各地文物部门负责人、新疆生产建设兵团各师市文物部门负责人、区属文博单位负责人和业务骨干，以及新疆维吾尔自治区文物局全体人员共60余人参加培训。

11月，新疆维吾尔自治区博物馆启动了“讲解员业务技能提升培训活动”。在新疆维吾尔自治区博物馆举办由广东省博物馆协助的援疆项目“全疆讲解员培训班”，穿插进行“专家与讲解员一对一培训”，进一步提升了讲解员的业务水平与综合素质。

此外，完成在中国文化遗产研究院举办的“2014年度丝毛文物保护修复技术培训班”组织工作，推荐自治区3名学员参加培训。

【文博宣传与出版】

2014年，新疆维吾尔自治区文物局加强与新闻媒体的合作交流，进一步加大文物宣传工作力度。围绕国际博物馆日、文化遗产日组织开展图片展等系列宣传活动。对各类符合文物法规的文物拍摄宣传活动给予积极支持，及时办理有关审批、报批手续。保证《新疆文物简讯》的编辑出版，保证新疆文物局官方网站和新疆文物局官方微博的正常运转。与新疆电视台合作的较少民族文化遗产专题片《箭入西土》已经完成拍摄工作。在新疆维吾尔自治区博尔塔拉蒙古自治州成立60周年之际，与博尔塔拉蒙古自治州文物局共同推出《带你走进博物馆》丛书之《博尔塔拉蒙古自治州蒙博物馆》。

【机构及人员】

截至2014年年底，新疆维吾尔自治区共有文物业机构185个，包括文物保护管理机构99个、博物馆82家、文物科研机构2家、文物商店1家、文物古迹保护中心1家；行业从业人数1082人，其中具有高级职称的70人、具有中级职称的152人。

【对外交流与合作】

4月，由新疆维吾尔自治区文物局报送的“新疆维吾尔自治区博物馆与德国哥廷根大学合作研究回鹘文《弥勒会见记》”项目获国家文物局批准。7月，德方课题组一行来访，与新疆维吾尔自治区博物馆就合作研究的具体事宜进行协商。

8月，根据国家文物局《关于新疆龟兹研究院与日本东京艺术大学合作研究克孜尔石窟壁画事项的批复》，新疆龟兹研究院与东京艺术大学按照协议内容对克孜尔石窟部分洞窟的材料和制作技法进行共同研究。

10月，新疆维吾尔自治区文物局选送19件（套）文物参加由中国文物交流中心在法国国立吉美亚洲艺术博物馆举办的“汉风——中国汉代文物展”，展品包括铁器、项链、毛织物等生产、生活用具及装饰用品。

新疆生产建设兵团

【概述】

2014年，新疆生产建设兵团文物系统认真贯彻落实党的十八大和十八届三中、四中全会精神，习近平总书记系列重要讲话以及第二次中央新疆工作座谈会精神，按照国家文物局的要求，进一步加强文物保护利用，推动兵团文物管理和保护工作更好地适应兵团经济社会事业发展要求。兵、师两级陆续建立完善了文物工作机构。首次在国家博物馆举办“‘中国梦·军垦魂’——新疆生产建设兵团成立60周年历史文物展”。开展了第一次全国可移动文物普查工作，全兵团范围内共调查国有单位1346个，反馈收藏有文物的单位53个。国家文物局、财政部下达国家级文物保护单位维修保护经费2500万元，并正式启动了两个维修保护项目。

【机构建设】

按照新疆生产建设兵团编委批复关于在兵、师两级成立兵团文物局的有关文件精神，2014年，兵、师两级陆续建立完善了文物工作机构，新疆生产建设兵团和12个师（市）分别在党委宣传部（文广局）挂牌成立兵、师文物局。一师阿拉尔市、三师图木舒克市、八师石河子市的文物局（文管所）配备了人员、编制和经费，二师36团等部分团场也成立了文管所。新疆生产建设兵团文物工作机构不断建立完善，为做好文物保护工作奠定了基础。

【组织保障】

新疆生产建设兵团领导高度重视文物工作，多次听取文物工作汇报，并给予大力支持。新疆生产建设兵团党委常委会专题研究确定实施“环塔里木文化传播共享工程”和“边境文化长廊工程”，都将文物保护工作作为重点内容予以规划和部署。

2014年，在经费十分紧张的情况下，新疆生产建设兵团将200万元文物保护经费列入年度预算。兵团分管领导多次召开办公会议，专门研究兵团辖区内重点文物项目及文物保护工作。兵团各师也从各自实际出发，在编制、经费极其紧张的情况下，仍然对文物工作给予充分关心和重视，例如一师召开文物工作会议，专题研究部署文物保护工作；十三师专门编制重点文物保护规划，圆满稳妥地处理好兵地文物管辖权限交叉问题等。新疆生产建设兵团兵、师党委对文物工作的重视和支持，为兵团文物工作提供了坚实的组织保障。

【不可移动文物保护】

2014年，财政部、国家文物局对新疆生产建设兵团所辖国家文物保护单位三师唐王城、八师小李庄下达维修保护经费2500万元，其中三师唐王城遗址修缮保护规划设计经费200万元、八师小李庄军垦遗址维修经费2300万元。

经请示兵团党委同意，新疆生产建设兵团文物局正式启动了三师唐王城遗址和八师小李庄军垦遗址两个文物保护项目。兵团委托有相关资质的新疆维吾尔自治区文物古迹保护中心进行实地勘察并编制两个项目的维修保护方案，完成后正式呈报国家文物局审批。

【文物展览】

在国家文物局的关心和支持下，2014年8月15日～9月15日，新疆生产建设兵团首次在国家博物馆举办“‘中国梦·军垦魂’——新疆生产建设兵团成立60周年历史文物展”，中央有关领导出席了开幕式。据统计，展览共接待观众超过18万人次。其中，中央和国家机关、企事业单位及部队250余个部门和单位共计14500余人集体组织参观展览。各大媒体对展览进行了广泛的宣传报道。此次展览充分展示了新疆生产建设兵团的光辉历程，为庆祝兵团成立60周年营造了良好的舆论氛围，大力宣传了党中央治国安邦的战略布局和强化边疆治理的重要方略，取得了圆满成功。

【第一次全国可移动文物普查】

按照国务院和国家文物局的要求，新疆生产建设兵团于2013年年底启动了第一次全国可移动文物普查工作。根据国家普查办关于第一次全国可移动文物普查有关工作步骤，在完成普查骨干人员首次培训、督察落实专项经费配套情况的基础上，2014年在兵团机关以及各师、各院校组织开展了国有单位文物收藏情况调查工作。调查采用发放调查问卷、实地走访和电话调查等形式，范围包括新疆生产建设兵团机关、事业单位及国有企业。共调查国有单位1346个，反馈收藏有文物的单位53个。各师的收藏单位正在开展文物清点、拍照、认定和基本信息登记造册工作，为下一步在线报送做好各项基础工作。

【其他】

财政部、国家文物局下达的可移动文物预防性保护经费项目，新疆生产建设兵团文物局也将于近期启动，在选择有资质的单位制定详细方案后呈报国家文物局。

青岛市

【概述】

青岛市委、市政府历来重视文化遗产的保护，自1982年以来，先后公布了9批市级文物保护单位，并积极推荐申报省级和国家级文物保护单位，各区市政府也都分别公布了区市级文物保护单位。截至2014年年底，青岛市共有全国重点文物保护单位18处、山东省文物保护单位55处、青岛市文物保护单位85处、区市级文物保护单位357处。

【法规建设】

2014年6月27日，青岛市第十五届人民代表大会常务委员会第二十次会议通过《青岛市城市风貌保护条例》，2014年9月26日颁布，2014年11月1日实施。该《条例》将“名人故居保护”纳入“人文风貌”专章的有关内容。

【执法督察与安全保卫】

积极推进文保单位“三防”工程建设，通过现场勘验及资料收集整理，完成八大关近代建筑、崂山道教建筑群、德国建筑群等10处国保单位的19项安防、消防、防雷工程立项报告；批复崂山道教建筑群消防立项和智藏寺安防项目立项。

根据国家文物局和山东省文物局部署，结合青岛市实际，积极开展文物安全季节性、重要节假日和例行性、专业性安全检查。

【不可移动文物的保护和管理】

2014年，青岛市争取中央财政拨付国家重点文物保护专项补助资金共计2794万元。青岛市文物局完成了《青岛德式建筑群保护专项规划》和《即墨故城及六曲山墓群文物保护专项规划》2个文物保护规划编制，9处文物保护规划和修缮方案立项，4处文物修缮工程设计方案和19项“三防”工程立项报告的编制工作。开展了八大关近代建筑一期等3个修缮工程，德国总督楼旧址修缮工程被国家文物局列为全国重点文物保护单位维修技术规范样板工程向全国推广。完成第二批19处名人故居的挂牌保护工作，编制完成梁实秋故居、王献唐故居、王统照故居、赵太侔故居等保护性维修整治工程方案，开展修缮工程。全面开展乡村记忆工程，对全市传统村落和古民居实施普查和保护。

琅琊台遗址被评为第七批全国重点文物保护单位，琅琊台遗址保护规划上报国家文物局并得到批复立项，规划编制前期工作已经启动。

积极推进齐长城保护和修复工作。齐长城史家前夼至山周村西段保护规划已编制完成，上报国家文物局并得到批复立项。齐长城黄山至徐山段已完成先期的勘探工作，现正在编制保护规划方案。齐长城金猪坑至苗家段和王家墩子至曹城山东坡两段的施工招投标工作已经完成，即将进入施工阶段。

在山东省全面开展“乡村记忆工程”的过程中，对青岛市传统村落和古民居实施普查和保护。在对全市重点村落进行普查的基础上，分三批向山东省文物局呈报青岛市“乡村记忆工程”名单和相关资料，包括1处传统文化乡镇、18处传统文化村落、134处传统民居、18处“乡村记忆”博物馆。即墨雄崖所村等7个传统文化村落、平度东潘家埠传统民居等3处传统民居和胶州市九兴博物馆等4处博物馆被纳入首批山东省“乡村记忆”工程文化遗产名单。即墨市雄崖所村被认定为山东省“乡村记忆”工程试点单位。

与青岛市城乡建委联合开展省级传统村落的推荐申报工作，黄岛区大场镇西寺村、即墨市金口镇李家周疃村、莱西市姜山镇西三都河村被命名为首批山东省级传统村落，

【考古发掘】

（一）概况

2014年在文化遗产保护、考古调查勘探等方面取得较为丰富的成果稳步推进大遗址考古勘探工作，全面完成了莱西西沙埠遗址、胶州三里河遗址、城阳半阡子遗址、黄岛区中德生态园项目的考古勘探工作，按计划完成了即墨故城及六曲山墓群2014年度的考古勘探工作任务。配合山东省考古所完成了青岛市新机场建设项目和济青高铁建设工程项目的考古调查工作。在对大珠山遗址进行进一步深入考古调查的基础上，完成了大珠山、小珠山区域早期遗址考古调查，将青岛历史推进到4万年之前。进行海上丝绸之路文化遗产研究和考古勘探工作，对板桥镇遗址、琅琊台遗址、大珠山遗址及胶州湾周边海防遗迹情况进行了调查勘探。

（二）重要考古项目

1．海上丝绸之路考古

对原胶州市内城城墙周边区域进行考古勘探，大致确认了宋金时期板桥镇遗址的分布范围；其次，进一步确认了原胶州市政府宿舍院内有宋金时期文化遗存及建筑基址分布；第三，通过对琅琊台、琅琊港的考古调查，证明其在秦汉时期的兴盛规模，从侧面反映了琅琊港为徐福东渡起航地这一事实；第四，考古调查发现大珠山隋唐时代佛像石窟3处，这些宗教遗迹对于解读唐宋时期中外文化交流具有重要意义；第五，在泊里河附近的蒋家庄遗址、风河附近的祝家庄遗址发现了唐宋时期的遗迹遗物，与海上丝绸之路有重要关联；第六，在王台西漕汶东村，调查发现了漕渠、石桥、石碑等遗迹遗物，证明在元明清时期，青岛地区作为南北海运的枢纽和中转站的重要地位。完成了胶州板桥镇遗址考古发掘出土资料的整理工作，编辑出版了《胶州板桥镇遗址考古文物图集》；完成了《“青岛与海上丝绸之路”历史文化遗产保护与发掘研究》调研报告，已被市发改委列入2014年度全市经济社会发展重点调研课题成果并汇编成册。

2．大珠山旧石器遗址考古

2013年秋，经国家文物局批准，青岛市考古研究所与中国科学院古脊椎动物与古人类研究所合作对大珠山遗址进行了一次科学、系统的考古发掘，确认了大珠山遗址的旧石器时代属性，获得了重要的考古新发现。这是青岛地区首个有地层依据的旧石器遗址，发掘面积约30平方米，发掘深度4.2～4.5米，共出土编号标本1400余件，其中石制品500余件、动物化石900余件、植物标本20余件，另外还出土了大量的动物碎骨化石。遗址出土的石制品包括石器、石核、石片和断块。2014年，又取得了考古出土遗物的碳十四测年、植硅体

测年等4种科学测年结果，其年代都不晚于4万年。

由此，青岛的人文史上推至距今4万年，这也是山东旧石器考古工作的重大突破，对完善山东乃至华北地区旧石器考古序列，探讨石器技术的演变、人类行为的发展历程增添了宝贵的材料，也为研究我国乃至东亚现代人起源与迁徙问题积累了很好的资料。

（三）其他

1．大遗址考古

配合青岛地区大遗址保护和国家考古遗址公园建设，先后完成了齐长城两个保护段和莱西西沙埠、胶州三里河等大遗址的考古工作，并为保护规划提交了相关考古报告。根据国家文物局批复的平度即墨故城和六曲山古墓群五年考古工作计划及年度考古方案，完成了六曲山墓群的年度考古工作。

2．配合基建考古

共完成了城阳华电流亭空港项目、中德生态园青兰高速立交项目、城阳傅家埠社区旧城改造、城阳玉皇岭汉墓群4个配合基建项目的抢救性考古工作，对助推青岛市城乡建设发展发挥了积极作用。

3．水下考古

北海基地建设项目有序推进。2014年1月，国家文物局与青岛市政府签订《国家文物局水下文化遗产保护中心北海基地共建协议》，成立了北海基地筹建处，全面推进项目的立项、选址和可研报告的编制工作。

开展明清海防遗迹调查工作。对2010～2013年青岛水下文化遗产调查工作进行梳理、总结，完成了《青岛沿海水下文化遗产调查资料汇编》初稿。

【博物馆与可移动文物保护】

（一）博物馆

青岛市现有国家一级博物馆1家、二级博物馆3家、三级博物馆4家，向社会免费开放的博物馆共28家。2014年参加年检的博物馆共41家，其中11家系2014年新注册登记。

截至2014年年底，青岛市博物馆藏品244199件（套），其中珍贵文物 16754 件（套），包括一级文物280件（套）、二级文物2363件（套）、三级文物14111件（套）。

2014年，青岛市博物馆稳步提升基本陈列改造工作，“乡间画记——馆藏山东民间木版年画陈列”荣获由山东省文物局举办的“第二届（2013年度）山东省博物馆、纪念馆十大精品陈列展览奖”。青岛市博物馆注重加强馆际文物资源交流，全年引进各类文物大展，在春节期间引进了“古老的光影——西安大唐西市博物馆藏陕西皮影艺术展”；在国际博物馆日引进了“鲁迅的艺术世界——北京鲁迅博物馆藏文物展”；在啤酒节期间推出了“天山往事——古代新疆丝路文明展”。

此外，山东省青岛市民俗博物馆举办了具有海洋文化特点的“妈祖文化陈列展”；胶州博物馆推出了“高凤翰生平事迹展”“高凤翰艺术成就展”等。

12月，在山东省讲解员大赛中，青岛德国总督楼旧址博物馆4名参赛选手分别获得二等奖和优秀奖。

（二）第一次全国可移动文物普查

青岛市作为全国国有可移动文物普查四个试点类型之一，在山东省率先完成了全市4345家国有单位的调查摸底工作，反馈有（疑似）文物的单位112家，疑似文物491375件

（套），反馈有文物单位比例为2.49%。青岛市已100%完成非文物系统单位的文物筛选和初步认定工作，采集登录13608件（套）、共计26177件馆藏文物信息，工作推进情况及成果均居山东省首位。

【科技与信息】

2014年，青岛民俗博物馆向山东省文化厅申报文化艺术科学重点课题2项（“青岛地区民间戏曲文化研究”“中国民间古灯文化研究”），获得通过并全面启动调研工作。

青岛市博物馆实现了全馆无线网络覆盖，建立了微信观众自助语音导览系统并上线，目前微信粉丝已达7000余人。

【文博宣传与出版】

先后出版了《青岛海上丝绸之路》《高凤翰研究》《艺术巨匠高凤翰》《走出一个无悔的人生》《胶州古今诗选》《胶州板桥镇遗址考古文物图集》等图书。

4月，在山东省博物馆学会组织的第十二次优秀学术成果奖评选工作中，《与建筑对话：品读青岛德国总督楼旧址博物馆》一书获得著作类二等奖。

【机构及人员】

2014年，青岛市共有文物机构49个，较2013年增加11个。其中文物保护管理机构4个，文物保护科研机构1个，博物馆41个，其他文物机构3个（含文物行政主管部门2个）。

文物机构从业人员1172人，较2013年增加241人。按单位性质分：文物行政主管部门26人，文物保护管理机构13人，文物保护科研机构14人，其他文物企业机构319人， 博物馆、纪念馆800人。按职称分： 正高级职称21人， 副高级职称31人，中级职称147人，初级职称188人， 其他人员785人。

【对外交流与合作】

12月12～18日，应台湾大甲镇澜宫董事会（中华妈祖文化联谊会成员）的邀请，青岛市民俗博物馆组团赴台进行文化交流参访活动。双方对加强两地的妈祖文化以及民俗文化活动进行了探讨，为青岛与台湾两地的民俗文化进行实质性的交流达成多方面共识并提出建设性建议和初步意向。此行考察引进台湾民间布袋木偶戏的演出形式和技术，对民俗文化特别是对民间戏曲的演出和传承方面有了新的认识，尤其是“剥皮寮”（废旧老作坊街区危房）民俗文化街保护技术和形式对青岛市“崂山大院”的保护修复以及利用有很好的启发和借鉴意义。

青岛德国总督楼旧址博物馆与德国文物收藏爱好者联系接洽，在德国征集到部分文物并经专家鉴定，包括1901年德国在青兵役证件及军人照片、备役军人随身用的酒壶、1898年关于青岛时事的德国Daheim报纸、1913年的青岛报纸以及1903年的Truppel总督手稿。征集的文物已经充实到基本陈列展览中。同时，加强与德国军事档案馆的联系，复制了文物楼建筑设计图纸及附件，为进一步研究建筑和历史提供了材料。

故宫博物院

【概述】

党的十八大以来，习近平总书记提出了“中国梦”这一重要执政思想和理念，在文化部的领导和国家文物局的业务指导下，故宫博物院以“平安故宫”和“学术故宫”为两大发展重点，塑造文化身份，树立文化形象，为实现“把壮美的紫禁城完整地交给下一个六百年”的“故宫梦”而努力，也为中华民族的伟大复兴和“中国梦”注入自己的智慧和活力。

故宫博物院全年接待观众1525万人次，比上年增加4.7%。门票收入为7.24亿元，比上年增加3.48%。

【“平安故宫”工程】

2014年是“平安故宫”工程全面推进的一年。“平安故宫”工程领导协调小组、专家咨询委员会、领导协调小组办公室、消防安全评估论证专家组先后成立，并分别召开第一次全体会议，同时召开6次“平安故宫”工程月度媒体通报会，进一步推进了“平安故宫”工程实施。

“平安故宫”工程七个子项目发展如下：北院区建设项目建议书已由文化部上报国家发展和改革委员会。地库改造工程、基础设施改造工程的项目建议书皆获得国家发展和改革委员会原则同意。世界文化遗产监测项目开展观众动态监测、防雷监测系统等新项目建设，出版《故宫博物院世界文化遗产监测工作报告（2012年）》。故宫安全防范新系统已完成29个区域中12个区域的检测，消防系统改造已完成95%。院藏文物防震项目正在进行第二期文物防震评估工作。院藏文物抢救性科技修复保护项目，已建立宫廷家具文物修复工作室、车马轿舆类文物修复工作室等11个文物修复工作室，保护修复400余件文物。

【安全保卫】

增强安全意识，强化安保建设。消防报警系统改造工程进入系统试运行阶段，端门区域安防系统改造工程上线，视频监控系统无缝隙加密工程完工，门禁系统升级改造项目进入实施阶段，高压消防给水系统改造完成招标，立体安防喷雾器安装工程完成采购流程，应急指挥平台建设项目完成资格预审。

健全安全管理制度，完善《突发事件应急预案》，制定并实施《警卫岗位工作质量量化管理办法》。春节、两会、“十一”黄金周等重点时段、敏感时期，制定相应的观众接待方案。针对少数观众违规吸烟问题，加强重点巡视，劝阻吸烟，消除隐患。全年共组织联合大检查6次，举办第六届消防运动会，开展消防演习1次，组织封门演习30余次。

【古建筑保护】

传承营造技艺：传承中国官式古建筑营造技艺，成立明清官式建筑保护研究国家文物局重点科研基地暨故宫研究院古建筑研究所，探索总结明清官式建筑发展历史，培养相关专业人才。开办官式古建筑营造技艺瓦作、油作、画作培训班，第一期培训班共培训学员61人。

古建修缮工程：宁寿宫一区（符望阁）保护修复工程、上驷院车房修复工程、端门城台建筑保养等工程竣工，午门展厅改造工程、永寿宫修缮工程、毓庆宫建筑群修缮工程开工。另有6项工程准备开工。完成古建筑防雷工程8项。

古建零修与环境整治：清理影响古建安全的临时建筑，完成古建日常零修工程共454项。有计划地对全院瓦顶进行除草清垄，完成太和门区域2000余块地面砖的挖补工作。

古建研究：完成《2013年故宫文物建筑普查报告》，参与编写《北京城中轴线建筑实测图集》。此外，《明清宫廷建筑大事史料长编》《中国明清建筑历史图集》《故宫古建筑修缮实录——武英殿》等科研工作持续进行。

【藏品管理与科技保护】

藏品管理方面，参加全国第一次可移动文物普查工作，起草《故宫博物院藏品三年清理工作方案》并启动相关工作。延续和深化第5次文物清理工作，计划用3年时间对甲骨、乾隆御稿、明清尺牍、清代瓷片和窑址标本、清宫老照片、清宫老照片玻璃底片、古建文物资料、石刻构件等15类文物进行普查清理，开展登记著录、影像采集和研究工作，已清理玻璃底片15000张。更新《故宫博物院藏品总目》，已公布藏品数量达166万件，约占全院藏品的92%。2014年接受捐赠藏品6件。

加强文物科技保护工作，修复文物600件，数字复制与人工临摹品21件，制作囊匣94件、画夹8件、书套4件，完成原状陈设展览文物保养209件。“古钟表传统修复技艺”入选第四批国家级非物质文化遗产代表性项目名录。承办陶瓷藏品保护与修复培训班。筹备启动文保修复师承制工作，根据不同修复技艺类目，确立徒弟共11人。

【开放管理】

改进售检票系统，倡导理性参观。制定《故宫博物院分流限流方案》，内容包括年票、单日内分流及针对教师、大专院校学生、现役军人和公安民警、医务人员、志愿者等人群的主题免费开放日活动。培养观众网上购票意识，引导和调控观众流量。同时，新售检票系统配合方案试行，提供人流监测信息，利于管理和调控。另外，“五一”期间向社会发布参观故宫的7项建议，“十一”期间首次向观众发送服务短信。

为观众营造良好参观环境。采取增设路椅、停止售卖饮食、更换石栏等措施，彻底解决御花园观众拥挤及蹲坐用餐、攀爬假山等状况。启动二期护栏改造工作，更新、改造院内标识牌，新增及维修广告牌、公告贴。调整开放区域观众座椅221处，增加临时果皮箱290个，更换靠背座椅木板200套。

【展览与公众服务】

发挥故宫馆藏资源优势，弘扬优秀传统文化。新办展览8个，包括武英殿“故宫藏历代书画展”（第八、九期），延禧宫“越洋遗珍——上海博物馆与故宫博物院藏明清贸易瓷展”，斋宫“故宫博物院藏清代碧玉器与玛纳斯展”，神武门“郑于鹤雕塑展”等。

不断增进文化交流与互动。举办和参加各类涉外展览共6项，如赴香港文化博物馆举办“卓椅非凡：穿梭时空看世界展”，赴美国弗吉尼亚美术馆举办“紫禁城——北京故宫博物院皇家珍品展”等。

开展丰富多彩的宣传教育活动。第九届故宫知识课堂以“欢天‘戏’地过大年”为主题举办3场活动，暑期举办“马年说马”系列活动。在“三八”国际劳动妇女节、国际博物馆日、文化遗产日举办主题日特别教育活动。举办北京市“市级中华文化小大使”走进故宫博物院、“皇帝的一天”亲子体验等活动，为观众举办“朝珠DIY”及“击扫黑白、传拓万千”两个动手项目。“故宫讲坛”共举办20场讲座，在秦皇岛市“故宫大讲堂”举办11场讲座。志愿者共160人次参与服务，故宫文化志愿者宣讲团赴社区、学校、机关、企业举办活动11场。经相关部门批复，成立北京市东城区故宫书画培训学校，开展书画教育培训工作。

【学术科研】

整合学术资源，建设学术故宫。故宫研究院组织架构不断完善，先后建立博士后科研工作站、古建筑研究所、宫廷戏曲研究所，同时发布了近几年将开展的10项科研与出版项目。故宫研究院下设的考古研究所对慈宁花园等院内3处发现古代建筑遗址的施工区域进行了抢救性考古发掘，获得重要成果。

故宫学院受国家文物局委托，面向全国文博业界开设明清瓷器鉴定培训班（提高班）、官式古建筑木构保护及木作营造技艺培训班、中德博物馆管理培训班和陶瓷藏品保护与修复培训班。成立故宫学院（苏州），举办5场“故宫讲坛走进苏州”的讲座。

举行《中国陶鬲谱系研究》首发式，完成《故宫文物南迁史料长编》整理与编纂，编辑出版《故宫学刊》11、12辑，启动《故宫博物院十年论文选（2005～2014）》编纂。完成6项国家级非物质文化遗产代表性项目名录的申报工作。与中央美术学院、苏州大学等高校达成了故宫学初步合作意向。

举办各类学术培训、讲座，召开学术研讨会，取得丰硕学术成果。举办12讲故宫专题学术讲座及第三届故宫学高校教师讲习班，面向院内员工举办满文初级、中级培训班。召开“纪念古物陈列所成立一百周年”“故宫学与西学学术”“ 明代宫廷史”等学术研讨会。

【信息化建设】

在线数字展示方面：完成全新英文版网站页面设计，完成7项虚拟漫游项目，“微故宫”官方微信服务号于1月1日正式发布上线。发布“紫禁城祥瑞”和“皇帝的一天”两项iPad版应用，“皇帝的一天”为首款儿童类iPad版应用，获App Store“十月最佳APP”推荐等。国家文化创新工程课题项目“故宫书画的全媒体传播策略和关键技术研究”获文化部正式立项。

展厅数字展示方面：端门数字博物馆确定第1期展览（暨常设展）的展览大纲，包含“从紫禁城到故宫博物院”“紫禁集萃·故宫珍藏”和“紫禁城·天子的宫殿”三大部分，共计9个数字展项。升级陶瓷馆数字导览服务。

应用技术研究方面：《角楼》VR节目制作接近尾声，完成宁寿宫花园数字记录项目第5

期，进行样式雷烫样的三维扫描试验工作。虚拟现实演播厅共接待观众248场、5048人次。

【出版与文创】

故宫出版社全年成书共计246种，其中新书185种、重印书61种。4个项目获得国家资助。《故宫日历（2015年）》入围《新京报》2014年度好书榜；《在紫禁城》被评为2014年度“中国最美的书”；《故宫画谱》系列以及《楷书结构八十四法》《兰亭的故事》《清明上河图的故事》等25种图书入选2014年度中小学生图书馆（室）推荐书目。

加大文创研发力度，产品广受各界好评。参加第三届苏州文化创意设计产品交易博览会、第九届中国（义乌）文化产品交易会。参加“2014年博物馆及相关产品与技术博览会”，文化产品“花开见佛”获文创产品优秀奖，“朝珠耳机”获十佳文创产品奖。将“紫禁城”杯故宫文化产品创意设计大赛的获奖作品“云起如意”领带、“宫门”箱包、“天穹护佑”藻井伞等转化成文化产品。完成《故宫博物院文化产品准入制度表》。

【对外交流】

与香港中文大学签署战略合作意向书；与印度喀拉拉邦历史研究委员会签署合作谅解备忘录；与白俄罗斯国家美术馆签署战略合作协议；与俄罗斯克里姆林宫、美国博物馆联盟签署战略合作意向书；与国际文物修护学会签署合作备忘录；与美国波士顿美术馆、哈佛大学、芝加哥艺术博物馆、加拿大温哥华中华艺术和文化促进协会初步达成合作意向。

举办多项活动，增进不同文化间的相互了解，邀请俄罗斯驻华大使及其他外交人员参加第三届驻华使节进故宫活动。国际博物馆协会国际博物馆培训中心年内举办2次培训。派出赴外出访团组37个。

【内部管理】

党团建设方面，继续开展党的群众路线教育实践活动，召开党的群众路线教育实践活动总结大会，严防“四风”。召开中国共产党故宫博物院第七次代表大会，完成院党委、纪委和团委，及各党支部换届改选工作。多次组织开展学习习近平总书记系列讲话活动，通过学习，提高了党员干部的党性认识，增强了道德修养。召开党建工作座谈会，加强党员队伍建设，抓好党员发展工作。

做好统战工作，加强同民主党派团体的沟通交流。召开第六届六次职工代表大会，开展以“共创和谐筑平安，聚力拥抱故宫梦”为主题贯穿全年的工作竞赛。召开共青团故宫博物院委员会第九次代表大会。开展“青年读书沙龙”、“紫禁鉴赏”系列讲座、“博物馆之旅”等文化体验活动，拓宽团员文化视野，增强横向文化交流。积极开展与兄弟单位团组织的合作交流。

进一步健全规章制度。修订补充《故宫博物院规章制度汇编》，新发布实施《故宫博物院突发事件总体应急预案》《故宫博物院反恐怖袭击工作预案》《故宫博物院非政府采购合同价款管理规定》《故宫博物院差旅费管理办法》《故宫博物院公务接待管理办法》《故宫博物院会议管理办法》。

采取多种方式，进行积极主动的新闻宣传报道。结合故宫重要活动和工作，积极组织策划媒体宣传25场次，向媒体发布新闻稿85篇，接待记者来访78批次。通过举办月度新闻发布会等途径，将故宫近期工作进展、未来远景规划等信息传递给社会公众，使信息渠道更加通畅。持续开展网络舆情监测工作，广泛进行媒体报道收集和分析，及时了解舆情动态，就热点、敏感、负面话题制订和发布媒体预案，进行舆情应对20批次，建立并逐步完善答复媒体材料库。

加强人才队伍建设。完成2014年应届高校毕业生接收工作及年度专业技术职务评审聘任工作。进行内设机构调整，组织完成新入院员工、新任职中层干部、业务人员等的培训活动。配合落实“平安故宫”工程，进一步完善人才队伍组成。

严格执行财务工作制度，做好各项财务核算工作，加强财务管理，保障预算执行。完成“平安故宫”工程第一阶段项目评审有关工作，在评审与协调过程中对故宫未来几年的整体预算进行了初步梳理，明确了资金的重点支持和使用方向。宣传落实各项财经政策，做好财务管理、票务管理和政府采购工作。执行审计职能，完成内部控制评估、科研课题审计、工程财务决算审计合同价款审核、工程进度款审核、工程结算款审核、招标文件审核、古建整体保护维修工程项目的结算审核以及全过程造价跟踪审核工作。

根据全院发展，以协调全局、深化管理为原则，做好精神文明建设、院容环境整治、办公设备维护、通讯保障服务、安全用电监测管理及房管、水暖、医疗卫生等服务工作。

中国国家博物馆

【概述】

2014年，在文化部的领导和国家文物局的指导下，国家博物馆全馆干部职工发奋努力，按照“人才立馆、藏品立馆、学术立馆、服务立馆”的办馆方针，加快“世界一流”博物馆建设步伐，各项工作取得显著成绩。

一是认真贯彻党的十八大和十八届三中、四中全会精神，深入学习习近平总书记系列重要讲话精神，充分发挥国家博物馆弘扬中华优秀传统文化、培育社会主义核心价值观，努力打造实现“中国梦”的强大文化力量的独特优势；二是进一步加强党的建设，巩固党的群众路线教育实践活动成果，推动落实党风廉政“两个责任”，加大反腐倡廉工作力度；三是举办一系列具有世界声誉和广泛影响力的国际交流大展，进一步凸显国家博物馆国家文化软实力和促进对外文化交流的平台窗口作用；四是积极落实习近平总书记提出的“一带一路”战略构想，成功承办中国与阿拉伯国家文化部长论坛，承办“丝绸之路”大型文物展览，彰显了国家博物馆为国家战略全局服务的重要作用；五是收藏一批具有很高历史和艺术价值的文物和艺术品，举办一系列具有时代性和艺术性的展览，进一步丰富了国博特色展陈体系；六是进一步提升“以人为本”的观众服务质量，学术水平和影响力不断提高；七是加大工作力度，细化实施方案，加快推进馆藏可移动文物普查工作；八是继续加强制度建设，着力加强细节管理，规范内部工作流程，各项管理工作扎实推进；九是常态化运行管理模式基本形成，高效安全运营，各项工作蓬勃开展。

【制度建设】

2014年，国家博物馆继续加强制度建设，着力加强细节管理，规范内部工作流程，各项管理工作扎实推进。新制定了14项全馆性的规章制度，包括《因公临时出国经费管理办法》《出版项目管理办法》《学术论文和著作评奖办法》《停车管理办法》《文物修复技术人员师承制工作管理办法》《国内公务接待经费管理办法》《会议费管理办法》《培训费管理办法》等。全馆各部门开展了细化工作流程，强化内部细节管理的工作。在全馆的统一部署下，各部门着手归纳总结各项工作程序及经验，进一步明确和规范岗位职能，并在此基础上制定了各部门规章，进一步完善了国家博物馆科学管理体系，各项管理工作迈上新台阶。

【安全保卫】

2014年，国家博物馆安全保卫工作以“立足现在、着眼未来”为着力点，坚持“以人为本”服务理念，紧紧围绕重点难点工作，积极应对新形势下博物馆发展面临的新问题，在日常安全保障、重大活动安全保障、应急事件处置、文物押运、消防演练、反恐防暴培训演练、文物库区安全管理、驻馆武警协调调度等方面都取得了显著成效。同时，针对重大活动、重大勤务增多的情况，重点安排部署值班力量，顺利完成了各项展览开幕式和节假日、“全国两会”、APEC会议期间的安全保障工作。

全年安检接待服务600多万人次，共检出违禁、限带物品100余万件；接待各类勤务233次，其中贵宾勤务51次。开展反恐防暴现场演练活动，并定期进行隐患集中排查；妥善完成巡逻检查、特别勤务、内部安全管理、安全设备维护等各项工作，开展消防设备检查维修6000余次；顺利完成文物押运任务10次，有力保障了国家博物馆的安全运营。

【考古发掘】

2014年，国家博物馆继续开展对山西绛县周家庄等遗址的田野考古发掘工作，继续实施广西、安徽、福建等地区的水下考古项目，开展古代丝绸之路考古项目和古代矿冶遗址遥感考古项目等。

1．田野考古项目

包括山西绛县周家庄遗址的钻探与发掘、江苏泗洪县韩井遗址的发掘与整理、山西滹沱河区域的考古调查、陕西关中秦汉离宫别馆遗址调查总结、“八主祠”遗址考古调查、山东滕州薛河流域考古调查等。

2．水下考古项目

包括广西甑皮岩洞穴遗址水下考古调查、安徽太平湖古城遗址水下考古调查、福建长乐乌猪岛海域及平潭海坛海峡水下考古调查、海南东海岸水下文化遗存调查、中肯合作拉穆群岛地区水下考古项目等。在阳江水下考古科研与培训基地举办了双瓶技术潜水培训和干式潜水服技术潜水培训，在墨西哥进行了进阶洞穴潜水培训。10月22日，在国家博物馆举办了以“水下考古新发现与研究”为主题的第三届中韩水下考古学术研讨会。

3．遥感考古项目

包括“中华文明探源工程（四）”之子项目“中华文明探源及其相关文物保护技术研究（2013～2015）”中“遥感技术在中华文明探源中的应用研究”，以及古代丝绸之路研究、中国古代矿冶遗址遥感考古调查与研究、港口聚落城市遥感考古调查与研究、河姆渡文化鱼山遗址发掘、杭州湾海岸线变迁研究、浊漳河流域早期文化研究、三峡工程重庆库区古代盐业遗址调查、新疆木垒平顶山大墓遥感探测等。

【藏品保管】

全年共征集古代文物50多件（套），近现代实物180件（套），艺术品近1100件（套），图片129张，中央礼品793件（套）。7月，将存放于石榴庄库区的1531件（套）馆藏武器进行核对和包装，并安全运回馆内库房，更好地保证了藏品安全。

国家文物局向国家博物馆划拨11件珍贵文物，包括商代饕餮纹方彝、西周尧公簋、西周作册吴盉、春秋战国虎形玉佩、北魏砂岩半身佛像、宋代褐漆观音菩萨坐像、南宋《秋郊归牧图》及《柳荫牧笛图》册页、明万历款五彩穿花龙出戟花觚、清康熙辛丑款铜胎画珐琅花蝶题句杯（2件）。这批文物由国家文物局在2002～2010年分6批征集而来，涉及古代绘画、瓷器、玉器、青铜器和雕塑造像等门类，具有很高的历史、艺术和科学价值。12月16日，“国家文物局向中国国家博物馆划拨文物仪式”在国家博物馆举行。

随着国家博物馆声誉和影响力的不断提升，社会各界包括西方艺术家纷纷向国家博物馆捐赠重要艺术品。2014年，黄永玉、崔如琢、任梦璋、石鲁家属、范曾、卡尔多、黄建华、王乃壮、欧阳中石、李焕之家属、许江、刘开渠家属、蒋兆和家属、刘勃舒、杨绛等先后向国家博物馆慷慨捐赠珍贵艺术品500多件（套），其中黄永玉捐赠巨幅代表作《春江花月夜》和《各族人民大团结》壁画的小稿；石鲁家属捐赠石鲁珍贵画作200多幅，包括经典画作《山区修梯田》；王乃壮先生捐赠代表作50幅；欧阳中石捐赠书法作品2幅；刘开渠家属捐赠作品42件；杨绛先生捐赠钱钟书文稿及家藏艺术品等104件（套）；黄建华先生捐赠西班牙雕塑大师达利作品10件。

2014年，国家博物馆全面展开第一次全国可移动文物普查相关工作。为加快馆藏文物的普查工作，力争在规定时间内完成国家文物普查任务，国家博物馆先后6次召开可移动文物普查工作会议，细化实施方案，加快推进普查工作。藏品保管、图书馆和信息网络等部门以坚强的意志、顽强的作风、无私奉献的精神，全力推进文物普查工作。2月，藏品管理系统初步验收，开展藏品管理系统和文物普查的培训工作。3月起，藏品部门调动全部力量开展文物普查工作。为解决普查人手不足的问题，国家博物馆统筹协调，从全馆各部门抽调工作人员充实到普查工作中去，加快了普查工作的进展。截至年底，已普查古代文物30多万件（套）、近现代文物10多万件（套），普查图书58073册，审核登录全国可移动文物信息平台20多万件（套）。

【陈列展览】

2014年，国家博物馆与世界知名博物馆合作，年内共举办了10个具有世界声誉和广泛影响力的国际交流大展。引进的7个大展包括“开拓者的远见与智慧——中法建交五十周年回顾展”“毕加索：沃拉尔系列版画展”“名馆·名家·名作——纪念中法建交五十周年特展”“罗马与巴洛克艺术”“列夫·托尔斯泰与他的时代”“玛雅：美的语言”“永远的思想者——罗丹雕塑艺术回顾展”；3个赴外展览包括赴新西兰、日本举办的“七位中国天子与其生活的时代”“革命的艺术，艺术的革命——石鲁艺术展”和“东亚之华——陶瓷名品展”。展览规模空前，影响巨大，数量之多和质量之高史无前例。其中，为庆祝中法建交50周年，国家博物馆连续举办3个大规模的中法文化特展，尤其是“名馆·名家·名作——纪念中法建交五十周年特展”，由卢浮宫等5家法国著名博物馆拿出代表作品联合办展，在国内外产生了巨大影响，国家主席习近平专门发来贺信，祝贺该展成功举办；11月13日，“玛雅：美的语言”文化展开幕，国家主席习近平和墨西哥培尼亚总统共同出席并讲话，为该展锦上添花。

11月6日，为发挥文化在实现“一带一路”战略构想中的桥梁和引领作用，国家博物馆承办了文化部和国家文物局等主办的大型文物展览“丝绸之路”，反响巨大。展览汇集了来自全国16个省、自治区、直辖市44家文博单位的490件文物精品，重现了古代东西方交流的盛况，传达了不同国家和文明之间平等对话、交流互惠、共同发展的理念，这是迄今为止国内举办的综合反映“丝绸之路”悠久历史和伟大意义的最重要的展览，也是近年来文物展览中数量最多、级别最高、规模最大的“丝绸之路”专题文物展览。11月8日，习近平主席在“加强互联互通关系”东道主伙伴对话欢迎晚宴讲话中，特意向与会贵宾专门介绍了“丝绸之路”文物展，他说：“目前中国国家博物馆正在举行丝绸之路文物展，一件件珍贵的文物，生动体现了和平合作、开放包容、互学互鉴、互利共赢的丝绸之路精神。”

2014年，国家博物馆共开放70个陈列展览，其中新举办48个展览，无论是展览数量和展陈质量都创历史新高。尤其是举办了一系列时代性和艺术性都很强，以中国传统绘画、雕塑和书法艺术为主体，以传承中华优秀传统文化、弘扬社会主义核心价值观为主题的展览，社会影响力巨大。

【科技与信息】

2014年，国家博物馆完成大量课题研究，共申报社科项目2项、社科艺术项目2项、文化部国家科技提升项目1项、国家文物局标准制定项目2项，并继续推进既有课题深入研究。课题包括“中国古代青铜器铸造工艺及展示研究——以后母戊鼎为例”“汉魏两晋南北朝佛像金身研究”“博物馆金属文物预防性保护研究与实例分析”等。同时，组织评审第二届馆级自主科研课题，共通过11项，均已启动。

国博网站现有8种外语版本，平均每月访问量105万，位居国内文博网站前列；微博粉丝416万；微信订阅人数36万人；微视粉丝1.1万。国博网站在2014年度文化部政府网站群绩效评估中蝉联年度最佳奖，并首次获得互动交流领先奖。国博微信在2014年度政府网站评选中获得政府网站政务微信卓越奖。

12月28日，“国博典藏《乾隆南巡图》长卷数字展示”正式对外开放。《乾隆南巡图》全套共12卷，总长154.17米，描绘了乾隆第一次南巡的情景。数字动画版的《乾隆南巡图》，包括整部的宣传片和第一卷《启跸京师》，影片全长14分钟，共制作三维模型2500多个。影片通过长30米、高4米的巨幕播放，以中国画的写实手法，将诗、书、画三者结合起来，画中的诗意、画外的诗情与书法艺术相互映照，熠熠生辉。展览开放后，获得观众一致好评。

【文博教育与培训】

2014年，国家博物馆在“历史与艺术并重”的定位下，公共教育、专业培训等方面成绩突出。自主开发的公共教育课程成为最受学生欢迎的素质教育课程之一，全年接待学生3万余人、授课4012课时。

9月9日，国家博物馆与史家小学签署了《史家教育师资人文素质培训课程开发委托合同》。这一合作对于逐步提高一线教师知识结构、动手能力和研究潜力，努力实现中华传统美德在教学中的创造性转化和创新性发展方面具有积极的意义。

在学术讲座和培训工作方面完成大量工作。全年共组织、参加各类学术研讨活动40余次，多次举办各类博物馆业务培训或派专家外出进行讲座。组织中国博物馆协会藏品保护专业委员会第二次全国代表大会暨第四次学术研讨年会；与浙江省博物馆、丹麦国家博物馆共同组织“中丹漆器保护论坛”等学术活动；成功举办“开渠百年——刘开渠与20世纪中国美术”“独与天地精神往来——刘勃舒八十艺术展学术研讨会”等重要学术研讨会。同时，依托“国博讲堂”平台，国家博物馆全年面向社会公众举办大型学术讲座16场，内容涵盖历史、艺术、文物、考古和国学等多个领域，邀请白云翔、任志刚、陈燮君、张辛、许江、朱塞佩·库恰和隋丽娟等多位国内外知名学者主讲，产生良好的社会反响。此外，积极落实文化部“春雨工程——文化志愿服务走基层”的工作要求，组织5名专家赴西藏开展业务培训活动。

继续注重业务传承与岗位培训，举行内部人员各类专业知识培训，不断推进文物保护业务人员“师承制”深入开展。

【文博宣传与出版】

2014年，国家博物馆组织新闻发布32次；收到新闻媒体发来的采访申请函93件，回复率100%；全年监测到的新闻报道总量累计达99.7万余篇（条）次；完成新闻宣传数据监测报告12份；与中国国际广播电台签署了外宣战略合作协议；配合专题陈列、国际交流展览、临时展览和非物质文化遗产展示以及“国博讲堂”学术讲座和博物馆教育资源系列课程等业务活动，完成598.5小时素材拍摄，编辑成片43部。国家博物馆和中央电视台联袂打造的3D纪录片《国脉》荣获3项国际、国内大奖。

8月26日，中国国家博物馆与北京市邮政公司在国家博物馆联合举办了中国国家博物馆专用邮资图首发仪式。12月19日，由中国艺术研究院、中央电视台、中央新影集团、中国国家博物馆主办的大型人物传记纪录片《百年巨匠》书法篇开机仪式在国家博物馆隆重举行。

2014年，国家博物馆职工在学术研究方面取得了较大进展，成果丰硕，全年出版专著17部、合著5部、图录近20部，发表论文200多篇。《中国国家博物馆馆刊》2014年共出刊12期。

2014年，国家博物馆图书馆牵头组织成立“博物馆协会出版专业委员会”，保持与学界和同行密切的业务联系。5月，由《中国国家博物馆馆刊》编辑部牵头，联合15家兄弟博物馆期刊作为发起单位，向中国博物馆协会提交成立“中国博物馆协会出版专业委员会”的申请获得批复。10月，编辑部组织15家发起单位代表在常州召开“中国博物馆协会出版专业委员会筹备会议”，初步讨论了专业委员会的章程、组织机构等问题。11月20日，编辑部组织在厦门召开“中国博物馆协会出版专业委员会成立大会和一届一次会议”。参会的兄弟期刊和出版单位近50家，会议代表80多人。大会通过出版专业委员会章程，成立了出版专业会组织机构，并讨论了日后的工作规划。

【对外交流与合作】

2014年，中国国家博物馆作为重要文化交流的窗口，不仅对外文化交流活动异彩纷呈，更配合政治外交大局，逐步成为一个重要文化外交活动平台，更好地发挥了国家文化软实力的窗口作用。

作为国家的文化客厅，国家博物馆全年共接待国外来访团组近200个，共2600余人次，日益成为外国政要和团组首选的博物馆参观之地和许多重要外事交流活动的首选场所。1月27日、5月16日、6月13日、7月8日，刘延东副总理、汪洋副总理以及外交部长王毅先后在国家博物馆会见外国客人。7月8日，原国务院总理温家宝在国家博物馆接待来华访问的德国总理默克尔。8月19日，彭丽媛同志陪同乌兹别克斯坦总统夫人来馆参观展览。

6月24日，第十届“港澳大学生文化实践活动”开幕式在国家博物馆举办。9月10日，承办中国和阿拉伯国家文化部长论坛，蔡武部长发表重要讲话。11月7日，联合国教科文组织副总干事来国家博物馆参加“非物质文化遗产保护经验交流会”。12月15日，约70名“一带一路”沿线国家和有关国际组织驻华外交官来国家博物馆参观展览，现场感受中国历史和文化的深厚内涵。

恭王府管理中心

【概述】

2014年，在文化部党组的正确领导下，在社会各界的关心支持下，在全体职工的共同努力下，恭王府管理中心以十八大精神为统领，深入学习贯彻十八届三中、四中全会和习近平总书记系列重要讲话精神，坚持以特色博物馆建设和营造传承中华优秀传统文化的公共空间为工作重心，继续探索以事业带动产业发展、以产业促进事业繁荣的发展模式，充分履行文物保护、旅游开放、博物馆建设、文化空间营造和文化产业五大职能赋予的责任与担当，深入挖掘历史、文化、旅游、民俗四方面的特色资源，积极践行“和恭仁文”理念，不断加强管理、服务、业务和经营能力建设，各项工作步入科学化、规范化、常态化。全年共接待游客300万人次，实现了全年无火灾事故、无刑事案件、无责任事故、无游客投诉的目标。

【制度建设】

（一）加强政治思想学习，有效改进工作作风

紧密联系恭王府管理中心工作实际，深入学习贯彻十八届三中、四中全会和习近平总书记系列重要讲话精神，组织学习习近平总书记系列讲话精神，并着重学习了总书记在文艺工作座谈会上的讲话，使党员干部思想上受到教育、启发和洗礼，进一步增强使命感和责任感。

重点开展了党的群众路线教育实践活动总结工作，征求党员和群众对整个活动的满意度、意见和建议，将前期确定的各项整改工作落到实处，认真做好“回头看”，继续边查边改、边改边做，将教育实践活动转化为推动事业发展的动力，确保恭王府管理中心的健康、可持续发展。

（二）完善制度建设，不断提升管理水平

制定并印发了《公文格式规范》《督办工作暂行办法》《中心在编职工生活困难补助管理办法》《恭王府管理中心专业技术人员年度考核管理办法》《恭王府管理中心专家劳务费支付办法》。

自2014年旅游淡季起，实行周一全天闭馆整修，建立利用闭馆日进行文物古建、基础设施、服务设施的维护保养，场地环境的清洁整理，各种管线的检修调试，特别是安保设施的检测维修的机制。

（三）严格规范内控机制，防止违规违纪行为

坚持独立法律咨询、独立经济审计、独立项目监理、独立招投标和独立施工设计“五独立”原则，防止违规违纪行为，堵塞工作漏洞。一是在合同审核监督执行中，严格按照合同法律条文规定，坚持对中心涉外的所有合同（协议）认真审核、严格把关。保证无违

约合同发生，有效防范控制了合同履行中的法律风险。二是成立监察审计室，加强内部审计及经济活动的监督管理职能，强化监察管理工作，专门对经济项目进行监督检查，保障内审工作的独立性。进一步完善监督和惩防体系，出台了《内部审计工作暂行规定》《项目审核工作暂行办法》《招标项目管理暂行办法》《合同管理暂行办法》《工程监理单位管理暂行办法》，并聘请专业机构对中心进行经济审查。

【安全保卫】

"恭王府消防安防系统设备改造工程"项目正式启动。"两防"问题是长期以来制约恭王府事业发展的隐患和瓶颈，关系到恭王府的长治久安。依据中心工作安排和工程进度，现已完成了设计招标工作，相关工作进展顺利。

【景观改造】

与林业大学、园林科学研究院达成合作协议，共同研究制定了恭王府植物景观改造方案，方案以王府文化为背景，以福文化为特色，参考清代载滢《补题邸园二十景》诗文，逐步恢复王府的园林景观。与北京植物园签订战略合作协议，依托北京植物园在景区绿化方面的专业技术，为植物日常养护工作提供支持。

【藏品征集】

文物藏品征集工作在逐步形成自身特色和优势的同时，征集渠道进一步拓展，征集程序更加规范。截至11月，中心征集各类文物60件（套），包括明代黄花黎藤面美人榻、清代紫檀云石插屏、清代紫檀木药箱、清代八卦琮式瓶、清代光绪黄釉墨彩牡丹纹卷缸、清代唐卡、德化白瓷作品、范福安漆艺作品等。

2014年，中心征集到恭王府旧藏文物"清代翡翠雕龙玉瓶"。由于搜集流失文物的线索十分艰难，因此这件文物的回归尤为珍贵，对中心业务发展及清代王府文化研究具有重大意义。

【陈列展览】

全年举办各类展览56个，进一步完善了展示空间的规划，细化了展览布局，确立了展览思路。明确了以王府生活场景、王府文化、恭王府历史人物展示为主体，红楼梦、福文化、家具、老照片展览为辅助，书画、文献、文物、图片、艺术品、园林艺术展览为补充，对外交流展览为纽带，增加收藏，挖掘资源的展览原则。坚持"精致、雅致、强化情境、突出内涵"的展览特色，推动了恭王府的展览日趋常态化、规模化、系列化、高端化，形成了文物展、艺术展、民俗展交相辉映的局面。不断加强展览业务制度建设展，策展人负责制及展览图录制作规范进一步完善。

非遗展览项目扎实推进。非遗展览是恭王府打造"民俗牌"的重要组成部分。2014年年初，恭王府管理中心专门成立综合业务处，负责非遗项目管理、展览展示、学术研究等工作，同时新成立了"中国非物质文化遗产生产性保护系列活动组委会"，并以此为平台积极开展非遗学术研究工作。先期在府邸东二区建设了"中国非物质文化遗产——中华传统技艺精品馆"，用于中华传统技艺精品展示活动。2014年已先后举办了"中华传统技艺精品回顾展""中华传统技艺——明氏家具传统制作技艺暨明式十六品高仿作品展""中华传统技艺——四川雅安藏茶传统制作技艺精品展”等非遗展览。

【文化活动】

文化活动作为恭王府管理中心文化空间的组成部分，逐渐形成了规模大、层次高、种类丰富、相对稳定的特点。2014年，恭王府相继举办了“甲午马年恭王府福文化节”“第四届海棠雅集”“2014年端午诗会”“第七届非遗演出季”“中秋寄唱——龚琳娜音乐会”“中国唐卡文化研究论坛”等活动，在社会上引起了较大反响。

【学术研究】

恭王府管理中心多渠道、全方位开展学术研究与交流，与中国社科院研究生院签署战略合作协议，在文物保护、王府文化研究、博物馆业务建设等方面开展合作；成立古典家具研究中心、古建园林研究中心等研究机构，为深入、全面、系统的研究恭王府及清代王府文化打造全新学术平台；与台北故宫博物院合作开展相关学术研究，启动《台北故宫博物院藏恭王府紫檀家具研究》课题。

完成2006～2014年征集文献资料建档、编目工作。《和珅秘档》《奕訢秘档》句读、校对、数据化建档工作有序推进。出版了《恭王府与溥心畬》《恭王府发展模式的探索与实践》《恭王府建筑文化沿革考》3部学术专著。

【信息化建设】

信息化建设工作取得新突破。一是建成了涵盖行政管理、综合服务、资源管理及综合安防等多项功能的信息化平台。二是完善了网络布局，在景区及办公区域铺设WiFi点位30余个，使游客在府内各个角落都可以享受到便捷的无线网络服务，同时大大提高了员工工作效率。三是推进文献资料及文物信息电子化工作，并通过资源管理平台实现了资源共享。四是完成了恭王府网站的改版工作，英文版网站顺利上线。五是加强官方微博、微信建设，全年为公众提供千余条资讯、展览等信息，微博、微信成为与公众参与交流互动的重要平台。六是“基于物联网和云计算技术的文物保护单位的管理系统研究与示范”课题成功入选了2014年度国家文化科技提升计划项目。

【公众服务】

全年接待各类免费参观人员33200人次，其中残疾人22250人次。春节以及“五一”“十一”期间，举办“文明参观，参观文明”的主题宣传活动，发放“做文明参观者，游无烟恭王府”和“恭王府寻宝游”等宣传品。重点开展一线服务人员的服务礼仪、服务技能、职业道德培训，加强了日常服务岗位的巡视与监督。增设游客丢失物品免费邮寄服务，将捡拾到的游客丢失的身份证、户口本、驾驶证、护照等证件，根据证件信息用挂号信寄回。持续加大硬件设备和服务设施的投入力度。

注重发挥“志愿者工作”的名片作用。恭王府志愿服务工作除完成接待游客咨询、展厅讲解、情景剧演出、公益服务之外，还开辟了“恭王府传拓技艺坊”，为游客普及传拓技艺，提供非遗文化教育平台。在北京市委社会工委、首都文明办、市民政局联合举办的“邻里守望——2014年北京学雷锋志愿服务推动日”活动中，恭王府志愿者服务示范站获评首批“首都学雷锋志愿服务示范站”。在2014年首都文明景区评选活动中，恭王府再次荣获“首都文明景区”称号。

【品牌宣传】

通过系列宣传推介活动，打造恭王府的品牌优势，提升恭王府在国内外的影响力。在美国纽约时代广场、美国旧金山国际机场、英国伦敦希思罗机场、法国巴黎戴高乐机场、德国法兰克福国际机场，以“恭王府——北京最大的四合院”为主题，播放恭王府形象宣传片，成为国内首个登录国外联播大屏的博物馆。在全国高铁、动车组1049个动车组车次的《美丽中国》栏目中播放恭王府形象宣传片。不断加强与相关部门及媒体的协作，全年中央电视台、北京电视台、人民日报、新浪网等电视、平面、网络媒体累计对恭王府报道上千次。

为加速推动恭王府文化产业发展，提高恭王府品牌在公众中的知名度，2014年专门成立了“恭王府品牌运营中心”。参加第九届中国（义乌）文化产品交易会，展示了近年来恭王府管理中心研发的具有王府特点的旅游文化创意产品。

【人员培训】

坚持“旺季抓生产，淡季强素质”的培训方针，根据职工岗位调整情况开展青年干部轮岗锻炼及培训工作，组织28名2009年以后入职、40岁以下的青年干部到中心财务、公教、保卫、经营等8个一线岗位进行岗位锻炼。开展为期3周的“应知、应会——恭王府2014年度淡季培训活动”，涉及法律、公文、业务工作等10余个专题，有效提高了职工的综合素质和业务能力。举办2014年提职晋级人员和新入职人员培训班，使职工在知馆史、晓府情的基础上，切实领会“和恭仁文”核心价值理念的深刻含义，增强主人翁意识，提高工作积极性和主观能动性。举办“恭王府满文初级培训班”，完成了满文语音、字母、词汇、日常用语的教学。

【对外交流】

2014年，恭王府的对外交流工作亮点不断。全年共参加、接待或承办重要外事交流活动30余次，与美国、英国、俄罗斯、法国等20余个国家或地区的政府、外交及文化界人士进行了交流。成功举办了“园林之光——王府祈福灯会”、2014年“园林之光”第二次馆长会议等活动；参加了“园林之光”国际联盟馆长会议、2014两岸创意产业合作论坛等活动；与俄罗斯卡捷琳娜博物馆签署了战略合作协议；圆满完成了刘延东副总理在恭王府会晤中英高级别人文交流机制英方代表团一行的接待工作。

值中波建交65周年之际，由恭王府承建的“中国园”项目于8月在波兰华沙皇家瓦津基公园博物馆正式落成。8月2日、9月18日，中、波两国在波兰瓦津基公园分别举行了“中国园”落成和开园仪式，同期还举办了北京恭王府图片展和中国彩灯文化节开幕式。

中国文物学会

【概述】

2014年，中国文物学会在国家文物局的领导下，积极开展文物研究、宣传、保护和合理利用等活动，全年组织学术活动16次，取得可圈可点的成绩。

【组织建设】

中国文物学会坚持民主集中制的领导制度，于2014年2月27日和6月7日两次召开常务理事会议，研究决定学会建设发展的重大问题。

2月27日，中国文物学会召开2014年分支机构负责人会议，总结2013年经验，安排2014年工作。中国文物学会会长单霁翔在会议上指出，要认真学习领会习近平总书记关于文化遗产保护的一系列重要指示精神，学习贯彻党的十八届三中全会精神，深入思考全面深化改革给社会团体工作带来的机遇和挑战。

6月7日，纪念中国文物学会成立30周年座谈会在中国文化遗产研究院召开。中国文物学会名誉会长王定国、谢辰生、彭卿云，文化部副部长、国家文物局局长励小捷，中国文物学会会长、故宫博物院院长单霁翔等出席座谈会。文博界老领导、老专家和学会及分支机构负责同志出席座谈会。励小捷在讲话中对中国文物学会成立30年来的工作予以充分肯定，他向与会同志介绍了当前文物工作的形势，并希望中国文物学会一要服务大局，主动作为；二要联系实际，深化研究；三要创新模式，普及知识。单霁翔在讲话中，回顾了中国文物学会成立30年来走过的路程和取得的成绩，提出了学会建设发展的三条原则，一是活动主题起点要高、立意要高、水准要高，体现“中国”层次；二是紧紧围绕文物保护做文章，体现“文物”特点；三是要搞调研、做学问，出学术成果，培养专业人才，体现“学会”品质。

2014年，中国文物学会20世纪建筑遗产委员会、中国文物学会工业遗产委员会、中国文物学会高校历史建筑专业委员会、中国文物学会漆器珐琅器专业委员会、中国文物学会纺织文物专业委员会相继成立，使中国文物学会业务的覆盖范围更加趋于全面合理。

【学术活动】

（一）重点学术活动

8月8日，中国文物学会在故宫博物院召开中国大运河世界遗产保护座谈会。参与大运河保护和申遗工作的领导、专家30多人面对大运河列入《世界遗产目录》后的新形势、新任务、新机遇、新挑战，为运河文明永续传承建言献策。第十一届全国政协副主席孙家正出席座谈会并讲话。中国文物学会会长单霁翔作了题为《大运河保护为中国文化遗产事业发展带来了什么》的主旨发言。与会各界领导和专家学者强调，要巩固大运河申遗成果，以全球视野和标准做好大运河遗产的保护和管理工作，履行《保护世界文化和自然遗产公约》的义务，提升保护管理级别，自觉接受国际社会监督。会议通过《加强大运河遗产保护的倡议》，提出要健全完善大运河遗产保护和管理机制，制定出台《大运河遗产保护条例》，切实落实大运河保护规划，加强大运河遗产监测和预警，深化大运河遗产可持续发展战略研究，坚持大运河遗产整体保护的原则，广泛动员社会力量参与大运河保护和管理。

10月24日，由中国文物学会、江苏省文物局、江苏省水利厅、淮安市人民政府主办的中国大运河遗产保护管理论坛在江苏省淮安市举行。有关部门、科研院所和大运河沿线城市文化遗产、水利遗产的专家学者130多人齐聚一堂，就大运河列入《世界遗产名录》后的保护、管理工作进行深入研讨。本次论坛共收到论文45篇，23位专家学者作了大会演讲。专家指出，保护是为了更好地发展，合理利用可以促进有效保护，可持续发展才能实现运河文明的永续传承，其中重要环节是做好大运河遗产的管理工作；要加快大运河遗产保护的立法进程，加大大运河遗产依法保护管理的力度，提升大运河遗产保护管理的水平。

10月13日，由中国文物学会主办，甘肃省文物局、敦煌研究院、中国文物学会世界遗产研究委员会承办的“丝绸之路文化遗产保护研讨会”在敦煌市召开。中国文物学会会长单霁翔作了题为《丝绸之路文化遗产保护给中国文化遗产事业发展带来了什么》的主旨发言。敦煌研究院院长樊锦诗在讲话中强调，丝绸之路申遗成功，并不是栽下了“摇钱树”，而是做出一份保护全人类文化遗产的承诺，承担了一份历史责任。陕西、河南、甘肃、新疆文物行政部门负责同志，以及专家学者和基层文物部门负责同志在会议上发言，共同为丝绸之路经济带的繁荣发展和文化遗产保护传承建言献策。与会专家表示，丝绸之路不仅仅是一条经济之路，更是一条文化之路。在当前形势下，加强文化遗产保护研究，展示这条横跨亚欧大陆的商旅和文化交流之路的悠久灿烂的历史和丰富的文化内涵，为丝绸之路经济带建设提供坚实的文化支撑，具有重要历史意义。

（二）专题学术活动

中国文物学会古村镇专业委员会、广西壮族自治区文物局主办城镇化与古村落保护研讨班；中国文物学会历史文化名楼保护专业委员会举办“相约西湖”主题年会；中国文物学会文物修复专业委员会与三星堆博物馆联合举办第十一届全国文物修复技术研讨会等。

中国文物学会青铜器专业委员会在洛阳师范学院召开2014年年会；中国文物学会历史文化名街专业委员会在北京孔庙与国子监博物馆召开2014年年会；中国文物学会会馆专业委员会在天津广东会馆召开2014年年会暨第六届学术研讨会；中国文物学会传统建筑园林委员会在中国文化遗产研究院召开“传承·创新·发展第20届年会”；中国文物学会玉器专业委员会在武汉市召开2014年年会；中国文物学会工业遗产委员会在西安召开的2014年学术研讨会等。

中国文物学会、中国古陶瓷学会主办了“长沙铜官窑——海上丝绸之路重要支点论证会”；世界遗产研究委员会承办了“山西云冈石窟窟顶一区二区考古遗址及明代戍堡及其周边环境抢救性保护建设工程立项专家咨询会”和“安徽寿县明清城墙暨安丰塘遗产保护研讨会”等。

【学术园地】

中国文物学会与中国文化遗产研究院合作出版《中国文物科学研究》4期，中国文物学会世界遗产研究委员会编印《世界遗产在中国》3期，中国文物学会传统建筑园林委员会编印《传统建筑园林通讯》2期。

各个专业委员会编印《中国古建园林30年》《中国大运河》《中国历史文化名街文集》《中国第五届工业建筑遗产学术研讨会论文集》《会馆与地域文化》《长江中游地区出土玉器及玉文化研讨会论文汇编》等图书，反映学会一年来取得的学术成果。

中国文物学会主编《新中国捐献文物精品全集》。

【专家活动】

9月30日，中国文物学会在故宫博物院举办重阳节老专家联谊会。参加活动的文物局老领导、老专家听取故宫文物保护工作汇报，考察故宫文化遗产保护成果。

中国古迹遗址保护协会（ICOMOS/China）

【概述】

2014年是贯彻落实党的十八大和十八届三中全会精神、完成“十二五”规划的重要之年，也是文物保护行政管理部门深化改革，推进落实各项改革任务，逐步推进政府职能转变的关键之年。在这一大背景下，中国古迹遗址保护协会（ICOMOS/China，以下简称协会）密切配合国家文物保护与管理工作，为我国世界文化遗产申报、项目评审、文本审核、遗产地保护管理等献计献策，提供专业指导意见；在深化改革的新形势下，进一步加强和发挥行业协会的专业优势，承担或参与全国重点文物保护单位规划评审、文物保护工程资质管理，组织开展个人资质考核，制定考核办法等工作；组织专家，顺利完成我国文物保护行业规则《中国文物古迹保护准则》的修订工作。在自身建设方面，进一步加强协会专业、人才、信息、机制等方面的优势，为实现改革目标，促进文物事业发展贡献力量。

【《中国文物古迹保护准则》修订工作】

受国家文物局委托，协会于2010年组成专家组，历时4年，经过认真研究、反复推敲，并广泛听取文物部门、专业单位和一线人员以及美国盖蒂保护所有关专家的意见，于2014年11月正式完成《中国文物古迹保护准则》（以下简称《准则》）中文正文及阐释的修订工作。《准则》英文正文与阐释工作以及《准则》中英文名词对照表的修订工作也相应完成。

新修订的《准则》是对我国文化遗产保护理论的系统总结和全面升华，它既充分尊重原《准则》的主要内容，又全面引入了最新的理论和实践成果，构建了从价值认知到保护原则、再到保护实践的中国特色文化遗产保护理论体系，更具前瞻性和权威性，必将为我国文化遗产保护工作的实践发挥更好的指导作用。

【世界文化遗产】

1．大运河、丝绸之路：长安—天山廊道的路网申遗成功

6月15～26日，协会理事长童明康率团参加了在卡塔尔首都多哈召开的世界遗产委员会第38届大会，我国的“大运河”项目以及与哈萨克斯坦、吉尔吉斯斯坦联合申报的“丝绸之路：长安—天山廊道的路网”项目，均成功列入《世界遗产名录》。其中“丝绸之路：长安—天山廊道的路网”是我国第一个跨国联合申遗项目。至此，我国申报成功的世界遗产总数已达47处。

2．世界文化遗产项目申报、评审、管理工作

5月20日，筹办“2016年申遗项目初选专家评审会”，完成“鼓浪屿”“良渚古城遗址”“普洱景迈山古茶林”“左江花山岩画文化景观”“灵渠”“西夏陵”“应县佛宫寺释迦塔”“关圣文化建筑群”“古蜀文明遗址”“无锡惠山祠堂群文化景观”和“党家村

古建筑群”等11处世界文化遗产申报备选项目的文本论证和评审，为国家文物局决策2016年世界遗产申报项目提供了专业咨询。

2月，完成《实施保护世界文化和自然遗产公约操作指南》2013版的终校，组织翻译了世界遗产中心“世界遗产资源系列”2013年最新出版的《世界文化遗产管理手册》。12月，完成新版《世界遗产申报筹备手册》的译校工作。

完成《中国世界文化遗产预备名单》28处遗产地申报文本的中英文终校工作；组织专家为武当山及孔府、孔庙和孔林反应性监测的备检提供咨询；为福建省举办的世界遗产申报、保护和管理培训班授课。

【学术活动】

1．纪念《威尼斯宪章》五十周年国际学术研讨会

5月5日，与清华大学共同主办“纪念《威尼斯宪章》五十周年国际学术研讨会——文化遗产保护国际原则和地方实践”。

2．第三届文化遗产保护与数字化国际论坛

9月1～4日，与ICOMOS文化遗产记录科学委员会、清华大学共同主办了以“翻译：将消逝的遗产带回当代”为主题的“第三届文化遗产保护与数字化国际论坛（CHCD2014）”，协会理事长童明康出席论坛并做主旨报告。文化遗产记录科学委员会主席马里奥·桑塔纳以及来自18个国家和地区、近百家学术机构的专家学者出席论坛，围绕论坛主题，讨论遗产“翻译”在认知和传播手段日益丰富的今天所面临的挑战和机遇。

3．ICOMOS-WUHAN“大学与城市”国际学术研讨会暨第三届“无界论坛”

10月12日，在华中师范大学与国际古迹遗址理事会共享遗产科学委员会共同主办了ICOMOS-WUHAN“大学与城市”国际学术研讨会暨第三届“无界论坛”。来自比利时、澳大利亚、加拿大等国外专家学者与中国学者一起，围绕“文化之道引领城市发展”和“大学与城市相互促进”的主题展开讨论。

4．2014年国际考古遗产管理科学委员会（ICAHM）年会

10月20～22日，与国际考古遗产管理科学委员会共同主办了“2014年国际考古遗产管理科学委员会（ICAHM）年会”，年会在吉首大学召开。协会理事长童明康、国际考古遗产管理科学委员会主席威廉·威廉姆斯，以及国家文物局文物保护与考古司（世界文化遗产司）、湖南省文物管理部门、湘西土家族苗族自治州、吉首大学的有关领导出席开幕式。来自17个国家和地区的近百名考古遗产相关专家参加了本次会议，围绕“考古遗产管理的普遍标准”这一主题展开广泛而深入的研讨。

5．红河哈尼梯田可持续发展国际学术研讨会

10月27～31日，协办由国家文物局、云南省政府主办的“红河哈尼梯田可持续发展国际学术研讨会”。10月30日，研讨会在蒙自市正式开幕，协会理事长童明康主持了开幕式。

为期一天半的学术研讨活动围绕“文化景观的保护与管理”“文化景观的案例研究”“文化多样性的保护与传承”“文化景观可持续生态旅游发展策略”四个主题进行。来自国际古迹遗址理事会（ICOMOS），国际文物保护与修复研究中心（ICCROM），ICOMOS文化景观、国际历史村镇和传统建筑科学委员会，联合国二类培训中心的代表，以及德国、挪威、西班牙、南非、日本、韩国、菲律宾、泰国、越南、马来西亚、中国的近百名专家学者和哈尼梯田所在地政府和管理机构的人员参加会议并进行了交流。与会代

表还审议通过了原则性的建议《梯田文化景观可持续发展的红河倡议》。

6．其他相关学术交流活动

11月8～17日，理事长童明康率团参加在意大利佛罗伦萨举行的国际古迹遗址理事会（ICOMOS）第18届大会，在新一届执行委员会选举中，秘书长陆琼高票当选ICOMOS新一届执委。

副理事长郭旃于3月4～12日参加国际古迹遗址理事会（ICOMOS）世界遗产工作组及执委会会议；5月7～12日参加ICOMOS理论委员会会议；6月11～14日参加ICOMOS主席团会议；9月2～6日参加ICOMOS世界遗产工作组会议；12月初作为特邀专家参加ICOMOS 2015年世界遗产申报项目集体评估会。

【文物保护工程资质管理】

2月10～11日，组织召开“文物保护工程资质评审会”。组织专家审议了全国18个省、自治区、直辖市的98家单位共102项申报资质材料，为国家文物局公布《第六批文物保护工程勘察设计甲级、施工一级、监理甲级资质单位名单》提供了技术服务与专业咨询。

2月11日，组织召开《文物保护工程勘察设计资质管理办法》《文物保护工程施工资质管理办法》《文物保护工程监理资质管理办法》修订专家研讨会。

4月16日，组织召开“文物保护工程专业人员工作座谈会”，国家以及部分省文物行政管理部门负责人、文物保护工程有关专家等15人参加会议，讨论了《关于文物保护工程专业人员有关工作的通知》。在《通知》中，国家文物局明确认定，协会作为在国内具有广泛影响的全国性文物保护行业协会，承担文物保护工程责任设计师、责任工程师、责任监理师的考核工作，对考核合格人员颁发相应的文物保护工程专业人员证书。

4月29日，国家文物局文物保护与考古司相关领导、协会秘书处、培训专业委员会召开会议，研究确定了有关文物保护工程专业人员管理工作内部分工、人员安排和管理制度等。

5月9日，国家文物局文物保护与考古司相关领导、协会秘书处、培训专业委员会召开会议，讨论、确定了重点工作计划；制定了文保专业人员考核管理办法初稿、2014年考试大纲修编初稿、2006年国家文物局认证的第一批文保工程专业人员资格审核以及参加培训人员报名审核、考核命题和考务组织等工作的时间表。

6月26日，由协会培训专业委员会组织起草的《文物保护工程责任设计师考核规定》《文物保护工程责任工程师考核规定》和《文物保护工程责任监理师考核规定（初稿）》完成并召开第一次论证会，相关专家、资质单位代表、省文物局代表以及国家文物局文保司相关领导、协会秘书处、培训委员会有关负责人参加会议。

7月31日，召开文物保护工程专业人员考核规定第二次论证会。

8月14日，召开文物保护工程专业人员考核规定第三次论证会，同时对2006年国家文物局认证的第一批文保工程专业人员资格审核初步结果、2014年考试大纲修订稿进行了论证。

9月4日，组织专家讨论会，研究文物保护工程专业人员考试大纲考试命题、参考书目等相关事宜。

12月10日，组织专家对2006年国家文物局公布的文物保护工程专业人员业务范围进行了复审。

全年协助国家文物局文物保护处完成年检资料整理、文物保护工程资质证书的印发和变更、文物保护工程勘察设计资质单位图纸报审专用章和资质单位年检章的制作等工程资质日常管理工作。

【保护规划评审】

9月11～13日，组织召开全国重点文物保护单位保护规划专家评审会，评审了蓟县独乐寺、定州开元寺塔和正定隆兴寺等12项保护规划。12月3～5日，组织召开第二次全国重点文物保护单位保护规划专家评审会，评审青海瞿昙寺、太昊陵等12项保护规划。

9月24日，组织专家对山西襄垣县灵泽王庙、昭泽王庙等8个保护规划进行了书面初审。9月29日，组织专家对阴山岩刻、宝带桥等8个保护规划进行了书面初审。10月30日，组织专家对仙游无尘塔、潼南大佛寺摩崖造像等8个保护规划进行了书面初审。12月23日，组织专家对临济寺、浯溪摩崖石刻等8个保护规划进行了书面初审。

【首届（2013年度）全国十佳文物保护工程推介】

11月4～5日，由国家文物局指导，协会与中国文物报社共同主办的“首届（2013年度）全国十佳文物保护工程推介终评会”在北京召开。根据《全国十佳文物保护工程评选章程》，首届（2013年度）全国十佳文物保护工程评选推介活动自2014年3月启动。经工程建设单位申报、各地文物行政部门推荐和初审等环节，有20个项目入围终评，其中10个项目荣膺“十佳工程”称号，1个项目荣获“特别荣誉奖”。

【重要会议与活动】

1．2014年第一次常务理事会议

2月28日，协会2014年第一次常务理事会议召开，会上通过了《协会2013年度工作报告及2014年重点工作计划》，审议了《协会专业工作组工作规则》，原则同意发起成立中国世界文化遗产地联盟。

2．2014年第二次常务理事会议

9月17日，协会2014年第二次常务理事会议召开，讨论通过了协会2014年1～8月工作报告及下半年工作计划，通报了1～8月协会财务报告，讨论了ICOMOS第18届大会参会并竞选执行委员等工作事宜。

会上还审议通过了5个团体会员单位的申请：中国建筑设计研究院建筑历史研究成立“文化遗产保护规划”专业委员会的申请；北京清华同衡规划设计研究院有限公司成立“历史村镇”专业委员会的申请；北京市颐和园管理处成立“文化景观遗产保护与管理”专业委员会的申请；澳门遗产学会成立“共享建筑遗产”专业委员会的申请；大运河联合申遗办成立“运河遗产”专业委员会的申请。

3．开展“4·18”国际古迹遗址日纪念活动

4月，在《中国文物报》宣传“4·18”国际古迹遗址日活动主题，号召团体会员单位围绕“纪念性遗产”开展“4·18”国际古迹遗址日宣传活动。中国建筑设计研究院建筑历史研究所、丽江古城保护管理局、北海公园管理处、石窟专业委员会、ICOMOS西安国际保护中心、侵华日军第七三一部队罪证陈列馆等单位，根据自身特色，开展了丰富多彩的系列宣传活动，为拉近遗产与社会和公众的距离、促使公众了解国际古迹遗址日发挥了很好的宣传和教育作用。

【课题研究】

7月，基本完成“世界文化遗产区域划定和管理的研究”课题。

11月，基本完成《中国世界遗产申报工作手册》编制工作。

12月，基本完成“申报世界遗产项目培育”项目；基本完成“文化线路跨国申报世界遗产监测与协调管理机制的研究——以丝绸之路为例”课题；完成世界各国反应性监测的总体情况统计报告；基本完成我国周边国家未来申遗情况的战略分析报告；协调国际专家出版ICOMOS 2012年科学研讨会论文集《Tangible Risks，Intangible Opportunities: Long-term Risk Preparedness and Responses for Threats to Cultural Heritage》；石窟专业委员会编辑的《石窟寺研究（第五辑）》正式出版。

【基础建设】

1月，完成办公室搬迁工作，协会秘书处地址变更为北京市东城区雍和宫大街戏楼胡同1号柏林寺斋堂院。5月，完成协会年检和年检财务审计工作，结论为合格。

8月29日，经协会领导批准，山东聊城中国运河文化博物馆和福建闽越王城博物馆加入协会团体会员。10月15日，经协会领导批准，“北京国文琰信息技术公司”“北京观远咨询有限公司”“北京国文琰园林古建筑工程有限公司”“北京国文琰文化遗产保护中心有限公司”及“北京清城睿现数字科技研究院有限公司”加入协会团体会员。

中国博物馆协会

【概述】

2014年，在博物馆事业快速发展形势下，中国博物馆协会在引导行业发展、促进学术研究、推动对外交流方面的功能日益呈现。截至2014年年底，中国博物馆协会共有会员9197名，下属专业委员会35个，是我国在博物馆领域会员数量最多、覆盖专业领域最广、行业影响力最大的行业组织和学术团体。

【学术研究】

（一）综合性学术活动

2014年，中国博物馆协会结合国际博物馆日的主题“博物馆藏品架起沟通的桥梁”，在南京博物馆策划和组织了大型研讨会。10月，中国博物馆协会在西安市主办“博物馆与法律”学术研讨会，会议就博物馆遇到的知识产权和相关法律进行了广泛的交流和讨论。

（二）专业委员会学术活动

2014年中国博协所属各专业委员会通过举办学术年会，结合本专业的热点、难点问题展开讨论，取得了可喜的学术成果。

区域博物馆专业委员会在西安举办了“博物馆工作理论与实践”国际研讨会。文学专业委员会主办了“相聚福州·相约文学博物馆——文学藏品搭建沟通桥梁”的主题展览与学术研讨会。纪念馆专业委员会以新形势下纪念馆宣教手段创新为主题，举行了“挖掘馆内优势资源，拓展教育服务功能”——博物馆、纪念馆宣教工作研讨暨特色宣教形式展演活动。博物馆数字化专业委员会与北京数字科普协会联合主办“科学与艺术研讨会”，会议主题是“科学与艺术·融合发展服务社会”。乐器专业委员会与甘肃省博物馆、丝绸之路沿线博物馆专业委员会在敦煌联合主办了“国际音乐考古学术会议——丝绸之路音乐文化的交流”。博物馆数字化专业委员会、建筑空间与新技术专业委员会在南京联合主办“2014年数字博物馆研讨会”。社会教育专业委员会举办了博物馆宣传教育优秀案例评选活动，活动历时8个月，先后有百余家博物馆报名参加，数十家博物馆获此殊荣。

（三）学术出版

2014年，中国博物馆协会完成所主办的信息性月刊《中国博物馆通讯》12期与学术性季刊《中国博物馆》4期的出版工作。两种刊物优势互补，成为博物馆学界发表学术论著、交流业务成果的平台。

【服务行业和会员】

（一）中国博物馆协会第六届会员代表大会暨“2014博物馆及相关产品与技术博览会”

11月23～26日，经国家文物局指导，由中国博物馆协会、厦门市人民政府、中国自然科学博物馆协会联合主办，中国博物馆协会市场推广与公共关系专业委员会、中国博物馆协会各专业委员会、厦门市文广新局承办，中国文物报社、环球健康与教育基金会、厦门市博物馆、陈嘉庚纪念馆协办的中国博物馆协会第六届会员代表大会暨“2014博物馆及相关产品与技术博览会”（以下简称“博博会”）在厦门国际会展中心举行。

按照会议安排，本届会员代表大会在完成《第五届中国博物馆协会工作报告》、章程修改、会费管理办法和财务报告等法定议程外，选举出以宋新潮为理事长的新一届协会领导机构，并就当前博物馆发展的热点问题邀请本领域专家、学者分别做了主旨发言和讲座。中国博物馆协会所属28个专业委员会也分别围绕博物馆领域的相关议题召开学术年会或举行多种形式的专题研讨活动，获得博物馆界同仁普遍赞誉。

“博博会”是我国博物馆及相关领域唯一大型综合性行业博览会。本届“博博会”展览面积约30000平方米，以“博物馆发展·科技创新·文化创意”为主题，在促进博物馆间的学术及众多领域交流合作、博物馆与相关产业之间的交流合作，推动博物馆文创、文博科技升级等方面发挥了积极作用。

“博协大会”和“博博会”期间，有超过20个国家和地区的国际友人和同行参加了活动，有超过10家单位以不同方式为活动提供了赞助和支持。据统计，中国博物馆协会会员代表大会正式代表和列席代表人数2840人，“博博会”参展人员近6000人，观众7万多人，规模空前，绝无仅有。活动为博物馆行业相关人员的交流提供了优质的平台。

（二）专业培训

2014年，中国博物馆协会组织实施了不同层次和类别的培训课程。3月在上海举办的中国博物馆协会第四期新入职员工培训班，有来自全国38家会员单位的80位学员参加了培训；10月在西安举办的2014年讲解员培训班，有来自全国41家会员单位的64位讲解员参加培训。

中国博物馆协会各专业委员会在业务培训中发挥了积极作用。4月，志愿者工作专业委员会和区域博物馆专业委员会在宁波举办了“文化遗产与公众参与”国际培训班；5月，安全专业委员会在南昌举办了“2014年全国博物馆安全技术培训班”；7月，乐器专业委员会在武汉举办了“第一届中国博物馆协会国际音乐考古培训班”；9月，区域博物馆专业委员会在西安举办了“博物馆英语培训班”。

（三）服务行业管理

2014年，中国博物馆协会连续第三年组织了“全国最具创新力博物馆”年度评选活动，力求发掘和交流博物馆的创新潜力；在国家文物局的指导下，中国博物馆协会与中国文物报社共同承办了“全国博物馆十大陈列展览精品评选活动”。

【国际交流合作】

（一）与国际博物馆协会的合作

由国际博物馆协会、中国博物馆协会和故宫博物院三方合作成立的国际博物馆协会博物馆培训中心在2014年继续发挥积极作用。培训中心按照工作计划，在2014年举办了两期培训班，主题分别为“博物馆藏品架起沟通的桥梁”和“博物馆教育与观众学习”，共培训来自世界20余个国家的70多名学员。

（二）区域和双边合作

2014年，中国博物馆协会继续利用“国际博物馆协会亚太地区联盟”主席国的平台开展区域性的博物馆学术交流与合作。在原《亚洲地区博物馆现状与公众需求调查》的基础上，由中国博物馆协会专门项目小组实施的覆盖20多个国家的《亚太地区博物馆现状与公众需求调查》再次启动二期工作计划。截至年底，已完成此次调查项目的问卷编制及多种语言翻译工作、问卷发放的联络工作。

“博博会”上，中国博物馆协会还与欧洲遗产协会、环球健康与教育基金会、世界博物馆之友联盟以及加拿大洛德文化资源公司签署了合作备忘录。

与美国盖蒂领导力学院合作，选派中国高级博物馆研究人员赴美进修。

纪事篇

1月

1月1日　故宫博物院除法定节假日和暑期（每年7月1日～8月31日）外，正式实行周一全天闭馆。故宫微信公众服务号“微故宫”正式上线。

海南省民间博物馆协会成立。

1月3日　工业和信息化部、国家文物局联合组织启动2013年文物保护装备产业化及应用示范项目申报工作。

1月6日　国家文物局党组召开专题会议，认真学习习近平总书记在中共中央政治局第十二次集体学习时的重要讲话精神，研究贯彻落实措施，充分发挥文物资源作用，提高国家文化软实力。

1月8日　由国家文物局指导，中国文物报社、中国博物馆协会主办的第十一届（2013年度）全国博物馆十大陈列展览精品评选活动正式启动。

1月9日　国家文物局与青岛市政府共建国家文物局水下文化遗产保护中心北海基地协议签署。

1月10日　玉树地震灾后恢复重建总结表彰大会在青海西宁隆重召开，中国文化遗产研究院文物保护工程与规划所荣获“玉树地震灾后恢复重建先进单位”荣誉称号。

1月11日　云南省迪庆藏族自治区香格里拉县独克宗古城发生火灾，国家文物局立即启动文物灾情应急机制，密切关注文物灾损情况。

1月11～12日　中国文物保护基金会主办的“2013第三届文物保护年会”在陕西西安举行。围绕“和谐、创新、发展”的主题进行了研讨。

1月13日　国家文物局印发《关于加强文物消防工作的紧急通知》。

福建平潭边防支队宣布破获一起特大倒卖国家文物案件。查获从福建省平潭屿头岛碗礁海域沉船内盗捞的元代青花云龙纹八菱小罐、清代康熙青花牡丹凤纹军执等各类国家文物共2945件，抓获10名涉案嫌疑人。

1月14日　经国务院批准并经中美双方互换照会确认，《中华人民共和国政府和美利坚合众国政府对旧石器时代到唐末的归类考古材料以及至少250年以上的古迹雕塑和壁上艺术实施进口限制的谅解备忘录》修订及顺延有效期工作完成，新文本于当日生效，有效期五年。

国家文物局在北京召开第一次全国可移动文物普查工作媒体通气会。

1月15～16日　文化部副部长、国家文物局局长励小捷一行赴武汉调研指导位于武汉市江岸区的中共中央机关旧址保护修缮工作。

1月16日　中国文物学会高校历史建筑专业委员会筹建工作联席会议在武汉大学召开。

1月17日　国家文物局召开党组扩大会议，学习贯彻习近平总书记在十八届中央纪委三次全会上的重要讲话和全会精神，认真研究党风廉政建设和反腐败斗争总体工作部署。

1月20日　国家社会科学基金重大委托项目“蒙古族源与元朝帝陵综合研究”

	学术成果发布会在社会科学院考古研究所召开。
1月21日	国家文物局印发《关于开展“完善博物馆青少年教育功能试点”申报工作的通知》。
1月22日	国家文物局召开党的群众路线教育实践活动总结会。
	著名考古学家郑笑梅先生在济南逝世，享年83岁。
1月23日	文化部公布2013年全国文化市场十大案件。
1月24日	国家文物局召开《文物保护法》修订工作专家研讨会。
	由我国自行设计制造的第一艘水下考古船“中国考古01”号在重庆长航东风船舶工业公司举行下水仪式。
1月25日	贵州省镇远县报京侗寨失火，造成财产损失。
1月26日	国家文物局召开援藏、援疆扶贫挂职干部座谈会。
	侵华日军南京大屠杀遇难同胞纪念馆扩容工程主体场馆获赠的首批文物公开。

2月

2月8日	国家文物局学习贯彻习近平总书记系列讲话精神培训班开班。
2月11～13日	文化部副部长、国家文物局局长励小捷一行赴福建考察文物保护与博物馆工作。
2月12日	陕西西安全面启动建设“丝绸之路经济带新起点”，在文化、产业、教育、科研、旅游等方面与丝绸之路沿线城市加强交流与合作。
2月16～3月11日	国家文物局水下文化遗产保护中心在海南岛举办“国家水下考古专业人员专项技能强化培训班”。
2月17日	著名画家黄永玉向中国国家博物馆捐赠巨幅代表作《春江花月夜》和《各族人民大团结》壁画的小稿。
2月18日	中华文化促进会民办博物馆协作体成立大会在西安大唐西市博物馆举行。
	黑龙江省人民政府正式公布实施《侵华日军第七三一部队旧址文物保护规划》。
2月19日	住房和城乡建设部、国家文物局联合发布第六批中国历史文化名镇（村）名单。
	西藏自治区文化厅正式启动藏医药申报联合国《人类非物质文化遗产代表作名录》工作。
2月20日	国家文物局召开2014年第一次局务扩大会议。
	国家文物局党组召开2014年党风廉政建设工作会议。
2月21日	国家文物局公示第六批文物保护工程勘察设计甲级、施工一级、监理甲级资质单位名单。

2月24日　国务院新闻办公室召开文化改革发展专题新闻发布会。文化部部长蔡武，文化部副部长、国家文物局局长励小捷分别介绍了2013年文化、文物改革发展情况。

2月25日　习近平总书记参观北京市规划展览馆及首都博物馆。

2月28日　由北京新文化运动纪念馆、法国蒙达尔纪市法中友好协会共同主办的“印记——法国文化在中国（1900～1949）”展览在北京新文化运动纪念馆开幕。

3月

3月1日　《北京市地下文物保护管理办法》正式施行。

3月3日　“礼乐中国——湖北省博物馆馆藏商周青铜器特展”在俄罗斯莫斯科国立普希金造型艺术博物馆开幕。

3月3～4日　国家文物局在四川成都召开智慧博物馆试点工作推进会。

3月7日　湖南省临澧县公安局刑警大队与派出所联手出击，在文物执法人员的大力协助下，破获一起特大盗掘全国重点文物保护单位九里楚墓群古墓案件，一举打掉两个跨省盗墓团伙。

3月8日　内蒙古自治区发现的北魏时期最完整的贵族墓彩绘漆棺在锡林郭勒盟博物馆进行开棺保护。

3月10日　法国驻华大使白林参观北京新文化运动馆举办的“印记——法国文化在中国（1900～1949）”展览。

3月11日　河南省五大考古新发现发布会召开，会上宣布2012年发现的洛阳北魏大墓被确认为北魏节闵帝元恭的帝陵。

山西省文物保护标准化专业技术委员会在山西太原成立，这是我国文物系统成立的首家省级文物保护标准化专业技术委员会。

3月13日　故宫博物院与江西省景德镇市人民政府签署合作框架协议。

3月14日　国家文物局召开抗战时期文物保护利用工作新闻通气会。

国家科技惠民计划“博物馆公共安全管理与服务物联网技术集成应用示范”项目推进落实会在陕西省科技资源中心召开。

3月17日　中共中央总书记习近平重访河南省兰考县，参观焦裕禄同志纪念馆。

山西省文物局与意大利文物保护修复高级研究院在太原理工大学联合举办古建筑保护培训班开班。

3月17～19日　文化部副部长、国家文物局局长励小捷赴陕北延安、榆林等地调研革命旧址群灾后修复保护和考古遗址保护工作，参观西北根据地暨中共中央西北局历史陈列展览。

3月18日　中共中央西北局革命旧址灾后修复开放暨纪念馆落成仪式在陕北延安举行。

3月19日　由文化部牵头成立的国家公共文化服务体系建设协调组在北京举

行第一次全体会议，标志着国家层面的公共文化服务协调机制正式运转。

3月19～24日　文化部副部长、国家文物局局长励小捷一行赴广西、广东调研文物工作。

3月20日　由黄埔军校同学会、广东省黄埔军校同学会、广东革命历史博物馆、北京新文化运动纪念馆联合举办的“爱国·团结·奋斗——纪念黄埔军校建校九十周年展”在北京新文化运动纪念馆开幕。

3月21日　中国文物报社2014年通联工作会议在北京召开。

3月23日　唐代文物佛塔回乡、欧豪年美术馆开馆、孙多慈艺术展开幕仪式等3项皖台文化交流活动在安徽博物院举行。

3月25～27日　住房和城乡建设部历史文化名城保护处、国家文物局文物保护与考古司资源处组织中国城市规划设计研究院、中国文化遗产研究院专家对安徽省寿县国家历史文化名城保护工作整改情况进行复查。

3月26日　由陕西历史博物馆与中国博协区域博物馆专业委员会共同举办的“博物馆工作理论与实践”国际研讨会在西安召开。

3月27日　西藏自治区吉隆县吉隆镇帮兴村、尼木县吞巴乡吞达村、工布江达县错高乡错高村3个村落入选中国历史文化名村名录，这是西藏首批入选中国历史文化名村的村落。

3月27～29日　中国殷商文化学会、四川省文物考古研究院、三星堆博物馆联合主办的“夏商周方国文明国际学术研讨会”在四川广汉三星堆博物馆隆重开幕。

3月28日　国家文物局在官方网站发布《国家文物博物馆事业发展“十二五”规划》实施中期评估报告。

“传承与谋变——三晋历史文化展”在秦始皇帝陵博物院开幕。

3月30日　中国海关博物馆正式开馆。

4月

4月1日　中国考古学会公共考古专业指导委员会成立大会暨公共考古论坛在四川成都举行，这是中国考古学会批准成立的第一个专业委员会。

4月2日　国家文物局局长工作通报会召开。

4月3日　公安部、住房和城乡建设部、国家文物局联合印发《关于加强历史文化名城名镇名村及文物建筑消防安全工作的指导意见》。

中国人民抗日战争纪念馆“清明节的铭记——纪念英烈　报效祖国　圆梦中华”主题教育系列活动在北京正式启动。

4月3～4日　文化部副部长、国家文物局局长励小捷一行赴上海视觉艺术学院调研文博人才培养工作。

4月4日　由新西兰国家博物馆、中国国家博物馆共同推出，中国文化部中外文化交流中心主办，陕西历史博物馆承办的“毛利碧玉：新西兰文化艺术珍品展”在陕西历史博物馆开幕。

4月7日 “2014中国—东盟文化交流年”开幕式在北京举行。国务院总理李克强发来贺信。

4月8日 国家文物局政务微博“中国文博”在新浪微博正式上线。

4月8～11日 国务院副总理刘延东在河南省调研时视察文物工作。

4月9日 2013年度全国十大考古新发现在北京揭晓。

由广州、宁波、福州、扬州、蓬莱、北海、南京、漳州、泉州九个城市联合举办的“跨越海洋——中国‘海上丝绸之路’九城市文化遗产精品联展”在广州博物馆开幕。

4月10日 第九届中国文化遗产保护无锡论坛在江苏无锡召开，本届论坛的主题是“文物事业与法制建设”。

由湖北省科技厅组织的“机载三维激光雷达遥感考古勘测方法及大遗址考古调查应用”科技成果鉴定会在湖北武汉召开。

4月11日 国家文物局主办的2014年全国县级文物行政部门负责人培训班在中央文化管理干部学院开班。

第九届“中法文化之春”艺术节开幕之际，由中国国家博物馆与法国国家博物馆联合会共同举办的“名馆·名家·名作——纪念中法建交五十周年特展”在中国国家博物馆展出。

4月15日 北京新文化运动纪念馆和美国杜克大学图书馆联合举办的“西德尼·甘博摄影图片展”在北京新文化运动纪念馆开幕。

上海建为历保工程科技股份有限公司在上海股权托管交易中心成功挂牌，这是全国首家与文化遗产保护相关的上市民营企业。

4月16日 “流星王朝的遗辉——隋炀帝墓出土文物特展”在扬州博物馆开幕，这是隋炀帝墓出土文物首次公开亮相。

4月18日 国家文物局正式发布2014年中国文化遗产日主题和口号，主题为“让文化遗产活起来”。

国际古迹遗址理事会西安国际保护中心与八路军西安办事处纪念馆推出“我们共同的记忆——公谊救护队图片展”。

中国博物馆协会纪念馆专业委员会2014年工作会议暨“挖掘红色资源　弘扬红色文化”座谈会在河南信阳举行。

4月19日 第五次全国地方志工作会议在北京召开。国务院总理李克强作出重要批示。

国家文物局副局长顾玉才一行调研湖南省张家界市文物工作。

4月22日 外交部2014年第二期大使参赞学习班使节团在四川省参观北川羌族民俗博物馆。

4月24日 国家文物局、北京市人民政府、福建省人民政府主办的“直挂云帆济沧海——海上丝绸之路特展”在首都博物馆开幕。

陶质彩绘文物保护国家文物局重点科研基地青州工作站揭牌仪式在

山东青州市博物馆举行。

中国文物信息咨询中心组织的“博物馆移动导览应用解决方案研讨会”在北京召开。

4月25日　住房和城乡建设部、文化部、国家文物局、财政部联合出台《关于切实加强中国传统村落保护的指导意见》。

国家主席习近平夫人彭丽媛陪同丹麦女王玛格丽特二世到中国妇女儿童博物馆参观“安徒生童话在中国”展览。

参加首届“驻华外交官中国文化行”的14个国家的驻华大使、公使、参赞在中国公共外交协会会长、原外交部部长李肇星的陪同下到河南博物院参观。

4月27日　丹麦女王玛格丽特二世和亨里克亲王一行参观侵华日军南京大屠杀遇难同胞纪念馆。

4月28日　国务院副总理刘延东代表中国政府向获得“文化交流贡献奖”的外国机构和友好人士颁奖并表示祝贺。

第一次全国可移动文物普查2014年省级普查办主任工作会在四川成都召开。

4月29日　中国文物学会20世纪建筑遗产委员会在北京召开成立大会。大会选举马国馨、单霁翔为中国文物学会20世纪建筑遗产委员会会长。

中国国家博物馆，意大利文化遗产活动和旅游部文化遗产开发司，罗马历史、艺术、民族人类遗产及博物馆联盟特署联合举办的“罗马与巴洛克艺术”展在国家博物馆隆重开幕。

4月30日　中华文明探源工程专家组和监理组成员考察了全国重点文物保护单位江西省鹰潭市角山板栗山遗址。

5月

5月4日　国家发展改革委办公厅、文化部办公厅联合编制印发《国家非物质文化遗产保护利用设施建设实施方案》。

5月6日　国家文物局主办、中国文物交流中心与甘肃省文物局承办的“全国文博系统展览策划培训班”在甘肃兰州开班。

全国美术馆藏品普查试点经验交流会暨标准规范讨论会在黑龙江省哈尔滨市召开。

5月8日　国家文物局召开传统村落整体保护利用工作会议。

5月8～12日　国家文物局副局长童明康一行赴江西、广东调研抚州、赣州、韶关等地文物保护工作。

5月9日　由陕西省文物局主办、陕西文物交流中心承办的“中国陕西秦兵马俑：始皇帝的彩绘军阵”展在美国印第安纳波利斯儿童博物馆开幕。

5月10日	由中国文物交流中心主办、甘肃省文物局承办的中国博物馆协会展览交流专业委员会2014年年会在甘肃兰州举行。
5月12日	中国世界文化遗产监测中心2014年年会在中国文化遗产研究院召开。
5月14日	文化部副部长、国家文物局局长励小捷在北京会见了来访的塔吉克斯坦文化部部长尚希金·奥鲁姆别科夫一行。双方就中塔两国间文化遗产领域的交流与合作等事宜交换了意见。
5月15日	中国文物保护基金会与首都博物馆联合主办的“莲花世界——唐卡艺术展”在首都博物馆开幕。
5月15～16日	文化部副部长、国家文物局局长励小捷赴教育实践活动基层联系点——河北省张家口市蔚县文物管理所调研了解基层文博单位开展第二批党的群众路线教育实践活动情况。
5月16～20日	中国化学会应用化学委员会、考古与文物保护化学委员会联合主办的全国第十三届考古与文物保护化学学术研讨会在安徽亳州召开。
5月18日	由国家文物局和江苏省政府共同主办的国际博物馆日主会场活动在南京博物院举行，主题是“博物馆藏品架起沟通的桥梁”。
	中国博物馆协会官方微信公众账号正式发布。
	第十一届（2013年度）全国博物馆十大陈列展览精品评选颁奖仪式在南京博物院举行。
	周口店北京人遗址博物馆新馆开馆。
5月21日	由国家文物局水下文化遗产保护中心牵头组织，以国家水下文化遗产保护宁波基地（宁波市文物考古研究所）为主实施的2014年度“小白礁Ⅰ号”水下考古工作暨船体发掘与现场保护工作正式开始。
5月23日	国家文物局党组召开中心组学习扩大会暨切实落实两个责任交流会。
	由国家文物局、陕西省人民政府主办，陕西省文物局、陕西省贸促会承办的“丝绸之路经济带世界文化遗产保护专题论坛”在陕西省西安市举行。
	文化部恭王府管理中心和中国华夏文化遗产基金会主办的中国唐卡文化研究论坛在北京恭王府拉开帷幕。
5月24日	为促进“丝绸之路：起始段和天山廊道的路网”中国境内申报世界遗产的有效保护，加强各级政府、管理者的沟通和协作，《4省区文物局、11地市人民政府关于合作保护丝绸之路遗产的协定》在陕西西安获得通过。
5月27日	陕西、甘肃、青海、四川、西藏五省区考古院（所）共同组织“2014唐蕃古道考察”活动。
5月28日	由国家文物局主办，福建省文化厅、北京市文物局共同承办的“海上丝绸之路文物特展”专家座谈会在首都博物馆举行。
5月30日	国家文物局水下文化遗产保护中心负责建设的“中国水下文化遗产网”正式上线运行。

6月

6月3日　全国公安机关首家打击防范文物犯罪的微信平台、陕西省公安厅刑侦局搭建的“秦鹰”正式通过腾讯公司认证。

6月7日　纪念中国文物学会成立30周年座谈会在中国文化遗产研究院举行。

由中国文物交流中心和长崎孔子庙·中国历代博物馆联合主办的“十里红妆——中国浙东婚俗文物展”在日本长崎展出。

6月9日　河北省博物馆正式更名为河北博物院。

6月10日　全国可移动文物信息登录平台正式上线启用。

6月12日　国家文物局副局长宋新潮调研上海自贸区文物市场及文物进出境管理工作并主持召开专题座谈会。

6月12～13日　中国文化遗产研究院在北京召开纪念《威尼斯宪章》发布50周年学术研讨会。

6月14日　2014年中国文化遗产日主场城市活动在江西景德镇举行。

《明蓟镇长城》等10种图书被评为2013年度全国文化遗产十佳图书，《博物馆陈列艺术总体设计》等10种图书被评为优秀图书。

6月15日　第38届世界遗产大会在卡塔尔首都多哈开幕。

6月16日　黄埔军校建校90周年纪念活动暨黄埔军校旧址纪念馆建馆30周年活动在广州黄埔长洲岛军校旧址举行。

6月20日　著名文物鉴定专家耿宝昌先生被英国东方陶瓷学会授予“希尔金奖”。

6月22日　中国大运河项目和中国、哈萨克斯坦、吉尔吉斯斯坦跨国联合申报的丝绸之路项目在卡塔尔多哈通过联合国教科文组织第38届世界遗产委员会会议审议，列入《世界遗产名录》，成为中国第32项和第33项世界文化遗产。

6月23日　由国家文物局主办、中国文物交流中心和陕西省文物局承办的第九届“驻华使节走进中国文化遗产”活动在陕西西安启动。

6月27日　在国家主席习近平和来访的缅甸总统吴登盛的见证下，文化部副部长、国家文物局局长励小捷与缅甸文化部副部长杜珊达钦在人民大会堂签署了《中华人民共和国国家文物局与缅甸联邦共和国文化部关于促进文化遗产领域交流与合作的协议》。

中国文物学会高校历史建筑专业委员会在武汉大学成立。

6月28日　流失海外近一个世纪的商代青铜器皿方罍的器身与收藏于湖南省博物馆的器盖完成合体，并由湖南省博物馆永久收藏。

6月30日　缅甸联邦共和国总统吴登盛一行参访河南洛阳白马寺，并出席缅甸风格佛殿落成典礼。

7月1日	全新改版的国家文物局政府门户网站正式上线运行。
7月2日	受国家文物局委托，由复旦大学文博系承办的第七期全国省级博物馆馆长专业管理干部培训班开班。
	中国人民抗日战争纪念馆与中国人民革命军事博物馆联合主办的“红色影像展——中国共产党领导的敌后抗日战场纪实”专题展览在中国人民抗日战争纪念馆开幕。
	由中国国家文物局，意大利文化遗产、活动和旅游部，湖南省人民政府共同主办，湖南省博物馆策划组织的“马王堆汉墓传奇”展在意大利首都罗马的威尼斯宫国立博物馆开幕。
7月3日	故宫博物院院长单霁翔和莫斯科克里姆林宫博物馆馆长叶连娜·尤里耶夫娜·加加林娜代表双方在北京签署战略合作协议。
	中国国家博物馆与湖北省博物馆联合举办的“江汉汤汤——湖北出土商周文物展”在中国国家博物馆开幕。
7月7日	文化部副部长、国家文物局局长励小捷，国家文物局副局长董保华、宋新潮及有关司室负责人一行就故宫文物保管及普查工作进行实地调研。
7月10日	国家互联网信息办公室、国家文物局联合举办“网络名人故宫行”活动。
7月11日	文化部副部长、国家文物局局长励小捷与中国电子科技集团公司总经理熊群力进行会谈，共同商讨推动文物保护装备产业化及应用工作。
7月12日	全国人大常委会副委员长王胜俊考察嘉峪关文化遗产保护工程进展情况。
7月14日	以秦始皇帝陵博物院与英国伦敦大学合作研究成果为素材、由英国狮子电视台和香港凤凰卫视联合拍摄的电视纪录片《最新探秘兵马俑》荣获英国考古协会颁发的“英国最佳公众考古展示奖”。
7月15日	国家民族事务委员会和国家文物局联合主办的全国少数民族文化遗产保护专题研修班在中央民族干部学院正式开班。
	湖北省博物馆和宝鸡青铜器博物院联合主办的“大宗维翰——周原青铜器特展”在湖北省博物馆开幕。
7月16日	住房和城乡建设部、文化部、国家文物局、财政部联合下发《关于公布2014年第一批列入中央财政支持范围的中国传统村落名单的通知》。
7月20日	全国政协主席俞正声参观了内蒙古博物院。
7月20～29日	由中华文物交流协会、沈春池文教基金会主办，甘肃省文物局承办的2014年台湾文博专业人士交流考察活动在甘肃、宁夏举行。
7月21日	全国文物局长座谈会在宁夏银川召开，文化部部长蔡武出席会议并发表重要讲话。同时召开了《中国文物志》编纂委员会第一次全体

会议。

由中国博物馆协会“丝绸之路”沿线博物馆委员会主办、内蒙古博物院承办的“丝绸之路”沿线博物馆委员会2014年年会在内蒙古锡林浩特举行。

7月22日　国务院印发《关于取消和调整一批行政审批项目等事项的决定》。其中，国家文物局“境外机构和团体拍摄考古发掘现场审批”及“外国公民、组织和国际组织参观未开放的文物点和考古发掘现场审批”下放至省级人民政府文物行政主管部门。

海南三沙甘泉社区居委会正式挂牌成立，将配合各有关部门在岛礁及周边海域开展文物保护等工作。

7月22～26日　文化部副部长、国家文物局局长励小捷一行赴青海省调研文物保护工作。

7月23～26日　由国家文物局博物馆与社会文物司（科技司）、工业和信息化部装备工业司联合组织的文物保护装备系列标准起草工作会议在重庆召开。

7月24日　国务院批复同意将浙江省湖州市列为国家历史文化名城。

7月25～27日　国家文物局副局长宋新潮赴重庆调研文物保护装备产业发展和博物馆建设情况。

7月28日　国家文物局专家组会同四川省文物局有关负责人和专家赶赴雅安、眉山等地，对全国重点文物保护单位茶马古道·观音阁、三苏祠及荥经开善寺和省级文物保护单位茶马古道·新添驿站等灾后文物抢救保护工程工地进行专项检查。

8月

8月1日　国家文物局印发《关于开展古城保护中文物违法与消防安全专项督察工作的通知》。

8月2日　洛阳市文物考古研究院首次发现并经科学考古发掘的第一艘古代沉船——“洛阳一号”成功整体搬迁至隋唐洛阳城回洛仓遗址博物馆内。

8月3日　侵华日军南京大屠杀遇难同胞纪念馆正式收藏在江苏省仪征市发现的侵华日军炮艇。

8月6日　国务院批复同意将黑龙江省齐齐哈尔市列为国家历史文化名城。

国家文物局组织召开的全国博物馆陈列展览质量提升座谈会在黑龙江省哈尔滨市举行。

“中国考古01”船建造完工交船仪式在山东青岛举行。

受国家文物局委托，陕西省文物交流协会、财团法人糖葫芦文教基金会联合主办的第二届“中华历史文化研习营”在陕西举行。

8月7日　为庆祝中捷建交65周年，在中国国家文物局、捷克文化部及中国驻捷克使馆的大力支持下，由中国文物交流中心和捷中友好协会主办的“华夏瑰宝展”在捷克布拉格城堡开幕。

8月8日　中国文物学会主办的中国大运河世界遗产保护座谈会在京召开。

8月11日　经中央统战部、国家民委和西藏自治区党委批准，由国家民委民族文化宫、西藏自治区党委宣传部、西藏自治区文化厅主办，民族文化宫博物馆和西藏博物馆承办的“历世达赖班禅敬献中央政府礼品展”在西藏博物馆开幕。

8月13日　明清官式建筑保护研究国家文物局重点科研基地暨故宫研究院古建筑研究所成立揭牌仪式在故宫博物院举行。

8月14～15日　由中国社会科学院考古研究所和内蒙古呼伦贝尔民族博物院联合主办的“‘实验室考古’呼伦贝尔论坛暨中国考古学会文化遗产保护指导委员会成立大会”在内蒙古呼伦贝尔举行。

8月15日　中国人民抗日战争纪念馆举办纪念中国人民抗日战争胜利69周年抗战时期珍贵文物捐赠活动。

由新疆生产建设兵团和中国国家博物馆联合举办的“中国梦·军垦魂——新疆生产建设兵团成立60周年历史文物展”在中国国家博物馆隆重开幕。

8月15～16日　由国家文物局督察司主办，内蒙古文物局、锡林郭勒盟文物局承办的边疆地区文物保护员工作交流会在内蒙古锡林浩特召开。

8月16日　国家主席习近平夫人彭丽媛邀请出席南京青奥会开幕式的部分外方领导人夫人参观南京博物院。

8月21～22日　敦煌研究院、兰州大学、国际生物腐蚀与生物降解学会、国家古代壁画与土遗址保护工程技术研究中心主办的首届“文物的生物退化与防护国际学术研讨会”在敦煌研究院保护研究所召开议。

8月24日　国务院印发《国务院关于公布第一批国家级抗战纪念设施、遗址名录的通知》。

8月24～27日　国家文物局副局长童明康率调研组赴广东省开展《文物保护法》修法调研。

8月27日　津巴布韦总统罗伯特·穆加贝参观秦始皇帝陵博物院。

8月27～28日　国家文物局副局长宋新潮率调研组赴湖南省开展《文物保护法》修法调研。

8月28日　国家文物局在北京召开全国抗战文物保护利用座谈会。

中国文化遗产研究院组织专题会议，研讨《文物保护法》修订草案征求意见稿。

8月31日　国家文物局副局长童明康一行赴宁波北仑春晓滨海新城，调研国家水下文化遗产保护宁波基地暨宁波·中国港口博物馆（筹）建设。

9月

9月1日　北京人民大会堂召开邓小平、习仲勋等老一辈党和国家领导人“爱我中华，修我长城”题词发表30周年纪念大会，并宣布成立长城保护基金和中国文物保护基金会长城保护专项基金管理委员会。

9月2日　中国世界文化遗产预备名单遗产地联盟成立大会在杭州良渚举行。

国家文物局博物馆与社会文物司（科技司）和工业和信息化部装备工业司在北京共同召开推进文物保护装备产业化及应用工作部门协调会。

9月2～4日　国家文物局副局长董保华率调研组赴重庆开展《文物保护法》修法调研。

9月3日　由中共北京市委宣传部、中国人民抗日战争纪念馆主办，中国抗日战争史学会协办的“伟大贡献——中国与世界反法西斯战争”专题展览在中国人民抗日战争纪念馆开幕。

9月3～4日　第三届文化遗产保护与数字论坛在清华大学举办，论坛主题是“翻译：将消逝的遗产带回当代”。

9月4日　国家文物局在山东青岛召开“全国水下文化遗产保护工作会议”。

国家文物局在山东青岛中苑码头举行水下考古船“中国考古01”号的首航仪式。

9月9～10日　国家文物局在甘肃省敦煌研究院举办第四次文化财产返还国际专家会议。

9月10日　国家典籍博物馆经试运行后正式开馆。

敦煌莫高窟保护利用工程竣工，莫高窟游客服务中心（数字展示中心）正式启用，即日起莫高窟的参观方式改为网上预约。

9月12日　由中国妇女儿童博物馆和丹麦欧登塞市博物馆共同主办的“魅力永恒的童话力量——安徒生童话进入中国百年纪念展”在中国妇女儿童博物馆开幕。

9月13～14日　文化部副部长、国家文物局局长励小捷到河南调研指导文物工作。

9月15～20日　国家文物局副局长顾玉才率调研组赴上海、陕西开展《文物保护法》修法调研。

9月16日　中国文物交流中心与大英博物馆合作举办的“明：皇朝盛世五十年（1400～1450年）”展览在大英博物馆拉开帷幕。

斯里兰卡总统拉贾帕克萨向中国国家主席习近平赠送原藏于斯里兰卡国家博物馆的郑和碑拓片。

9月18日　国务院副总理刘延东访问法国巴黎中国文化中心，参观由文化部及国家文物局共同策划的“文物带你看中国”展览。

9月18～19日　以“青铜器文物保护与利用”为主题的第十二届全国文物修复技术研讨会在四川广汉召开。

9月19日　国家文物局召开党组扩大会，要求切实把“两个责任”和“一岗双责”落实到文物工作中。

9月19～20日　由中国建筑设计研究院建筑历史研究所暨文化遗产保护规划国家文物局重点科研基地和北京建筑大学建筑遗产研究院共同主办的“文化遗产保护规划理论与实践学术研讨会——面对城镇化快速进程挑战的中国文化遗产保护规划理论与技术探讨”在北京召开。

9月20～21日　稻作农业起源与传播学术研讨会暨中国考古学会植物考古专业委员会成立大会在浙江余姚成立，同时宣布河姆渡文化研究中心正式成立。

9月22日　国家文物局在陕西西安召开丝绸之路遗产保护管理工作会议。

国际文物修护学会2014香港会议在香港开幕。故宫博物院院长单霁翔荣获文物保护专业内的最高学术荣誉“福布斯奖”。

9月24～25日　国家文物局在福建龙岩召开传统村落整体保护利用工作现场会。

9月25日　由财政部教科文司和国家文物局办公室共同主办的中央和地方共建国家级博物馆中央财政资金使用绩效评估工作座谈会在北京举行。

9月25～28日　由中国博物馆协会博物馆学专业委员会主办的中国博物馆协会博物馆学专业委员会2014年年会暨“博物馆个性化研究”学术研讨会在广西南宁召开。

9月26日　国家文物局在江苏扬州召开大运河遗产保护管理工作会议。

9月26～27日　中国社会科学院考古研究所、甘肃省文物考古研究所和甘肃省临洮县人民政府联合主办了马家窑文化国际学术论坛。

9月28日　由李焕之编写的《国歌》的和声和管弦乐队配器曲谱手稿入藏中国国家博物馆。

9月30日　文化部主办的“开渠百年——纪念刘开渠诞辰110周年展”在国家博物馆开幕。文化部部长蔡武出席开幕式。

为纪念朱家溍先生诞辰一百周年，故宫博物院主办的“欧斋墨缘——故宫藏萧山朱氏碑帖特展”开幕。

陕西历史博物馆主办的“鑿破鸿蒙——董作宾大师生平及甲骨学研究特别展”在陕西历史博物馆开幕。

北京新文化运动纪念馆与武汉革命博物馆联合举办的“中国共产党反腐倡廉历程图片展”在北京新文化运动纪念馆开幕。

10月

10月6日　原中国历史博物馆顾问、国家文物局离休干部胡志学同志逝世，享年93岁。

10月8～9日　敦煌研究院、国家古代壁画与土遗址保护工程技术研究中心、国际岩石力学学会古遗址保护专业委员会联合主办的“敦煌论坛：2014丝绸之路古遗址保护国际学术研讨会”在敦煌研究院举行。

10月9日　国家文物局博物馆司组织专家在贵州贵阳召开全国生态博物馆项目评审会议。

10月10日　国家文物局印发《关于实施文物保护科技优秀青年研究计划的通知》。

10月10～11日　文化部副部长、国家文物局局长励小捷一行赴辽宁调研指导抗战文物阜新万人坑的修缮保护工作。

10月10～12日　国家文物局副局长宋新潮调研山西省村落古建筑文物保护与文物安全工作。

10月11日　国家文物局重点科研基地西藏联合工作站在西藏博物馆正式成立，并召开第一次理事会。

全国古籍保护工作会议在北京召开。

10月12～15日　河南博物院和韩国国立国乐院主办的“国际音乐考古学术研讨会——丝绸之路音乐文化的交流”在甘肃敦煌召开。

10月13日　原国家文物局副局长马济川同志逝世，享年90岁。

敦煌研究院与故宫博物院战略合作签约仪式在敦煌研究院举行。

10月14日　原黑龙江省文物考古研究所研究馆员朱国忱同志逝世，享年79岁。

国家文物局主办、江苏省文物局承办的2014年度民办博物馆馆长培训班在江苏无锡开班。

10月14～15日　中国博物馆协会博物馆管理专业委员会主办的中国博物馆协会博物馆管理专业委员会2014年会议在山西太原召开。

10月15日　故宫博物院举办纪念朱家溍先生百年诞辰系列活动，故宫研究院宫廷戏曲研究所正式揭牌成立。

住房和城乡建设部印发《历史文化名城名镇名村街区保护规划编制审批办法》的通知。

10月15～18日　中国博物馆协会主办，陕西省博物馆协会与秦始皇帝陵博物院承办的“博物馆与法律”学术研讨会在陕西西安召开。

10月16日　国家文物局督察司通报近期8起典型文物违法案件案情与查处情况。

国家水下文化遗产保护宁波基地与宁波中国港口博物馆落成开放活动在北仑春晓滨海新城隆重举行。首届“水下考古·宁波论坛”在宁波基地国际报告厅举行，论坛主题为“新技术·新方法·新思路”。

10月16～17日　《中国文物志》第一期编纂人员培训班在北京举办。

10月16～18日　文化部副部长、国家文物局局长励小捷率团访问匈牙利，会见匈牙利文化国务秘书彼得·霍巴尔，共同签署中国国家文物局与匈牙利人力资源部关于2015年合作举办“华夏瑰宝展”和“丝绸之路展”框架协议。

10月18日　中国古迹遗址保护协会石窟专业委员会理事会议在河南巩义举行。

10月19日　中国文物报社举办的“中国特色文物理论体系建构与传统文化传承体系建设问题”学术研讨会在北京召开。

10月19～22日　文化部副部长、国家文物局局长励小捷率团访问法国，会见法国文

	化与新闻部部长洛尔·佩勒兰，共同签署《中国国家文物局局长与法兰西共和国文化与新闻部部长关于文化遗产领域交流与培训计划的行政协议》。
10月21日	为庆祝中法建交50周年，由中国文物交流中心与法国国立吉美亚洲艺术博物馆合作承办的“汉风——中国汉代文物展”在法国吉美博物馆开幕。中国国家主席习近平和法国总统奥朗德分别为展览题写序言，并共同担任监护人。 中国华侨历史博物馆正式开馆。
10月22～23日	中国考古学会等联合主办的“隋炀帝与扬州”国际学术研讨会在江苏扬州举行。
10月24日	国家文物局发布《关于开展民间收藏文物鉴定试点工作的通知》。 文化部副部长、国家文物局局长励小捷在北京会见塞尔维亚共和国文化部部长伊万·塔索瓦茨一行，就进一步加强两国在文化遗产领域的交流与合作进行会谈。
10月24～25日	中国文物学会、江苏省文物局、江苏省水利厅、淮安市人民政府主办的中国大运河保护管理论坛在江苏省淮安市举行。
10月25～26日	中国社会科学院考古研究所主办“纪念二里头遗址发现55周年学术研讨会”。
10月27～31日	国家文物局、云南省人民政府主办的红河哈尼梯田可持续发展国际学术研讨会在云南红河召开。
10月28日	上海地铁博物馆开馆试运行。
11月29～30日	由国家文物局指导，中华文物交流协会、台湾沈春池文教基金会等主办的第六届海峡两岸文化遗产保护论坛在江苏苏州举行。
10月30日	中国文物学会纺织文物专业委员会成立大会在江西靖安召开。
10月30～31日	中国社会科学院历史所主办的第三届“中国古文书学国际学术研讨会”在中国社会科学院召开。
10月31日	中共中央总书记习近平总书记参观福建古田会议会址。

11月

11月1日	住房和城乡建设部、国家文物局等部门联合发布的《关于严禁在历史建筑、公园等公共资源中设立私人会所的暂行规定》正式实施。
11月2日	中国社会科学院考古研究所与河北廊坊三河市政府在燕郊高新技术开发区正式签约，确定在燕郊建设“中国考古研究基地”。
11月3日	国家科技支撑计划重点项目“中华文明探源及其相关文物保护技术研究（2013～2015）”工作进展情况汇报会在北京召开。
11月4～5日	首届（2013年度）全国十佳文物保护工程评选终评会在北京召开。青海玉树新寨嘉那嘛呢震后总体抢险修缮工程荣获“特别荣誉

奖”。

11月6日　国家文物局及多地政府联合主办的大型文物展览“丝绸之路”在中国国家博物馆开幕。

国家考古遗址公园联盟第四届联席会议暨新型城镇化与大遗址保护研讨会在河南洛阳举行。

11月7日　武汉大学历史学院考古学系教授、博士生导师杨宝成先生逝世，享年76岁。

11月7～8日　由中国文物学会等主办的第二届中国历史文化名街保护同盟年会在江苏无锡召开。

11月8日　中国文物学会会馆专业委员会2014年度年会在天津召开。

11月9日　国家主席习近平夫人彭丽媛邀请来华出席加强互联互通伙伴关系对话会的部分外方政要夫人参观首都博物馆。

11月9～14日　国际古迹遗址理事会第18届全体代表大会暨科学研讨会在意大利佛罗伦萨举行。国家文物局副局长、中国古迹遗址保护协会理事长童明康率中国代表团出席会议。

11月13日　国家主席习近平同墨西哥总统培尼亚共同出席在中国国家博物馆举行的“玛雅：美的语言”文化展开幕式。

11月14日　秦始皇帝陵博物院主办的“秦俑梦——讲述发生在这里的故事”展览正式开幕。

文化部副部长、国家文物局局长励小捷主持召开党组中心组学习扩大会，专题传达学习习近平总书记在文艺工作座谈会上的重要讲话，结合文物工作实际，研究部署贯彻落实工作。

浙江宁波地区发现的慈溪潮塘江元代沉船现场保护与整体搬迁工作圆满完成。

11月14～16日　环太湖地区新石器时代晚期文化暨钱山漾遗址学术研讨会在浙江湖州召开，“钱山漾文化”正式命名。

11月15日　第五届全国动物考古学研讨会暨中国考古学会动物考古专业委员会成立大会在首都师范大学举行。

11月18日　“文宴：美国博物馆的展览”暨中美博物馆高层论坛在南京博物院开幕。

11月19日　“2014北京·中国文物国际博览会”在全国农业展览馆新馆开幕，主题为“文化引领城市发展　典藏促进世界交流”。

国家文物局、国家海洋局主办的水下文化遗产保护技术与海上丝路考古研讨会在福建厦门举办。

河南省文物局、河南省南水北调办公室和安阳市政府依托安阳博物馆举办的“流过往事——南水北调中线工程河南段文物保护成果展”开幕。

2014年全国文物进出境审核管理工作会议在云南昆明召开。

11月20日　第六次全国文物保护工程会在山东济南召开。

国家文物局召开学习贯彻十八届四中全会精神动员部署会。

11月21日　国家文物局召开全国文博职业教育培训工作座谈会。

11月23～25日　文化部副部长、国家文物局局长励小捷率队赴重庆实施文物系统重点工作专项督察。

11月23～26日　由国家文物局指导，中国博物馆协会、厦门市人民政府、中国自然科学博物馆协会联合主办的“2014博物馆及相关产品与技术博览会”在福建厦门国际会展中心开幕，主题为“博物馆发展·科技创新·文化创意”。

中国博物馆协会第六届会员代表大会在福建厦门召开。宋新潮任新一届理事会理事长。

11月24～26日　2014年大足学国际学术研讨会暨大足石刻首次科学考察70周年纪念会在重庆大足召开。

11月25日　住房和城乡建设部、文化部、国家文物局、财政部、国土资源部、国家旅游局等联合公布第三批中国传统村落名录，共有994个村落榜上有名。

11月25～27日　由国家文物局指导、中国文化遗产研究院主办的2014年度中国世界文化遗产监测培训班在北京举行。

11月26日　中国文物学会民族民俗文物专业委员会主办的民族民俗文物学术研讨会在北京召开。

11月27日　国务院总理李克强到国家博物馆参观“人居科学研究展”，强调城镇化要注意传承中华优秀文化传统。

四川雅安“4·20”芦山地震中受损的馆藏文物保护修复项目通过四川省文物局组织的专家验收。

11月29日　文化部副部长、国家文物局局长励小捷赴河北省正定县考察正定古城保护工作，并参加了正定古城保护工作汇报会。

11月30日　“秦与戎——秦文化与西戎文化十年考古成果展”在北京大学赛克勒博物馆开展。

12月

12月1日　原河北省文物研究所文博研究馆员陈应祺同志去世，享年79岁。

12月1～5日　国家文物局直属机关党委在北京举办局系统学习贯彻党的十八届四中全会精神培训班。

12月2日　故宫博物院召开古物陈列所百年纪念学术研讨会。

“2014年中日韩博物馆国际学术研讨会”在首都博物馆举行。

国家文物局在官方网站公布2014年度全国文物行政处罚案卷评查结果。北京市、浙江省、河南省文物局以及上海市、重庆市文化市场行政执法总队被评为“优秀组织单位”。

12月5日 山东省教育厅主办的“泰山学术论坛——《清华大学藏战国竹简》与儒家经典专题国际学术研讨会”在烟台大学开幕。

12月5～8日 由江苏省文物局、南京博物院主办的第四届黄淮七省考古论坛在南京举办。

12月8日 中国国家博物馆正式收藏国务院总理李克强考察浙江义乌时获赠的拨浪鼓。

12月11日 国家文物局召开局党组扩大会议，传达学习中央经济工作会议精神。

中国社会科学院考古研究所、中国人民抗日战争纪念馆及万卷出版公司共同举办的“《山西大同万人坑发掘记事》原稿捐赠仪式暨图书首发式”在中国人民抗日战争纪念馆举行。

12月12日 全国政协在北京召开双周协商座谈会，就“城镇化进程中传统村落保护”问题提出意见和建议。

12月13日 中共中央、全国人大常委会、国务院、全国政协、中央军委在侵华日军南京大屠杀遇难同胞纪念馆举行我国首个南京大屠杀死难者国家公祭仪式。

12月13～14日 第二届中国农谷论坛暨纪念屈家岭文化发现60周年学术研讨会在湖北荆门屈家岭管理区召开。

12月14日 中共中央总书记习近平视察南京军区军史馆。

12月14～15日 第三届杭州世界文化遗产国际会议暨2014历史城市景观保护联盟年会在浙江杭州召开。

12月15日 中国国家文物局、坦桑尼亚自然资源与旅游部、中国驻坦桑尼亚大使馆联合主办的“牵星过洋——中非海上丝路历史文化展”在坦桑尼亚首都达累斯萨拉姆开幕。

国务院南水北调办公室、北京市人民政府联合主办的“饮水思源·南水北调中线工程展览”在首都博物馆开幕。

12月16日 国家文物局向国家博物馆划拨文物仪式在北京举行。

《江汉考古》荣获“2014中国国际影响力优秀期刊”。

12月17日 中国文物交流中心与马来西亚博物馆局联合举办的“颐和园珍宝展”在马来西亚国家博物馆开幕。

12月20日 中国文物交流中心、台东史前文化博物馆组织承办的“七宝瑞光——中国南方佛教艺术考古展”在台湾台东史前文化博物馆开幕。

12月24日 中国社会科学院公布2014年度创新工程重大人文基础研究成果，包括《中国考古学大辞典》《二里头（1999～2006）》等。

12月26日 2014年全国文物局长会议在北京召开。

中国文化遗产研究院等主办的“高棉的微笑——柬埔寨吴哥文物与艺术展”在首都博物馆开幕。

由中宣部、住房和城乡建设部、国家新闻出版广电总局、国家文物局联合组织指导，中央电视台拍摄的百集大型纪录片《记住乡愁》

新闻通气会在北京召开。

12月27～28日　红山文化命名60周年系列纪念活动在内蒙古敖汉旗举行。

12月28日　中国国家博物馆与中国书法家协会联合推出的“中国国家博物馆典藏——中国古代书法”专题陈列在国家博物馆开幕。

12月29日　国家文物局“完善博物馆青少年教育功能试点工作总结推广会”在北京召开。

12月30日　国家文物局党组召开以“严格党内生活，严守党的纪律，深化作风建设”为主题的2014年度民主生活会。

附录

2014年全国文物业主要指标

	机构数（个）	从业人员（人）					文物藏品（件/套）	
			专业技术人才	正高级职称	副高级职称	中级职称		一级品
总计	**8421**	**148095**	**44372**	**1920**	**5450**	**17850**	**40635827**	**98236**
按单位性质分								
文物科研机构	118	7314	2662	304	565	1034	1459852	1357
文物保护管理机构	3280	37843	8971	151	827	3668	2092332	7006
博物馆	3658	83970	30934	1350	3844	12355	29299673	89532
文物商店	71	1565	665	9	64	364	7700873	60
其他文物机构	1294	17403	1140	106	150	429	83097	281
按隶属关系分								
中央	11	3582	1725	179	382	644	3160790	20197
省区市	301	20831	8139	642	1481	3278	15369684	30875
地市	1507	42422	14927	660	2088	6396	8983044	24773
县市	6602	81260	19581	439	1499	7532	13122309	22391

	参观人次（万人次）		本年收入合计（千元）		本年支出合计（千元）	公用房屋建筑面积（千平方米）		
		未成年人参观人次		门票收入			展览用房	文物库房
总计	**84256**	**22403**	**39262155**	**6447026**	**36435510**	**2435**	**1021**	**188**
按单位性质分								
文物科研机构	301	35	2438120	215890	2070163	102	0	9
文物保护管理机构	12182	2156	7573034	2921066	6897686	305	93	14
博物馆	71774	20212	19555119	3310070	18741974	1933	926	159
文物商店	0	0	878956		725798	15	0	7
其他文物机构	0	0	8816926		7999889	80	1	0
按隶属关系分								
中央	2592	344	2099137	835724	1999828	58	12	6
省区市	9059	2579	9774605	909600	9314494	276	95	43
地市	28993	6658	12252238	2622876	11486633	847	327	58
县市	43613	12823	15136175	2078826	13634555	1254	586	80

2014年全国各地区文物业机构及从业人员数情况

单位名称	总计		博物馆		文物保护管理机构机构数	
	机构数（个）	从业人员（人）	机构数（个）	从业人员（人）	机构数（个）	从业人员（人）
全　国	**8421**	**148095**	**3658**	**83970**	**3280**	**37843**
中　央	11	3582	4	3030	0	0
北　京	113	7167	41	1222	26	2787
天　津	39	945	22	747	8	115
河　北	303	8327	105	3318	165	4052
山　西	339	6917	99	2685	141	2143
内蒙古	173	2204	75	1470	89	643
辽　宁	143	3818	63	2202	61	1288
吉　林	140	1562	78	1214	52	137
黑龙江	251	2790	158	2387	86	330
上　海	114	3367	103	3138	6	87
江　苏	417	7115	301	5948	54	357
浙　江	347	7040	187	4010	93	1839
安　徽	270	3312	164	2657	94	472
福　建	145	2185	98	1940	37	163
江　西	235	4141	137	2873	66	593
山　东	431	10672	243	5369	112	3382
河　南	544	11862	248	6265	124	2403
湖　北	300	4928	174	3380	49	761
湖　南	259	4367	109	2639	82	795
广　东	271	4262	176	3309	35	321
广　西	188	2244	106	1703	67	335
海　南	39	531	18	270	10	166
重　庆	109	2688	78	2246	25	225
四　川	443	8088	206	5795	174	1809
贵　州	187	1872	74	1171	73	326
云　南	219	1906	86	1076	124	720
西　藏	1136	7494	4	85	1026	7184
陕　西	613	13054	238	7101	210	3064
甘　肃	312	6348	147	3082	56	721
青　海	107	732	22	228	29	40
宁　夏	38	627	12	266	22	286
新　疆	185	1948	82	1144	84	299

2014年全国各地区文物业机构数情况

单位：个

地　区	总计	文物科研机构	文物保护管理机构	博物馆	文物商店	其他文物机构
全　国	**8421**	**118**	**3280**	**3658**	**71**	**1294**
北　京	113	2	26	41	2	42
天　津	39	0	8	22	1	8
河　北	303	5	165	105	2	26
山　西	339	10	141	99	1	88
内蒙古	173	2	89	75	1	6
辽　宁	143	4	61	63	3	12
吉　林	140	3	52	78	1	6
黑龙江	251	2	86	158	0	5
上　海	114	0	6	103	1	4
江　苏	417	5	54	301	8	49
浙　江	347	5	93	187	9	53
安　徽	270	1	94	164	2	9
福　建	145	1	37	98	2	7
江　西	235	2	66	137	4	26
山　东	431	10	112	243	5	61
河　南	544	15	124	248	6	151
湖　北	300	3	49	174	1	73
湖　南	259	3	82	109	2	63
广　东	271	4	35	176	4	52
广　西	188	4	67	106	4	7
海　南	39	0	10	18	0	11
重　庆	109	1	25	78	2	3
四　川	443	4	174	206	2	57
贵　州	187	2	73	74	1	37
云　南	219	2	124	86	2	5
西　藏	1136	1	1026	4	1	104
陕　西	613	15	210	238	1	149
甘　肃	312	5	56	147	1	103
青　海	107	1	29	22	1	54
宁　夏	38	3	22	12	0	1
新　疆	185	2	84	82	1	16

2014年各地区文物业从业人员数情况

单位：人

地区	总计	文物科研机构	文物保护管理机构	博物馆	文物商店	其他文物机构
全国	**148095**	**7314**	**37843**	**83970**	**1565**	**17403**
北京	7167	2139	2787	1222	212	807
天津	945	0	115	747	83	
河北	8327	178	4052	3318	9	770
山西	6917	338	2143	2685	21	1730
内蒙古	2204	55	643	1470	0	36
辽宁	3818	127	1288	2202	58	143
吉林	1562	84	137	1214	10	117
黑龙江	2790	50	330	2387	0	23
上海	3367	0	87	3138	70	72
江苏	7115	59	357	5948	211	540
浙江	7040	155	1839	4010	85	951
安徽	3312	42	472	2657	46	95
福建	2185	12	163	1940	40	30
江西	4141	54	593	2873	70	551
山东	10672	116	3382	5369	98	1707
河南	11862	1242	2403	6265	114	1838
湖北	4928	111	761	3380	52	624
湖南	4367	143	795	2639	56	734
广东	4262	220	321	3309	79	333
广西	2244	94	335	1703	40	72
海南	531	0	166	270	0	95
重庆	2688	142	225	2246	21	54
四川	8088	98	1809	5795	73	313
贵州	1872	38	326	1171	16	321
云南	1906	37	720	1076	38	35
西藏	7494	17	7184	85	7	201
陕西	13054	408	3064	7101	7	2474
甘肃	6348	1011	721	3082	14	1520
青海	732	38	40	228	8	418
宁夏	627	63	286	266	0	12
新疆	1948	120	299	1144	27	358

2014年全国各地区文物业藏品数

单位：件/套

地 区	总 计	文物科研机构	文物保护管理机构	博物馆	文物商店	其他文物机构
全 国	**40635827**	**1459852**	**2092332**	**29299673**	**7700873**	**83097**
中 央	3160790	—	—	3160790	—	—
北 京	3712745	153	32406	1251584	2420812	7790
天 津	1034701	—	2435	669665	362601	—
河 北	603224	121861	103241	375522	2600	—
山 西	1126165	7053	180907	803379	130793	4033
内蒙古	557494	14479	48109	493522	1384	—
辽 宁	779775	5725	49783	467050	257217	—
吉 林	419123	8432	5096	374808	30787	—
黑龙江	722207	5186	22079	694942	—	—
上 海	4059742	—	2917	2359064	1697761	—
江 苏	2654416	7166	29593	1721406	896251	—
浙 江	1308647	14988	75182	1061045	157432	—
安 徽	1005945	4877	74862	715617	210589	—
福 建	546100	—	4310	483880	57910	—
江 西	755188	1438	102702	476469	174579	—
山 东	1958437	25253	202100	1502130	228954	—
河 南	2043967	698147	229696	917092	199032	—
湖 北	2158845	7425	27110	1894926	204221	25163
湖 南	967200	52458	138377	554636	221729	—
广 东	1735546	383992	31101	1080018	240435	—
广 西	481919	3031	30333	411224	37331	—
海 南	44440	—	725	43715	—	—
重 庆	717462	—	36898	646125	34439	—
四 川	3579967	950	245158	3283205	50654	—
贵 州	152462	1667	15142	115588	20065	—
云 南	1344957	2453	97102	1245402	—	—
西 藏	235462	—	163056	66126	5656	624
陕 西	1636437	49050	104222	1436898	780	45487
甘 肃	611757	32293	6566	543923	28975	—
青 海	192902	5542	1941	181009	4410	—
宁 夏	105768	149	25539	80080	—	—
新 疆	222037	6084	3644	188833	23476	—

2014年各地区文物业举办陈列、展览情况

单位：个

地　区	总　计	文物保护管理机构	博物馆	文物科研机构
全　国	**21170**	**1566**	**19565**	**39**
中　央	180	0	180	0
北　京	283	47	236	0
天　津	155	5	150	0
河　北	584	51	532	1
山　西	326	30	296	0
内蒙古	518	84	429	5
辽　宁	424	57	364	3
吉　林	428	0	428	0
黑龙江	764	56	708	0
上　海	865	1	864	0
江　苏	1932	39	1891	2
浙　江	1606	189	1417	0
安　徽	991	111	880	0
福　建	707	18	689	0
江　西	641	107	525	9
山　东	1880	45	1833	2
河　南	1136	39	1096	1
湖　北	909	52	857	0
湖　南	541	77	464	0
广　东	1476	71	1404	1
广　西	453	54	397	2
海　南	132	18	114	0
重　庆	442	21	421	0
四　川	882	114	768	0
贵　州	209	26	183	0
云　南	555	103	452	0
西　藏	18	0	18	0
陕　西	883	93	790	0
甘　肃	739	24	708	7
青　海	73	6	67	0
宁　夏	91	17	72	2
新　疆	347	11	332	4

2014年全国各地区文物业参观人数情况

单位：千人次

地 区	总 计	文物保护管理机构	博物馆	文物科研机构
全 国	**842562**	**121816**	**717738**	**3008**
北 京	18480	13501	4978	0
天 津	9486	228	9258	0
河 北	33381	8439	24940	1
山 西	23879	10615	12215	1049
内蒙古	11053	1157	9896	0
辽 宁	13365	1789	11521	55
吉 林	9594	0	9594	0
黑龙江	21333	677	20655	0
上 海	19693	23	19671	0
江 苏	73014	2567	70444	3
浙 江	54680	13470	41211	0
安 徽	26108	2051	24057	0
福 建	23345	263	23082	0
江 西	28283	3486	24759	38
山 东	61235	13051	48183	2
河 南	55361	10036	45315	10
湖 北	28415	2419	25996	0
湖 南	39461	3717	35744	0
广 东	43311	3105	40206	0
广 西	16808	1592	15078	137
海 南	2712	1143	1569	0
重 庆	22145	605	21540	0
四 川	59871	6479	53292	100
贵 州	13950	1016	12933	0
云 南	21273	4486	16787	0
西 藏	1283	905	378	0
陕 西	49275	10967	38308	0
甘 肃	24021	2733	20078	1210
青 海	2472	147	2326	0
宁 夏	2608	926	1282	399
新 疆	6752	224	6523	4

2014年全国各地区文物业收入来源构成情况

单位：万元

	本年收入合计				
		财政拨款	事业收入	经营收入	其他（除以上三项外）
总　计	**3926216**	**2958443**	**383550**	**104791**	**479431**
中　央	209914	160586	36268	755	12305
地　方	3716302	2797857	347283	104037	467125
北　京	384284	267176	59483	29982	27643
天　津	42117	26938	2573	161	12444
河　北	150253	99167	38965	796	11324
山　西	170350	138347	11141	3821	17041
内蒙古	53877	51577	680	0	1620
辽　宁	82002	75260	1842	1212	3688
吉　林	50683	44792	3788	77	2026
黑龙江	47291	34779	287	3301	8924
上　海	232729	166353	27027	3485	35865
江　苏	184511	136587	6166	5169	36589
浙　江	240164	167694	34017	2722	35730
安　徽	65765	51394	3393	1003	9975
福　建	70494	60562	1046	46	8840
江　西	70664	58708	1291	1542	9123
山　东	256403	146582	22566	32510	54744
河　南	163629	115265	29698	3383	15284
湖　北	90368	69553	7697	1858	11260
湖　南	160282	129814	1463	745	28260
广　东	142247	117178	8293	1066	15711
广　西	63810	38173	4477	1917	19243
海　南	25858	24094	255	124	1385
重　庆	62353	53655	2645	1266	4787
四　川	181049	145001	21965	756	13327
贵　州	62614	50700	2434	20	9461
云　南	40604	31874	3754	156	4821
西　藏	78494	60768	8753	989	7985
陕　西	297368	238986	24630	5116	28636
甘　肃	126632	103885	15371	517	6860
青　海	16429	13586	701	0	2142
宁　夏	33896	32603	68	284	940
新　疆	69084	46807	815	15	21447

2014年全国各地区文物业支出来源构成情况

单位：万元

	本年支出合计				
		基本支出	项目支出	经营支出	其他（除以上三项外）
总　计	**3643551**	**1245203**	**2036939**	**60698**	**300712**
中　央	199983	66906	119408	151	13518
地　方	3443568	1178297	1917531	60546	287194
北　京	351315	80136	204716	16220	50243
天　津	37542	14940	11301	151	11151
河　北	137037	66575	61068	1872	7522
山　西	154618	45727	97503	3436	7952
内蒙古	53538	25220	27917	5	396
辽　宁	68340	38699	22744	401	6496
吉　林	38588	14453	23361	26	748
黑龙江	44034	22149	18372	486	3028
上　海	215614	68303	136433	2153	8726
江　苏	168669	62115	80371	5304	20879
浙　江	236439	79711	137769	1126	17834
安　徽	59476	21546	30123	1259	6549
福　建	60258	18099	40857	21	1281
江　西	60790	26454	26627	869	6840
山　东	215050	89734	63700	12258	49358
河　南	151335	68779	69339	2510	10706
湖　北	89870	29531	53040	860	6439
湖　南	150028	35023	108226	816	5963
广　东	146109	57930	77990	474	9716
广　西	47675	12653	32340	1313	1370
海　南	18443	3321	14343	114	665
重　庆	67408	16764	40683	1310	8651
四　川	170900	56905	105889	784	7321
贵　州	60107	11084	45840	51	3131
云　南	45719	15550	27553	105	2511
西　藏	52774	10699	34116	343	7616
陕　西	297210	113676	169563	5568	8403
甘　肃	125285	46545	66766	307	11666
青　海	13129	4371	8020	0	738
宁　夏	29938	6318	22604	314	702
新　疆	76330	15286	58362	91	2592

2014年全国各地区文物机构基本建设投资情况

	项目个数（个）	计划总投资（万元）	建筑面积（万平方米）	本年资金来源总计（万元）	其中：本年国家预算内资金	本年完成投资额（万元）	竣工项目个数（个）	竣工项目面积（万平方米）
总　计	**898**	**2668579**	**1106**	**680765**	**412449**	**407744**	**175**	**190**
中　央	3	253371	21	21738	2000	6055	—	—
北　京	12	14483	1	5710	131	4892	—	—
天　津	4	2625	0	1405	460	576	—	—
河　北	15	76472	10	14819	9558	6133	3	3
山　西	221	99553	41	28116	19627	13825	1	—
内蒙古	15	73525	73	9143	9143	9098	3	26
辽　宁	2	20342	2	8847	8404	1326	—	—
吉　林	2	2015	1	987	987	187	—	—
黑龙江	22	73608	178	9492	2043	1922	6	2
上　海	6	121700	8	78779	64269	67585	—	—
江　苏	35	124957	19	62050	40686	46621	17	12
浙　江	37	230248	29	35056	30657	25322	8	1
安　徽	13	20929	35	9685	1545	586	4	1
福　建	5	36126	4	7420	4519	10904	1	—
江　西	12	15487	8	7506	5769	381	2	4
山　东	9	167462	13	5718	2030	1249	4	—
河　南	31	71984	21	15988	12416	4118	2	1
湖　北	34	237052	40	37032	25178	25114	9	2
湖　南	24	171904	21	51651	47776	47296	6	3
广　东	21	239428	40	21734	5860	10749	6	18
广　西	25	28629	236	16746	5970	5087	8	2
海　南	5	2329	—	2714	2079	1001	1	—
重　庆	14	36968	7	12545	7013	5628	4	1
四　川	148	152612	142	76781	43441	40344	31	2
贵　州	9	44034	5	43759	18243	14840	3	—
云　南	55	95060	20	29083	9428	13138	12	4
西　藏	—	—	—	—	—	—	—	—
陕　西	72	116788	12	23197	14677	17315	28	4
甘　肃	32	111855	9	28893	15711	21300	11	2
青　海	5	21703	6	10791	—	2837	—	—
宁　夏	9	4700	102	3094	2542	2317	5	100
新　疆	1	630	—	288	288	—	—	—

2014年全国各地区文物保护管理机构基本情况

	基本陈列（个）	举办展览（个）	参观人次（万人次）		门票销售总额（万元）	本年收入合计（万元）	本年支出合计（万元）
				未成年人参观人次			
总　计	**946**	**620**	**12182**	**2156**	**292107**	**757303**	**689769**
北　京	27	20	1350	253	42421	102997	95552
天　津	2	3	23	8	393	2300	2366
河　北	41	10	844	182	30291	62186	51698
山　西	18	12	1061	119	16097	28712	29654
内蒙古	54	30	116	43	1089	13595	13677
辽　宁	37	20	179	47	5237	19085	17403
吉　林	—	—	—	—	—	12382	9542
黑龙江	25	31	68	21	—	6099	5195
上　海	—	1	2	—	—	2716	3182
江　苏	20	19	257	28	114	19694	17852
浙　江	112	77	1347	150	26474	73910	74615
安　徽	53	58	205	95	550	10803	8385
福　建	9	9	26	12	48	6524	5191
江　西	48	59	349	148	680	13980	13344
山　东	34	11	1305	145	91941	59452	54671
河　南	26	13	1004	156	32244	48547	43019
湖　北	32	20	242	53	1352	8457	7687
湖　南	51	26	372	129	1415	36565	35997
广　东	45	26	311	44	2716	7009	7241
广　西	34	20	159	32	92	15015	8279
海　南	17	1	114	25	191	2397	2333
重　庆	12	9	61	22	94	6286	5925
四　川	64	50	648	101	23332	63403	58489
贵　州	21	5	102	27	902	6788	5281
云　南	63	40	449	86	23	15989	12492
西　藏	—	—	90	1	1466	18436	14475
陕　西	69	24	1097	172	4121	43478	44703
甘　肃	16	8	273	36	6923	14997	13097
青　海	1	5	15	1	—	2069	830
宁　夏	7	10	93	14	1570	26559	21151
新　疆	8	3	22	3	332	6872	6443

2014年博物馆

	机构数（个）	从业人员（人）	藏品数（件/套）	本年收入合计（万元）	
					财政拨款
总计	**3658**	**83970**	**29299673**	**1955512**	**1584668**
其中：免费开放	2920	61993	21035967	1326976	1148683
按机构类型分					
综合性	1457	34603	14357900	925106	790316
历史类	1404	35352	6512471	756919	603679
艺术类	274	4599	1832059	92173	64701
自然科技类	105	2553	2530411	77534	43634
其他	418	6863	4066832	103781	82337
按隶属关系分					
中　央	4	3030	3160790	158525	128763
省区市	120	12072	8422626	567071	503892
地　市	851	26351	6415275	577044	471175
县　市	2683	42517	11300982	652872	480838
按系统分类					
文物部门	2878	70047	23074309	1713663	1449733
其他部门	425	9256	2600945	211182	131038
民办	355	4667	3624419	30667	3898

主要指标

基本陈列（个）	临时展览（个）	参观人次（万人次）		资产总计（万元）	实际使用房屋建筑面积（万平方米）
			未成年人参观人次		
9036	**10529**	**71774**	**20212**	**7089757**	**1933.12**
7279	9260	56719	17353	5169783	1451.97
3900	5855	24833	7782	3140064	873.46
3026	2666	35897	9389	2331706	704.03
617	1028	3300	683	468058	104.53
308	164	2425	887	606487	73.30
1185	816	5318	1471	543443	177.80
44	136	2592	344	534558	51.38
439	1049	8796	2559	1719810	230.58
2318	3789	24773	6198	1882005	645.60
6235	5555	35613	11111	2953384	1005.56
7124	9232	59235	16732	5206389	1524.75
1126	768	9889	2893	1386973	247.55
786	529	2650	587	496395	160.82

2014年全国各地区博物馆主要指标

地　区	藏品数（件/套）	基本陈列（个）	举办展览（个）	参观人次（万人次）	未成年人参观人次	资产总计（万元）	实际房屋建筑面积（万平方米）
全　国	**29299673**	**9036**	**10529**	**71774**	**20212**	**7089757**	**1933.12**
中　央	3160790	44	136	2592	344	534558	51.38
北　京	1251584	84	152	498	85	178698	28.25
天　津	669665	82	68	926	310	30116	18.74
河　北	375522	230	302	2494	874	164218	62.95
山　西	803379	172	124	1222	246	124550	46.93
内蒙古	493522	246	183	990	254	200873	56.07
辽　宁	467050	194	170	1152	343	147247	47.53
吉　林	374808	129	299	959	353	45403	23.43
黑龙江	694942	354	354	2066	662	220155	58.84
上　海	2359064	378	486	1967	535	848099	74.60
江　苏	1721406	790	1101	7044	1885	764249	200.64
浙　江	1061045	429	988	4121	1125	348823	97.18
安　徽	715617	459	421	2406	750	216733	63.84
福　建	483880	249	440	2308	813	75414	48.02
江　西	476469	261	264	2476	1060	200990	52.70
山　东	1502130	925	908	4818	1641	565605	150.60
河　南	917092	529	567	4532	1413	194771	96.21
湖　北	1894926	465	392	2600	862	199384	66.33
湖　南	554636	208	256	3574	1157	201906	46.47
广　东	1080018	472	932	4021	904	261895	109.97
广　西	411224	190	207	1508	384	107243	39.11
海　南	43715	41	73	157	39	9210	4.47
重　庆	646125	250	171	2154	519	168238	43.69
四　川	3283205	402	366	5329	1171	413087	121.21
贵　州	115588	114	69	1293	300	95172	48.44
云　南	1245402	252	200	1679	616	59242	33.79
西　藏	66126	7	11	38	1	384	3.38
陕　西	1436898	531	259	3831	737	414683	145.01
甘　肃	543923	335	373	2008	573	193787	51.26
青　海	181009	35	32	233	25	18747	6.38
宁　夏	80080	30	42	128	32	14163	10.33
新　疆	188833	149	183	652	196	72114	25.41

2014年全国各地区博物馆免费开放情况

地区	免费开放数量	财政拨款（千元）	参观人数（千人次）	未成年人参观人数（千人次）	陈列展览数
总　计	**2920**	**11486829**	**567193**	**173531**	**16539**
中　央	2	505004	7734	1210	96
地　方	2918	10981825	559459	172321	16443
北　京	19	288565	2711	496	108
天　津	17	241304	8856	3065	131
河　北	87	363918	22036	7968	484
山　西	47	305838	6005	1657	180
内蒙古	73	321382	9776	2522	427
辽　宁	52	381907	7546	2752	293
吉　林	72	197814	7883	3275	411
黑龙江	144	280002	17450	6266	665
上　海	80	595253	10336	2630	565
江　苏	224	780653	56019	15290	1492
浙　江	171	583651	34063	10169	1307
安　徽	149	328989	22174	6790	806
福　建	98	388767	23082	8132	689
江　西	129	385187	24335	10493	514
山　东	200	591867	39003	14610	1639
河　南	210	377108	37017	12090	962
湖　北	161	448992	25037	8226	818
湖　南	94	763943	34450	11274	449
广　东	144	678134	30732	6941	1153
广　西	85	238279	13956	3534	352
海　南	15	72902	1543	386	105
重　庆	65	308793	18163	4626	383
四　川	150	472636	38237	10001	532
贵　州	65	293157	11801	2772	174
云　南	77	149946	16072	5865	418
西　藏	4	39061	378	15	18
陕　西	50	300027	11555	2441	245
甘　肃	126	473727	19145	5507	653
青　海	21	58284	2326	246	67
宁　夏	10	42753	1282	323	72
新　疆	79	228986	6492	1957	331

2014年全国各地区

	机构数（个）	从业人员（人）	安全保卫人员（人）	藏品数（件/套）
总　计	**3658**	**83970**	**20255**	**29299673**
中　央	4	3030	822	3160790
北　京	41	1222	304	1251584
天　津	22	747	139	669665
河　北	105	3318	724	375522
山　西	99	2685	782	803379
内蒙古	75	1470	314	493522
辽　宁	63	2202	408	467050
吉　林	78	1214	238	374808
黑龙江	158	2387	525	694942
上　海	103	3138	453	2359064
江　苏	301	5948	1461	1721406
浙　江	187	4010	1039	1061045
安　徽	164	2657	737	715617
福　建	98	1940	526	483880
江　西	137	2873	650	476469
山　东	243	5369	1348	1502130
河　南	248	6265	1725	917092
湖　北	174	3380	759	1894926
湖　南	109	2639	628	554636
广　东	176	3309	765	1080018
广　西	106	1703	426	411224
海　南	18	270	92	43715
重　庆	78	2246	475	646125
四　川	206	5795	1253	3283205
贵　州	74	1171	335	115588
云　南	86	1076	251	1245402
西　藏	4	85	15	66126
陕　西	238	7101	1739	1436898
甘　肃	147	3082	862	543923
青　海	22	228	62	181009
宁　夏	12	266	53	80080
新　疆	82	1144	345	188833

博物馆基本情况（一）

基本陈列（个）	举办展览（个）	参观人次（万人次）		门票销售总额（万元）
		总人次	其中：未成年人参观人次	
9036	**10529**	**71774**	**20212**	**331007**
44	136	2592	344	83572
84	152	498	85	2113
82	68	926	310	897
230	302	2494	874	1234
172	124	1222	246	16301
246	183	990	254	363
194	170	1152	343	3252
129	299	959	353	4112
354	354	2066	662	3264
378	486	1967	535	17266
790	1101	7044	1885	13172
429	988	4121	1125	1976
459	421	2406	750	57
249	440	2308	813	
261	264	2476	1060	162
925	908	4818	1641	19204
529	567	4532	1413	6969
465	392	2600	862	1091
208	256	3574	1157	419
472	932	4021	904	4537
190	207	1508	384	27618
41	73	157	39	
250	171	2154	519	11604
402	366	5329	1171	28980
114	69	1293	300	23
252	200	1679	616	13
7	11	38	1	—
531	259	3831	737	82226
335	373	2008	573	561
35	32	233	25	—
30	42	128	32	—
149	183	652	196	23

2014年全国各地区

	本年收入合计（万元）				
		财政拨款	事业收入	经营收入	其他（除以上三项外）
总　计	**1955512**	**1584668**	**135244**	**59764**	**175836**
中　央	158525	128763	23366	715	5682
北　京	69262	64369	3366	—	1527
天　津	27336	24830	2340	—	166
河　北	47579	39144	6983	289	1164
山　西	52835	41996	4900	425	5514
内蒙古	34348	33418	306	—	623
辽　宁	52169	50869	55	15	1230
吉　林	28610	23387	3584	77	1563
黑龙江	40049	30041	271	3286	6451
上　海	219240	163405	27006	3485	25344
江　苏	125635	106097	4707	5009	9822
浙　江	95742	74342	3248	2587	15565
安　徽	41961	33387	1421	453	6700
福　建	45339	38877	941	—	5522
江　西	44557	39846	447	1015	3249
山　东	109070	67002	2138	31261	8670
河　南	54558	41619	7046	1136	4756
湖　北	59168	46503	3823	1260	7583
湖　南	99057	78071	237	685	20064
广　东	97339	90485	3598	1002	2254
广　西	40183	29615	335	30	10203
海　南	7919	7497	—	—	422
重　庆	49501	42334	2067	1266	3835
四　川	98297	72318	17397	756	7825
贵　州	36506	29579	123	20	6784
云　南	16843	15301	50	155	1337
西　藏	3934	3906	—	—	28
陕　西	109316	85078	13257	4524	6457
甘　肃	53492	49566	1432	228	2267
青　海	6258	5828	151	—	278
宁　夏	4454	4275	60	73	46
新　疆	26433	22921	591	15	2907

博物馆基本情况（二）

本年支出合计（万元）				
	基本支出	项目支出	经营支出	其他（除以上三项外）
1874197	**730200**	**1041271**	**32061**	**70666**
152721	51194	93346	151	8029
72980	24745	47364	—	871
24025	13227	10799	—	—
43824	25117	16894	1424	388
51346	15920	33193	463	1769
32713	17370	15275	—	67
41673	24527	15969	8	1169
21668	12515	9127	26	—
37704	18409	15792	475	3028
205493	66594	134726	2153	2021
118409	55795	55889	5284	1442
93574	32960	57098	991	2526
44103	16821	21024	1090	5168
39204	14241	24549	6	409
38334	17944	17405	697	2288
96736	45047	34365	8190	9134
59215	32929	21868	1522	2896
59179	19101	37161	638	2279
91208	21893	67714	680	921
98140	44928	52147	347	718
32573	9180	22689	105	599
5793	1590	3883	34	285
53570	15123	29337	1308	7802
97659	37683	56642	762	2573
36763	5935	29126	31	1670
27156	6430	20413	105	207
1883	828	262	—	794
106318	49104	48925	5112	3177
50791	17992	25975	265	6559
7128	2706	4288	—	134
5668	3154	2180	103	231
26647	9199	15845	91	1512

2014年全国各地区文物保护科学研究机构基本情况

	机构数（个）	本年完成科研成果						
		省部级及以上科研课题数（个）	专利（个）	专著或图录（册）	论文数（篇）	古建维修、考古发掘报告（册）	获国家奖（个）	获省、部奖（个）
总　计	**118**	**71**	**12**	**99**	**1083**	**319**	**7**	**20**
中　央	1	1	2	6	97	0	0	2
北　京	2	2	0	0	11	0	0	0
天　津	0	0	0	0	0	0	0	0
河　北	5	0	0	3	23	3	0	3
山　西	10	1	0	2	64	3	0	0
内蒙古	2	4	0	11	38	2	0	0
辽　宁	4	1	0	1	33	16	0	0
吉　林	3	0	0		5	0	0	0
黑龙江	2	2	0	2	14	3	0	3
上　海	0	0	0	0	0	0	0	0
江　苏	5	0	0	2	9	96	0	1
浙　江	5	2	0	3	56	0	0	0
安　徽	1	0	0	3	10	11	0	0
福　建	1	0	0	0	0	0	0	0
江　西	2	0	0	3	16	2	0	0
山　东	10	3	0	3	33	16	0	0
河　南	15	20	0	13	147	7	1	5
湖　北	3	9	1	0	55	13	3	3
湖　南	3	0	0	4	45	13	0	0
广　东	4	0	0	2	0	1	0	0
广　西	4	3	0	4	20	68	0	1
海　南	0	0	0	0	0	0	0	0
重　庆	1	2	0	2	12	7	0	1
四　川	4	1	0	0	13	11	0	0
贵　州	2	2	2	0	3	0	0	0
云　南	2	0	0	2	12	0	1	0
西　藏	1	0	0	0	9	11	0	0
陕　西	15	7	2	8	153	21	2	1
甘　肃	5	9	5	20	149	0	0	0
青　海	1	0	0	1	0	0	0	0
宁　夏	3	0	0	2	0	0	0	0
新　疆	2	2	0	2	56	15	0	0

2014年全国各地区文物商店基本情况

	库存文物数（件/套）	资产、负债、所有者权益（千元）			损益（千元）					
		资产总计	负债合计	所有者权益合计	营业总收入	营业总成本	营业利润	营业外收入	营业外支出	利润总额
总　计	**7700873**	**2322576**	**519793**	**1802783**	**841928**	**719778**	**122150**	**37028**	**6020**	**153158**
北　京	2420812	506688	86592	420096	151844	104741	47103	8	1001	46110
天　津	362601	296117	57810	238307	122145	111495	10650	2664	12	13302
河　北	2600	409	256	153	—	—	—	—	—	—
山　西	130793	8368	275	8093	9038	9081	-43	302	—	259
内蒙古	1384	718	300	418	—	5	-5	—	—	-5
										—
辽　宁	257217	66390	24047	42343	17894	16836	1058	1149	2	2205
吉　林	30787	4501	3711	790	189	1722	-1533	936	—	-597
黑龙江	—	—	—	—	—	—	—	—	—	—
上　海	1697761	292108	8694	283414	75778	35910	39868	4	—	39872
江　苏	896251	286546	77804	208742	209208	181040	28168	19338	880	46626
浙　江	157432	82820	35584	47236	31014	27263	3751	823	263	4311
安　徽	210589	24990	3444	21546	10264	9935	329	234	—	563
福　建	57910	28036	6821	21215	7089	8413	-1324	—	19	-1343
江　西	174579	13477	4713	8764	13633	14440	-807	304	124	-627
山　东	228954	129940	91244	38696	28561	29249	-688	1159	—	471
河　南	199032	37463	12972	24491	17779	18999	-1220	2237	—	1017
湖　北	204221	215536	8520	207016	2567	11402	-8835	40	3534	-12329
湖　南	221729	81573	27984	53589	33176	33389	-213	5949	100	5636
广　东	240435	93448	8798	84650	45390	41441	3949	407	4	4352
广　西	37331	10758	5267	5491	3445	4134	-689	488	2	-203
海　南	—	—	—	—	—	—	—	—	—	—
重　庆	34439	8640	2647	5993	5949	5797	152	269	—	421
四　川	50654	45167	25326	19841	25534	24572	962	1	79	884
贵　州	20065	22988	1154	21834	2155	2772	-617	—	—	-617
云　南		40385	13326	27059	12417	10466	1951	100	—	2051
西　藏	5656	3162	792	2370	557	557	—	—	—	—
陕　西	780	3607	1167	2440	936	633	303	99	—	402
甘　肃	28975	9548	7433	2115	4748	4530	218	—	—	218
青　海	4410	2000	1219	781	1784	1722	62	116	—	178
宁　夏	—	—	—	—	—	—	—	—	—	—
新　疆	23476	7193	1893	5300	8834	9234	-400	401	—	1

图书在版编目（CIP）数据

中国文物年鉴．2015 / 国家文物局编．-- 北京 ：
文物出版社，2015.12

ISBN 978-7-5010-4464-1

Ⅰ．①中… Ⅱ．①国… Ⅲ．①文物工作－中国－
2015－年鉴 Ⅳ．①K87-54

中国版本图书馆CIP数据核字（2015）第285181号

中国文物年鉴·2015

编　　著：国家文物局

责任编辑：王　媛
责任校对：孙　蕾
责任印制：梁秋卉

出版发行：文物出版社
社　　址：北京市东直门内北小街2号楼
邮　　编：100007
网　　址：http://www.wenwu.com
邮　　箱：web@wenwu.com
经　　销：新华书店
制　　版：北京文博利奥印刷有限公司
印　　刷：文物出版社印刷厂
开　　本：787mm×1092mm　1/16
印　　张：32.75
版　　次：2015年12月第1版
印　　次：2015年12月第1次印刷
书　　号：ISBN 978-7-5010-4464-1
定　　价：300.00元